2. ÜBERARBEITETE AUSGABE 2000

VORARLBERG
CHRONIK

2. ÜBERARBEITETE AUSGABE 2000

Herausgeber:
Land Vorarlberg

Redaktion:
Wolfgang Scheffknecht
unter Mitarbeit von: Gabriela Dür, Armin Greußing, Roland Marent, Peter Marte,
Werner Matt, Alois Niederstätter, Raimund Rosenberg
Für den Inhalt der Beiträge sind die Autoren verantwortlich.

Gestaltung und Produktion:
DAVILLA Werbeagentur GmbH, Lauterach, www.davilla.at

Lektorat:
Erhard Waldner

Lithos:
MRS - Mayr Record Scan, Wolfurt

Druck und Vertrieb:
Vorarlberger Verlagsanstalt AG, Dornbirn
2. überarbeitete Auflage 2000

Internet:
http://www.vol.at/chronik

© alle Rechte vorbehalten

ISBN:
3-85430-294-0

Landeshauptmann Dr. Herbert Sausgruber

Liebe junge Mitbürgerinnen und Mitbürger!

Mit der Vorarlberg Chronik wurde im Jahr 1997 erstmals seit Beginn der Jungbürgerfeiern im Jahr 1947 ein völlig neues Jungbürgerbuch herausgegeben: ein Nachschlagewerk zur Geschichte und Gegenwart unseres Heimatlandes mit einer Fülle von Wissenswertem über die historische, politische und kulturelle Entwicklung Vorarlbergs. Ich freue mich, dass dieses beliebte Nachschlagewerk nunmehr in einer überarbeiteten und ergänzten zweiten Auflage vorliegt.

Ein Team von 27 Autorinnen und Autoren hat in 153 strukturgeschichtlichen und biografischen Beiträgen und weit über 2000 Daten ein anschauliches und lebendiges Bild von Vorarlbergs Geschichte und Gegenwart entstehen lassen. Sie werden beim Durchblättern Informatives, Amüsantes und auch Denkwürdiges vorfinden. Nicht alle Kapitel unserer Geschichte geben Anlass zu Stolz. Aber gerade aus diesen Abschnitten können und sollen wir für die Zukunft viel lernen. Und nur aus der Kenntnis der Vergangenheit lässt sich die Zukunft unseres Heimatlandes aktiv mitgestalten.

In der hier vorliegenden Auflage wurde die Geschichte bis in die unmittelbare Gegenwart ergänzt. Verschiedene Beiträge wurden aktualisiert und überarbeitet und spiegeln damit den neuesten Stand der Forschung wider. Insbesondere wurden auch zahlreiche Anregungen interessierter Leserinnen und Leser berücksichtigt und ich möchte ihnen an dieser Stelle für die vielen positiven Rückmeldungen, die konstruktive Kritik und das Interesse an der Vorarlberg Chronik herzlich danken.

Ich hoffe, dass die Vorarlberg Chronik einen Beitrag dazu leistet, sich mit der Geschichte und der Kultur unseres Landes vertraut zu machen, und ich wünsche mir, dass sich unsere Jugend bei der Bewältigung zukünftiger Herausforderungen engagiert mit einbringt.

Mit den besten Wünschen

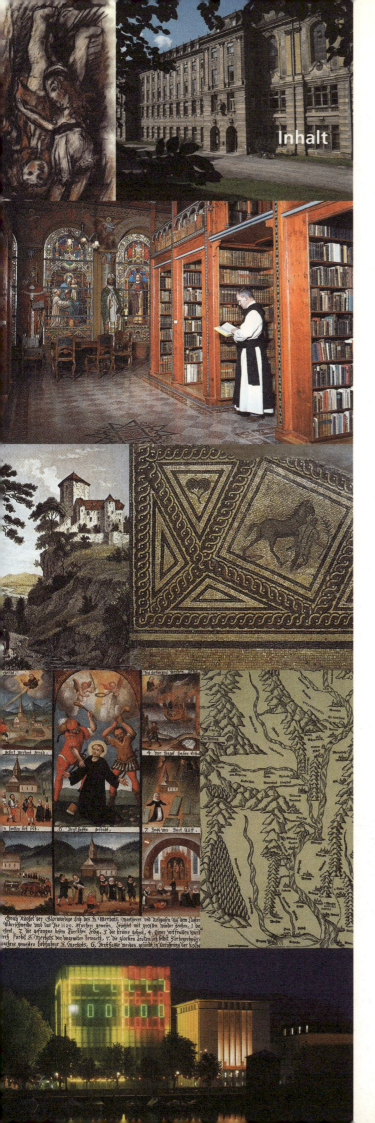

Inhalt

Einführung 7

Chronik 9

Anhang 319

    Vorarlberger Gemeinden 320

    Autorenverzeichnis. 331

    Medaillenverzeichnis 332

    Literaturverzeichnis 342

    Artikelübersicht 350

    Bildnachweis 352

    Namensregister 356

    Ortsregister 369

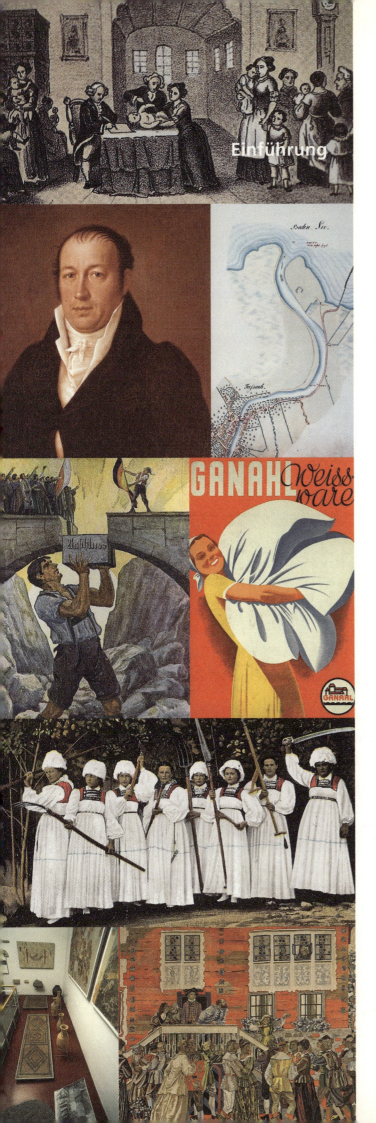

Einführung

Um die Gegenwart voll und ganz verstehen zu können, müssen wir die Vergangenheit kennen. Mit diesem Satz ist die Erkenntnis einer Reihe von großen Geschichtsdenkern umrissen, wonach wir nur von der Geschichte her einen wirklichen Zugang zum Verständnis unserer eigenen Zeit finden können. So muss es zu den vornehmsten Aufgaben des Historikers gehören, die Ergebnisse seiner Forschungen einem weiten Kreis von Interessierten, wenn möglich in leicht verständlicher Form, zugänglich zu machen. Die hier vorliegende „Vorarlberg Chronik" stellt einen Versuch dar, dies in zeitgemäßer Form zu tun. Sie will einerseits einen Überblick über die Geschichte des Landes geben und andererseits jedem Interessierten, dem fachlich Gebildeten ebenso wie dem wissbegierigen Laien, erste Informationen zu den verschiedensten Fragen der Landesgeschichte bieten und so einen Einstieg zur weiteren Beschäftigung damit ermöglichen. Der chronikalische Teil soll dazu dienen, sich rasch einen Überblick über den Ablauf der Ereignisse eines Zeitabschnitts zu verschaffen. In ihn wurden neben Aktionsdaten auch Geburts- und Sterbedaten wichtiger Persönlichkeiten des Landes aufgenommen. Dies geschah weniger, um ein mögliches Interesse des Lesers an Biografien zu stillen, als vielmehr, um wenigstens anzudeuten, von welch „überwältigender Komplexität" (Jacques LeGoff) die Geschichte ist, und schlussendlich zu verdeutlichen, dass – wie es ein bekannter französischer Historiker einmal ausgedrückt hat – „die Dinge [...] nun einmal von Menschen gemacht [werden]".

Zum besseren Verständnis der Zusammenhänge werden rund hundertfünfzig wichtige Persönlichkeiten, Ereignisse und Einrichtungen des Landes in Kurzartikeln vorgestellt, als deren Verfasser eine Reihe von namhaften Historikerinnen und Historikern gewonnen werden konnte. Beide Teile werden durch ein ausführliches Register erschlossen, wodurch eine gezielte Information möglich gemacht werden soll. Jeder einzelne Beitrag versteht sich lediglich als kurzer Überblick, der eine erste Information bieten will. Um eine vertiefende Beschäftigung mit den verschiedensten Fragen zu erleichtern, wurde am Ende des Bandes eine Auswahlbibliographie zur Landesgeschichte angefügt.

Es ist wohl kaum nötig, eigens darauf hinzuweisen, dass weder bezüglich der im chronikalischen Teil aufgenommenen Daten noch bezüglich der beschriebenen Personen und Ereignisse Vollständigkeit angestrebt werden konnte. Der vorgegebene Rahmen zwang zur Beschränkung, sodass etliche Persönlichkeiten, die eine Biografie verdient hätten, und etliche Ereignisse, die einer eingehenderen Darstellung wert gewesen wären, nicht berücksichtigt werden konnten. Eine Auswahl musste getroffen werden, die – das sei hiermit freimütig eingestanden – von einer gewissen Subjektivität nicht frei sein kann.

Wolfgang Scheffknecht

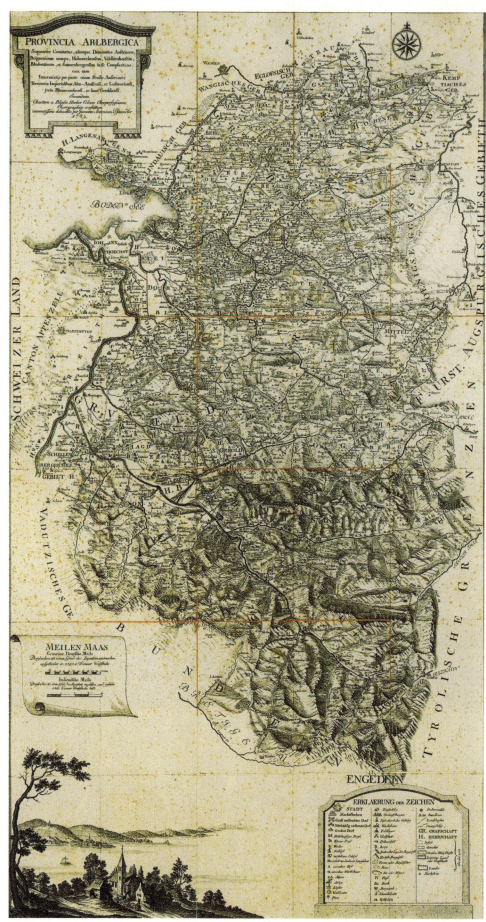

Blasius-Hueber-Karte aus dem Jahre 1783

5./4. Jh v. Chr.

Die Römer im Gebiet des späteren Vorarlberg

Das Gebiet des heutigen Vorarlberg hat sich erst relativ spät, wohl nicht vor dem 19. Jahrhundert, als geschlossene und eigenständige historische Größe mit entsprechendem Landesbewusstsein herauskristallisiert. Da gerade für die Zeit der Vorgeschichte und der römischen Herrschaft im Lande von einer wirtschaftlichen, politischen oder gesellschaftlichen Einheit, die sich auch nur annähernd mit den Grenzen des heutigen Vorarlberg decken würde, keine Rede sein kann, ist eine „Geschichte der Römer in Vorarlberg" eigentlich ein Anachronismus.

Will man deshalb ein einigermaßen akkurates Bild der antiken Verhältnisse auf dem Boden des späteren Vorarlberg nachzeichnen, so müssen jene größeren räumlichen Einheiten berücksichtigt werden, denen in diesen Zeiten eine historische Bedeutung zukam. Dies ist für die ausgehende Vorgeschichte der Alpenraum an sich, für die römische Herrschaft die nachmalige Provinz Rätien.

Die Voraussetzungen – ethnische Verhältnisse im Gebiet des späteren Vorarlberg am Vorabend der römischen Okkupation

Um ein Volk ethnisch näher bestimmen zu können, bedarf es sprachlicher Zeugnisse, die, mit anderen bekannten Sprachen in Beziehung gesetzt, bei der genaueren Einordnung einer Volks- bzw. Sprachgruppe herangezogen werden müssen. Derartige Denkmäler sind aus dem Alpenraum nur in äußerst rudimentärer Form erhalten. Immerhin lässt sich erkennen, dass einzelne Regionen, angeregt durch wirtschaftliche Beziehungen mit den bis in die Poebene vorgedrungenen Etruskern, die Möglichkeit aufgriffen, ihre Sprache in schriftlicher Form festzuhalten. Dazu bedienten sie sich eines vom Etruskischen abgeleiteten und für ihre Sprachen adaptierten Alphabets. So sind uns für das 1. Jahrhundert v. Chr. vier verschiedene Alphabete bezeugt, die den kultur- und geistesgeschichtlich überaus bedeutenden Prozess der Übernahme der Schrift dokumentieren und damit eigentlich von der Vor- zur Frühgeschichte überleiten. Allerdings ist das Verständnis der oft nur sehr kurzen Texte mit sehr großen Problemen verbunden. Allzu oft bleiben die Inhalte dunkel, sodass eine genauere Einordnung der in diesen Alphabeten verfassten Sprachen mit großen Schwierigkeiten verbunden ist. Auch ist uns aus dem Gebiet des späteren Vorarlberg selbst keine einzige der oben erwähnten Inschriften bezeugt. Ist somit eine genauere Einordnung dieser Sprachen nicht möglich, so können doch grundsätzliche Strukturen des Alpenraumes erkannt werden:

5./4. Jh. v. Chr.: Beginn der keltischen Besiedlung.

15 v. Chr.: Die Römer erobern das Gros des Alpengebietes; in diesem Zusammenhang schlägt der spätere Kaiser Tiberius auf dem Bodensee ein kleineres Seegefecht mit Einheimischen.

- Offensichtlich saß im Gebiet der Alpen nicht ein Volk mit einer Sprache, sondern es ist vielmehr von einer Vielzahl von kleinräumigen Ethnien mit unterschiedlichsten Sprachen auszugehen.
- Diese Alpenvölker bildeten unterschiedliche Kulturkreise aus, die uns durch ihre materielle Hinterlassenschaft fassbar werden.
- Spätestens seit dem 4. Jahrhundert v. Chr. drangen zusätzlich keltische Volksgruppen in die Alpentäler vor, wo sie, obwohl zahlenmäßig in der Minderheit, oft die politisch, wirtschaftlich und kulturell bestimmenden Kräfte stellten, sodass die ethnische Vielfalt um einen zusätzlichen Aspekt erweitert wurde.

Hirschhorn-Harpunen aus Koblach, um 5.000 v. Chr.

15 v. Chr.

Die in den diversen Inschriften greifbaren Alpenbewohner haben uns keine Eigenbezeichnungen ihrer ethnischen Identität hinterlassen. Hingegen ist uns aus dem Bereich der benachbarten mediterranen Hochkulturen Griechenlands und Italiens eine Fremdbezeichnung erhalten, die den Eindruck eines ethnisch geschlossenen alpinen Gebietes erweckt. So sprechen die lateinischen und griechischen Quellen unisono von Rätern, wann immer sie auf die Bewohner des Alpenraumes zu sprechen kommen (mit Ausnahme des Gebietes Kärntens und der Steiermark, wo von „keltischen Norikern" die Rede ist). Diese Klassifizierung beruht aber offensichtlich auf äußerst mangelhaften Kenntnissen der komplexen Verhältnisse. Eine plausible Erklärung für die Entstehung der pauschalen Bezeichnung „Räter" geht davon aus, dass Griechen und Römer im Bereich der nördlichen Poebene tatsächlich mit einem Volkssplitter, der sich selbst „Räter" nannte, in Berührung kamen. Diese Bezeichnung wurde dann allerdings willkürlich auch auf all jene Völkerschaften ausgedehnt, die in den nördlich anschließenden Alpentälern siedelten.

Neben der Sammelbezeichnung „Räter" werden in der antiken Überlieferung aber auch die Namen einzelner Völkerschaften genannt, die als im engeren Bereich der Alpen beheimatet galten. Allerdings stellen sich der modernen Forschung auf Grund unexakter und widersprüchlicher Angaben innerhalb der antiken Quellen große Probleme bei der genaueren Lokalisierung. Einigermaßen gesichert ist für den nördlichen Bereich des späteren Vorarlberg und die angrenzenden Gegenden des Allgäu die Anwesenheit eines keltischen Volksstammes, der als Vindeliker bezeichnet wird. Ihr Hauptort war Brigantium/Bregenz, das einen Siedlungstyp repräsentierte, der von den Römern seit Cäsar als „oppidum" bezeichnet wurde. Die Identifikation der südlich angrenzenden Völkerschaften gibt bereits größere Probleme auf. In diesem Zusammenhang werden vor allem zwei Völkerschaften genannt, die für eine Besiedlung des südlichen Vorarlberg in Frage kommen: die Vennonen und die Caluconen. Welcher von beiden dabei der Zuspruch zu erteilen ist und wo die exakten Grenzen verliefen, lässt sich allerdings nicht definitiv entscheiden.

Neben der erwähnten Bedeutung von Bregenz in dieser Zeit dürfte auch eine Siedlung im Bereich des späteren Bludenz eine überregionale Rolle gespielt haben, begründet vornehmlich auf dem Abbau, der Verhüttung und Verarbeitung von Metallen in nicht näher bekannten Örtlichkeiten des Montafon, des Brandner- und vielleicht auch des Klostertals.

Die Handelsbeziehungen mit Italien in dieser Zeit dürfen nicht unterschätzt werden. Neben kulturellen Einflüssen mannigfacher Art, wozu etwa die schon angesprochene Übernahme der Schrift gehört, ist auch das Aufgreifen des gemünzten Geldes als Zahlungsmittel zu nennen. Neben eigenständigen Prägungen, wozu in Vorarlberg allerdings Beispiele fehlen, wurden vielfach die in Italien geprägten Münzen einfach übernommen. Ein herausragendes Beispiel für diesen Vorgang ist ein bei Lauterach entdeckter Schatzfund (Münzen und Schmuck), der von einem Einheimischen oder von einem römischen Kaufmann um etwa 100 v. Chr. entweder versteckt oder gar als Weihegabe für eine nicht näher bezeichnete Gottheit deponiert wurde.

Die römische Eroberung

Auch über den genaueren Ablauf der römischen Eroberung sind wir nur sehr unzureichend unterrichtet. Unsere Kenntnisse stützen sich neben kürzeren Anmerkungen bei verschiedenen lateinischen und griechischen Autoren, die vom Ende des 1. Jahrhunderts v. Chr. bis an den Beginn des 5. Jahrhunderts n. Chr. reichen, auch auf ein von Kaiser Augustus bei La Turbie in Südfrankreich errichtetes Siegesmonument mit Inschrift. Deren Text hat uns der beim Ausbruch des Vesuv 79 n. Chr. ums Leben gekommene römische Universalgelehrte Plinius d. Ä. in seiner „Naturgeschichte" vollständig erhalten. Dort werden allerdings nur jene Alpenvölker namentlich genannt, die sich der römischen Okkupation gewaltsam widersetzten und militärisch unterworfen wurden. Über den genaueren Hergang des Feldzuges gibt die Inschrift jedoch keine Auskunft.

Zwar sind wir über die Motive des Alpenfeldzuges nicht genau informiert, doch scheint erkennbar, dass die militärischen Operationen in mehrjährigen Unternehmungen erfolgten und mit Feldzügen in Illyrien 35–33 v. Chr. einsetzten. Im Jahre 15. v. Chr. wurde schließlich das Gros des eigentlichen Alpengebietes unterjocht, wobei als militärischer Kommandeur neben den beiden Stiefsöhnen des Augustus, Tiberius und Drusus, mit L. Calpurnius Piso ein erfahrener Militär eine bedeutende Rolle gespielt haben dürfte. Der genaue Verlauf des Feldzuges bleibt im Dunkeln. Vorarlberg scheint jedenfalls nicht auf der Route eines der

Keramikfund aus Altenstadt, Melauner Kultur, um 1.000 v. Chr.

2. Jh. n. Chr.

Bronzestatuette aus Bings, um 400 v. Chr.

großen Heerkeile gelegen zu haben. Der Widerstand der Alpenbewohner war teilweise erbittert, wurde allerdings mit äußerster Härte innerhalb kürzester Zeit gebrochen. Ein schwer zu deutendes Zeugnis verzweifelter einheimischer Gegenwehr hat uns der römische Historiker Florus (2. Jahrhundert n. Chr.) überliefert. Er berichtet, dass die an Verteidigungsaktionen beteiligten Frauen in aussichtsloser Lage selbst davor nicht zurückschreckten, ihre eigenen Kinder den Römern als „Wurfgeschosse" entgegenzuschleudern. Dabei dürfte es sich um religiös motivierte Verzweiflungstaten gehandelt haben, bei denen einzelne Alpenbewohner einen kollektiven Selbstmord einer Unterjochung und möglichen Versklavung vorzogen. Auf diese Weise hatten sie die einzige Hoffnung, ihre familiären und sozialen Beziehungen wenn schon nicht im Diesseits, so doch zumindest im Jenseits zu bewahren.

Doch selbst derartige Aktionen konnten nichts am militärischen Ausgang ändern. Zwar erwähnen kaiserzeitliche Quellen in diesem Zusammenhang eine große Schlacht, jedoch dürfte sich in dieser Nachricht mehr römische Propaganda als historische Realität widerspiegeln, ist es doch mehr als nur fraglich, ob die disparaten Alpenbewohner zu einem einheitlich organisierten Widerstand überhaupt in der Lage waren. Demgegenüber ist allerdings gesichert, dass Tiberius auf dem Bodensee ein kleineres Seegefecht mit Einheimischen schlug, dem jedoch kaum eine größere überregionale Bedeutung zukam. Jedenfalls hatten römische Truppen innerhalb eines Jahres den gesamten Alpengürtel unterworfen, wodurch mit der Angliederung an das Imperium Romanum eine neue Epoche ihren Ausgangspunkt nahm.

Die politisch-militärischen Ereignisse bis zum Zusammenbruch des Imperium Romanum und der Provinz Rätien

Nachdem sich die Römer Rätiens bemächtigt hatten, setzte eine längere Zeit relativen Friedens ein, die lediglich von den Wirren nach dem Tod Neros 68–70 n. Chr. unterbrochen wurde. Damals unterstützten die maßgeblichen Stellen Rätiens und Noricums unterschiedliche Prätendenten für den Kaiserthron, sodass die Provinzgrenze am Inn unter erhöhte militärische Bereitschaft gesetzt wurde. Rätien zog dabei den Kürzeren, hatte es doch mit Vitellius auf den falschen Kaiser gesetzt. Die Kämpfe, die in diesen Jahren in Rätien stattfanden, lassen sich auch archäologisch durch eine Reihe von Brand- und Zerstörungsschichten greifen, die nicht nur militärische Anlagen, sondern auch zivile Siedlungen betrafen. So wurde neben Baden in der Schweiz (Aquae Helvetiae), Augsburg und Kempten auch Bregenz von Verwüstungen heimgesucht.

Bis zu den Markomannenkriegen in den 70er Jahren des 2. Jahrhunderts herrschten dann in Rätien ruhige und stabile Verhältnisse. Der Ansturm des in der Gegend des heutigen Tschechien ansässigen germanischen Volkes der Markomannen und seiner Verbündeten bedrohte nicht nur die Grenzregionen, sondern auch Italien selbst. Die militärische Lage war aufs Äußerste angespannt, und es gelang nur unter größten Kraftanstrengungen, die gefährliche Situation zu meistern. Zwar sind auch in diesem Zusammenhang Zerstörungsschichten in einzelnen Kastellen Rätiens belegbar, doch scheint die Provinz nicht so stark in Mitleidenschaft gezogen worden zu sein wie das benachbarte Noricum. Bedeutender sind jedenfalls die Folgewirkungen des Krieges, der zu nachhaltigen Veränderungen in der verwaltungstechnischen Organisation Rätiens führte. Von nun an wurde das Reich immer wieder durch anstürmende Germanen bedroht, wozu sich im 3. Jahrhundert noch innenpolitische Wirren gesellten. Diese turbulenten Ereignisse für Rätien einigermaßen genau nachzuzeichnen, sind wir heute nur sehr eingeschränkt in der Lage. Sicher ist, dass die Provinz seit etwa 260 für einen nicht näher zu bestimmenden Zeitraum zum gallischen Sonderreich des Postumus (260–269) gehörte und sich damit von Italien abkoppelte. Im selben Jahr ist ferner ein Einfall der Juthungen und Semnonen nach Italien anzusetzen. Dabei wurden die nach Norden zurückkehrenden Germanen vom rätischen Statthalter unweit von Augsburg vernichtend geschlagen. Allerdings wissen wir nicht, auf welcher Route diese Germanen nach Italien eingefallen waren. Es ist jedenfalls äußerst ungewiss, ob sie in diesem Zusammenhang Rätien überhaupt tangierten. So lassen sich jedenfalls für die Jahre 260 und 270 im rätischen Hinterland keine münzdatierten Schatzfunde feststellen, die auf groß angelegte Verwüstungen der Provinz durch die Germanen hinweisen würden. Damit verknüpft ist auch die Frage des Zeitpunkts der Verlagerung des Siedlungsschwerpunkts in Bregenz vom Ölrain in die Oberstadt. Hier ist sicherlich von einem längeren, mehrere Jahre andauernden Prozess auszugehen, dessen Beginn

3. Jh. n. Chr.

mit aller Vorsicht ins letzte Drittel des 3. Jahrhunderts datiert werden kann. Diese Entwicklung steht sicherlich im Zusammenhang mit einer Zurücknahme der Grenze auf die besser zu verteidigende Donau-Iller-Rhein-Linie. Dadurch war Bregenz zu einer Grenzstadt an diesem Limes geworden, die es auch fortifikatorisch auszubauen galt. Schließlich ist es nach neueren Erkenntnissen problematisch, die Ereignisse dieser Jahrzehnte mit den Alamannen in Verbindung zu bringen. Zwar wird dieses in einem längeren, Ethnogenese genannten Prozess aus mehreren germanischen Splittergruppen in Südwestdeutschland neu entstandene „Mischvolk" in antiken Quellen erstmals für das Jahr 213 genannt, doch dürfte es sich dabei um Rückprojektionen bekannter Verhältnisse des 4. Jahrhunderts handeln. Gesichert ist die Existenz dieser Volksgruppe erst seit den Jahren 290/300, weshalb davor liegende Ereignisse jedenfalls nicht mit den Alamannen verknüpft werden sollten. Dies gilt nicht zuletzt auch für die spürbaren Veränderungen im Bereich des späteren Vorarlberg, die sich noch im 3. Jahrhundert vollzogen haben dürften. So wurde etwa die Villenanlage in Satteins in dieser Zeit aufgegeben. Gleichzeitig reaktivierte die einheimische Bevölkerung längst vergessene Fluchtburgen, die in Zeiten militärischer Bedrohung sicheren Schutz gewähren sollten. Dazu gehörten etwa die Anlagen auf dem Neuburghorst und dem Liebfrauenberg, im Bereich der Heidenburg bei Göfis, Stellfeder und Scheibenstuhl bei Nenzing oder auch am Montikel bei Bludenz. Es dauerte bis ins erste Drittel des 4. Jahrhunderts, bevor die militärische Lage wiederum für längere Zeit als einigermaßen stabil bezeichnet werden konnte und das Hinterland vor plündernden Einfällen sicher war. Sieht man von den veränderten Rahmenbedingungen ab, scheint gerade in der Zeit der ersten Hälfte des 4. Jahrhunderts für das Gebiet des späteren Vorarlberg eine Zeit letzter relativer Prosperität geherrscht zu haben. Zwar war Bregenz seit dem ausgehenden 3. Jahrhundert zu einer Grenzstadt geworden, die dicht hinter einer neu errichteten befestigten Grenzlinie entlang des Donau-Iller-Rhein-Limes lag, doch sicherten die Aushebung und Stationierung neuer Truppen eine Zeit der inneren Ruhe. Rätien und damit auch das Gebiet des späteren Vorarlberg waren zu einem „Vorposten" Italiens geworden, der erhöhte militärische Aufmerksamkeit und Zuwendung seitens der Zentralverwaltung verdiente. In diesem Rahmen wurden die infrastrukturellen Voraussetzungen zur Verbesserung der Nachschublinien sowie zur Gewährleistung eines gut funktionierenden und rasch arbeitenden Nachrichtennetzes geschaffen. Diese bestanden vor allem in einem verstärkten Ausbau des Straßennetzes, das mit regelmäßigen Stationen für die kaiserlichen Kuriere versehen wurde. Eine dieser Stationen war auch Clunia, das nach neuesten Erkenntnissen mit ziemlicher Sicherheit mit dem aus verschiedenen Gebäuden bestehenden Komplex Altenstadt-„Uf der Studa" zu identifizieren ist. Gleichzeitig wäre es verfehlt, von einer vollkommenen Räumung der Siedlungszonen in den Talschaften auszugehen. So waren etwa die beiden Anlagen von Brederis-Weitried und Altenstadt-„Uf der Studa" noch im 4. Jahrhundert in Betrieb. Mit dem erneuten Einbrechen germanischer Gruppen im Jahre 352 zeichneten sich dann allerdings längerfristig endgültige Veränderungen ab. In zwei Feldzügen konnte die Lage 355 und 358 nochmals stabilisiert werden. Dabei dürfte der römische Heermeister Arbetio über das Alpenrheintal bis an den Bodensee gelangt sein. Wohl im Zusammenhang mit den Unruhen dieser Zeit ist ein bei Fußach entdeckter Münzschatz zu sehen, der von der verzweifelten Bevölkerung vergraben wurde. Nach letzten Stabilisierungsmaßnahmen unter Valentinian I. (364–375),

Überrest einer vergoldeten Bronzestatue aus Bregenz, um 100 n. Chr.

unter dem nach neueren Überlegungen auch ein Hafenkastell in Brigantium errichtet worden sein dürfte, wurden die Zeiten endgültig unsicherer, was durch die Zunahme germanischer Einfälle dokumentiert wird. Über das genaue Ende der römischen Herrschaft sind wir nur unzureichend unterrichtet. Doch scheint entgegen früherer Annahmen die Provinz bis in die Mitte des 5. Jahrhunderts von Rom gehalten und eine Ansiedlung der germanischen Alamannen weitgehend verhindert worden zu sein.

4. Jh. n. Chr.

Aspekte der Verwaltung unter römischer Oberhoheit

Solange die Römer ihre Kämpfe im nördlichen Germanien fortsetzten, lassen sich noch keine Ansätze für eine zivile verwaltungstechnische Strukturbildung erkennen. Die Truppenkonzentration im Raum der späteren Provinz Rätien blieb massiv, wobei das Legionslager Augsburg-Oberhausen eine wichtige Operationsbasis bildete. Erst mit dem Einstellen der Kämpfe gegen die Germanen im Jahre 16/17 n. Chr. änderte sich dies. Nun wurde das spätere Vorarlberg einschließlich größerer Gebiete des benachbarten Tirol, Bayerns, Baden-Württembergs und der Schweiz erstmals zu einer einheitlichen Verwaltungseinheit zusammengefasst, die allerdings immer noch deutliche militärische Züge trug. Diese Einheit wurde zunächst von einem ritterlichen Beamten namens Sextus Pedius Lusianus Hirrutus verwaltet, der sich offiziell als „praefectus Raetis Vindolicis vallis Poeninae levis armaturae" (Präfekt für die Räter, Vindeliker, des Wallis sowie der leicht bewaffneten Truppe) bezeichnete. Gerade die letztgenannte Truppe deutet wohl einen einsetzenden Entmilitarisierungsprozess an, der zum Abzug der Legionen sowie zur Aushebung und Ausbildung lokaler Kontingente führte. Eher fraglich scheint allerdings, ob man unter der Bezeichnung „levis armatura" eine Art Landesaufgebot in römischen Diensten verstehen darf. Wahrscheinlicher ist vielmehr, dass darunter kleinere, aber regulär ausgebildete römische Einheiten zu verstehen sind, während ein Teil der einheimischen wehrfähigen männlichen Bevölkerung zwar als Hilfstruppen aufgestellt wurde, den Dienst aber nicht in heimatlichen Regionen, sondern in den verschiedensten Teilen des Imperiums versah. Zu einer Entvölkerung kam es dadurch freilich nicht. Ob in dieser Zeit kurzfristig auch ein in Holz-Erde-Bauweise errichtetes Kastell in Bregenz existierte, ist in der Forschung umstritten.

Nach dieser Übergangsphase wurde wohl noch unter Tiberius (14–37 n. Chr.) eine ordentliche Provinz „Raetia et Vindelicia et vallis Poenina" eingerichtet (das Wallis wurde später abgetrennt). Da auf dem Boden der Provinz keine Legionen, sondern lediglich kleinere Verbände stationiert waren, wurde sie auch nicht von einem Legionskommandanten (legatus Augusti pro praetore) als Statthalter, sondern von einem ritterlichen Beamten verwaltet, der den Titel eines Prokurators trug und seinen Amtssitz in Augsburg (Augusta Vindelicorum) aufgeschlagen hatte (vielleicht auch anfangs in Cambodunum/Kempten). Die Einrichtung als prokuratorische Provinz (so auch

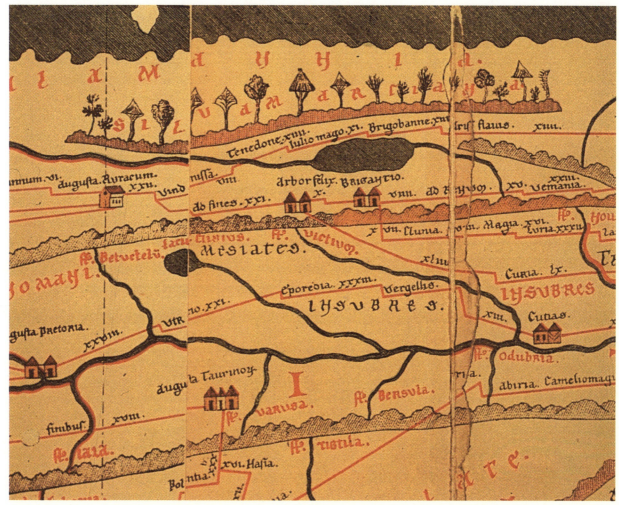

Ausschnitt aus der so genannten Tabula Peutingeriana, einer in mittelalterlicher Kopie erhaltenen römischen Straßenkarte

4. Jh. n. Chr.

Das Siegesmonument von Kaiser Augustus bei La Turbie in Südfrankreich

das benachbarte Noricum) spricht für einen raschen Befriedungsprozess, der die Stationierung größerer militärischer Einheiten als überflüssig erscheinen ließ. Sieht man von kurzfristigen inneren Unruhen ab, die im Rahmen der Kämpfe des Vierkaiserjahres 68/70 ausgebrochen waren und auch Rätien tangierten, erlebte die Provinz nun in den nächsten 150 Jahren eine Zeit des Friedens. Dies änderte sich erst, als sich am Ende des 2. Jahrhunderts mit den Markomannenkriegen bereits die Vorboten der Völkerwanderung ankündigten. Da die Markomannen und die mit ihnen verbündeten Völkerschaften nicht nur Rätien und Noricum, sondern auch Oberitalien bedrohten, mussten eigens zwei neue Legionen aufgestellt werden, mit deren Hilfe die Gefahr schließlich abgewendet werden konnte. Doch blieb die militärische Lage prekär, sodass es geraten schien, sowohl in Rätien als auch in Noricum jeweils eine der beiden neu ausgehobenen Legionen auf Dauer zu stationieren. Damit änderte sich aber auch der verwaltungstechnische Status der beiden Provinzen grundlegend. Mit dem Aufschlagen eines festen Legionslagers in Regensburg (Castra Regina) übernahm der Legionskommandant (legatus Augusti pro praetore) auch die Funktion des Statthalters, wodurch ein deutlicher Militarisierungsprozess der Provinz einsetzte. Dieser Zustand währte etwas länger als 100 Jahre. Mit der erneuten Stabilisierung des Reiches nach den Wirren des 3. Jahrhunderts durch Kaiser Diokletian (284–305) wurde eine umfangreiche Verwaltungsreform in Angriff genommen, die eine Verkleinerung der Provinzen und eine völlige Neuordnung der Kompetenzen vorsah. Dadurch sollte sowohl die militärische als auch die wirtschaftliche Schlagkraft der Provinzen erhöht werden. Auch die Provinz Rätien wurde zweigeteilt, doch geschah dies wohl erst in der Zeit Konstantins I. (306–337). Dabei umfasste die neue Provinz Raetia Prima das Gebiet Vorarlbergs und der Ostschweiz. Wo der Statthalter dieser Verwaltungseinheit seinen Sitz hatte, können wir heute nicht mehr sicher ermitteln. Neben Chur kommen dafür ebenso Bregenz und Kempten in Frage. Jedenfalls hatte dieser Statthalter nur noch zivile Befugnisse, während die militärischen Agenden beider Rätien einem „dux Raetiarum" anvertraut wurden. Zusammen mit anderen Provinzen unterstanden beide Rätien zudem einer neu eingerichteten Verwaltungseinheit, einer so genannten Diözese, die in diesem Fall von einem „vicarius" in Mailand geleitet wurde. Bis zur Aufgabe Rätiens durch römische Truppen blieb diese Verwaltungseinteilung maßgebend, wobei das von den Bischöfen von Chur bis in die Zeit Karls des Großen auch politisch beherrschte Unterrätien sich in etwa mit der Raetia Prima deckte. Auch die Orientierung der sich seit der Spätantike herausbildenden bischöflichen Verwaltungssprengel des Christentums an den Strukturen des Imperiums bewahrte – wenn auch nicht unbedingt in den räumlichen Grenzen, so doch in der Bezeichnung an sich – die Gliederung nach Diözesen bis in unsere Tage.

Ob und in welcher Form in den Zeiten seit der Einbindung unserer Region in das Imperium Romanum lokale Verwaltungsstrukturen existierten, die für den engeren Bereich des späteren Vorarlberg maßgeblich waren, lässt sich nur vermuten. Eine relativ bedeutende Funktion kam dabei sicherlich Brigantium/Bregenz zu, wobei wir über den

4. Jh. n. Chr.

rechtlichen Status der Siedlung gleichfalls nur Spekulationen anstellen können. Zwar wird Bregenz in der modernen Forschung immer wieder der Status eines „municipium" zugeschrieben (d.h. einer Siedlung, deren Bewohnern von einem Kaiser das römische Bürgerrecht zuerkannt wurde und die gleichzeitig eine lokale Selbstverwaltung ausübte), doch fehlen konkrete Belege dafür. Auf Grund des auffallend geringen Grades an „Munizipalisierung" in beiden Rätien können wir nicht entscheiden, ob das nähere Umfeld von Brigantium mit der Siedlung verwaltungstechnisch überhaupt verbunden war, geschweige denn, dass wir dafür genauere Grenzen angeben könnten. Ja es ist nicht einmal auszuschließen, dass Bregenz diesbezüglich überhaupt keine Kompetenzen zukamen und dass das Umland direkt vom Statthalter verwaltet wurde. Wieweit die sonst in Rätien bezeugten kaiserlichen Domänen, die einer direkten kaiserlichen Verwaltung unterstanden, auch auf dem Boden des späteren Vorarlberg existierten, muss gleichfalls offen bleiben.

Die wirtschaftlichen, kulturellen und sozialen Verhältnisse

Mit dem Auftreten römischer Truppen und der Integration in das römische Imperium änderten sich die Verhältnisse im Gebiet des nachmaligen Vorarlberg grundlegend. Eine der herausragendsten Veränderungen war in der Tatsache begründet, dass Rätien nun direkten Anschluss an einen Wirtschaftsraum erhielt, der sich von Britannien nach Syrien und von der Rheinmündung bis nach Afrika erstreckte. Diese gewaltige geografische Breite zog nicht nur eine Intensivierung des Handels und Warenaustauschs nach sich, sondern führte neben neuen Formen wirtschaftlicher Kommunikation auch zur Einfuhr völlig neuer Güter und landwirtschaftlicher Produkte. Erst jetzt lernten die Alpenbewohner Äpfel, Birnen, Kirschen, Erbsen und Roggen kennen, wodurch die Landwirtschaft ungeahnte Impulse erfuhr. Eine nie gekannte Verkehrssicherheit vermochte nicht nur Einheimische zu verstärkter Handelsaktivität zu motivieren, sondern brachte auch römische Händler ins Land. Diese organisierten sich gerne in größeren Genossenschaften. Dieses Phänomen ist uns auch für Bregenz bezeugt, wo eine derartige Korporation römischer Bürger eine Weihinschrift „für alle Götter und Göttinnen" stiftete. Neben landwirtschaftlichen Produkten wurde eine mit Erzeugerstempeln versehene luxuriöse Keramik, die so genannte Terra sigillata, in größeren Mengen aus Italien und Gallien importiert. Überhaupt weisen verstärkte Handelsbeziehungen Rätiens in den Westen. Wie etwa für Augsburg dokumentiert, kam dabei der einheimischen Textilveredelung und -verarbeitung ein besonderer Stellenwert zu. Auch der gesteigerte Geld- und Münzumlauf bezeugt die wachsende Integration in den mediterranen Wirtschaftsraum. Zumindest in städtischen Zentren ist mit einer deutlich zunehmenden Kenntnis des Lesens und Schreibens zu rechnen. Latein wurde auch für unsere Breiten zur Lingua franca, jedenfalls für diejenigen, die sich am internationalen Handel beteiligten oder eine Karriere im römischen Heer anstrebten. Gerade das Heer kann in diesem Zusammenhang als ein Integrationsfaktor ersten Ranges bezeichnet werden, der ganz wesentlich zur Romanisierung der Provinzialbevölkerung beitrug. Hatten zunächst die Bewohner Rätiens den Status von „Fremden" (peregrini), so bot ihnen einzig der Militärdienst die Möglichkeit, das römische Bürgerrecht und damit verbundene Privilegien zu erlangen. Dieser Dienst umfasste in der Regel 25 Jahre und endete in der „ehrenhaften Entlassung" mit der feierlichen Verleihung des Bürgerrechts. Wurden zahlreiche Rekruten Rätiens zunächst zwangsweise eingezogen und mit ihren Einheiten über das gesamte Imperium verteilt, so änderte sich dies im Laufe der Zeit, wodurch auch eine Stationierung in relativer Nähe zur eigenen Heimat möglich wurde. Trotzdem war es gerade das Heer, das den geografischen Horizont vieler Alpenbewohner erweiterte und ihnen eine konkrete Vorstellung von der römischen Reichskultur vermittelte.

Sowohl militärischen als auch wirtschaftlichen Gesichtspunkten diente der intensive Ausbau des Straßensystems, das sich als eines der prägendsten Elemente römischer Kultur erweisen sollte. Für Vorarlberg bekam in diesem Zusammenhang vor allem die Route über den Julier-Pass durch das Alpenrheintal nach Bregenz größere Bedeutung. Römische Straßen waren auch in regelmäßigen Abständen mit Straßenstationen versehen, die allerdings nur der kaiserlichen Post zur Verfügung standen. Dort konnten die Gespanne gewechselt und Verpflegung ausgefasst werden. Zwei derartige Straßenstationen befanden sich auch auf Vorarlberger Boden. Neben Bregenz ist auch mit dem Namen Clunia eine derartige Anlage verbunden. Dieses dürfte nach neuesten Erkenntnissen mit der Anlage Altenstadt-„Uf der Studa" gleichzusetzen sein, die neben einem Hauptgebäude auch ein Ensemble mehrerer kleinerer Nebengebäude aufwies und von einer Mauer eingefasst wurde, an der die römische Hauptstraße unmittelbar vorbeiführte. Der Raum Rankweil-Altenstadt scheint schon in römischer Zeit einer der bevorzugten Siedlungsräume gewesen zu sein, wovon auch die Existenz einer weiteren Villenanlage zeugt. Die Übernahme mediterraner Villenkultur offenbart ein Element römischen Lebensgefühls, das nun auch in die Provinzen ausströmte. Wie die beiden bereits angesprochenen Anlagen von Brederis-Weitried (in den Grundmauern konserviert und zu besichtigen) und das Gebäudeensemble Altenstadt-„Uf der Studa" dokumentieren, handelte es sich dabei um zum Teil in mehrere Komplexe zerfallende Anlagen, die neben Wohnräumen auch größere Wirtschaftstrakte erkennen lassen. Mit der Anlage durch Fußbodenheizung (Hypokausten) erwärmbarer Räumlichkeiten und der Einrichtung verschieden temperierter Baderäume hielt auch ein Element antiker Freizeitkultur und Körperpflege Einzug in unsere Breiten. Römische Villen beschränkten sich allerdings nicht auf den Raum Rankweil-Altenstadt. Zumindest eine derartige Anlage ist auch für den

4. Jh. n. Chr.

Walgau (Satteins) bezeugt, während im Raum Bregenz besonders prachtvoll ausgestattete Beispiele ans Tageslicht kamen. Diese waren teilweise mit üppigen Fußbodenmosaiken und lebhaften Wandmalereien dekoriert und bezeugen somit auch den Wohlstand ihrer ehemaligen Besitzer. Ein besonders schönes Beispiel ist die heute noch in ihren Grundmauern konservierte Villa am Steinbühel.

Bregenz darf sicherlich als das bedeutendste Zentrum auf Vorarlberger Boden angesprochen werden. Seit augusteischer Zeit wurde auf dem Plateau des Ölrain – zunächst in Fachwerkbauweise, dann in Stein – eine römische Siedlung angelegt, die alle erforderlichen Baulichkeiten einer mediterranen Stadt aufwies. Von zwei sich kreuzenden Hauptstraßen durchzogen, findet sich ein in regelmäßiger Ordnung angelegtes Konglomerat aus öffentlichen und privaten Anlagen. Zu ersteren zählt im Zentrum der große Gebäudekomplex des Forums, eine von einer Wandelhalle umgebene Hofanlage, wo das städtische Treiben in seinen vielfältigen Formen stattfand. Daran südlich anschließend wurde eine große öffentliche Thermenanlage freigelegt, in deren Nachbarschaft sich gleichfalls ein Hof mit Wandelhalle befand. Dort wurde auf einer der Säulen ein auf den Schaft geritztes Zitat aus Vergils Aeneis gefunden, das in eindrucksvoller Weise die Verbreitung römischer Schriftkultur und literarischer Bildung dokumentiert. Schließlich gehörte zu den öffentlichen Anlagen ein der kapitolinischen Trias (Jupiter, Juno, Minerva) geweihtes Heiligtum. Lagen diese Gebäude gemeinsam mit größeren Villen alle an der dem See zugewandten Seite der Terrasse, so befanden sich die privaten Wohn- und Geschäftslokale auf der gegenüberliegenden Straßenseite und lassen meist einen einheitlichen Grundriss erkennen. Unmittelbar an die Straße grenzte ein in Laubenform gestalteter „Gehsteig", von dem aus man Zugang zu einzelnen Geschäftslokalen hatte. Im hinteren Gebäudebereich befanden sich schließlich neben Wirtschafts- und Lagerkapazitäten auch die eigentlichen Wohngebäude. Besonders zahlreich scheinen dabei in den freigelegten Handwerkerhäusern Schmiedewerkstätten vertreten zu sein.

Das religiöse Leben zeigte gleichfalls einen deutlichen mediterranen Einschlag, wenn sich auch gerade hier ältere Vorstellungen hartnäckig halten konnten. Kleinbronzen von Mars und Merkur, mythologische Darstellungen auf Öllampen sowie klassisch-römische

Steinrelief der keltisch-römischen Pferdegöttin Epona aus dem ersten Jahrhundert n. Chr.

4. Jh. n. Chr.

Tempelarchitektur offenbaren zunächst ein ganz vom italischen Mutterland geprägtes Spektrum religiöser Vorstellungen. Bewegte sich auch der bereits angesprochene Tempel für die kapitolinische Trias in den Konventionen römischer Religiosität, so zeigte ein nördlich daran anschließender Komplex eines so genannten „gallischen Umgangstempels" bereits einheimische architektonische (und wohl auch kultische) Formen, die bis in vorrömische Zeit zurückreichen. Teilweise sind uns einheimische Gottheiten, die in römischer Zeit weiterhin Verehrung fanden, auch namentlich bekannt. Das berühmteste Beispiel ist das Relief der keltischen Pferdegöttin Epona, das in sekundärer Verwendung am Tor zur Oberstadt eingemauert war und sich nun im Vorarlberger Landesmuseum befindet (am ursprünglichen Ort ist heute eine Replik zu bewundern). Daneben dürfte der auf einer Weihinschrift erhaltene Gottesname (H)arcecius ebenfalls einheimische religiöse Traditionen widerspiegeln. Ein universelleres Phänomen magisch-religiöser Bestrebungen ist uns aus Bregenz durch die Existenz von Fluchtäfelchen greifbar. Mit ihrer Hilfe sollte ein persönlicher Widersacher durch die Anwendung magischer Praktiken, verbunden mit Unheil stiftenden Verwünschungen, ausgeschaltet werden. Auch der Jenseitsglaube zeigte allgemein bekannte Formen. So befanden sich alle Gräber an einer in nördlicher Richtung liegenden Ausfallstraße außerhalb der Siedlung. Die Ausstattung mit entsprechenden Grabbeigaben bezeugt dabei die hinlänglich bekannten Vorstellungen eines Lebens nach dem Tod, das danach ganz den Bedingungen des Diesseits entsprach. Schließlich ist das „Hafenviertel" anzusprechen, über dessen Gestalt in der hohen Kaiserzeit nur die in einer spätantiken „Quaderstruktur" verbauten Spolien (sekundär wiederverwendete Bauglieder) Auskunft geben können. Ob sich für diese Zeit tatsächlich ein „Hafentempel", „Hafenthermen" und eine zum „Hafenviertel" führende „Säulenstraße" nachweisen lassen, bleibt zumindest mit Unsicherheiten behaftet.

Überreste einer römischen Anlage auf dem Ölrain in Bregenz

Veränderungen der inneren Verhältnisse unter römischer Herrschaft sind auf dem Gebiet des späteren Vorarlberg nur innerhalb eines groben Rasters wahrnehmbar. Dies gilt sowohl für Bregenz als auch für den südlich angrenzenden Landesteil. So lässt sich etwa nicht mit letzter Bestimmtheit angeben, wann genau die römische Villenkultur in Vorarlberg unterging. Manches spricht dafür, dass mit deutlichen Ausläufern bis noch ins 4. Jahrhundert zu rechnen ist. Auch die konkrete Belegungsdauer der oben erwähnten Straßenstationen scheint eher in diesen Zeitraum zu gehören. Ein Zeugnis für die wohl letztmalig auftretenden Bemühungen der römischen Zentralverwaltung im 4. Jahrhundert, die Raetia Prima auch militärisch abzusichern, ist in der Stationierung einer Flotteneinheit in Bregenz zu sehen. Zudem gelang es der archäologischen Forschung, in der Gegend des Leutbühel eine sorgfältig angelegte „Quaderstruktur" freizulegen, die nach neuester Interpretation nicht als Hafenbecken, sondern als Fundamentierung eines von Valentinian I. (364–375) errichteten Hafenkastells zu verstehen ist. Die welthistorisch bedeutsame Verbreitung des Christentums über das Imperium Romanum hingegen ist in Vorarlberg mangels vorhandener Quellen nur vergleichend erfassbar.

4. Jh. n. Chr.

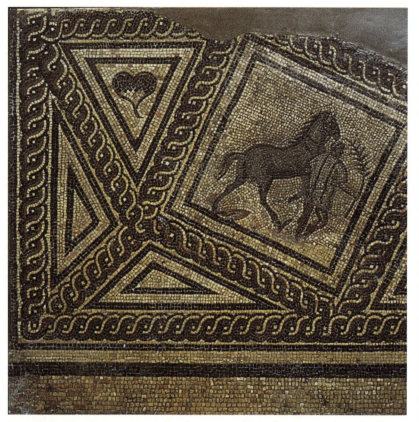

Dieses Bodenmosaik zeugt von der auch in den Provinzen hoch stehenden römischen Lebenskultur.

Eine besonders schwierige Frage hängt mit dem Grad und dem Zeitpunkt der Romanisierung des späteren Vorarlberg zusammen. Zwar wurden bereits oben wichtige Voraussetzungen für diesen Prozess angesprochen (Wirtschaftsraum, Verkehrsnetz, Militär, Sprache), jedoch beziehen sich diese Ausführungen auf den größeren Raum Rätiens, ohne dabei entsprechend anders geartete Verhältnisse in dessen südlichem Teil (dem späteren Vorarlberg und Graubünden) gesondert wahrnehmen zu können. Zwar bedeutete die allgemeine Verleihung des römischen Bürgerrechts an alle Freien durch Kaiser Caracalla (211–217) in seiner Constitutio Antoniniana im Jahre 212 einen Schub in Richtung Romanisierung, doch war damit nicht unbedingt auch eine Übernahme der lateinischen Sprache verbunden. Auffallend ist in diesem Zusammenhang jedenfalls, dass sowohl aus Bregenz als auch aus Chur eine verschwindend geringe Anzahl an römischen Grabinschriften erhalten ist, die eigentlich als Gradmesser der Romanisierung gelten dürften. Zieht man dazu verkehrsgeografische Beobachtungen mit ins Kalkül, die die inneralpinen Hauptverkehrsadern vor allem im Westen über den St. Bernhard und im Osten über den Brenner bzw. den Reschenpass ausmachen, so entsteht zumindest der Eindruck einer im Verhältnis zu anderen Regionen relativ rückständigen Gegend, in der sich einheimische Traditionen länger halten konnten. Wie man den genauen Zeitpunkt der auf dem Gebiet des späteren Vorarlberg einsetzenden Romanisierung auch einschätzen mag, Tatsache bleibt doch, dass dieser Prozess spätestens in der ausgehenden Antike nahezu alle Bevölkerungsschichten erfasst hatte, wodurch unsere Gegend in einen Kulturraum eingebettet wurde, der auch für die Folgezeit prägend sein sollte. R.R.

Erstes Drittel des 1. Jh. n. Chr.: Errichtung der Provinz „Raetia et Vindelicia et vallis Poenina".

68–70 n. Chr.: Im Zuge der Auseinandersetzungen um die Nachfolge Kaiser Neros kommt es in der Provinz Rätien zu Kämpfen; dabei dürfte auch Brigantium in Mitleidenschaft gezogen worden sein.

212 n. Chr.: Die freien Bewohner der römischen Provinzen, unter ihnen auch die Bewohner des späteren Vorarlberg, erhalten das römische Bürgerrecht.

3. Jh. n. Chr.: Die römische Villenanlage bei Satteins wird aufgegeben; alte Fluchtburgen werden reaktiviert.

Ende 3. Jh. n. Chr.: Brigantium wird zu einer Grenzstadt; sein Siedlungsschwerpunkt verlagert sich vom Ölrain in die Oberstadt.

290/300 n. Chr.: Erste gesicherte Nachrichten über die Alamannen.

Anfang 4. Jh. n. Chr.: Teilung der Provinz Rätien; das Gebiet Vorarlbergs und der Ostschweiz kommt zur Provinz „Raetia Prima".

4. Jh. n. Chr.: Ausbau der Verkehrs- und Nachschubwege im Bereich des heutigen Vorarlberg: Errichtung der Station Clunia und Ausbau eines Kriegshafens in Brigantium.

Um 350/360: Einbruch germanischer Gruppen; Vorstoß des römischen Heermeisters Arbetio bis an den Bodensee.

Mitte des 5. Jh.: Ende der römischen Provinz Rätien.

16/17 n. Chr.: Das Gebiet des späteren Vorarlberg wird mit umliegenden Gebieten zu einer Verwaltungseinheit zusammengefasst.

451: Mit Asino ist erstmals ein Bischof von Chur erwähnt; er ist wahrscheinlich auch für die südlichen Teile des späteren Vorarlberg zuständig.

493-536/37: Das Gebiet Vorarlbergs bildet einen Bestandteil des Ostgotenreiches Theoderichs („des Großen"), dessen Herrschaftszentrum in Italien liegt. In diese Zeit fällt wahrscheinlich die Ansiedlung von Alemannen im Thurgau, im nördlichen Vorarlberg und in Oberschwaben; das Gros des Stammes bleibt aber sicherlich nördlich des Bodensees.

506/07: Theoderich bestellt einen „dux Raetiarum", der auch für das Gebiet Vorarlbergs zuständig ist; er residiert entweder in Chur oder in einem bis heute nicht identifizierten Theodericopolis. Rätien schirmt damit Italien gegen Norden ab.

um 510: Mit Zacco ist erstmals ein weltlicher Herrschaftsträger in Rätien namentlich bezeugt; er ist der Spitzenahn der Familie der „Victoriden", deren Mitglieder später auch das Bischofsamt bekleiden und bis um 780 die weltlichen und geistlichen Spitzenämter Rätiens innehaben.

536/37: Nach der Niederlage gegen die Byzantiner in Italien verbündet sich der Ostgotenkönig Vitigis mit dem Frankenkönig Childebert I. und überlässt diesem dafür die Herrschaft über die Räter und Alemannen.

6./7. Jh.: Allmähliche Germanisierung Rätiens.

Die Heiligen Columban und Gallus

Im Jahre 610 kamen – nach einer längeren Missionsreise durch Frankreich und Burgund – die beiden iro-schottischen Mönche Columban und Gallus an den Bodensee. Sie ließen sich im ehemals römischen Brigantium (Bregenz), wo noch Romanen lebten, nieder und stießen auf ein entweihtes christliches Kirchlein. Nachdem sie die darin angebrachten Götzenbilder entfernt hatten, weihten sie es zu Ehren der heiligen Aurelia neu. Die Missionsversuche der Mönche galten aber auch den in der Umgebung von Bregenz siedelnden heidnischen Alemannen. Erzürnt soll Columban ein Bieropfer, das sie ihrem Gott Wotan darbringen wollten, gestört haben, indem er den mit Bier gefüllten Kessel durch bloßes Anhauchen zum Bersten brachte.

Columban und Gallus auf dem Bodensee. Darstellung aus der Galluslegende von 1452

Da Columban, der als überaus streng und unnachgiebig geschildert wird, sich auf die Weise alsbald den Unmut der Einheimischen zuzog und überdies keine Unterstützung bei der weltlichen Obrigkeit fand, entschloss er sich den Bodensee zu verlassen. Er schilderte die Gegend zwar wegen ihrer landschaftlichen Schönheit als „goldene Schale", deren Bewohner jedoch als „Natterngezücht". Während Columban nach Italien weiterzog und dort das Kloster Bobbio gründete, blieb sein Gefährte Gallus, mit dem er sich zuletzt gleichfalls überworfen hatte, in Alemannien. Gallus zog sich als Einsiedler in das obere Steinachtal zurück, wo er bald den Mittelpunkt einer kleinen Gemeinde bildete. Gallus, dessen Missionstätigkeit viel erfolgreicher war als die Columbans, starb hoch geehrt, wahrscheinlich um 645. An der Stelle seiner Behausung entstand später das Kloster St. Gallen und in weiterer Folge die gleichnamige Stadt. A.N.

Sommer 610/Frühjahr 611: Im Auftrag des fränkischen Königs kommen iro-schottische Mönche unter der Führung des hl. Columban nach Bregenz und führen hier Missionsversuche durch. Bregenz ist damit der erste Ort des heutigen Österreich, der nach der Völkerwanderung wieder genannt wird.

Frühsommer 612: Der hl. Columban gibt seine klosterähnliche Siedlung in Bregenz auf und zieht nach Italien weiter, wo er die Abtei Bobbio gründet. Von seinen Begleitern bleibt allein der hl. Gallus zurück; auch er verlässt schließlich Bregenz und gründet im späteren St. Gallen eine Einsiedelei.

Nach 614: Das Bistum Konstanz wird gegründet.

Um 623-639: Unter dem Merowingerkönig Dagobert I. wird die Bistumsgrenze zwischen Konstanz und Chur am Hirschensprung festgelegt.

Um 700: Der Bodenseeraum bildet unter der Führung der alemannischen Herzöge ein einheitliches politisches Gebilde, zu welchem auch die nördlichen Teile des heutigen Vorarlberg gehören.

719

719: Der Priester Otmar gründet am Ort des Gallusgrabes im Steinachtal die Abtei St. Gallen.

724: Gründung des fränkisch orientierten Klosters Reichenau durch den hl. Pirmin.

724/25: Der Alemannenherzog Lantfrid I. erneuert das alemannische Recht; die „Lex Alamannorum" wird aufgezeichnet.

735: Gründung des Klosters Pfäfers durch den Bischof von Chur als rätisches Gegenstück zu St. Gallen und Reichenau.

742/43: Die Alemannen und Bayern versuchen vergeblich, die Herrschaft der Karolinger abzuschütteln.

Um 746: Nach der Niederlage der Alemannen übertragen viele der Geschlagenen ihren Besitz im Bodenseeraum dem Kloster St. Gallen, um ihn vor dem Zugriff der siegreichen Franken zu schützen. Unterstützt vom Bischof in Chur, sonst aber weitgehend isoliert, wird das Kloster zum Hort der antifränkischen Opposition.

746: Im so genannten „Blutgericht von Canstatt", dessen Umfang meist überschätzt wird, ermorden die Franken die alemannische Herzogsfamilie samt einem Großteil der alemannischen Führungsschicht.

759: Der Abt von St. Gallen, Otmar, wird von den Franken gefangen gesetzt.

771: Karl der Große heiratet eine Schwester Ulrichs, des Stammvaters der Udalrichinger, der späteren Grafen von Bregenz.

15.5.802: Der Priester Dingmund und sein Bruder Ratmund schenken dem Kloster St. Gallen Güter in Leiblach (im Bereich der Gemeinde Hörbranz), in Hohenweiler und in Gwiggen im Argengau. Die Schenkung wird in Bregenz („... in Pregancia castro publici ..."), dem damit eine gewisse Vorrangstellung zugeschrieben wird, beurkundet. Es ist dies die älteste erhaltene Originalurkunde, die auf dem Gebiet des heutigen Österreich ausgestellt wurde und ein Gebiet des heutigen Österreich betrifft.

806/07: Kaiser Karl I. („der Große") führt in Rätien die fränkische Grafschaftsverfassung ein. Dabei kommt es zur Teilung von bischöflichem und gräflichem Besitz („divisio inter episcopatum et comitatum"). Karl setzt den ihm nahe stehenden Germanen Hunfrid als Grafen ein und überträgt ihm einen Großteil des ursprünglich bischöflichen Besitzes.

7.2.807: Hunfrid hält als Graf der Räter („Unfredus vir inluster Reciarum comis") in Feldkirch-Altenstadt („in curte ad campos"), seinem Herrschaftssitz, Gericht.

22.6.808: Erste urkundliche Nennung von Höchst: Cunradat schenkt dem Kloster St. Gallen aus Sorge um sein eigenes Seelenheil und das Schicksal seines Sohnes seinen Besitz zu Höchst („Hostadio"); er knüpft an die Schenkung allerdings die Bedingung, dass sein Sohn Albini sein Leben lang im Kloster versorgt wird und in den Orden eintreten darf, wenn er sich dessen als würdig erweist.

808: Graf Hunfrid von Rätien reist als Gesandter Karls des Großen nach Italien, wo er vom Sohn des Kaisers als Herzog („dux") von Istrien eingesetzt wird. Oberitalien wird damit zum „zweiten Standbein" der Hunfridinger; in Rätien tritt wahrscheinlich sein Sohn Adalbert die Nachfolge Hunfrids an.

26.6.815: Erste urkundliche Erwähnung eines Ortsteils von Hörbranz: Hadupert schenkt dem Kloster St. Gallen seinen Besitz zu „Ziagalpach" (= Ziegelbach bei Hörbranz).

20.5.817: Ein Schultheiß namens Folcwin amtiert in Rankweil („Vinomna") als Stellvertreter des Grafen Hunfrid, dabei wird die St.-Peters-Kirche zu Rankweil erstmals urkundlich erwähnt. Folcwin ist in diesem Amt durch 26 Urkunden – das so genannte Folcwin-Archiv, das heute in St. Gallen aufbewahrt wird – bis etwa 825/26 bezeugt.

817/18: Das Gebiet Vorarlbergs wird in eine Auseinandersetzung zwischen den Grafen von Rätien („Hunfridinger") und den Grafen von Argengau hineingezogen, die jeweils von unterschiedlichen Parteien der Karolinger unterstützt werden. Dabei setzt sich, mit Unterstützung Ludwigs des Frommen, zunächst Ruadpert von Argengau durch und kommt kurzfristig in den Besitz der Grafschaft Rätien. Damit bildet Vorarlberg für kurze Zeit erstmals seit der Spätantike wieder eine Verwaltungseinheit. Wenig später erobert Adalbert von Rätien seine Grafschaft zurück.

Zwischen 817 und 821: Erste urkundliche Erwähnung von Schlins: Hier werden mehrere Urkunden des so genannten Folcwin-Archivs ausgestellt, meist geschrieben von einem Schreiber namens Andreas, seinem Schüler Valerius und einem Presbyter namens Drucio.

28.3.820: Erste urkundliche Erwähnung von Bürs („vicus Puire") und Nüziders: An beiden Orten stellt ein Schreiber namens Andreas für den Schultheißen Folcwin Urkunden aus.

8.6.823: Erstmals ist der Aufenthalt eines Karolingers im Gebiet Vorarlbergs nachweisbar: Kaiser Lothar I. stellt in Feldkirch-Altenstadt („in villa Unfredi comitis") eine Urkunde aus.

823: Graf Hunfrid (II.) von Rätien reist als Gesandter des Reiches nach Rom; von dieser Reise bringt er die Reliquien des heiligen Papstes Viktor nach Viktorsberg.

Um 825: Graf Hunfrid II. von Rätien wird von Graf Roderich abgelöst.

26.2.826: Erste urkundliche Erwähnung von Nenzing.

9.6.831: Bischof Victor III. von Chur erhält nach jahrelangen Bemühungen einen geringen Teil der 806/07 enteigneten bischöflichen Güter zurück.

839–841: Auseinandersetzung zwischen König Ludwig und König Lothar um das fränkische Erbe; Rätien und Alemannien fallen zunächst an Lothar, später an Ludwig.

842/43: Im churrätischen Reichsurbar wird eine Reihe von Vorarlberger Ortschaften – einige von ihnen erstmals – erwähnt: Frastanz („curtis frastinas"), Götzis („Cazzeses"), Bludenz („Pludeno"), Feldkirch-Altenstadt („ad Feldchirichun"), Nenzing („Nanzingas"), Rankweil („Rangvila"), Röthis („... ad Rautenen ..."), Viktorsberg („retinam ad sanctum Victorem").

842/43: Im churrätischen Reichsurbar scheint ein Slawe namens Hisuan oder Isuan als Lehensinhaber in Bludesch auf. Dies ist ein früher Hinweis für die Gegenwart slawischer Siedler in Vorarlberg.

843: Im Vertrag von Verdun wird das Gebiet Vorarlbergs endgültig dem ostfränkischen Reich zugeteilt.

24.9.853: Erste urkundliche Erwähnung von Lauterach: Ein gewisser Gerhart schenkt dem Kloster St. Gallen alle zu „Lutaraha" erworbenen Güter als Gegenleistung für die Verleihung einer Hufe zu Altstätten auf Lebenszeit.

15.5.864: Erste urkundliche Nennung von Feldkirch-Gisingen: Ein gewisser Valerius verkauft der Abtei St. Gallen einen Acker zu „Gisintu".

23.9.882: Kaiser Karl III. („der Dicke") schenkt dem Kloster St. Gallen den Viktorsberg sowie Besitz zu Rankweil und einen Weinberg zu Röthis.

TODESTAG

804: Graf Ulrich I. von Bregenz, Stammvater der Ulriche.

Eusebius – der Heilige mit dem Kopf in der Hand

Zu den wunderlichsten und gleichzeitig interessantesten Gestalten Vorarlberger Heiliger zählt zweifellos der irische Einsiedler Eusebius. Dieser Wandermönch hatte um die Mitte des 9. Jahrhunderts – vertrieben durch kriegerische Einfälle der Dänen und Norweger – seine Heimatinsel verlassen und auf dem Viktorsberg nahe dem Dorfe Röthis im Gau Rätien Zuflucht gefunden. Der Name Viktorsberg rührt von einer kostbaren Reliquie her, die wohl schon seit dem 8. Jahrhundert in der dortigen Kirche aufbewahrt wurde: dem Schädel des Heiligen, Papstes und Märtyrers Viktor († ca. 202). In Verbindung zu diesem Heiligtum lebten auf dem Berg eine kleine irische Mönchsgemeinschaft sowie der Einsiedler Eusebius.

Plastik mit der Heiligendarstellung am St.-Anna-Altar in der Pfarrkirche zu Brederis

884

Aus dem Jahre 1598 stammt die älteste bildliche Darstellung der Heiligenlegende.

Aus den Zeugnissen der ältesten St. Galler Quellen aus dem 9., 10. und 11. Jahrhundert lässt sich ein gewaltsamer Tod des Viktorsberger Einsiedlers Eusebius nicht nachweisen. Es ist anzunehmen, dass die Tibianus-Vita auf Grund einheimischer Kopfträger-Überlieferungen und spätmittelalterlicher Verwechslungen angeregt und von der Gegenreformation gezielt verbreitet wurde. Zahlreiche bildliche Darstellungen haben die Eusebius-Legende zum Gegenstand. So malte zu Beginn des 18. Jahrhunderts Gabriel Thumb das große Deckengemälde der Viktorsberger Kirche; auch die sehenswerte barocke Bildtafel im Kreuzgang der Rankweiler Liebfrauenkirche zeugt von der ehedem intensiven Verehrung dieses Volksheiligen. V.W.

Dieser stand in Beziehung zum Kloster St. Gallen und soll sogar dem Karolinger-Kaiser Karl III. († 888) prophetischen Rat erteilt haben, obwohl er als Rekluse dreißig Jahre freiwillig in einer kleinen Einsiedlerhütte eingemauert lebte. Aus Dankbarkeit ermöglichte der Kaiser durch eine Schenkung den Unterhalt des kleinen Konvents und stellte Viktorsberg unter Schutz und Eigentum des Klosters St. Gallen. Ein St. Galler Totenbuch meldet das Ableben des Eusebius unter dem 31. Januar 884.

Die Jahrhunderte nach seinem Tod schienen Eusebius vergessen zu haben. Kein einziger Geschichtsschreiber berichtet über jenen seltsamen irischen Reklusen.

Zu Beginn des 17. Jahrhunderts erzählte jedoch plötzlich der Überlinger Volks- und Erbauungsschriftsteller Johann Georg Tibianus (ca. 1541–1611), dass Eusebius auf den Feldern von Brederis bei Rankweil sonntagsschändende Bauern gescholten habe und deshalb von ihnen mit einer Sense enthauptet worden sein soll. Eusebius aber habe gleich nach seiner Ermordung zum Erstaunen seiner Mörder sein abgeschlagenes Haupt aufgenommen und damit den Tatort verlassen. Auf dem Weg zum Viktorsberg habe das blutende Haupt in seinen Händen feiertagsschändende Frauen gerügt; schließlich soll er sein Haupt auf dem Altar der Viktorsberger Kirche zur Ruhe niedergelegt haben.

Erst nach dem Erscheinen dieser neuen Lebensbeschreibung setzte auf dem Viktorsberg ein besonders intensiver Eusebius-Kult ein, und zahlreiche Gläubige wallfahrteten zur Heimstätte des beinahe in Vergessenheit geratenen Einsiedlers und nunmehrigen Feiertagsschützers. 1730 wurde Eusebius von der römischen Ritenkongregation sogar selig gesprochen.

Deckengemälde in Viktorsberg mit der Darstellung des hl. Eusebius in Viktorsberg

Martertod des hl. Eusebius, dargestellt in der Wallfahrtskirche Rankweil

15.4.885: Kaiser Karl III. („der Dicke") schenkt dem Kloster St. Gallen den königlichen Hof zu Röthis samt zahlreichem Zubehör unter der Bedingung, dass das Kloster auf dem Viktorsberg ständig zwölf Pilger verpflegen soll.

24.7.-21.9.887: Kaiser Karl III. („der Dicke") stellt im Königshof Lustenau mehrere Urkunden aus; dies ist die erste urkundliche Nennung Lustenaus.

Um 888: König Arnulf („von Kärnten") schenkt den Udalrichingern den Königshof Lustenau.

Juni 890: Graf Ulrich („der Jüngere") schließt sich einer Aufstandsbewegung um den Friedelsohn (= Sohn aus einer Nebenehe) Karls III., Bernhard, an, die gegen König Arnulf gerichtet ist. Nach dem Zusammenbrechen der Bewegung verliert er alle seine Ämter und Besitzungen, darunter auch Teile des nördlichen Vorarlberg, an den Hunfridinger Adalbert von Rätien, der die südlichen Teile des späteren Landes beherrscht.

30.8.890: An der Rheinmündung in den Bodensee wird ein Konflikt zwischen dem Kloster St. Gallen und Graf Ulrich um Nutzungen und Rechte im Rheingau, darunter solche im Königshof Lustenau, geschlichtet.

15.10.895: Erste urkundliche Nennung des Namens Dornbirn: Im Dorsualvermerk einer St. Galler Urkunde – ein gewisser Hadamar und das Kloster St. Gallen tauschen Güter in „Chostanzinesvvilare" bzw. in „Farniwang", dem heutigen Berneck – wird Dornbirn („Concambium Hadamari de Schostinzinesvvilare et Torrinpuirron") genannt, ohne dass sich allerdings eine Beziehung zum Inhalt der Urkunde herstellen lässt.

Um 900: Wiederaufstieg der Udalrichinger.

7.1.909: König Ludwig II. („das Kind") schenkt dem Kloster St. Gallen Königsgut zu Feldkirch-Altenstadt („in loco Feldkircha dicto").

917: Graf Burkhard von Rätien lässt sich auf einem alemannischen Landtag zum Herzog ausrufen.

8.4.940: König Otto I. schenkt Bischof Waldo von Chur das Patronatsrecht über die St.-Laurentius-Kirche von Bludenz („... in loco Plutenes ...").

Um 950: In Zusammenhang mit den Ungarneinfällen verlegen die Udalrichinger ihren Hauptsitz in den Bereich der Bregenzer Oberstadt.

21.5.957: Erstmals werden in einer Urkunde Bewohner Dornbirns genannt: Die Brüder Engilbret und Hupreht übertragen dem Kloster St. Gallen ihren gesamten Besitz zu Dornbirn und erhalten diesen als „beneficium" gegen einen jährlich zu leistenden Zins wieder zurück.

GEBURTSTAG

949: Gebhard († 27.8.995), Sohn des Grafen Ulrich von Bregenz, Bischof von Konstanz und Gründer des Klosters Petershausen. Er wird später von der Bevölkerung als Heiliger verehrt. Nach ihm ist der Gebhardsberg benannt.

TODESTAGE

31.1.884: Eusebius vom Viktorsberg, iro-schottischer Einsiedler.

955: Graf Ulrich VI. von Bregenz, Sohn Ulrichs V., gefallen in der Schlacht auf dem Lechfeld im Kampf gegen die Ungarn.

Der heilige Gebhard
949–995

Er entstammte dem Geschlecht der „Udalrichinger", dem damals mächtigsten im Bodenseeraum. Gebhards Vater war Graf Ulrich, der sich als Erster nach dem neuen Stammsitz der Familie „von Bregenz" nannte, seine Mutter, Dietburga von Zähringen, starb bei seiner Geburt. Als nachgeborener

Gebetszettel mit Darstellung des hl. Gebhard

979

Sohn wurde er für den geistlichen Stand bestimmt und an der Konstanzer Domschule ausgebildet. Bischof Konrad von Konstanz, später gleichfalls unter die Heiligen gerechnet, förderte Gebhard und hielt ihn in seiner unmittelbaren Umgebung. 979 wurde Gebhard selbst Oberhirte der Diözese Konstanz. Sein besonderes Anliegen war die Durchführung geistlicher Reformen. Zu diesem Zweck gründete er außerhalb von Konstanz die Benediktinerabtei Petershausen, die mit Mönchen aus Einsiedeln besetzt wurde. Grundprinzip dieser Stiftung war die strenge Einhaltung der Ordensregel. Nach seinem Tod 995 fand Gebhard in Petershausen seine letzte Ruhestätte, und alsbald sollen sich an seinem Grab Wunder ereignet haben, die zu seiner Verehrung als Heiliger Anlass gaben. A.N.

Der hl. Gebhard von Hans Morinck, 1595/96 geschaffen

Segnung des Grundsteines für das Kloster Petershausen durch den hl. Gebhard

St.-Gebhard-Reliquiar mit Armbein

979: Gebhard, ein Sohn des Grafen Ulrich von Bregenz, wird von Kaiser Otto II. zum Bischof von Konstanz ernannt.

29.10.980: Kaiser Otto II. hält sich auf einer Reise nach Italien in Höchst auf; bei dieser Gelegenheit gibt er auf Bitten seiner Gattin Theophanu dem Kloster St. Gallen Besitzungen und Rechte in Höchst und Dornbirn zurück, die diesem von kaiserlichen Beamten streitig gemacht worden waren.

983: Der aus dem Bregenzer Grafengeschlecht stammende Bischof Gebhard II. von Konstanz gründet dort das Kloster Petershausen und rundet damit das von seinem Vorgänger begonnene, an Rom orientierte städtebauliche Konzept ab. Es ist das erste bischöfliche Eigenkloster im Bodenseeraum und wird von den Bregenzer Grafen lange Zeit als ihr „Hauskloster" betrachtet und als solches gefördert und geschützt.

1077: Rudolf von Rheinfelden wird im Zuge des Investiturstreits zum Gegenkönig gewählt. Die Grafen von Bregenz schließen sich der päpstlichen Partei, das Kloster St. Gallen der kaiserlichen Seite an.

1077/97: Die Grafen von Bregenz lassen die Burg (Hohen-)Bregenz auf dem Gebhardsberg errichten. Der Bau ist wahrscheinlich eine Reaktion auf die Errichtung der sanktgallischen „Herburch" am westlichen Ufer des Rheins.

1079: In Zusammenhang mit dem Investiturstreit zieht Herzog Welf – die Welfen stehen wie die Grafen von Bregenz auf päpstlicher Seite – vom Bodensee nach Oberrätien; dabei werden die Außenbesitzungen des Klosters St. Gallen arg geschädigt. Ein Teil davon, darunter Güter in Dornbirn und Lauterach, kann offenbar von den Welfen und den Grafen von Bregenz annektiert werden.

1090

Die Seligen Diedo, Merbot und Ilga

Im ausgehenden 11. sowie in den ersten beiden Jahrzehnten des 12. Jahrhunderts wirkten im damals noch weitgehend unbesiedelten Bregenzerwald Diedo, Merbot und Ilga. Der Legende nach waren sie Geschwister, sie sollen dem Geschlecht der Grafen von Bregenz angehört haben. Diedo lebte als Einsiedler in Andelsbuch, wo er, wie überliefert wird, um 1080 starb. An der Stelle seiner Klause ließ Graf Ulrich X. von Bregenz bald danach ein Kloster errichten, das schließlich ans Bodenseeufer verlegt wurde und den Namen Mehrerau erhielt. Bereits als Benediktinermönch dieser Ordensniederlassung sei Merbot nach Alberschwende gekommen, um dort die Seelsorge auszuüben. Am 23. November 1120 soll er – nach der Heilung eines Kindes – von Einheimischen erschlagen worden sein. Die über seinem wundertätigen Grab errichtete Kapelle wurde bald eine vielbesuchte Wallfahrtsstätte, an der die Gläubigen vor allem bei Kopfschmerzen und Kinderkrankheiten Heilung suchten. Mit der Gründungsgeschichte von Schwarzenberg wird die selige Ilga in Verbindung gebracht. Sie soll nach ihrem Tod 1115 an der Stelle der heutigen Pfarrkirche begraben worden sein. Einer in der Nähe entspringenden Quelle schrieb man die Linderung von Augenleiden zu. A.N.

Merbot-Votivtafel aus der Wendelinkapelle in Alberschwende

Die Andelsbucher Votivtafel für den sel. Diedo

1080: Nach dem Tod des Einsiedlers Diedo überträgt Graf Ulrich X. dem Kloster Petershausen Andelsbuch und das Gut Hasenau in Alberschwende. Damit beginnt die Kolonisation des Bregenzerwaldes.

1086: An der Stelle der Klause Diedos in Andelsbuch wird auf Betreiben von Graf Ulrich X. von Bregenz nach Hirsauer Vorbild das Benediktinerkloster St. Peter gegründet und mit Mönchen aus Petershausen (Konstanz) besiedelt.

Zwischen 1090 und 1100: Auf Grund von Versorgungsschwierigkeiten wird das St.-Peters-Kloster von Andelsbuch an das Ufer des Bodensees verlegt und erhält den Namen Mehrerau.

TODESTAGE

27.8.995: Gebhard (* 949), Sohn des Grafen Ulrich von Bregenz, Bischof von Konstanz und Gründer des Klosters Petershausen. Er wird später von der Bevölkerung als Heiliger verehrt. Nach ihm ist der Gebhardsberg benannt.

1080: Diedo, Einsiedler in Andelsbuch.

1090

Die heute nicht mehr bestehende Barockkirche des Klosters

Die Abtei Mehrerau

In den 80er Jahren des 11. Jahrhunderts gründete Graf Ulrich X. von Bregenz mit Unterstützung der Abtei Petershausen bei Konstanz in Andelsbuch, wo zuvor schon der selige Diedo († 1080) ein Bethaus errichtet hatte, ein Kloster, um auf diese Weise einen geistlichen Mittelpunkt für die Grafenfamilie zu schaffen sowie den Siedlungsausbau im Bregenzerwald zu fördern. Bereits nach wenigen Jahren (wohl um 1090/94) erfolgte die Verlegung des Klosters an seinen heutigen Standort am Bodensee, da die Versorgung des Konvents in Andelsbuch auf Schwierigkeiten gestoßen war.

Die Mehrerau erhielt von ihren Stiftern umfangreichen Grundbesitz im Bregenzerwald (vor allem in Andelsbuch, Alberschwende und Lingenau), den Bereich des heutigen Bregenzer Stadtteils Vorkloster sowie Güter im Allgäu und im Illergau. Die im Jahre 1125 geweihte, im Hirsauer Stil errichtete romanische Klosterbasilika wurde zur Grablege der Grafen von Bregenz und ihrer Erben, der Grafen von Montfort, die sich immer wieder als Förderer und Wohltäter der Abtei erwiesen. Dazu kamen zahlreiche Schenkungen von Laien und Mönchen sowie eine rege Erwerbstätigkeit, sodass sich die Mehrerau zu einem der größten Grundbesitzer auf Vorarlberger Boden entwickelte. Gelegentliche Auseinandersetzungen mit den Montforter Grafen sowie die Verwicklung in regionale und überregionale Konflikte – so in die staufisch-päpstlichen Auseinandersetzungen oder in die Appenzellerkriege, als aufständische Bauern das Kloster plünderten und den Abt vertrieben – fügten dem Kloster zwar immer wieder Schäden zu, bedrohten es jedoch nie in seiner Existenz.

Im 15. und beginnenden 16. Jahrhundert weisen Visitationsprotokolle auf ein deutliches Nachlassen der Klosterdisziplin hin, schwere Missstände konnten nur allmählich beseitigt werden. Nach der Mitte des 16. Jahrhunderts wurde die Klosterwirtschaft reorganisiert und das geistliche Leben erneuert. Eine Unterbrechung dieser Blüte des Stiftes brachten die Wirren des Dreißigjährigen Krieges, die ihren Höhepunkt in der Eroberung von Bregenz durch die Schweden und in der völligen Ausplünderung der Mehrerau fanden.

Im 17. und in der ersten Hälfte des 18. Jahrhunderts machten sich vor allem die Patres Franz Ransperg und Apronian Hueber als Geschichtsschreiber einen Namen. Die Musikpflege des Vorarlberger Raumes fand gleichfalls in der Mehrerau eines ihrer wichtigsten Zentren. Die Finanzlage des Klosters erholte sich so weit, dass an Stelle des romanischen Gotteshauses 1743 eine neue barocke Klosterkirche nach den Plänen von Franz Anton Beer

Die Gesamtansicht des Klosters und aller Nebengebäude um 1870

1128

Die Bibliothek in der Mehrerau

fertig gestellt werden konnte. In der Folge entstanden auch neue Klostergebäude.

Nach dem Übergang Vorarlbergs an Bayern hob die bayerische Regierung die Mehrerau am 1. August 1806 auf, die Klosterkirche wurde abgetragen. Das Klostergebäude selbst diente in der Folge als Druckerei, Fabrik und Kaserne. 1854 ließ sich mit kaiserlicher Bewilligung der Konvent der 1841 aufgehobenen Zisterzienserabtei Wettingen (Kanton Aargau) in der Mehrerau nieder. Die Abtei erhielt 1854 die Genehmigung zur Führung einer Klosterschule; heute ist das Collegium Sancti Bernardi ein Internat mit achtklassigem neusprachlichem Gymnasium. Dem Kloster untersteht das Krankenhaus „Sanatorium Mehrerau", und es betreut auch die Wallfahrt in der Basilika zu Birnau. Von 1941 bis 1945 war die Mehrerau wiederum aufgehoben. A.N.

Inneres der Klosterkirche Mehrerau (1955)

Um 1092: Erste urkundliche Erwähnung von Fußach („villa Fozzaha"): In dieser Verkehrssiedlung hatten damals die Klöster St. Gallen, Schännis, Pfäfers, Allerheiligen in Schaffhausen, Salem, Mehrerau und das Damenstift zu Lindau Besitz.

Um 1094: Das Ministerialengeschlecht der Edlen von Dornbirn wird erstmals urkundlich erwähnt: „Rôpertus de Dorenbôrron" und „Ozi de Dornburron" übertragen dem Kloster Weingarten Güter in Dornbirn.

Um 1100: Die erste Stufe des Landesausbaus im Bregenzerwald, zu der vor allem Andelsbuch zu zählen ist, ist weitgehend abgeschlossen.

Erste Hälfte 12. Jh.: Zweite Stufe des Landesausbaus im Bregenzerwald.

1125: Die erste aus Stein gebaute romanische Kirche des Klosters Mehrerau („St. Peter in der Au") wird geweiht.

1128: Graf Rudolf von Bregenz ist als Vogt der Benediktinerabtei Ochsenhausen bezeugt.

TODESTAGE

1097: Graf Ulrich X. von Bregenz, begraben im Kloster Mehrerau.

1115: Ilga, Einsiedlerin in Schwarzenberg, angeblich an der Stelle der späteren Pfarrkirche begraben.

23.11.1120: Merbot, Benediktinermönch, angeblich in Alberschwende von Einheimischen erschlagen.

1134

1134: Der Konstanzer Bischof lässt die Gebeine des hl. Gebhard feierlich exhumieren und unter dem Altar beisetzen. Damit gilt Gebhard in den Augen der Bevölkerung als Heiliger und wird um eine leichte Geburt angerufen, da er durch einen Kaiserschnitt zur Welt gekommen sein soll.

9.4.1139: Papst Innozenz II. nimmt das Kloster Mehrerau nach dem Vorbild Gregors VII. und Urbans II. in seinen Schutz und Schirm und gewährt ihm verschiedene Privilegien.

Um 1150: Mit dem Tod Graf Rudolfs stirbt die Hauptlinie der Grafen von Bregenz (= Udalrichinger) aus. Sein Erbe wird zwischen seinem Schwiegersohn, dem Pfalzgrafen Hugo von Tübingen, und seinem Neffen, Graf Rudolf von Pfullendorf, geteilt.

1164-1166: Infolge von Schwierigkeiten bei der Abwicklung der Erbschaft Rudolfs „des Letzten" von Bregenz kommt es zur „Tübinger Fehde". In diesem Krieg, in den die meisten südwestdeutschen Adelsfamilien verwickelt werden, stehen einander auf der einen Seite vor allem Hugo von Tübingen und Herzog Friedrich IV. von Schwaben, ein Sohn des Stauferkönigs Konrad III., und auf der anderen die Welfen sowie Rudolf von Pfullendorf gegenüber. In diesem Krieg wird die Umgebung von Bregenz durch ein böhmisches Heer verwüstet, das in Diensten des schwäbischen Herzogs steht.

7./8.3.1166: Pfalzgraf Hugo von Tübingen muss sich auf einem Hoftag zu Ulm in Gegenwart Kaiser Friedrichs I. („Barbarossa") seinem Widersacher Herzog Welf VII. unterwerfen und wird daraufhin für eineinhalb Jahre in der (welfischen) Neuburg bei Koblach inhaftiert.

1167: Die St.-Nikolaus-Kapelle in Wolfurt wird erstmals erwähnt.

1168: Rudolf von Pfullendorf überträgt nach dem Tod seines einzigen Sohnes – er starb 1167 im kaiserlichen Heer bei Rom an der Malaria – seinen Besitz dem Kaiser und pilgert nach Jerusalem, wo er sich dem Dienst am Heiligen Grab widmet. In diesem Zusammenhang gelangen Herrschaftsrechte aus dem Bregenzer Erbe an Pfalzgraf Hugo von Tübingen.

Zwischen 1170 und 1191: In einer undatierten Urkunde Herzog Friedrichs werden die Ministerialen von Ems („Ruodolfus und Gozwinus de Amides") erstmals genannt. Der Herzog überträgt ihnen die gleichnamige Reichsburg, die wohl zur Sicherung der staufischen Reichsstraße nach Italien errichtet wurde.

Um 1180: Das Kloster Mehrerau legt im Bereich von Riefensberg einen großen, in Eigenregie betriebenen landwirtschaftlichen Betrieb an (die „grangia Tutenbuch"). Dies ist die einzige nachweisbare groß angelegte Rodung, welche das Kloster betrieben hat.

Um 1188: Hugo, der jüngere Sohn des Pfalzgrafen Hugo von Tübingen, hält sich vermutlich als Kreuzfahrer im Heiligen Land auf.

1195: Der von Kaiser Heinrich VI. verbannte und geblendete normannische Königssohn Wilhelm (III.) von Sizilien wird auf Burg Ems gefangen gehalten.

Ende 12. Jh.: Dritte Stufe des Landesausbaus im Bregenzerwald: Riefensberg, Sulzberg, Bizau, Bezau, Ellenbogen und Bolgenach werden besiedelt.

Erste Hälfte 13. Jh.: Die Staufer kontrollieren praktisch alle strategisch wichtigen Punkte im Vorarlberger Rheintal.

13. Jh.: Das Rankweiler Gericht wird zu einem königlichen Landgericht ausgestaltet.

13./14. Jh.: Der Hof Röthis ist das Verwaltungszentrum des Klosters St. Gallen für seinen Besitz im Vorarlberger Oberland und im Walgau.

Um 1200: Das Erbe Pfalzgraf Hugos († 1182) von Tübingen wird zwischen seinen Söhnen Rudolf und Hugo geteilt.

Um 1200: Hugo, der jüngere Sohn des Pfalzgrafen Hugo von Tübingen, lässt die Burg „Altmontfort" bei Weiler errichten, gibt ihr den Prunknamen „Montfort" („Starkenberg" oder „starke Burg") und macht sie zum Zentrum seiner Herrschaft. Später nennt er sich nach dieser Anlage Graf (Hugo I.) von Montfort.

Um 1200: Gründung der Stadt Feldkirch.

1206: Nach seinem Sieg bei Wassenberg an der Roer lässt König Philipp („von Schwaben") Erzbischof Bruno von Köln auf Burg Ems einkerkern.

1219

1206: Durch ein Hochwasser des Rheins wird die Lustenauer Pfarrkirche weggeschwemmt.

Knapp vor 1208: Hugo, der jüngere Sohn des Pfalzgrafen Hugo von Tübingen, wird in der Chronik des Konrad von Pfäfers erstmals als Graf von Montfort bezeichnet. Dieser Titel war vor diesem Zeitpunkt in Schwaben und Rätien unbekannt.

1210: Goswin von Ems ist als Vogt des Hochstifts Chur bezeugt.

4.3.1213: Erste urkundliche Nachricht über das Geschlecht der Edlen von Höchst. Otto von Höchst scheint in der Reihe der Kanoniker des Domkapitels Chur auf, die einen Gütertausch beurkunden.

1214: Graf Hugo I. von Montfort nennt sich erstmals in einer von ihm ausgestellten Urkunde selbst Graf von Montfort („comes montis fortis").

Um 1215/25: Rudolf von Ems verfasst im Auftrag Rudolfs von Steinach, eines bischöflich-konstanzischen Ministerialen, sein erstes Werk „Der gute Gerhard".

September 1218: Hugo I. von Montfort gründet in Ulm mit ausdrücklicher Bewilligung König Friedrichs II. die Johanniterkommende in Feldkirch, der er die von ihm gestiftete Johanneskirche sowie Güter in der näheren und ferneren Umgebung der Stadt, darunter eine Kapelle im Klostertal, überträgt. Feldkirch entwickelt sich allmählich zum Zentralort der Herrschaft Hugos, da der Verkehr über den Arlbergpass belebt und der Landesausbau im südlichen Teil Vorarlbergs vorangetrieben wird.

GEBURTSTAG

Um 1200: Rudolf von Ems († um 1254), Dichter.

TODESTAGE

3.7.1139: Meinrad, Gründungsabt des Klosters Mehrerau.

Um 1150: Graf Rudolf („der Letzte") von Bregenz.

Um 1180: Graf Rudolf von Pfullendorf, als Pilger in Jerusalem gestorben.

1182: Pfalzgraf Hugo von Tübingen.

1219: Pfalzgraf Rudolf von Tübingen.

Die Erschließung des Landes

Die Zerstörung bzw. Überlagerung der spätrömischen Strukturen durch die germanischen Alemannen, die sowohl von Norden wie auch von Westen her ins Land kamen, bedeutete keine grundsätzliche Veränderung der siedlungsgeschichtlichen Gegebenheiten. Weiterhin blieben jene Gebiete Vorarlbergs besiedelt, die die günstigsten Voraussetzungen boten und die teils durch Bodenfunde schon als vorgeschichtliche Siedlungsplätze ausgewiesen sind: der Raum Bregenz, Stützpunkte am östlichen Rheintalrand, dann vor allem der Raum Götzis und das Vorderland mit Rankweil als Mittelpunkt sowie der Walgau bis Bludenz. Auf diese klimatisch und auf Grund der Bodenbeschaffenheit bevorzugten Gegenden konzentrierte sich noch bis zum Ende des frühen Mittelalters (um 1000) die Bevölkerung. Der größere Teil des Landes – vor allem die Gebirgsregionen (Bregenzerwald, Klostertal, Montafon, die Nebentäler des Walgaus, der Tannberg) – war dagegen unbewohnt und überwiegend ungenutzt.

Dieser päpstliche Ablassbrief für die Kapelle im Silbertal wurde im Jahre 1332 in Avignon ausgestellt.

1220

Ansicht der Stadt Bludenz mit intakter Stadtmauer in der frühen Neuzeit

Erst als die alten Siedlungsräume für die anwachsende Bevölkerung zu wenig Platz boten, wurde neues Siedlungsland erschlossen, zuerst in der Talebene entlang des Rheins, wo im Hochmittelalter (11. bis 13. Jahrhundert) Orte wie Meininigen, Koblach, Altach, Mäder, Hohenems und Gaißau entstanden. Etwa zur selben Zeit erfolgte die Besiedlung und Nutzung der Hang- und Berglagen im Umkreis der alten Orte im Rheintal.

Wichtigste Landreserve für eine Ausdehnung des Siedlungsgebietes war der Bregenzerwald, der als Königsgut unter der Verwaltung der umliegenden Grafschaften stand. Somit kam den Grafen von Bregenz und den mit ihnen verwandten Grafen von Pfullendorf eine entscheidende Rolle bei der Erschließung dieses Gebietes zu, die im 11. Jahrhundert einsetzte. Die erste Kolonisationsstufe erfolgte durch die Anlage herrschaftlicher Großhöfe (so in Lingenau, Alberschwende, Andelsbuch, Schwarzenberg, Egg). Der Impuls für diese Erschließungsarbeit ging vielleicht vom Bregenzer Grafenhaus selbst aus, dem vermutlich die Geschwister Merbot, Diedo und Ilga angehörten, die im Zusammenhang mit der Gründungsgeschichte von Alberschwende, Andelsbuch und Schwarzenberg genannt werden. Ein weiterer Kolonisationsschub dürfte dann im 12. Jahrhundert erfolgt sein, während sich Dauersiedlungen im hintersten Teil der Talschaft erst im Spätmittelalter, im 14. und 15. Jahrhundert, etablieren konnten. Ein besonderer Anteil bei der Urbarmachung des Bregenzerwaldes fiel dem von den Grafen von Bregenz zuerst in Andelsbuch gegründeten und nach wenigen Jahren – um 1090/94 – an den Bodensee verlegten Kloster Mehrerau zu, das vor allem in Andelsbuch, Lingenau und Alberschwende reich begütert war.

Wappen des Johanniterhauses Feldkirch

Entscheidende Impulse gingen des Weiteren von den gräflichen Großhöfen Steig und Rieden, die zum Mittelpunkt der späteren Gerichtssprengel Hofsteig und Hofrieden wurden, sowie vom Hof St. Peter bei Bludenz aus. St. Peter bildete die Basis für die Erschließung des Montafons. Der Hof war später auch die Gerichtsstätte für die Bewohner dieser Talschaft, die auf Grund dieser Zugehörigkeit „Hofjünger" genannt wurden. Das Montafon besaß als Bergbauregion – nachgewiesen sind in erster Linie Silber-, Kupfer- und Eisenbergwerke – Bedeutung.

Einer geistlichen Institution hingegen verdankt das Klostertal, das einst „Mariental" hieß, seine Erschließung. Im Jahre 1218 stiftete Graf Hugo von Montfort in der Stadt Feldkirch eine Niederlassung des Johanniterordens, eines geistlichen Ritterordens, der im Zusammenhang mit den Kreuzzügen entstanden war und sich vor allem der Betreuung von Pilgern und Kreuzfahrern widmete. Zu diesem Zweck erhielt das Feldkircher Johanniterhaus Teile des Klostertals, wo zur Beherber-

Alberschwende, eine der ersten Siedlungen im Bregenzerwald. Ansicht aus dem 19. Jahrhundert im Vorarlberger Landesmuseum

gung von Reisenden ein Hospiz, ein „Klösterle", errichtet wurde, das schließlich auch dem Ort Klösterle den Namen gab. Diese Gründung förderte den Arlbergverkehr und damit die Erschließung der ganzen Talschaft.

Einen wesentlichen Impuls für die weitere Entwicklung des Landes gab die Gründung der drei alten Städte Bregenz, Feldkirch und Bludenz. Feldkirch, die älteste der drei, wurde um 1200 von Graf Hugo I. von Montfort gegründet. Bald nach der Mitte des 13. Jahrhunderts, unter der Regierung Hugos II. von Montfort, folgte Bregenz im Bereich der heutigen Oberstadt. Bludenz entstand als Stadt zwischen 1264 und 1268. Ihr Stifter war Graf Hugo von Werdenberg, ebenfalls aus dem Geschlecht Montfort-Werdenberg. Die Ortschaft Ems, heute Hohenems, wurde zwar bereits 1333 mit einem Stadtrecht ausgestattet, konnte allerdings keine städtischen Strukturen entwickeln. Die neuerliche Stadterhebung erfolgte 1983. Dornbirn, die heute mit Abstand größte Stadt des Landes, erwuchs aus einer industrialisierten ländlichen Gemeinde und ist seit 1901 Stadt. Wirtschaftlich bedeutsam war im Zusammenhang mit der Gründung der Städte Feldkirch und Bregenz vor allem die Förderung des Weinbaus, der lange Zeit einen großen Ertrag abwarf.

Am Beginn des 14. Jahrhunderts bildete die Ansiedlung der Walser eine letzte, wesentliche Phase des Landesausbaus auf Vorarlberger Boden. Als die Grafen Rudolf und Ulrich von Montfort-Feldkirch einen Krieg gegen den reichsritterlichen Adel führten, benötigten sie zusätzliche Kräfte, die sie in der Umgebung nicht rekrutieren konnten. Sie riefen daher Wehrkolonisten aus dem Wallis, ihrer Herkunft nach „Walser" genannt, ins Land. Bereits im 13. Jahrhundert siedelten mehrere Grundherren des Graubündner Raumes Walser in ihrem Herrschaftsbereich an. Sie wurden primär als Söldner gruppenweise aus einem überbesiedelten Gebiet angeworben und in den nicht dauernd bewohnten Berggegenden angesiedelt, damit sie

In der Emser Chronik von 1616 findet sich diese Darstellung eines Bergwerkes im Montafon. Damals war der Bergbau im Montafon bereits erloschen.

Der Liebfrauenberg in Rankweil, dem alten Zentrum des Vorderlandes. Zeichnung von F. von Lins

im Bedarfsfall zur Verfügung standen. 1313 sind die ersten Walser in Damüls und Laterns urkundlich nachweisbar. In weiterer Folge besiedelten sie den Tannberg, das Große und Kleine Walsertal, das Silbertal, das Brandnertal sowie andere Berggebiete. Außerdem finden sich einzelne Walserniederlassungen an den Berghängen der Haupttäler Vorarlbergs. Auf Grund ihres militärischen Sonderstatus wie auch der Exponiertheit ihrer Siedlungen erhielten sie den zugewiesenen Grund als Erblehen gegen bloße Zinsleistung und die Verpflichtung zum Kriegsdienst. Sie waren persönlich frei. Auch ihren Gemeinden wurden weit gehende Selbstverwaltungsrechte zugestanden.

Im 15. Jahrhundert fand die Erschließung des Landes weitgehend ihren Abschluss, die meisten länger bestehenden Dauersiedlungen waren damals bereits, wenn auch in teils sehr bescheidenem Umfang, eingerichtet.

A.N.

Schröcken, am Fuß des Hochtannbergpasses, wurde im 14. Jahrhundert von den Walsern besiedelt.

1220

Die Propstei St. Gerold

Um 1220/27 scheint erstmals eine klösterliche Niederlassung namens Frisun (Friesen) im späteren Großen Walsertal urkundlich auf. Sie stand unter der Kontrolle der Ritter Thumb von Neuburg und mag mit dem Prämonstratenserstift Weißenau bei Ravensburg in besitzgeschichtlicher Hinsicht verbunden gewesen sein. Gegen Ende des 13. Jahrhunderts gehörte die Propstei schließlich zum Benediktinerkloster Einsiedeln im heutigen Kanton Schwyz.

Die Gründungsgeschichte dieser Ordensniederlassung, die später den Namen St. Gerold führte, liegt nach wie vor im Dunkeln. Unklar ist vor allem, ob jener walgauische Adelige Adam, der 949 von Kaiser Otto I. zum Tod verurteilt und in weiterer Folge, nachdem er Mönch geworden war und seinen Besitz in Schnifis, Schlins, Nüziders und Bludesch dem Kloster Einsiedeln übertragen hatte, begnadigt wurde, mit dem nicht weiter identifizierbaren heiligen Gerold identisch ist, den die Quellen seit der Mitte des 14. Jahrhunderts als Patron der Kirche nennen.

Die Propstei Friesen/St. Gerold und die ihr zugehörige Siedlung blieben als eigenständiger, reichsfreier Herrschaftssprengel bis ins beginnende 19. Jahrhundert im Besitz der Einsiedler Benediktiner. Nach der Säkularisation kam St. Gerold zuerst an die Fürsten von Nassau-Oranien-Dillenburg und 1804 gemeinsam mit Blumenegg an Österreich. 1839 kaufte Einsiedeln die Propsteigebäude mit den dazugehörigen Gütern zurück. Nach einer gründlichen Restaurierung in den 60er Jahren des 20. Jahrhunderts ist die Propstei heute als bedeutendes Kulturzentrum weit über die Landesgrenzen hinaus bekannt.

A.N.

Der hl. Gerold schützt einen wilden Bären mit seinem Stock vor den Hunden der Jäger. Abbildung aus der Emser Chronik von 1616

Die älteste bekannte Abbildung der Propstei St. Gerold. Zeichnung von Gabriel Bucelin aus dem 17. Jahrhundert

Um 1220: Das Geschlecht der Edlen von Wolfurt lässt sich erstmals urkundlich nachweisen. „Konrad und sein Bruder, die Ritter von Wolfurt" („Cúnradus et frater suus milites de Wolfurt"), werden als Zeugen in einem Schiedsgericht genannt, das die Seelsorge im Bereich von Bregenz und Wolfurt regelt.

1220/27: Erste gesicherte (zeitgenössische) urkundliche Nachricht über eine „Frisun" genannte klösterliche Niederlassung im Großen Walsertal, die später den Namen St. Gerold erhielt.

1225: Rudolf von Ems verfasst „Barlaam und Josaphat".

November 1226: König Heinrich VII. schenkt dem Kloster Weißenau die Präbende der Bregenzer Pfarrkirche. Dies ist ein erster Hinweis auf staufische Rechte in Bregenz.

1228/29: Das Erbe Hugos I. von Montfort fällt an seine Söhne Hugo II. (von Mont-

1265

fort) und Rudolf I. (von Werdenberg).

18.8.1229: König Heinrich VII. schenkt dem Kloster St. Gallen den Königshof Kriessern; damit geht auch Mäder – ein Bestandteil des Hofes – in den Besitz des Klosters über. Die Schenkung dürfte allerdings vom Vater des Königs, Kaiser Friedrich II., nicht anerkannt worden sein.

1234: Die Johanniter zu Feldkirch rufen den Papst um Hilfe gegen Hugo II. von Montfort an, der einige Zeit später gewaltsam gegen das Kloster vorgeht.

1234: Hugo II. von Montfort nennt sich in einer Urkunde erstmals Graf von Bregenz.

1248/49: Als das Kloster Mehrerau in Zusammenhang mit den Auseinandersetzungen zwischen dem Staufer Konrad IV. und dem Gegenkönig Heinrich Raspe von Anhängern des Stauferkönigs mit Mord und Brand bedroht wird, interveniert der Papst mehrfach zu Gunsten der Benediktinerabtei.

17.9.1249: Bezau („Baezenowe") wird in einer Bulle von Papst Innozenz IV. erstmals urkundlich erwähnt.

Um 1250: Graf Hugo II. von Montfort fällt nach dem Tod Kaiser Friedrichs II. von den Staufern ab und nähert sich der päpstlichen Partei. In diesem Zusammenhang gelingt es ihm, gewisse Rechte des Reiches zu erwerben, darunter auch solche im Umfeld von Bregenz.

1250: Sigena aus dem Geschlecht der Edlen von Wolfurt wird zur Äbtissin von Lindau gewählt.

Mitte 13. Jh.: Letzte Phase des Landesausbaus im Bregenzerwald.

Nach 1250: Die ältesten Teile der Bregenzer Stadtmauer werden errichtet. Damit wird die Entwicklung von Bregenz zu einer Stadt im rechtlichen Sinn erkennbar.

Um die Mitte des 13. Jh.: Bau der Schattenburg in Feldkirch.

13.12.1251: Heinrich von Montfort wird zum Bischof von Chur gewählt.

1255: Erste urkundliche Nachricht über einen gräflichen Stadtammann zu Feldkirch („... H. ministro de Veltkirch ...").

1258: Nach dem Tod des Grafen Hugo II. kommt es zur ersten „Montforter Teilung": Seine Söhne Rudolf, Ulrich, Hugo, Friedrich und Wilhelm erhalten die Städte Feldkirch und Bregenz samt Umland, die Herrschaft Jagdberg und die schwäbischen Besitzungen. Sie behalten den Namen ihres Vaters „von Montfort". Die Neffen des Verstorbenen, Hugo und Hartmann, erhalten den südlichen, städtelosen Teil des Erbes. Sie nennen sich fortan nach ihrer Burg bei Buchs „von Werdenberg".

Um 1258: Die Grafen von Montfort errichten die Burg Frastafeders bei Frastanz.

1259: Die Gebeine des hl. Gebhard werden neuerlich feierlich exhumiert; damit wird in den Augen der Bevölkerung seine Heiligkeit bestätigt.

1259/70: Graf Hartmann I. von Werdenberg gründet die Stadt Bludenz.

1260: Bregenz wird erstmals als Stadt im rechtlichen Sinn urkundlich erwähnt.

1260: Der Papst stellt dem Kloster Mehrerau eine Schutzurkunde aus, um es gegen seinen Vogt, den Grafen Hugo II. von Montfort, zu sichern.

1260: Mit „Heinricus minister de Liutrah" ist erstmals ein werdenbergischer Ammann bezeugt.

1261: Mit „Albertus dictus Stultus" ist in Feldkirch erstmals ein Schreiber bezeugt.

Nach 1261: Während des Interregnums errichten die Grafen von Montfort auf entfremdetem Reichsboden bei Götzis an der Stelle einer älteren, möglicherweise kurz zuvor zerstörten Reichsburg die Burg „Neu Montfort".

22.7.1265: Konrad, ein Sohn des Ritters Johann von Wolfurt und der Elisabeth von Summerau, wird zum Abt des Klosters Pfäfers gewählt.

TODESTAGE

1228: Hugo I. von Montfort, wahrscheinlich im Heiligen Land oder auf der Reise dorthin.

Um 1243: Rudolf I. von Montfort-Werdenberg, Sohn Hugos I., erster Werdenberger.

Um 1254: Rudolf von Ems (* um 1200), Dichter, in „welschen riechen" gestorben.

11.8.1260: Hugo II. von Montfort, Sohn Hugos I.

1265

1265: Burg und Herrschaft Blumenegg sind erstmals im Besitz der Werdenberger nachweisbar.

1269/70: Graf Rudolf von Habsburg, der spätere König, führt im Bündnis mit Hugo von Werdenberg und dem Abt von St. Gallen Krieg gegen die Montforter. Dabei wird Feldkirch belagert, kann aber nicht eingenommen werden.

1270: Teilung des Grafenhauses Montfort in die Linien Montfort-Feldkirch (Rudolf II.), Montfort-Bregenz (Ulrich I.) und Montfort-Tettnang (Hugo III.). Bregenz wird wieder zum Sitz einer eigenen gräflichen Linie und damit zu einem Herrschaftsmittelpunkt.

23.9.1270: In einer Verkaufsurkunde des Grafen Rudolf von Montfort, mit der er seinen gesamten Besitz in Klaus dem Kloster St. Johann im Thurtal überträgt, erscheinen erstmals die Ammänner („ministri") von Göfis und Düns.

1270: Erste urkundliche Erwähnung von Schwarzenberg: Walter, der Kirchherr von Schwarzenberg („Waltherus rector ecclesie de Swarzinberch"), scheint unter den Zeugen auf, welche die Erneuerung der Hl.-Grab-Kapelle im Münster zu St. Gallen bezeugen.

Um 1270: Feldkirch erhält das Recht der Münzprägung.

1270-1273: Mit Albero von Montfort ist erstmals ein Vorarlberger Student an der Universität Bologna bezeugt.

5.12.1271: Die Burg Tosters ist erstmals urkundlich im Besitz der Grafen von Montfort-Feldkirch nachweisbar.

1272: Nach einer Doppelwahl in der Abtei St. Gallen ergreifen die Montforter Partei für Ulrich von Güttingen. Im Zuge kriegerischer Auseinandersetzungen verbrennen sie Neuravensburg, den wichtigsten sankt-gallischen Stützpunkt am Nordostufer des Bodensees, und erlangen so Vormachtstellung in Oberschwaben.

Dezember 1273: Der im Oktober zum deutschen König gewählte Rudolf von Habsburg verfügt die Restitution des entfremdeten Reichsguts. In Vorarlberg sind davon vor allem die Montforter betroffen. Sie verlieren den Bregenzerwald und den Reichshof Lustenau.

19.7.1274: Im Zuge der Rückführung und Sicherung entfremdeten Reichsguts beansprucht König Rudolf I. den Königshof Kriessern – und damit auch Mäder – als Reichsgut und verspricht, ihn niemals zu veräußern, sondern ihn stets bei seinem alten Recht zu belassen.

Nach 1274: Graf Hugo I. von Werdenberg, ein Gegner der Montforter, wird von König Rudolf I. zum Reichslandvogt in Schwaben und Churwalchen (= Rätien) ernannt. Er soll sich im Auftrag des Königs um die Rückgewinnung entfremdeten Reichsguts bemühen.

1275: Die Pfarre St. Nikolaus in Feldkirch wird erstmals urkundlich erwähnt.

1275: Die Egger Pfarrkirche St. Nikolaus wird erstmals erwähnt.

1276: Der Hof Leiblach wird erstmals im Besitz des Damenstifts in Lindau erwähnt.

25.5.1278: Graf Hugo von Werdenberg schenkt den Dominikanerinnen von Ötenbach bei Zürich das Patronatsrecht der St.-Peters-Kirche bei Bludenz und initiiert damit die Gründung des späteren Dominikanerinnenklosters St. Peter.

24.10.1279: König Rudolf I. verpfändet dem Ritter Heinrich Walter von Ramschwag aus Dankbarkeit dafür, dass ihm dieser in der Schlacht bei Dürnkrut das Leben rettete, den Königshof Kriessern, zu dem auch Mäder gehört.

1280: Erstmals ist ein Feldkircher Bürger namentlich bezeugt.

15.1.1282: Wilhelm I. von Montfort wird erstmals urkundlich als Abt von St. Gallen bezeichnet. Sein Vorgänger dankte am 15.10.1281 ab.

1282: Mit „Mag. Ruodolfus physicus" und „Mag. Bertholdus cyrurgicus" stehen zwei Lindauer Ärzte im Dienst der Johanniter in Feldkirch.

10.2.1283: Friedrich II. von Montfort wird erstmals als gewählter Bischof (Friedrich I.) von Chur bezeichnet. Die Wahl fand bereits 1282 statt.

03.1.1286: Burggraf Friedrich von Zollern vermittelt einen Vergleich zwischen König Rudolf I. und Graf Ulrich von Montfort-Bregenz in

1309

einem Streit um Rechte des Klosters Weißenau in der Pfarre Bregenz. Graf Ulrich muss zu Gunsten des Königs auf jene Rechte verzichten, die er – wie er behauptete – als Pfand erworben hatte.

Sommer/Herbst 1286: In Zusammenhang mit dem Versuch König Rudolfs I. (von Habsburg), das Herzogtum Schwaben wiederherzustellen, was einer Beschneidung der Macht des lokalen Adels gleichgekommen wäre, kommt es zum Krieg zwischen dem König und einer Reihe südwestdeutscher Grafen, unter ihnen Ulrich von Montfort-Bregenz.

20.7.1286: Die bei St. Peter zu Bludenz lebenden Klosterfrauen erhalten die Augustinerregel.

1290: Nach ihrer Niederlage gegen Rudolf von Habsburg müssen die Montforter in Oberschwaben Gebiete abtreten. Rudolf von Montfort-Feldkirch kann allerdings den Bregenzerwald zurückgewinnen.

1290: Das älteste erhaltene Einkünfteverzeichnis des Klosters Mehrerau wird ausgestellt. Es dokumentiert die Besitzschwerpunkte der Abtei und die ihr zufließenden Abgaben.

1290: Der Dornbirner Ortsteil Oberdorf wird erstmals urkundlich genannt.

1291: Das Landgericht Fischerhausen wird erstmals urkundlich erwähnt: Eine Lokalisierung des bis 1311 belegbaren Ortes ist bisher nicht geglückt. Möglicherweise lag er im Bereich des Reichshofes Lustenau.

1291: Der Ritter Ludwig von Wolfurt studiert an der Universität Bologna.

1295: Aus dem Augustinerinnenkloster zu Bludenz wird das Dominikanerinnenkloster St. Peter.

1298: In der Schlacht bei Göllheim unterliegt König Adolf von Nassau Herzog Albrecht von Habsburg. Auf der Seite des Verlierers kämpfen die Grafen Rudolf von Montfort-Feldkirch, Hugo von Montfort-Tettnang und Hugo von Montfort-Bregenz. Damit fallen die Montforter zurück ins Mittelmaß. In der Folge müssen sie ihre Lande Stück um Stück den Habsburgern überlassen.

Um 1300: Das St.-Nikolaus-Kirchlein in Ziz/Bludesch wird erbaut. In dieser Kirche befindet sich die älteste Freskenmalerei Vorarlbergs.

Um 1300: Auf dem Frauenberg bei Rankweil wird eine Wallfahrtskirche errichtet.

10.7.1303: Die im Gebiet des Reichshofes Lustenau liegende Festung Zwingenstein wird erstmals urkundlich erwähnt.

1309: Die Habsburger erwerben die Herrschaft Gutenberg. Damit fassen sie Fuß in den montfortischen Stammlanden.

GEBURTSTAG

1295: Ulrich I. von Ems († 1357), Begründer der emsischen Territorialhoheit.

TODESTAGE

Um 1271: Hartmann I. von Werdenberg, Gründer der Stadt Bludenz.

14.11.1272: Heinrich I. von Montfort, Sohn Hugos I., Dominikanermönch, Bischof von Chur.

1282: Konrad von Wolfurt, Abt von Pfäfers.

13.3.1285: Friedrich I. von Montfort, Sohn Hugos I., Domherr zu Chur und Konstanz.

1287: Ulrich I. von Montfort-Bregenz, Sohn Hugos II., Stifter der Bregenzer Linie.

3.6.1290: Friedrich II. von Montfort, Sohn Hugos II., Bischof von Chur; stürzt bei einem Fluchtversuch mit selbst gefertigten Stricken aus der Burg Werdenberg ab.

1296/99: Rudolf von Wolfurt.

1298: Hugo VI. von Montfort-Tettnang, Sohn Hugos III., erwählter Bischof von Chur.

11.10.1301: Wilhelm I. von Montfort, Sohn Hugos II., Abt von St. Gallen.

19.9.1302: Rudolf II. von Montfort-Feldkirch, Sohn Hugos II., Begründer der Feldkircher Linie.

1305/06: Hugo II. von Werdenberg.

17.1.1307: Heinrich II. von Montfort, Sohn Hugos II., Dompropst zu Chur, Domherr zu Konstanz.

1309: Hugo III. von Montfort-Tettnang, Sohn Hugos II., Begründer der Tettnanger Linie.

1310

Um 1310: Auf Initiative der Grafen Rudolf (III.) und Ulrich (II.) von Montfort-Feldkirch lassen sich in Feldkirch Juden nieder. Die Ansiedlung der Juden gehört zu einer Reihe von Maßnahmen, durch welche die Grafen die Wirtschaft ihrer Stadt ankurbeln und ihre Finanzkraft stärken wollen. Dies ist die erste urkundlich nachweisbare Ansiedlung von Juden im Gebiet Vorarlbergs.

Um 1310: Mit „Magister Albertus" ist in Feldkirch erstmals ein Schulmeister nachweisbar.

1311: Die Stadt Feldkirch erhält ein eigenes Siegel.

1311: Rudolf I. und Ulrich II. von Montfort greifen in die so genannte Neuburger Fehde ein und versuchen so die Macht des niederen reichsritterlichen Adels im Gebiet Vorarlbergs zu brechen. Die Grafen von Montfort, die von der Feldkircher Bürgerschaft unterstützt werden, greifen dabei auch auf Walser Söldner zurück. Die Auseinandersetzung mündet in eine schwere Niederlage der Reichsministerialen im Gebiet Vorarlbergs.

1311: Der Hof zu St. Peter in Bludenz wird erstmals urkundlich erwähnt. Dieser gräfliche Hof geht sehr wahrscheinlich bis ins Hochmittelalter zurück.

1312: Feldkirch erhält das Lindauer Stadtrecht.

Seit 1313: Die Montforter siedeln die in der Neuburger Fehde bewährten Walser als Wehrbauern in hoch gelegenen Landesteilen, vor allem in Laterns, Damüls, im Kleinen und Großen Walsertal, in Tannberg, im Silbertal, im Montafon und im Brandnertal, an und statten sie mit besonderen Freiheitsrechten aus.

1317: Graf Rudolf II. von Werdenberg-Sargans verleiht die Burg Frastafeders dem Reichsritter Ulrich Thumb von Neuburg.

16.10.1318: Die Herren von Sigberg verkaufen den Rittern von Ems ihre Burg und ihr Gut in Dornbirn-Mühlebach.

1319: Silbertal wird als „Silberberg" erstmals urkundlich erwähnt.

Um 1320: Der Feldkircher Mistrodel, das älteste Bürger- und Häuserverzeichnis der Stadt, entsteht.

19.3.1322: Papst Johannes XXII. ernennt Graf Rudolf III. von Montfort-Feldkirch zum Bischof von Chur, nachdem es zuvor eine Doppelwahl gegeben hat.

1.10.1322: Papst Johannes XXII. ernennt Graf Rudolf III. von Montfort-Feldkirch zum Bischof von Konstanz.

1322: Der Ritter Burkhard von Wolfurt ist als Stadtammann („minister civitatis") von Überlingen bezeugt.

1323: Der Reichshof Lustenau befindet sich als Pfand im Besitz der Grafen von Werdenberg.

1323: Mit Meister Johann ist erstmals ein Stadtschreiber in Feldkirch bezeugt.

1324: Ritter Ulrich I. von Ems erwirbt von Ulrich von Montfort die halbe Mellenalpe und zwei Teile der Alpe Kugel.

1325: Eglolf von Wolfurt wird zum Abt des Klosters Pfäfers gewählt.

Sommer 1327: Graf Rudolf III. von Montfort-Feldkirch, Bischof von Chur und Konstanz, empfängt die Priesterweihe.

1327: Ein namentlich nicht genannter Ritter von Wolfurt ist als Obergespan (= oberster Amtsträger eines Verwaltungsbezirks) von Wieselburg in Ungarn bezeugt.

1328: Das gräfliche Landgericht Schwarzach wird erstmals urkundlich erwähnt.

17.4.1330: Als sich die Mönche des Klosters St. Gallen nach dem Tod ihres Abtes auf keinen gemeinsamen Kandidaten für seine Nachfolge einigen können, bestellt der Papst Rudolf III. von Montfort-Feldkirch, den Bischof von Chur und Konstanz, zum Administrator des Klosters. Er bleibt dies bis zum 25.10.1333.

22.5.1330: Kaiser Ludwig IV. („der Bayer") stellt den Grafen von Montfort-Bregenz ein Marktprivileg für Bregenz aus.

24.1.1333: Kaiser Ludwig der Bayer verleiht der Burg und dem Flecken Ems alle Rechte und Freiheiten der Reichsstadt Lindau. Hohenems wird damit nominell Stadt.

1334: Kaiser Ludwig der Bayer nimmt die Lustenauer in seinen und des Reiches Schutz und bestätigt ihnen damit ihre Stellung als Reichsleute. Diese Rechte werden von seinen Nachfolgern 1417, 1442, 1494 und 1521 bestätigt.

1347

Vor 1335: Die Feldkircher Stadtpfarrkirche erhält ihre erste Orgel.

Um 1336: Am Thalbach bei Bregenz gründen zwei Frauen – möglicherweise Anna und Dorothea Miller – einen Tertianerinnenorden.

1.11.1337: Die Grafen von Montfort-Feldkirch schließen in Brugg bei Zürich den „Ewigen Bund" mit Österreich und stellen sich mit ihren Landen für alle Zeiten in den Dienst der österreichischen Herzöge. Auch die Bürger der Stadt erscheinen dabei als Vertragspartner. Die Urkunde ist sowohl für die künftige Bindung an Österreich als auch für die politische Mitsprache der Bevölkerung ein Schlüsseldokument.

1338-1340: Mit dem Tod Graf Hugos V. († 26.7.1338) stirbt die Bregenzer Linie der Montforter aus. Nachdem ein Großteil des Erbes vorübergehend von der Tettnanger und der Feldkircher Linie gemeinsam verwaltet wurde, kommt es zur Teilung: Dornbirn, Höchst-Fußach und der Hintere Bregenzerwald gehen an die Herrschaft Feldkirch, Wilhelm von Montfort-Tettnang erhält Bregenz, Hofrieden, Hofsteig, Alberschwende und Gebiete im Westallgäu.

1340: An der Stelle eines älteren Vorgängerbaus wird in Götzis die Pfarrkirche St. Ulrich errichtet.

1342: Der Passverkehr über den Arlberg wird vor allem wegen des Imports von Haller Salz immer bedeutender. Aus diesem Grund wird in Feldkirch ein Salzhaus errichtet.

Oktober 1343: Die Streitigkeiten unter den Feldkircher Montfortern eskalieren: Graf Ulrich wird von seinen Neffen abgesetzt.

1343: Die versuchte Abwanderung eines Teiles der Feldkircher Judengemeinde nach Bludenz scheitert am Einspruch des Feldkircher Stadtrates.

1343: Kaiser Ludwig der Bayer bewilligt Ritter Ulrich I. den Bau der Festung Neuems auf dem Glopper.

1343: Zwischen den Rittern von Ems und den Grafen von Montfort-Feldkirch wird eine verlustreiche Fehde ausgetragen.

11.3.1344: Nach der Absetzung verbündet sich Graf Ulrich von Montfort-Feldkirch mit Kaiser Ludwig dem Bayern gegen seine Neffen und die Feldkircher Bürgerschaft. Als Gegenleistung für die Unterstützung durch den Kaiser überträgt er diesem seine Grafschaft, die er gleichzeitig als „Leibgeding" (= auf Lebenszeit) zurückerhält.

1344: In Zusammenhang mit den kriegerischen Auseinandersetzungen zwischen Graf Ulrich von Montfort-Feldkirch und seinen Neffen wird die Burg Frastafeders bei Frastanz zerstört.

1345: Kriegszug Kaiser Ludwigs des Bayern gegen die Grafen von Montfort-Feldkirch. Gegen die Zahlung von 100 Mark Silber öffnet Ulrich I. von Ems den kaiserlichen Truppen die Burg Ems.

1345: Kaiser Ludwig der Bayer belagert – ohne Erfolg – die Stadt Feldkirch und verwüstet ihr Umland. Nach diesem Misserfolg muss Graf Ulrich zu Gunsten seiner Neffen auf seine Rechte an der Grafschaft verzichten.

7.8.1346: Die Bürger der Stadt Feldkirch erhalten von den Grafen Rudolf IV. von Montfort-Feldkirch und Hugo von Tosters das Privileg, dass sie ohne ihre Zustimmung nicht verpfändet werden dürfen.

1347: Mit Hans Huber ist erstmals ein Dornbirner Ammann urkundlich erwähnt.

GEBURTSTAG

1313: Marquard I. von Ems († vor 1353), Hofmeister des Herzogs Johann von Lothringen.

TODESTAGE

11.8.1310: Hugo IV. von Montfort-Feldkirch, Sohn Rudolfs II., in Schaffhausen erschlagen.

16.3.1314: Berthold I. von Montfort-Feldkirch, Sohn Hugos IV.

21.6.1320: Eglolf von Wolfurt, Abt von Pfäfers.

13.3.1321: Friedrich III. von Montfort, Sohn Hugos IV., Domherr zu Chur und Konstanz.

27./28.3.1334: Rudolf III. von Montfort-Feldkirch, Sohn Rudolfs II., Bischof von Chur und Konstanz, Administrator der Abtei St. Gallen.

26.7.1338: Hugo V. von Montfort-Bregenz. Damit ist die Bregenzer Linie der Montforter ausgestorben.

1347

1347: Die Brüder Ulrich und Konrad von Wolfurt treten in den Dienst des ungarischen Königs Ludwig I. und nehmen an der Eroberung des Königreichs Neapel teil.

1348: König Ludwig I. von Ungarn ernennt den Ritter Ulrich von Wolfurt zum Statthalter von Neapel und seinen Bruder Konrad zum Unterstatthalter von Apulien.

21.1.1349: Die Feldkircher Juden werden verbrannt, weil sie für den Ausbruch der Pest verantwortlich gemacht werden. Ihr Vermögen fällt an die Grafen von Montfort-Feldkirch.

28.10.1349: Feldkirch wird durch einen Brand fast völlig zerstört.

Um 1350: Ulrich I. von Ems und seine Gattin lassen auf dem Platz der heutigen Hohenemser Pfarrkirche St. Karl eine Kapelle zu Ehren der hl. Katharina, der hl. Margaretha, des hl. Christophorus und des hl. Erasmus errichten.

1350/51: Ulrich von Wolfurt lässt sich in Ungarn nieder und baut sich im Gebiet um Eisenburg, Wieselburg und Ödenburg eine ansehnliche Hausmacht auf; dabei wird er vom ungarischen König aus Dankbarkeit für seine Verdienste im neapolitanischen Feldzug tatkräftig unterstützt.

1351: Ulrich I. von Ems belehnt drei freie Walser mit Gütern im Ebnit.

1352: König Ludwig I. von Ungarn entsendet Ulrich von Wolfurt als Botschafter an den päpstlichen Hof in Avignon. Nach seinem Tod (um 1353) folgt ihm sein Sohn Konrad in dieser Funktion nach.

1354: Hohenems erhält eine eigene Kaplanei.

1354: Nach dem Tod des Grafen Wilhelm von Montfort-Tettnang teilen seine Söhne das Erbe: Wilhelm erhält die Grafschaft Bregenz, Heinrich die Grafschaft Tettnang.

1354: Graf Wilhelm von Montfort-Tettnang-Bregenz heiratet Ursula von Pfirt, eine Schwägerin Herzog Albrechts II. von Österreich. Damit sind die Grafen von Montfort-Tettnang-Bregenz mit den Habsburgern verwandt.

1355: Konrad von Wolfurt, ein Sohn des Ritters Ulrich von Wolfurt, hält sich als ungarischer Botschafter am Papsthof in Avignon auf.

1359: Nach dem Tod des Grafen Hugo VII. von Montfort-Feldkirch-Tosters vereinigt Graf Rudolf IV. den gesamten Feldkircher Besitz wieder in einer Hand.

17.12.1359: Graf Wilhelm II. von Montfort-Tettnang-Bregenz kauft mit habsburgischer Hilfe die Herrschaft Hohenegg um 3.000 Pfund Pfennig.

1360: Der Feldkircher Stadtschreiber Ganser legt eine Stadtchronik an.

Juni 1360: Graf Rudolf von Montfort-Feldkirch schließt mit den Habsburgern ein Bündnis gegen den Grafen Albrecht von Werdenberg.

Herbst 1361/Frühjahr 1362: Die Grafen Rudolf und Ulrich von Montfort-Feldkirch siegen, unterstützt durch Heinrich von Montfort-Tettnang, die Ritter von Ramschwag und den österreichischen Landvogt Friedrich von Teck, gegen die Grafen Albrecht und Hugo von Werdenberg und deren Verbündete: Die Geschlagenen müssen den Montfortern den halben hinteren Bregenzerwald verpfänden. Die Festung Grimmenstein bei St. Margrethen kommt an Österreich.

GEBURTSTAG

Um 1357: Hugo von Montfort-Bregenz („der Minnesänger") († 4.4.1423).

TODESTAGE

15./17.4.1350: Ulrich III. von Montfort-Feldkirch, Sohn Rudolfs II., Domherr zu Chur.

8.10.1352: Wilhelm II. von Montfort-Tettnang, Sohn Hugos III.

Vor 1353: Marquard I. von Ems (* 1313), Hofmeister des Herzogs Johann von Lothringen.

Um 1353: Ulrich von Wolfurt.

1357: Ulrich I. von Ems (* 1295), Begründer der emsischen Territorialhoheit.

31.3.1359: Hugo VII. von Montfort-Feldkirch-Tosters, Sohn Hugos IV., begraben im Kloster Mehrerau.

5.7.1360: Hugo IX. von Montfort-Feldkirch, Sohn Rudolfs IV., stirbt möglicherweise auf Zypern.

28.12.1362: Nikolaus von Wolfurt, Chorherr zu Lindau und Priester des Konvents von Fischingen.

1363

Das Werden des österreichischen Landes Vorarlberg

Das Gebiet des heutigen Landes Vorarlberg war durch lange Zeit als Folge der Erbteilungen der Landesherren aus dem Haus der Grafen von Montfort und von Werdenberg in kleine Herrschaftssprengel aufgesplittert.

Erst die Territorialpolitik der habsburgischen Herzöge von Österreich, die ursprünglich selbst aus dem alemannischen Westen stammten, legte im ausgehenden Mittelalter den Grundstein für die spätere Einheit des Landes. 1363 erwarb Herzog Rudolf IV. von Österreich nicht nur die Grafschaft Tirol, sondern auch vom Rittergeschlecht der Thumb von Neuburg die kleine Herrschaft Neuburg am Rhein, die im Wesentlichen aus der gleichnamigen Burg und der Ortschaft Koblach bestand. Es folgten – ebenfalls durch Kauf – die Herrschaften Feldkirch (1375/1390 von Rudolf V. von Montfort-Feldkirch), Bludenz (1394/1420 von Albrecht III. von Werdenberg-Bludenz) und die Südhälfte der Herrschaft Bregenz (1451 von Elisabeth von Montfort-Bregenz). 1453 okkupierte Herzog Sigmund von Tirol die Gerichte Mittelberg und Tannberg, 1474 mussten die Grafen von Sonnenberg ihre Herrschaft an den Habsburger abtreten. Mit dem Kauf der Nordhälfte der Herrschaft Bregenz im Jahre 1532 vom letzten Bregenzer Montforter, Hugo XVII., fanden die österreichischen Erwerbungen hier zu Lande ihr vorläufiges Ende.

Übergang der einzelnen Gerichte an Österreich, Darstellung nach Ludwig Welti

Nicht zum österreichischen Vorarlberg gehörten weiterhin die Reichsherrschaften Hohenems mit dem Reichshof Lustenau (im Besitz der Ritter bzw. Grafen von Hohenems) sowie Blumenegg (seit 1614 im Besitz des Klosters Weingarten bei Ravensburg, zuvor in adeliger Hand) mit St. Gerold, einem Priorat des Klosters Einsiedeln (Kanton Schwyz).

Nach dem Aussterben der Hohenemser Grafen im Mannesstamm kamen 1765 Hohenems und 1767 Lustenau (jedoch bis 1830 unter Vorbehalt der Gerichtsbarkeit) an Österreich, 1804 folgten die zuvor säkularisierten geistlichen Territorien Blumenegg und St. Gerold. Seine heutige Gestalt erhielt das Land Vorarlberg 1814, als die ehedem zur Herrschaft Bregenz zählenden Allgäuer Gebiete um Weiler und Scheidegg endgültig an Bayern abgetreten werden mussten.

Dennoch bildeten die österreichischen Gebiete Vorarlbergs vor dem 18. Jahrhundert keinen einheitlichen, in sich geschlossenen Verwaltungssprengel. Die den „Herrschaften vor dem Arlberg" – so der zeitgenössische Sprachgebrauch – vorgesetzten Vogteiämter in Bregenz, Feldkirch und Bludenz unterstanden direkt der Regierung in

Das österreichische Wappen auf dem Wasserturm in Feldkirch

1363

Das Schloss Neuburg bei Koblach. Darstellung aus der Chronik des Kapuzinerpaters Anicet

Innsbruck. Eine gemeinsame Oberbehörde für die österreichischen Gebiete Vorarlbergs wurde erst 1750 von Kaiserin Maria Theresia eingerichtet: das „Oberamt" in Bregenz. An seine Stelle trat 1786 ein „Kreisamt". Einen einigenden Faktor bildeten in Vorarlberg zuvor nur die seit dem 16. Jahrhundert nachweisbaren Landstände als Vorläufer des Landtags.

Nicht zuletzt als Folge der zentralisierenden Maßnahmen des absolutistischen Staates unter Maria Theresia und ihrem Sohn Joseph II. entstand im ausgehenden 18. und im 19. Jahrhundert ein Vorarlberger Landesbewusstsein, das die stark partikularistische Tradition, die sich auf die kleinräumigen alten Gerichtssprengel stützte, allmählich überwand. Der Name „Vorarlberg" für die „Herrschaften vor dem Arlberg" kam ebenfalls erst um die Mitte des 18. Jahrhunderts auf. A.N.

8.4.1363: Die Habsburger kaufen die Feste und Herrschaft Neuburg mit allem Zugehör von den Rittern von Thumb. Dies ist ihr erster Landerwerb im Bereich des heutigen Vorarlberg.

20.9.1364: Ritter Konrad von Wolfurt, ein Bruder des späteren Abtes Burkhard, stiftet dem Kloster Pfäfers den heute noch erhaltenen „Wolfurter Kelch", drei Messbücher, einige Messgewänder und sonstige Güter.

1365: Die Ritter Konrad und Eglolf von Wolfurt kaufen Burg und Stadt Arbon.

1368: Mit Hermann Ritter aus Feldkirch ist erstmals ein Vorarlberger Notar bezeugt.

1368: Agnes aus dem Geschlecht der Edlen von Wolfurt wird zur Äbtissin von Lindau gewählt.

1371: Ritter Wölflin von Wolfurt befindet sich mit der Stadt Lindau in Fehde. Die Lindauer nehmen dabei seine Stammburg ein und zwingen ihn, ihnen diese zur Hälfte offen zu halten.

1372: Graf Rudolf V. von Montfort-Feldkirch unternimmt eine Pilgerreise ins Heilige Land.

22.5.1375: Der kinderlose Graf Rudolf V. verkauft die Grafschaft Feldkirch, das Landgericht Rankweil, seine Burgen (Alt- und Neumontfort sowie Fußach), den Bregenzerwald und Dornbirn um 30.000 Gulden an Herzog Leopold III. von Österreich.

20.2.1376: Graf Rudolf von Montfort-Feldkirch erlässt den Gotteshausleuten zu Höchst und Fußach die Entrichtung des so genannten Leibfalles, einer Art Erbschaftssteuer.

17.12.1376: Die Stadt Feldkirch erhält von Graf Rudolf V. einen Freiheitsbrief, welcher der Bürgerschaft weit gehende politische Mitsprache sichert.

1377: Mit „Ulricus de Veltkirchen" ist in Wien erstmals ein bürgerlicher Student aus Vorarlberg an einer Universität bezeugt.

30.4.1379: Graf Rudolf V. von Montfort-Feldkirch übergibt sein Land Heinrich Geßler als Stellvertreter des Herzogs von Österreich. Er darf sein (ehemaliges) Land allerdings auf Lebzeiten als habsburgischer Vogt verwalten. Damit kommt die Grafschaft Feldkirch an Österreich.

8.6.1379: Montfortische Teilung in Bregenz: Graf Hugo („der Minnesänger") erhält die nördliche Hälfte mit Hofrieden, Sulzberg und Oberlangenegg, Graf Konrad die südliche Hälfte mit Hofsteig, Alberschwende und Lingenau. Die Burg wird geteilt, Stadt und Vogtei über das Kloster Mehrerau bleiben in gemeinsamer Verwaltung.

9.1.1380: Die Ammänner und Landleute des Bregenzerwaldes, von Staufen, Langenegg, Dornbirn und „Knüwen" (= Knie bei Haselstauden) huldigen in Dornbirn ihrem neuen Landesherrn, Herzog Leopold III. von Österreich.

Um 1380: Einige Mitglieder der Konstanzer Judengemeinde lassen sich in Feldkirch nieder.

1385

Um 1380: In Feldkirch finden Wettkämpfe im Armbrustschießen statt.

1380: In Feldkirch ist ein Osterspiel unter Mitwirkung der Bevölkerung bezeugt.

1381: Der erste frei gewählte Feldkircher Stadtammann ist bezeugt.

Um 1382: In Feldkirch wird das Kinderfasnachtsfest eingeführt.

13.9.1383: Graf Rudolf von Montfort-Feldkirch gründet in Viktorsberg ein Minoritenkloster.

1383: Erste Nennung einer selbstständigen Pfarre Bartholomäberg.

1383: Die Pest fordert in Feldkirch 130 Tote.

1385: Heinrich von Kempten, genannt „Findelkind", gründet auf dem Arlberg ein Hospiz zum Schutz der Reisenden.

TODESTAGE

1.11.1367: Ulrich III. von Montfort-Feldkirch, Sohn Rudolfs IV., Generalvikar, Domherr und Dompropst zu Chur, nach der Rückversetzung in den Laienstand auf einer Pilgerreise nach Jerusalem auf Rhodos gestorben.

22.3.1370: Philipp von Höchst, Domherr zu Chur, begraben in Chur.

1373: Wilhelm III. von Montfort-Tettnang-Bregenz, Sohn Wilhelms II., stirbt in Wien und wird in der Minoritenkirche beigesetzt.

13.3.1375: Rudolf IV. von Montfort-Feldkirch, Sohn Hugos IV.

Sturz des Papstes auf der Reise zum Konzil von Konstanz, 1414–1418. Darstellung aus der Chronik des Ulrich von Richental

Die Erschließung des Arlbergpasses

Zwar zeugen bereits prähistorische Funde von der frühen Anwesenheit von Menschen im Arlberggebiet, doch trat der Pass erst im Laufe des Mittelalters ins Licht der Geschichte. Vor allem die Schenkung des Klostertals durch Graf Hugo I. von Montfort an den Johanniterorden im Jahre 1218 förderte den Verkehr über den Arlberg, denn die Johanniter errichteten in Klösterle und später auch in Stuben Niederlassungen, die als Stützpunkte für Pilger, Kreuzfahrer und Kaufleute dienten.

Als die Habsburger östlich und westlich des Arlbergs bedeutende Gebiete erwarben (1363 die Grafschaft Tirol, im selben Jahr die Herrschaft Neuburg am Rhein, 1375/1390 die Herrschaft Feldkirch und 1394/1420 die Herrschaft Bludenz), nahm der Passverkehr stark zu. Der Weg war allerdings gefährlich – vor allem bei Wetterstürzen und im Winter. Unter dem Eindruck der Opfer, die der Berg Jahr für Jahr forderte, gründete Heinrich Findelkind, der als Knecht auf der Arlenburg bei St. Anton diente, 1386 ein Hospiz zum Schutz der Reisenden. Zur finanziellen Absicherung seiner Stiftung rief er die „Arlbergbruderschaft" ins Leben, deren Mitglieder durch eine Spende für den Unterhalt des Hospizes Sorge trugen. Seit dem 15. Jahrhundert ging die Bedeutung der Arlbergroute stark zurück, der Großteil des Waren- und Personenverkehrs zwischen Vorarlberg und Tirol ging bis ins 19. Jahrhundert über den Fernpass. A.N.

Die alte Pass-Straße über den Arlberg bei St. Christoph. Fotografie kurz vor der Jahrhundertwende

1386

9.7.1386: In der Schlacht bei Sempach verlieren die Ritter Eglolf und Ulrich III. von Ems, die auf Seiten der Habsburger gegen die Eidgenossen kämpfen, ihr Leben.

30.11.1386: Klösterle wird von der Pfarre Nüziders unabhängig.

1386: Burkhard von Wolfurt wird zum Abt von Pfäfers gewählt.

5.12.1387: Die Feldkircher Bürgerschaft verpflichtet sich gegenüber Herzog Albrecht III. von Österreich, ohne seine Zustimmung keine Bündnisse mit anderen Herren und Städten zu schließen.

1387: Der Pfarrer von Göfis, Albrecht Kolb, erstellt für die Frau des Feldkircher Stadtammanns Johannes Stöcklin eine Prachthandschrift mit Predigttexten.

1387: In Feldkirch ist erstmals auf dem Gebiet Vorarlbergs die Verwendung von Brillen bezeugt.

9.4.1388: Hugo von Montfort-Bregenz („der Minnesänger") sowie Kontingente des Grafen Rudolf V. von Montfort-Feldkirch und Truppen aus dem Walgau, dem Rheintal und dem Allgäu kämpfen in der Schlacht bei Näfels auf Seiten der geschlagenen Habsburger gegen die Eidgenossen.

21.5.1388: Ritter Ulrich von Ems erwirbt vom Kloster Weingarten das Widum und den Kirchenschatz zu Dornbirn.

23.6.1388: Graf Rudolf von Montfort stiftet das Klarissenkloster Valduna bei Rankweil.

20.7.1388: Ritter Ulrich von Ems erwirbt vom Kloster Hofen bei Buchhorn (= Friedrichshafen) den Kellhof zu Dornbirn mit allen Rechten und Leuten.

8.11.1389: Das Ministerialengeschlecht der Edlen von Dornbirn tritt einen wesentlichen Teil seines Besitzes an die Ritter von Ems ab.

1390: Klara von Wolfurt wird Nachfolgerin ihrer Tante Agnes als Äbtissin von Lindau.

November 1390: Nach dem Tod Graf Rudolfs V. von Montfort-Feldkirch erheben seine Verwandten, Rudolf von Werdenberg-Rheineck, Heinrich von Werdenberg-Sargans-Vaduz und Wilhelm von Montfort-Bregenz, Anspruch auf Teile seines Erbes.

3.12.1390: In Feldkirch tritt ein Landtag („die von Feldkirch und och die Lüt gemainlich uff dem Land") – der erste in der Geschichte Vorarlbergs – zusammen und verhandelt mit Graf Heinrich von Werdenberg-Sargans-Vaduz, der Burg und Herrschaft Jagdberg aus dem Erbe Rudolfs V. beansprucht.

17.12.1390: Die Stände und die österreichischen Räte schließen mit Graf Heinrich von Werdenberg-Sargans-Vaduz einen Vertrag, der ihm den Besitz der Burg und Herrschaft Jagdberg sowie kleinere Besitzungen Rudolfs, vor allem im Walgau gelegen, auf Lebenszeit zusichert.

1390: In Au im Bregenzerwald ist erstmals eine eigene Pfarrkirche bezeugt.

1390: Ulrich II. von Ems wird von den Habsburgern als österreichischer Vogt über die Herrschaft Feldkirch eingesetzt. Er bleibt bis 1394 in diesem Amt.

1390: Ulrich von Ems überfällt im Auftrag eines Nürnberger Juden Kaufleute, bis sie die auf dem Reichstag für nichtig erklärten Judenschulden bezahlen.

18.8.1391: Bildung der Vorarlberger Eidgenossenschaft: Auf Betreiben der Feldkircher Bürger und des Grafen Albrecht von Werdenberg-Heiligenberg-Bludenz verbinden sich die Stände der Grafschaften Feldkirch und Bludenz für 40 Jahre zur gegenseitigen Waffenhilfe; außerdem werden auch die gerichtlichen Zuständigkeiten geregelt. Der Bundesbrief gilt als die eigentliche Gründungsurkunde der Vorarlberger Landstände.

19.10.1391: Die Pfarre Mittelberg wird von der Pfarre Fischen im Allgäu getrennt.

1391: In Feldkirch ist erstmals ein Geschütz bezeugt.

15.4.1393: Die Dienstmannen Cuni und Uli die Cobolten verkaufen dem Ritter Ulrich von Ems Güter zu Dornbirn und Schwarzenberg.

5.4.1394: Der kinderlose Graf Albrecht IV. von Werdenberg-Heiligenberg-Bludenz verkauft Österreich mit Zustimmung seiner Untertanen die Grafschaft Bludenz mit Burg und Stadt, die Festung Bürs, den Hof St. Peter und das Montafon um 5.000 Gulden auf sein Ableben.

9.9.1394: Herzog Leopold IV. von Österreich verleiht dem Gra-

1406

fen Albrecht IV. von Werdenberg-Heiligenberg-Bludenz die Burghut zu Bludenz und Fußach auf Lebenszeit.

20.4.1395: Graf Albrecht von Werdenberg und seine Vettern verpfänden Ulrich II. von Ems den Reichshof Lustenau und die Festung Zwingenstein mit allem, was dazugehört, um 5.300 Pfund Heller.

Ende August 1395: Herzog Leopold IV. von Österreich belagert Rheineck; nach elf Tagen kapitulieren Stadt und Burg. Die Vogtei Rheintal fällt an Österreich.

29.11.1395: Mit Hans Benst wird erstmals ein Lustenauer Hofammann erwähnt.

23.1.1397: Nach dem Tod Heinrichs von Werdenberg-Sargans-Vaduz kommen Herrschaft und Schloss Jagdberg an Österreich.

1399: Pestepidemie in Feldkirch.

1399: Beginn der bürgerlichen Lateinschule in Feldkirch.

1399: Der Feldkircher Stadtschreiber legt eine Pergamenthandschrift des Stadtrechts an.

Um 1400: Im von Schwarzenberg aus kolonisierten Mellau wird eine eigene Kuratie, eine (Schwarzenberger) Filialkirche, errichtet.

10.2.1400: Das Hochgericht des Hinteren Bregenzerwaldes in Egg „auf dem Veld in Müli-Lüten Hub zu der Linden" wird erstmals urkundlich erwähnt.

1400: In Feldkirch ist erstmals ein städtisches Spital bezeugt.

12.12.1402: Ritter Hans von Wolfurt verkauft die halbe Burg Wolfurt an den Abt der Mehrerau, ein deutliches Indiz für den Niedergang des Geschlechts.

1402: Mit „Johannes de Pregancia" ist erstmals ein Bregenzer Student an der Universität Wien nachweisbar.

1403: An der St.-Niklas-Kirche in Feldkirch ist die erste öffentliche Turmuhr Vorarlbergs bezeugt.

1404: Mit dem aus Feldkirch stammenden Heinrich Brugg ist in Paris erstmals ein Vorarlberger als Universitätslehrer urkundlich nachgewiesen.

Um 1405: Die Herzöge von Österreich verpfänden die Herrschaft Neuburg an den Minnesänger Hugo von Montfort.

30.3.1405: Erzherzog Friedrich IV. von Österreich schenkt dem Klarissenkloster Valduna das Patronatsrecht der St.-Nikolaus-Kirche.

17.6.1405: In der Schlacht am Stoß fallen die Ritter Goswin und Wilhelm von Ems, der Feldkircher Vogt Sigmund von Schlandersberg, der Feldkircher Stadtammann Johannes Stöcklin und achtzig weitere Feldkircher sowie der Landammann Hartmann von Rankweil-Sulz im Kampf gegen die Appenzeller.

15.9.1405: Feldkirch schließt sich dem Bund ob dem See an; diesem Beispiel folgen Bludenz, das Montafon, der Walgau, Rankweil, Lustenau, Höchst und Fußach.

25.11.1405: Burg Tosters wird von den Appenzellern zerstört, später aber teilweise wieder aufgebaut.

6.12.1405: Burg Altmontfort bei Weiler wird von Feldkircher Bürgern zerstört. Sie wird nie wieder aufgebaut.

29.1.1406: Die von ihrem Vogt Walter von Ramschwag mit 40 Kriegsknechten verteidigte Schattenburg wird von den Appenzellern erobert.

März 1406: Die Appenzeller brennen den Flecken Ems fast vollständig nieder.

23.4.1406: Die Appenzeller brennen Lauterach nieder.

TODESTAGE

9.7.1386: Eglolf von Ems, Vogt von Wesen und Glarus, und Ulrich III. von Ems, Pfleger zu Hall, gefallen in der Schlacht bei Sempach.

17.11.1390: Rudolf V. („der Letzte") von Montfort-Feldkirch, Sohn Rudolfs IV., Domherr zu Chur, Rückversetzung in den Laienstand, gestorben auf Burg Fußach, begraben in St. Nikolaus zu Feldkirch.

1393: Konrad von Montfort-Bregenz.

1397: Heinrich von Werdenberg, Sohn Hartmanns I.

1402: Ulrich II. („der Reiche") von Ems, österreichischer Vogt zu Feldkirch.

Um 1403: Ulrich IV. von Ems, Vogt von Rheineck.

1406

21.6.1406: Herzog Friedrich von Habsburg schenkt dem Kloster St. Johann im Thurtal das Patronatsrecht über die Pfarre Götzis.

1406: Graf Friedrich von Toggenburg wird österreichischer Vogt zu Feldkirch. Er behält dieses Amt bis 1412.

1406: In Feldkirch wird die Zunftverfassung eingeführt, allerdings bereits ein Jahr später wieder aufgehoben.

Die Appenzellerkriege

Bald nach der Mitte des 14. Jahrhunderts traten Missstimmigkeiten zwischen dem Abt des Benediktinerklosters St. Gallen und seinen bäuerlichen Untertanen in Appenzell auf, als dieser versuchte, bestehende, jedoch längere Zeit vernachlässigte Rechte wieder einzufordern. Vermittlungsversuche umliegender Kräfte blieben auf Dauer erfolglos. Ein Bündnisvertrag zwischen der Abtei St. Gallen und den habsburgischen Herzögen von 1392 (erneuert 1402) einerseits sowie der Eintritt der Appenzeller in das Schwyzer Landrecht im Jahre 1403 andererseits schufen schließlich in Hinblick auf den latenten österreichisch-eidgenössischen Konflikt eine sehr brisante Konstellation. Was als bäuerlicher Unmut über die eigene Herrschaft im lokalen Rahmen begann, erhielt durch das Engagement der Schwyzer einen dynamischen, nach außen gerichteten Charakter. Die Appenzeller und die mit ihnen verbündete Stadt St. Gallen wurden zur Speerspitze der Schwyzer Expansionspolitik.

1405 sammelte Herzog Friedrich IV. von Österreich ein Heer, das sich vornehmlich aus Angehörigen des schwäbischen Adels und den Kontingenten der österreichischen Städte zusammensetzte. Da die Appenzeller die Kampfhandlungen mit der Belagerung von Altstätten eröffneten, begab sich ein Teil der habsburgischen Verbände ins Rheintal, um die Stadt zu entsetzen. Die Belagerer zogen sich daraufhin zurück. Am 17. Juni 1405 wurde das österreichische Heer, das ihnen folgte, nach einem beschwerlichen Anstieg bei ungünstiger Witterung am Stoß von den Appenzellern angegriffen und schwer geschlagen. Allein das Kontingent der Stadt Feldkirch verlor 80 Mann, darunter den Stadtammann Johannes Stöcklin. Auch der Feldkircher Vogt Sigmund von Schlandersberg und die Ritter Goswin und Wilhelm von Ems fielen.

In weiterer Folge schlossen sich große Teile Vorarlbergs teils freiwillig, teils unter militärischem Druck unter dem Namen „Bund ob dem See" den Appenzellern und ihren Verbündeten an. Diese fanden vor allem die Sympathie lokaler Oberschichten, deren Interessen durch die Verwaltungspraxis österreichischer Beamter verletzt wurden. Weitere Kriegszüge führten Verbände des Bundes in den Thurgau, nach Tirol und in Gebiete nördlich des Bodensees, zahlreiche Burgen wurden im Rahmen dieser Vorgänge gebrochen. Zu einer grundsätzlichen Veränderung der bestehenden Verhältnisse führte der Bund ob dem See jedoch trotz deutlicher antifeudaler Tendenzen nicht.

Auf Vorarlberger Boden setzten zuletzt die Bregenzer unter Graf Wilhelm von Montfort den Truppen des Bundes, die die Stadt seit dem Herbst des Jahres 1407 belagerten und beschossen, entschlossenen Widerstand entgegen. Nach 16 Wochen währender Einschließung – auf die sich die Sage der Ehreguta bezieht – formierte sich ein starkes Heer der eigens zum Zweck der Bekämpfung der Appenzeller gegründeten schwäbischen Adelsgesellschaft „mit St. Georgenschild" und schlug die Belagerer. Über dem Massengrab der Gefallenen wurde später die St.-Georgs-Kapelle errichtet.

Der unter Vermittlung König Ruprechts am 4. April 1408 in Konstanz geschlossene Frieden löste den Bund ob dem See auf. Die österreichische Politik reagierte auf die Appenzellerkriege mit einer verstärkten Kooperation mit den bäuerlichen und bürgerlichen Eliten. A.N.

Die Belagerer von Bregenz, die Truppen des Bundes ob dem See, werden am 13. Januar 1408 durch ein schwäbisches Heer geschlagen. Motiv aus der Berner Chronik von Benedikt Tschachtlan

1408

24.5.-20.7.1407: Die Appenzeller belagern und zerstören die Burgen Alt- und Neuems (Glopper).

Herbst 1407: Das Heer des Bundes ob dem See beginnt mit der Belagerung von Bregenz, die 16 Wochen dauert.

13.1.1408: Die Truppen des Bundes ob dem See werden vor Bregenz von einem Heer des schwäbischen Ritterbundes vom Georgenschild und der Stadt Konstanz schwer geschlagen.

4.4.1408: In Konstanz wird Frieden zwischen dem Bund ob dem See und den schwäbischen Rittern geschlossen. Vorarlberg kehrt unter die österreichische Landesherrschaft zurück. Viele der zerstörten Burgen wie Altmontfort, Tosters, Ramschwag und Bürs dürfen nicht mehr aufgebaut werden.

1408: Feldkirch, der Bregenzerwald und die Walser erhalten von Herzog Friedrich IV. von Österreich Privilegien als Belohnung für ihre Treue, weil sie sich nur unter Druck den Appenzellern angeschlossen hatten.

1408: Graf Albrecht von Werdenberg-Heiligenberg-Bludenz bestätigt der Stadt Bludenz ihre Privilegien und verzichtet zu ihren Gunsten auf die Getränkesteuer.

1408: Die erste Feldkircher Bürgerin mit einem eigenen Siegel ist bezeugt.

Nach 1408: Der Wiederaufbau der Schattenburg wird in Angriff genommen.

TODESTAGE

17.6.1405: Goswin und Wilhelm von Ems, Sigmund von Schlandersberg, Vogt von Feldkirch, und Johannes Stöcklin, Stadtammann von Feldkirch, alle gefallen in der Schlacht am Stoß.

15.7.1408: Heinrich IV. von Montfort-Tettnang, Sohn Wilhelms II.

Die Grafen von Montfort

Die genealogisch auf die Pfalzgrafen von Tübingen zurückgehende schwäbische Adelsfamilie wirkte von etwa 1200 bis zum Aussterben des Geschlechtes 1787 durch sechs Jahrhunderte prägend auf die Bodenseeregion, nicht nur politisch, sondern auch in Literatur und Kunst.

Die Söhne des Pfalzgrafen Hugo von Tübingen († 1182), der über seine Ehefrau Elisabeth das Erbe der Grafen von Bregenz (wenn auch in reduziertem Umfang) angetreten hatte, teilten – nach einer längeren gemeinsamen Verwaltung – ihr väterliches Erbe so, dass der ältere Rudolf den Tübinger Besitz, der jüngere Hugo das sich bis nach Oberrätien erstreckende Bregenzer Erbe übernahm. Ab 1200 wurde er unter dem frei gewählten Prunknamen (vielleicht in Anlehnung an die berühmte französische und anglonormannische Adelsfamilie) Hugo I. von Montfort der Stammvater eines neuen Dynastengeschlechtes; zugleich verlegte er das bisherige Herrschaftszentrum von Bregenz in die von ihm in günstiger Verkehrslage gegründete Stadt Feldkirch, wohl nicht zuletzt in der Absicht, seinen Einfluss in Churrätien zu verstärken. Graf Hugo I. gelang in ersten Ansätzen der Aufbau einer Territorialherrschaft, wobei er besonders bestrebt war, die Verkehrswege über die Alpen auszubauen. Die Gründung einer Johanniterkommende in Feldkirch lässt sein starkes Engagement für die

Das Wappen von Montfort-Feldkirch und der österreichische Bindenschild auf dem „Turm der tausend Schilde" 1325 erstmals vereint – Folge der Politik von Bischof Rudolf III. von Montfort-Feldkirch

1409

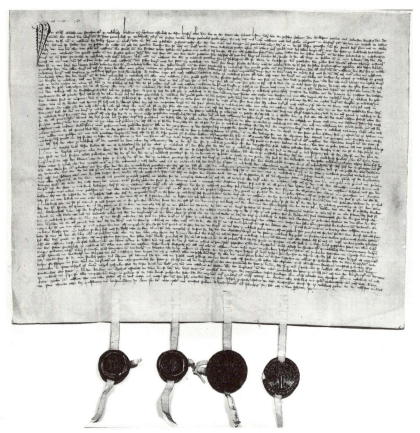

Der große Freiheitsbrief von 1376 von Rudolf V. für die Stadt Feldkirch

Kreuzzugsidee erkennen; wahrscheinlich weilte er wiederholt im Heiligen Land und starb dort 1228 während des Kreuzzugs Kaiser Friedrichs II.

Schon die zweite Generation kündigte die Spaltung der Familie an. Während Hugo II. sich als vehementer Anhänger der Staufer hervortat (der die staufische Politik propagierende Dichter Rudolf von Ems, † 1254, war sein Ministeriale), begründeten die Söhne seines früh verstorbenen Bruders Rudolf I. als Grafen von Werdenberg ein neues Geschlecht, das teilweise in eine heftige Fehde mit den Grafen von Montfort eintrat. Als nachgeborene Söhne aus zweiter Ehe verfolgten Heinrich I. als Mitglied des Dominikanerordens und päpstlicher Pönitentiar und Friedrich I. die päpstliche Linie. Es hat den Anschein, als hätte diese Partei auf dem Konzil von Lyon, das Kaiser Friedrich II. absetzte und den Bann über ihn verhängte, Friedrich I. an die Stelle Hugos II. setzen wollen, doch kam es nach dem Tod des Kaisers 1250 zu einer Verständigung. Der 1. Montforter Teilung um 1258, die die Abspaltung der Grafen von Werdenberg brachte (die sich in den südlichen Landesteilen festsetzten und dort neue Städte in Bludenz, Sargans und Werdenberg gründeten), folgte um 1270 die 2. Montforter Teilung unter den Söhnen Hugos II., aus der drei Linien hervorgingen: Rudolf II. († 1302) begründete die Feldkircher Linie (ausgestorben 1390), Ulrich I. († 1287) die (so genannte ältere) Bregenzer Linie (ausgestorben 1338) und

Siegel Rudolfs II. von Montfort-Feldkirch, dem Begründer der Linie Montfort-Feldkirch

Hugo III. († 1309) die (ältere) Tettnanger Linie (ausgestorben 1574). Zwei Grafen, die eine geistliche Karriere machten, blieben außerhalb dieser Erbteilung: Friedrich II. als Bischof von Chur (1283–1290) und Wilhelm I. als Abt von St. Gallen (1281–1301). Sämtliche Brüder standen in einem heftigen Gegensatz zu König Rudolf I. von Habsburg, da sie während des Interregnums Reichsgut usurpiert hatten, um dessen Revindikation sich der König bemühte. Es kam wiederholt zu kriegerischen Auseinandersetzungen. 1298 scheiterte die antihabsburgische Politik der Grafen von Montfort in der Schlacht bei Göllheim (bei Worms). Die jüngere Generation gab den Widerstand gegen die Habsburger und damit auch eine eigenständige Politik auf. Die Montforter wurden in der Folge Vasallen der Habsburger; alle montfortischen Gebiete gelangten bis 1780 in österreichischen Besitz.

Für die Vorarlberger Landesgeschichte war die Linie von Montfort-Feldkirch die bedeutendste. Mit der Stadt und Herrschaft Feldkirch hatte Rudolf II. den besten Anteil an sich gebracht. Nach dem frühen Tod seines Erben Hugo IV. († 1310) übernahmen dessen geistliche Brüder, Rudolf III. († 1334) und Ulrich II. († 1350), die Regierung. Rudolf III. darf wohl als der bedeutendste Politiker seines Geschlechtes gelten: Der in Bologna ausgebildete Jurist war 1310 Generalvikar von Chur, 1322 Bischof von Chur (bis 1325), 1322 Bischof von Konstanz und 1330/33 daneben auch Administrator der Abtei St. Gallen geworden. Mit Kaiser Ludwig IV. („dem Bayer") und dem Papst zerstritten, starb er im Kirchenbann, darf aber als der eigentliche Architekt der prohabsburgischen Politik des Hauses Montfort gelten. Sein in den weltlichen Stand zurückgekehrter Bruder Ulrich II. – auch er hatte in Bologna studiert – schloss 1337 den Ewigen Bund mit den Herzögen von Österreich. Seine lange Regierungszeit führte ihn ab 1343 in einen Konflikt mit seinen Neffen, die ihn zu einem Verzicht auf die Herrschaft zwangen. Der letzte Graf der Feldkircher Linie, Rudolf V. († 1390), zunächst viele Jahre

1409

Domherr und Dompropst in Chur und erst nach einer späten, kinderlosen Ehe zur Regierung berufen, veräußerte 1375 Stadt und Herrschaft Feldkirch an Österreich, dessen Vögte 1379 in Feldkirch einzogen. Im Zusammenhang mit dem Verkauf gewährte er der Stadt Feldkirch den großen Freiheitsbrief von 1376. Rudolf V. wurde nicht nur dadurch der beliebteste Graf seines Geschlechtes: Er investierte auch den von Österreich erzielten Kaufpreis in eine Stadterweiterung und in viele Stiftungen zu Gunsten der Bürgerschaft.

Die mit dem Tod des Grafen Hugo V. 1338 ausgestorbene Bregenzer Linie wurde durch die (ältere) Tettnanger Linie beerbt. Graf Wilhelm II. von Tettnang († 1354), der die Herrschaften Bregenz und Tettnang wieder vereinigte, kam als kaiserlicher Statthalter in der Lombardei zu großem Reichtum. Seine Nachkommen teilten ihren Besitz wiederholt auf. Alle Grafen von Tettnang machten im Reichsdienst oder auch unter den Habsburgern Karriere und traten nach der Glaubensspaltung für eine kompromisslose Verteidigung der katholischen Konfession ein. Die (ältere) Tettnanger Linie starb 1574 mit dem kunstsinnigen Ulrich VI. aus.

Nach dem Tod Wilhelms II. („des Reichen") 1354 erbte dessen Sohn Wilhelm III. († 1373) die Herrschaft Bregenz und begründete dort die neuere Linie (Tettnang-)Bregenz. Seine Söhne Konrad I. († 1399) und Hugo XII. († 1423) teilten die Herrschaft Bregenz unter sich auf, was zur Folge hatte, dass Bregenz – in zwei Hälften, 1451 und 1523 – an Österreich überging. Hugo XII., bekannt als der Minnesänger, dessen Name in der deutschen Literatur unsterblich wurde, spielte auch in der habsburgischen Verwaltung eine hervorragende Rolle. Durch mehrere Heiraten gelangte er in der Steiermark und in Kärnten zu einem ausgedehnten Besitz. Von seinen Nachkommen verkaufte Hugo XVII. († 1536), der letzte Graf von Bregenz, sein Erbe 1523 an Österreich, während dessen Bruder Georg III. († 1544) die innerösterreichischen Besitzungen über-

Grabplatte des Grafen Hugo I. von Montfort. Zeichnung von Gabriel Bucelin 1642

Die Schattenburg, das Feldkircher Herrschaftszentrum der Grafen von Montfort, Aufnahme um 1900

nahm. Als 1574 die (ältere) Tettnanger Linie mit Ulrich VI. ausgestorben war, wurden die Nachkommen Georgs III., der mit einer illegitimen Tochter des Königs Sigismund I. von Polen verheiratet war, zu den Erben der bereits stark verschuldeten Grafschaft Tettnang berufen. Diese Grafen von Montfort-Bregenz-Peckach-Tettnang verkauften ihren steirischen Besitz, setzten aber gleichwohl die schon traditionelle Schuldenwirtschaft fort, wiewohl sie durch den Dreißigjährigen Krieg stark in Mitleidenschaft gezogen wurden. Ihre Prachtliebe und ihre Bautätigkeit verstrickte sie in immer tiefere Schulden, bis Österreich von Graf Franz Xaver († 1780) gegen die Übernahme der Schulden die Grafschaft Montfort in seinen Besitz überführte. Mit Graf Anton IV., dem Österreich eine kleine Rente ausgesetzt hatte, starb im Jahre 1787 das adelsstolze Geschlecht endgültig aus. Seit 1780 waren alle montfortischen Besitzungen in der Region – Feldkirch (seit 1390), Bregenz (seit 1451/1523) und Tettnang (seit 1780) – in österreichischen Besitz übergegangen. Aus dem Erbe der werdenbergischen Linie war 1420 die Stadt Bludenz mit dem Montafon an Österreich übergegangen.

Besonders herausragende Persönlichkeiten aus dem Hause Montfort waren die geistlichen Herren, insbesondere der St. Galler Abt Wilhelm I. und der Churer bzw. Konstanzer Bischof Rudolf III., die ihr vergrößertes Machtpotenzial auch in den Dienst der Familie stellten. Rudolf III. konnte seine Reformen, die er im rechtlichen und finanziellen Bereich im Bistum Konstanz durchführte, mit Erfolg auch auf die Herrschaft Feldkirch übertragen. Während die Bregenzer Vettern, sieht man von dem Minnesänger Hugo XII. ab, über eine lokale Bedeutung kaum je hinauskamen und sich häufig als kleinliche und tyrannische Potentaten erwiesen, kamen die Feldkircher Grafen ihren Untertanen mit großzügigen Freiheitsrechten und einer Kodifikation des auf reichsstädtischem Lindauer Recht beruhenden Stadtrechtes frühzeitig entgegen und ermöglichten demokratische Strukturen, insbesondere auch eine Mitbeteiligung an politischen Entscheidungsfindungen. So konnte Feldkirch während des Mittelalters Bregenz an Einwohnerzahl, Wirtschaftskraft und politischer Bedeutung weit überflügeln. K.H.B.

1409

2.1.1409: Die Stadt Bregenz wird zwischen den Grafen Hugo und Wilhelm von Montfort-Bregenz geteilt. Mitten durch die Stadt wird eine Trennungslinie gezogen. Der Rat der Stadt wird je zur Hälfte aus Bürgern beider Teile besetzt; der Ammann wird von den beiden Teilen abwechselnd gestellt. Die Stadt erhält Freiheiten.

1411: Das Kloster Valduna erhält die Feldkircher Bürgerrechte.

1412: Ulrich Tränkle (* vor 1380, † 1413 oder 1414) beginnt vermutlich mit der Redaktion der Feldkircher Stadtchronik.

1412/13: Pestepidemie in Rankweil.

6.11.1413: Am 6. November erfolgt die Weihe der frühgotischen Pfarrkirche von Frastanz.

1413: Konrad von Weiler verkauft den Hofleuten von Hohenweiler die Vogtei über den dortigen Kellhof.

1414: Papst Johannes XXIII. reist über den Arlberg zum Konzil nach Konstanz. Bei der Abfahrt vom Pass stürzt der Reisewagen des Papstes um. Der Papst übernachtet in Feldkirch.

1414: Der Florentiner Humanist Leonardo Bruni hält sich einige Tage in Feldkirch auf.

1414: In Feldkirch wird mit der Anlage des städtischen Privilegienbuches begonnen.

7.5.1415: Herzog Friedrich IV. von Österreich wird auf dem Konstanzer Konzil gebannt und verliert seine Lande. Feldkirch verfällt dem Reich und wird an Hans von Bodman verpfändet, dem die Bürger jedoch teilweise die Steuerzahlung verweigern.

13.7.1415: Dornbirn wird an den Ritter Ulrich V. von Ems verpfändet.

30./31.3.1416: Der aus seiner Haft in Konstanz geflüchtete Herzog Friedrich IV. („mit der leeren Tasche") übernachtet in Bludenz und wird danach von den Bürgern sicher über den Arlberg geleitet.

27.2.1417: König Sigismund verpfändet Friedrich von Toggenburg die Grafschaft Feldkirch. Die Schattenburg widersetzt sich dem neuen Herrn. Sie wird erst durch aus Zürich und Konstanz herbeigeschaffte Geschütze bezwungen. Es beginnt ein Abbau der Bürgerfreiheiten.

1417: Friedrich von Toggenburg beginnt mit dem Ausbau der Schattenburg. Der Jahn-Platz am Fuße der Burg wird zum Turnierplatz.

1418: Friedrich von Toggenburg erneuert das Landgericht zu Rankweil.

1418: Die Pfarre Lech wird erstmals urkundlich erwähnt: Mehrere Kardinäle und Bischöfe, die auf dem Konstanzer Konzil weilen, gewähren auf Bitten zweier „Wohltäter" der neu gegründeten Pfarrkirche in Tannberg (= Lech) mehrere Ablässe.

9.1.1420: Die Herrschaft Bludenz kommt an Österreich.

3.3.1420: Herzog Friedrich IV. bestätigt der Stadt und der Herrschaft Bludenz sowie dem Montafon die werdenbergischen Freiheiten.

1422: Graf Hugo von Montfort („der Minnesänger") stiftet auf dem Hirschberg ein Dominikanerinnenkloster, das Kloster Hirschtal.

1423: Nach mehrfacher Erhöhung der Pfandsumme gesteht König Sigismund Friedrich von Toggenburg die Grafschaft Feldkirch auf Lebenszeit zu.

1425: Der Feldkircher Stadtammann Othmar Litscher und Hans Pappus beschweren sich bei König Sigismund über ihren Vogt Friedrich von Toggenburg. Sie müssen daraufhin ins Exil nach Lindau gehen.

9.11.1430: König Sigismund wandelt die Pfandschaft Ems in ein erbliches Reichslehen um. In der für Hans Ulrich von Ems ausgestellten Urkunde wird erstmals auch das Schwefelbad in Hohenems erwähnt.

1430: Kaiser Sigismund belehnt den Ritter Hans Ulrich von Ems mit den Silber- und Bleierzbergwerken in Dornbirn-Haslach.

20.9.-30.10.1431: König Sigismund hält Hof in Feldkirch. Während dieser Zeit fertigt die Reichskanzlei mehr als 100 Urkunden aus. Im Gefolge des Königs kommen auch zahlreiche große Herren des Reiches nach Feldkirch. Nach seinem Aufenthalt in der Stadt begibt sich Sigismund zur Kaiserkrönung nach Rom.

1431: Friedrich von Toggenburg erhält von König Sigismund

1445

das Privileg, über die Grafschaft Feldkirch wie über seine anderen Besitzungen testamentarisch frei zu verfügen.

1431: Die Pfarre Silbertal wird von der Pfarre Bartholomäberg abgetrennt.

17.5.1432: Mit Ruedi Bernhard wird erstmals ein Emser Landammann urkundlich erwähnt.

Oktober 1433: Kaiser Sigismund besucht auf seinem Heimweg von Rom abermals Feldkirch.

1436: Nach dem Tod Friedrichs von Toggenburg verzichtet seine Witwe, Elisabeth von Matsch, gegen die Zahlung von 22.000 Gulden zu Gunsten Herzog Friedrichs von Österreich auf die Grafschaft Feldkirch. Dieser bestätigt und erweitert die Privilegien der Stadt und der Stände.

1437: Jakob von Waldburg erwirbt den nördlichen Teil der Grafschaft Bregenz als Pfand. Später bemüht er sich vergeblich um den Ankauf des südlichen Teils.

1439: Eine Pestepidemie in Vorarlberg fordert zahlreiche Opfer in Feldkirch.

1440: Eine Feldkircher Pilgergruppe im Heiligen Land ist bezeugt.

1440: Der Ritter Hans Ulrich I. von Ems heiratet in zweiter Ehe Adelheid von Ellerbach. Damit beginnt die Dornbirner Nebenlinie der Ritter von Ems.

1442: Der Feldkircher Mönch und Frühhumanist Viktor Nigri verfasst ein lateinisch-deutsches Lexikon.

Herbst 1442: König Friedrich III. schließt ein Bündnis mit Zürich gegen die Eidgenossen. Es kommt zum so genannten Alten Zürichkrieg.

1.12.1442: König Friedrich III. trifft in Feldkirch ein. Er empfängt eine Reihe von auswärtigen Würdenträgern und Gesandtschaften, schlichtet Streitigkeiten, verleiht Vogteien, erteilt Wappenbriefe, bestätigt Stiftungen usw. Sein Versuch, den österreichischen Besitz im Aargau wiederherzustellen, scheitert.

1443: Eine erste amtliche Post zwischen Wien und Feldkirch wird eingeführt.

1443-1448: Nach einem angeblichen Ritualmord an einem christlichen Knaben in Meersburg werden alle Juden in Konstanz, Feldkirch und Schaffhausen verhaftet. In Feldkirch werden die Männer im Ziegelturm, die Frauen in der „alten Katz" inhaftiert. In fünfjähriger Gefangenschaft verlieren sie praktisch ihren ganzen Besitz. Für ein Jahrhundert verschwinden die Juden aus der Feldkircher Geschichte.

1444: Bludenz wird durch einen Stadtbrand zerstört.

Anfang 1445: In Zusammenhang mit dem „Alten Zürichkrieg" – der Auseinandersetzung zwischen Zürich und Schwyz um das Erbe Friedrichs von Toggenburg, bei der Schwyz von der übrigen Eidgenossenschaft, Zürich von Österreich unterstützt wird – dringen eidgenössische Truppen ins Rheintal ein. Sie verbrennen Altenstadt, Rankweil, Lustenau und Fußach und fordern von Dornbirn, Wolfurt und Lauterach hohe Brandschatzungen. Außerdem zerstören sie die Vorstadt und die Holzlager von Bregenz.

16.5.1445: In Bregenz wird die an der Stelle des appenzellischen Massengrabes von 1408 errichtete und dem hl. Georg geweihte Seekapelle durch den Weihbischof Franz Johannes von Chur eingeweiht.

GEBURTSTAGE

1420: Ludwig Rad († 1492), Frühhumanist und Kirchenrechtler.

1435: Ulrich Ellenbog († 19.1.1499), Humanist und Arzt.

1437: Hieronymus Münzer († 27.8.1508), Humanist und Arzt in Nürnberg.

TODESTAGE

7.5.1413 oder 1414: Ulrich Tränkle, Chronist.

7.12.1414: Marquard III. von Ems, ermordet.

1416: Burckhard von Wolfurt, Abt von Pfäfers.

6.3.1422: Wilhelm von Montfort-Bregenz.

4.4.1423: Hugo von Montfort-Bregenz („der Minnesänger") (* um 1357).

30.4.1436: Friedrich von Toggenburg, Vogt und Inhaber der Grafschaft Feldkirch.

1445

Etwa 1445: Hans Ulrich I. von Ems muss die Burg Neuems an Herzog Sigismund von Tirol versetzen.

6.3.1446: Bei der letzten Schlacht des Alten Zürichkrieges bei Ragaz im Sarganserland wird ein österreichisches Heer von Innerschweizer, Toggenburger und Appenzeller Truppen geschlagen. Dabei geht das Feldkircher Banner an die Eidgenossen verloren. 42 Feldkircher, zahlreiche Jagdberger und Bregenzerwälder finden in der Schlacht den Tod.

Juni 1446: Friedensschluss von Konstanz: Österreich verliert seine linksrheinischen Besitzungen.

1446: In Mellau wird eine erste größere Kirche mit drei Altären errichtet.

1449: Marquard IV. von Ems schließt einen Öffnungsvertrag mit Herzog Sigismund von Tirol. Er stellt diesem das Schloss Ems zu freiem Ein- und Ausgehen zur Verfügung. Dies ist der Beginn einer stärkeren Bindung zwischen Österreich und den Rittern von Ems.

Vor 1450: Die St.-Agatha-Knappen-Kapelle auf dem Kristberg wird errichtet.

1450: Mit dem Tod Susannas stirbt die ungarische Linie der Ritter von Wolfurt aus.

12.7.1451: Die südliche Hälfte der Grafschaft Bregenz kommt an Österreich.

September 1451: Die Burg Hohenbregenz wird Sitz habsburgischer Vögte.

1451: Graf Ulrich von Werdenberg-Sargans und Ritter Hans von Rechberg, die wegen einer Streitsache nach Tannberg gekommen sind, werden trotz der Zusicherung freien Geleits gefangen genommen und misshandelt. Als sich Herzog Sigismund von Tirol für die Freilassung der beiden einsetzt, wird lediglich Graf Ulrich aus der Haft entlassen. Daraufhin besetzt der Herzog Lech, Warth, Schröcken, Mittelberg und Riezlern und zwingt deren Bewohner zur Huldigung. Damit verlieren die Walsergerichte ihre Freiheiten und werden an die Grafschaft Bregenz angegliedert.

1452: Ritter Hans von Rechberg unternimmt von der Ruggburg aus Raubzüge gegen oberschwäbische Städte. Darauf wird die Burg fünf Wochen lang belagert und schließlich von der eigenen Besatzung in Brand gesteckt. Rechberg entkommt durch einen unterirdischen Gang, wird aber wenig später auf dem Tannberg gefangen genommen.

1453: Die Ritter von Ems erhalten das Recht, sich von „Hohenems" zu nennen.

1453: Bernhard und Wiguleis Gradner erhalten von Herzog Sigismund von Tirol die Hälfte der Grafschaft Bregenz als Pfand. In der Folgezeit erwerben sie auch noch Dornbirn, Höchst-Fußach und den Bregenzerwald. Nach dem Vorbild Friedrichs von Toggenburg trachten sie nach der Umwandlung der Pfandschaften in erbliches Eigentum.

19.7.1455: Schloss Sonnenberg kommt zusammen mit der Herrschaft Sonnenberg von den Grafen von Werdenberg an die Truchsessen von Waldburg.

1455: Bernhard und Wiguleis Gradner werden geächtet und vertrieben. Sie suchen Zuflucht in der Eidgenossenschaft und bereiten dort die Rückeroberung ihrer Gebiete vor.

1456: Die Ritter Hans I. und Jakob I. von Hohenems erhalten die Festung Neuems von Sigismund von Tirol zurück.

1457: Der untere Teil des Königshofs Kriessern mit Mäder kommt an den Konstanzer Patrizier Jakob Mangolt, den Gatten der Adelheid von Ramschwag.

1458: Marquard IV. von Ems erwirbt den Kellhof Wolfurt mit ausgedehnten Gütern und Einkünften in Wolfurt, Schwarzach, Kennelbach, Bildstein u.a.

1458: Jakob I. von Ems erhält die Vogtei Feldkirch. Er verwaltet sie bis 1461.

1458: In Konstanz bricht nach einer Schlägerei der so genannte Plappartkrieg zwischen der Eidgenossenschaft und der Stadt Konstanz aus. In der Folge entwickelt sich ein Krieg zwischen der Eidgenossenschaft und Österreich.

1459: Mit Ulrich Ellenbog ist in Feldkirch erstmals ein Stadtarzt bezeugt.

1460: Unter der Führung Bernhard Gradners fallen die Eidgenossen in Vorarlberg ein. Die Burg Fußach wird niedergebrannt, und ihre

1473

Verteidiger werden getötet. Bregenz, Dornbirn und andere Dörfer müssen Brandschatzungen zahlen.

16.11.1460: Bezahlte Brandstifter stecken im Auftrag der Eidgenossen Feldkirch in Brand; da sie gleichzeitig das Gerücht verbreiten, dass die Eidgenossen die Stadt angreifen, entsteht eine so große Panik, dass keine Löschmaßnahmen möglich sind. Schließlich wird fast die ganze Stadt zerstört.

1460: Mit dem Feldkircher Frauenhaus ist erstmals in Vorarlberg ein Bordell erwähnt.

1461: In Konstanz wird zwischen der Eidgenossenschaft und Österreich ein Frieden auf 15 Jahre geschlossen.

1461: Die Pfarre Höchst wird dem Kloster St. Gallen inkorporiert.

11.8.1463: Kaiser Friedrich III. erhebt Eberhard Truchsess von Waldburg zum Reichsgrafen von Sonnenberg.

2.6.1464: Das Kloster St. Gallen verkauft dem Kloster Mehrerau umfangreichen Besitz in Schwarzenberg und Mellau. In diesem Zusammenhang wird die Mellauer Kirche zu einer eigenständigen Pfarre erhoben.

1464: Das Dominikanerinnenkloster Hirschtal wird durch einen Blitzschlag zerstört und danach im Bereich der heutigen Kennelbacher Pfarrkirche neu errichtet.

1465: Der Ritter Jakob I. von Ems lässt sein Schlösschen in Dornbirn, den so genannten Oberdorfer Turm, ausbauen.

4.3.1466: Nach einem Streit mit Kaiser Friedrich III. um die Besetzung der Pfarre verkauft das Kloster St. Gallen dem Domkapitel zu Chur den Meierhof zu Röthis samt allen dazugehörenden Lehensgütern, dem Patronatsrecht mit der Kirche und dem Zehenten zu Altenstadt um eine Kaufsumme von 500 Goldgulden. Unter den verkauften Gütern befinden sich mehrere Lehen zu Rankweil.

1466: Der Ritter Jakob I. von Ems wird Vogt zu Neuburg.

1467: Die Pest fordert 400 Tote in Feldkirch.

1470: Der Ravensburger Scharfrichter soll in Bregenz eine Enthauptung durchführen. Als ihm diese nicht nach Willen gelingt, wird er vom aufgebrachten Publikum erschlagen.

1470: Eine Pestepidemie in Vorarlberg fordert zahlreiche Opfer in Feldkirch.

1471: Nach Konflikten mit Österreich um landesfürstliche Rechte verzichtet Graf Eberhard von Sonnenberg auf die Vogtei Bludenz und überträgt die Grafschaft Sonnenberg seinem Sohn Andreas.

24.2.1473: Erste urkundliche Erwähnung der Wallfahrtskirche zu St. Arbogast.

24.2.1473: Graf Andreas von Sonnenberg verwundet den Bludenzer Bürger Egli Neyer auf offener Straße lebensgefährlich und löst damit einen Krieg gegen Österreich aus. Zuvor hat das Gerücht, der Graf habe sich um eidgenössische Hilfe bemüht, zur Zuspitzung der Lage geführt. Das Verhältnis zu seinen Untertanen war wegen eines angeblichen unerlaubten Verhältnisses des Grafen mit einer „üppigen Metze" namens Grethe Uol gespannt. Die Landleute der Herrschaften Bludenz und Sonnenberg schließen sich Österreich an.

13.3.1473: Nach einer viertägigen Belagerung erobert ein österreichisches Heer die Grafschaft Sonnenberg; dabei wird Schloss Sonnenberg zerstört.

1473: Die von Ulrich Ellenbog verfasste Schrift „Von den gifftigen Besen Tempffen vnd Reuchen der Metal" erscheint. Sie gilt als das erste gewerbehygienische Werk der Weltliteratur.

1473: Die Frauenkirche in Feldkirch wird errichtet.

GEBURTSTAGE

Um 1460: Jakob Mennel († vor dem 6.3.1526), bekanntester Bregenzer Humanist, Hofgeschichtsschreiber Kaiser Maximilians I.

Um 1466: Märk Sittich I. von Ems († 25.7.1533), Ritter, Vogt zu Bregenz, Landsknechtsobrist.

TODESTAGE

1449: Hans Ulrich I. von Ems, Pfleger von Landeck.

1451: Michel I. von Ems, Sohn Marquards III.

1474

31.8.1474: Die Grafen von Sonnenberg verzichten auf ihr Land. Die Grafschaft Sonnenberg wird österreichisch.

2.10.1474: Nach Vermittlung des französischen Königs Ludwig XI. kommt es in Feldkirch zum Abschluss der „Ewigen Richtung" zwischen Herzog Sigmund von Tirol und der Eidgenossenschaft. Beide Seiten erkennen die gegenwärtigen Grenzen an und verzichten künftig auf Eroberungen.

Januar 1475: Etwa 300 St. Galler überqueren in einer Nacht den Rhein, setzen in Lustenau mehrere Häuser in Brand und führen Geiseln mit sich. Sie begründen ihre Aktion damit, dass ein „der Hotterer" genannter Fehder, welcher der Stadt St. Gallen großen Schaden zugefügt hat, im Reichshof Lustenau immer wieder Unterschlupf gefunden hat.

1478: Der Ritter Jakob I. von Hohenems erhält die Vogtei über Bludenz, Montafon und Sonnenberg.

1478: Der Feldkircher Hugo Zoller wird zum Rektor der Universität Heidelberg gewählt.

1478: Der gotische Neubau der Feldkircher Stadtpfarrkirche St. Nikolaus wird unter der Leitung von Hans Sturn vollendet.

1478: Der Abt der Mehrerau, Johannes Ölz, überträgt der Erzherzogin Eleonore (von Schottland) einen Teil des Mehrerauer Reliquienschatzes.

1478: Zwischen Jakob Mangolt und Erzherzog Sigmund von Österreich kommt es zu Streitereien wegen der Steuerleistung und der niederen Gerichtsbarkeit der Hofleute von Mäder; diese leben zwar in jenem Teil des Hofes Kriessern, der sich im Besitz Mangolts befindet, stehen aber unter der Landeshoheit und Hochgerichtsbarkeit des Habsburgers.

1482: Die Pest fordert zahlreiche Todesopfer in Feldkirch.

1483: Die Burg Tosters wird an Hans Tratzburger († 1507) verpfändet.

1484: Rolle Maiger aus Röthis erbaut die Pfarrkirche von Damüls. Um 1490 entstehen in dieser Kirche die heute noch erhaltenen spätgotischen Wandfresken.

GEBURTSTAGE

26.4.1476: Kißlegg: Ulrich von Schellenberg († März 1549), langjähriger Vogt der Herrschaft Feldkirch.

Um 1480: Dr. Georg Iserin († 6.2.1528), Arzt und Humanist, Vater des Georg Joachim Rheticus.

TODESTAG

2.3.1475: Viktor Nigri, Mönch und Frühhumanist aus Feldkirch.

Anna Putsch
1485–1513

Es gibt gute Gründe dafür, Anna Putsch für eine Vorarlbergerin zu halten. Immerhin ist die um 1485 geborene Anna Putsch die Tochter des kaiserlichen Hofbarbiers Ulrich Putsch, genannt Graf, der mindestens seit 1494 im Lande weilte und in diesem Jahr in Röns und 1511 in Nüziders einen Zins kaufte. 1503 verschrieb ihm der Kaiser die Pfandschaft über Altmontfort, die nach seinem Tod 1521 an seine Tochter Amalie Putsch fiel, die Ehefrau des Feldkircher Hubmeisters Moritz von Altmannshausen. Eine weitere Tochter des Ulrich Putsch mit Namen Margaretha war mit dem Feldkircher Hubmeister Ritter Joachim von Stuben († 1521) vermählt. Nachdem zwei Töchter des Ulrich Putsch der führenden Feldkircher Gesellschaft angehörten, darf man auch deren Schwester als Feldkircherin in Anspruch nehmen. Mit ihrem Porträt besitzen wir das wohl älteste Bildnis einer Vorarlbergerin.

Lukas Cranach d. Ä. porträtierte 1502 Frau Anna Cuspinian, geb. Putsch.

Als Anna Putsch 1502 im Alter von 18 Jahren den damals 29-jährigen Professor der Medizin und Rektor der Universität Wien Johannes Cuspinian aus Schweinfurt heiratete, porträtierte der berühmte Lukas Cranach das junge Paar, wobei er auf Anweisung des Auftraggebers astrologische Symbole in das Bild einfließen ließ; sie lassen uns die Braut als Sonnenmenschen, als eine sanguinische, temperamentvolle Frau erkennen. Die junge Frau trägt ein mit feinen goldenen Stickereien gemustertes, tief ausgeschnittenes rotes Gewand, das in schwarze Samtbesätze ausläuft. Reicher Schmuck, eine goldene Halskette, ein goldener Gürtel und zahlreiche goldene Ringe heben ihren Reichtum hervor. In den Händen hält sie als Symbol der Unbescholtenheit eine Nelke. Eine ballonartig aufgeblasene weiße, mit Gold durchwirkte Haube weist auf beginnende Pflichten der Hausfrau hin, wie sie auch durch eine Wäscherin und eine Sennerin im Bildhintergrund symbolisiert erscheinen; die bukolische Landschaft mag eine Verherrlichung des Landlebens bedeuten, suchte das Ehepaar doch immer wieder den Lehenhof St. Ulrich bei Wien auf. Es entspricht der damaligen Zeit, wenn das Leben der Anna Putsch weitgehend im Schatten ihres Mannes steht; über sie selbst ist nur sehr wenig bekannt. Sie brachte acht Kinder zur Welt und starb am 18. September 1513 im noch jugendlichen Alter von 28 Jahren. Ihr Grab bei St. Stephan in Wien ist nicht mehr vorhanden, wohl aber die Grabinschrift überliefert. Auch im noch vorhandenen Grabmal ihres Gemahls im Stephansdom ist sie bildlich festgehalten. Mehrfach ist ihre eigene Handschrift im Tagebuch Cuspinians überliefert, in dem sie mit ihrem Mann Zwiesprache hielt; doch lassen sich ihre Worte nur schwer deuten. Der frühe Tod der ebenso schönen wie gebildeten Lebensgefährtin traf Cuspinian überaus hart: über Monate schrieb er in sein Tagebuch nur mehr das Wort „tristitia" (Traurigkeit). K.H.B.

Thomas Lirer

Zweite Hälfte des 15. Jahrhunderts

Die Persönlichkeit des Thomas Lirer, des Verfassers einer „Schwäbischen Chronik", bleibt nach wie vor in Dunkel gehüllt. Keine der bisher vorgetragenen Thesen vermag zu befriedigen. Als These I wäre das zu betrachten, was Lirer selbst über sich aussagt. Demnach wäre er zu Rankweil in der Herrschaft Feldkirch „gesessen", also dort wohnhaft gewesen. Er bezeichnet sich weiters als Knecht eines Herrn von Werdenberg, mit dem er nach Portugal gefahren und wieder heimgekommen sei. Schließlich will er sein Werk im Jahre 1133 beendet haben. Diese Zeitangabe kann schon deshalb nicht zutreffen, weil die Grafen von Werdenberg erst im 13. Jahrhundert nachweisbar werden. Auch schreibt Lirer erkennbar im 15. Jahrhundert. Man wird füglich auch den Rest der Angaben in Frage stellen müssen, sieht man vielleicht einmal davon ab, dass er wirklich in einer Verbindung zu den Grafen von Montfort stand, die von etwa 1401 bis 1483 die Schlossherren auf Werdenberg waren.

Familientreffen der Montforter. Holzschnitt aus Thomas Lirers Schwäbischer Chronik, Ulm 1486

Es bleibt daher von Anfang an nicht unproblematisch, wenn die These II (vertreten von Josef Zösmair, 1886; Hans Nägele, 1970; Otmar Längle, 1976; zuletzt Eugen Thurnher, 1985) den Namen Thomas Lirer mit einem in historischen Quellen um 1470 tatsächlich mehrfach belegten Thomas Lür in Beziehung bringt, der zwar nicht in Rankweil, wohl aber im benachbarten Götzis und Altach (und damit jedenfalls in der Herrschaft Feldkirch) nachweisbar ist. Es würde aber einmal der Verschleierungstaktik des Verfassers widersprechen, wenn man ihn letztlich doch auf so einfache Weise als eine historische Persönlichkeit identifizieren könnte. Zum anderen ist der historische Thomas Lirer ein ungebildeter Bauer. Es mag also allenfalls sein, dass irgendwelche Eigenschaften jenes Bauern den Verfasser der Schwäbischen Chronik veranlasst haben könnten, in dessen Rolle zu schlüpfen.

Somit bleibt nur die freilich unbefriedigende These III (vertreten von Karl Heinz Burmeister, 1976; Klaus Graf, 1985, 1987; Norbert H. Ott, 1990), derzufolge der Verfasser der Schwäbischen Chronik ein Anonymus ist, ein konservativer und adelstreuer Geist, der dem Hause Montfort verbunden war, ein „laicus peritus" (gebildeter Laie), am ehesten ein Schreiber, der wohl auch über Erfahrungen als Gerichtsschreiber verfügte. Zur Wirkungsgeschichte der Schwäbischen Chronik ist noch zu bemerken, dass Lirer häufig gelesen und zitiert wurde und dass seine Ursprungssagen vor allem bei den betroffenen Adelsgeschlechtern Anklang fanden. Dagegen wurde er durch wissenschaftliche Geschichtsschreiber des 16. Jahrhunderts ebenso wie im 19. Jahrhundert durchwegs verworfen, wenn nicht gar wegen seiner „Lügengeschichten" angeprangert. In neuerer Zeit hat Lirer wieder größere Beachtung gefunden; insbesondere wurde sein Werk wegen seines politischen Anliegens, nämlich schwäbisches Herkommen gegen die sich ausbreitende habsburgische Herrschaft zu verteidigen, neu bewertet. Viele der von Lirer mitgeteilten Geschichten bleiben weiterhin ebenso rätselhaft wie seine Person, sodass zu erwarten ist, dass auch künftig die Diskussion um Leben und Werk dieses spätmittelalterlichen Chronisten nicht verstummen wird. K.H.B.

17.3.1485: Der kleine Konvent der Tertianerinnen am Thalbach bei Bregenz erhält eine eigene Hauskapelle, die zu Ehren des Eremiten Antonius geweiht wird.

1485

1485: Die Chronik des Thomas Lirer aus Rankweil wird gedruckt.

Vor 1486: Meister Johannes Koch und sein Schwager Georg Pur gründen in Feldkirch die erste Buchhandlung Vorarlbergs.

23.2.1486: Gertrud von Hörnlingen, die zweite Gattin Jakob Mangolts, verkauft dem Kloster St. Gallen ihren Anteil am Reichshof Kriessern; damit fällt Mäder zum zweiten Mal an die Abtei St. Gallen.

GEBURTSTAGE

Um 1485: Wolf Huber († 3.6.1553), Maler.

Um 1485: Feldkirch: Johannes Dölsch († 1523).

1485: Feldkirch: Anna Putsch († 1513), Tochter des Ulrich Putsch, Ehefrau des Wiener Humanisten Johannes Cuspinian. Erste namentlich bekannte Vorarlbergerin, von der ein Porträt – gemalt von Lukas Cranach – erhalten ist.

Um 1487: Christoph Metzler von Andelberg († 11.9.1561), aus Feldkirch stammender Bischof von Konstanz und Gegenreformator.

24.8.1487: Schlins: Bartholomäus Bernhardi († 21.7.1551), Reformator.

1488: Feldkirch: Thomas Venatorius (eigtl. Gehauf) († 4.2.1551), Reformator in Nürnberg.

TODESTAG

1489: Marquard IV. von Ems, Sohn Marquards III.

Der Humanismus

Unter Renaissance („Wiedergeburt") und Humanismus („das Bemühen um eine der Menschenwürde entsprechende Persönlichkeitsentfaltung") versteht man eine von Italien ausgehende geistesgeschichtliche Epoche, die – an die griechische und römische Antike anknüpfend – für ein individualistisches Menschenbild eintrat, das sie dem herrschenden kollektivistischen, vom kirchlichen Dogmatismus geprägten Denken des Mittelalters entgegensetzte. Als Wegbereiter dieser Geistesströmung gilt vor allem

Achilles Pirmin Gasser, der Stadtarzt von Feldkirch, nach einer Zeichnung von 1571

Bericht von Gasser über den Kometen im Januar des Jahres 1538

Petrarca. Renaissance und Humanismus führten auch in Vorarlberg zu einer Wiederentdeckung der römischen und dann auch der griechischen Sprache und Literatur, wozu später noch das Hebräische trat. Der „homo trilinguis", der in allen drei Sprachen und deren Literaturen bewanderte Gelehrte, wurde zu einem Ideal, dem es nachzustreben galt. Über die Sprachen glaubte man den Zugang zu den von der kirchlichen Dogmatik unterdrückten Wissenschaften wieder zu finden und völlig neu gestalten zu können. Der Weg zu einem neuen wissenschaftlichen Weltbild war offen; er führte in der Folge zu einer revolutionären Erneuerung der Naturwissenschaften (z.B. der kopernikanischen Wende).

Auch in Vorarlberg lässt sich diese humanistische Bewegung früh feststellen. Dabei ist zu berücksichtigen, dass das Konzil von Konstanz 1414–1418 ein beachtliches geistiges Potenzial aus allen Teilen Europas an den Bodensee geführt hatte; dasselbe gilt für das Basler Konzil 1431–1449, das ebenfalls in erreichbarer geografischer Nähe stattfand. Mehrere Grafen von Montfort spielten auf dem Konzil von Konstanz ebenso eine Rolle wie auf dem Konzil zu Basel. König Sigismund als einer der Verantwortlichen für beide Konzile weilte wiederholt in Feldkirch. Auch Papst Johannes (XXIII.) übernachtete 1414 in Feldkirch. Die geistige Führung des Landes hatte demzufolge einen leichten Zugang zu jenen Strömungen, die auf den Kirchenversammlungen diskutiert wurden.

Die Wiege des Vorarlberger Frühhumanismus lag denn auch nicht zufällig in Feldkirch. Dank der politischen Bedeutung und der vielfältigen Verbindungen zum Kaiser öffnete sich die Montfortstadt wie keine andere den neuen Geistesströmungen. Schon

1490

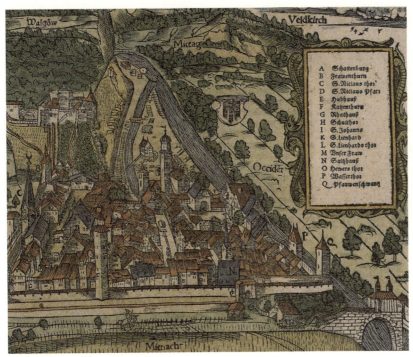

Feldkirch in der Mitte des 16. Jahrhunderts, als Humanismus und reformatorische Bestrebungen von der Gegenreformation abgelöst wurden.

1414 weilte der Florentiner Humanist Leonardo Bruni in Feldkirch: Er lobte die Stadt wegen ihrer Wohlhabenheit und ihrer imponierenden Gebäude, aber auch wegen des Reichtums ihrer Wein- und Obstgärten. Die Ersten im Bodenseeraum, die eine humanistische Bibliothek besaßen, waren die Brüder Hans und Heinrich von Lupfen (Heinrich wirkte als Vogt von Feldkirch) auf Schloss Hewen in Hegau. Ihre „Liberei", als „magna et pretiosa bibliotheca" gepriesen, enthielt Werke von Vergil, Cicero, Seneca, Livius, Plinius, Aristoteles und Platon; Bücher, die der Kirche eher suspekt waren. Ähnlich waren aber auch die Bibliotheken bürgerlicher Frühhumanisten in Feldkirch ausgerichtet. Ludwig Rad, Pfarrer zu St. Nikolaus in Feldkirch, besaß die Komödien des Plautus und Terenz, die „Bucolica" Vergils, die „Tristia" Ovids, sogar dessen „Ars amandi", die „Pharsalia" Lucans, aber auch alle so genannten neulateinischen Dichter wie Petrarca, Poggio, Lorenzo Valla, nicht zuletzt auch den Liebesroman „Euryalus et Lucretia" des Enea Silvio, zu welchem sich dieser als Papst Pius II. später gar nicht mehr so gern bekennen wollte. Der Feldkircher Arzt Hieronymus Münzer hatte in seiner Bibliothek u.a. 49 lateinische Klassiker und 56 Neulateiner; einen Terenz schrieb er 1470 in vielen nächtlichen Stunden eigenhändig ab. Diese Bibliotheksstrukturen wiederholen sich bei fast allen Humanisten; im 16. Jahrhundert traten noch hebräische Sprachwerke hinzu.

Die Schrift „Von den gifftigen Besen Tempffen ..." des Frühhumanisten Ulrich Ellenbog aus dem Jahre 1473 gilt als erstes gewerbehygienisches Werk der Weltliteratur.

Zu den Vorarlberger Frühhumanisten zählen neben dem Kirchenrechtler Ludwig Rad (1420–1492) der Mönch Viktor Nigri, ein früher Kenner der griechischen und hebräischen Sprache, der Arzt Ulrich Ellenbog (1435–1499), dessen Schrift „Von den gifftigen Besen Tempffen vnd Reuchen der Metal" (1473) als das erste gewerbehygienische Werk der Weltliteratur gilt, der Theologe Hugo Zoller (1446–1480) sowie der Arzt und Geograf Hieronymus Münzer (1447–1508); sie alle sind aus Feldkirch gebürtig. Münzer, der Schöpfer einer der ersten Deutschlandkarten (1493), verfasste eine Beschreibung seiner Reise durch Spanien und Portugal. Bekannt wurde er vor allem durch seinen denkwürdigen Brief, mit dem er den König von Portugal zu einer Westfahrt über den Atlantik nach Indien aufforderte und damit ein erstes Zeichen für den Weitblick der Feldkircher Humanisten setzte: Hätte nicht schon Kolumbus 1492 Amerika entdeckt, so wäre vielleicht Münzer diese historische Leistung gelungen.

In Feldkirch wurde der Humanismus zu einer wahren Volksbewegung. Eltern begannen damit, ihre Kinder auf antike Namen wie „Aristoteles" oder „Hippokrates" zu taufen. Es entstand ein Buchmarkt, der bis nach Chur, St. Gallen und Ravensburg ausstrahlte. An die 150 Feldkircher Studenten zogen auf die neu gegründeten humanistischen Universitäten Freiburg, Basel, Tübingen und Ingolstadt. Die Stadt verschrieb sich einer humanistischen Kulturpolitik. Ein Lindauer Lateinschulmeister verstieg sich sogar zu dem Lob, Feldkirch habe mehr gelehrte Männer hervorgebracht als Rom.

Die jüngere Generation der Feldkircher Humanisten waren meist Ärzte: der als Zauberer hingerichtete Georg Iserin († 1528), der Botaniker Gabriel Hummelberg († 1544), der Astronom und Historiker Achilles Pirmin Gasser († 1577) sowie der Mathematiker und Astronom Georg Joachim Rheticus († 1574), der 1540 erstmals über das heliozentrische System des Kopernikus berichtete und als Künder des koperni-

1490

kanischen Weltbildes in die Wissenschaftsgeschichte eingegangen ist. Auch er bewies, ähnlich wie Münzer, großen Weitblick gegen starke Widerstände der katholischen wie auch der protestantischen Kirche. Er bewies seine geistige Unabhängigkeit auch durch seinen Einsatz für den umstrittenen Paracelsus. Nur nebenbei sei erwähnt, dass Rheticus als der bedeutendste Mathematiker seiner Zeit gilt und dass sein Tafelwerk „Opus Palatinum" noch im 20. Jahrhundert für die Raumfahrt verwendet wurde. Zu den Feldkircher Humanisten ist auch der in Leipzig wirkende Gräzist Johannes Metzler († 1538) zu zählen.

Es darf nicht unerwähnt bleiben, dass eine konsequente Linie vom Humanismus zur Reformation führte. Es ist daher kein Zufall, dass mehrere Vorarlberger 1517, zur Zeit des Thesenanschlags von Martin Luther, in Wittenberg wirkten, unter ihnen der herausragende Reformator Bartholomäus Bernhardi aus Schlins.

Das Vorbild Feldkirchs wirkte auch auf die anderen Städte Vorarlbergs zurück. Die Bregenzer Humanisten waren meist Juristen. Der wohl bekannteste ist Jakob Mennel (1460–1526), der sich als Hofgeschichtsschreiber Kaiser Maximilians I. durch seine historische Methode einen Namen in der Fachwelt machte. Der jung verstorbene Johann Ulrich Zasius († 1547) gab einen 1551 gedruckten „Catalogus legum antiquarum" heraus, ein Verzeichnis bedeutender römischer Gesetze. Zu erwähnen sind auch zwei Bregenzerwälder Notare, nämlich Urban Handteler aus Andelsbuch († nach 1539), Universitätspedell und Universitätsnotar in Freiburg/Brüssel, und Christoph Stültz aus Bizau, Sekretär des Klosters Murbach und Stadtschreiber in Gebweiler (Elsass), der 1542 in Straßburg das Verwaltungshandbuch „Eyn new Rechenbuch über eyn gantze Amptsverwaltung" veröffentlichte.

Die Stadt Bludenz stellte vor allem Reformatoren, aber auch Juristen wie Hieronymus Huser, ein berühmter Anwalt am Reichskammergericht, der überdies mit Gutachten für die Reformation eintrat, sowie Johannes Steinhauser und Johannes Fleisch († vor 1536), die beide an der Freiburger juridischen Fakultät Vorlesungen hielten. Aus Bludenz gebürtig war auch der neulateinische Dichter Matthias Paulinus, der neben zahlreichen lateinischen Gedichten auch eine erziehungstheoretische Schrift verfasste. Unter den Bludenzer Reformatoren wirkten im Sinn des Humanismus vor allem der Gräzist Jakob Bedrot und der Hebraist Lucius Kyber. Als Gräzist und Hebraist machte sich auch Jakob Jonas († 1558) aus Götzis einen Namen, der unter Kaiser Ferdinand I. zum Reichsvizekanzler und damit zum obersten Beamten des Reiches aufstieg. Schließlich bliebe noch der Arzt, Gräzist und Geograf Ulrich Fabri († 1544) aus Dornbirn zu erwähnen, von dem u.a. eine Einführung in die Geografie „Geographiae Introductorium" (1519) überliefert ist.

Die große Vielseitigkeit der Vorarlberger Humanisten erfüllt uns heute mit Staunen, nicht weniger aber die von einem Münzer oder Rheticus bewiesene geistige Freiheit, die sie aus einem von der Kirche für unveränderlich erklärten Weltbild zum Fortschritt der Wissenschaften und zur Entwicklung der Menschheit ausbrechen ließ. Die zwangsweise durchgeführte Gegenreformation führte ab der Mitte des 16. Jahrhunderts zu einem jähen Verfall der Geisteskultur in Feldkirch und im übrigen Vorarlberg; Bücherverbrennungen sind die hässlichen Begleiterscheinungen dieses Niedergangs, und sehr bald gingen diese in zahlreiche Hexenverbrennungen über.

K.H.B.

9.2.1490: Als Folge des so genannten Rorschacher Klosterbruches kommt die Landvogtei Rheintal an die Eidgenossenschaft. Diese betrachtet von nun an den Rhein als die natürliche Grenze ihrer Landeshoheit.

1490: Mit dem Neubau des Feldkircher Rathauses wird begonnen. Die Arbeiten dauern bis 1493.

1491: Der Katzenturm und das Churer Tor in Feldkirch werden errichtet.

26./27.7.1491: In einer Nacht wird fast ganz Bludenz durch einen Brand zerstört. Mehrere Bludenzer Bürger werden nach Tirol, Süddeutschland und in die Schweiz geschickt, um eine Brandsteuer, d.h. Geld für den Wiederaufbau, zu sammeln. Kaiser Maximilian I. spendet 400 Gulden für den Wiederaufbau.

1491: Die Pfarre Bezau wird von der Pfarre Egg getrennt.

GEBURTSTAGE

Um 1490: Ravensburg: Gabriel Hummelberg († 7.1.1544), Humanist und Botaniker.

Um 1490: Bregenz: Sigmund Rötlin († 11.11.1525), Theologe und Reformator.

Um 1490: Feldkirch: Jeremias Lins († 1558), Reformator.

Um 1490: Schlins: Johannes Bernhardi († 1.2.1534), ein Bruder des Reformators Bartholomäus Bernhardi, Professor für Physik und Rhetorik an der Universität Wittenberg, einer der Lieblingsschüler Martin Luthers.

TODESTAG

1492: Ludwig Rad (* 1420), Frühhumanist, Kirchenrechtler.

1494

Hieronymus Münzer
1437–1508

Hieronymus Münzer, geboren 1437 (1447?) in Feldkirch, studierte ab 1464 in Leipzig, wo er nach seiner Promotion zum Magister artium von 1470 bis 1475 als Professor lehrte und sich besonders mit dem römischen Dichter Terenz beschäftigte. Daneben studierte er aber auch Medizin, setzte nach kurzer Lehrtätigkeit an der Lateinschule in Feldkirch 1476 dieses Studium in Pavia fort und promovierte 1477 zum Doktor der Medizin. Mit seiner reichhaltigen Bibliothek ließ er sich noch 1477 als Arzt in Nürnberg nieder. Hier verfasste er 1479 seine Schrift „Libellus de natura vini" (Büchlein über die Natur des Weines) sowie verschiedene medizinische Gutachten. 1480 erwarb er das Nürnberger Bürgerrecht und heiratete Dorothea Kieffhaber († 1505) aus ratsfähigem Geschlecht. Die aus dieser Ehe hervorgegangene Tochter

Hieronymus Münzer war bei der Schedelschen Chronik für die geografischen Abbildungen zuständig. Daraus abgebildet ist eine Karte Spaniens.

Hieronymus und Ludwig Münzer stifteten 1506 der Pfarrkirche St. Nikolaus in Feldkirch diese silberne Monstranz.

Dorothea heiratete Dr. Hieronymus Holzschuher, dessen gleichnamiger Sohn durch ein Porträt Dürers berühmt geworden ist. 1483 floh Münzer vor der Pest nach Italien, kaufte in Rom, Neapel und Mailand zahlreiche Bücher und kehrte 1484 zurück, reiste aber noch im selben Jahr in die Niederlande. 1494/95 führte ihn eine längere Reise nach Spanien und Portugal; sein überaus spannender Reisebericht, in lateinischer Sprache verfasst, ist erst 1991 unter dem Titel „Viaje por España y Portugal" in spanischer Sprache publiziert worden (eine deutsche Übersetzung fehlt bis heute). Enge Kontakte mit dem Nürnberger Globusmacher Martin Behaim veranlassten Münzer, im Juli 1493 den König von Portugal aufzufordern, den Seeweg über den Atlantik nach Indien zu suchen. Münzer bearbeitete auch die geografischen Teile der berühmten Schedelschen Chronik und steuerte zu diesem Werk eine doppelseitige Landkarte von Deutschland bei. Münzer starb am 27. August 1508 in Nürnberg, wo er in der Kirche St. Sebald beigesetzt wurde. Er hinterließ ein riesiges Vermögen, das nicht zuletzt aus seiner Teilhaberschaft am Handelsgeschäft seines Bruders Ludwig (1507 Besitzer des Schlosses Gwiggen) stammte. Zusammen mit seinem Bruder Ludwig stiftete er nicht nur die berühmte Monstranz für die Pfarrkirche in Feldkirch, sondern auch einen Teil seiner erlesenen Humanistenbibliothek. K.H.B.

1493: Der Neubau des Feldkircher Rathauses wird vollendet.

14.7.1493: Der Feldkircher Humanist und Arzt Hieronymus Münzer fordert König Johann II. von Portugal in einem Brief dazu auf, auf dem Westweg in den Fernen Osten zu segeln.

1.8.1493: Die Frau eines Bregenzer Schuhmachers wird in Konstanz gefangen genommen, der Hexerei angeklagt und vor Gericht gestellt. Sie stirbt im Gefängnis. Sie ist damit das erste bekannte Vorarlberger Opfer der Hexenverfolgungen.

1494: In Memmingen erscheint eine vom Feldkircher Humanisten Ulrich Ellenbog verfasste Pestordnung.

24.8.1494: Die neue Bezauer Pfarrkirche samt Friedhof wird eingeweiht.

1497

1497: Kaiser Maximilian I. fordert die Vorarlberger Stände auf, dem Schwäbischen Bund beizutreten. Dafür bestätigt er ihnen ihre bisherigen Rechte. Erstmals tritt ein umfassender regionaler Landtag in Vorarlberg zusammen.

1498: Die Pfarre Hohenems wird von der Pfarre Lustenau getrennt.

1498: Erstmals wird im Gebiet Vorarlberg eine Frau als Hexe gefangen genommen und inhaftiert. Sie kommt nach einem Jahr wieder frei.

Ende 1498: Die Eidgenossen verbünden sich mit dem so genannten „Gotteshausbund", einem gegen den zunehmenden Einfluss Österreichs gerichteten Bündnis des Churer Domkapitels, bischöflicher Ministerialen sowie der Gerichtsgemeinden des Bistums Chur. Da der Herzog von Tirol darin einen Bruch der „Ewigen Richtung" sieht, wachsen die Spannungen zwischen Österreich und der Eidgenossenschaft.

8.1.1499: In Feldkirch scheitert der Versuch eines Interessenausgleichs zwischen den Habsburgern und der Eidgenossenschaft. Es geht dabei hauptsächlich um die Frage, inwieweit die Beschlüsse des Wormser Reichstages (1495) auch für die Eidgenossen Gültigkeit haben, die weder die Reichssteuer des „gemeinen Pfennigs" zahlen noch das Reichskammergericht anerkennen.

Februar 1499: Der so genannte „Schweizerkrieg" oder auch „Schwabenkrieg" zwischen der Eidgenossenschaft und dem Schwäbischen Bund bricht aus. Die Eidgenossen und Bündner erobern Vaduz und Maienfeld, plündern und verbrennen Altenstadt, Rankweil und Sulz, belagern Feldkirch, der Walgau wird von ihnen zur Huldigung gezwungen. Danach ziehen sie das Rheintal nordwärts und brennen den Reichshof Lustenau nieder.

20.2.1499: Ein Heer des Schwäbischen Bundes wird bei Hard von den Eidgenossen vernichtend geschlagen. In der Folge äschern die siegreichen Eidgenossen Fußach ein und verlangen Brandschatzungen von Dornbirn, Alberschwende, Lingenau und dem Bregenzerwald. Mit reicher Beute und zahlreichen Geiseln kehren sie über den Rhein zurück.

20.4.1499: Ein kaiserliches Heer erleidet in der Schlacht bei Frastanz eine Niederlage gegen die Eidgenossen. Unter den 2.000 Opfern der Schlacht befinden sich etwa 500 Walgauer, zahlreiche freie Walser und Schwazer Bergknappen.

1499: Gründung der ersten Vorarlberger Apotheke in Feldkirch.

Um 1500: Die Herren von Raitenau lassen auf dem Lehengut Hofen die gotische St.-Oswald-Kapelle errichten.

1500: Kaiser Maximilian erneuert die „Ewige Richtung" mit den Eidgenossen.

GEBURTSTAGE

Um 1494: Georg Sigmund von Ems († 1549), Sohn des Märk Sittich I. von Ems, Domherr zu Konstanz und Basel. Erster aus dem Geschlecht der Reichsritter von Ems, der ein hohes Kirchenamt erreichte.

Um 1494: Dornbirn: Ulrich Fabri († 1544), Humanist, Arzt, Gräzist und Geograf, Rektor der Universität Wien.

31.3.1499: Gian Angelo de Medici († 8.12.1565), Papst Pius IV., Schwager des Wolf Dietrich von Ems.

Kurz vor 1500: Bludenz: Hieronymus Huser († 1540), Humanist und Anwalt am Reichskammergericht in Speyer.

Um 1500: Hohenems: Jakob Jonas, Gräzist und Hebraist, Reichsvizekanzler unter König Ferdinand I.

Um 1500: Bludenz: Thomas Gassner († 13.2.1548), Reformator in Bludenz und Lindau.

TODESTAGE

Um 1493: Hans I. von Ems, Sohn Hans Ulrichs I.

19.1.1499: Ulrich Ellenbog (* 1435), Humanist und Arzt.

Vorarlberger als Gastarbeiter

Kaum mehr im Bewusstsein verankert ist die Tatsache, dass jahrhundertelang Abertausende Vorarlberger auf Grund der wirtschaftlichen Strukturschwäche des Landes gezwungen waren, als Saisonwanderer und Gastarbeiter im – nicht selten fremdsprachigen – Ausland ihr Brot zu verdienen.

Ursprünglich war der Kriegsdienst als Söldner die von der Größenordnung her wichtigste Form der Arbeit außer Landes. Vorarlberg bildete ähnlich wie die Schweiz und Schwaben ein wichtiges Rekrutierungsgebiet. Im 16. und 17. Jahrhundert waren bis zu zehn Prozent der wehrfähigen Männer Vorarlbergs als Landsknechte in vielen Teilen Europas tätig.

Die wirtschaftliche Notlage nach Ende des Dreißigjährigen Krieges förderte schließlich weitere saisonale Wanderbewegungen. Etwa ein Fünftel der Landesbevölkerung suchte damals alljährlich Arbeit in der Fremde. Seit dem ausgehenden 17. Jahrhundert nennen die Quellen verstärkt handwerkliche Tätigkeiten, denen befristet oder unbefristet außer Landes nachgegangen wurde. Es waren vornehmlich Bauhandwerker (Maurer, Steinmetze, Stuckateure und Zimmerleute), die nach Frankreich, in die Schweiz und die damals österreichischen Gebiete in Süddeutschland zogen. Diese Bauleute, aus deren Kreis auch die berühmten Vorarlberger Barockbaumeister stammten, waren als Saisonarbeiter ebenso wie als Gastarbeiter im modernen Sinn des Wortes tätig.

Eine besondere Rolle spielte diese Form der Arbeitsmigration für die südlichen Landesteile, namentlich für das Klostertal und das Montafon sowie für den Bregenzerwald. Noch im Jahre 1835 stellte Vorarlberg etwa 5.800 jährliche Auswanderer, immerhin 5,5 Prozent der Gesamtbevölkerung. In St. Gallenkirch im Montafon standen gegen Ende des 19. Jahrhunderts 150 Saisonwanderern nur 140 Männer über 20 Jahren gegenüber, die den größten Teil des Jahres zu Hause verbrachten, meist ältere Männer, die solche Reisen nicht mehr unternehmen konnten. Eine Montafoner Spezialität war das „Krautschneiden". Zahlreiche Bewohner dieser Talschaft reisten mit ihren sechsmesserigen Krauthobeln ins Rheinland bis nach Holland, aber auch nach Ungarn, um dort – von Haus zu Haus ziehend – Krautköpfe für die Herstellung von Sauerkraut zu schneiden.

Eine besondere Form der Arbeitsmigration bildeten die Wanderungen der so genannten „Schwabenkinder". Zu Hunderten zogen alljährlich im Frühjahr Kinder aus Vorarlberg und Westtirol im Alter von sieben bis 16 Jahren – meist ohne Begleitung Erwachsener – nach Schwaben, um dort auf regelrechten Kindermärkten an Großbauern vermittelt zu werden. Hauptbeschäftigungen waren das Viehhüten sowie leichtere Feldarbeiten. Die Entlohnung bestand in freier Station, einigen Kleidungsstücken und einem geringen Geldbetrag. Erst zu Beginn des 20. Jahrhunderts hörten die beschwerlichen Wanderungen der Schwabenkinder auf. Ähnlich den Schwabenkindern zogen alljährlich

Darstellung des wankelmütigen Kriegsglücks. Aus dem stolzen Landsknecht wird der arme Bettler.

ganze Gruppen von Frauen, in erster Linie aus dem Montafon, zur Zeit der Getreideernte nach Schwaben bis nach Biberach und Kempten, um für einige Wochen als Ährenleserinnen zu arbeiten.

In vielen Fällen entwickelten Saisonwanderer und Gastarbeiter aus Vorarlberg engere Bindungen an ihre Gastländer und ließen sich dort als Gastarbeiter nieder bzw. wanderten in weiterer Folge gänzlich aus. A.N.

Montafoner als Krautschneider

Einschiffung der Schwabenkinder im Bregenzer Hafen

1502

1502: Lukas Cranach der Ältere porträtiert die Feldkircher Bürgerstochter Anna Putsch.

1502/03: Anna Putsch aus Feldkirch heiratet den Wiener Humanisten Johannes Cuspinianus.

1503: Johann Putsch aus Feldkirch wird Dompropst zu St. Stephan und Kanzler der Universität Wien.

29.5.1504: Kirchliche Trennung Widnaus von Lustenau.

1507: Die St.-Agatha-Knappen-Kapelle auf dem Kristberg wird erneuert.

1507: Der Bregenzer Jakob Mennel veröffentlicht die „Habsburgische Reimchronik".

25.10.1508: Die Pfarre Riezlern wird errichtet.

1509: Märk Sittich I. und Truchsess Jakob von Ems erhalten von Kaiser Maximilian I. für sich und ihre Nachkommen das Privileg der Freiheit von fremden Gerichten. Sie und ihre Untertanen dürfen vor kein anderes auswärtiges Gericht als ein österreichisches Landgericht geladen werden. Die Ritter von Ems erhalten überdies das Asylrecht. Sie dürfen fortan in ihren Schlössern, Märkten, Gerichten und Gebieten Geächtete schützen und schirmen.

1510: Kaiser Maximilian I. besucht Feldkirch; er wohnt im Haus des kaiserlichen Barbiers Ulrich Putsch.

7.2.1511: Kaiser Maximilian schließt in Baden im Aargau mit der Eidgenossenschaft die so genannte „Erbeinigung" für Tirol, Vorarlberg und die Vorlande. Dadurch soll der Friede gesichert und das zwischenstaatliche Verhältnis geregelt werden.

Anfang 1513: Das Kloster St. Gallen verkauft Österreich die rechtsrheinischen Besitzungen des Reichshofs Kriessern; damit kommt Mäder an Österreich.

29.11.1513: Märk Sittich I. von Ems wird österreichischer Vogt über die Herrschaften Bregenz und Hohenegg.

1515: Wolf Huber wird von der St.-Anna-Bruderschaft beauftragt, einen Altar für die Feldkircher Stadtpfarrkirche zu schaffen. Die Arbeiten dauern bis 1521.

GEBURTSTAGE

3.11.1505: Lindau: Achilles Pirmin Gasser († 4.12.1577), Feldkircher Stadtarzt, Humanist, Historiker und Naturforscher.

1507: Clara di Medici (* 1507), Gattin des Wolf Dietrich von Ems, Schwester des Papstes Pius IV. (= Gian Angelo di Medici).

Um 1507: Wolf Dietrich von Ems († 10.3.1538), Sohn Märk Sittichs I., Vogt von Bludenz.

1511: Schloss Amberg bei Feldkirch: Friedrich Max von Amberg († 1553), unehelicher Sohn Kaiser Maximilians und der Gräfin Anna von Helfenstein, Heerführer.

16.2.1514: Feldkirch: Georg Joachim Rheticus († 4.12.1574), Humanist, Mathematiker und Astronom.

TODESTAGE

1507: Johannes Metzler der Ältere, Feldkircher Handelsmann, stirbt in Breslau an der Pest.

27.8.1508: Hieronymus Münzer (* 1437), Humanist und Arzt in Nürnberg.

1508: Jakob I. von Ems, Sohn Hans Ulrichs I., Vogt zu Feldkirch, Neuburg und Bludenz, Erbauer des Oberdorfer Turms in Dornbirn.

1511: Andreas von Sonnenberg.

1512: Jakob II. von Ems, aus der Dornbirner Linie, fällt in der Schlacht bei Ravenna gegen die Venezianer, auf Seiten des französischen Königs kämpfend.

18.9.1513: Anna Putsch (* 1485, Feldkirch), Ehefrau des Wiener Humanisten Johannes Cuspinian, die erste namentlich bekannte Vorarlbergerin, von der sich ein Porträt – gemalt von Lukas Cranach – erhalten hat.

Wolf Huber

1480/85 – 1553

Zu den bedeutendsten aus Vorarlberg stammenden Künstlern gehört der 1480/85 in Feldkirch geborene Wolf Huber, dessen Ruhm sich vor allem aus seinen Gemälden (Altäre, Porträts) und Zeichnungen (Landschaften) ableitet.

Huber war ein Zeitgenosse Albrecht Dürers und gilt neben Albrecht Altdorfer als Hauptvertreter der so genannten „Donauschule". Dieser Begriff bezieht sich auf jene Richtung der altdeutschen Malerei, die hauptsächlich im ersten Drittel des 16. Jahrhunderts im donauländischen Raum

1520

Die Geburt Mariens, von Wolf Huber 1521 für den Feldkircher Annenaltar gemalt

Bayerns und Österreichs vertreten war. An der Schwelle vom Mittelalter zur Neuzeit bot diese Stilrichtung neue Aspekte – die Verweltlichung der ausgewählten Motive mit der Betonung von Natur und Landschaft ist charakteristisch. Die Darstellung des Raumes wird zu einem zentralen Anliegen. Das Werk Hubers zeigt überdies in seinen Akten und perspektivischen Gestaltungen die Kenntnis italienischer Werkstätten.

Die erste Ausbildung erhielt Huber vermutlich in Feldkirch, wo im 16. Jahrhundert das künstlerische Zentrum des späteren Vorarlberg lag. Anschließend wanderte er über Salzburg nach Passau, wo er sich wahrscheinlich noch vor 1510 niederließ. Hier baute Huber eine große Werkstätte auf. Als Maler und Baumeister hatte er am bischöflichen Hof Passaus bis an sein Lebensende 1553 eine bedeutende Stellung inne. 1515 beauftragte ihn die Feldkircher St.-Anna-Bruderschaft, einen Altar für die Stadtpfarrkirche zu schaffen. Die Arbeiten am Annenaltar wurden 1521 abgeschlossen. Von diesem bekanntesten Werk Hubers sind heute noch Gemälde im Feldkircher Dom und im Vorarlberger Landesmuseum zu sehen.

A.R.

25.9.1516: Bartholomäus Bernhardi aus Schlins verteidigt in einer öffentlichen Disputation in Wittenberg unter der Leitung Martin Luthers seine selbst verfassten theologischen Thesen.

1519: Der aus Dornbirn stammende Arzt, Gräzist und Geograf Ulrich Fabri veröffentlicht eine Einführung in die Geografie unter dem Titel „Geographiae Introductorium".

1519: Johannes Metzler der Jüngere, ein Sohn des gleichnamigen Feldkircher Handelsmannes, wird Professor für Gräzistik an der Universität Leipzig.

15.6.1520: Papst Leo X. erlässt die Bulle „Exsurge Domine", mit der er Martin Luther den Bann androht. Neben Luther wird in der Bulle auch der aus Feldkirch stammende Johannes Döltsch genannt.

GEBURTSTAGE

Um 1520: Triesen/Liechtenstein: Johannes Pedioneus (eigentlich Kindle) († 30.11.1550), Lateinschulmeister in Feldkirch, Professor für Rhetorik und Poesie an der Universität Ingolstadt, Dichter.

1520: Bregenz: Johann Ulrich Zasius († 1547), Jurist und Historiker, Verfasser des „Catalogus legum antiquarum".

TODESTAG

12.7.1516: Johann Putsch (* Feldkirch), Dompropst zu St. Stephan und Kanzler der Universität Wien.

Die Reformation

Nachdem die großen Konzilsversammlungen des Spätmittelalters in Konstanz (1414–1418) und Basel (1431–1449) in der Frage der Reformation, der „Erneuerung" der Kirche, nicht weitergekommen waren, stieg, nicht zuletzt unter dem Einfluss des Humanismus, das Unbehagen der Gläubigen über die zahlreichen Missbräuche der Kirche (z.B. das Ablasswesen). So kam es 1517 zum Anschlag der 95 Thesen an die Schlosskirche in Wittenberg durch Martin Luther.

Bereits am 25. September 1516 hatte der junge Vorarlberger Theologe Bartholomäus Bernhardi aus Schlins unter der Leitung Martin Luthers von ihm selbst verfasste Thesen in einer öffentlichen Disputation verteidigt. Dabei hatte sich Bernhardi eng an Luthers theologische Vorstellungen angelehnt, insbesondere an die in dessen Römerbrief-Vorlesung aufgestellte These, dass der Mensch unfähig sei, die göttlichen Gebote ohne die Gnade Gottes zu erfüllen. Die Disputation Bernhardis zwang die Wittenberger Theologen, Stellung zu beziehen. Im Vorfeld des Thesenanschlags von 1517 stellte diese Disputation des Vorarlberger Theologen daher einen wesentlichen Schritt in Richtung auf die Reformation dar. Bartholomäus Bernhardi wurde aber noch in einer anderen Hinsicht zu einem Wegbereiter der Reformation: Er war der erste protestantische Priester, der mit dem Zölibat brach und bereits 1521 heiratete, wobei Martin Luther (dieser verehelichte sich erst 1525) und der Herzog von Sachsen als Trauzeugen fungierten. Bernhardi verteidigte in einer mehrfach gedruckten Schrift „Dass die Priester Eeweyber nehmen mögen" die Priesterehe auch wissenschaftlich; dieses Buch wurde ins Lateinische, Französische und Englische übersetzt.

Bartholomäus Bernhardi war nicht der einzige Vorarlberger im Umkreis Luthers. Sein Bruder Johannes Bernhardi († 1534) wirkte in Wittenberg als

1521

Porträt Achilles Pirmin Gassers und die von ihm verfasste Beschreibung der Stadt und Grafschaft Feldkirch. Kosmografie des Sebastian Münster, Basel 1588

Professor für Physik und Rhetorik; er galt als einer der Lieblingsschüler Luthers. Von ihm stammen einige im Unterricht viel verwendete Lehrbücher zur Rhetorik. Er versuchte auch unter dem Pseudonym „Hans Walser zum Roten Brunnen" die Reformation in einer populären Schrift in seiner Heimat zu verteidigen. Der Feldkircher Johannes Döltsch († 1523) stand Luthers Theologie so nahe, dass 1520 auch sein Name in die gegen Luther gerichtete Bannandrohungsbulle des Papstes aufgenommen wurde. Der Feldkircher Jodok Mörlin, 1516 Dekan der Wittenberger Artistenfakultät, wurde 1517/18 auserwählt, ein Pädagogium zu leiten, an dem „die knaben und junge studenten im anfang der dreier vornehmsten sprach, der lateinischen, jüdischen und kriechischen, und der grammatica" zu unterweisen waren.

Zu diesem Kreis der Wittenberger gehörte auch der aus Lindau gebürtige Achilles Pirmin Gasser (1505–1577), später Stadtarzt in Feldkirch, der in Wittenberg studiert und in den Anfängen der Reformation verbotene lutherische Schriften nach Feldkirch eingeschmuggelt hatte. Gasser brachte seinen reformatorischen Eifer auch dadurch zum Ausdruck, dass er seinen Sohn auf den Namen „Luther" taufen ließ, wie er auch in seinen Schriften von „Sancto Luthero", dem heiligen Luther, spricht.

Einige der Wittenberger Studenten suchten in der Vorarlberger Geistlichkeit im Sinn der Reformation zu wirken. Zu ihnen gehörten Luzius Matt als Pfarrer in Dalaas und Thomas Gassner als Kaplan im Dominikanerinnenkloster St. Peter in Bludenz. Auch in diesem Kloster wurden 1524 eifrig die Schriften Luthers gelesen. Die Regierung in Innsbruck unterdrückte jedoch sehr bald diese Sympathien für die Reformation. Luzius Matt und Thomas Gassner wurden verbannt, viele andere Theologen ebenso; insgesamt dürften es 30 Vorarlberger Priester gewesen sein, die nur mehr außerhalb des Landes wirken konnten (wobei diese Zahl in Relation zu den damals 30.000 Einwohnern des Landes zu setzen ist). Thomas Gassner wurde der Reformator der Reichsstadt Lindau, wo er von dem Feldkircher Jeremias Lins sowie von den Bregenzern Sigmund Rötlin und Johannes Mock unterstützt wurde; die Lindauer Reformation war demnach fest in Vorarlberger Händen.

Andere Vorarlberger Theologen gingen in die Schweiz, wo sie sich meist der Lehre Zwinglis zuwandten: Luzius Matt in Zürich, Regensdorf und Höngg, Kaspar Ammann aus Bludenz in Katharinental bei Schaffhausen, die Bregenzer Jakob Grötsch und Peter Brem in Stein am Rhein bzw. in Zofingen, Münchenstein, Oltingen und Allschwil. In Graubünden, dessen Reformator Johannes Commander († 1557) mütterlicherseits aus Nüziders stammte, wirkten Leonhard Sailer in Splügen und Jakob Spreiter, zuerst Kaplan in Gaschurn, im Prätigau.

Andere wanderten ins Elsass aus: Otto Binder aus Bludenz wurde der Reformator der Reichsstadt Mülhausen; Luzius Kyber aus Bludenz reformierte die Stadt Gengenbach in Baden und ging später nach Straßburg, wo auch sein Landsmann Jakob Bedrot für die Reformation wirkte. Schließlich ist noch der Feldkircher Thomas Gehauff (Venatorius) zu nennen, der in Nürnberg und dann in Rothenburg ob der Tauber als Reformator tätig war.

Auch viele Laien mussten damals wegen ihres Bekenntnisses zur Reformation das Land verlassen. Viele gingen wohl nach Zürich, das Glaubensflüchtlingen demonstrativ Asyl gewährte. 1525 wechselte sogar der Landammann von Lingenau, Heinrich Bertsch, zum Luthertum über und ging in die Verbannung nach Württemberg, wo sein Sohn Kilian Bertsch als Hofgerichtsrat und Vizekanzler des Herzogs eine ungewöhnliche Beamtenkarriere machte.

Besonders heftigen Verfolgungen waren auch die Wiedertäufer ausgesetzt, die in der Gemeinde Au im Bregenzerwald einen Schwerpunkt

Die Vermählung des Theologen Bartholomäus Bernhardi 1521. Trauzeugen waren Martin Luther und der Herzog von Sachsen.

1525

hatten. Mehrere Wiedertäufer wurden hingerichtet, andere gingen in die Verbannung nach Mähren. Noch 1617/18 kam es in Vorarlberg zur Vertreibung und zu Hinrichtungen von Wiedertäufern. Die Gegenreformation, deren Exponenten im Lande die Grafen von Hohenems waren, unterdrückte erbarmungslos jede reformatorische Regung. In Vorarlberg war kein Platz für Protestanten. Die heimischen Gesetze gingen aber noch weit darüber hinaus: Sie verboten den Besuch protestantischer Universitäten und untersagten den vielen Landsleuten, die als Saisonarbeiter in die Fremde gingen, bei evangelischen Dienstherren Arbeit zu suchen. K.H.B.

1521: Kaiser Karl V. bestätigt und erneuert Märk Sittich I. von Ems die von Kaiser Maximilian I. erteilten Privilegien.

1521: Marquard V. von Ems erhält von Kaiser Karl V. und seinem Bruder Ferdinand die Vogtei über Bludenz.

Frühjahr 1521: Bartholomäus Bernhardi aus Schlins bricht als erster protestantischer Priester offen mit dem Zölibat und heiratet. Seine Trauzeugen sind Martin Luther und Herzog Moritz von Sachsen.

1521: Wolf Huber stellt in Feldkirch den Annenaltar fertig.

1522: Der Versuch der Eidgenossenschaft, den Reichshof Lustenau zu erwerben, scheitert.

1523: Märk Sittich I. wird österreichischer Vogt über Bludenz und Obersthauptmann der vier Herrschaften vor dem Arlberg.

5.9.1523: Graf Hugo („der Letzte") von Montfort-Bregenz verkauft seine Anteile an der Grafschaft Bregenz um 50.000 Gulden an Österreich. Damit kommt der nördliche Teil der Grafschaft Bregenz an Österreich. Graf Hugo wird österreichischer Vogt in Feldkirch.

Frühjahr 1524: Luzius Matt, 1520 Pfarrer in Dalaas und danach Prediger in Stams, predigt in Bludenz, unterstützt von Thomas Gassner, dem Kaplan des Klosters St. Peter, die Reformation.

31.8.1524: Die österreichische Regierung klagt darüber, dass einige Nonnen des St.-Peters-Klosters in Bludenz ihre Gelübde nicht einhielten und Anhängerinnen der lutherischen Lehre seien.

Anfang September 1524: Märk Sittich lässt Luzius Matt im Auftrag der österreichischen Regierung verhaften. Dieser wird aber von Bludenzer Bürgern aus dem Gefängnis befreit und gegen eine Kaution von 2.000 Gulden in der Freiheit belassen.

November 1524: Thomas Gassner flüchtet aus Bludenz nach Lindau.

1524: Nach dem Tod des elsässischen Obristen Anstatt Waldner von Frundstein wird für diesen in der Pfarrkirche St. Jodok in Schruns ein Grabmal errichtet.

25.1.1525: Nach neuerlicher Inhaftierung wird Luzius Matt in die Verbannung geschickt. Er wirkt nun in verschiedenen Teilen der Schweiz, unter anderem in Zürich und Altstätten, als evangelischer Pfarrer.

24.2.1525: Märk Sittich I. von Ems nimmt auf der Seite Kaiser Karls V. an der Schlacht bei Pavia gegen die Franzosen teil.

März 1525: Die Riefensberger und Lingenauer Bauern schliessen sich den aufständischen Bauern Oberschwabens an.

1525: Der Landammann von Lingenau, Heinrich Bertsch, wechselt zum neuen Glauben über und muss das Land verlassen.

Juni/Juli 1525: Als Feldherr des Schwäbischen Bundes wirft Märk Sittich I. von Ems die aufrührerischen Bauern am Bodensee nieder. Zur Abschreckung lässt er 50 ihrer Anführer an den Eichen entlang der Leiblach aufhängen. Er erhält im Volksmund den Beinamen „der Bauernschlächter". Die Bauern von Lingenau und Riefensberg, die sich den Aufständischen angeschlossen haben, werden vom Vogt Märk Sittich hart bestraft: Sie verlieren ihre althergebrachten Rechte und dürfen keine Waffen mehr tragen; ihr Gericht wird mit dem von Alberschwende zusammengelegt, sie dürfen ihren Ammann nicht mehr selbst wählen, sondern er wird von der Regierung ernannt.

GEBURTSTAG

1521: Märk Sittich II. von Ems († 1565), Reichsgraf von Hohenems, Vogt der Herrschaft Bludenz.

TODESTAGE

Februar 1523: Marquard V. von Ems, Vogt zu Bludenz.

1523: Johannes Döltsch (nennt sich gelegentlich Piliatoris) (* um 1485, Feldkirch), Reformator.

1525

1525-1549: Vereinzeltes Auftreten von Wiedertäufern im Bregenzerwald, in der Stadt Feldkirch sowie den Herrschaften Bregenz und Hohenegg.

2.3.1526: Den Rittern von Ems gelingt es, die Pfandschaft über den Reichshof Lustenau in einen Kauf umzuwandeln.

1526: Jeremias Lins unternimmt in Feldkirch einen erfolglosen Reformationsversuch.

1526: Der Bregenzer Geistliche Jos Wilburger wird mit anderen Aufwieglern von Märk Sittich von Ems zum Tod verurteilt und hingerichtet.

1527: Wolf Dietrich von Ems wird Vogt über die Herrschaften Bludenz und Sonnenberg.

6.2.1528: In Feldkirch wird der Humanist Dr. Georg Iserin, der Vater des Georg Joachim Rheticus, wegen Zauberei enthauptet.

18.12.1528: Die Gemeinde Götzis erwirbt das Patronatsrecht über ihre Pfarre, das sich vorher im Besitz des Klosters St. Johann im Thurtal befand.

1528: Wolf Dietrich von Ems heiratet Klara von Medici, eine Schwester des späteren Papstes Pius IV.

1528: Erstmals kommt es im Gebiet Vorarlberg zu einem Hexenprozess. Die aus Latz bei Nenzing stammende Elsa Guotschelckhin wird freigesprochen.

14.-17.2.1529: Im Johanniterkloster zu Feldkirch beraten Vertreter Österreichs und der katholischen Teile der Eidgenossenschaft Maßnahmen zum Schutz der katholischen Religion. Damit beginnt die Gegenreformation in Vorarlberg. Die Einfuhr lutherischen Schrifttums und der Besuch der Universität Wittenberg werden verboten.

24.2.1529: Bregenz erhält von König Ferdinand I. das apokryphe Wappen mit dem Hermelinschwänzchen der alten Grafen von Bregenz.

1530: Die Pest fordert zahlreiche Todesopfer in Frastanz.

Frühjahr 1530: Zoller-Handel: Der Rhein bildet nun eine konfessionelle Grenze. Als der Lustenauer Hofammann im linksrheinischen, reformierten Teil Lustenaus zu einer Hochzeit aufspielen lässt, verletzt er damit die religiösen Gefühle der Reformierten. Ein Streit entbrennt, bei dem Jakob Dierauer aus Berneck getötet wird. Der Lustenauer Hofammann wird in Altstätten inhaftiert und erst nach langwierigen Streitereien zwischen den Emsern und den Eidgenossen, die beinahe zum Ausbruch eines Krieges geführt hätten, wieder freigelassen.

18.9.1531: Der Wiedertäufer Bartholomäus Koler aus Au wird hingerichtet.

1531: Der aus Ravensburg stammende Humanist und Botaniker Gabriel Hummelberg verlässt Feldkirch und zieht nach Isny; seine Kinder bleiben in Feldkirch. Hummelberg wirkte seit 1517 in der Stadt.

1532: Im Zuge der Gegenreformation wird in Feldkirch ein Beichtregister eingeführt, um zu kontrollieren, ob alle Bürger zur Osterbeichte gehen. Unter mehr als 1.000 verzeichneten Namen scheinen lediglich fünf Personen auf, welche die Beichte verweigern.

1532: Paracelsus besucht wahrscheinlich Feldkirch.

GEBURTSTAG

13.5.1530: Jakob Hannibal I. von Ems († 27.12.1587), Reichsgraf von Hohenems, Vogt und Pfandherr der Herrschaften Feldkirch, Bregenz und Hohenegg.

TODESTAGE

11.11.1525: Sigmund Rötlin (* um 1490, Bregenz), Theologe und Reformator.

Vor 6.3.1526: Jakob Mennel (* um 1460, Bregenz), bekanntester Bregenzer Humanist, Hofgeschichtsschreiber Kaiser Maximilians I.

6.2.1528: Dr. Georg Iserin (* 1480), Arzt und Humanist.

September 1530: Luzius Matt, Reformator.

Jakob Jonas
1500–1588

Dem aus einfachen Verhältnissen stammenden Jakob Jonas gelang eine außergewöhnliche Beamtenkarriere, in der er zum Reichsvizekanzler und damit zum obersten Beamten des Reiches aufsteigen konnte, was sonst nur Adeligen vorbehalten war. Um 1500 bei Götzis als Sohn des Leonhard Jonas und der Klara Benzer geboren, besuchte er 1518/21 die Stiftsschule St. Luzi bei Chur, promovierte 1523 an der Universität Wittenberg unter dem

1535

Der Wappenbrief von Jakob Jonas mit schwarzem Gemsbock auf dreiteiligem Felsen

Gräzisten Philipp Melanchthon und dem Hebraisten Matthäus Aurogallus zum Bakkalar der freien Künste, gelangte aber offenbar schon als Student in den Ruf als Trinker und Schürzenjäger. 1525 kehrte er nach Chur zurück und ließ sich zum Priester weihen. Der Abt von St. Luzi, Theodul Schlegel, wollte Jonas zum Juristen ausbilden lassen und hatte ihn als Anwalt für das geistliche Gericht in Chur in Aussicht genommen. Und so nahm Jonas 1526 in Tübingen seine Studien wieder auf, wo er noch im selben Jahr eine Professur für Griechisch und Hebräisch erhielt. 1526 trat er auf der Badener Disputation erstmals als überzeugter Anhänger des Katholizismus auf. Sein nebenher betriebenes Rechtsstudium schloss er 1532 mit der Promotion zum Dr. jur. ab. 1533 trat Jonas in die Dienste des Bischofs von Konstanz, dessen Kanzler er wurde. Mehrmals reiste er in diplomatischen Missionen nach Rom. 1538 wurde Jonas Assessor des Fränkischen Kreises am Reichskammergericht in Speyer, wo er als kompromissloser Gegner des Protestantismus auffiel. Kaiser Karl V. erhob ihn deswegen 1541 in den Adelsstand mit dem Titel „von Buch und Udelberg". Als Kanzler des Erzbischofs von Mainz machte Jonas Mainz zu einem Zentrum der Gegenreformation. 1544 wurde er Kanzler König Ferdinands I. in Wien, wo er auch seit 1548 Mitglied der juristischen Fakultät war und 1554 die Universitätsreform durchführte. Zugleich förderte er die Jesuiten, die er nach Prag und Wien berief; er selbst war Mitglied des Ordens im Laienstand. Auf dem Augsburger Reichstag erstellte Jonas den königlichen Entwurf zu einem Religionsfrieden, der weit über die Forderungen der katholischen Stände hinausging. Jonas war ein leidenschaftlicher Politiker und gewandter Diplomat, der auf vielen Reichstagen eine maßgebliche Rolle spielte. Der mit vielen Ehren ausgezeichnete Staatsmann (1546 verlieh ihm der König die Feste Neumontfort bei Götzis, den ebendort gelegenen Jonenhof und 1555 die Burg Amberg bei Feldkirch) hatte viele Feinde, die ihm ein ausschweifendes Leben nach-

Die Feste Neumontfort oberhalb von Götzis. Die Zeichnung gibt den Zustand im 16. Jahrhundert wieder.

sagten, ihn zu einem Feind Gottes und der Heiligen abstempelten und nach seinem Tod ein Lied in Umlauf brachten, das behauptete, der Teufel habe ihn geholt. Gegner, die in ihm eine Gefahr für den Frieden sahen und ihn gelegentlich auch seine geringe Herkunft fühlen ließen, hatte Jonas aber auch im eigenen Lager. Gerade aber die Tatsache, dass es einem Vorarlberger aus unbekannter Familie gelang, in ein solches Staatsamt aufzusteigen und ein Reservat des Adels zu brechen, macht Jonas zu einer denkwürdigen Gestalt unserer Geschichte. Jakob Jonas starb am 28. Dezember 1558 in Abensberg (Bayern) auf dem Weg nach Ingolstadt, wo er in der Universitätskirche St. Moritz seine letzte Ruhestätte fand. K.H.B.

Die Burg Amberg bei Feldkirch auf einer Postkarte um 1910

1533: Der aus Götzis stammende Jakob Jonas wird Vizekanzler König Ferdinands I.

1533: Ulrich im Graben beginnt mit seiner Arbeit an der Feldkircher Stadtchronik, die er bis 1537 fortführt.

1535: Achilles Pirmin Gasser wird Stadtarzt von Feldkirch.

GEBURTSTAG

19.8.1533: Märk Sittich III. von Ems († 15.2.1595), Reichsgraf von Hohenems, Landsknechtsführer, Kardinal und Bischof von Konstanz.

TODESTAGE

25.7.1533: Märk Sittich I. von Ems (* um 1466), Ritter, Vogt zu Bregenz, Landsknechtsobrist.

1.2.1534: Johannes Bernhardi (* um 1490, Schlins), Reformator und Gelehrter.

1536

1536: Der in Feldkirch geborene Georg Joachim Rheticus wird in Wittenberg zum Magister artium promoviert und wird im Alter von nur 22 Jahren Professor für Astronomie.

1537: Bau der Straße und der Brücke durch die Illschlucht bei Frastanz.

GEBURTSTAG

2.10.1538: Arona: Karl Borromäus († 3.11.1585), Kardinal und Erzbischof von Mailand, Schwager des Grafen Jakob Hannibal von Hohenems.

TODESTAGE

1536: Graf Hugo („der Letzte") von Montfort-Bregenz in Hochstädt an der Donau.

10.3.1538: Wolf Dietrich von Ems (* um 1507), Sohn Märk Sittichs I., Vogt von Bludenz.

1538: Johannes Metzler, Humanist und Gräzist aus Feldkirch, stirbt in Leipzig.

Georg Joachim Rheticus

1514–1574

Georg Joachim Rheticus wurde am 16. Februar 1514 in Feldkirch geboren. Seine Eltern waren Fremde italienischer Herkunft: Der Vater Dr. Georg Iserin aus Mazzo war Stadtarzt (er wurde 1528 wegen Zauberei enthauptet), die Mutter Thomasina de Porris stammte aus lombardischem Adel. Nach dem Tod seines Vaters nahm er den Namen der Mutter „de Porris" an und führte auch deren Wappen in seinem Siegel; als Student wählte er später den

Als Universitätsprofessor in Leipzig gab Rheticus 1549 diese griechisch-lateinische Euklid-Ausgabe heraus.

Namen „Rheticus" nach seiner Feldkircher Heimat. Rheticus verbrachte einen Teil seiner Jugend in der Lombardei, wo sein Vater als Dolmetscher im kaiserlichen Heer diente. Ihm verdankte Rheticus auch die Anfänge höherer Bildung. Seit 1528 besuchte er die Frauenmünsterschule in Zürich, wo der später berühmt gewordene Naturforscher Konrad Gessner sein Studiengenosse war. 1532 wurde eine persönliche Begegnung mit Paracelsus für Rheticus zum unvergesslichen Erlebnis. Ab 1532 setzte er, gefördert durch den Lindauer Arzt Achilles Pirmin Gasser, seine Studien in Wittenberg fort, wo er 1536 zum Magister artium promovierte und mit 22 Jahren Professor für Astronomie wurde. In dieser Eigenschaft lernte er die noch unveröffentlichte Lehre des Kopernikus kennen, die er mit Freunden und Kollegen, besonders mit Gasser, eingehend diskutierte, um dann 1539 Kopernikus in Frauenburg in Ostpreußen selbst aufzusuchen. Schon 1540 veröffentlichte Rheticus in Danzig die „Narratio prima", den ersten Bericht über die sechs Bücher des Kopernikus von den Kreisbewegungen der Himmelskörper. Seither stand für ihn fest, dass sich die Erde um die Sonne bewege und nicht umgekehrt, wie es die bisherige Schulmeinung war. Mit dem Originalmanuskript des Kopernikus kehrte Rheticus 1541 nach Wittenberg zurück und brachte es dann 1543 in Nürnberg im Druck heraus. Luther und Melanchthon zeigten sich jedoch als heftige Gegner des kopernikanischen Systems. Rheticus musste Wittenberg verlassen, erhielt aber 1542 einen Ruf an die Universität Leipzig. 1545 ging er zu Studien nach Mailand, wo er mit Girolamo Cardano zusammentraf; anschließend widmete er sich in Zürich unter Konrad Gessner dem Studium der Medizin, das er nach seiner Flucht aus Leipzig (wo er wegen Homosexualität angeklagt war) 1551 in Prag fortsetzte und mit dem Dr. med. abschloss. Eine ehrenvolle Berufung an die Universität Wien lehnte er 1553 ab. Ab 1554 wirkte Rheticus als Arzt und Privatgelehrter in Krakau; einen Ruf nach Paris lehnte er 1563 erneut ab. Vielseitige Arbeiten in den Bereichen der Mathematik, Astronomie, Chemie, Mineralogie, Philosophie, aber auch der Astrologie und Zauberkunst beschäftigten ihn. Er übersetzte u.a. Schriften des Paracelsus ins Lateinische, um sie in Osteuropa bekannt zu machen. Rheticus' wissenschaftliche Bedeutung liegt vor allem im Bereich der Mathematik. Er gilt als der führende Mathematiker seiner Zeit, besonders

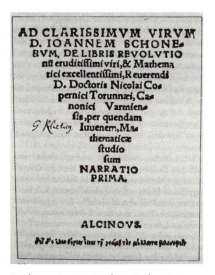

Nach gemeinsamen Studien mit dem Astronomen Nikolaus Kopernikus veröffentlichte Rheticus 1540 in Danzig den ersten Bericht über die neuen Erkenntnisse von Kopernikus.

1551

durch sein posthum erschienenes Tafelwerk „Opus Palatinum" (1596). Rheticus starb am 4. Dezember 1574 in Kaschau in der Slowakei. Dem Künder des kopernikanischen Weltbildes, das sich gegen zahlreiche Widerstände durchsetzen konnte, setzte die gelehrte Welt schon 1651 ein Denkmal, als sie einem Ringgebirge auf dem Mond den Namen „Rheticus" gab. Die Gesellschaft der Vorarlberger Münzfreunde würdigte den größten Gelehrten des Landes 1977 mit einer Medaille. K.H.B.

1540: Der Feldkircher Mathematiker und Astronom Georg Joachim Rheticus veröffentlicht in Danzig die „Narratio prima", den ersten Bericht über die Lehre des Kopernikus vom heliozentrischen System.

1540: Bregenz tritt neben Feldkirch erstmals als Hauptort der Vorarlberger Landstände auf.

1542: Der aus Bizau stammende Humanist Christoph Stültz verfasst in Straßburg ein Verwaltungshandbuch mit dem Titel „Eyn new Rechenbuch über eyn gantze Amptsverwaltung".

Herbst 1542: Der Feldkircher Mathematiker und Astronom Georg Joachim Rheticus wird an die Universität Leipzig berufen.

1542: Bei einem Hochwasser der Bregenzer Ach werden auf dem Harder Friedhof die Toten aus den Gräbern geschwemmt.

1542: Der aus Lindau stammende, in Feldkirch als Kaplan und Lateinschullehrer wirkende Humanist Johannes Vogelsang verfasst das musiktheoretische Werk „Musicae rudimenta".

1544: Der Feldkircher Stadtarzt Achilles Pirmin Gasser veröffentlicht eine Pestschrift, in der er zum ersten Mal in der wissenschaftlichen Literatur auf den schädlichen Einfluss des Föhns aufmerksam macht.

1545: Der aus Triesen stammende Feldkircher Lateinschulmeister Johannes Pedioneus wird Professor für Rhetorik und Poesie an der Universität Ingolstadt.

1546: Der Feldkircher Stadtarzt Achilles Pirmin Gasser übersiedelt als überzeugter Lutheraner nach Augsburg.

1547: Der Landsknecht Caspar Weglin durchschwimmt den Bodensee von Fußach nach Lindau. Er braucht dafür fünf Stunden.

11.10.1548: Im Zuge der Rekatholisierung nach dem Schmalkaldischen Krieg verliert Konstanz seine Reichsunmittelbarkeit und fällt an Österreich.

1548: Christoph Metzler von Andelberg aus Feldkirch wird Fürstbischof zu Konstanz.

1548: Rheinüberschwemmung in Lustenau. Die Kirche wird vom Hochwasser weggeschwemmt.

12.3.1548: Die gemeinsame Allmende zwischen Bludenz und Bürs wird aufgehoben.

GEBURTSTAG

Um 1551: Hortensia Karl Borromäus († 27.12.1578), Gattin des Grafen Jakob Hannibal I. von Hohenems, Schwester des Kardinals Karl Borromäus.

TODESTAGE

Herbst 1540: Hieronymus Huser (* kurz vor 1500, Bludenz), Humanist und Anwalt am Reichskammergericht in Speyer.

20.11.1541: Jakob Bedrot (* Bludenz), Humanist und Gräzist, in Straßburg an der Pest gestorben.

7.1.1544: Gabriel Hummelberg (* um 1490, Ravensburg), Humanist und Botaniker.

1544: Ulrich Fabri (* um 1494, Dornbirn), Humanist, Arzt, Gräzist und Geograf, Rektor der Universität Wien.

1547: Johann Ulrich Zasius (* 1520, Bregenz), Jurist und Historiker, Verfasser des „Catalogus legum antiquarum", stirbt in Esslingen.

13.2.1548: Thomas Gassner (* um 1500, Bludenz), Reformator in Bludenz und Lindau.

März 1549: Ulrich von Schellenberg (* 26.4.1476, Kießlegg), langjähriger Vogt der Herrschaft Feldkirch.

1549: Georg Sigmund von Ems (* um 1494), Sohn des Märk Sittich I. von Ems, Domherr zu Konstanz und Basel. Erster aus dem Geschlecht der Reichsritter von Ems, der ein hohes Kirchenamt erreichte.

30.11.1550: Johannes Pedioneus (eigentlich Kindle) (* um 1520, Triesen, Liechtenstein), Dichter, Lateinschulmeister in Feldkirch, Professor für Rhetorik und Poesie an der Universität Ingolstadt, Dichter.

1551

1551: Der vom 1547 verstorbenen Bregenzer Humanisten Johann Georg Zasius verfasste „Catalogus legum antiquarum", ein Verzeichnis bedeutender römischer Gesetze, wird gedruckt.

1.11.1554: König Ferdinand erhebt Jakob und Benedikt Jonas aus Götzis in den erblichen Adelsstand.

1556: Moritz von Altmannshausen aus Feldkirch pilgert über Mailand, Venedig und Zypern nach Jerusalem; dabei gerät er in türkische Gefangenschaft und wird drei Jahre lang in Konstantinopel fest gehalten.

1557: Jakob Hannibal I. nimmt in Diensten des spanischen Königs Philipp II. am Krieg gegen Frankreich teil und erhält dafür Einkünfte des Herzogtums Mailand.

6.4.1559: Der Landschreiber Kaspar Feuerstein I. aus Bezau erhält von Kaiser Ferdinand I. einen Wappenbrief für seine Verdienste in der Besatzung von Bregenz.

25.12.1559: Nach einem dreieinhalb Monate dauernden Konklave wird Gian Angelo de Medici zum neuen Papst gewählt. Er nennt sich Pius IV. Seine Krönung erfolgt am Dreikönigstag (6.1.) 1560.

GEBURTSTAG

26.3.1559: Schloss Hofen bei Lochau: Wolf Dietrich von Raitenau († 16.1.1617), Fürsterzbischof von Salzburg.

TODESTAGE

4.2.1551: Thomas Venatorius (eigentlich Gehauf) (* 1488, Feldkirch), Reformator in Nürnberg.

21.7.1551: Bartholomäus Bernhardi (* 24.8.1487, Schlins), Reformator.

3.6.1553: Wolf Huber (* um 1485), Maler.

1553: Friedrich Max von Amberg (* 1511, Schloss Amberg bei Feldkirch), unehelicher Sohn Kaiser Maximilians und der Gräfin Anna von Helfenstein, Heerführer.

1554: Johannes Metzler der Jüngere (* Breslau), Sohn des Feldkircher Handelsmannes Johannes Metzler der Ältere, Professor für Gräzistik an der Universität Leipzig, Jurist, Landeshauptmann von Schlesien.

1558: Jeremias Lins (* um 1490, Feldkirch), Reformator.

1558: Jakob Jonas (* um 1500, Hohenems), Gräzist und Hebraist, Reichsvizekanzler.

Der erfolgreiche Landsknechtsführer Märk Sittich I. von Ems

Die Grafen von Hohenems

Die Herren (seit 1560 Grafen) von Ems (später Hohenems) sind neben den Grafen von Montfort das bedeutendste Adelsgeschlecht in Vorarlberg. Ursprünglich waren sie Reichsministeriale im Dienst der Staufer und der Welfen. Sie waren mit der Burghut der um 1130 in einem königlichen Forstgebiet („Pirsch") erbauten Reichsburg Ems und der Sicherung der Reichsstraße nach Italien beauftragt. Kaiser Heinrich VI. vertraute den seit 1180 urkundlich nachweisbaren Reichsdienstmannen 1195 den geblendeten und entmannten Normannenkönig Wilhelm III. von Sizilien, den Sohn des Tankred von Lecce, zur Bewachung auf der Burg Ems an, wo dieser 1197 starb. Es gelang den Emsern, durch Darlehen an die Könige Rudolf von Habsburg, Ludwig den Bayern (1333, 1343) und Karl IV. (1348) Reichspfandschaften in ihre Hand zu bringen, die später in erbliche Reichslehen umgewandelt wurden. Durch die Verleihung des Blutbanns 1430 und 1434 konnten sie den zielstrebigen Aufbau eines kleinen reichsfreien Territoriums abrunden. So erlangten sie 1333 ein (allerdings nicht realisiertes) Stadtrechtsprivileg für den Ort Ems, 1343 ein Privileg zum Bau einer weiteren Burg (Neuems, Glopper). Nach 1354 erwarben sie das von Walsern besiedelte Bergdorf Ebnit und bauten diesen Besitz 1395 durch die Erwerbung der Pfandschaft über den Reichshof Lustenau (mit Widnau und Haslach) sowie bedeutender grundherrlicher Rechte in Dornbirn (1318, 1388) und Wolfurt (1458) aus. Durch Kauf wurde der Reichshof Lustenau 1526 zum emsischen Eigentum (Allod).

Der weitere Aufstieg der Emser ergab sich aus dem engen Dienstverhältnis zu den Habsburgern, die 1363 die Herrschaft Neuburg und 1375/90 die Grafschaft Feldkirch erwarben und damit in Vorarlberg Fuß fassten. Als Vögte der Habsburger und erfolgreiche Landsknechtsführer, aber auch durch raubritterliche Praktiken kamen sie zu

1560

Die Reichsburg Ems (Altems). Zeichnung nach einer Darstellung um 1600

1343 wurde die Burg in der Rütte, auch als Neuems oder Glopper bekannt, erbaut.

erheblichem Reichtum und Einfluss, der sich mit dem Ausbruch der Reformation noch wesentlich verstärkte, als Märk Sittich I. (1466–1533), nicht zuletzt durch seine eheliche Verbindung mit einer Schwester des mailändischen Condottiere Gian Giacomo Medici († 1555), zu einem eifrigen Verfechter gegenreformatorischer Bestrebungen wurde und entscheidend für die Erhaltung des katholischen Glaubens in Vorarlberg eintrat. Märk Sittich I. hatte auch einen maßgeblichen Anteil am Sieg Kaiser Karls V. in der Schlacht von Pavia 1525 sowie an der Unterdrückung des Bauernkrieges. Auch spielte er 1523 eine wesentliche Vermittlerrolle beim Ankauf der montfortischen Teile der Grafschaft Bregenz, mit der Österreich seine beherrschende Position in Vorarlberg abrunden konnte. Als Vögte der österreichischen Herrschaften Bludenz und Bregenz, später auch Feldkirch, dann als Pfandherren der Herrschaft Neuburg (seit 1589) wurden die Emser zu einer führenden politischen Kraft im Lande. Der Konstanzer Domherr Georg Sigmund von Ems (1494–1547), ein Sohn Märk Sittichs I., war 1532 von König Ferdinand I. zum Kandidaten für das Bischofsamt in Konstanz ausersehen, wurde aber nicht gewählt; gleichwohl deutete sich hier bereits der Höhenflug der Familie an.

Der weitere gesellschaftliche Aufstieg des Hauses hatte seine Wurzeln in der Verwandtschaft mit den Medici in Mailand: Gian Angelo de Medici wurde 1559 zum Papst Pius IV. gewählt († 1565). Während Kaiser Ferdinand I. sich beeilte, die Herren von Ems mit der Begründung in den Reichsgrafenstand zu erheben, „daß gemelte von Embs der jetzigen päpstlichen Heiligkeit Papst Pio IV., unserem lieben Herrn, mit nahender plutsfreundschaft verwandt", versorgte der Papst seine Nepoten: Aus der Mailänder Verwandtschaft wurde Carlo Borromeo zum Kardinal und Erzbischof von Mailand erhoben, aus der Emser Verwandtschaft der bisherige Landsknechtsführer Märk Sittich III. (1533–1595) zum Kardinal und Bischof von Konstanz; er verbrachte den größten Teil seines Lebens in Rom, wo er sich als Mäzen und Schöpfer bedeutender Kunstbauten einen Namen machte. Sein Bruder Jakob Hannibal I. (1530–1587), der zuerst über die Heirat mit einer spanischen Prinzessin das Fürstentum Salerno erhalten sollte, heiratete eine Stiefschwester des Carlo Borromeo und stieg zum Generalgubernator der Truppen des Kirchenstaates auf. Viele Jahre stand er auch als Kriegsobrist in den Diensten des spanischen Königs Philipp II. (Flandern, Frankreich, Marokko, Maastricht). Zwei Jahre war er Garnisonskommandant in Antwerpen, von wo er zahlreiche Kunstwerke in die Heimat schickte. Philipp II. übertrug ihm 1578 die lombardische Herrschaft Gallarate, die bis 1655 im Besitz der Grafen von Hohenems verblieb.

Hohenems am Anfang des 17. Jahrhunderts. Vor dem Renaissance-Palast lagen prachtvolle Gartenanlagen mit Tiergarten, Fischweiher und Lusthaus.

1560

1616 unter Graf Kaspar veröffentlichte Karte Vorarlbergs. Ziel der Grafen von Hohenems war es, ganz Vorarlberg und alle Gebiete, die sich innerhalb der gestrichelten Linie befanden, unter ihre Herrschaft zu bringen.

Von den Söhnen Jakob Hannibals I. wurde Märk Sittich IV. (1575–1619) 1612 Erzbischof von Salzburg, in welchem Amte er seinen Vetter Wolf Dietrich von Raitenau (1559–1617) ablöste. Als Salzburger Erzbischof legte Graf Märk Sittich den Grund für den heutigen Salzburger Dom und erbaute das Lustschloss Hellbrunn mit seinen ausgedehnten Parkanlagen und Wasserspielen. Dagegen machte sich Graf Kaspar (1573–1640) vor allem um die Festigung des emsischen Territoriums verdient. War der dörfliche Flecken Ems schon seit 1560 vom italienischen Baumeister Martino Longo durch die Errichtung eines Renaissancepalastes und die Anlage von Gärten, Tiergärten und Fischweihern zu einer Residenz umgestaltet worden, so ließ Graf Kaspar den Ort 1605 zu einem Markt erheben (unter neuerlicher Bestätigung der Stadtrechtsprivilegien von 1333). Zugleich errichtete er hier eine Lateinschule, 1616 auch die erste Buchdruckerei im Lande, und berief zur Förderung des Handels Juden nach Hohenems, die ab 1617 hier eine blühende Gemeinde errichteten. Das Hohenemser Schwefelbad wurde zu einer viel besuchten Stätte des Fremdenverkehrs ausgebaut und von zahlreichen Adeligen und hohen Geistlichen besucht. 1613 gelang es dem Grafen Kaspar, die Herrschaften Vaduz und Schellenberg (das heutige Fürstentum Liechtenstein) anzukaufen. Daraus erwuchsen Ansprüche auf eine Herrschaft über ganz Vorarlberg, wie sie Graf Kaspar in einer 1616 veröffentlichten Landkarte unmissverständlich zum Ausdruck brachte und in der „Emser Chronik" seines Kanzlers Johann Georg Schleh propagandistisch darstellen ließ. Gefordert wurde ein Land in den Grenzmarken Arlberg, Bodensee, Silvretta und Rheintal, in dem „Rhetianische Lantsart" herrsche; zugleich führten die Hohenemser Grafen ihre Ursprünge auf eine rätisch-etruskische Abstammung zurück. Die politische Umsetzung dieser Pläne lief in die Richtung, die Gerichte Dornbirn und Höchst-Fußach anzukaufen, ebenso die Pfandschaft Neuburg in Eigentum umzuwandeln, diesen Besitz durch den Kauf der österreichischen Dörfer Götzis, Mäder, Meiningen u.a. abzurunden und zu einem geschlossenen, zu einem Fürstentum zu erhebenden Grenzstaat zu machen, dessen politische Zukunft im Status eines der Eidgenossenschaft zugewandten Ortes hätte bestehen können; doch scheiterten solche Expansionsbestrebungen am Widerstand der Vorarlberger Landstände, aber auch der Militärexperten, die zu Beginn des Dreißigjährigen Krieges einen französischen Einfluss in diesem emsischen Staat befürchten mussten.

Nach dem Tod des Grafen Kaspar zerfiel der emsische Staat. Der Dreißigjährige Krieg förderte diesen Verfall sicherlich, vor allem aber war er auf die Verschwendungssucht der Grafen zurückzuführen, die häufig am Hofe des Kaisers lebten und versuchten, durch eine über ihren Verhältnissen liegende Repräsentation doch noch ihr Ziel zu erreichen, in den Reichsfürstenstand erhoben zu werden. Die wachsende Verschuldung zwang die Grafen zum Verkauf von Gallarate (1655) und Vaduz-Schellenberg (1699). Mit dem

1561

Das „Gartengastmahl" von Anthoni Bays (1578, Öl auf Leinwand). Dieses Gemälde zeigt die Verwandtschaft von Graf Jakob Hannibal I. vor dem Renaissancepalast von Hohenems. Rechts sitzen die beiden Kardinäle Karl Borromeo Medici und Markus Sitticus einander gegenüber. Links von Markus Sitticus sitzt der Gastgeber, Graf Jakob Hannibal I. Das Bild veranschaulicht den höfischen Lebensstil der Grafen von Hohenems.

Tod der beiden letzten männlichen Nachkommen dieses Geschlechtes, des k.k. Feldmarschalls Franz Rudolf (1686–1756) und des k.k. Generalmajors Franz Wilhelm (1692–1759), fiel das Reichslehen an den Kaiser zurück, der es für Österreich in Anspruch nahm. Die 1765 übernommene Landeshoheit führte jedoch nicht zu einer staatsrechtlichen Vereinigung mit Vorarlberg; Hohenems verblieb vielmehr im Schwäbischen Kreis. Der hohenemsische Allodialbesitz kam über die Grafen Harrach an die Grafen Waldburg-Zeil.

Die von Höhepunkten und Tiefen gekennzeichnete Familiengeschichte des Adelsgeschlechtes von Ems zu Hohenems, dessen Wappen im heutigen Gemeindewappen der Stadt Hohenems fortlebt, darf insgesamt als eine bedeutende Bereicherung der Vorarlberger Landesgeschichte gesehen werden. Es ist nicht nur die Eigenart der Adelskultur, die in Bauten, in Kunstsammlungen und nicht zuletzt auch in der reichhaltigen Bibliotheca Embsiana, wo im 18. Jahrhundert die Handschriften A und C des Nibelungenliedes aufgefunden wurden, ihren Niederschlag gefunden hat. Der Versuch der Emser, ihre Eigenständigkeit über die Jahrhunderte zu bewahren, verdient unsere Achtung. Die Vision des Grafen Kaspar von einem unabhängigen Fürstentum im Schutz der schweizerischen Neutralität war mehr als eine Illusion: sie wurde im 19. und 20. Jahrhundert durch das Fürstentum Liechtenstein zur politischen Wirklichkeit.   K.H.B.

27.4.1560: Kaiser Ferdinand I. erhebt die Reichsritter von Ems, die drei Brüder Jakob Hannibal, Märk Sittich und Gabriel sowie ihren Vetter Märk Sittich, sowie alle ihre Nachkommen in den erblichen Reichsgrafenstand. Der Kaiser begründet die Standeserhöhung mit den Verdiensten der Emser um das Reich, vor allem aber mit ihrer engen Verwandtschaft mit dem neuen Papst.

1561: David Furtenbach aus Feldkirch pilgert von Venedig über Zypern ins Heilige Land, wo er Jerusalem, Bethlehem und Jericho besucht. Auf einem Ritt über Gaza zum Berg Sinai wird er von Räubern überfallen und tödlich verletzt.

TODESTAG

Um 1560: Clara de Medici (* 1507), Gattin des Wolf Dietrich von Ems, Schwester des Papstes Pius IV. (= Gian Angelo de Medici).

Außenansicht des Palastes in Hohenems

1561

16.2.1561: Papst Pius IV. erhebt Märk Sittich III. von Ems, einen Bruder seines Schwagers, des Grafen Jakob Hannibal I. von Ems, zum Kardinal.

6.10.1561: Kardinal Marcus Sitticus III. von Ems wird zum Fürstbischof von Konstanz gewählt.

10.11.1561: Papst Pius IV. ernennt Kardinal Marcus Sitticus III. von Ems zum Legaten am Konzil von Trient.

1562: Im Auftrag von Kardinal Marcus Sitticus III. von Ems beginnt der italienische Architekt Martino Longo mit dem Bau des Hohenemser Renaissancepalastes.

18.1.1563: Kaiser Ferdinand I. erhebt das Geschlecht der Sandholzer aus Götzis mit dem Prädikat „von und zu Zunderberg" in den erblichen Adelsstand.

6.1.1565: Graf Jakob Hannibal I. von Hohenems heiratet Hortensia Borromea, eine Halbschwester des Kardinals und Erzbischofs von Mailand, Karl Borromäus. Am Morgen desselben Tages hat Papst Pius IV. den Bräutigam zum Generalgubernator von Rom und des Kirchenstaates und damit zum Oberbefehlshaber aller päpstlichen Truppen ernannt.

1567: Erzherzog Ferdinand II. von Tirol verleiht Jakob Hannibal I. von Hohenems die Vogtei über die Herrschaften Feldkirch, Bregenz und Hohenegg und macht ihn gleichzeitig zum Obersthauptmann der vier österreichischen Herrschaften vor dem Arlberg.

1567: Das Gästehaus der Grafen von Hohenems, das heutige Hohenemser Rathaus, wird errichtet.

1567: Das Gericht Tannberg wird von Mittelberg getrennt.

August 1570: Der Erzbischof von Mailand, Kardinal Karl Borromäus, besucht während einer Visitationsreise durch die Schweiz seine Stiefschwester in Hohenems und hält sich einige Tage in Schloss Altems auf.

Um 1570: Die Schnabel von Schönstein lassen in Hard, im Bereich des aufgelassenen alten Dorfes, die Mittelweiherburg, die einzige Wasserburg Vorarlbergs, errichten.

Januar/Februar 1573: Der Bodensee friert zu.

1574: Im Zuge der Gegenreformation wird in Bregenz eine Bücherverbrennung durchgeführt.

1575: Wolf Dietrich von Raitenau kommt als Domherr nach Salzburg.

1575: Hans Ulrich von Schlandersberg, ein Enkel des Ritters Hans II. von Ems, verkauft sein Dornbirner Erbe an den Grafen Jakob Hannibal I. von Hohenems.

Um Ostern 1577: Der Pfarrer und die Amtleute von Au im Bregenzerwald werden erstmals auf Wiedertäufer in ihrem Dorf aufmerksam.

11.5.1578: Die Obrigkeit des Hinteren Bregenzerwaldes bittet Vogt und Amtleute der Herrschaft Feldkirch um Rat wegen des starken Anwachsens der Bewegung der Wiedertäufer in Au.

1578-1581: Die Bewegung der Wiedertäufer in Au erreicht ihren Höhepunkt. Immer wieder kommt es zu Verhaftungen und gerichtlichen Untersuchungen.

1578: Graf Jakob Hannibal I. von Hohenems erhält vom spanischen König Philipp II. die Grafschaft Gallarate im mailändischen Gebiet zu Lehen.

1578-1580: Die Hohenemser Pfarrkirche wird gebaut.

März 1581: Etwa vierzig Wiedertäufer aus Au im Bregenzerwald wandern nach Mähren aus. Möglicherweise waren sie von Hans Seiffrid, genannt „Gunen Medlin", dazu aufgefordert worden, der schon vorher auf die „huterischen Bruderhöfe" nach Mähren gezogen war.

13.4.1581: Erzherzog Friedrich von Tirol befiehlt dem Landammann, den Räten und dem Pfarrer von Au im Bregenzerwald, die verbotenen Bücher der ausgewanderten Wiedertäufer zu verbrennen, ihr Hab und Gut von Amts wegen einzuziehen sowie alle noch im Dorf lebenden Verdächtigen zu verhören.

Sommer 1581: In Au im Bregenzerwald werden mehrere Wiedertäufer verhaftet, durch einen „Irrtumsprediger" aus Konstanz verhört und zur (wenigstens äußerlichen) Rückkehr zum katholischen Glauben bewegt.

1581: Der Friedhof bei der Hohenemser Pfarrkirche wird eingeweiht.

1581: Erstmals ist eine Saisonwanderung in Bezau bezeugt.

1587

Frühjahr 1583: Melchior Platzer, ein Abgesandter der huterischen Bruderhöfe in Mähren, missioniert in den Herrschaften vor dem Arlberg. Er wird im Mai gefangen genommen.

6.11.1583: Der huterische Sendbote Melchior Platzer wird nach langwierigem Prozess zum Tod verurteilt und durch das Schwert hingerichtet. Nach der Hinrichtung wird sein Leichnam verbrannt. Auf dem Weg zum Richtplatz soll er die Zuschauer zur Buße aufgefordert und vor „falschen Predigern" – in diesem Fall waren die katholischen Geistlichen gemeint – gewarnt haben. Sein Tod bedeutete für die Wiedertäufer in Vorarlberg einen schweren Schlag. Zwischen 1583 und 1617 kam es daher immer wieder zu Auswanderungen in kleinerem Stil nach Mähren.

1584: Lienhard Jonas von Buch und Udelberg erbaut das so genannte Jonas-Schlössle in Götzis.

Um 1584: Hans Gaudenz von Raitenau lässt neben der St.-Oswald-Kapelle auf seinem Lehngut in Hofen ein Schloss errichten.

Um 1584: Hans Gaudenz von Raitenau stiftet für die St.-Oswald-Kapelle einen Altar.

1586: Schloss Altems wird unter Graf Jakob Hannibal I. zu einer starken Festung ausgebaut.

1586: Die Vorarlberger Landstände bewilligen der oberösterreichischen Regierung in Innsbruck 50.000 Gulden, um die Herrschaften Feldkirch, Bregenz und Hohenegg aus der hohenemsischen Pfandschaft zu lösen und damit die Gefahr abzuwenden, dass Graf Jakob Hannibal I. von Hohenems ihr Landesherr wird.

19.10.1587: Wolf Dietrich von Raitenau, der am 3.3. d.J. gewählte neue Erzbischof und Landesfürst des Erzbistums Salzburg, hält feierlichen Einzug in seiner Residenzstadt. Seine Bischofsweihe erfolgt am selben Tag, die Inthronisation am nächsten.

GEBURTSTAGE

1566: Roberto d'Altemps († 5.11.1585), illegitimer Sohn des Kardinals Märk Sittich von Ems, Duca di Gallese.

1.3.1573: Kaspar von Hohenems († 10.9.1640), Reichsgraf von Hohenems, Vaduz und Gallarate.

21.6.1575: Märk Sittich IV. von Hohenems († 9.10.1612), Erzbischof von Salzburg.

September / Oktober 1578: Sigmaringen: Fidelis von Sigmaringen, eigentlich Markus Roy († 24.4.1622), Pater Guardian des Feldkircher Kapuzinerklosters, Gegenreformator.

Um 1580: Thomas Rhomberg († 4.1.1647), gefallen bei der Verteidigung von Bregenz.

TODESTAGE

11.9.1561: Christoph Metzler von Andelberg (* um 1487), aus Feldkirch stammender Bischof von Konstanz und Gegenreformator.

8.12.1565: Gian Angelo de Medici (* 31.3.1499), Papst Pius IV., Schwager des Wolf Dietrich von Ems.

1565: Märk Sittich II. von Ems (* 1521), Reichsgraf von Hohenems, Vogt zu Bludenz.

4.12.1574: Georg Joachim Rheticus (* 16.2.1514, Feldkirch), Humanist, Mathematiker und Astronom.

4.12.1577: Achilles Pirmin Gasser (* 3.11.1505, Lindau), Feldkircher Stadtarzt, Humanist, Historiker und Naturforscher.

27.12.1578: Hortensia Borromeo (* um 1551), Gattin des Grafen Jakob Hannibal I. von Hohenems, Halbschwester des Kardinals Karl Borromäus.

3.11.1585: Karl Borromäus (* 1538), Kardinal und Erzbischof von Mailand, Schwager des Grafen Jakob Hannibal von Hohenems.

5.11.1585: Roberto d'Altemps (* 1566), illegitimer Sohn des Kardinals Märk Sittich von Ems, Duca di Gallese.

29.4.1586: Helena von Ems, Schwester des Grafen Jakob Hannibal I. und des Kardinals Marcus Sitticus, Mutter des Erzbischofs Wolf Dietrich von Salzburg.

27.12.1587: Jakob Hannibal I. von Ems (* 13.5.1530), Reichsgraf von Hohenems, Vogt und Pfandherr der Herrschaften Feldkirch, Bregenz und Hohenegg.

1589

Erzbischof Wolf Dietrich von Raitenau

1559–1617

Erzbischof Wolf Dietrich von Raitenau im Alter von 30 Jahren

Eine eindrucksvolle Ahnenreihe bestimmte den auf Schloss Hofen bei Lochau geborenen Adeligen schon in jungen Jahren für eine geistliche Laufbahn: Seine Mutter Helena von Hohenems war eine Schwester des Kardinals Märk Sittich von Hohenems und damit Nichte von Papst Pius IV. Gut ausgebildet und bereits mit einigen geistlichen Pfründen ausgestattet, kam Wolf Dietrich 1575 als Domherr nach Salzburg und wurde dort 1587 als Achtundzwanzigjähriger zum Erzbischof gewählt.

Die Beurteilung seiner Regierungszeit als geistlicher und weltlicher Fürst fällt zwiespältig aus. Einerseits modernisierte er seinen Herrschaftsbereich, vor allem die Stadt Salzburg, in vielerlei Hinsicht und betrieb eine großzügige Kulturpolitik. Andererseits schuf er sich durch seine streng absolutistische Staatsauffassung und sein oft wenig diplomatisches Verhalten zahlreiche Feinde, die schließlich seinen Sturz betrieben.

1611 ließ sich der Erzbischof in einen Krieg mit Bayern verwickeln, den er rasch verlor. Bei seiner Flucht nach Kärnten fiel er bayerischen Truppen in die Hände; seine Gegner inhaftierten den Kirchenfürsten auf der Festung Hohensalzburg und zwangen ihn 1612 zum Rücktritt. Wolf Dietrich von Raitenau blieb bis zu seinem Tod 1617 in Gefangenschaft. Alle Versuche, seine Freilassung zu erwirken, scheiterten an der Unnachgiebigkeit seines Nachfolgers, seines leiblichen Vetters, Graf Marcus Sitticus von Hohenems. A.N.

Im Renaissanceschloss Hofen ist heute das Vorarlberger Landesbildungszentrum untergebracht.

1589: Die Grafen von Hohenems erwerben die Herrschaft Neuburg pfandweise. Sie behalten das Pfand bis 1679.

6.1.1593: Widnau-Haslach wird vom Reichshof Lustenau getrennt und bildet einen eigenen Hof mit eigenem Ammann und eigenem Gericht. Bei der Aufteilung des Gemeindelandes werden die so genannten „Schweizerrieder" Widnau-Haslach zugeschlagen.

1595: In der Hohenemser Parzelle Schwefel wird die Kapelle „Zu unserer lieben Frau" errichtet.

1597: Die Pfarre Schruns wird von Bartholomäberg abgetrennt.

Um 1600: Ende des Silberbergbaus im Silbertal.

GEBURTSTAGE

1592: Feldkirch: Erasmus Kern, Bildhauer.

20.3.1595: Jakob Hannibal II. von Hohenems († 10.4.1646), Sohn Graf Kaspars von Hohenems.

29.12.1599: Schloss Dissenhofen am Hochrhein im Thurgau: Gabriel Bucelin († 9.6.1681), Benediktiner, Historiker.

TODESTAG

15.2.1595: Märk Sittich III. von Ems (* 19.8.1533), Reichsgraf von Hohenems, Landsknechtsführer, Kardinal und Bischof von Konstanz.

1600

Hexenverfolgungen

Vorarlberg gehörte – anders als etwa das benachbarte Liechtenstein – nicht zu den Regionen, die von den Hexenverfolgungen besonders stark betroffen waren, obwohl sich im Vergleich zu den übrigen österreichischen Bundesländern eine zahlenmäßig überdurchschnittliche Intensität nachweisen lässt.

Bei den Hexenverfolgungen in Vorarlberg war eindeutig die Bevölkerung die treibende Kraft. Im Rahmen der Alltagsbewältigung unter erschwerten wirtschaftlichen Umständen nützte ein großer Teil der Menschen das theologisch-rechtliche Angebot, die vermeintlichen Verursacher seines Elends im Zuge von Hexenprozessen zu eliminieren. Da die Behörden jedoch an rechtliche Normen und Vorgaben der Innsbrucker Regierung gebunden waren, gingen sie in den Augen der Bevölkerung vielfach zu wenig konsequent gegen die als Hexen Verdächtigten vor, wodurch neue soziale Konflikte entstanden, die – wie im Fall Dornbirns um 1600 – bedrohliche Ausmaße annehmen konnten.

Hexensabbat. Dorthin sollen sich die Hexen auf den unterschiedlichsten Fortbewegungsmitteln begeben haben, im Bild diente dazu ein Ziegenbock.

Hexen beim Schadenzauber, im vorliegenden Fall beim Erzeugen eines Unwetters.

Der Teufel soll bei den Frauen aufgrund ihrer Lüsternheit und Leichtgläubigkeit besonders leicht neue Anhängerinnen gefunden haben.

Die erste bekannte Person, die in Vorarlberg als Hexe gefangen genommen wurde, war die Mutter des späteren kaiserlichen Hofhistoriografen Dr. Jakob Mennel aus Bregenz (1498/99); die Erste, gegen die nachweislich prozessiert wurde, hieß Elsa Guotschelckhin und stammte aus Latz bei Nenzing (1528). Um die Mitte des 16. Jahrhunderts kam es in den Herrschaften Bregenz und Feldkirch zu einer Hexenverfolgungswelle, von welcher der Bregenzerwald besonders stark betroffen war. Auf Grund der Einbeziehung der Innsbrucker Regierung fanden die Vorgänge schließlich für längere Zeit ein Ende.

Nach etlichen kleineren Verfahren, die seit 1570 durchgeführt wurden, erreichte das Hexentreiben in den Jahren kurz vor 1600 einen zweiten Höhepunkt. Damals fanden in allen Herrschaften teilweise umfangreiche Prozesse statt. Während es jedoch nach 1604 im südlichen Vorarlberg relativ ruhig wurde, führten weitere Hexenjagden im nördlichen Landesteil in den Jahren 1609 und 1615 zu den größten Hexenprozessen der Vorarlberger Geschichte. Im Rahmen der Bregenzer Verfahren von 1609 verbrannte man 16 Personen.

In den folgenden Jahrzehnten wurden nur einzelne Hexenprozesse geführt. Die Obrigkeit vertrat eine restriktive Einstellung zu den Verfolgungen, sodass in Vorarlberg zur Zeit des gesamten Dreißigjährigen Krieges (1618–1648) nicht mehr als drei vermeintliche Hexen und ein Hexer hingerichtet wurden.

Zwischen 1640 und 1665 lässt sich eine dritte und letzte Häufung von gerichtlichen Verfolgungen feststellen. In deren Rahmen fällte der Feldkircher Vogt Karl Friedrich von Ems 1651 über acht Frauen aus dem Gericht Rankweil-Sulz die letzten Todesurteile. In Bregenz verstarb im selben Jahr eine alte Frau im Gefängnis an den Folgen der Tortur.

1601

Die meisten Geständnisse der „Hexen" wurden durch Foltern erpresst.

1656/57 fand hier schließlich der letzte nachweisbare Hexenprozess in den vorarlbergischen Herrschaften statt. Er endete für sämtliche Angeklagten mit einem Freispruch. Versuche, Hexenprozesse einzuleiten, beschäftigten die Behörden aber noch über ein Jahrzehnt.

In der Grafschaft Hohenems wurde zwischen 1649 und 1653 gegen 24 Personen wegen Hexereiverdachts prozessiert. Die letzten diesbezüglichen Gerichtsverfahren fanden dort und im Reichshof Lustenau im Jahre 1677 statt.

Für das im Vergleich zum übrigen Österreich relativ frühe Ende der Hexenverfolgungen in den habsburgischen Gebieten Vorarlbergs erwiesen sich vor allem die eingeschränkten Kompetenzen der landesfürstlichen Vögte als maßgeblich. Die letzten „erfolgreichen" Hexenprozesse in Vorarlberg fanden entweder in reichsfreien Gebieten oder in Territorien statt, in denen die Innsbrucker Regierung über weniger Einfluss verfügte.

Der Wunsch der Bevölkerung nach weiteren Hexenverfolgungen war noch lange nach den letzten Hexenprozessen stark ausgeprägt. Gefördert wurde diese Haltung im 18. Jahrhundert maßgeblich durch Geistliche wie den berühmten Exorzisten Johann Joseph Gassner aus dem Klostertal, der auch im süddeutschen Raum tätig war und eine breite literarische Diskussion über das Hexenwesen auslöste.

Insgesamt standen in den österreichischen Herrschaften vor dem Arlberg in den 130 Jahren zwischen 1528 und 1657 mindestens 166 Personen als Hexen oder Hexer vor Gericht. Etwa zwei Drittel der Angeklagten in Hexenprozessen wurden zum Tod verurteilt. Zumindest 105 Menschen kosteten die Gerichtsverfahren das Leben. Der Anteil der Frauen belief sich dabei auf ungefähr 80 Prozent. Bezüglich des sozialen Standes lässt sich feststellen, dass es die Behörden verstanden, die gerichtlichen Hexenverfolgungen auf die Unter- und Mittelschichten zu begrenzen. Bezüglich der Intensität weisen einzelne Regionen große Unterschiede auf. Nach den vorliegenden Unterlagen waren die Gerichte Hofsteig und Dornbirn vom Hexentreiben eindeutig am stärksten betroffen. M.Tsch.

Die Verbrennung der „Hexenpersonen" bedeutete nach zeitgenössischer Auffassung eine vollständige Auslöschung ihrer Existenz ohne Aussicht auf Wiederauferstehung am Jüngsten Tag.

1601-1606: Die Pest fordert in Götzis zahlreiche Todesopfer.

1603: Hans Wernher von Raitenau wird Vogt von Bregenz. Er behält dieses Amt bis 1612.

21.3.1605: Auf den Rat seines Bruders hin gründet Graf Kaspar in Hohenems eine bürgerliche Freigasse, die „Dompropsteigasse" (heute Marktstraße): Er verspricht, allen tüchtigen Bürgern, die sich im Flecken Ems niederlassen und hier Handel oder ein Gewerbe betreiben wollen, in der Dompropsteigasse ein Grundstück zum Bau eines Hauses und das dazu notwendige Holz zu schenken. Außerdem wer-

1607

den alle künftigen Bewohner dieser Gasse von der Leibeigenschaft befreit.

1605: Gründung des Kapuzinerklosters Feldkirch, des ersten Klosters dieser Art auf dem Gebiet Vorarlbergs.

1607: Die Pest fordert in Hohenems 100 Tote.

GEBURTSTAG

1602: Franz Andreas von Raitenau († 1658), österreichischer Vogt zu Bregenz.

Fremdenverkehr und Alpinismus

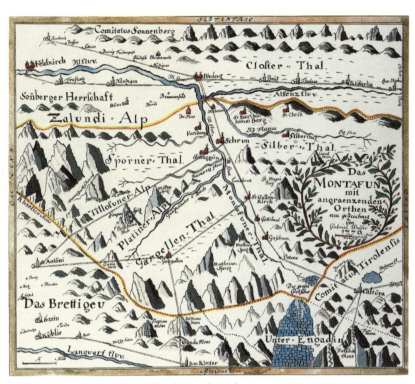

Die Montafoner Karte von Gabriel Walser aus dem Jahre 1770

Vorarlberg gehört durch die Schönheit seiner Landschaft, die Lage in den Alpen und am Bodensee, zu den viel besuchten Fremdenverkehrsländern Europas. In der Fremdenverkehrssaison 1998/99 haben 1,6 Millionen Gäste das Land besucht und 7,8 Millionen Übernachtungen gebucht. Es hat allerdings viele Jahrhunderte gebraucht, bis die Schönheit der Landschaft entdeckt und die nötige Infrastruktur für einen so gewaltigen Fremdenverkehr errichtet wurde.

Lange Zeit war die Einstellung der Bevölkerung gegenüber der Bergwelt negativ, ja feindlich. In der Antike galten die Alpen als unbewohnt und unbewohnbar. Zwar ging man die Wege über die Alpenpässe, aber nur, wenn man unbedingt musste. Um die Zeitwende schilderte ein antiker Geograf die großen Gefahren der Saumwege für Mensch und Tier, insbesondere auch die drohenden Lawinenabgänge: „Denn viele Eismassen liegen aufeinander, indem gefrorene Schneeschichten sich auf Schneeschichten türmen, und die an der Oberfläche sich immer leichter von den unteren ablösen, bevor sie an der Sonne gänzlich schmelzen." Dazu kamen abergläubische Vorstellungen, die seit der Annahme des Christentums die Berge in zusätzlichen Misskredit brachten. Als Abraham seinen Sohn Isaak zum Opfer auf einen Berg führte, warteten die Knechte unten (Genesis 22,1-5), ebenso wie das Volk Israel, als Moses auf dem Berge Sinai die Gesetzestafeln erhielt (Exodus 19,16-24). Jesus nahm nur drei Jünger mit auf den Berg Tabor (Matthäus 17,1-17). Und es war kein Geringerer als der Teufel selbst, der Jesus auf einen sehr hohen Berg führte, um ihm alle Reiche und die Herrlichkeit der Welt zu zeigen (Matthäus 4,8-10). In Exodus 19,22-24 verbietet Gott ganz besonders den Priestern, auf den Berg Sinai zu steigen. Und noch 1387 wies der Rat von Luzern sechs Priester aus der Stadt, die den Pilatus besteigen wollten, denn „dis gebirg uff der höhe, da es ruch und wild ist, mit bösen tüflischen gespenst und geisterwerk wohl besetzt und erfüllet sei". Bis ins ausgehende 16. Jahrhundert mussten die Sennen in Luzern alljährlich schwören, niemand auf den Pilatus hinaufzuführen. Um 1600 galten der Mottakopf bei Brand und der Tantermauserkopf südlich von Bürs als Hexentanzplätze.

Frühzeitig hatten die Alpenbewohner freilich gelernt, die Alpen zu nutzen, wie nicht nur vor- und frühgeschichtliche Funde, sondern etwa auch das churrätische Urbar des 9. Jahrhunderts beweisen. In der Schlehschen Chronik von 1616 heißt es über die Herrschaft Bludenz: „seind alles hohe, wilde gebirg, darinnen treffenliche Alpen." Dieser Gegensatz zwischen den von Schiller gepriesenen „grünen Triften" und den Geröll- und Schneeregionen zieht sich wie ein roter Faden durch die Beschreibungen der Alpen, ehe man, vor allem im 18. Jahrhundert, ihre Schönheit entdeckte. Es sei hier nur, als Beispiel für viele, das Alpengedicht des Albrecht von Haller genannt (1732).

Die Entdeckung der Schönheit der Alpen ging von den Humanisten aus. Francesco Petrarca wurde am 26. April 1336 mit seiner Besteigung des Mont Ventoux zum Vater des Alpinismus. Losgelöst von jeder Nützlichkeitserwägung bestieg er den Berg, „lediglich aus dem Verlangen, die namhafte Höhe des Ortes kennenzulernen". Der Zürcher Frühhumanist Jakob von Waldenburg musste sich von seinen Gegnern noch den Vergleich mit

1607

Luzifer gefallen lassen, wenn er sich frühmorgens erhob, um „auf die Berge zu steigen". Viele Feldkircher Humanisten verbanden das Bergsteigen mit dem Sammeln von Pflanzen. Auch der Zürcher Konrad Gessner nahm sich 1542 vor, „alle Jahre mindestens einen Berg zu besteigen". Von ihm stammt eine ausführliche Beschreibung einer Besteigung des Pilatus, in der es u.a. heisst, dass die Augen „durch den wunderbaren und ungewohnten Anblick der Berge, Joche, Felsen, Wälder, Täler, Bäche, Quellen und Matten" erfreut werden und dass man alle vier Jahreszeiten an einem Tag erleben könne, dass man aus Bergfahrten „die höchste Lust ziehen" könne, auch wenn man Beschwerlichkeiten in Kauf nehmen müsse und „die Annehmlichkeiten einer guten Tafel und eines guten Bettes mangeln".

Der römische Feldherr Stilicho musste 402 bei der Überquerung der Alpen von Mailand zum Bodensee in Alphütten und Höhlen schlafen, auf den Wein verzichten und sich mit einem Stück Brot zufrieden geben. Doch schon im 9. Jahrhundert entstanden Herbergen für die Rompilger, so etwa im Damenstift Lindau oder auch auf dem Viktorsberg. 1218 gründete Graf Hugo I. von Montfort in Klösterle ein Hospiz, um Pilgern Feuer, Wasser und Unterkunft zur Verfügung zu stellen. 1414 stürzte auf der Arlbergstraße der Wagen um, der Papst Johannes XXIII. zum Konstanzer Konzil brachte. Und 1436 klagte ein venezianischer Gesandter, der über den Arlberg zum Basler Konzil reiste, dass er und seine Gesellschaft in Klösterle „nur schlechtes Essen erhielten und in einer Stube ohne Bett übernachteten".

Als Erste erkannte wohl die Stadt Feldkirch die Bedeutung des Fremdenverkehrs. Denn im 15. Jahrhundert kamen die Könige Sigismund, Friedrich III. und Maximilian I. in Begleitung zahlreicher Fürsten und Bischöfe wiederholt in die Montfortstadt. Festmähler für 250 Personen wurden ausgerichtet. Und der Humanist Gasser weiß 1550 über Feldkirch zu erzählen: „Es ist an dem Ort eine erwünschte

Der erste Schilift auf dem Bödele im Jahre 1907

Schnabelweid ... von edlem Gevögel, ... Wildprät, allerley schleckerhaftige Fisch, guten Landwein, feißt Fleisch, Käß, Ancken oder Butter und wohlgeschmacktem Obß." Die Zeiten hatten sich grundlegend geändert. Hundert Jahre später lobt Merian die Feldkircher als „ein gastfreundliches und holdseliges Volk, das allen Fremden viel Ehre und Gutes erweise". Im 18. Jahrhundert entdeckten Lindauer Bürger den Bregenzerwald, wo sie nicht nur „holdseelige Weiblein" und „schöne und liebreich Schmölg" fanden; vielmehr erschien ihnen ihr Weg als eine „Raiß durch das Land Canaan, da

Die eigenen Berge als Freizeitgebiet. Vorarlberger Bergwanderer kurz nach 1900

Milch, Butter, Schotten, Käs und Honig floss". 1725 verewigten sie sich in den Alphütten und auf dem Kreuz auf dem Starzeljoch, wo sie ihre Namen einritzten. Die ersten Hütten- und Gipfelbücher waren damit erfunden.

Frühe Orte des Fremdenverkehrs waren auch die zahlreich nachgewiesenen Bäder, etwa das 1430 erwähnte Schwefelbad in Hohenems, von dem 1616 berichtet wird, dass im Sommer „von benachbarten Stätten und Ohrten vil fremdes Volck hinkompt". In Laterns, Nofels, Hopfreben, Rotenbrunnen und an vielen anderen Orten mehr bestanden seit dem Mittelalter solche Bäder. Der Gast, heißt es 1744 über das Bad in Hohenems, trifft alles an, was er sich nur wünschen kann; „Kurtz es ist zu aller plaisir die allerschönste Gelegenheit." Damals konnten schon hundert Gäste untergebracht werden.

Der Alpinismus breitete sich seit dem 18. Jahrhundert stark aus. Nach der Erstbesteigung der Scesaplana 1610 durch David Pappus, den Vogteiverwalter der Herrschaft Bludenz, bestiegen zahlreiche Alpinisten die Scesaplana, so u.a. Nikolin Sererhard (um 1730/40), denn „da präsentiert sich das schönste Ansehen von der Welt". Gabriel Walser, ein reformierter Pfarrer aus dem Rheintal, bereiste 1754 in Begleitung seiner Tochter die

Montafoner Berge. Alpinistinnen waren keine Seltenheit mehr: 1760 bestieg Anna Demel den Pilatus und 1809 Maria Paradis den Mont Blanc, dessen Erstbesteigung 1787 dem Genfer Gelehrten Horace Bénédict de Saussure gelang. Der Schweizer Johann Georg Heinzmann verfasste 1794 touristische Anweisungen für das Bergsteigen, dessen Regeln sich auch die Frauen unterzuordnen hätten. Er empfahl u.a. „ein Paar starke, grobe und dickbesohlte, mit großen dickköpfigen Nägeln beschlagene" Schuhe, weiters Fußeisen und einen „Alpen-Stock".

Werbung für die Sommerfrische in Vorarlberg mit vielen Orts- und Landschaftsansichten

Seither sind zahllose begeisterte Schilderungen der Schönheiten der Vorarlberger Landschaft durch Reiseschriftsteller, Dichter und Geografen veröffentlicht worden. In vielen Landesteilen entstanden im 19. Jahrhundert Verschönerungsvereine. 1862 wurde der Österreichische Alpenverein, 1863 der Schweizer Alpenclub und 1869 der Deutsche Alpenverein gegründet. Straßen und Eisenbahnen erschlossen die Wege in die Alpen. Ein Netz von Wanderwegen, gesicherten Bergpfaden und Schutzhütten wurde in den Alpen errichtet. Um die Jahrhundertwende kam die Entdeckung des Schisports hinzu. 1907 wurde auf dem Bödele der erste Schilift in Betrieb genommen. Die erste Seilbahn entstand 1871 in Andelsbuch, 1927 wurde die Pfänderbahn errichtet. Heute ist Vorarlberg das Land mit der größten Seilbahndichte der Welt. Die Aufstieghilfen im Wintersport fassten im Jahr 2000 pro Stunde 363.600 Personen. Insgesamt verdankt der heutige Massentourismus seine Entstehung der Industrialisierung und der verkehrsmäßigen Erschließung, zu der auch die 1884 eröffnete österreichische Dampfschifffahrt auf dem Bodensee gehört. Die bis ins 19. Jahrhundert blühende Lastschifffahrt auf dem Bodensee verwandelte sich innerhalb eines Jahrhunderts in eine ausschließliche Lustschifffahrt im Dienst der Erholung und des Fremdenverkehrs.

Neuerdings wächst die Erkenntnis, dass ein unkontrolliertes Wachstum Umwelt und Natur belastet und die Lebensqualität der einheimischen Bevölkerung beeinträchtigt. Andererseits ist der Fremdenverkehr für die Vorarlberger Wirtschaft unverzichtbar geworden. Es wird daher in Zukunft darum gehen, mit dem Konzept des so genannten „sanften Tourismus" die negativen Auswüchse des Massentourismus zu vermeiden. K.H.B.

Zwar stimmt die Zusammensetzung des Plakates nicht mit der Wirklichkeit überein, doch werden die wichtigsten Attraktionen Vorarlbergs – Bodensee, Pfänderbahn und schneebedeckte Alpengipfel – werbewirksam präsentiert.

24.8.1610: Erstbesteigung der Scesaplana durch den Bludenzer Vogteiverwalter David Pappus.

1610: Die Befestigungsanlage der Burg Hohenbregenz wird verstärkt.

31.12.1610: Das unter der Führung des Abtes Georg Wegelin, eines gebürtigen Bregenzers, stehende Reichsstift Weingarten erwirbt die Johanniterkomturei in Feldkirch. Die Komturei wird in ein Priorat umgewandelt und dient im Dreißigjährigen Krieg als wichtige Zufluchtsstätte für die Weingartener Mönche.

18.3.1612: Graf Marcus Sitticus IV. von Hohenems wird zum Fürsterzbischof von Salzburg gewählt. Sein Vorgänger Wolf Dietrich von Raitenau war am 7.3.1612 zum Rücktritt gezwungen worden, nachdem langwierige Streitigkeiten mit dem Herzog von Bayern – es ging dabei vor allem um die Salzpolitik Bayerns – zu einem unglücklich verlaufenden Kriegszug geführt hatten.

GEBURTSTAGE

5.10.1609: Appenzell: Franz Ransperg († 25.8.1670), Benediktiner, Stadtpfarrer von Bregenz und Verfasser mehrerer Chroniken.

25.12.1610: Kleinholzleute bei Isny: Kaspar Schoch († 16.6.1672), Obristhauptmann der Herrschaften vor dem Arlberg und österreichischer Vogt zu Bregenz, Schlossherr zu Gwiggen.

1613

23.3.1613: Um einen Kaufpreis von 200.000 Gulden erwirbt Graf Kaspar von Hohenems die Reichsgrafschaft Vaduz und die Freiherrschaft Schellenberg. Im selben Jahr tauscht er die Vogtei über Bludenz-Sonnenberg gegen jene von Feldkirch ein.

1613: Die Pest fordert im Montafon – allein in Vandans sterben etwa hundert Menschen an dieser Krankheit – und im Bregenzerwald, wo Bezau besonders betroffen ist, zahlreiche Todesopfer.

28.4.1614: Das Reichsstift Weingarten erwirbt die Reichsgrafschaft Blumenegg. Damit besteht mitten in Vorarlberg ein geistliches (benediktinisches) Reichsterritorium.

1616: In der Druckerei des Bartholome Schnell in Hohenems erscheint die so genannte „Emser Chronik", das erste in Vorarlberg gedruckte Buch. Es handelt sich dabei um eine mit zahlreichen Holzschnitten geschmückte historisch-topografische Beschreibung des Herrschaftsgebietes der Grafen von Hohenems.

Darstellung einer Judenverbrennung in der Schedelschen Weltchronik, Nürnberg 1493

Juden in Vorarlberg

Die archäologisch nachgewiesene Existenz verschiedener orientalischer Kulte in Brigantium macht es wahrscheinlich, dass schon in der Römerzeit vereinzelte Juden in Vorarlberg gelebt haben. Angeblich stammte der heilige Florinus, einer der Patrone des Bistums Chur, von einer jüdischen Mutter ab. Gesichert ist, dass im Frühmittelalter der Handel vielfach durch jüdische Reisende ausgeübt wurde, die auch Vorarlberg mit verschiedenen Gütern versorgten.

Zur ersten urkundlich nachweisbaren Niederlassung von Juden kam es um 1310 in Feldkirch. Die Grafen von Montfort-Feldkirch hatten sich seit 1286 wiederholt bei Juden in Lindau, Konstanz und Überlingen Geld ausgeliehen; denn wegen des nach dem Kirchenrecht bestehenden Verbotes, Geld gegen Zinsen zu verleihen, hatten die Juden im Geldhandel eine Monopolstellung inne. Die aufstrebenden Städte, zu denen auch Feldkirch gehörte, brauchten damals Juden, um den Kredithandel zu beleben. In der Folgezeit führte die Stadt Feldkirch eine Reihe von rechtlichen Bestimmungen ein, die den Geldhandel der Juden erleichtern sollten; sie alle fanden Aufnahme in das Feldkircher Stadtrecht. Vermutlich kamen diese ersten Juden aus Konstanz nach Feldkirch, wo um 1310 ein gewisser Eberlinus Judaeus drei Hofstätten innerhalb der Stadtmauern besaß. Die Feldkircher Juden blieben auch stets ein Teil der jüdischen Großgemeinde „medinat bodase" (= Bezirk Bodensee), deren Zentrum in Überlingen lag. Der dort erstmals 1226 nachweisbare jüdische Friedhof wurde auch von den Feldkircher Juden benutzt. Die Zahl der Juden in Feldkirch dürfte im frühen 14. Jahrhundert 30 bis 40 Personen umfasst haben,

Juden und Christen lebten in Hohenems in getrennten Gassen.

1616

muss aber weiter gestiegen sein, weil 1343 mehrere jüdische Familien nach Bludenz auswandern wollten. Der Stadtherr erhob jedoch mit Erfolg Einspruch gegen diese Abwanderung „seiner" Juden, zumindest beanspruchte er ihr Hab und Gut. Schon wenige Jahre später fand diese erste jüdische Gemeinde in Vorarlberg ihr Ende. Man machte die Juden für eine damals ausgebrochene Pest verantwortlich und beschuldigte sie, die Brunnen vergiftet zu haben. Auf der Folter erpresste Geständnisse führten in ganz Mitteleuropa zu Judenverbrennungen, auch in Feldkirch, wo am 21. Januar 1349 alle Juden verbrannt wurden.

Das Jüdische Museum in Hohenems

Noch im gleichen Jahr zeigte sich aber, dass man ohne die Kredite der Juden nicht auskommen konnte: Die gesamte Stadt Feldkirch brannte nieder, und man brauchte Geld für den Wiederaufbau. So versuchte man, durch eine noch liberalere Gestaltung des Stadtrechts für die Juden einen Anreiz zu schaffen, sich in Feldkirch wieder niederzulassen. Handgreiflichkeiten gegenüber Juden wurden jetzt besonders streng geahndet. 1354 konnte sogar eine Jüdin namens Toltza, eine Überlebende des Massakers von 1349, vor dem Landgericht in Rankweil einen Prozess um ihr enteignetes Vatererbe führen. Doch sehr viel Erfolg hatten die Feldkircher mit ihren Bemühungen nicht; die Juden blieben vorerst aus.

Erst um 1380 ließen sich wieder Juden in größerer Zahl im Bodenseegebiet nieder – besonders in Zürich und Konstanz, Einzelne auch in Feldkirch –, die jedoch eng mit den Konstanzer Juden verbunden blieben. Wie zuvor nahmen diese Juden führende Positionen im Geldhandel ein. Erneute Verfolgungen führten 1443/48 zu einer Vertreibung der Juden aus allen Städten des Bodenseegebietes.

Vorarlberg blieb für lange Zeit eine Region ohne Juden, die erst im 17. Jahrhundert wieder Fuß fassen konnten. Die aus den Städten vertriebenen Juden suchten Zuflucht auf dem Land: es entstand das so genannte Landjudentum. Das Kreditgeschäft trat zurück, stattdessen handelten die Juden jetzt mit Pferden, Vieh, landwirtschaftlichen Produkten, Textilien, Leder, Metallen usw. Die Stadt Feldkirch ließ weiterhin keine Juden zu, sodass diese 1617 in Hohenems Aufnahme suchten. Die dortige Judengemeinde konnte sich bis ins 20. Jahrhundert behaupten, ja sogar zu recht ansehnlicher Größe entwickeln. Während des Dreißigjährigen Krieges ließen sich 1635/40 jüdische Flüchtlinge vorübergehend in der Herrschaft Feldkirch (Tisis, Rankweil, Götzis, Mäder, Gaißau, Fußach) nieder, 1637/44 auch in der Herrschaft Blumenegg (Thüringen, Ludesch) und 1637/51 am Eschnerberg (Mauren, Eschen). Dauer war aber nur der Hohenemser Judengemeinde beschieden. Auch diese musste, bedingt durch Spannungen mit dem Grafen, 1663/67 in Altenstadt und 1676/88 in Sulz ein Exil suchen. 1688 blieben aber die drei reichsten Juden in Sulz und bildeten dort bis 1744 eine weitere jüdische Gemeinde auf Vorarlberger Boden. Auch diese konnte sich anfangs gut entwickeln und 1738 sogar eine Synagoge einrichten; 1744 fiel sie jedoch einer gewaltsamen Vertreibung zum Opfer: das Ergebnis einer langjährigen judenfeindlichen Politik der Vorarlberger Landstände, die 1750 von der Kaiserin Maria Theresia ein Privileg erwirkten, dass die Juden auf ewige Zeiten aus Vorarlberg ausgewiesen sein sollten und dort auch keinen

Innenansicht des Museums

1617

Der jüdische Friedhof von Hohenems

beanspruchten. Es dauerte jedoch bis 1867, ehe die Juden ihre rechtliche Gleichstellung in Österreich erlangten.

Das Gleichstellungsgesetz von 1867 führte zur Auflösung des Landjudentums und damit auch der Gemeinde Hohenems. Diese zählte um die Jahrhundertmitte noch über 500 Personen, um 1890 waren es nur mehr 118, 1910 noch 66, 1934 nur mehr 18. Viele Juden zogen jetzt vom Land wieder zurück in die Städte, wo sie die besseren Chancen für ihre Berufsausübung hatten. Hohenems, das noch im 19. Jahrhundert Sitz eines Rabbinates für ganz Tirol und Vorarlberg gewesen war und dessen Rabbiner die Juden auch in Bozen, Meran, Arco, Trient und Roveredo betreuten, musste um 1914 den Rabbinatssitz nach Innsbruck abgeben.

Um die Jahrhundertwende sahen sich die Juden starken antisemitischen Strömungen ausgesetzt, die auch in der Zwischenkriegszeit anhielten. 1938 lebten in Vorarlberg noch 27 Juden, davon 14 in Hohenems. Soweit ihnen nicht die rechtzeitige Flucht in die Schweiz gelang, wurden sie 1941 zwangsweise umgesiedelt; die meisten wurden in Theresienstadt ermordet.

Nach 1945 kamen vorübergehend Ostjuden nach Vorarlberg, die in Bregenz und Hohenems Gemeinden bildeten. Die Mehrzahl dieser Juden wanderte nach Israel aus, sodass sich diese Gemeinden bald wieder auflösten. Die ungenutzte Synagoge in Hohenems wurde erst 1954 in ein Feuerwehrhaus umgewandelt.

Die wiederholten Verfolgungen und Vertreibungen der Juden haben in Vorarlberg zu einem weit gehenden Untergang auch ihrer Kulturgüter geführt. Ein überreicher Fundus an hebräischen Handschriften, jiddischem Schrifttum, religiösen Kunstgegenständen und vieles andere mehr ging für immer verloren. Wir betrachten heute diese Kulturgüter als einen Teil unseres eigenen kulturellen Erbes. Das Land Vorarlberg hat deswegen, gemeinsam mit der Republik Österreich und der Stadt Hohenems, 1991 das Jüdische Museum Hohenems eröffnet, dessen Aufgabe es ist, die Geschichte der Juden in Vorarlberg zu erforschen, die Spuren jüdischer Vergangenheit zu sichern und zu erhalten und diese kulturellen Werte des Judentums einer breiten Bevölkerungsschicht näher zu bringen.   K.H.B.

1.7.1617: Graf Kaspar teilt seinen Untertanen die Ansiedlung von zehn bis zwölf Juden in Ems mit. Laut einem Schutzbrief vom 3.4.1617 wird den Juden, die unter dem Schutz und Schirm des Grafen stehen, erlaubt, ebenso Handel und Gewerbe zu betreiben wie die Christen, gegen fünf Prozent Zinsen Geld zu verleihen und alles zu kaufen, was ihnen angeboten wird, außer blutbeschmierte Kleider, nasse Häute und Tücher, ungedroschenes Korn, Kirchengüter, Paramente und gestohlene Waren. Auf Empfehlung des Erzbischofs Märk Sittich (IV.) werden die Juden in einem eigenen Viertel am Emsbach angesiedelt. Außerdem dürfen sie in der Parzelle Schwefel einen eigenen Friedhof anlegen.

18.5.1620: Graf Kaspar von Hohenems bietet der seit dem Ausbruch des Dreißigjährigen Krieges in argen Geldnöten befindlichen österreichischen Regierung in Innsbruck 100.000 Gulden an. Als Gegenleistung verlangt er die Herrschafts- und Eigentumsrechte über alle österreichischen Gebiete zwischen dem Bodensee und Luziensteig. Auf diese Weise wäre ein eigenes emsisches Fürstentum im Rheintal entstanden. Der Plan des Grafen scheitert aus verschiedenen Gründen, vor allem aber,

Handel mehr betreiben durften. Die Sulzer Juden fanden zunächst im Fürstentum Liechtenstein und später in Hohenems Aufnahme. Nach dem Übergang von Hohenems an Österreich erließ Maria Theresia 1769 einen neuen Schutzbrief, der die Juden stark einschränkte und ihnen nur mehr den Handel in Hohenems und Lustenau gestattete. Dennoch nahm die Hohenemser Judengemeinde dank der aufgeklärten Beamtenschaft eine positive Entwicklung. 1770/72 konnte erstmals in Hohenems eine Synagoge errichtet werden, die in ihrer Substanz heute noch vorhanden ist.

Unter der bayerischen Herrschaft machte die Emanzipation der Hohenemser Juden große Fortschritte. Ein Gesetz von 1813 führte die Familiennamen ein. Man passte sich an, gab die jiddische Sprache zu Gunsten des Deutschen auf. Die Juden konnten jetzt Berufe in Handwerk und Landwirtschaft erlernen oder auch studieren. Besonders viele Ärzte gingen aus der Hohenemser Judengemeinde hervor, unter ihnen auch der weltberühmte Eugen Steinach. Wie sehr das Selbstbewusstsein der Juden gestiegen war, mag man ihrer Forderung entnehmen, dass sie nach 1815 eine eigene Vertretung im Vorarlberger Landtag

1621

weil sich das Kriegsglück zu Gunsten Österreichs ändert, das österreichisch-schweizerische Grenzgebiet strategische Bedeutung erlangt und sich die Landstände, aber auch die österreichischen Beamten vehement dagegen stemmen.

April 1621: Im April wird die Landesrettungsordnung erlassen. Die Herrschaften vor dem Arlberg beschließen, eine Streitmacht von 4.000 Mann mit Feuerwaffen und eine Schutztruppe aufzustellen. Diese Maßnahmen richten sich vor allem gegen die Bündner.

TODESTAGE

16.1.1617: Wolf Dietrich von Raitenau (* 26.3.1559, Schloss Hofen bei Lochau), Fürsterzbischof von Salzburg.

9.10.1619: Marcus Sitticus IV. von Hohenems (* 21.6.1575), Fürsterzbischof von Salzburg.

Die Bregenzerwälderinnen, die mit ihren weißen Trachten die schwedischen Soldaten in die Flucht geschlagen haben sollen, als Postkartenmotiv nachgestellt

Vorarlberg zur Zeit des Dreißigjährigen Krieges

Vorarlberg wurde vom Dreißigjährigen Krieg, der 1618 als Religionskrieg ausbrach und 1648 als reiner Machtkampf zwischen den europäischen Großmächten in allgemeiner Erschöpfung endete, nur am Rande betroffen. Während die Kriegsereignisse und die damit verbundenen Begleiterscheinungen im gesamtdeutschen Bereich anteilsmäßig mehr Todesopfer forderten als der Zweite Weltkrieg, kamen die Herrschaften vor dem Arlberg diesbezüglich trotz ihrer Grenzlage glimpflich davon. Hier beliefen sich die Kriegsverluste „nur" auf fünf bis zehn Prozent der Bevölkerung. Durch die wirtschaftlichen Belastungen in Form von Militärdienstleistungen und Kriegsbeiträgen wurde das Land jedoch stark in Mitleidenschaft gezogen. Sie bewirkten einen Niedergang des Mittelstandes, der zu einer Konzentration des Reichtums bei einzelnen Familien führte und auch dem verstärkten obrigkeitlichen Absolutismus die Bahn ebnete.

Militärisch war Vorarlberg besonders als Grenzland zum strategisch wichtigen Passstaat Graubünden von Bedeutung. Als dort die spanisch-österreichische Position gefährdet war, drangen 1621 Truppen über das Schlappinerjoch in das Prättigau ein. Im Zuge der Bündner Gegenwehr gegen die rücksichtslosen Katholisierungsversuche, die vor allem von den Kapuzinern getragen wurden, ermordeten Aufständische im folgenden Jahr in Seewies den später heilig gesprochenen Feldkircher Guardian Fidelis von Sigmaringen. Nach der Niederlage der Vorarlberger Landesverteidiger am Fläscherberg, wobei etwa 300 von ihnen den Tod fanden, unternahmen die Bündner im Sommer 1622 mehrfach Raubzüge über die

Die Eroberung von Bregenz durch die Schweden. Darstellung der Bregenzer Abwehrstellungen und der schwedischen Truppen

1621

Grenzen. Besondere Rache wurde am Montafon genommen, wo die Prättigauer bis nach Vandans vordrangen, Hunderte Stück Vieh entwendeten, Häuser plünderten und Brandschatzungsgelder erpressten. Über die Montafoner Pässe erfolgten bald nicht nur „Gegenbesuche" der Vorarlberger, sondern es drangen auch Truppen vor, die Graubünden noch im selben Jahr wieder bis 1624 und von 1629 bis 1631 unter österreichische Kontrolle brachten. Vorarlberg wurde bei den militärischen Aufgeboten, vor allem auch durch die Truppeneinquartierungen und -durchmärsche, stark belastet. Die Bevölkerung litt unter den Übergriffen der Soldaten, unter Hungersnöten und den meist damit verbundenen Seuchen. Gegen Ende der 20er Jahre und im folgenden Jahrzehnt wurde das Land von Pestepidemien heimgesucht, die zum Beispiel in Dornbirn mehr als die Hälfte der Bevölkerung hinwegrafften. Die Stadt Bludenz, die von Pest und militärischer Bedrängnis verschont geblieben war, brannte 1638 vollständig nieder.

In den 30er Jahren verlagerte sich die Hauptbedrohung von der Vorarlberger Südgrenze nach Norden. Die schwedischen Truppen, die große Teile Schwabens besetzten, verlangten 1632 auch die Übergabe der neu befestigten Stadt Bregenz. In den folgenden Jahren blieben die österreichischen Herrschaften vor dem Arlberg mit den wechselnden militärischen Geschehnissen im oberschwäbischen Raum verbunden und die Gerichte vor der Bregenzer Klause den Schweden ausgeliefert. Schon längere Zeit war Vorarlberg auch Zufluchtsort für Flüchtlinge aus den vom Krieg heimgesuchten Gebieten. Anfang Jänner 1647 drangen schwedische Truppen unter Karl Gustav Wrangel auf das nur schwach gerüstete Bregenz vor, umgingen die Befestigungen an der Klause, eroberten und plünderten die Stadt. Von Bregenz aus unternahm die Soldateska Streifzüge bis in den Bregenzerwald und im Oberland bis nach Bludenz. Den Gemeinden wurden hohe Brandschatzungsgelder abgepresst. Auch die Verpflegung der zahlreichen Soldaten mit ihren 6.000 Pferden war zur Winterszeit eine schwere Belastung. Auf Grund der gewandelten Kriegslage zog sich Wrangel im März wieder aus Vorarlberg zurück. Davor wurden die Festung Hohenbregenz und die Schanzen an der Klause gesprengt; die Zerstörung der Schattenburg und der Feldkircher Stadttore konnte man verhindern.

Nach dem Abzug der Schweden blieb Vorarlberg weiterhin in den Krieg verstrickt. Um die Verteidigungsanlagen wieder herzustellen, wurde die Bevölkerung rücksichtslos zu Fronarbeiten herangezogen. Der im April 1648 eingesetzte Obristhauptmann von Vorarlberg, Caspar Schoch, unternahm noch vergebliche Versuche, die schwedische Herrschaft auf dem Bodensee und in den angrenzenden Städten zu brechen. Der Westfälische Friede im Oktober 1648 brachte nur eine kurze Unterbrechung. Bald kamen durch weitere Kriege neue Belastungen auf die schwer heimgesuchte Bevölkerung zu. M.Tsch.

1621/22: Im Zuge der Auseinandersetzungen mit Graubünden um das strategisch bedeutende Veltlin dringen österreichische Truppen über das Schlappinerjoch in das Prättigau ein.

5.5.1622: Unter dem Befehl des Hans Wernher von Raitenau versucht der Vorarlberger Landsturm das von protestantischen Bündnern belagerte Maienfeld zu entsetzen. Die Vorarlberger Truppen erleiden dabei am Fläscherberg eine schwere Niederlage und verlieren 200 Mann.

Juli 1622: Bündner Truppen unternehmen mehrfach Plünderungszüge nach Vorarlberg; unter anderem überfallen sie St. Gallenkirch, brandschatzen es und rauben 600 Stück Vieh.

20.8.-7.9.1622: Österreichische Truppen führen durch das Montafon und das Paznauntal eine Gegenoffensive nach Graubünden durch. Schließlich wird am 30.9.1622 zwischen Österreich und den Bündnern der Friede von Lindau geschlossen.

GEBURTSTAG

11.11.1622: Karl Friedrich von Hohenems († 20.10.1675), Sohn Jakob Hannibals II., Reichsgraf von Hohenems.

TODESTAG

24.4.1622: Fidelis von Sigmaringen, eigentlich Markus Roy (* September/Oktober 1578, Sigmaringen), Pater Guardian des Feldkircher Kapuzinerklosters, Gegenreformator, nach einer Predigt in Seewies/Graubünden ermordet.

Erasmus Kern

(1592 – nach 1650)

Kurz nach 1600 setzte sich im gesamten östlichen Alpenraum die frühbarocke Bildschnitzerkunst durch. Besonders der aus zahlreichen Brüchen zusammengesetzte spätgotische Faltenwurf sowie die manieristisch bewegte und überlängte Figurenauffassung der höfischen Kunst des 16. Jahrhunderts wirkten sich dabei stilbildend aus. Die Waldseer Bildhauerfamilie Zürn und die Künstler der Weilheimer Schule dürfen als die frühesten Vertreter dieser neuen Richtung angesprochen werden. Der 1592 in Feldkirch geborene Erasmus Kern lernte u.a. bei Jörg Zürn in Überlingen. Kern gelang es, sich mit einer vermutlich in Feldkirch eingerichteten Werkstätte in Vorarlberg gegen die

1622

Erasmus Kern schnitzte 1624 diese Krippenfiguren aus Lindenholz. Heute werden die Figuren im Vorarlberger Landesmuseum aufbewahrt.

Die Pest

Kaum eine andere Seuche hat sich so in das kollektive (Angst-)Bewusstsein der mittelalterlichen und frühneuzeitlichen Menschen eingegraben wie die Pest. Obwohl andere Krankheiten vergleichsweise mehr Menschen das Leben kosteten, wurde der „Schwarze Tod" zum Synonym für die Gefährdung der menschlichen Existenz.

Bei der Pest handelt es sich um eine Infektionskrankheit, die im Mittelalter und in der Frühneuzeit in der Regel epidemisch auftrat. Nagetiere, vor allem Ratten, stellen die natürlichen Wirte des Pestbakteriums. Bei der Beulenpest erfolgt die Infektion des Menschen durch einen Flohstich, bei der Lungenpest kann die Übertragung auch direkt von Mensch zu Mensch erfolgen. Für das Erscheinungsbild der Krankheit sind ein schwarzer Auswurf, schwärzliche Beulen oder schwarz verfärbte Zunge und Lippen typisch, weshalb sich im Laufe der Zeit auch die Bezeichnung „Schwarzer Tod" einbürgerte.

Zu Beginn des Jahres 1349 trat die Pest, soviel wir wissen, erstmals in Vorarlberg, in Feldkirch, auf. Im Anschluss an die Epidemie kam es zu einem Pogrom in Feldkirch, bei dem fast alle Juden, die in der Stadt gewohnt hatten, verbrannt wurden, da man sie für den Ausbruch der Krankheit verantwortlich

starke süddeutsche und Tiroler Konkurrenz durchzusetzen.

Die Werkstätte Kerns muss, gemessen an den erhaltenen Werken, sehr groß gewesen sein. Archivalisch oder durch Signaturen belegt sind aber nur wenige Arbeiten, die als Grundlage für die zahlreichen weiteren Zuschreibungen dienen: 1624 Meschacher Krippe (Vorarlberger Landesmuseum), 1629 Grabplatte für Rochus Planck (Rankweil, Liebfrauenberg), 1643 Kreuzigungsgruppe für die ehemalige Bludenzer Stadtpfarrkirche St. Laurentius (Assistenzfiguren erhalten), 1650 Altar für Eschen (erhalten in Grotenrath bei Aachen). Kern arbeitete vorwiegend in Holz; die Rankweiler Grabplatte weist auf seine Qualitäten als Steinbildhauer hin. Größere Aufträge, die ihm zugeschrieben werden, befinden sich etwa in Damüls (Pfarrkirche) und Feldkirch-Levis (St. Magdalena). Die Skulpturen Kerns geben deutlich den allgemein gültigen Stil der ersten Hälfte des 17. Jahrhunderts wieder: starrer Kontrapost (Achsenverschiebung im menschlichen Körper mit Unterscheidung von Spiel- und Standbein) mit ausfahrenden Gesten des Armes an der Spielbeinseite; längliche Köpfe mit gelockten Haarsträhnen, mandelförmigen Augen, runden Mundwinkeln und grübchenartiger Vertiefung am Kinn; scharfgratiger und scheinbar feucht am Körper klebender Faltenwurf. A.R.

Gottvater aus der Kirche in Dalaas, heute im Vorarlberger Landesmuseum

Spätere, nachempfundene Darstellung einer Pestepidemie

1625

Das Innere der Kirche Bildstein. Auch heute noch eine beliebte Wallfahrtskirche

machte. Bis 1689 lassen sich für Vorarlberg bislang mehr als dreißig weitere Pestepidemien von unterschiedlicher Intensität nachweisen. In Dornbirn starben 1584/85 so viele Menschen an der Pest, dass sich Landammann und Gericht gezwungen sahen, den österreichischen Beamten in Feldkirch zu melden, dass die althergebrachten Bestimmungen des Erbrechts nicht mehr ausreichten, um alle sich ergebenden Erbfälle zu regeln.

Besonders verlustreich waren auch die Seuchenzüge des Dreißigjährigen Krieges, als die Krankheit durch einquartierte Soldaten mehrfach ins Land eingeschleppt wurde und zugleich auf eine meist ausgemergelte und wenig widerstandsfähige Bevölkerung traf. 1628/29 starben in Lauterach 55 Menschen an der Pest, im Hohenemser Ortsteil Reute waren 80 Pesttote zu beklagen. Besonders schlimm wurde Dornbirn getroffen: Hier überschritt die Zahl der Toten die 800. Im Ortsteil Hatlerdorf sollen nach dem Abklingen der Epidemie sogar rund 20 Häuser leer gestanden sein. Nicht minder reiche Ernte hielt der Schwarze Tod 1635. In Lauterach starben damals 223 Personen an der Pest, in Lustenau binnen zweier Monate 52, in Mellau 185, in Egg 250, in Feldkirch 400, in Bregenz und Hörbranz 181!

Die Menschen des Mittelalters und der frühen Neuzeit standen der Pest fast hilflos gegenüber. Wer einmal infiziert war, hatte kaum mehr eine Überlebenschance. Bei der Beulenpest starben rund 80 Prozent der Infizierten, bei der Lungenpest war der Prozentsatz noch höher. Den Zeitgenossen blieb die wahre Ursache der Krankheit verborgen. Der Pesterreger wurde erst 1894 entdeckt. Die einzigen effizienten Maßnahmen gegen den „Schwarzen Tod" waren die Abschottung einzelner Städte oder Regionen durch so genannte „Contagionswachen" oder „Sterbehutwachen", um das Einschleppen des Krankheitserregers oder die Flucht aus einem bereits infizierten Ort zu verhindern, wodurch aber nicht selten die Verbreitung des „Schwarzen Todes" noch gefördert wurde. Diesen Weg wählte beispielsweise Graf Kaspar von Hohenems. Beim Ausbruch der Pest in Hohenems 1628 flüchtete er nach Feldkirch und verschanzte sich neun Monate lang in der Schattenburg. Auch hygienische Maßnahmen – etwa das Reinigen befallener Häuser oder das Bedecken der Friedhöfe mit einer Sandschicht – sind vereinzelt bezeugt. Ansonsten suchten die Menschen vor allem Zuflucht bei magisch-religiösen Vorkehrungen und Maßnahmen: Die Einrichtung besonderer Kulte wie die Verehrung der Pestheiligen Sebastian und Rochus, die Gründung von Gebetsbruderschaften, die Stiftung von Kapellen, die Einrichtung besonderer Wallfahrten (z.B. Marienwallfahrt nach Bildstein) oder das Gelöbnis einer ganzen Gemeinde (Lustenau), sich fortan des Schwörens und Fluchens zu enthalten, und dergleichen sollten vor dem Ausbruch der Krankheit schützen. W.Sch.

Um 1625: Die St.-Peters-Kirche in Rankweil wird barockisiert.

1628-1630: Mehrere Pestzüge fordern in Bregenz (30 Todesopfer), Dornbirn (820 Tote/40 Tote), Lauterach (55 Tote), Lustenau, Götzis, Altenstadt (100 Tote), Tosters, Feldkirch (175 Tote), Frastanz (100 Tote), Bludenz, Nenzing und im Montafon (100 Tote) zahlreiche Opfer.

September 1629: In Zusammenhang mit dem Mantuanischen Erbfolgekrieg (1628–1631) – einer Auseinandersetzung zwischen dem habsburgischen Österreich und Spanien auf der einen und Frankreich auf der anderen Seite um das Erbe des letzten Herzogs von Mantua und Montferrat – ziehen zwölf kaiserliche Regimenter durch das Rheintal in Richtung Süden. Dabei werden der Reichshof Lustenau sowie die Herrschaften Vaduz und Schellenberg durch einquartierte Soldaten stark verwüstet. Es ist dies

1636

der verheerendste Durchmarsch kaiserlicher Truppen während des gesamten Dreißigjährigen Krieges.

1629/30: Nach heftigen Pestepidemien wird in Bildstein eine Marienwallfahrt eingerichtet.

Mai 1632: Durch das Vordringen der Schweden in Süddeutschland wird die Nordgrenze Vorarlbergs bedroht. Graf Jakob Hannibal II. gerät mit einem Teil seines Regiments bei Scheidegg in schwedische Gefangenschaft.

7.7.1633: Durch einen Dorfbrand werden in Nenzing die Kirche und 49 Wohnhäuser zerstört.

1635/36: Die Pest fordert in Bregenz und Hörbranz (181 Tote), Lauterach (223 Tote), Bezau, Mellau (185 Tote), Egg (250 Tote), Lingenau, Lustenau, Dornbirn, Feldkirch (400 Tote), Frastanz, Ludesch und Lech erneut zahlreiche Opfer.

GEBURTSTAGE

1627: Franz Wilhelm von Hohenems († 19.9.1662), Sohn Jakob Hannibals II., Reichsgraf von Hohenems, Stifter der Vaduzer Linie.

1632: Bezau: Andreas Feuerstein († 1685), Theologe, Professor an der Universität Freiburg im Breisgau sowie Dekan der philosophischen Fakultät der Universität Innsbruck.

24.8.1633: Schnifis: Laurentius von Schnifis, eigentlich Johannes Martin († 7.1.1702), Mönch, Barockdichter und -musiker.

Abbildung aus einem Liederbuch Laurentius' von Schnifis

Laurentius von Schnifis
1633–1702

„Mirantische Mayen-Pfeiff", Laurentius von Schnifis, Dillingen 1692

Der Kapuzinerpater Laurentius von Schnifis besitzt einen hohen Stellenwert unter den Dichtern und Komponisten des deutschen Barock. Von seiner Wertschätzung berichtet Ordenschronist Romuald von Stockach bereits 1747, auch von seiner vorbildhaften asketischen Lebensweise und der Bereitschaft zu priesterlichen Diensten. Pater Laurentius wurde am 24.8.1633 als Johannes Martin in Schnifis geboren. Über seine Ausbildung sind wir nur fragmentarisch informiert, einige Hinweise finden sich in versteckter Form in seinem literarischen Schaffen. Nachweislich galt er als Zögling des Feldkircher Jesuitengymnasiums, wo er sein schauspielerisches Talent erstmals unter Beweis stellen konnte. Vorerst ganz der weltlichen Lebensweise zugeneigt, wandte sich der 20-jährige Martin reisenden Schauspielertruppen zu, mit denen er in süddeutschen Städten auftrat. 1658 kam es zu einer festen Anstellung am Hof zu Innsbruck, doch bereits vier Jahre später fasste er den Entschluss, sein Leben radikal zu ändern und sich dem geistlichen Berufe hinzugeben.

1636

1663 wurde Martin zum Priester geweiht, sein erstes Amt versah er in Hohenems. Da ihm aber auch dieses Leben noch zu weltlich erschien, beschloss er den Rückzug in ein Kloster. Mit dem Eintritt in den Orden der Kapuziner 1665 erhielt Martin den Namen Laurentius, mit dem er auch fortan seine Veröffentlichungen zeichnen sollte. Zeit seines Lebens kränklich, verstarb Pater Laurentius 1702 in Konstanz. A.B-N.

Wichtigste Werke des Laurentius von Schnifis:
- Die Liebesverzweiflung, Tragikomödie (Hs. 17. Jh.)
- Ehrengedicht, für Erzherzog Sigismund Franziskus (Innsbruck 1659)
- Philotheus (2. Auflage Konstanz 1689)
- Mirantisches Flötlein (Konstanz 1682)
- Mirantische Waldschallmey (Konstanz 1688)
- Mirantische Mayen-Pfeiff (Dillingen 1692)

1636: Gründung des Kapuzinerklosters Bregenz.

1.11.1638: Bludenz wird durch einen Stadtbrand fast völlig zerstört.

1639: Erste Erwähnung einer Schule in Götzis; der Unterricht findet im Kaplanhaus statt.

1639: Das Rote Haus in Dornbirn wird erbaut.

1643: Jakob Hannibal Berna von Steinach lässt die Friedhofskapelle St. Anton neu errichten.

1644: Der Bregenzerwälder Landammann und Stifter des Kapuzinerklosters Bezau, Johann Waldner, schreibt den Bregenzerwälder Landsbrauch nieder.

1645: Stiftung der Loretokapelle in Lustenau durch den Hofammann Hans Hagen.

1645: Gründung des Kapuzinerklosters Bludenz.

1646: Der Bregenzer Vogt Franz Andreas von Raitenau wird auf Befehl der österreichischen Regierung wegen Unfähigkeit abgesetzt und inhaftiert.

4.1.1647: Schwedische Truppen unter General Wrangel durchbrechen die vom Landsturm unter dem Befehl des Dornbirner Landammanns Thomas Rhomberg (* um 1580) und des Feldkircher Hauptmanns Heltmann verteidigten Stellungen am Haggen, fallen den Landesverteidigern an der Klause in den Rücken und erobern in nur zweieinhalb Stunden Bregenz. Bei der anschließenden Plünderung der Stadt machen die Schweden reiche Beute, da wegen eines Sturmes die mit Fluchtgut beladenen Schiffe nicht mehr auslaufen konnten.

8.5.1647: Nach der missglückten Belagerung von Lindau räumen die Schweden Vorarlberg und sprengen dabei die Burg Hohenbregenz sowie die Schanzen an der Bregenzer Klause in die Luft.

25.11.1648: Die Propstei St. Gerold, die bis dahin der blumeneggischen Landeshoheit unterstand, wird zur Reichspropstei der Fürstabtei Einsiedeln (CH).

7.4.1649: Der erste Unterricht im neu gegründeten Feldkircher Jesuiten-Gymnasium wird erteilt.

29.10.1649: Graf Karl Friedrich von Hohenems schließt mit den acht im Rheintal regierenden Orten der Eidgenossenschaft einen Vertrag über die Steuerfreiheit der „Schweizerrieder" ab: Die Widnauer und Haslacher müssen den Lustenauern 1.200 Gulden oder jene Summe bezahlen, welche diese dem Rhienecker Landvogt schulden, und erhalten als Gegenleistung die Steuerbefreiung für ihre Riedteile rechts des Rheins im Reichshof Lustenau. Der Vertrag wird ohne Mitwirkung von Vertretern der betroffenen Gemeinden geschlossen und wird zum Ausgangspunkt für den langwierigen Schweizerriedstreit.

Um 1650-1652: Gründung des Bregenzer Kornmarktes.

TODESTAGE

1636: Hans Werner von Raitenau, Erbauer des neuen Schlosses Hofen.

10.9.1640: Kaspar von Hohenems (* 1.3.1573), Sohn Graf Jakob Hannibals von Hohenems, Reichsgraf von Hohenems, Vaduz und Gallarate.

10.4.1646: Jakob Hannibal II. von Hohenems (* 20.3.1595), Sohn Graf Kaspars von Hohenems.

04.1.1647: Thomas Rhomberg (* um 1580), gefallen bei der Verteidigung von Bregenz.

1650

Vorarlberger Barockbaumeister

Ausgehend von der Auer Zunft, die um 1650 von Michael Beer gegründet wurde, bestimmten ab diesem Zeitpunkt zahlreiche Baumeister(familien) aus dem Bregenzerwald die sakrale Architektur des Bodenseeraumes und seiner Umgebung. Im Zeitraum von etwa 100 Jahren entstanden viele Kloster- und Kirchenbauten, die vornehmlich von den Benediktinern, den Zisterziensern und den Prämonstratensern in Auftrag gegeben wurden. In Vorarlberg selbst erhielten die Bregenzerwälder Baumeister seltener bedeutende Aufträge; mit der von Michael Beer geplanten Pfarrkirche von Bludesch entstand aber kurz nach 1650 auf heimischem Boden einer ihrer frühesten Bauten. Manch interessante Arbeit im Lande wurde inzwischen auch zerstört wie etwa die von Franz Beer (d.J.) geplante Mehrerauer Klosterkirche.

Bezug nehmend auf die italienischen Vorbilder und auf Werke von Graubündner Architekten beschäftigten sich die Vorarlberger Baumeister hauptsächlich mit dem Wandpfeilerkirchenbau. Unter einer Wandpfeilerkirche versteht man eine hallen- oder saalartig angelegte Kirche mit der Wand vorgelagerten Pfeilern, zwischen denen Kapellen oder kapellenähnliche Nischen entstehen. Diese Kapellen kamen der aufblühenden Heiligenverehrung entgegen. Bei weit in den Innenraum gezogenen Pfeilern bietet sich die Möglichkeit, durch den Einsatz von Emporen über den Kapellen Verbindungswege zu schaffen. Diese beeinflussen auch den Lichteinfall, da das Licht nicht mehr auf direktem Wege den Raum durchflutet. Es bildet sich hier die so genannte „Lichtrahmenschicht". Die Wandpfeilerkirche hat ihre Wurzeln in der Spätgotik; sie wird schließlich, ausgehend von der römischen Architektur, zum Vorbild einer barocken Kirchenbauweise, die u.a. von den Vorarlberger Baumeistern weiterentwickelt wird.   A.R.

In Au befand sich der Ausgangspunkt der Vorarlberger Barockbauschule.

Die Pfarrkirche von Bludesch, geplant von Michael Beer

Benediktinerstift Einsiedeln

1650

Caspar Moosbrugger

1656–1723

Caspar Moosbrugger war ein Zeitgenosse des berühmtesten österreichischen Architekten Johann Bernhard Fischer von Erlach und gehört zu den bekanntesten Vorarlberger Barockbaumeistern. Andreas Moosbrugger, wie er mit bürgerlichem Namen hieß, wurde am 15. Mai 1656 in Au im Bregenzerwald geboren. Zwischen 1670 und 1673 machte er die Steinmetzlehre bei Christian Thumb in der Auer Zunft. Als Steinmetz arbeitete er dann ab dem Jahr 1674 bei Johann Georg Kuen. In dieser Funktion nahm er auch an dessen Bauten für das Benediktinerstift Einsiedeln teil.

Dieser Ort wurde für Moosbrugger fortan zum Mittelpunkt seines Lebens und seiner Tätigkeit. Als „Bruder Caspar" trat er 1682 in den Orden ein. In weiterer Folge plante Caspar Moosbrugger Kloster und Kirche neu. Als Sachverständiger und Planer wurde er auch zu zahlreichen anderen Schweizer Klöstern gerufen (Muri, Disentis, Seedorf, Etzel u.a.). Während eines Erholungsaufenthaltes in seiner Heimat (1715) dürfte Moosbrugger maßgeblichen Einfluss auf die „Auer Lehrgänge" genommen haben, die als Muster- oder Skizzenbuch eine wichtige Lehrfunktion erhielten.

Caspar Moosbrugger beschäftigte sich mit der Möglichkeit der Verbindung von Langhaus und Zentralchor. Unter einem Zentralbau versteht man einen Bau, dessen Elemente alle auf einen Mittelpunkt gerichtet sind. Künstlerisch wurde er in dieser Hinsicht durch das Studium italienischer Architektur beeinflusst, die er anhand von Kupferstich-Vorlagen kennen lernte. Seine vielfach experimentellen und im so genannten „isolierenden Verfahren" entstandenen Grund- und Aufrisse erwiesen sich oft als unrealisierbar.

A.R.

Kloster Weingarten, erbaut von Franz Beer von Bleichten

Franz Beer von Bleichten

1660–1726

Franz Beer erblickte am 1. April 1660 als Sohn des Michael Beer in Au das Licht der Welt. Von 1677 bis 1680 ging er bei Michael Thumb in der Auer Zunft in die Bauhandwerkerlehre. Ab 1682 arbeitete Beer bei Thumbs Bauten in Ellwangen-Schönenberg und Obermarchtal mit. Obwohl er seit 1690 im Bregenzerwald ansässig war, führten ihn die Aufträge zumeist nach Süddeutschland (Zwiefalten, Salem, Irsee). 1705 zog er nach Konstanz. Zahlreiche Bauaufgaben führten dazu, dass Franz Beer die umfangreichste und geografisch am weitesten verstreute Werkliste aller Vorarlberger Baumeister erreichte (Rheinau, Bellelay, St. Urban, Ehingen, Weingarten, Weißenau, Kaisheim, Oberschönenfeld u.a.). Hauptsächlich füllten Klöster und Kirchen seine Tätigkeit aus. Franz Beer orientierte sich am Wandpfeilerschema, das er mit dem Zentralbau zu verbinden suchte. Auffallend in seinem Werk sind auch die Doppelturmfassaden mit den weit auseinander gestellten Türmen. Beeinflusst wurde sein Werk neben den Bregenzerwälder Vorbildern durch die Bauten Fischer von Erlachs in Salzburg und durch die italienische Architektur. Zahlreiche Ämter in der Stadt Konstanz wie auch seine Erhebung in den Adelsstand 1722 zeugen von Beers großer gesellschaftlicher Wertschätzung.

A.R.

1650

GEBURTSTAGE

1.8.1650: Franz Karl Anton von Hohenems († 16.3.1716), Sohn Karl Friedrichs, Reichsgraf von Hohenems.

29.10.1650: Ferdinand Karl von Hohenems-Vaduz († 18.2.1686), Sohn Franz Wilhelms I., Reichsgraf von Hohenems-Vaduz.

Peter Thumb

1681–1766

Barockbaumeister Peter Thumb

Neben Caspar Moosbrugger und Franz Beer darf auch Peter Thumb zu den bedeutendsten Vorarlberger Barockbaumeistern gezählt werden. Thumb wurde am 16. Dezember 1681 als Sohn des Baumeisters Michael Thumb in Bezau geboren. Von 1697 bis 1700 besuchte er die Maurer- und Steinhauerlehre in der Auer Zunft. Danach war er ein Vierteljahrhundert bei seinem Schwiegervater Franz Beer als Zeichner tätig; seinen Wohnsitz verlegte er aber erst 1726 von Bezau nach Konstanz. Neben seiner Arbeit als Baumeister richtete er in Konstanz ein Handelsunternehmen ein; überdies genoss er als Mitglied des Großen Rates Ansehen. Von Konstanz aus schuf Peter Thumb im weiten Umkreis (Schweiz, Oberrhein, Elsass) viele Werke: Ebersmünster, St. Peter/Schwarzwald, Birnau, St. Gallen u.a.

Thumb ging zunächst von der strengen Vorarlberger Auffassung des kirchlichen Wandpfeilerbaus aus, ehe er in zunehmender Weise eine Lockerung dieses Schemas durch zentralisierende Ideen verfolgte. Den Höhepunkt dieser letzten Phase erreichte er in Birnau (1746/50), wo Peter Thumb den bedeutendsten Beitrag Vorarlbergs zur süddeutschen Rokoko-Architektur vollbrachte. A.R.

Der Bibliothekssaal des Benediktinerstifts St. Gallen, von Peter Thumb 1728/61 erbaut

1651

Um 1651: Michael Beer gründet in Au die Bregenzerwälder Bauhandwerkerzunft.

1651: Acht aus Rankweil–Sulz stammende Frauen werden als Hexen zum Tod verurteilt. Es sind dies die letzten in den österreichischen Herrschaften vor dem Arlberg wegen Hexerei verhängten Todesurteile.

1653: Die hoch verschuldeten Grafen Karl Friedrich und Franz Wilhelm von Hohenems erhalten von Kaiser Ferdinand III. einen Schutzbrief gegen zudringliche Gläubiger.

1655: Die Grafen Karl Friedrich und Franz Wilhelm von Hohenems, Söhne Jakob Hannibals II., verkaufen die Grafschaft Gallarate bei Mailand und teilen ihren ererbten Hausbesitz in eine Hohenemser und eine Vaduzer Linie. Karl Friedrich als der Ältere erhält Hohenems und Lustenau.

22.6.1655: Der hoch verschuldete Erzherzog Karl Friedrich von Tirol verkauft Graf Karl Friedrich von Hohenems um 10.000 Gulden die ihm noch fehlenden Herrschaftsrechte über Dornbirn, die hohe Gerichtsbarkeit sowie das Appellations- und Konfiskationsrecht. Die Dornbirner verweigern dem Grafen allerdings Huldigung und Gehorsam; sie betonen, „lieber schweizerisch, schwedisch oder tot als emsisch" werden zu wollen. Mit Unterstützung der Vorarlberger Landstände gelingt es den Dornbirnern, den Erzherzog mit vielen guten Argumenten, vor allem aber durch die Zahlung von 8.000 Gulden, noch im selben Jahr dazu zu bringen, den Verkauf rückgängig zu machen.

23.9.1655: Erzherzog Karl Friedrich von Tirol verleiht Dornbirn das noch heute übliche Wappen, einen Birnbaum im österreichischen Bindenschild.

1655: Gründung des Kapuzinerklosters Bezau.

1656/57: In Bregenz findet der letzte nachweisbare Hexenprozess in den österreichischen Herrschaften vor dem Arlberg statt. Alle Angeklagten werden freigesprochen.

1657: Der Benediktinermönch und Historiker Franz Ransperg wird Stadtpfarrer von Bregenz. Er behält dieses Amt bis 1669.

1659: Die Wallfahrtskirche St. Arbogast wird mit auf Holz gemalten Szenen aus dem Leben des hl. Arbogast, Bischof von Straßburg, geschmückt.

1659: Graf Karl Friedrich von Hohenems wird Vogt der österreichischen Landgrafschaft Nellenburg im Hegau.

Um 1660: Nach einer überstandenen Pestepidemie wird in Bezau eine St.-Sebastians-Kapelle errichtet. Sie wird zu einer Wallfahrtsstätte.

1663: Die Mitglieder der Hohenemser Judengemeinde suchen wegen Spannungen mit dem Grafen Exil in Altenstadt. Sie bleiben hier bis 1667.

1663: Michael Kuen baut die Wallfahrtskirche zu Bildstein zu einer Barockkirche um.

1666: Stuben wird eine von Klösterle unabhängige Pfarrei.

1676: Die Mitglieder der Hohenemser Judengemeinde suchen wegen Spannungen mit dem Grafen Exil in Sulz. Die meisten von ihnen bleiben dort bis 1688.

1677: In Hohenems werden Barbara Wötzlin, Barbara Thurnher und Maria Gasser der Hexerei angeklagt und zum Tod verurteilt. Es war dies die letzte Hexenverbrennung, die in der Grafschaft Hohenems stattfand.

1679: Die Herrschaft Neuburg kommt pfandweise an die Grafen Clary von Aldringen. Sie bleibt bis 1777 in deren Pfandbesitz.

29.8.1682: Ein Stadtbrand verwüstet Bludenz.

1682: In Bildstein wird die Wallfahrtsbruderschaft von der „Himmlischen Hofhaltung" errichtet; bis 1735 bringt sie es auf über 100.000 Mitglieder.

Um 1682: In Hohenems wird erstmals Mais angebaut.

Um 1685: Der Kupferstecher Johann Baptist Gumpp (1651–1728) erstellt die erste brauchbare Landkarte Vorarlbergs.

6.1.1686: Die älteste erhaltene Götzner Gemeindeordnung wird erlassen.

1687: Der hoch verschuldete Graf Franz Karl Anton von Hohenems muss vor seinen Gläubigern in die Schweiz flüchten. Die Grafschaft Hohenems und der Reichshof Lustenau werden bis 1718 von wechselnden Administrationskommissionen verwaltet.

1689-1716: Mehrfach Hungersnöte in Vorarlberg.

1695

Februar 1689: Durch zahlreiche Lawinenabgänge wird im Montafon, besonders in Schruns und Umgebung, großer Schaden angerichtet.

24.1.1692: „Ammann, Gerichtsgeschworene und ganze Gemeind" von Lustenau beklagen beim Kaiser ihre große Not. 70 bis 80 Einwohner des Reichshofes hätten sich bereits an den Bettelstab begeben müssen, weitere 20 bis 30 müßten, um nicht zu verhungern, ihr Auslangen als Bettler in der Fremde suchen. Für diese Misere machen sie die hohe Steuerbelastung sowie die Steuerbefreiung der Schweizerrieder verantwortlich.

1692: Wegen des Krieges gegen Frankreich verhängen die schwäbischen Reichsstände eine Ausfuhrsperre für Getreide in die Schweiz. Das Ausfuhrverbot wird besonders im Bereich des Reichshofes Lustenau durch Schmuggel immer wieder umgangen.

1693: Mit Leonardus Thrisner wird erstmals ein Schulmeister in Frastanz erwähnt.

15.5.1694: Die österreichische Regierung in Innsbruck erteilt der Gemeinde Götzis das Recht, wöchentlich einen Garnmarkt abzuhalten.

Januar/Februar 1695: Der Bodensee friert für neun Wochen zu.

GEBURTSTAGE

11.5.1652: Graf Philipp von Arco († 18.2.1704), Generalfeldmarschall-Leutnant.

7.3.1653: Jakob Hannibal III. von Hohenems-Vaduz († 1730), Sohn Franz Wilhelms I., Reichsgraf von Hohenems-Vaduz.

1654: Franz Wilhelm II. von Hohenems-Vaduz († 27.8.1691), Sohn Franz Wilhelms I.

15.5.1656: Au/Bregenzerwald: Andreas (später als Benediktiner Caspar) Moosbrugger († 26.8.1723), Barockbaumeister.

8.6.1659: Utznach/Schweiz: Benedikt Müller († 21.1.1719), Benediktiner, Musiker und Komponist.

1.4.1660: Au/Bregenzerwald: Franz Beer (später von Bleichten) († 21.1.1726), Barockbaumeister, Erbauer der Stiftskirche Weingarten (1715) und von Salem-Stephansfeld (1708/10).

1664: Feldkirch: Jakob Zipper (Giacomo Francesco Cipper, genannt „Il Todeschini"), Barockmaler.

7.9.1679: Bregenz: Franz Anton Kuen († 17.8.1742), Barockbildhauer.

18.12.1681: Bezau: Peter Thumb, († 4.3.1766) Barockbaumeister.

4.8.1682: Dornbirn: Apronian Hueber († 2.2.1755), Prior der Benediktinerabtei Mehrerau, Historiker und Gelehrter.

1686: Franz Rudolf von Hohenems († 21.4.1756), Sohn Jakob Hannibals III., Feldmarschall.

28.3.1691: Grafeneck bei Krems: Franz Wilhelm III. von Hohenems († 5.11.1759), Sohn Franz Wilhelms II., letzter Reichsgraf von Hohenems.

TODESTAGE

1658: Franz Andreas von Raitenau (* 1602), österreichischer Vogt zu Bregenz.

19.9.1662: Franz Wilhelm von Hohenems (* 1627), Sohn Jakob Hannibals II., Reichsgraf von Hohenems, Stifter der Vaduzer Linie.

25.8.1670: Franz Ransperg (* 5.10.1609, Appenzell), Benediktiner, Stadtpfarrer von Bregenz und Historiker.

16.6.1672: Kaspar Schoch (* 25.12.1610, Kleinholzleute bei Isny), Obristhauptmann der Herrschaften vor dem Arlberg und österreichischer Vogt zu Bregenz.

20.10.1675: Karl Friedrich von Hohenems (* 11.11.1622), Sohn Jakob Hannibals II., Reichsgraf von Hohenems.

9.6.1681: Gabriel Bucelin (* 29.12.1599, Schloss Dissenhofen am Hochrhein im Thurgau), Benediktiner, Historiker.

1685: Andreas Feuerstein (* 1632, Bezau), Theologe, Professor an der Universität Freiburg im Breisgau sowie Dekan der philosophischen Fakultät der Universität Innsbruck.

18.2.1686: Ferdinand Karl von Hohenems-Vaduz (* 29.12.1650), Sohn Franz Wilhelms I., Reichsgraf von Hohenems-Vaduz.

27.8.1691: Franz Wilhelm II. von Hohenems-Vaduz († 27.8.1691), Sohn Franz Wilhelms I.

1696

24.2.1696: Die Johanniterkomturei in Feldkirch geht vom Reichsstift Weingarten an das Reichsstift Ottobeuren über.

6.8.1697: Ein Stadtbrand verwüstet Feldkirch. Es werden 150 Häuser zerstört.

1699: Der schwer verschuldete Graf Jakob Hannibal III. von Hohenems verkauft die Freiherrschaft Schellenberg um 115.000 Gulden an den Fürsten Johann Adam Andreas von Liechtenstein.

Winter 1701/02: In Zusammenhang mit dem Spanischen Erbfolgekrieg (1701–1714) werden zwei Regimenter Kavallerie in Vorarlberg einquartiert. Die Verpflegung dieser Truppen kostet das Land 190.000 Gulden.

12.12.1702: Die Vorarlberger Landstände sind bereit, den Betrag von 200.000 Gulden für den Kaiser aufzubringen, und können so die vom Wiener Hof erwogene Verpfändung des Landes an die Fürstäbte von St. Gallen und Kempten abwenden. Im Zuge einer stärkeren Orientierung Österreichs nach Osten hatte Leopold I. beabsichtigt, die Herrschaften vor dem Arlberg für vierzig Jahre zu verpfänden oder sogar zu verkaufen; Bregenz und Hohenegg hätten an Kempten sowie Feldkirch, Bludenz und Sonnenberg an St. Gallen fallen sollen.

Dezember 1702: Der aus Bregenz stammende Hannibal von Deuring versucht mit Hilfe des Landrichters von Weingarten in Hohenems Schulden einzutreiben. Als er mit der Exekution droht, kommt es unter den anwesenden Schuldnern aus Hohenems und Lustenau zu Unruhen. Deuring wird von seinem Pferd herabgerissen und in der Hohenemser Taverne eingesperrt.

Winter 1702/03: Nach der Eroberung Ulms durch den mit Frankreich verbündeten Kurfürsten Max Emanuel von Bayern wird Vorarlberg unmittelbar bedroht. Erneute Einquartierungen kosten das Land rund 150.000 Gulden.

Mai 1703: Französische Truppen erscheinen vor Bregenz, ziehen aber wieder ab, als sie auf starken Widerstand treffen.

18.2.1704: In Bregenz wird der Generalfeldmarschall-Leutnant Graf Philipp von Arco (* 11.5.1652) hingerichtet, weil er im Spanischen Erbfolgekrieg die Festung Breisach an die Franzosen übergeben hat. Durch dieses Exempel soll die Verteidigungsbereitschaft erhöht werden.

1704: Der Barockbaumeister Andreas Moosbrugger tritt in den Benediktinerorden ein und nennt sich fortan Caspar Moosbrugger.

13.5.1706: 2.000 Bauern aus dem Bregenzerwald, aus Lingenau, Sulzberg und Alberschwende ziehen bewaffnet nach Bregenz, um den Steurer von Sulzberg zu befreien. Dieser hat die Zahlung der von einem Großteil der Bevölkerung als ungerecht empfundenen Quartiergelder – einer Art Kriegssteuer – verweigert und sich der Verhaftung nur durch Flucht ins Bregenzer Kapuzinerkloster entziehen können. Die Bauern halten die Stadt drei Tage lang besetzt, erzwingen den Abzug des einquartierten Militärs und eine genaue Rechnungslegung der Landstände. Als Folge davon wird 1707 ein gerechteres, am gesamten Besitzstand jedes Untertanen orientiertes Steuersystem eingeführt. Im Hinteren Bregenzerwald werden außerdem das Landammannamt und der Rat im Sinn des „gemeinen Mannes" neu besetzt.

GEBURTSTAG

24.5.1703: Feldkirch-Tisis: Franz Xaver Anton Marxer († 25.5.1775), Dekan der theologischen Fakultät der Universität Wien, Kanzler der Universität Wien, Weihbischof und Generalvikar der Erzdiözese Wien.

TODESTAGE

7.1.1702: Laurentius von Schnifis, eigentlich Johannes Martin (* 24.8.1633, Schnifis), Mönch, Barockdichter und -musiker.

18.2.1704: Graf Philipp von Arco (* 11.5.1652), Generalfeldmarschall-Leutnant, in Bregenz hingerichtet.

Die Rebellion des „gemeinen Mannes"

Zu den wenigen sozialrevolutionären Bewegungen in der Vorarlberger Landesgeschichte zählen die Vorgänge am Beginn des 18. Jahrhunderts. Die hohen Steuern, die die Landstände im Auftrag der Herrschaft von der Bevölkerung einhoben, hatten

1709

Das Garnspinnen verhalf Männern und Frauen zu einem oft dringend benötigten Zusatzverdienst. Spinner und Spinnerinnen aus dem Bregenzerwald im 17. Jahrhundert nach der Emser Chronik von Johann Georg Schleh

dazu geführt, dass die ohnehin schon verschuldeten Mittel- und Unterschichten in immer größere Schwierigkeiten gerieten. Bedeutende Gewinne aus diesen Verhältnissen zogen hingegen die ländlichen und städtischen Spitzengruppen, die als Kreditgeber auftraten und damit auch ihre politische Vormachtstellung festigten. In den leitenden Gremien herrschte eine unvorstellbare Selbstherrlichkeit und Korruption. Die staatliche Obrigkeit deckte dieses Fehlverhalten lange Zeit.

Gegen diese Zustände erhob sich, ausgehend vom Montafon, eine Aufstandsbewegung, die bald erste Erfolge erzielen konnte: In verschiedenen Gemeindeordnungen wurde wenigstens festgelegt, dass die Amtsträger nicht miteinander verwandt sein durften; 1707 führte man auf Druck des „gemeinen Mannes" ein gerechteres Steuersystem ein, das jeden Einzelnen unter Eid dazu verpflichtete, seinen ganzen Besitz anzugeben und zu versteuern. Diese Reform wurde von breiten Kreisen der Bevölkerung freudig begrüßt, stieß aber bei den Reicheren auf Widerstand. Als freilich gleichzeitig eine neue Steuer, nämlich auf zu exportierendes Garn, die vor allem die einfache Bevölkerung traf, eingeführt wurde, erhob sich neuerlich heftiger Protest. In Dornbirn überfielen aufgebrachte Frauen den zuständigen Steuereinheber, in Bregenz zwangen die Demonstranten den leitenden Beamten gewaltsam zum Verzicht auf die Garnabgabe und vertrieben ihn nach Lindau. Erst mit Hilfe des Militärs siegten zuletzt wieder die herrschenden Kräfte. A.N.

1708: Nach der Einführung einer Exportsteuer für Garn, die vor allem die Ärmeren trifft, kommt es in verschiedenen Orten, besonders in Dornbirn und Bregenz, zu Ausschreitungen gegenüber den Steuereintreibern. Erneut marschieren aufgebrachte Untertanen nach Bregenz und stürmen das Haus des Vogteiverwalters Andreas Pappus, der nach Lindau flüchten muss und erst zwei Monate später zurückkehren kann.

29.4.1709: Der Ammann des Gerichtes Lingenau, der aus Hittisau gebürtige Johann Bader, einer der Anführer der Bewegung des „gemeinen Mannes", wird auf Befehl des Vogteiverwalters Andreas Pappus verhaftet und nach Innsbruck abgeführt. In der Folge setzt sich die Regierung mit Hilfe des Militärs gegen die Bewegung des „gemeinen Mannes" durch.

1709: Götzis erhält die Erlaubnis, vier Viehmärkte im Jahr abzuhalten.

GEBURTSTAG

17.4.1709: Bregenz: Rochus Hundertpfund († 15.1.1777), Jesuitenpater und Brasilienmissionar.

1710

1.3.1710: Die kaiserliche Administrationskommission der Grafschaft Hohenems verpachtet dem Montafoner Johann Georg Tschoven, der vorher Obervogt auf der Insel Reichenau gewesen ist, die gräflichen Einkünfte und Gefälle gegen eine jährliche Pachtsumme von 8.000 Gulden für neun Jahre. Tschoven macht sich bei der Bevölkerung sehr unbeliebt, da er seine Position zur persönlichen Bereicherung ausnützt. Als der Widerstand gegen ihn planmäßig organisiert wird, muss er 1716 aus der Grafschaft weichen.

1711/13: Die österreichischen Untertanen der Gerichte Sulzberg, Hofrieden, Grünenbach und Simmenberg werden von der Leibeigenschaft befreit.

20.10.1712: In Götzis wird das Handwerk zunftmäßig organisiert.

1712: Der hoch verschuldete Graf Jakob Hannibal III. von Hohenems verkauft Fürst Johann Adam Andreas von Liechtenstein die Reichsgrafschaft Vaduz um 290.000 Gulden und kauft aus dem Erlös die Herrschaft Bistrau in Böhmen.

12.1.1722: In einer feierlichen Sitzung im Feldkircher Rathaus nehmen die Vorarlberger Landstände die Pragmatische Sanktion an, durch welche Kaiser Karl VI. die habsburgischen Länder für unteilbar erklärt und für den Fall seines söhnelosen Todes die Nachfolge zu Gunsten seiner ältesten Tochter Maria Theresia ordnet.

1722: Der aus Au im Bregenzerwald stammende Barockbaumeister Franz Beer wird mit dem Prädikat „von Bleichten" in den Adelsstand erhoben.

1723: Der Einsiedler Gebhard Niederer erbaut in den Ruinen der Burg Hohenbregenz eine Wallfahrtskirche.

24.8.1724: In Nenzing-Unterdorf werden durch einen Dorfbrand 27 Häuser zerstört.

1725: In Bezau wird eine öffentliche Schule errichtet.

26.5.1726: In Bregenz wird ein (Landes-)Direktorium errichtet, zu dessen erstem Oberamtsdirektor die Regierung in Innsbruck Baron von Landsee bestellt; als zentrale Behörde soll es die anderen Ämter in Vorarlberg kontrollieren. Es gelingt dem Direktorium, ein gewisses Aufsichtsrecht über die Landstände durchzusetzen.

20.10.1730: Franz Andreas Freiherr von Sternbach erwirbt von Graf Leopold Gottlieb von Pergen die Pfandschaften Bludenz und Sonnenberg mit der Vogtei und dem Schloss zu Bludenz um eine Pfandsumme von 54.000 Gulden. Am 25.7.1731 sanktioniert Kaiser Karl VI. die Erwerbung.

15.9.1733: Auf Anweisung Kaiser Karls VI. stellen die Vorarlberger Landstände im Polnischen Erbfolgekrieg 500 Mann zum Einsatz in Konstanz zur Verfügung. Ursprünglich hat der Monarch 2.000 bis 3.000 Mann als Besatzung für die Festung Freiburg im Breisgau gefordert; dies ist aber von den Landständen unter Berufung auf die alte Landesdefensionsordnung abgelehnt worden.

1735: In einem Rechnungsbuch des Klosters St. Peter bei Bludenz wird zum ersten Mal der Kartoffelanbau im Vorarlberger Oberland erwähnt.

Frühjahr 1735: Ein Hochwasser der Alfenz richtet in der Bludenzer Au erhebliche Überschwemmungsschäden an.

1738: Die Sulzer Judengemeinde richtet eine eigene Synagoge ein.

1738: Im Kloster Mehrerau wird die mittelalterliche Basilika abgebrochen und der Bau einer Barockkirche begonnen, der 1740 vollendet wird.

1738: Der aus Feldkirch-Tisis stammende Dr. Franz Xaver Anton Marxer wird zum Dekan der theologischen Fakultät der Universität Wien und zum Domherrn von St. Stephan ernannt.

GEBURTSTAG

22.8.1727: Braz: Johann Josef Gassner († 9.4.1779), Priester und Exorzist.

TODESTAGE

16.3.1716: Franz Karl Anton von Hohenems (* 1.8.1650), Sohn Karl Friedrichs, Reichsgraf von Hohenems.

21.1.1719: Benedikt Müller (* 8.6.1659, Utznach/Schweiz), Benediktiner, Musiker und Komponist.

1738

TODESTAGE

26.8.1723: Caspar (eigentlich Andreas) Moosbrugger (* 15.5.1656, Au/Bregenzerwald), Barockbaumeister.

21.1.1726: Franz Beer von Bleichten (* 1.4.1660, Au/Bregenzerwald), Barockbaumeister, Erbauer der Stiftskirche Weingarten (1715) und von Salem-Stephansfeld (1708–1710).

1730: Jakob Hannibal III. von Hohenems-Vaduz (* 7.3.1653), Sohn Franz Wilhelms I., verkauft Vaduz und Schellenberg, erwirbt die Herrschaft Bistrau.

1736: Jakob Zipper (Giacomo Francesco Cipper, genannt „Il Todeschini", * 1664, Feldkirch), Barockmaler.

Giacomo Francesco Cipper

(„Il Todeschini", 1664–1736)

International bedeutende Vertreter der bildenden Kunst mit Vorarlberger Wurzeln stellen in der Zeit vor 1800 eine ausgesprochene Rarität dar. Mit Stolz wird etwa – so auch in dieser Chronik – auf den aus Feldkirch stammenden Maler der „Donauschule", Wolf Huber, hingewiesen. Dabei ist in dieser Hinsicht kein abschließendes Urteil möglich, da die Forschung zuweilen Überraschendes zu Tage fördert: Dem Bludenzer Historiker Manfred Tschaikner verdanken wir zum Beispiel genauere Kenntnisse über die Vorarlberger Herkunft des Mailänder Barockmalers Giacomo Francesco Cipper, den die Zeitgenossen wegen seiner deutschen Herkunft „Il Todeschini" („der kleine Deutsche") nannten.

Cipper wurde 1664 als Jakob Franz Zipper in Feldkirch geboren. Beide Elternteile stammten aus angesehenen Familien: Sein Großvater väterlicherseits war ein vermögender Postmeister aus Tisis; die Eltern seiner Mutter Eva Rudolfin gehörten der obersten Schicht des Bludenzer Stadtpatriziats an. Die Familie zog bald nach der Geburt von Jakob Franz nach Brunnenfeld bei Bludenz, wo der Vater

„Flirt in der Küche" von Giacomo Francesco Cipper

1741

Hans Caspar Zipper u.a. eine Privatschule unterhielt. Über die Ausbildung des jungen Künstlers liegen bislang keine genauen Informationen vor.

1696 heiratete Cipper in eine Mailänder Notarsfamilie ein. Von diesem Zeitpunkt an ist er bis zu seinem Lebensende 1736 in der lombardischen Metropole nachweisbar. Damals entstanden rund 140 ihm zuschreibbare Gemälde, die in den Sammlungen und Museen über weite Teile Europas – so auch im Vorarlberger Landesmuseum – zu finden sind. Seine Malerei ist stark von der holländischen und deutschen Genremalerei des 17. Jahrhunderts geprägt: Cipper schildert in dem Betrachter nahe gerückten halbfigurigen Bildern, zum Teil in grotesker Form, Motive aus dem Leben und Alltag von Unterschichten und Randgruppen. A.R.

Franz Xaver Anton Marxer

1703–1775

Noch heute trägt eine Straße im dritten Wiener Gemeindebezirk den Namen dieses aus Vorarlberg stammenden Priesters. Nach dem Besuch des Jesuitengymnasiums in Feldkirch und dem Studium in Wien wandte sich Marxer vor allem sozialen Belangen zu. Von Kaiser Karl VI. mit der Reorganisation des Armenwesens betraut, schuf er unter anderem 1742 das erste Wiener Waisenhaus am Rennweg. Gleichzeitig stieg er rasch in der kirchlichen Hierarchie auf: 1738 wurde Marxer Domherr zu St. Stephan, 1748 erfolgte seine Weihe zum Bischof von Chrysopolis, ein Jahr später die Ernennung zum Weihbischof und Generalvikar der Erzdiözese Wien. Als Dompropst von St. Stephan (ab 1753) fungierte Bischof Marxer gleichzeitig als Kanzler der Universität Wien. Er bekleidete diese neben dem Rektor höchste Würde der Universität bis zu seinem Tod 1775. A.N.

Bischof Franz Xaver Anton Marxer

1741: Der Barockbildhauer Franz Anton Kuen fertigt die Apostelköpfe in der Bregenzer Seekapelle.

1742: Der aus Feldkirch-Tisis stammende Bischof Dr. Franz Xaver Anton Marxer gründet das erste Wiener Waisenhaus.

10.6.1744: Graf Rudolf von Chotek vereinbart im Auftrag der Kaiserin Maria Theresia einen Vertrag über die Umwandlung der Pfandschaft Bludenz und Sonnenberg in ein erbliches Lehen, der am 11.9. bestätigt wird. Die Kaiserin erhält als Gegenleistung vom Freiherrn von Sternbach ein Darlehen von 26.000 Gulden.

November 1744: Im österreichischen Erbfolgekrieg werden bei der Bregenzer Klause und bei Sulzberg, wo sich auch Frauen an den Abwehrkämpfen beteiligen, französische und bayerische Angriffe abgeschlagen; zuvor ist ein Landungsversuch bei Mehrerau durch das Feuer der Küstenbatterien vereitelt worden.

23.12.1744: Unter der Führung des Rankweiler Landammanns plündern etwa 100 Männer die Häuser der in Sulz wohnenden Juden. Schließlich decken sie die Dächer der Häuser ab, wodurch die Juden, einem mittelalterlichen Brauch folgend, symbolisch zum Verlassen von Haus und Hof aufgefordert werden. Diese Plünderung bildet den Höhepunkt einer im Oktober 1744 einsetzenden Welle von Ausschreitungen gegen die Sulzer Israelitengemeinde. Die meist nach Liechtenstein geflüchteten Juden kehren danach nicht mehr nach Sulz zurück. Einige von ihnen lassen sich in Hohenems nieder.

1745-1752: Das alte Bludenzer Schloss wird in einen Barockpalast umgebaut.

1746: Unter Leitung des Barockbaumeisters Peter Thumb beginnen die Arbeiten an der Wallfahrtskirche Birnau, die fünf Jahre dauern.

26.5.1748: Der aus Feldkirch-Tisis stammende Dr. Franz Xaver Anton Marxer wird zum Titularbischof von Chrysopolis geweiht; in der Folge wird er Weihbischof und Generalvikar der Erzdiözese Wien.

1748: Erstmals wird eine Schule in Altach erwähnt. In einer Gottesdienststiftung für das Kirchlein in Unteraltach wird der Pfarrer von Götzis verpflichtet, dort wöchentlich eine Messe zu lesen sowie die Schule und die Kranken zu besuchen.

30.5.1750: Kaiserin Maria Theresia erteilt den Vorarlberger Landständen das Privileg, wonach die Juden auf ewig aus Vorarlberg ausgewiesen werden und hier auch keinen Handel mehr treiben dürfen.

14.11.1750: Kaiserin Maria Theresia erlässt einschneidende Maßnahmen zur Reorganisation der Landesverwaltung. Unter anderem werden in Bregenz ein Ober- und ein Rentamt

1760

eingerichtet, dem die anderen Ämter untergeordnet sind. Außerdem soll die Rechnungslegung der Landstände künftig nicht mehr vor der Vollversammlung des Landtags, sondern vor dem Oberamt erfolgen. Die Landstände setzen sich vor allem gegen die Unterordnung der Stände, Gerichte und Gemeinden unter das Oberamt zur Wehr. Im September legen sie der Kaiserin ihre Kritikpunkte in einer Denkschrift vor und erreichen damit eine teilweise Zurücknahme der Neuerungen.

1.3.1752: Die Montafoner Bauern erhalten nach langer Auseinandersetzung mit der Stadt Bludenz in Schruns einen eigenen Viehmarkt.

16.9.1752: Vorarlberg wird der vorderösterreichischen Regierung in Freiburg im Breisgau unterstellt.

1752: Der aus Feldkirch-Tisis stammende Bischof Dr. Franz Xaver Anton Marxer wird zum Kanzler der Universität Wien ernannt.

1753: Durch die Aufhebung des Flurzwangs in Frastanz wird eine Intensivierung des Ackerbaus ermöglicht.

1755: In der Bibliothek des Hohenemser Palastes werden die Handschrift C des Nibelungenliedes, die heute in der Hofbibliothek Donaueschingen aufbewahrt wird, und eine Handschrift der von Rudolf von Ems verfertigten Erzählung „Barlaam und Josaphat" entdeckt.

1758: Der Exorzist Johann Josef Gassner wird Pfarrer von Klösterle, wo er bis 1775 wirkt.

5.11.1759: Mit dem Tod Franz Wilhelms III. erlischt das Geschlecht der Reichsgrafen von Hohenems im Mannesstamm.

20.7.1760: 360 preußische Soldaten, darunter 21 Offiziere, die im Siebenjährigen Krieg in österreichische Gefangenschaft geraten sind, werden in die Festung Altems verlegt, die zu diesem Zweck notdürftig hergerichtet worden ist. Wegen Platzmangels und wegen Versorgungsschwierigkeiten kommt es immer wieder zu Unruhen unter den Gefangenen und zu teilweise geglückten abenteuerlichen Fluchtversuchen. Ende September werden die Gefangenen dann verlegt.

GEBURTSTAGE

30.10.1741: Chur: Angelika Kauffmann († 5.11.1807), Malerin.

16.4.1742: Wien: Maria Rebekka Josepha von Hohenems († 18.4.1806), Tochter Franz Wilhelms III., Gattin des Grafen Franz Xaver von Harrach-Rohrau, Erbgräfin von Hohenems.

31.7.1744: Dornbirn: Josef Anton Herrburger († 23.3.1798), Unternehmer, Gründer der Firma Herrburger und Rhomberg.

1746: Petrinja, Kroatien: Franz Freiherr von Jellachich († 4.2. 1810), Feldmarschall-Leutnant, 1799 an der Verteidigung von Feldkirch beteiligt, Bludenzer, Bregenzer und Feldkircher Ehrenbürger.

24.9.1747: Rapperswil am Zürichsee: Joseph Anton Brentano († 6.9.1819), Buchdrucker und Verleger.

13.12.1747: Johann Mathias Jehly († 1809), Kunstmaler.

11.10.1751: Vandans: Johann Josef Batlogg († 25.10.1800), Montafoner Landammann, Richter und Landesverteidiger.

16.2.1756: Rankweil: Josef Sigmund Nachbauer († 25.10.1813), Lehrer, Landesverteidiger.

5.6.1757: Illerbachen bei Memmingen: Bernhard Riedmiller († 9.1.1832), Wirt und Landesverteidiger.

8.6.1757: Johann Konrad Blank († 14.2.1827), Priester und Gelehrter.

31.7.1759: Ignaz Anton von Indermauer († 10.8.1796), Kreishauptmann.

TODESTAGE

17.8.1742: Franz Anton Kuen (* 7.9.1679, Bregenz), Barockbildhauer.

2.2.1755: Apronian Hueber (* 4.8.1682, Dornbirn), Prior der Benediktinerabtei Mehrerau, Historiker und Gelehrter.

21.4.1756: Franz Rudolf von Hohenems († 21.4.1756), Sohn Jakob Hannibals III., Feldmarschall.

5.11.1759: Franz Wilhelm III. von Hohenems (* 28.3.1692, Grafeneck bei Krems), Sohn Franz Wilhelms II., letzter Reichsgraf von Hohenems.

1762

Rheinüberschwemmungen

1206 wurde die Lustenauer Pfarrkirche durch die Hochwasser des Rheins zerstört. Dies ist die älteste Nachricht über eine Überschwemmungskatastrophe im Rheintal. Aus der Zeit vor 1700 besitzen wir nur sehr wenige Quellen über ähnliche Unglücksfälle. Zwischen den Rheinquellen und dem Bodensee sind für die Jahre 1276, 1343, 1374, 1480, 1511, 1537, 1548, 1566, 1571, 1585, 1609, 1618, 1627, 1640 und 1670 Hochwasser bzw. Überschwemmungen bezeugt. 1548 wurde dabei die Lustenauer Pfarrkirche ein zweites Mal weggeschwemmt; 1566 erreichte das Hochwasser im ganzen Talgebiet ein Ausmaß, dass es viele Leute gab, die „eine zweite Sintflut nahe bevorstehend glaubten".

Ab 1739 häufen sich die Berichte von Rheinüberschwemmungen. Die Überschwemmungschronik zählt für das 18. Jahrhundert siebzehn, für das 19. Jahrhundert sogar mehr als zwanzig Hochwassereinbrüche im Rheintal auf. Lange Zeit versuchte man diese Erscheinung einseitig auf lokale oder regionale Ursachen zurückzuführen, wie das relativ unkoordinierte Errichten von Dämmen und Wuhren, was zur Erhöhung der Rheinsohle beitrug, oder das Abholzen der Wälder in den Quellgebieten des Rheins, welches zur Bodenerosion führte. Neuere Forschungen, vor allem jene zur Klimageschichte, zeigten allerdings, dass der entscheidende Faktor, der zur Häufung der Rheinüberschwemmungen führte, die als „kleine Eiszeit" bezeichnete Klimaveränderung zwischen 1560 und 1860 war. So konnte insbesondere nachgewiesen werden, dass jenen Zeitabschnitten, in denen sich die Überschwemmungen häuften, jeweils ausgedehnte Gletschervorstöße vorangingen. Dass lokale Hochwasserkatastrophen oft Teil überregionaler Naturkatastrophen sind und dass folglich regionale Erklärungsversuche alleine meist zu kurz greifen, zeigt sich besonders deutlich an den beiden verheerenden Überschwemmungskatastrophen der Jahre 1762 und 1817.

Die Hochwasserkatastrophe von 1762 gilt allgemein als die schlimmste der letzten 500 Jahre. Es handelte sich dabei allerdings nicht um eine lokale, auf den Rhein beschränkte Katastrophe. Praktisch in allen Tälern am Alpennordhang traten damals die Flüsse nach überdurchschnittlich langen und ergiebigen Regenfällen über die Ufer. Am 9. Juli durchbrach der Rhein bei Oberriet und Lustenau die Dämme. Ein Augenzeuge, Pfarrer Gabriel Walser von Berneck, schilderte die damalige Katastrophe eindrucksvoll: „Im Rheinthal brach der Rhein mit vollen Strömen an zwey Orten, im Oberriedt und in der Pfarrey Berneck ob der Aue auf einmal aus, und zware nicht allgemach wie anderemal, sondern mit grossen Tosen und Wüten, dass die Leute nicht einmal Zeit hatten, sich zu retten, sondern in die obersten Zimmer, ja gar auf die Dächer sich flüchten mussten. [...] Nun sahe das Rheinthal, welches zuvor mit seinen schönen Fruchtfeldern prangete aus wie ein grosser See so dass man vom Sennwald an, bis auf Lindau und Bregantz 12 Stund weit in einem Schiff fahren konnte. [...] Am dritten Tag fiel das Wasser, hinterliess aber einen 2, 3, 4 bis 6 Schuh hohen dicken Schlamm oder Läten. Dass niemand die ordinairen Strassen weder gehen, noch fahren oder reiten konnte. Auf dem Läten lagen viele 1000 und 1000 todte Würmer. Jngeri, Mäuse, Ratten, Erdkrebs etc. welches einen hässlichen Gestank verursachte." Auf beiden Seiten des Flusses waren große Schäden zu verzeichnen. Beispielsweise waren weite Teile Lustenaus von Wasser bedeckt, sodass Pfarrer Rosenläcker später in der Lustenauer Pfarrchronik vermerken konnte, von den Ortsteilen Hag und Stalden habe man mit dem Schiff in die Kirche fahren können. Auch hier wurden die Felder von einer ein bis zwei Schuh tiefen Schicht Schlamm bedeckt, der sich später als sehr fruchtbar herausstellen sollte. In Vorarlberg führten 1762 außer dem Rhein auch andere Flüsse und Bäche Hochwasser. Zwischen dem 9. und 11. Juli traten die Ill bei Schruns, die Meng in Nenzing und der Emmenbach in Götzis über die Ufer. Im Montafon und im Walgau sollen damals durch das Hochwasser 183 Gebäude zerstört worden sein, davon allein 52 in Bludenz. Als Folge dieses Unglücks wurde in Schruns der Beschluss gefasst, das Flussbett der Ill auf die andere Talseite zu verlegen.

Eine weitere verheerende Hochwasserkatastrophe traf Vorarlberg im Sommer 1817. Die damaligen Über-

Wie alle anderen Rheinanliegergemeinden hatte auch Lustenau immer wieder unter den Rheinüberschwemmungen zu leiden. Überschwemmung im Jahre 1888, aufgenommen vor dem Gasthaus Engel

Rheinüberschwemmung in Hohenems-Bauern 1888

schwemmungen waren die indirekte Folge einer Klimaschwankung zwischen 1810 und 1822. Jene zwölf Jahre waren durch regelrechte „Eiszeitsommer" gekennzeichnet. Nur in zwei Jahren (1818, 1819) erreichten die Temperaturen in den Sommermonaten die Durchschnittswerte des 20. Jahrhunderts. Mehrfach waren dazu noch frostige und feuchte Herbstmonate sowie schneereiche Winter zu verzeichnen. Der Höhepunkt wurde 1816 und 1817 erreicht, als sich der Schnee oberhalb von 1.800 bis 2.300 Metern das ganze Jahr hielt. Als im Frühsommer 1817 das Tauwetter in den Bergen einsetzte, waren es schließlich die Schneemassen zweier Jahre, die abschmolzen. Im Rheintal kam es am 15. Juni, 2. Juli und 28. August zu Überschwemmungen. Besonders am 28. August waren zahlreiche Dammbrüche zu verzeichnen, allein im St. Galler Rheintal waren es vierzehn! Auf Vorarlberger Seite durchbrach der Rhein bei Ruggel, Bangs, Meiningen, zwischen Koblach und Mäder, bei Brugg und in Gaißau die Dämme. Auf der Strecke zwischen Ragaz und dem Bodensee waren auf beiden Talseiten große Schäden zu verzeichnen. In Götzis wurden beispielsweise so große Teile der landwirtschaftlichen Anbaufläche verwüstet, dass danach 999 Gemeindebürger auf öffentliche Unterstützung angewiesen waren. Der Bodensee erreichte damals wie die meisten anderen Voralpenseen seinen Höchststand seit 1566. Hard wurde durch ein Seehochwasser überschwemmt, sodass die Pfarrkirche für Wochen unbenutzbar blieb. Auch Fußach und Gaißau standen lange Zeit großteils unter Wasser. In Bregenz wurde der Kornmarkt überschwemmt. Die Auswirkungen der Überschwemmungskatastrophe von 1817 waren verheerend. Vielerorts waren Todesfälle durch Fleckfieber und Mangelkrankheiten zu beklagen. Die Situation war deswegen so prekär, weil infolge der kalten und feuchten Witterung bereits die Ernten der vorangegangenen Jahre schlecht gewesen waren. Seit Herbst 1816 waren die Getreidepreise unaufhörlich gestiegen. Als nun auch noch große Teile der für 1817 zu erwartenden Ernte vernichtet wurden, verschärfte sich die Situation noch weiter.

Eine weitere schwere Überschwemmung suchte das untere Rheintal 1821 heim, als sich der Fluss beim so genannten Eselschwanz, in der großen Krümmung zwischen Höchst und Gaißau, einen direkten Weg in den Bodensee bahnte.

Ab etwa der Mitte des 19. Jahrhunderts ereigneten sich fast jährlich Überschwemmungskatastrophen im Rheintal, deren Folge ein Anstieg des Grundwasserspiegels und eine teilweise Versumpfung früher fruchtbarer Böden war. Auf Vorarlberger Seite waren im Juni 1849 bei Meiningen, Mäder, Altach und Koblach Dammbrüche zu beklagen. Bei Meiningen sollen die Felder sechs Wochen lang unter Wasser gestanden haben. Als am 28. September durch schwerste Einbrüche auf der Schweizer Seite des Tales großer Schaden angerichtet wurde, war auch Lustenau aufs Äußerste bedroht. Nur durch größte Anstrengungen konnte ein Einbruch abgewendet werden. Damals brach bei Meiningen der Illdamm infolge des massiven Rückstaus vom Rhein her. Wenngleich in jenen Jahrzehnten die Vorarlberger Talseite weit weniger oft betroffen war als die Schweizer, kam es auch hier immer wieder zu Dammbrüchen und Überschwemmungen: 1850 in Koblach, 1851 und 1852 in Mäder, Altach und Koblach, 1855 in Meiningen, Mäder, Altach und Koblach und 1872 (6.10.) in Meiningen.

Die beiden letzten großen Rheinüberschwemmungen des 19. Jahrhunderts trafen Vorarlberg dann wieder härter: Am Vormittag des 11. September 1888 durchbrach der Rhein bei Meiningen an zwei Stellen den Damm. Große Teile des Rheintals wurden überschwemmt. Am Abend dieses Tages durchbrachen die Wassermassen dann den so genannten Seelachendamm am südlichen Ortsende von Lustenau, der einige Stunden lang einen gewissen Schutz geboten hatte. Ein Großteil der Gemeinde wurde nun überflutet, wobei u.a. zahlreiche Stickmaschinen beschädigt wurden. Ein zweiter Einbruch erfolgte am 5. Oktober, als der inzwischen behelfsmäßig errichtete Damm barst. Unter dem Eindruck der angerichteten Verwüstungen kam es zu zahlreichen Hilfsaktionen: Die österreichischen Bahnen führten frachtfrei Kohle und Lebensmittel aus den verschiedenen Teilen der Monarchie nach Vorarlberg. Ein vom Verein der Vorarlberger in Wien unter der Führung des Lustenauers Casimir Hämmerle gegründetes Hilfskomitee konnte Spendengelder in der Höhe von insgesamt 6.500 Gulden sammeln, wobei mehr als die Hälfte davon von Vereinsmitgliedern aufgebracht wurde. Unter dem Eindruck der Aktivitäten dieses Komitees beschloss

1762

der Wiener Gemeinderat, die von der Überschwemmung Geschädigten mit 1.000 Gulden zu unterstützen.

Am 30. August 1890 kam es zwischen Altach und Hohenems sowie in Höchst zu Dammbrüchen. Die Gegend bei Altach-Bauren und Lustenau soll damals in einen See verwandelt worden sein. In Lustenau wurde ein deutlich höherer Wasserstand gemessen als zwei Jahre zuvor. Am 13. September fand ein zweiter Einbruch statt.

Unter dem Eindruck der verheerenden Katastrophen wurde seit dem Ende des 18. Jahrhunderts immer vehementer nach einer Flussregulierung verlangt, die in den 1890er Jahren dann auch in Angriff genommen wurde. Dieser Flussregulierung, aber auch einer Klimaerwärmung seit 1900, welche die so genannte „Kleine Eiszeit" beendete, ist es zu verdanken, dass das Vorarlberger Rheintal seither von wirklich gefährlichen Überschwemmungskatastrophen verschont blieb. Beim bisher größten Rheinhochwasser des 20. Jahrhunderts kam es 1987 bei Fußach zwar zu einem Dammbruch, dabei wurden allerdings nur geringe Schäden angerichtet. W.Sch.

9.-11.7.1762: In Schruns, Bludenz – wo 52 Gebäude zerstört werden –, Nenzing, Götzis und Lustenau richten Überschwemmungen erhebliche Schäden an.

1763: Einführung der Handstickerei im Bregenzerwald (Bezau).

1764: Nach einer Überschwemmung durch die Ill wird in Schruns mit der Wuhrung des Illufers begonnen.

11.3.1765: Kaiser Franz I. belehnt seine Gattin Maria Theresia mit der Reichsgrafschaft Hohenems. Der einzigen Erbtochter des letzten Reichsgrafen von Hohenems, Maria Rebekka, bleiben allein die gräflichen Privatgüter (Palast, Wälder, Grundbesitz, grundherrliche Einkünfte und – nach langem Rechtsstreit – der Reichshof Lustenau). Zusammen mit der Grafschaft Hohenems fällt auch der Kellhof Wolfurt – 300 Jahre nach dem Hof Steig – an Österreich.

GEBURTSTAGE

22.10.1762: Maria Walburga († 25.5.1828), Tochter Maria Rebekkas von Hohenems und Franz Xavers Graf von Harrach-Rohrau, Erbgräfin von Harrach-Hohenems, Gattin des Reichsgrafen Klemens von Truchseß-Waldburg-Zeil-Trauchburg.

3.3.1763: Salzburg: Franz Anton von Daubrawa († 14.10.1836), Kreishauptmann.

21.8.1764: Herbolzheim im Breisgau: Bernhard Galura, eigentlich Bernhard Katzenschwanz, († 17.5.1856), erster Generalvikar und Weihbischof von Vorarlberg, Fürstbischof von Brixen.

Angelika Kauffmann
1741–1807

Mit Stolz verweist die heimische Literatur immer wieder auf die Tochter des aus Schwarzenberg im Bregenzerwald stammenden Malers Joseph Johann Kauffmann als die bedeutendste Vorarlberger Malerin. Angelika Kauffmann, die den Heimatort des Vaters nur zweimal in ihrem Leben sah, wurde am 30. Oktober 1741 in Chur geboren. Unter Anleitung ihres dominanten Vaters entwickelte sie sich schnell zu einem viel beachteten „Wunderkind". Bei ihrem zweiten Italien-

Selbstporträt von Angelika Kauffmann (1757)

aufenthalt kopierte sie zunächst zahlreiche Werke italienischer Renaissance- und Barockmaler, ehe sie in Rom (ab 1763) von Johann Joachim Winckelmann in die Welt der Antike eingeführt wurde. Kauffmanns sozialer Aufstieg vollendete sich in ihren Londoner Jahren (1766–1781), wo sie mit ihren Arbeiten große Erfolge feiern konnte. 1781 heiratete sie auf väterlichen Wunsch den venezianischen Maler Antonio Zucchi, mit dem sie noch im selben Jahr nach Venedig zog. Nach dem Tod ihres Vaters gingen sie weiter nach Rom. Hier starb Angelika am 5. November 1807. Auf Grund ihrer umfassenden Bildung und ihres vielseitigen Talents genoss Kauffmann hohes Ansehen. Sie pflegte freundschaftliche Kontakte mit Winckelmann, Reynolds, Goethe und Herder. Ihre künstlerischen Werke zeigen noch die Wurzeln der süddeutschen Spätbarockkunst, ihre Gemälde stehen stilistisch an der Schwelle des verspielten und formübersteigerten Rokokos zum nüchternen und formklaren Klassizismus, welcher seine Vorbilder in der Antike suchte. Kauffmanns Bilder stellen zum einen Porträts dar und bestehen des Weiteren aus Motiven, die biblischen Texten, der Mythologie sowie der zeitgenössischen Dichtung entnommen sind. In Vorarlberg können Werke von ihr u.a. im Landesmuseum in Bregenz und in der Pfarrkirche von Schwarzenberg betrachtet werden. A.R.

1771

König Ferdinand IV. von Neapel. Angelika Kauffmann war bekannt für ihre Porträtkunst, dies brachte ihr auch Aufträge aus höchsten Kreisen.

8.5.1767: Österreich nimmt den Reichshof Lustenau in seinen Besitz. Maria Theresia lässt durch ihre Beamten die Landeshuldigung entgegennehmen und eine Hoheitssäule mit dem österreichischen Wappen im Grindel errichten. Gräfin Maria Rebekka von Harrach-Hohenems beansprucht Lustenau allerdings als ihren rechtmäßigen Besitz. Sie beruft sich darauf, dass der Reichshof im Gegensatz zur Grafschaft Hohenems kein Lehen, sondern ein auch in weiblicher Linie vererbbares Allodialgut sei. In einem rund zwei Jahrzehnte dauernden Prozess vor dem Reichshofrat in Wien kann die Gräfin ihre Ansprüche durchsetzen und von Österreich schließlich die Rückgabe Lustenaus erzwingen.

20.1.1768: Die aus dem Mittelalter stammenden Privilegien der Stadt Feldkirch werden aufgehoben. Die Stadt erhält eine neue Verfassung, welche die Verwaltung genauestens regelt und den Beamten detaillierte Anweisungen für ihre Amtsausübung gibt, den so genannten „Felsenberg-Rezess". Daraufhin kommt es zum offenen Aufstand der Bürger, der allerdings mit militärischer Gewalt niedergeschlagen wird. Stadtammann Peter Leone und einige der führenden Aufwiegler werden für zwei Jahre in der Festung Hohenems inhaftiert.

1768-1783: Bau der Straßenverbindung Bregenz-Feldkirch und Fußach-Lustenau-Götzis.

13.3.1769: Kaiserin Maria Theresia stellt den Hohenemser Juden einen Schutzbrief aus.

1770: Die Hohenemser Judengemeinde beginnt mit dem Bau der Synagoge, der bis 1772 dauert.

30.10.1771: Die Gemeinde Dornbirn kauft Gräfin Maria Rebekka von Harrach-Hohenems um die Summe von 45.250 Gulden alle ihre Güter, Rechte und Leibeigenen ab, die sie in Dornbirn hatte. Der „Loskauf von Ems", der unter absoluter Geheimhaltung erfolgte, bedeutet jedoch keineswegs das Ende der Leibeigenschaft in Dornbirn. Um die Freiheit zu erlangen, mussten sich die Eigenleute von ihrem neuen Herrn, der Gemeinde Dornbirn, loskaufen.

GEBURTSTAG

1768: Franz von Vintler, Ritter zu Plantsch und Runggelstein († 21./22.4.1807), Kreishauptmann von Vorarlberg.

TODESTAG

4.3.1766: Peter Thumb, (* 18.12.1681, Bezau) Barockbaumeister.

1771

Scharfrichter

Gegen Ende des Mittelalters setzte sich im gesamtdeutschen Raum der Scharfrichter allmählich als alleiniger Vollstrecker der schweren Leibes- und Todesstrafen durch. 1470 erfahren wir erstmals auch vom Wirken eines Scharfrichters im Gebiet des heutigen Vorarlberg. Da im Lande niemand ansässig war, der diese Profession ausübte, forderten Bürgermeister und Rat der Stadt Bregenz den Ravensburger Henker an, um eine Hinrichtung mit dem Schwert (= Enthauptung) vorzunehmen. Als diese dem Ravensburger Meister missglückte, fielen die Zuschauer über ihn her und erschlugen ihn.

Mitte des 16. Jahrhunderts ließ sich mit Meister Mathis Pflug erstmals ein Scharfrichter in Bregenz nieder. Der Zuständigkeitsbereich des Bregenzer Scharfrichters deckte sich im Großen und Ganzen mit den österreichischen Herrschaften vor dem Arlberg. Während der ersten Jahrzehnte war er darüber hinaus auch noch für die Grafschaft Vaduz und für Churwalchen zuständig. Auch in den reichsunmittelbaren Gebieten der Grafen von Hohenems griff man bis Mitte des 17. Jahrhunderts auf den Bregenzer Scharfrichter zurück. Hier wurde erst 1649 ein eigener Henker angestellt, der in der Folge für die Reichsgrafschaft Hohenems, den Reichshof Lustenau und zeitweise auch für Feldkirch zuständig war. Über die Gründe, die zur Anstellung eigener Scharfrichter in Bregenz und Hohenems führten, ist uns bislang nichts Näheres bekannt. In beiden Gebieten fallen die Anfänge der ersten Welle der lokalen Hexenverfolgungen und die Niederlassung eines professionellen Henkers etwa in dieselben Jahre, sodass ein Zusammenhang nicht unwahrscheinlich scheint.

Die Scharfrichter waren in erster Linie für die Vollstreckung der verschiedenen Todesstrafen zuständig. Vom 15. bis zum 18. Jahrhundert sind in Vorarlberg das Enthaupten, das Hängen, das Vierteilen, das Rädern, das Lebendigbegraben, das Ertränken und das Verbrennen bezeugt, wobei die besonders grausamen Strafen wie Vierteilen und Rädern um die Mitte des 18. Jahrhunderts so etwas wie eine Renaissance erlebten. Sie wurden vor allem bei den Mitgliedern vagierender Randgruppen, besonders aber bei Zigeunern, verhängt. 1749 wurden beispielsweise in Lustenau und Hohenems mehrere Mitglieder einer Räuberbande auf diese grausame Art zu Tode gebracht. Noch 1772 wurde in Dornbirn auch ein Einheimischer gerädert, der versucht hatte, die Familie des ortsansässigen Müllers durch Beimengen von Mäusegift unter das Mehl auszurotten, um so in den Besitz des Mühllehens zu gelangen.

Enthauptungsszene – Detail aus einer Hinrichtungsdarstellung

Darstellung von Hinrichtungen in Hohenems auf einem Steckbrief aus dem Jahre 1749

Auch die Durchführung der „peinlichen Befragung" (= Folter) sowie die Vollstreckung von Verstümmelungs- und Körperstrafen gehörten zum Aufgabenfeld der Scharfrichter.

Ein weiteres Betätigungsfeld fanden sie in der so genannten Abdeckerei. Als Wasenmeister waren sie für die fachgerechte Beseitigung verendeter Tiere zuständig. Diese konfliktreiche Tätigkeit – häufig wurde versucht, den Abdecker zu umgehen – verpachteten sie nicht selten an ihre Knechte oder an andere, im Moment „arbeitslose" Scharfrichter.

Fast alle Vorarlberger Scharfrichter betätigten sich auch als Tierärzte und als Humanmediziner. Ihre anatomischen Kenntnisse, aber auch die ihnen zugeschriebenen magischen Fähigkeiten verliehen ihnen in den Augen der Bevölkerung großes Ansehen als Heiler. Nicht selten kam es deswegen zu Konfliktsituationen mit universitär gebildeten Ärzten.

Die Scharfrichter zählten zu den so genannten unehrlichen Leuten, worunter wir so etwas wie eine verminderte Rechtsstellung zu verstehen haben. Auf Grund ihrer Herkunft war den Scharfrichtern und ihren Kindern der Zugang zu den „ehrlichen" Berufen (z.B. Handwerk) sowie der unkontrollierte Umgang mit den „ehrlichen" Leuten untersagt. Ihre Unehrlichkeit, die in starkem Maße situationsgebunden war, konnte durch eine Berührung des Scharfrichters oder seiner Handwerksgeräte ebenso auf andere Personen übertragen werden wie durch den – unter Umständen unbeabsichtigten – Eingriff in eine ihrer Tätigkeiten. Aus diesem Grund wurden selbst relativ kleine Reparaturen an Galgen und Strafgeräten in der Regel durch eine Vielzahl von Handwerkern durchgeführt, damit keiner dem anderen etwas Nachteiliges nachsagen konnte.

Die Scharfrichter fanden ihre Ehepartner in der Regel bei Berufskollegen. So waren die Vorarlberger Scharfrichterfamilien (Vollmar, Reichle,

1779

Deigentesch) mit den meisten Henkerfamilien der umliegenden Herrschaften verwandt oder verschwägert. Das Amt wurde in den meisten Fällen vom Vater an den Sohn weitergegeben. Vereinzelt wurde eine Anstellung auch durch „Einheiraten" erlangt, indem ein jüngerer, ausgebildeter Meister die Witwe seines Vorgängers ehelichte. Alles in allem dürfen wir auch in Bezug auf Vorarlberg von „Henkerdynastien" sprechen. Dieses besondere Heiratsverhalten kann nicht auf eine einzige Ursache zurückgeführt werden. Neben der gesellschaftlichen Randstellung der Henker spielten dabei auch noch andere Gründe eine Rolle, beispielsweise ein oft stark ausgeprägtes Standesbewusstsein, der Wunsch, unliebsame Konkurrenz auszuschalten, oder der Zwang, die an den Gepflogenheiten des zünftigen Handwerkes orientierte, aber nie formal geregelte Ausbildung sicherzustellen.

An der Wende vom 18. zum 19. Jahrhundert endet sowohl in Bregenz als auch in Hohenems die Geschichte der traditionellen Vorarlberger Scharfrichterfamilien. Die Neuordnung der Gerichtsbezirke und die Rationalisierung des Strafverfahrens machten den Scharfrichter in der seit dem Ende des Mittelalters bekannten Form und mit seiner berufsspezifischen Ehre überflüssig. Dies drückt sich auch im Verschwinden der alten Scharfrichterfamilien aus. Die Nachkommen der letzten Bregenzer und Hohenemser Henker wanderten entweder aus oder ergriffen andere, „bürgerliche" Berufe. Einige von ihnen gehörten zur ersten Generation der universitär gebildeten Veterinäre Vorarlbergs. Gleichzeitig hatte der Beruf des Scharfrichters auch die sehr stark in magischen Vorstellungen verankerte Aura aus Berührungsangst und scheuem Respekt, die ihn jahrhundertelang umgeben hatte, weitgehend eingebüßt, sodass es seit etwa 1840 durchaus Mitglieder alteingesessener Vorarlberger Familien wie Forster, Helbock, Karg oder Bösch waren, die sich – teils mit Erfolg – um die Anstellung als Henker in den verschiedensten Teilen des österreichischen Staates bemühten.

Mit dem Verschwinden der Vorarlberger Scharfrichterfamilien verschwand jedoch keineswegs die Todesstrafe aus der Geschichte des Landes. Bis 1860 wurde sie nach wie vor öffentlich vollstreckt. Die letzte Hinrichtung in Vorarlberg fällt in die ersten Jahre nach dem Zweiten Weltkrieg. W.Sch.

1771 - 1775: Die beiden Ammänner Johann und Josef Fischer lösen die letzten nach Ems gehörigen Felder des Kellhofs Wolfurt aus.

4.4.1774: Die Montafoner erhalten nach langer Auseinandersetzung mit der Stadt Bludenz ein eigenes Gericht.

24.10.1774: Auf Anordnung der Kaiserin Maria Theresia wird das Feldkircher Jesuitengymnasium geschlossen.

1774: Das im Appenzellerkrieg zerstörte und später wieder aufgebaute Schloss Blumenegg brennt ab.

18.3.1777: Die traditionelle Prozession der verkleideten Bludenzer Schuljugend am Karfreitag wird verboten.

1777: Durch eine Brandkatastrophe werden in Hohenems 22 Häuser der Christen- und 16 Häuser der Judengemeinde vernichtet.

1777: Die Herrschaft Neuburg kommt pfandweise an die Grafen von Wolkenstein-Rodenegg, in deren Pfandbesitz sie bis 1837 bleibt.

1778: In Altach wird ein Schulhaus erbaut.

1779: Gräfin Maria Walburga von Harrach-Hohenems heiratet den Reichsgrafen Klemens Alois von Truchseß-Waldburg-Zeil. Durch diese Eheschließung erlangt das Haus Waldburg-Zeil die Anwartschaft auf den gräflichen Allodialbesitz, zu welchem auch der Reichshof Lustenau gehört.

GEBURTSTAGE

1773: Karl Ulmer († 1846), Fabrikant.

12.3.1774: Georg Prünster († 12.11.1861), Weihbischof und Generalvikar für Vorarlberg.

31.1.1775: Röthis: Franz Joseph Seifried († 5.2.1833), Priester und Dichter.

25.8.1775: Bludenz: Josef Christian Müller († 3.5.1851), Wirt und Landesverteidiger.

15.4.1777: Johann Nepomuk von Tschiderer († 3.12.1860), Weihbischof und Generalvikar von Vorarlberg, Fürstbischof von Trient.

13.10.1777: Weiler im Allgäu: Anton Schneider († 16.7.1820), Landesverteidiger und Landeskommissär.

TODESTAGE

25.5.1775: Franz Xaver Anton Marxer (* 24.5.1703, Feldkirch-Tisis), Dekan der theologischen Fakultät der Universität Wien, Kanzler der Universität Wien, Weihbischof und Generalvikar der Erzdiözese Wien.

15.1.1777: Rochus Hundertpfund (* 19.4.1709, Bregenz), Jesuit und Brasilienmissionar.

9.4.1779: Johann Josef Gassner (* 22.8.1727, Braz), Priester und Exorzist.

1779

14./15.11.1779: Nach langwierigen Unruhen, vor allem in Zusammenhang mit der Umsetzung der Schulreformen, wird eine militärische Besatzung in die Stadt Bludenz gelegt; Bürgermeister Berchtel, Stadtschreiber Bargehr, Säckelmeister Lorenzi und Johann Jakob Peron werden verhaftet und nach Freiburg im Breisgau abgeführt; sie bleiben fünf Monate in Haft.

1779: In der Bibliothek des Palastes in Hohenems wird die Handschrift A des Nibelungenliedes entdeckt, die heute in der Bayerischen Staatsbibliothek München aufbewahrt wird.

26.2.1780: Eine landesfürstliche Kommission erlässt eine neue Stadtverfassung für Bludenz, durch welche die Stadt direkt der vorderösterreichischen Regierung in Freiburg unterstellt wird.

16./17.10.1780: Im Bludenzer Rathaus kommt es wegen der Frage des Kostenersatzes für den Aufenthalt der verhafteten Bludenzer im Freiburger Gefängnis zu Tumulten.

20.12.1781: In den österreichischen Teilen Vorarlbergs wird die Leibeigenschaft aufgehoben.

1781: Die Malerin Angelika Kauffmann heiratet den venezianischen Maler Antonio Zucchi und übersiedelt mit ihm von London nach Italien.

12.1.1782: Das Klarissenkloster Valduna bei Rankweil und das Franziskanerinnenkloster Thalbach in Bregenz werden aufgehoben, da beide Klostergemeinschaften den beschaulichen Orden zugerechnet werden. Das Vermögen der aufgehobenen Klöster wird dem Religionsfonds zugewiesen.

8.4.1782: Vorarlberg wird wieder der Regierung in Innsbruck unterstellt.

20.11.1783: Kaiser Joseph II. ordnet die Errichtung eines eigenen Vorarlberger Landesbistums mit Sitz in Bregenz an, dem auch einige Westtiroler Bezirke wie das Oberinntal, Landeck und Pfunds angehören sollen. Dieses Vorhaben wird allerdings, vor allem wegen des Widerstands der betroffenen Bistümer – Chur, Konstanz und Augsburg –, nicht verwirklicht.

1783: Im ehemaligen Frastanzer Tanzhaus wird eine einklassige Volksschule errichtet.

Januar 1785: Das Minoritenkloster Viktorsberg wird aufgehoben.

1785: Kaiser Joseph II. hebt im Gebiet der Reichsgrafschaft Hohenems die Leibeigenschaft auf.

14.10.1786: Kaiser Joseph II. ordnet die Aufhebung des Bludenzer Stadtrats und des Bürgermeisters an. Am 28.10. tritt ein rechtskundiger Administrator an die Spitze der Stadt.

16.3.1786: Durch eine Hofresolution wird in Bregenz ein Kreis- und Oberamt als Zentrum der Landesverwaltung eingerichtet.

Juni 1788: Johann Wolfgang von Goethe hält sich auf seiner Rückreise aus Italien in Fußach auf.

GEBURTSTAGE

17.10.1782: Satteins: Christian Getzner († 8.8.1848), Gründer der Firmen Getzner, Mutter & Co. und Getzner & Co.

8.5.1784: Bregenz: Franz Josef Weizenegger († 7.12.1822), der „Vater der Vorarlberger Geschichtsschreibung".

24.11.1785: Dornbirn: Lorenz Rhomberg († 26.5.1851), Dornbirner Gemeindeammann, Unternehmer.

25.12.1785: Au-Rehmen: Johann Josef Schmid († 14.2.1851), Pädagoge, Mitarbeiter Heinrich Pestalozzis.

Der Josephinismus

Unter Josephinismus versteht man im weitesten Sinn die Reformideen des aufgeklärten Absolutismus, die zu umfangreichen Veränderungen in allen Bereichen des öffentlichen Lebens geführt haben. Josephinismus im engeren Sinn ist die Kirchenpolitik Kaiser Josephs II., mit der die Kirche einer verstärkten Aufsicht des Staates unterworfen wurde. Den Namen trägt der Josephinismus nach Joseph II., dem ältesten Sohn Maria Theresias, seit 1765 deutscher Kaiser und Mitregent in den habsburgischen Erblanden, ab 1780 bis zu seinem Tod 1790 Alleinherrscher. Da Maria Theresia die josephinischen Reformen nur teilweise billigte, konzentrierten sich diese auf die 1780er Jahre.

Der Geist der Aufklärung hatte in ganz Europa kritisches Denken gefördert. Es wurden mehr oder weniger alle Lebensbereiche einer kritischen Betrachtung unterworfen: die Religion und die traditionelle Rechts- und Staatsordnung ebenso wie die Naturwissenschaften und die Medizin. Ein ahistorisches Denken setzte sich durch,

1788

das mit den Traditionen brach und einen revolutionären Charakter annahm. Der führende französische Aufklärer Voltaire (1694–1778) formulierte diesen Geist mit den Worten: „Voulez-vous avoir de bonnes lois? Brûlez les vôtres et faites-en de nouvelles!" (Wollt ihr gute Gesetze haben? Verbrennt eure und macht neue!)

Dieser Geist der Aufklärung beherrschte nicht nur die Politik in Österreich, sondern in den meisten europäischen Staaten, besonders auch in Preußen unter König Friedrich II., der Voltaire an seinen Hof holte und als einer der Lehrmeister Josephs II. gilt. Auch in Österreich begannen bereits unter Maria Theresia umfassende Reformen. Auf der Basis des Naturrechts, das die menschliche Vernunft in den Mittelpunkt stellte (daher auch als Vernunftsrecht bezeichnet), suchte man eine völlige Erneuerung des Rechts durchzusetzen, in der insbesondere dem Gewohnheitsrecht jede Berechtigung aberkannt wurde. Die Konflikte, die im 18. Jahrhundert zwischen den Vorarlberger Landständen und den absoluten Monarchen (Maria Theresia, Joseph II.) entstanden, hatten nicht zuletzt darin ihren Ursprung, dass man in Vorarlberg sehr stark von traditionellem Rechtsdenken (insbesondere auch dem Gewohnheitsrecht) bestimmt war. Auf der anderen Seite bleibt festzustellen, dass die von oben diktierten Reformen dazu führten, dass vieles vom Geist der Französischen Revolution vorweggenommen wurde und dadurch ein revolutionärer Umbruch von unten in Österreich vermieden werden konnte.

Ziel des Josephinismus war ein zentralistisch verwalteter Staat, in dem die einzelnen Erbländer aufgehen sollten. Die Machtausübung sollte sich auf Heer und Beamtenschaft gründen. Diesem Bestreben diente in Vorarlberg die Einrichtung eines bürokratisch aufgeblähten Kreisamtes im Jahre 1786, das alle bestehenden Gerichts- und Gemeindeverfassungen überlagerte und kontrollierte. Justiz und Verwaltung wurden getrennt. Die bisherigen Landrichter und Gerichtsräte gingen nicht mehr aus Volkswahlen hervor, sie sollten künftig an Universitäten wissenschaftlich ausgebildete und geprüfte Juristen sein. Volkszählungen, Ortstafeln und Häusernummerierungen sollten zu einer verdichteten Überwachung führen. Die Staatssprache sollte in dem zentralistisch regierten Reich das Deutsche sein, weshalb deutsche Ansiedlungen in Ungarn, Siebenbürgen, Galizien und der Bukowina gefördert wurden (auch zahlreiche Vorarlberger Auswanderer gingen in diese Gebiete). Dem Ziel einer größeren sozialen Gerechtigkeit diente die Aufhebung der Leibeigenschaft (1781) und die Einführung einer allgemeinen Grundsteuer, der jetzt auch der Adel unterworfen wurde. Joseph II. förderte Handel und Industrie, er ließ zahlreiche neue Schulen bauen, ebenso Krankenhäuser und Blindenheime. Besonders einschneidend waren auch die Reformen im Strafrecht, insbesondere das Verbot der Folter und die Abschaffung der Todesstrafe.

Den größten Widerstand erregten die Reformen des Josephinismus im engeren Sinn: die kirchlichen Reformen. Die Kirche sollte insgesamt dem Staatswohl und der Staatsräson untergeordnet werden. Die Kirche und ihre Einrichtungen sollten dem Staat unterworfen und durch ihn kontrolliert, die Geistlichen als Staatsdiener für die allgemeinen Ziele der Aufklärung eingespannt werden. Die Offenbarung sollte zurücktreten und an ihrer Stelle der Vernunft in der Glaubenslehre eine maßgebliche Rolle zufallen. Während Maria Theresia noch sehr zurückhaltend vorgegangen und stets auch auf eine Einigung mit dem Papst bedacht gewesen war, ging Joseph II. übereilt und überhastet vor und gab solche Rücksichten auf.

Kaiser Joseph II.

Eine Hauptforderung Josephs II. zielte auf die Konformität der Grenzen kirchlicher Provinzen mit den Staatsgrenzen. Neue Bistümer wurden geschaffen, so beispielsweise St. Pölten oder Linz; auch für Vorarlberg plante er (1783) die (dann jedoch nicht verwirklichte) Errichtung eines Bistums Bregenz (mit Bischofssitz im Kloster Mehrerau). Ausländische Bischöfe (für Vorarlberg waren immer noch die Bischöfe von Konstanz, Augsburg und Chur zuständig) sollten in Österreich keinerlei Jurisdiktionsbefugnisse haben; selbst päpstliche Erlässe sollten nur mehr mit Zustimmung des Kaisers publiziert werden. Zahlreiche Klöster wurden aufgehoben, wenn sie für den Staat keinen realen Nutzen brachten. Der Aufhebung zum Opfer fielen traditionsreiche Klöster wie Valduna,

Altes Gewohnheitsrecht – hier als Beispiel die Bestimmungen über die Einsetzung des Ammanns im Gericht Hofsteig – wurde durch die Obrigkeit reformiert.

1789

Viktorsberg, Thalbach oder St. Anna in Bregenz. Bei der Einziehung und Versteigerung der Klostervermögen gingen wertvolle Kulturgüter verloren, insbesondere Kunstschätze und Bibliotheken. Die Klostergebäude wurden häufig zu Kasernen umgestaltet oder abgerissen, wenn sie sich als Fabriksgebäude nicht eigneten. Die entsprechenden Einkünfte sollten über einen Religionsfonds die Errichtung neuer Pfarrstellen ermöglichen, womit das Netz der staatlichen Kirchendiener verdichtet werden sollte, deren Ausbildung unter der Aufklärung zugetanen Lehrern neu geregelt wurde.

Einen schweren Schlag führte Joseph II. gegen die religiöse Volksüberlieferung. Alles, was irgendwie der Vernunft zu widersprechen und dem Staat unnütz erschien, sollte verboten und beseitigt werden. So wurden viele Kapellen geschlossen, Wallfahrten, Prozessionen und Rosenkranzandachten untersagt, Bruderschaften aufgehoben, Bilder, Statuen, Lampen und sonstiger Schmuck aus den Kirchen entfernt, das Geläute wurde stark reduziert, der Aufwand bei Gottesdiensten eingeschränkt sowie zahlreiche Feiertage abgeschafft. In Vorarlberg wurden nicht weniger als 22 Feiertage beseitigt, weil Arbeitstage für den Staat von größerem Nutzen schienen. Verboten wurden auch die Weihnachtskrippen und die Heiligen Gräber, wie man sie in der Karwoche aufzustellen pflegte. Die deutsche Normalmesse ersetzte den lateinischen Gesang. Im Kirchenvolk regte sich die Kritik, dass die Kirchen „gleich den lutherischen Tempeln aller Zierde entblößt" seien. Ebenso wurden uralte Volksbräuche wie das Funkenbrennen beseitigt; auch dem Wetterläuten wurde der Kampf angesagt.

Besonders hart traf die Bevölkerung die Umgestaltung der Friedhöfe. Viele Gräber wurden eingeebnet, die Familiengräber wurden abgeschafft, es durfte nur noch der Reihe nach bestattet werden; selbst die Särge wurden vereinfacht, sie durften keinen Holzdeckel haben, sondern nur mehr mit einem Leintuch zugenagelt werden.

Die Synagoge in Hohenems wurde mit Hilfe aufklärerischer Beamter 1770–1772 errichtet.

Einen Höhepunkt in der josephinischen Reformpolitik stellte das Toleranzpatent von 1781 dar, das Protestanten und Griechisch-Orthodoxen, später auch den Juden die freie Religionsausübung gestattete. Die 1770–1772 mit der Unterstützung aufklärerischer Beamter errichtete Synagoge in Hohenems war ein Vorzeichen dieser zum Prinzip erhobenen religiösen Toleranz. Das Ehepatent von 1783 nahm die Ehe aus dem Sakramentsbereich und erklärte sie für einen bürgerlichen Vertrag: Nicht mehr die Kirche, sondern der Staat entschied über Ehestreitigkeiten und das Vorliegen von Ehehindernissen. Aus der josephinischen Zeit datieren die ersten Ehetrennungen, die in Vorarlberg nachweisbar sind.

Die Reformen im staatlichen wie auch ganz besonders diejenigen im kirchlichen Bereich führten zu einem wachsenden Widerstand, besonders bei einer bäuerlichen und konservativen Bevölkerung, wie sie in Vorarlberg bestand. So kam es 1789 zu offenem Widerstand, besonders etwa in Götzis, Dornbirn oder Lustenau. Ein militärisches Einschreiten wurde notwendig. Aber auch außerhalb Vorarlbergs regte sich zunehmend der Widerstand gegen die Reformen, vor allem beim Adel und bei der Geistlichkeit. Zu größeren Aufständen kam es 1788–1790 in Ungarn und 1789/90 in den österreichischen Niederlanden.

Der Kaiser musste kurz vor seinem Tod wesentliche Teile der Reformen zurücknehmen. Auch der Vorarlberger Landtag von 1790 formulierte eine Reihe von Beschwerdepunkten mit dem Ergebnis, dass Kaiser Leopold II. als Nachfolger Josephs II. Teile der Reformen zurücknahm. Da jedoch ein Teil der Geistlichkeit im Sinn der Aufklärung erzogen war und dem Josephinismus weiterhin anhing und auch Bayern während seiner Herrschaft über Vorarlberg 1806 bis 1814 diese Reformen, vor allem im kirchlichen Bereich, weiter vorantrieb (zum Beispiel Aufhebung des Klosters Mehrerau), konnte sich dieser Reformgeist noch bis in die Mitte des 19. Jahrhunderts behaupten und zu einer Wurzel des Liberalismus werden.

K.H.B.

1789: Der aus der Umgebung von Memmingen stammende Bernhard Riedmiller erwirbt um 5.900 Gulden das Anwesen des in Konkurs geratenen Kronenwirts und Bürgermeisters Johann Josef Berchtel und lässt sich in Bludenz nieder.

1789: In vielen Teilen Vorarlbergs, besonders aber in Götzis, wo die Wallfahrtskirche in St. Arbogast geschlossen und abgerissen werden soll, in Dornbirn und Lustenau, kommt es zum offenen Widerstand der Bevölkerung vor allem gegen die kirchlichen Reformen Josephs II., sodass teilweise Militär eingesetzt werden muss, um die Ruhe wieder herzustellen. Um die Lage in den südlichen Landesteilen zu beruhigen, führt der Churer Bischof nach einer Aufforderung durch den Kaiser in den Monaten August und September eine Visitationsreise durch die Vorarlberger Teile seines Bistums durch und macht dabei eine Reihe von Zugeständnissen.

1790

1789/90: Österreich muss die Landeshoheit über Lustenau an die mit einem Grafen von Harrach verheiratete Erbtochter des letzten Grafen von Hohenems, Maria Rebekka, zurückgeben. Abschluss eines Staatsvertrages zwischen Österreich und Lustenau.

Januar 1790: Kaiser Joseph II. erlaubt, althergebrachte Andachtsübungen, die sich beim Volk besonderen Zutrauens erfreuen, abzuhalten. Damit beruhigt sich die Lage in Vorarlberg wieder.

GEBURTSTAG

8.5.1790: Imst: Johann Nepomuk von Ebner-Rofenstein († 8.7.1876), Kreishauptmann.

Die Graßmayr'sche Spulen- und Spindelfabrik (hinten links) hinter der Herrenmühle in Feldkirch um 1900

Die Familie Graßmayr

Die Graßmayr stammten aus dem Tiroler Ötztal; dort lassen sich Angehörige der Sippe schon im 16. Jahrhundert nachweisen. Über Generationen waren sie als Glockengießer tätig. 1787 wurde Johann Graßmayr Bürger von Feldkirch; sein jüngerer Bruder Jakob Veit (1755–1829) machte sich 1791 dauerhaft in der Stadt ansässig und richtete in der Marktgasse, also im Stadtzentrum, eine Gießerei ein. Er heiratete Maria Elisabeth Christine Neyer aus Feldkirch, die eine beträchtliche Mitgift einbrachte; die beiden zeugten sechs Töchter und drei Söhne. Graßmayr goss Messinggeräte und vereinzelt Kanonen. Er und seine Nachfahren monopolisierten im 19. Jahrhundert offenbar die Glockengießerei in Vorarlberg und führten auch Aufträge aus der Ostschweiz aus.

1823 wurde Jakob Veits Sohn Josef Anton I. (1799–1840) Teilhaber der Firma. Im Jahr darauf heiratete er Maria Anna Katharina Zimmermann aus Altenstadt, die durch ihre Mitgift zur Vergrößerung des Vermögens beitrug. Das Paar hatte sechs Knaben und zwei Mädchen.

Josef Anton I. baute den Betrieb weiter aus und erweiterte die Produktpalette. So wurde 1825 in einem neuen Gebäude eine Bleiwalze errichtet, ein anderer Teil desselben wurde an den Zürcher David Kitt für seine mechanische Spinnerei vermietet. Dies brachte Graßmayr möglicherweise auf die Idee, sich selbst als Textilproduzent zu betätigen. 1832 gründete er eine eigene Spinnerei und wenige Jahre später eine mechanische Werkstätte und Eisengießerei in Frastanz. In diesem Zeitraum erlebte Vorarlberg eine erste große Gründerzeit. Damals standen nur mehr wenige ungenützte Wasserläufe zur Verfügung; Graßmayr wich daher ins benachbarte Tirol aus und gründete in Telfs eine weitere Spinnerei mit 10.000 Spindeln.

Der Auf- und Ausbau der Betriebe erlitt einen schweren Rückschlag, als Josef Anton 1840 von einer Kanone erdrückt wurde. Für die Witwe und die minderjährigen Kinder leitete in den folgenden Jahren der Mechaniker Jakob Sprenger – wahrscheinlich ein Schweizer – den Betrieb; um 1844 stieg Josef Anton II. (1827–1882) in die Geschäftsleitung ein. Er beteiligte sich an einer Baumwollspinnerei in Reutte in Tirol sowie an einer weiteren in Montorio bei Verona. Misslungene Aktienspekulationen Sprengers, die Wirtschaftskrise der späten 40er Jahre des 19. Jahrhunderts und die darauf folgende Revolution brachten die Firma jedoch in arge Bedrängnis;

Josef Anton Graßmayr erhielt den Auftrag für den Guss der großen Glocke des Feldkircher Katzenturms. Abgebildet ist der Aufzug im Jahre 1857. Detail aus einer Schützenscheibe der Feldkircher Schützengesellschaft

1791

Der Feldkircher Betrieb Graßmayrs um 1860

1854 mussten die Besitzer schließlich den Konkurs anmelden. Die Maschinenfabrik und Spinnerei Frastanz sowie die Spinnereien in Telfs, Reutte und Montorio gingen verloren, und die Familie sah sich nun wieder auf ihre Glockengießerei in Feldkirch sowie auf eine Holzspulendreherei in Rankweil beschränkt.

Josef Anton heiratete 1858 Rosina Melk aus Bludesch. Unter den vier Kindern waren zwei Söhne, von denen der eine allerdings schon als Säugling starb. Der Familie gelang es zwar, die Folgen des Konkurses allmählich zu überwinden, aber als Josef Anton II. 1882 starb, entspann sich ein Familienstreit: Sein erst 20-jähriger Sohn Josef Anton III. (1862–1927) wurde als Nachfolger abgelehnt. Dessen Onkel Raimund und andere Verwandte leiteten den Betrieb ohne rechten Schwung weiter; fünf Jahre nach Raimunds Tod, 1909, kurz vor dem Ausbruch des Ersten Weltkrieges, ging die Firma erneut in Konkurs.

Josef Anton III. schaffte es auf die Dauer gleichfalls nicht, sich wieder emporzuarbeiten. In Feldkirch besuchte er das Jesuitengymnasium Stella Matutina, trat aber vor dem Schulabschluss eine Lehre als Glocken- und Metallgießer an. Nach seiner Ablehnung als Firmenchef übersiedelte er mit Mutter und Schwester nach Innsbruck und lebte dort in ärmlichen Verhältnissen. Er arbeitete als Gießer in mehreren Fabriken und heiratete die Dienstmagd Anna Franziska May, mit der er zehn Kinder hatte. 1890 gründete er in Absam eine Gießerei und mechanische Werkstätte und experimentierte mit der Herstellung und Verbesserung von Feuerspritzen; auch als Glockengießer versuchte er sich.

1903 musste er den Betrieb jedoch verkaufen und hielt sich in Vorarlberg als Gutsbesitzer und Gastwirt über Wasser.

In der ersten Hälfte des 19. Jahrhunderts war den Graßmayrs ein außerordentlicher Aufstieg gelungen; dabei war die Firma aber möglicherweise zu schnell gewachsen. Mitentscheidend für ihren Niedergang dürfte der Umstand gewesen sein, dass die Firmeninhaber der zweiten und dritten Generation starben, ehe ihre Nachfolger das für eine Übergabe geeignete Alter erreicht hatten. H.W.

1791: Ignaz Anton von Indermauer wird zum Kreishauptmann von Bregenz ernannt.

6.10.1792: Hirschegg löst sich von der Pfarre Mittelberg und bildet eine eigene Pfarre.

Dezember 1792: Auf Wunsch der österreichischen Regierung ordnet der Bischof von Chur ein zehnstündiges Gebet für die Segnung der österreichischen Waffen im Krieg gegen Frankreich, dem ersten Koalitionskrieg, an.

1792: Schloss Altems wird zum Abbruch versteigert.

Um 1793: Die Straße von Bezau nach Ellbogen wird gebaut.

3.1.1795: Die österreichische Regierung verbietet den alten Brauch des Masken- und Narren-Laufens sowie des Funkenschlagens.

30.4.1795: Josef Anton Herburger gründet zusammen mit seinem Schwiegersohn Josef Anton Rhomberg die Firma Herburger & Rhomberg in Dornbirn, die erste mechanische Spinnerei des Landes.

GEBURTSTAGE

28.10.1792: Egg: Silvester Ritter von Hammerer († 27.8.1861), Kreispräsident von Vorarlberg und Kreishauptmann von Bozen.

8.10.1794: Au-Rehmen: Maria Schmid, verehelichte Raidel († 14.1.1864), Pädagogin, Mitarbeiterin Heinrich Pestalozzis.

Ignaz Anton von Indermauer
1759–1796

Nach dem Studium in Innsbruck trat Ignaz Anton von Indermauer in den Staatsdienst. 1789 kam er nach Vorarlberg und übernahm noch im selben Jahr die Verwaltung des Kreisamtes, der zentralen Behörde für das Land; 1791 erfolgte seine Ernennung zum Kreishauptmann, zum höchsten Beamten in Vorarlberg, der gleichzeitig den Landständen präsidierte. In diesem Amt schuf sich Indermauer viele Feinde in den konservativen Kreisen der Bevölkerung. Er führte die Untersuchungen über die Unruhen gegen die josephinischen Reformen und hatte im Ersten Koalitionskrieg die Ausfuhrsperre sowie das Auswanderungsverbot in die von der Französischen Revolution erfassten Länder zu überwachen. Diese unpopulären Maßnahmen trafen sowohl die in der Textilproduktion Beschäftigten wie auch die zahlreichen Vorarlberger Saisonarbeiter, die traditionsgemäß den Sommer über in Frankreich arbeiteten.

1798

Das Kloster St. Peter bei Bludenz

1796 wurde Vorarlberg von französischen Truppen unmittelbar bedroht, nördlich von Bregenz kam es bereits zu Kampfhandlungen. Als sich die österreichischen Truppen zum Rückzug entschlossen, wollte auch die Beamtenschaft des Kreisamtes, einer Weisung aus Innsbruck folgend, das Land verlassen. Kreishauptmann Indermauer, Oberamtsrat von Franzin und der Bregenzer Bürgermeister Weber wurden am 9. August 1796 bei Bludenz von einer aufgebrachten Menschenmenge aufgehalten und in das bei Bludenz gelegene Dominikanerinnenkloster St. Peter gebracht. Indermauer wurde Landesverrat und, da er als Präses der Stände auch militärischer Kommandant der Landesverteidiger war, Desertion vorgeworfen. Am Vormittag des 10. August ermordete die fanatisierte Menge den Kreishauptmann und seine Begleiter auf bestialische Weise. A.N.

Anfang August 1796: An der Leiblach kommt es zu Gefechten österreichischer Truppen und Vorarlberger Landschützen mit französischen Einheiten, die durch den Schwarzwald an den Bodensee vorgedrungen sind und nun weiter nach Süden vorstoßen wollen. Als sich die österreichischen Truppen am 8. und 9.8. teilweise ins Klostertal und teilweise über den Arlberg zurückziehen, sieht sich ein Großteil der Landesbevölkerung in ihrem Vertrauen getäuscht; eine explosive Stimmung entwickelt sich.

10.8.1796: Kreishauptmann Ignaz Anton von Indermauer, der sich zusammen mit einigen hohen Beamten – angeblich auf Befehl der Regierung – nach Landeck absetzen will, wird als vermeintlicher Verräter im Kloster St. Peter bei Bludenz inhaftiert und grausam ermordet.

15./16.8.1796: Am Kobel bei Götzis werden die ins Land eingedrungenen Franzosen abgewehrt, ihr weiterer Vormarsch wird gestoppt.

21.9.1796: Die französischen Truppen räumen Bregenz.

1796: Das Kloster Hirschtal in Kennelbach brennt ab; die Dominikanerinnen ziehen in das seit 1782 leer stehende Kloster Thalbach in Bregenz um.

5.9.1797: In Bludenz und Umgebung werden 13 Männer verhaftet, die man der Ermordung des Kreishauptmannes Indermauer verdächtigt.

1797: In Götzis wird zum Dank für den ein Jahr zuvor über die Franzosen errungenen Sieg die so genannte „Kobelkapelle" errichtet.

10.11.1798: Nach einer langwierigen Diskussion über die Abdeckung der Kosten für einen Neubau des Pfarrhofes verzichtet das Reichsstift Weingarten auf das Patronatsrecht und den Zehent von Nenzing, welche es sich anlässlich des Verkaufs des Priorats St. Johann an die Stadt Feldkirch vorbehalten hat.

1798: Nach der Bildung der Helvetischen Republik – einem republikanischen Musterstaat nach französischem Vorbild auf dem Gebiet der heutigen Schweiz – flüchten zahlreiche Gegner des neuen Staatswesens über den Rhein nach Vorarlberg. Unter den Flüchtlingen befinden sich besonders viele Priester und Ordensleute, teilweise ganze Konvente, sowie französische Priester, die sich geweigert haben, einen Eid auf die revolutionäre Verfassung ihres Heimatlandes zu leisten, und bislang in der Schweiz Zuflucht gefunden hatten.

GEBURTSTAGE

13.11.1796: Hittisau: Joseph Ritter von Bergmann († 29.7.1872), der Begründer einer quellenkritischen und methodisch einwandfreien Vorarlberger Landesgeschichtsschreibung.

13.2.1798: Mittelberg: Christian Leo Müller († 1844), Buchdrucker und Erfinder.

TODESTAGE

10.8.1796: Ignaz Anton Indermauer (* 31.7.1759), Kreishauptmann, im Kloster St. Peter bei Bludenz ermordet.

23.3.1798: Josef Anton Herburger (* 31.7.1744), Unternehmer, Gründer der Firma Herburger und Rhomberg.

1799

Die Franzosenkriege 1792–1805

Die Französische Revolution hatte ab 1789 in Europa eine völlig neue Lage geschaffen. Frankreich, lange Zeit Vorbild für den Absolutismus in den europäischen Staaten, proklamierte 1792 die Republik und ließ 1793 König Ludwig XVI. hinrichten. Schon vorher hatten sich Österreich und Preußen im Hinblick auf die Expansion der revolutionären Bewegung zur Wahrung ihres Besitzstandes zu einem Defensivbündnis zusammengeschlossen, dem Russland und andere Staaten beitraten. In der Folge führten wechselnde Koalitionen, in denen sich die europäischen Monarchien gegen Frankreich zusammenschlossen, zu den Koalitionskriegen 1792–1797, 1799–1801 und 1805.

Der erste Koalitionskrieg (1792–1797) vereinigte Österreich, Preußen, England, Spanien und andere europäische Staaten, nicht zuletzt auch den Kirchenstaat, gegen Frankreich. Für Österreich endete der Krieg mit dem Frieden von Campoformio am 17. Oktober 1797; es verlor seine Besitzungen in den Niederlanden und in der Lombardei. Für Vorarlberg wurde der Krieg besonders ab 1794 fühlbar (ständige militärische Besatzung durch österreichische Truppen, Ausfuhrsperre, Verbot der lebenswichtigen Saisonwanderung). Spannungen mit der vor den Franzosen flüchtenden Obrigkeit führten 1796 zur Ermordung des Kreishauptmanns Ignaz Anton von Indermauer. Die französischen Truppen konnten bei Götzis von den Vorarlberger Landesverteidigern aufgehalten und zurückgedrängt werden. Doch die Kriegsschäden wurden für die Bevölkerung zu einer drückenden Last; sie betrugen schon 1796 mehr als eine halbe Million Gulden.

Das Gefecht am Kapf bei Feldkirch 1799. Darstellung auf einer Schützenscheibe der Feldkircher Schützengesellschaft

Weitere Erfolge der Franzosen führten 1798 Österreich, England, Russland und andere Staaten zu einer zweiten Koalition. Die Besetzung der Schweiz durch die Franzosen 1798 verschärfte die Lage in Vorarlberg, besonders durch die Zuwanderung vieler französischer Emigranten (Adelige, Geistliche). Auch die militärische Bedrohung war gewachsen, da der Einfluss Frankreichs jetzt bis vor die Tore von Feldkirch reichte. Die Stadt wurde wegen ihrer strategischen Bedeutung stark befestigt, jedes Bürgerhaus musste Soldaten aufnehmen; es kam zu zahlreichen Übergriffen der Soldaten, insbesondere auch zu Requirierungen von – immer knapper werdenden – Lebensmitteln. Der von Liechtenstein her vordringende französische General Masséna mit seiner dreifachen Übermacht wurde am 22./23. März 1799 am Margarethen- und Veitskapf bei Feldkirch durch die Vorarlberger Landesverteidiger, geführt von Josef Sigmund Nachbauer und Bernhard Riedmiller, und den kroatischen General Jellachich vernichtend geschlagen. Doch das Kriegsglück wandte sich; im Oktober 1799 musste der russische Marschall Suworow vor den Franzosen aus Italien weichen; mit seinen 20.000 undisziplinierten Kosaken zog er zwei Wochen lang durch Vorarlberg, wo es in Altenstadt, Gisingen, Frastanz und Dornbirn zu zahlreichen Übergriffen kam. Allein durch diesen Durchzug verbündeter Truppen entstand dem Land ein Schaden von 100.000 Gulden.

Nach einem anfangs erfolgreichen Seekrieg auf dem Bodensee, den der englische Oberst Williams gemeinsam mit emigrierten französischen Offizieren glänzend organisiert hatte, mussten die österreichischen Truppen im Frühjahr 1800 vor den Franzosen aus Südwestdeutschland weichen. Am 11. Mai 1800 wurde Bregenz von den Franzosen besetzt, Feldkirch kapitulierte am 14. Juli 1800. Die Bevölkerung wurde entwaffnet. Eine weitere Million Gulden musste für den Unterhalt der französischen Truppen aufgebracht werden, die ein halbes Jahr im Land blieben. Requirierungen, Erpressungen und Plünderungen kamen hinzu. Der französische General Martial Thomas

Bregenz und die Bregenzer Bucht zur Zeit der Franzosenkriege. Aquarell von Martin von Molitor, 1803

1799

Schrecken des Krieges: „Da komen 80 Husaren in grosser Wuth. Die wollen haben Gelt und Bluth." Französische Kavallerie in Bangs bei Feldkirch

Zwei gefangene Franzosen werden von den Vorarlberger Landesverteidigern eskortiert.

führte zahlreiche Bücher, wertvolle alte Handschriften und Gemälde als Kriegsbeute fort. Der Friede von Lunéville vom 9. Februar 1801 bestätigte die österreichischen Verluste des Friedens von Campoformio. Die schwer bedrängte Bevölkerung feierte den Frieden im festlichen Schmuck österreichischer und französischer Farben; es kam zu Verbrüderungsszenen mit den ehemaligen Feinden. Der Friede von Lunéville hatte auch den Reichsdeputationshauptschluss vorbereitet, der das Ende der geistlichen Fürstentümer und Reichsstädte brachte. Auch Österreich profitierte in Vorarlberg davon: Blumenegg, St. Gerold und Lindau wurden 1804 österreichisch. Am 24. August 1804 wurde Vorarlberg neuerlich verwaltungsmäßig von Tirol getrennt und der schwäbisch-österreichischen Regierung in Günzburg unterstellt.

Im Jahre 1805 schlossen England und Russland eine dritte Koalition, der auch Österreich beitrat. Es gelang Napoleon jedoch, die Rheinbundstaaten Bayern, Baden und Württemberg für sich zu gewinnen. In der Dreikaiserschlacht bei Austerlitz am 2. Dezember 1805 wurden Österreich und Russland entscheidend besiegt. Österreich verlor im Preßburger Frieden weitere Besitzungen in Süddeutschland und in Italien; Vorarlberg und Tirol mussten an Bayern abgetreten werden.

Im Österreichisch-Französischen Krieg von 1809, der von den Volkserhebungen in Tirol unter Andreas Hofer und in Vorarlberg unter Dr. Anton Schneider begleitet war, musste sich Österreich ein weiteres Mal geschlagen geben und im Frieden von Schönbrunn am 14. Oktober 1809 eine neuerliche Demütigung hinnehmen. Bis zum Frühjahr 1810 erhielt Vorarlberg wiederum eine militärische Besatzung von französischen, bayerischen, badischen und württembergischen Truppen. 177 Vorarlberger Geiseln wurden nach Belgien deportiert. Erst der Sturz Napoleons in den ab dem Frühjahr 1813 ausgebrochenen Freiheitskriegen beendete das Zeitalter der Franzosenkriege. Bayern gab im Juni 1814 Vorarlberg und Tirol wieder zurück. Am 7. Juli 1814 wurde Vorarlberg in einem Festakt im Bregenzer Rathaus von Österreich wieder in Besitz genommen.

Obwohl die entscheidenden Schlachten in diesen Kriegen außerhalb Vorarlbergs geschlagen wurden, stürzte das Land doch in starke Kriegsnöte, insbesondere durch finanzielle Belastungen, Truppendurchmärsche, Einquartierungen, Plünderungen und Besatzungen. Auf der anderen Seite wurde das Landesbewusstsein durch die siegreiche Schlacht bei Feldkirch am 22./23. März 1799 in hervorragender Weise geäußert. Der Widerstand, den die konservativen Vorarlberger den kirchenfeindlichen Reformen Josephs II. entgegengesetzt hatten, erfuhr nachträglich eine Rechtfertigung. Auch im Aufstand von 1809 konnten die Vorarlberger Landesverteidiger anfangs einige glänzende Siege feiern, die zu einer weiteren Festigung des Landesbewusstseins führten. So standen enormen wirtschaftlichen Schäden und finanziellen Verlusten ein wachsendes Landesbewusstsein und ein glühender Patriotismus gegenüber. Die einst stark divergierenden Herrschaften vor dem Arlberg waren gerade in diesen Zeiten der Not zu einem einheitlichen Land Vorarlberg zusammengewachsen.

K.H.B.

100-jähriges Gedenken an die Schlacht am Margarethen- und Veitskapf durch eine Postkarte

1799

22./23.3.1799: Als eine rund 18.000 Mann starke französische Armee unter dem Oberbefehl des Generals Masséna im Zuge des Zweiten Koalitionskrieges versucht, von Süden her, über Liechtenstein, ins Land einzudringen, kommt es zur Schlacht am Margarethen- und Veitskapf bei Feldkirch. Vorarlberger Schützenkompanien unter dem Befehl Josef Sigmund Nachbauers und Bernhard Riedmillers gelingt es gemeinsam mit österreichischen Truppen unter General Jellachich, die Franzosen abzuwehren.

Oktober 1799: Im Zuge der Napoleonischen Kriege zieht der russische Marschall Alexander Wassiljewitsch Suworow mit etwa 20.000 Mann durch Vorarlberg. Seine Truppen halten sich etwa zwei Wochen lang in Vorarlberg auf und fügen dem Land großen Schaden zu.

1799: Die 1797 begonnene Abtragung der Burg Fußach wird beendet.

Mai-Juli 1800: Französische Truppen dringen in Vorarlberg ein und nehmen nach wechselvollen Kämpfen das ganze Land ein. Am 11.5. besetzen sie Bregenz, am 13.7. Götzis, das dabei schwer geplündert wird, und einen Tag später Feldkirch. Zwar haben die Landesverteidiger bei Meiningen ein siegreiches Gefecht geschlagen, müssen aber dennoch kapitulieren, nachdem die österreichischen Truppen unter Jellachich zum Schutz Tirols über den Arlberg zurückbeordert worden sind. In der Folge bleibt Vorarlberg für ein halbes Jahr von französischen Truppen besetzt. Während dieser Zeit erleidet das Land durch Requisitionen großen Schaden.

1801: Beginn der Allmendenteilung in Frastanz.

GEBURTSTAGE

13.2.1798: Mittelberg: Christian Leo Müller († 1844), Buchdrucker und Erfinder.

23.1.1799: Primiero/Trentino: Alois Negrelli von Moldelbe († 10.1.1858), Kreisadjunkt, Inspektor der Bauarbeiten am Suezkanal.

23.2.1799: Bregenzerwald: Jodok Stülz († 28.6.1872), Priester, Historiker, Propst von St. Florian, Abgeordneter zum Reichsrat.

10.5.1799: Nüziders: Anton Vonbun († 6.3.1864), Jurist und Aktuar, Abgeordneter Vorarlbergs in der Frankfurter Paulskirche (1848/49), Feldkircher Bürgermeister.

3.1.1800: Bregenz: Gebhard Weiß († 9.1.1874), Mundartdichter („der Bregenzer Hans Sachs").

11.6.1800: Wolfurt-Rickenbach: Gebhard Flatz († 18.5.1881), Maler.

11.11.1800: Innsbruck: Martin Kink († 7.11.1877), Kreisingenieur, Ehrenbürger von Bregenz.

18.6.1801: Reutte, Tirol: Sebastian Ritter von Froschauer († 8.5.1884), Vorarlberger Kreis- und Landeshauptmann.

TODESTAG

25.10.1800: Johann Josef Batlogg (* 11.10.1751, Vandans), Montafoner Landammann, Richter und Landesverteidiger.

Frühe Pockenschutzimpfung in Lustenau

Am 19. August 1802 führte Dr. Johannes Karl Hollenstein die erste Pockenschutzimpfung in Lustenau durch. Maria Franziska, die Tochter des Adlerwirts Joseph Jussel, war das erste Kind, das er behandelte; in den folgenden zwei Jahren impfte Hollenstein nach seinen eigenen Angaben noch etwa 125 weitere Kinder, wobei er die Methode der so genannten „Vaccination" verwendete, die von dem schottischen Arzt Edward Jenner (1749–1823) entwickelt und seit 1798 durch eine Reihe von Druckschriften in weiten Teilen Europas bekannt gemacht worden war. Dabei erreichte man eine Immunisierung, indem eine künstliche Infektion mit den harmlosen Kuhpocken herbeigeführt wurde.

Die Pocken oder Blattern forderten im 18. und frühen 19. Jahrhundert in Vorarlberg vor allem unter den

Johannes Karl Hollenstein

1806

Kuhpockenimpfung um 1800

Kleinkindern zahlreiche Todesopfer; allein in Bludenz und Umgebung starben zwischen 1796 und 1806 83 Personen an dieser Krankheit, davon zwei Säuglinge, 45 Ein- bis Vierjährige und 24 Fünf- bis Vierzehnjährige. Zu Beginn des 19. Jahrhunderts gab es keine wirksame Therapie gegen diese Krankheit; die Infizierten wurden isoliert, ihnen wurde leichte Kost und frische Luft verordnet; ansonsten musste man auf die Selbstheilkräfte des Körpers hoffen. Die Blattern waren auch deshalb sehr gefürchtet, weil jene, die diese Krankheit überlebten – um 1800 starben in der Regel etwa zehn Prozent der Erkrankten –, meist durch tiefe, kraterförmige Narben, im Extremfall sogar durch Erblindung, ihr Leben lang gezeichnet blieben.

Obwohl sich die Impfaktion in Lustenau bewährte – bei der Blatternepidemie des Jahres 1806 erkrankten lediglich drei der geimpften Kinder –, stand die Mehrheit der Bevölkerung dieser medizinischen Neuerung mit Skepsis gegenüber. Hollenstein selbst berichtete, dass er lange gegen heftiges Misstrauen ankämpfen musste und dass ihn der aufgeklärte Lustenauer Pfarrer Franz Joseph Rosenlächer dabei tatkräftig unterstützte. Nach dem Übergang Lustenaus an Bayern förderte die neue Regierung Dr. Hollenstein, der zuvor – wie er ausdrücklich betonte – „aus Vaterlandsliebe" etwa die Hälfte der Kinder unentgeltlich geimpft hatte, entscheidend in seinen Bemühungen und würdigte ausdrücklich seine Verdienste um die Pockenschutzimpfung. W.Sch.

19.8.1802: Erste Pockenschutzimpfung in Lustenau.

26.9.1802: Die Herrschaft Blumenegg und die Propstei St. Gerold werden säkularisiert und dem Fürsten Wilhelm Friedrich von Nassau-Oranien-Dillenburg zugesprochen.

1.1.1803: Die Abtrennung Altachs von Götzis wird offiziell vollzogen. Altach bildet nun mit den Parzellen Ach, Bauren, Brols, Emme, Hanfland, Grüll und Unterdorf eine selbstständige Gemeinde, die etwa 550 Einwohner, 100 Häuser und 121 Familien zählt.

17.3.1803: Durch ein bischöfliches Dekret werden alle Prozessionen und Bittgänge, die länger als zwei Stunden dauern, verboten sowie generell eine Verminderung ihrer Anzahl gefordert.

24.10.1803: Kaiser Franz erhebt den Dornbirner Gerichtsschreiber und Landrichter Dr. Josef Ganahl zum Edlen von Zanzenberg.

23.11.1803: Kaiser Franz erhebt den Landesmilizhauptmann und späteren Feldkircher Bürgermeister Josef Melchior Kessler zum Edlen von Fürstentreu.

23.6.1804: Wilhelm Friedrich von Nassau-Oranien-Dillenburg verkauft die Propstei St. Gerold und die Herrschaft Blumenegg an Österreich.

24.8.1804: Vorarlberg wird verwaltungsmäßig von Tirol getrennt und der schwäbisch-österreichischen Regierung in Günzburg unterstellt.

1804: Fürst Karl August von Bretzenheim überlässt Österreich das Fürstentum Lindau (Stadt und gefürstetes Reichsstift Lindau) im Tausch gegen Besitzungen in Ungarn.

25./26.12.1805: Österreich tritt im Frieden von Preßburg Vorarlberg und Tirol an das Königreich Bayern ab.

1805: Französische Truppen dringen in Vorarlberg ein; der österreichische General Jellachich kapituliert in Dornbirn-Mühlebach.

19.1.1806: Der König von Bayern, Maximilian I., sichert den Vorarlberger Landständen zu, sie bei ihrer „wohl hergebrachten" Verfassung zu belassen, und kündigt Reformen zur Förderung des Wohlstandes seiner Untertanen an.

GEBURTSTAGE

28.1.1802: Innsbruck: Johann Nepomuk Amberg († 16.3.1882), Volksschulinspektor für Tirol und Vorarlberg, Weihbischof und Generalvikar für Vorarlberg.

18.3.1804: Hohenems: Salomon Sulzer († 17.1.1890), Begründer des modernen Synagogengesanges, Oberkantor der Wiener Synagoge.

1806

Vorarlberg unter Bayern 1806–1814

Die bayerische Herrschaft über Vorarlberg in den Jahren 1806 bis 1814 gehört zu den besonders markanten Episoden der Landesgeschichte: eine Zeit stürmischer Reformen mit dem Ziel einer Modernisierung des Landes, zugleich aber auch eine Zeit heftigsten Widerstandes gegen die – vielfach so empfundene – „Gewalt-" oder „Fremdherrschaft". Nach der verlorenen Schlacht von Austerlitz musste Österreich im Frieden von Preßburg vom 25./26. Dezember 1805 u.a. Vorarlberg (und Tirol) an Bayern abtreten, das am 13. März 1806 das Land in Besitz nahm. Nachdem der Kaiser selbst seine alten Untertanen aufgefordert hatte, dem neuen König treu zu dienen, hatte man in Vorarlberg die neue Herrschaft zunächst positiv gesehen, zumal der König von Bayern einer Vorarlberger Delegation nicht nur zugesichert hatte, kein Jota an der bisherigen wohl hergebrachten Landesverfassung ändern zu wollen, sondern auch versprochen hatte, „die möglichste Beförderung eures Wohlstandes unter unsere unausgesetzte landesfürstliche Sorge" zu rechnen. Jedem Kenner der Sprache des aufgeklärten Absolutismus musste jedoch aus diesen Worten der deutliche Wille erkennbar sein, das Land an das Gängelband zu nehmen und zu bevormunden. Und so fehlte schon bei den pompösen Übergabefeierlichkeiten jede echte Begeisterung für den neuen Monarchen.

Festumzug in Bregenz anlässlich der Rückkehr Vorarlbergs an Österreich im Juli 1814. Im Mittelpunkt das Porträt Kaiser Franz I.

Erinnerungstafel an die Übergabe von Vorarlberg an Bayern am 13. März 1806. Rechts das österreichische, links das bayerische Wappen, unten das Wappen der Vorarlberger Landstände

Tatsächlich war der durch zahlreiche Gebietszuwächse stark vergrößerte bayerische Staat unter dem Minister Maximilian von Montgelas darauf aus, die alten und neuen Länder zu einem zentralistisch regierten Einheitsstaat nach französischem Muster zusammenzufügen und dabei die Ideen der Französischen Revolution von „liberté" (Freiheit), „égalité" (Gleichheit) und „fraternité" (Brüderlichkeit) durchzusetzen. In vieler Hinsicht knüpfte Bayern damit wieder an der josephinischen Reformpolitik an, die im konservativen Vorarlberg auf heftige Ablehnung gestoßen war.

Bayern führte eine umfassende Verfassungs- und Verwaltungsreform durch. Gemeinden und Gerichte verloren jede Selbstverwaltung und wurden nach französischem Vorbild zu staatlichen Instanzen umfunktioniert; die landständische Verfassung wurde 1808 gänzlich aufgehoben; vielfach übernahmen altbayerische Beamte die Verwaltungstätigkeit. Steuern, Zölle, Taxen und Abgaben wurden erhöht. Eine Kirchenreform brachte die Aufhebung des traditionsreichen Klosters Mehrerau, die Zerstörung der Kirche, die Verbrennung der Stiftsbibliothek, die Schließung von Kapellen, das Verbot von Prozessionen, die Verstaatlichung der geistlichen Stiftungen usw. Als besonders drückend empfand die Bevölkerung die Einführung der allgemeinen Wehrpflicht im Dienst der Eroberungskriege Napoleons, mit dem Bayern eng verbunden war. Der so genannte „Weiberaufstand" von Krumbach (Stürmung der Konskriptionsbüros und Vernichtung der Musterungsrollen durch die erbosten Mütter) 1807 richtete sich gegen die Rekrutenaushebungen, denen sich viele junge Vorarlberger durch die Flucht in die Schweiz entzogen.

Der Versuch der neuen Herren, ein bayerisches Staatsbewusstsein zu schaffen, erschöpfte sich weitgehend in Äußerlichkeiten: Tragen der weißblauen Kokarde, Feiern des Geburtstages des bayerischen Königs oder der Siege Napoleons und Indoktrination der Schulkinder mit den so genannten „Bachersätzen", von denen einer etwa lautete „... beurteile die Mängel und Unvollkommenheiten der Obrigkeit allzeit mit Klugheit, Geduld und Schonung" oder ein anderer „Die Bayern sind gute, redliche Leute; sie denken ehrlich und aufrichtig und hassen Betrug und Heuchelei".

Ein neuer Krieg zwischen Österreich und Frankreich (auf dessen Seite neben Bayern auch Württemberg stand) führte 1809 zu einer von dem Vorarlberger Generalkommissar Dr. Anton Schneider glänzend organisierten Erhebung des Landes gegen die neuen Herren (parallel dazu lief die Tiroler Erhebung unter Andreas Hofer). Die bayerischen Beamten wurden verhaftet oder verjagt. Die Vorarlberger Landesverteidiger drangen bis Konstanz und Kempten vor, unterlagen aber schließlich der Übermacht. Napoleon forderte die Erschießung Anton Schneiders; doch kam Württemberg diesem Befehl nicht nach. 177 Vorarlberger Geiseln wurden verschleppt, um künftige Aufstände zu verhindern. Napoleon spielte zeitweise mit dem Gedanken, Vorarlberg (und Tirol) der Schweiz anzuschließen, um damit die Eidgenossen aus ihrer Neutralität zu locken.

Bayern verfolgte nach 1809 eine zurückhaltendere Politik, an der nun auch Vorarlberger Deputierte Anteil nahmen. Zu den Neuerungen gehörten vor allem Reformen im sozialen Bereich. So wurden damals etwa die Sanitätssprengel eingeführt, weiters die Feuerversicherungen, die staatliche Fürsorge für entlassene Häftlinge und die Straflosigkeit unehelicher Geburten. Die Diskriminierung der Juden wurde weitgehend abgeschafft. Besonders fortschrittlich war auch das 1813 verkündete bayerische Strafgesetzbuch. Die 1810 erfolgte Umbenennung von Rieden in Karolinenau (nach dem Namen der bayerischen Königin) war ein äußeres Zeichen der jetzt einsetzenden Entspannung. Doch schon wenige Jahre später wechselte Bayern unter dem Eindruck der napoleonischen Niederlage in Russland die Fronten. Im Pariser Geheimvertrag mit Österreich wurde 1814 die Rückgabe Vorarlbergs (und Tirols) abgemacht. Am 7. Juli 1814 beging man im ganzen Lande die Wiedervereinigung mit Österreich mit einem riesigen Fest. Alle Häuser in Bregenz waren mit Transparenten geschmückt, und an der Pforte der Kapuzinerkirche las man eine Inschrift aus dem Hohenlied (5,10): „Mein Liebling ist weiß und rot." Überschattet blieb diese Rückkehr zu Österreich allerdings durch den Verlust des Westallgäus, das als Landgericht Weiler bei Bayern verblieb. Österreich beließ auch einen großen Teil der bayerischen Reformen in Kraft, insbesondere stellte es die althergebrachte landständische Verfassung nicht im vollen Umfang wieder her, wie es ein Vorarlberger Landtag gefordert hatte. So wich die überschäumende Freude bald einer herben Enttäuschung, die sich durch die Hungerkatastrophe von 1816/17 noch verschlimmerte. K.H.B.

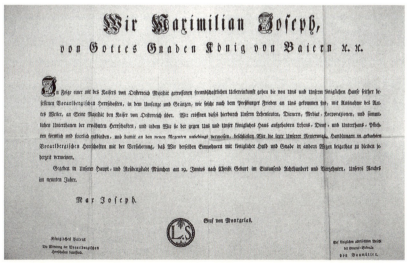

Am 19. Juni 1814 übergab der bayerische König Maximilian Joseph Vorarlberg per Dekret an den Kaiser von Österreich.

13.3.1806: Bayern nimmt offiziell die österreichischen Herrschaften vor dem Arlberg in seinen Besitz.

10.4.1806: Kaiser Franz I. von Österreich dankt in einem Abschiedsbrief den Vorarlberger Landständen für die jahrhundertelang dem Haus Österreich geleistete Treue.

24./26.4.1806: Vorarlberg wird von Tirol getrennt und mit der Provinz Schwaben, deren Hauptstadt Ulm ist, vereinigt.

28.4.1806: Nach dem Tod der Gräfin Maria Rebekka von Harrach († 18.4.1806, Wien), der Erbtochter des letzten Reichsgrafen von Hohenems, nehmen ihre Tochter, Gräfin Maria Walburga von Harrach, und deren Gemahl, Graf Klemens von Waldburg-Zeil, den Reichshof Lustenau in ihren Zivilbesitz.

1.9.1806: Bayern nimmt Lustenau offiziell in seinen Besitz.

1.9.1806: Das Benediktinerstift Bregenz-Mehrerau wird aufgehoben.

1.10.1806: Die bayerische Gerichtsordnung wird in Vorarlberg eingeführt, durch die – erstmals in der Geschichte des Landes – die völlige Gleichheit aller Untertanen vor dem Gesetz vorgesehen wird.

15.11.1806: Die bayerische Regierung hebt die alte Wehrverfassung auf, die den Landständen die Sorge um die Landesverteidigung übertrug, und führt die allgemeine Wehrpflicht in Vorarlberg ein.

1806

16.11.1806: Die 24 historischen Gerichte Vorarlbergs werden aufgelöst. An ihre Stelle treten sieben gleichartige Landgerichte.

Dezember 1806: Die Lustenauer Gemeindegründe werden unter 420 Gemeindebürgern verteilt.

1806: Christian Getzner aus Satteins errichtet im Haus seines Schwiegervaters, des Wirts Barbisch, in Bludenz eine Kolonial- und Spezereiwarenhandlung.

1806: Franz Xaver Mutter aus Tobadill bei Landeck errichtet in Bludenz eine Schnittwarenhandlung.

1806: Karl Ulmer und Johann Salzmann gründen in Dornbirn eine Stoffdruckerei.

19.1.1807: In Zusammenhang mit der ersten Rekrutenaushebung nach den Bestimmungen der allgemeinen Wehrpflicht kommt es in Lingenau zu offenem, teilweise gewalttätigem Widerstand gegen die bayerischen Beamten.

5.2.1807: In der Schrunser Dorfgasse kommt es zu einer Brandkatastrophe.

22.5.1807: Aus Protest gegen die Abschaffung von Bittgängen und Prozessionen pilgert eine große Zahl von Götznern demonstrativ zur Wallfahrtskirche nach Rankweil.

8.6.1807: Die bayerische Regierung beseitigt das Recht der Vorarlberger Landstände zur Steuereinhebung.

30.6.-2.7.1807: In Zusammenhang mit der Musterung von Rekruten kommt es zum so genannten „Krumbacher Weiberaufstand", bei welchem Frauen aus Krumbach, Langenegg, Hittisau und Lingenau ihre tiefe Unzufriedenheit mit der bayerischen Verwaltung zum Ausdruck bringen.

14.-19.7.1807: Bayerische Truppen führen wegen des „Krumbacher Weiberaufstandes" eine Strafaktion durch: In den am Aufstand beteiligten Gemeinden müssen die Bewohner ihre Waffen abliefern und eine Geldstrafe entrichten.

30.12.1807: Die Verwaltung der religiösen Stiftungen wird den so genannten „Pflegern" in den Gemeinden entzogen und einer staatlichen Stiftungsadministration übertragen.

GEBURTSTAGE

11.11.1806: Bregenz: Liberat Hunderpfund († 28.3.1878), Maler.

5.3.1807: Feldkirch: Carl Ganahl († 17.9.1889), Unternehmer, Präsident der Vorarlberger Handelskammer, Abgeordneter zum Vorarlberger Landtag.

TODESTAGE

18.4.1806: Maria Rebekka Gräfin von Harrach-Hohenems (* 16.4.1742), Erbtochter des letzten Reichsgrafen von Hohenems.

5.11.1807: Angelika Kauffmann (* 30.10.1741, Chur, Schweiz), Malerin.

21./22.4.1807: Franz von Vintler, Ritter zu Plantsch und Runggelstein (* 1768), Kreishauptmann von Vorarlberg.

Wappen der Herrschaft Sonnenberg 1670 und des damaligen Landammanns Jonas Mayer

Die Landstände

Als Geburtsstunde der Vorarlberger Stände als Vorläufer eines Landtags gilt das Jahr 1391. Damals schloss Graf Albrecht von Werdenberg-Bludenz mit den Bewohnern der Stadt und der Herrschaft Feldkirch, die auf diese Weise ihren politischen Gestaltungswillen zum Ausdruck brachten, ein Bündnis.

Zwar gibt es mehrfach Hinweise, dass die Landesherren im ausgehenden Mittelalter mit den Organen der städtischen und ländlichen Gebiete Vorarlbergs Verhandlungen pflegten. Aber erst das Interesse der österreichischen Herzöge im ausgehenden 15. und im 16. Jahrhundert an einem Gremium, das außerordentliche Steuern genehmigen und Truppen stellen sollte, schuf eine institutionalisierte Vertretung der österreichischen Untertanen auf Vorarlberger Boden. War der Finanzbedarf des Landesherrn, vor allem für Kriege, aus den herkömmlichen Abgaben nicht mehr zu decken, so konnte er sich nunmehr an den „Landtag" wenden, der nach entsprechenden Verhandlungen solche Zahlungen genehmigte. Auf den Landtagen versammelten sich die Vorsteher – sie führten den Titel „Ammann" – der städtischen und ländlichen Verwaltungssprengel („Gerichte") im

1807

österreichischen Vorarlberg: der drei Städte Feldkirch, Bregenz und Bludenz sowie der 21 ländlichen Gerichte Sonnenberg, Montafon, Jagdberg, Rankweil-Sulz, Neuburg, Damüls, Bregenzerwald, Dornbirn, Höchst-Fußach, Mittelberg, Tannberg, Lingenau, Alberschwende, Sulzberg, Hofrieden, Hofsteig, Hohenegg, Grünenbach, Altenburg und der Kellhöfe Weiler und Scheidegg. Nicht vertreten waren die nicht-österreichischen Territorien, nämlich die Reichsgrafschaft Hohenems mit dem Reichshof Lustenau sowie die Reichsherrschaft Blumenegg mit St. Gerold. Sie blieben aus der Sicht der habsburgischen Gebiete „Ausland".

Die Landtage fanden ursprünglich meist in Feldkirch, seit dem 17. Jahrhundert immer öfter auch in Bregenz statt. Als Versammlungsort für informative Gespräche der Abgesandten der einzelnen ständischen Sprengel diente das Gasthaus „zum Bauern" bei Altach. Die Vorarlberger Stände besaßen kein Landhaus, ihre Verwaltungsaufgaben wurden von den Kanzleien der Städte Bregenz und Feldkirch wahrgenommen.

Nur der Landesherr war befugt, Landtage einzuberufen. Er erschien bei diesen Zusammenkünften jedoch nur selten persönlich, sondern ließ sich durch Kommissäre vertreten, die die Abgeordneten mit den fürstlichen Geldforderungen konfrontierten. Die Stände ihrerseits verwiesen regelmäßig auf ihre bedrängte Finanzlage, worauf man sich nach einigem Verhandeln schließlich auf eine bestimmte Summe einigte. Die Landtage boten darüber hinaus die Gelegenheit, Wünsche und Beschwerden der einzelnen Gerichte an die Herrschaft heranzutragen und um Abhilfe zu bitten.

Neben der Genehmigung der vom Landesherrn geforderten außerordentlichen Steuern bildete deren Einhebung bei den Bewohnern eine Hauptaufgabe der Landstände. Die Gelder wurden vornehmlich durch eine zusätzliche Vermögenssteuer und das „Umgeld", eine Konsumsteuer auf Wein, aufgebracht.

Die Bürger von Dornbirn protestieren 1655 gegen den Grafen Karl Friedrich von Hohenems, der auf der Treppe des Roten Hauses steht.
Der abgebildete Wandteppich entstand im 20. Jahrhundert.

Groß war die gesellschaftliche Bedeutung, die diese ständische Vertretung für jene aus den örtlichen Oberschichten stammenden Amtsträger besaß, die auf den Landtagen ihren Sprengel vertraten. Sie kamen in persönlichen Kontakt mit den Vertretern der Herrschaft, was nicht nur eine Steigerung des Sozialprestiges mit sich brachte, sondern auch weitere Karriere- und Verdienstmöglichkeiten für sich und die Verwandtschaft eröffnete.

Erfolgreich waren die Stände mit ihren Bemühungen um den Erhalt der österreichischen Landeshoheit über Vorarlberg. Sowohl 1655, als Dornbirn an die Grafen von Hohenems abgetreten werden sollte, wie auch 1702, als der Plan erwogen wurde, Vorarlberg zwischen der Abtei von St. Gallen und der Abtei Kempten aufzuteilen, verhinderten die Stände diese Vorhaben unter hohem finanziellen Aufwand, der von der Bevölkerung getragen wurde.

Insgesamt aber war die „innenpolitische" Wirksamkeit der Stände verhältnismäßig beschränkt. Vor allem der sehr ausgeprägte Partikularismus und das aus ihm resultierende Beharren auf lokalen Sonderrechten verhinderte vielfach ein gemeinsames Wirken. Besonders folgenreich waren diese inneren Streitigkeiten, die vor allem zwischen den „oberen" (den südlichen Landesteilen mit Feldkirch und Bludenz) und den „unteren" (den nördlichen um Bregenz) Ständen ausgetragen wurden, auf militärischem Sektor. Dieser Zwist führte dazu, dass sich gegen Ende des Dreißigjährigen Krieges, als ein Vormarsch schwedischer Truppen nach Vorarlberg drohte, die Oberländer Stände weigerten, das Land an der

Montafoner Gerichtsprotokoll

1807

Bregenzer Klause zu verteidigen, was die Einnahme und Ausplünderung der Stadt Bregenz und ihres Umlandes im Januar 1647 durch das Heer General Wrangels wesentlich erleichterte.

Die staatlichen Reformen des 18. Jahrhunderts und schließlich die nach der Abtretung Vorarlbergs an Bayern (1805) erfolgte Aufhebung aller regionalen Verfassungen im Jahre 1808 setzten dem Vorarlberger Ständewesen ein Ende. A.N.

1807: Das traditionsreiche Rathaus auf der Bezegg wird abgebrochen und das Gericht nach Bezau verlegt.

15.5.1808: Durch die Aufhebung aller Sonderverfassungen im Königreich Bayern werden die letzten Reste der landständischen Verfassung in Vorarlberg beseitigt.

24.9.1808: Durch das „Gemeindeedikt" der bayerischen Regierung wird die Gemeindeautonomie in Vorarlberg aufgehoben. Die Gemeinden sollen eine allgemeine Verfassung erhalten.

1.10.1808: Im Zuge der Reform der Kreiseinteilung im Königreich Bayern wird Vorarlberg dem Illerkreis mit der Hauptstadt Kempten zugewiesen.

1808: Zur Einhebung der Grundsteuer wird ein Kataster angelegt.

1808: Der Vorarlberger Anteil am Bistum Chur kommt zum bayerischen Bistum Brixen.

1808: Die Barockkirche des ehemaligen Benediktinerstifts Bregenz-Mehrerau wird abgebrochen.

1808: Die St.-Gallenstein-Kirche in Bregenz wird abgebrochen.

Die Volkserhebung des Jahres 1809

Als Folge des Preßburger Friedens (1804) waren Vorarlberg und Tirol an Bayern gekommen. In weiten Kreisen der Bevölkerung stieß dieser Wechsel der Staatszugehörigkeit jedoch – vor allem auch wegen der traditionsfeindlichen Politik der bayerischen Regierung – auf tiefe Abneigung. Im Frühjahr 1809 erhoben sich bald nach der österreichischen Kriegserklärung an Frankreich, die den Fünften Koalitionskrieg auslöste, die Tiroler unter Andreas Hofer mit Waffengewalt gegen die mit den Franzosen verbündeten Bayern. Wenig später folgten ihnen die Vorarlberger. Hier stand der Rechtsanwalt Dr. Anton Schneider an der Spitze der Bewegung. In der Anfangsphase kam es zu keinen Kampfhandlungen, weil Vorarlberg ohne bayerische Militärbesatzung war. Als dann im Mai bayerische und württembergische Verbände ins Rheintal vorrückten, gelang es den Vorarlberger Landesverteidigern, sie bei Hohenems zu schlagen, über die Landesgrenze zurückzuwerfen und in weiterer Folge sogar Vorstöße bis nach Konstanz zu unternehmen. In Anbetracht der allgemeinen politischen und militärischen Lage brach die Vorarlberger Erhebung

Im Schießen übten sich die Vorarlberger Landesverteidiger auf den Schießständen in ganz Vorarlberg. Die Schützenscheibe zeigt im Hintergrund den Schießstand der Schützengesellschaft Feldkirch.

allerdings bereits im Juli 1809 zusammen, nachdem es vorher zu heftigen Kontroversen zwischen Friedenswilligen und den Befürwortern einer Fortsetzung des Krieges gekommen war. 10.000 Soldaten besetzten das kleine Land, in allen Landesteilen erfolgten Geiselaushebungen. Dr. Anton Schneider und andere Anführer wurden zwar gefangen genommen, von den Württembergern und Bayern jedoch nicht an Frankreich ausgeliefert. Sie entgingen so dem Schicksal Andreas Hofers (hingerichtet in Mantua 1810), das Napoleon auch ihnen zugedacht hatte. A.N.

Anton Schneider
1777–1820

Anton Schneider stammte aus dem damals zu Vorarlberg gehörenden Ort Weiler im Allgäu. Er besuchte das Gymnasium in Feldkirch, anschließend studierte er in Innsbruck Philosophie und Rechtswissenschaften. Bereits 1799 nahm er an den Abwehrkämpfen gegen die Franzosen teil, später wirkte er als Anwalt in Bregenz und St. Gallen. Am 19. Mai 1809 wählten ihn die Vorarlberger Stände (der Landtag) im Zuge der Erhebung gegen die bayerische Regierung zum Landeskommissär, am 9. Juni erfolgte seine Ernennung zum Generalkommissär. Er amtierte damit als Landeschef in zivilen wie militärischen Angelegenheiten

Aufruf an die Landesverteidiger zur Versammlung am 9. Mai 1809

1809

Bernhard Riedmiller
1757–1832

Dr. Anton Schneider um das Jahr 1809

Bernhard Riedmiller, von Franz Thomas Löw 1799 gemalt

Bernhard Riedmiller stammte aus einer reichen Bauernfamilie. 1789 übersiedelte er nach Bludenz. Er hatte hier um 5.900 Gulden das Anwesen des in Konkurs geratenen Kronenwirts und ehemaligen Bürgermeisters Johann Josef Berchtel erworben. 1796 und 1799 führte er als Hauptmann eine Bludenzer Schützenkompanie in den Abwehrkämpfen gegen die Franzosen, wobei er sich wiederholt auszeichnete und einmal verwundet wurde.

Die Begleiterscheinungen der kriegerischen Auseinandersetzungen jener Jahre brachten den wohlhabenden Riedmiller um den Großteil seines Vermögens. Über einen längeren Zeitraum waren zunächst österreichische und danach französische Truppen in seinem Gasthaus einquartiert. So entstanden ihm Kosten in Höhe von mehreren Tausend Gulden, welche ihm die finanziell ruinierte Stadt Bludenz nicht ersetzen konnte.

Während des Aufstandes von 1809 führte Riedmiller wiederum die Bludenzer Schützen an. Er war in führender Rolle an der Eroberung Lindaus beteiligt. Ein besonderes Husarenstück stellte die von ihm befehligte handstreichartige Besetzung der Stadt Konstanz vom See her dar, wobei wertvolle Beute eingebracht wurde. Nach der Kapitulation der Vorarlberger Aufständischen setzte sich Riedmiller nach Tirol ab und schloss sich Andreas Hofer an. Nachdem er sich in der dritten Berg-Isel-Schlacht besonders ausgezeichnet hatte, wurde er zum Kommandanten des Oberinntals ernannt. Bis tief in den Herbst des Jahres 1809 hinein führte er mit seinen Männern immer wieder Vorstöße in die Region Bludenz-Montafon durch.

Nach dem Zusammenbruch des Tiroler Aufstandes flüchtete Riedmiller zunächst in die Schweiz. Wenig später gelang es ihm, sich nach Böhmen durchzuschlagen. Hier gehörte er 1810 jenem Komitee an, das insgesamt 194.000 Gulden englischer Unterstützungsgelder für die flüchtigen Tiroler und Vorarlberger zu verwalten und zu verteilen hatte. Nach 1815 wurde gegen ihn wegen Zweckentfremdung dieser Gelder ermittelt, für deren Verwaltung er seit 1813 alleine zuständig gewesen war. Ihm wurde vorgeworfen, daraus Darlehen zu geschäftsmäßigen Bedingungen vergeben zu haben. Da aus Gründen der Sicherheit und Geheimhaltung über die Verteilung der Unterstützungsgelder keine Aufzeichnungen geführt werden durften, konnte die Angelegenheit nie ganz aufgeklärt werden. Riedmiller wurde vorübergehend für

während dieses anfangs durchaus erfolgreichen Aufstandes. Nach dessen Zusammenbruch stellte er sich den württembergischen Truppen. Bis 1810 wurde er gefangen gehalten, jedoch nicht an die Franzosen ausgeliefert, was ihn vor der Hinrichtung bewahrte. Anschließend war er als Appellationsrat (ein Gerichtsamt) in Wien tätig. Alsbald verdächtigte ihn die Regierung Metternich der Mitarbeit am „Alpenbund" Erzherzog Johanns und kerkerte ihn von 1813 bis 1814 auf der berüchtigten Festung Spielberg bei Brünn (heute Tschechien) ein. Durch die Haft gesundheitlich ruiniert, starb er bereits 1820 während eines Kuraufenthalts in Graubünden. A.N.

Enthüllung des Anton-Schneider-Denkmals 1910 in Bregenz

1809

Der Angriff auf Konstanz durch die Vorarlberger Schützen vom See aus. Der von Riedmiller befohlene Angriff wurde vom Feldkircher Schützenhauptmann Walser durchgeführt. Schützenscheibe der Schützengesellschaft Feldkirch

schuldig erachtet, weshalb ihm auch die Hälfte der von der österreichischen Regierung zugestandenen Pension entzogen wurde. 1827 wurde er schließlich auf persönliche Intervention von Kaiser Franz I. rehabilitiert. Er starb am 9. Jänner 1832 in Wien. W.Sch.

Josef Sigmund Nachbauer

1756–1813

Schon als Kind übersiedelte Josef Sigmund Nachbauer mit seiner Familie aus seinem Geburtsort Rankweil nach Brederis, wo sein Vater den ehemaligen Pfarrhof von St. Peter erworben hatte. Er wirkte ab 1777 als Lehrer in seinem Heimatort. Später, nach der Umwandlung des Mädcheninstituts der Dominikanerinnen in eine Normalschule, unterrichtete er in Altenstadt.

Nachbauer beteiligte sich 1799 als Oberleutnant an den Abwehrkämpfen gegen die Franzosen bei Feldkirch. Mit unnachgiebiger Härte befehligte er die Rankweiler Schützen bei der Verteidigung des Margarethenkapfs in Altenstadt. Etwas später war er auch am erfolgreichen österreichischen Angriff

Schlacht bei Feldkirch 1799. Am Karfreitag versuchten die Franzosen vergeblich, von Tosters aus das Margarethenkapf zu stürmen. Ausschnitt aus dem Gemälde von Mathias Jehly in der Pfarrkirche St. Michael in Tisis

auf den Luziensteig beteiligt. 1800 wurde er zum Hauptmann der Rankweiler Schützen gewählt. 1809 hatte Nachbauer maßgeblichen Anteil an der Organisation des Vorarlberger Aufstandes gegen die Bayern. Nachdem er in führender Stellung an der Einnahme Lindaus mitgewirkt hatte, wurde er am 5.6.1809 vom Landtag gemeinsam mit sieben anderen Majoren mit der Führung der Landesverteidiger betraut. Nach der Niederwerfung des Aufstandes entzog er sich durch Flucht in die Schweiz der Verhaftung durch die Franzosen, die ein Kopfgeld von 1.000 Gulden auf ihn ausgesetzt hatten. Von dort begab er sich nach Tirol und versuchte vergeblich, Andreas Hofer zur Mithilfe bei der Planung einer neuerlichen Erhebung der Vorarlberger zu

Rankweil: Schützenscheibe, von den Rankweiler Schützen der Feldkircher Schützengesellschaft gewidmet

überreden. Am 10. November 1809 kehrte er nach Vorarlberg zurück und wurde trotz vorangegangener Amnestie verhaftet. Am 23. Dezember wurde er wieder freigelassen, durfte aber fortan weder ein öffentliches Amt bekleiden noch seinen angestammten Beruf als Lehrer ausüben. Als bei den bayerischen Behörden Gerüchte über die Vorbereitung eines neuerlichen Aufstandes der Vorarlberger kolportiert wurden, wurde Nachbauer im November 1813 abermals verhaftet und zusammen mit anderen Geiseln zunächst nach München, später nach Ingolstadt in Festungshaft gebracht. Er erkrankte in der Gefangenschaft und starb am 25. Oktober 1813, als seine Freilassung unmittelbar bevorstand.

W.Sch.

Unter dieser Fahne kämpften die Schützen, die unter dem Befehl von Josef Sigmund Nachbauer standen.

14.1.1809: In Lustenau wird eine „Industrieschule" gegründet, in welcher die Mädchen im Sticken und Nähen unterrichtet werden sollen.

25.4.1809: Vorarlberger Schützenkompanien besetzen Bregenz und die Bregenzer Klause. In den folgenden Tagen und Wochen werden bayerische Beamte verhaftet.

2.5.1809: Vorarlberger Schützenkompanien stoßen bis Tettnang vor.

1811

9.5.1809: Ein in Bregenz zusammengetretener Landtag bewilligt die allgemeine Landesverteidigung.

12.-15.5.1809: Vorarlberger Schützenkompanien dringen in Ludwigshafen, Meßkirch und Friedrichshafen ein; dabei erobern sie große Vorräte an Lebensmitteln und Munition.

19.5.1809: Dr. Anton Schneider wird zum zivilen Landeskommissär bestellt.

25.5.1809: Französische und württembergische Truppen besetzen Bregenz.

29.5.1809: Die aufständischen Vorarlberger erringen bei Hohenems einen Sieg gegen französische und württembergische Truppen und drängen diese danach bis über die Leiblach zurück.

5.6.1809: In Bregenz tritt erstmals ein Landtag zusammen, bei dem alle Gebiete des Landes, auch die ehemals reichsfreien Territorien, Hohenems, Lustenau, Blumenegg und St. Gerold, vertreten sind.

10.6.1809: Dr. Anton Schneider wird ziviler und militärischer Generalkommissär des Landes.

13.6.1809: Württembergische und französische Truppen dringen bis Lochau vor, werden dann aber von den Vorarlberger Landesverteidigern bis Wangen und Neuravensburg zurückgeworfen.

18.6.1809: In Vorarlberg trifft ein Handbillett des Kaisers ein, worin er verspricht, niemals einem Friedensschluss zuzustimmen, der die (neuerliche) Abtretung Tirols und Vorarlbergs von Österreich vorsieht.

Anfang Juli 1809: Die Bewohner der Landgerichte Sonthofen und Immenstadt erklären ihren Anschluss an Vorarlberg.

17.7.1809: Die aufständischen Vorarlberger erleiden beim Angriff auf Kempten eine verlustreiche Niederlage.

6./7.8.1809: Württembergische und französische Truppen rücken kampflos in Bregenz ein. Der Aufstand der Vorarlberger ist damit praktisch beendet. Nur noch im Südteil Vorarlbergs kommt es zu vereinzelten Aktionen von Tiroler und Vorarlberger Widerstandskämpfern.

23.8.1809: Dr. Anton Schneider wird verhaftet und nach Hohenasperg abtransportiert. Im ganzen Land werden 177 Geiseln ausgehoben und nach Belgien gebracht; sie dürfen erst 1810 wieder in ihre Heimat zurückkehren.

14.10.1809: Im Frieden von Schönbrunn verzichtet Österreich abermals zu Gunsten Bayerns auf Tirol und Vorarlberg.

31.10.1809: Vorarlberger und Tiroler Aufständische dringen unter der Führung von Bernhard Riedmiller über den Kristberg bis nach Schruns vor.

15.11.1809: Die letzten Tiroler Aufständischen ziehen sich von Stuben über den Arlberg zurück; damit ist der letzte Rest von Widerstand in Vorarlberg gebrochen.

24.7.1810: Das Land Vorarlberg übergibt der bayerischen Königin Karoline das zuvor um 44.000 Gulden angekaufte ehemalige Benediktinerkloster Mehrerau als Wochenbettgeschenk; am selben Tag wird die Gemeinde Rieden zu ihren Ehren in „Karolinenau" umbenannt.

17.8.1810: Im Bregenzer Wochenblatt wird die Fabel „Das Kameleon und die Vögel" abgedruckt; darin werden unterschwellig jene Vorarlberger kritisiert, die der bayerischen Herrschaft zu starke Sympathien entgegenbringen.

GEBURTSTAGE

8.12.1808: Bregenz: Johann Georg Hummel († 27.5.1888), Pfarrer, Ehrenbürger der Stadt Bregenz.

26.5.1810: Götzis: Johann Berchtold († 10.7.1898), Lehrer, Ehrenbürger der Marktgemeinde Götzis.

TODESTAGE

1809: Johann Mathias Jehly (* 13.12.1747), Kunstmaler.

4.2.1810: Franz Freiherr von Jellachich (* 1746, Petrinja, Kroatien), Feldmarschall-Leutnant, 1799 an der erfolgreichen Verteidigung von Feldkirch beteiligt, Ehrenbürger der Städte Bludenz, Bregenz und Feldkirch.

1811

1.4.1811: Der bayerische König überlässt Gräfin Maria Walburga alle von ihrer Mutter in Vorarlberg ererbten (landesherrlichen) Ansprüche und Rechte, darunter die Patrimonialgerichtsbarkeit zu Lustenau, gegen eine jährliche Abgabe von 300 Gulden.

1812: Lorenz Rhomberg und Michael Lenz gründen in Dornbirn die erste mechanische Spinnerei Vorarlbergs.

Ende 1812: Mitglieder des so genannten „Alpenbundes" versuchen von Tirol her, in Vorarlberg den Boden für eine neuerliche Volkserhebung gegen die bayerische Regierung zu bereiten.

7.3.1813: Dr. Anton Schneider wird verhaftet und in die Festung Spielberg bei Brünn gebracht.

3./4.4.1813: Nach dem Beginn der Freiheitskriege gegen Napoleon lässt der österreichische Staatskanzler Metternich einige der führenden Köpfe des Aufstandes von 1809 verhaften, um einer neuerlichen Volkserhebung gegen die Bayern und die Franzosen vorzubeugen.

21.5./23.6.1813: Der alte Eigenbesitz der Grafen von Hohenems geht an die Grafen von Waldburg-Zeil über: Gräfin Maria Walburga überlässt im Zuge eines Vergleichs zwischen Eheleuten ihrem Gemahl, dem Grafen von Waldburg-Zeil, alle ihre in Vorarlberg gelegenen ehemaligen hohenemsischen Besitzungen samt dazugehörigen Rechten zu Hohenems, Lustenau und in der (ehemaligen) Herrschaft Feldkirch.

10.6.1813: Durch ein Edikt der königlich-bayerischen Regierung werden alle in Bayern lebenden Juden gezwungen, einen geläufigen Familiennamen anzunehmen und den gewöhnlichen Untertaneneid abzulegen, wenn sie nicht als Fremde gelten wollen. In der Hohenemser Judengemeinde werden etwa 40 Namensänderungen registriert.

GEBURTSTAGE

7.4.1811: Partenen: Franz Joseph Rudigier († 29.11.1884), Bischof von Linz.

15.4.1811: Dornbirn: Franz Martin Rhomberg († 17.5.1864), Firmengründer und Unternehmer.

24.1.1812: Dornbirn: Anton Ölz († 19.12.1894), Arzt, Abgeordneter zum Vorarlberger Landtag und zum Reichsrat.

3.3.1812: Andelsbuch: Josef Feldkircher († 2.9.1851), Priester und Mundartdichter.

2.12.1813: Lochau: Josef Fessler († 25.4.1872), Abgeordneter zum Parlament in der Frankfurter Paulskirche (1848), Weihbischof und Generalvikar für Vorarlberg, Bischof von St. Pölten, Generalsekretär des Ersten Vatikanischen Konzils.

TODESTAG

25.10.1813: Josef Sigmund Nachbauer (* 16.2.1756, Rankweil), Lehrer, Landesverteidiger.

Der Dornbirner Fabrikant Karl Ulmer

Karl Ulmer
1773–1846

Die moderne Textilindustrie Vorarlbergs nahm ihren Anfang in Dornbirn: Die Gesellschafter der Firma Rhomberg & Lenz nahmen um 1812 die erste mechanische Spinnerei in Betrieb. Karl Ulmer und seine Söhne hingegen gründeten in den flachen Parzellen Schwefel-Rohrbach die erste ausgeprägte „Industrielandschaft" des Landes.

Karl Ulmer entstammte einer bemerkenswerten Familie. Sein Onkel Franz Josef Ulmer, Löwenwirt im Dornbirner Hatlerdorf, führte in den Jahren 1789 bis 1791 einen Aufstand gegen die religiösen Neuerungen Kaiser Josephs II. an und starb deshalb im Gefängnis. Ulmers Vater Adam, Vorsteher im Viertel Oberdorf, fiel einem Mordanschlag zum Opfer. Karl Ulmer betrieb eine Mühle und handelte in großem Stil mit Getreide; bereits einer seiner Großväter war Bäcker gewesen. Die Bewohner Vorarlbergs mussten viel Getreide aus Schwaben importieren, und der Getreidehandel war recht einträglich. Dies brachte Ulmer offenbar auf die Idee, in Textilunternehmungen zu investieren.

Nach einer nicht gesicherten Überlieferung gründete er bereits 1806 gemeinsam mit einem Gesellschafter eine Stoffdruckerei. Im selben Jahr fiel

1814

Vorarlberg allerdings an Bayern, und die Textilwirtschaft erlitt schwere Einbußen. Nach dem Ende der Bayernherrschaft 1814 unternahm Ulmer einen neuen Anlauf: Er plante den Bau einer chemischen Bleiche; bislang war in Vorarlberg zumeist mit natürlichen Verfahren gebleicht worden. Zur Sicherung von Energie und Wasser kaufte Ulmer nun im Schwefel in einem weiten Umkreis Felder und Äcker auf und ließ von der Dornbirner Ach einen Kanal ableiten. In den folgenden Jahren ergänzte er Druckerei und Bleiche durch eine Färberei. 1826 verhinderte er erfolgreich die Ansiedlung einer weiteren Färberei durch Herburger & Rhomberg in seiner unmittelbaren Nachbarschaft. Als Erster in Vorarlberg ging Ulmer zur mechanischen Weberei über; die benötigten Webstühle wurden aus dem Elsass importiert. Bislang war die Weberei ausschließlich Handarbeit gewesen. Bald darauf folgte eine mechanische Spinnerei.

Karl Ulmer war mit Franziska Feuerstein verheiratet; das Paar hatte fünf Söhne. Ulmer und sein ältester Sohn Adam wurden des Öfteren wegen Schmuggels von Baumwollwaren aus der Schweiz belangt. Der zweite Sohn Johann Georg besuchte mangels einer Ausbildungsstätte im Land das Polytechnische Institut in Wien, aus dem später die Technische Hochschule hervorging. 1837 verkaufte Karl Ulmer den größeren Teil seiner Fabriken an seinen Sohn Adam sowie an Johann Baptist Salzmann und zog sich wieder auf sein Gewerbe als Müller zurück.

1842/43 entstand in Dornbirn ein schwerer Konflikt, der die ganze Gemeinde in zwei Lager spaltete: Angehörige der verarmten Unterschichten im Ort forderten unter anderem mehr Transparenz in der Gemeindeverwaltung und eine Privatisierung von Gemeindegut. Karl Ulmer sympathisierte dabei kurzzeitig mit den Aufständischen und geriet dabei in eine Auseinandersetzung mit der Sippe der Rhomberg, die die Anliegen der begüterten Bürger vertrat. Diesen Konflikt entschieden die Rhomberg für sich; in den folgenden 25 Jahren stellten sie fast ausschließlich die Ammänner bzw. Bürgermeister des Ortes. 1843 erlitt Ulmer eine weitere Niederlage: Sein jüngster Sohn Daniel beabsichtigte, sich als Bäcker im Schwefel nahe am Fabriksgelände niederzulassen. Dagegen protestierten allerdings die anderen Dornbirner Bäcker mit Erfolg: Sie befürchteten eine Monopolisierung des Gewerbes.

Wenige Jahre später starb Karl Ulmer. Sein Grab auf dem Friedhof in Dornbirn-Markt zeigt in einer zeitgenössischen Ansicht die Fabrikgebäude im Schwefel. Den Betrieb führte sein Sohn Johann Georg Ulmer fort. Später gingen die meisten Gebäude in den Besitz der Firma Franz Martin Rhomberg über. Diese Diskontinuität der Firmengeschichte ist mit ein Grund, warum mit Karl Ulmer einer der frühesten und bemerkenswertesten Industriellen des Landes fast vergessen wurde. Und nach dem Konkurs der Firma F. M. Rhomberg wird auf dem ehemaligen Fabriksareal bald nichts mehr an ihn erinnern. H.W.

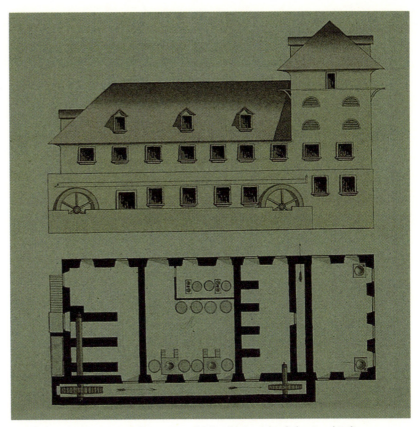

1825 ließ Karl Ulmer im Dornbirner Ortsteil Schwefel eine Schönfärberei und Indienne-Druckerei errichten.

3.6.1814: Bayern tritt im Pariser Geheimvertrag Vorarlberg zusammen mit Tirol und Salzburg an Österreich ab, behält allerdings mit dem Landgericht Weiler (im Allgäu) einen Zugang zum Bodensee.

Juni/Juli 1814: Die Bevölkerung des Westallgäu bemüht sich in mehreren Eingaben – vergeblich – um die Rückkehr zu Österreich.

7.6.1814: Vorarlberg wird in einem Festakt im Bregenzer Rathaus wieder von Österreich in Besitz genommen.

13.7.1814: Ein Vorarlberger Landtag tritt zusammen und beschließt, eine Abordnung an den Kaiser zu entsenden, um die Wiederherstellung der alten Verfassung zu erbitten.

1814

24.7.1814: In Bregenz wird die Rückkehr zu Österreich mit einem Festumzug und einem Festgottesdienst gefeiert.

September 1814: Das österreichische Militär besetzt die Grafschaft Hohenems und das Patrimonialgericht Lustenau; beide Gebiete werden weiterhin von Bayern beansprucht.

14.-18.10.1815: Kaiser Franz I. von Österreich hält sich auf der Rückreise vom Monarchentreffen in Paris in Vorarlberg auf.

1815: Karl Ulmer und Alois Rhomberg errichten in Dornbirn-Schwefel eine chemische Bleiche.

12.5.1816: Die alte Vorarlberger Ständeverfassung wird wieder eingeführt.

19.5.1816: Kaiser Franz I. von Österreich bewilligt die Wiederherstellung der alten ständischen Verfassung, gesteht dem Landtag aber das Recht der Steuerbewilligung nicht mehr zu.

30.5.1816: Der neue, durch Wahlmänner gewählte Vorarlberger Landtag nimmt an der Landeshuldigung in Innsbruck teil.

4.9.1816: Durch kaiserliche Entschließung wird Feldkirch als Sitz des künftigen Weihbischofs und Generalvikars für Vorarlberg festgelegt.

1816: Vorarlberg wird in das Bistum Brixen eingegliedert.

1816: Die geplante Niederlassung der Exkönigin Hortense in Bregenz sorgt bei den österreichischen Behörden für Aufregung.

14.3.1817: Kaiser Franz I. erkennt Lustenau als gräfliches Patrimonialgericht mit Sitz Hohenems an; seine Kompetenzen entsprechen nun jenen der übrigen Landgerichte.

Juni-August 1817: Mehrere Hochwasserkatastrophen suchen Vorarlberg heim; allein der Rhein tritt zwischen dem 15.6. und dem 28.8. dreimal über seine Ufer, wobei Lustenau und Götzis besonders betroffen werden. Auch der Bodensee erreicht einen historischen Hochstand, sodass Hard und Teile von Bregenz zeitweise unter Wasser stehen.

1817: Christian Getzner gründet zusammen mit Andreas Gassner aus Nenzing die Firma „Getzner & Comp.".

GEBURTSTAGE

30.9.1814: Strobl, Salzburg: Josef Freiherr von Lasser zu Zellheim († 19.11.1879), Abgeordneter zum Parlament in der Frankfurter Paulskirche (1848), Abgeordneter zum Reichstag, Statthalter für Tirol und Vorarlberg, k.k. Minister, Ehrenbürger der Stadt Bregenz.

13.1.1815: Dornbirn: Franz Martin Hämmerle († 15.2.1878), Unternehmer und Firmengründer.

15.1.1816: Bezau-Ellbogen: Katharina Felder († 13.3.1848), Bildhauerin.

6.11.1816: Bludenz: Anton Jussel († 23.7.1878), Vorarlberger Landeshauptmann, Ehrenbürger der Marktgemeinde Hard.

19.11.1816: Terenten, Pustertal: Simon Aichner († 1.11.1910), Weihbischof und Generalvikar für Vorarlberg, Fürstbischof von Brixen.

Der Industriepionier Christian Getzner

Christian Getzner
1782–1848

Christian Getzner war eines von sieben Kindern eines Bauernpaars in Satteins. Seine Familie dürfte Garn für den wohlhabenden Handelsmann Johann Josef Ganahl in Feldkirch gesponnen haben; dieser lieferte die Rohbaumwolle dafür und kaufte ihnen dann das Garn ab. Ganahl beschäftigte auf diese Art viele weitere Bauern im Nebenerwerb; man bezeichnete dies als Verlag. Um 1800 trat Getzner in der Kolonialwarenhandlung Ganahls eine Stelle als Handlungsgehilfe an. Dabei lernte er neben dem Handel auch das Verlagswesen genauer kennen. 1806 heiratete er die Wirtstochter Maria Barbara Katharina Barbisch; ihre Mitgift ermöglichte es ihm, im Haus seines Schwiegervaters in Bludenz seine eigene Kolonial- und Spezereiwarenhandlung zu eröffnen; nebenbei begann er gleichfalls zu verlegen. Im gleichen Jahr richtete Franz Xaver Mutter (1776–1836) aus Tobadill im Bezirk Landeck eine Schnittwarenhandlung in

1818

Bludenz ein. 1815 nahm Getzner einen Cousin seiner Frau, Andreas Gassner aus Nenzing (1776–1823), als Gesellschafter auf; zwei Jahre später gründete er mit diesem die Handlung „Getzner & Comp.". Am 1. August 1818 taten sich die drei Bauernsöhne Getzner, Mutter und Gassner schließlich zur Firma „Getzner, Mutter & Cie." zusammen; zu diesem Zeitpunkt verlegten sie rund 3.000 Heimarbeiter und Heimarbeiterinnen.

Getzner verlagerte seine Interessen nun wiederum nach Feldkirch; er erwarb dort ein Haus in der Altstadt (das heutige Palais Liechtenstein) und richtete eine Rotfärberei sowie eine kleine mechanische Spinnerei mit vier Maschinen ein; weiters betrieb er eine Brauerei. Bald ergaben sich jedoch Probleme: Getzner hatte sich nicht um Baugenehmigungen gekümmert und produzierte ohne Rücksicht auf die Brandgefahr; außerdem verschmutzte die Färberei das Wasser, das auch von anderen benutzt wurde. Getzner sah sich daher gezwungen, die Färberei nach Frastanz in die Felsenau zu verlegen. Dort ließ er auch eine chemische Schnellbleiche errichten, wiederum ohne zuvor eine Genehmigung einzuholen. Der Betrieb wurde ihm daraufhin jahrelang untersagt. Weiters geriet Getzner in Schmuggelverdacht.

Die Spinnerei Klarenbrunn in Bludenz wurde 1886 fertiggestellt. Die Aufnahme entstand um das Jahr 1900.

Dies hinderte ihn aber nicht, weitere Betriebe zu gründen und Beteiligungen einzugehen. 1820 richtete er gemeinsam mit Johann Josef Ganahl und einem weiteren Gesellschafter aus St. Gallen in Bludenz eine mechanische Spinnerei ein, den (nach Rhomberg & Lenz in Dornbirn) zweiten größeren Betrieb dieser Art in Vorarlberg; die Fabrik brannte 1832 ab. Bereits im Jahr zuvor hatte sich Getzner am Bau einer Spinnerei in Nenzing beteiligt, 1836 folgten eine große Spinnerei und Weberei in Bürs.

Wichtige Ursachen für Getzners Aufstieg vom Bauernsohn zum Fabrikbesitzer lagen in seiner Innovationsfreudigkeit: Bereits sehr früh experimentierte er mit der Maschinenspinnerei und Rotfärberei; oft legte er sich mit den Behörden an und war darauf bedacht, mögliche Konkurrenten auszuschalten. In seiner Karriere lassen sich bemerkenswerte Parallelen zu seinem Lehrherrn Johann Josef Ganahl, einem weiteren Unternehmer der ersten Generation, feststellen: Wie Ganahl 1797 in Feldkirch, so eröffnete auch Getzner sein erstes Geschäft im Haus seines Schwiegervaters, das er bald darauf an sich brachte. Beide hatten kurz danach familiäre Rückschläge zu verkraften: Ganahls Frau starb, und die zwei einzigen Kinder Getzners überlebten das erste Jahr nicht. In der Folge konzentrierten sich Getzner und Ganahl auf ihren ökonomischen Aufstieg und trugen damit wesentlich zum Aufbau großer Firmen bei. Als Getzner 1848 starb, ging sein Erbe vorwiegend an zwei seiner Neffen. H.W.

Die Färberei von Getzner & Comp. in der Felsenau bei Frastanz. Gemälde von Franz Xaver Bobleter

1818: Christian Getzner aus Satteins, Franz Xaver Mutter aus Tobadill bei Landeck und Andreas Gassner aus Nenzing gründen die Firma „Getzner, Mutter & Cie."

1818

2.5.1818: Papst Pius VII. erläßt die Bulle „Ex imposito" über die Diözesanregelung in Tirol und Vorarlberg; er trennt damit die 100 Pfarreien Vorarlbergs für immer von den Diözesen Chur, Augsburg und Konstanz und unterstellt sie dem Bischof von Brixen, der dafür einen eigenen Generalvikar ernennen soll; die Errichtung einer eigenen Diözese Feldkirch wird in Aussicht gestellt.

Vorarlberger Weih- und Landesbischöfe

Elf Weihbischöfe wirkten in den 150 Jahren von der Schaffung eines eigenen Vorarlberger Generalvikariats 1818 bis zur Errichtung der Diözese Feldkirch 1968 als Generalvikare im Lande und trugen das Ihre zum Aufbau eines einheitlichen Kirchengebietes bei.

Der erste Feldkircher Weihbischof, Bernhard Galura

Ihren ersten eigenen Generalvikar konnten die Vorarlberger im März 1820 in Feldkirch begrüßen. Der aus dem ehemaligen österreichischen Breisgau stammende Bernhard Galura (1764–1856) war der Sohn des Gastwirts Johann Martin Katzenschwanz. Seinen auffälligen Familiennamen hatte der humanistisch gebildete Student kurzerhand ins Griechische übersetzt.

Nach Studien in Breisach, Freiburg und Wien – hier hatte er sein besonderes Interesse für die Katechese entwickelt und 1788 die Priesterweihe erhalten – kehrte Galura zunächst nach Freiburg zurück, wo er 1791 zum Münsterpfarrer ernannt wurde. Seit 1815 als Gubernialrat und geistlicher Referent in Innsbruck beschäftigt, trat er 1820 nach Erhalt der Bischofsweihe sein neues Amt als erster Generalvikar für Vorarlberg an. An seiner neuen Wirkungsstätte erwarteten Galura zahlreiche Aufgaben: Es galt, aus dem bis vor kurzem unter drei verschiedenen Diözesen aufgeteilten Land ein einheitliches Kirchengebiet zu machen. Nachzuholen waren auch zahlreiche Firmungen: In manchen Teilen Vorarlbergs war seit 1802 nicht mehr gefirmt worden, sodass Weihbischof Galura allein in den Jahren 1820 und 1821 über 50.000 Menschen die Firmung spendete. Auch der krasse Priestermangel stellte ein großes Problem für den Generalvikar dar. Nachdem er neun Jahre in Vorarlberg gewirkt hatte, wurde Bernhard Galura zum Fürstbischof von Brixen ernannt. Dieses Amt sollte er bis zu seinem Tod 1856 innehaben.

Nach Galuras Weggang blieb das Generalvikariat zwei Jahre lang unbesetzt. Erst im Sommer 1832 traf der aus Bozen stammende Weihbischof Johann Nepomuk von Tschiderer (1777–1860) als Nachfolger ein. Tschiderer, der vorher als Professor für Moraltheologie und Provikar des deutschsprachigen Teils der Diözese Trient gewirkt hatte, verlegte seinen Amtssitz an den Feldkircher Kirchplatz. Der schon zu Lebzeiten im Ruf der Heiligkeit stehende Weihbischof kümmerte sich besonders um die Armen: Er gründete einen Pensionsfonds für arme Lehrer und auch das Schicksal der „Schwabenkinder" lag ihm sehr am Herzen. Doch bereits 1835 verließ Weihbischof Tschiderer Vorarlberg, um sein neues Amt als Fürstbischof von Trient anzutreten. 1995 wurde Johann Nepomuk von Tschiderer selig gesprochen.

Der dritte Feldkircher Generalvikar, Weihbischof Georg Prünster (1774–1861), stammte aus einer Pustertaler Bauernfamilie. Nach einigen Jahren als Seelsorger und verschiedenen Funktionen im Brixener Ordinariat wurde Georg Prünster 1836 in Brixen zum Bischof geweiht und trat sein Amt in Vorarlberg an. Unter ihm kam es endlich zum Bau eines eigenen Amtsgebäudes, was die Arbeit im erst jungen Generalvikariat wesentlich erleichterte. In seine Amtszeit fiel auch die Weihe eines neuen Hochaltars im Feldkircher Dom und die neuerliche Niederlassung der Jesuiten in Feldkirch mit der Gründung des Kollegs Stella Matutina 1856. Hochbetagt verstarb Weihbischof Georg Prünster 1861 in Feldkirch, wo er auch seine letzte Ruhestätte fand.

Bischof Josef Fessler

Mit Josef Fessler (1813–1872) wurde erstmals ein Vorarlberger höchster kirchlicher Würdenträger des Landes. Die hiesige Amtstätigkeit des hoch gebildeten Theologen, der zunächst die Hochschullaufbahn eingeschlagen hatte und auch politisch tätig war (im Revolutionsjahr 1848 war er Vorarlberger Abgeordneter in der Frankfurter Nationalversammlung),

1819

Begräbnis des beliebten Bischofs Franz Tschann

dauerte kaum drei Jahre. Bereits 1865 wurde er zum Bischof von St. Pölten ernannt; den Höhepunkt seiner kirchlichen Laufbahn erreichte er vier Jahre später mit der Ernennung zum Generalsekretär des Ersten Vatikanischen Konzils.

Die politische Auseinandersetzung zwischen Liberalen und Konservativen prägte die Amtsperiode von Johann Nepomuk Amberg (1802–1882), unter dem auch die St. Nikolaus-Kirche dem Zeitgeschmack entsprechend renoviert wurde. Sein Nachfolger, der spätere Brixener Fürstbischof Simon Aichner (1816–1910), der nur zwei Jahre lang in Vorarlberg residieren sollte, unterstützte den konservativen „Katholischen Erziehungsverein für Vorarlberg", der für die Werte einer im katholischen Glauben verankerten Schulbildung eintrat.

Mit anderen Entwicklungen war Johannes Nepomuk Zobl (1822–1907) im Jahre 1887 konfrontiert, als in Vorarlberg unter Berufung auf die Bulle „Ex imposito" Stimmen laut wurden, die die Errichtung eines Bistums forderten. In einer Sitzung des Vorarlberger Landtags ergriff Zobl das Wort, um die Art des Vorgehens der Befürworter – die glaubten, aus der Bulle ein Recht auf die Errichtung ableiten zu können –, nicht aber das Anliegen selbst zu kritisieren. Das etwas unglückliche Unterfangen wurde schließlich vom Landtag selbst fallen gelassen. Weihbischof Zobl, der sich auch als Kirchenhistoriker einen Namen gemacht hatte, verstarb beinahe erblindet im Herbst 1907 in Feldkirch.

Nachdem von 1908 bis 1912 Franz Egger (1836–1918) die Geschicke des Feldkircher Generalvikariats geleitet hatte, wurde 1913 Sigismund Waitz (1864–1941) neuer Weihbischof und Generalvikar. In seine Amtszeit fielen die großen Umbrüche in der kirchlichen Verwaltung nach dem Ende des Ersten Weltkrieges, als 1925 der nun österreichische Teil von der Diözese Brixen endgültig abgelöst und die Apostolische Administratur Innsbruck-Feldkirch eingerichtet wurde. Bischof Waitz amtierte als Apostolischer Administrator mit den Rechten eines residierenden Bischofs, bis er 1938 von Paul Rusch in dieser Funktion abgelöst wurde. Waitz selbst war ab 1935 Salzburger Erzbischof. Er war wesentlich am Zustandekommen des österreichischen Konkordates von 1934 beteiligt.

In Vorarlberg folgte ihm 1935 der Feldkircher Provikar Franz Tschann (1872–1956) als Generalvikar der Apostolischen Administratur Innsbruck-Feldkirch nach. Der 1897 zum Priester geweihte Sohn eines Bludenzer Eisenbahnbeamten wurde 1901 von Bischof Zobl als bischöflicher Sekretär nach Feldkirch geholt. Weihbischof Tschann, der beim Anschluss Österreichs 1938 kritische Worte fand, versuchte den kirchenfeindlichen Maßnahmen des NS-Regimes entgegenzuwirken, so weit er konnte. 1940 musste er seine bisherigen Amtsgebäude räumen und in die Villa Gassner am Hirschgraben verlegen. Der nach den Kriegsjahren schon sehr kranke und gebrechliche Bischof trat 1955 in den Ruhestand.

1819

Bischof Bruno Wechner wird am 7. Oktober 1968 im Feldkircher Dom zum Diözesanbischof geweiht.

Bischof Klaus Küng

Bereits seit 1944 als Provikar tätig war Franz Tschanns Nachfolger Bruno Wechner (1908–1999). Der gebürtige Götzner erhielt 1933 die Priesterweihe und wirkte in Alberschwende als Kaplan, bevor er in Rom weiterstudierte, wo er auch zum Doktor des Kirchenrechts promovierte. Als Provikar wurde Wechner, der 1938 gegen den Anschluss Österreichs an das Dritte Reich gestimmt hatte, Nachfolger des 1944 von den Nationalsozialisten hingerichteten Carl Lampert. 1955 wurde Bruno Wechner in der Feldkircher Pfarrkirche St. Nikolaus zum Bischof geweiht. Unter ihm kam es 1968 zum wohl wichtigsten kirchengeschichtlichen Ereignis in Vorarlberg, der Errichtung der Diözese Feldkirch. Der erste Feldkircher Bischof, zu dessen Aufgaben auch die Umsetzung der Beschlüsse des Zweiten Vatikanischen Konzils gehörte, trat 1989 zurück. Er verstarb 1999 im hohem Alter von 91 Jahren und wurde in der Bischofsgruft des Feldkircher Doms beigesetzt.

Zum Nachfolger Bischof Bruno Wechners wurde Klaus Küng (geb. 1940) bestimmt. Der Sohn des ehemaligen Feldkircher Stadtarztes hatte zunächst Medizin studiert und war als Arzt tätig, ehe er in Rom Theologie studierte und 1970 in Madrid zum Priester geweiht wurde. Die Bestellung des Regionalvikars des Opus Dei zum zweiten Feldkircher Diözesanbischof löste im Jahre 1989 zahlreiche Proteste aus. S.G.

25.3.1819: Kaiser Franz I. genehmigt die Wahl Dr. Bernhard Galuras zum Weihbischof und ersten Generalvikar für Vorarlberg.

1819: Erzherzog Joseph, Palatin von Ungarn, besucht Vorarlberg.

30.1.1820: Fürstbischof Karl von Lodron weiht in Brixen Dr. Bernhard Galura zum Weihbischof.

16.4.1820: Weihbischof Dr. Bernhard Galura wird feierlich als Generalvikar für Vorarlberg installiert.

1820: Johann Josef Ganahl errichtet zusammen mit mehreren Gesellschaftern, darunter

1824

Christian Getzner, die erste größere Spinnfabrik des Oberlandes in Bludenz.

1820: Das erste Bregenzer Kaffeehaus wird eröffnet.

1.5.1822: Johann Nepomuk Ebner wird zum neuen Kreishauptmann für Vorarlberg bestellt.

1822: In Bregenz wird die erste Sparkasse des Landes gegründet.

1823: Kronprinz Ferdinand besucht Vorarlberg.

1824: Erzherzog Franz Karl besucht Vorarlberg.

GEBURTSTAGE

11.12.1820: Bregenz: Kaspar Hagen († 20.3.1885), Arzt und Mundartdichter.

23.1.1822: Schattwald-Wies, Tannheimer Tal: Johannes Nepomuk Zobl († 13.9.1907), Weihbischof von Brixen und Generalvikar für Vorarlberg.

28.11.1824: Nüziders-Laz: Franz Josef Vonbun († 27.3.1870), Arzt, Dichter und Sagensammler.

TODESTAGE

6.9.1819: Joseph Anton Bonifaz Brentano (* 24.9.1747, Rapperswil am Zürichsee), Buchdrucker und Verleger.

16.7.1820: Anton Schneider (* 13.10.1777, Weiler im Allgäu), Landesverteidiger und Landeskommissär.

7.12.1822: Franz Josef Weizenegger (* 8.5.1784, Bregenz), der „Vater der Vorarlberger Geschichtsschreibung".

Franz Josef Weizenegger
1784–1822

Franz Josef Weizenegger wurde am 8. Mai 1784 in Bregenz im heute abgebrochenen Haus Belruptstraße Nr. 42 (Gedenktafel) geboren: Sein Vater war der Stadtziegler Josef Weizenegger (1732–1799), seine Mutter Maria Barbara Neyer (1743–1811).

Ab November 1789 besuchte Weizenegger die Normalschule in Bregenz. Der sehr gute und prämierte

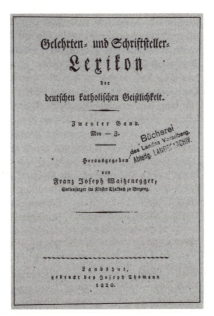

Franz Josef Weizenegger arbeitete unter anderem auch am „Gelehrten- und Schriftstellerlexikon der deutschen katholischen Geistlichkeit" mit.

Schüler hätte nach dem Willen seiner Lehrer studieren sollen, doch wollte ihn der Vater zuerst ein Handwerk erlernen lassen, und so arbeitete der junge Weizenegger einige Jahre in der Ziegelei seines Vaters. 1799 nahm er eine Kürschnerlehre in Bregenz auf, die er 1802 abschloss. Bei einem Besuch der Wallfahrtskirche in Rankweil fasste Weizenegger den Entschluss, in den geistlichen Stand einzutreten. Und so bezog er von 1802 bis 1805 das Gymnasium des Benediktinerklosters Mehrerau, wo P. Meinrad Merkle (1781–1845), sein späterer Herausgeber, sein Lehrer war. Weizenegger setzte seine Studien 1806 in Innsbruck und 1808 in Landshut fort, um 1809 sein Theologiestudium zu beenden. Zu seinen Lehrern zählte der berühmte Johann Michael Sailer, der ihm 1810 in Bregenz auch die Primizpredigt hielt. In Landshut, wo er sich auch dem Studium der „Vaterländischen Geschichte" gewidmet hatte, verbrachte Weizenegger ein halbes Jahr als Erzieher im Haus des Begründers der „historischen Rechtsschule", Friedrich Karl von Savigny, der ihn für die Ideen der Romantik begeisterte. Nach dem Besuch des Priesterseminars in Meersburg wurde Weizenegger 1810 zum Priester geweiht. Von 1810 bis 1813 wirkte er als Provisor in Kennelbach, Bregenz, Hörbranz und Dornbirn, wo er 1813 schwer erkrankte; 1815 kehrte er nach Bregenz zurück und wurde 1819 als Priester im Krankenstand Beichtvater der Dominikanerinnen in Thalbach.

Das heute bekannteste Werk von Franz Josef Weizenegger, die erste gedruckte Geschichte Vorarlbergs. Es wurde nach Weizeneggers Tod durch seinen ehemaligen Lehrer vollendet und herausgegeben.

1825

Auf der Suche nach einer sinnvollen Beschäftigung fand Weizenegger diese in der „Vaterlandsgeschichte". Angeregt durch die Chronik des Bregenzer Kapuzinerpaters Anizet Riedinger (1740–1818), sammelte er im aufgehobenen Kloster Mehrerau und im Stadtarchiv Bregenz „geschichtliche Merkwürdigkeiten". Daraus entstand der Plan einer groß angelegten Geschichte Vorarlbergs, zu der er Fragebogen an alle Pfarreien aussandte. Themen wie „Römerstraßen", „mittelalterliche Dichtung", „Burgen" oder die „Grafen von Montfort" rückten in den Mittelpunkt seines Interesses. Bald verbanden ihn enge Kontakte mit gleich gesinnten Forschern: mit Joseph von Laßberg (1770–1855) in Meersburg, Ildephons von Arx (1755–1833) und P. Johannes Nepomuk Hauntinger (1756–1823) in St. Gallen, Johann Kaspar Zellweger (1768–1855) in Appenzell und vielen anderen.

Weizenegger, der seit 1811 regelmäßig publizierte und besonders auch an dem „Gelehrten- und Schriftsteller- Lexikon der katholischen Geistlichkeit Deutschlands und der Schweiz" (Landshut 1821/22) mitwirkte, konnte sein Hauptwerk nicht mehr beenden. Ein früher Tod riss ihn am 7. Dezember 1822 aus seinem Schaffen. Erst 1839 konnte sein Lehrer und Vollender Meinrad Merkle das dreibändige Werk in Druck geben, das Weizenegger posthum zum „Vater der Vorarlberger Geschichtsschreibung" machte.

K.H.B.

13.5.1825: Altach wird durch „höchste Resolution" zur eigenen Pfarre erhoben. Die pfarrliche Selbstständigkeit beginnt am 13.11.1825. Peter Berkmann wird im Dezember erster definitiver Pfarrer der neuen Pfarre.

1825: Die Kaiserjäger errichten in Bregenz die erste Badeanstalt Vorarlbergs, eine Schwimmschule für Soldaten.

8.6.1826: Alois Negrelli von Moldelbe wird zum Kreisingenieur-Adjunkten in Bregenz ernannt. Er macht sich besonders um die Rheinregulierung sowie um den Straßen- und Brückenbau im Lande verdient.

1829: Auf Initiative des Gemeindeammanns Lorenz Rhomberg wird in Dornbirn mit der Regulierung der Dornbirner Ache begonnen. Das Projekt dauert zwei Jahre.

1830: Lustenau wird endgültig österreichisch: Graf Max von Waldburg-Zeil verzichtet auf die Patrimonialgerichtsbarkeit.

1832: Die Ganahl'sche Spinnerei in Bludenz wird durch einen Brand zerstört.

1832: Josef Anton Graßmayr gründet eine eigene Spinnerei in Frastanz.

1832: Franz Martin Rhomberg gründet in Dornbirn eine Färberei.

1832: Zur Förderung der Landwirtschaft wird ein landwirtschaftlicher Verein gegründet. In der Folge werden zahlreiche Versuche mit neuen Samen und Obstsorten unternommen, planmäßige Viehzucht betrieben, die Alpwirtschaft und die Wildwasserverbauung ausgebaut.

GEBURTSTAGE

17.2.1825: Karl Freiherr von Seyffertitz († 12.1.1900), Bürgermeister und Ehrenbürger der Stadt Bregenz, Abgeordneter zum Vorarlberger Landtag und zum Reichsrat.

15.5.1825: Bürs: Ferdinand Bürkle († 28.10.1912), Pfarrer, Ehrenbürger der Marktgemeinde Lauterach.

21.9.1825: Langen bei Bregenz: Wendelin (als Abt Franz) Franz Pfanner († 24.5.1909), Missionar, Abt, Ordens- und Klostergründer.

16.9.1826: Schwarzenberg: Johann Georg Sieber († 11.11.1902), Pfarrer, Ehrenbürger der Marktgemeinde Wolfurt.

14.12.1826: Peternica, Slawonien: Carl Graf Belrupt-Tissac († 31.5.1903), Landeshauptmann, Mitglied des Herrenhauses, Ehrenbürger der Städte Bregenz und Bludenz.

28.8.1828: Dornbirn: Johann Georg Waibel († 22.10.1908), Arzt, Bürgermeister und Ehrenbürger der Stadt Dornbirn, Abgeordneter zum Vorarlberger Landtag und zum Reichsrat.

4.1.1829: Bludenz: Josef Wolf († 24.11.1909), Bürgermeister und Ehrenbürger der Stadt Bludenz, Abgeordneter zum Vorarlberger Landtag.

31.8.1829: Dornbirn-Haselstauden: Johann Schwendinger († 16.12.1906), Pfarrer von Hard und Fußach, Ehrenbürger der Marktgemeinde Hard.

30.1.1831: Thüringen: Ludwig Gabriel Seeger († 8.1.1893), Arzt und Mundartdichter.

5.3.1832: Sulzberg: Pius Fink († 16.9.1874), Lokomotivkonstrukteur.

13.8.1832: Bezau: Andreas Fetz († 19.1.1899), Bürgermeister und Ehrenbürger der Stadt Bregenz, Abgeordneter zum Vorarlberger Landtag.

1834

Leo Müller
1799–1844

Müller war das zweite von zwölf Kindern eines Gastwirts aus dem Kleinen Walsertal. Er absolvierte eine Lehre als Tischler und wanderte dann als Geselle in Bayern. Um 1826 trat er eine Stelle als Modelltischler in der Firma von Friedrich Koenig und Andreas Friedrich Bauer an. Die beiden erzeugten im ehemaligen Kloster Oberzell bei Würzburg Zeitungsdruckmaschinen. Nach einem erfolglosen Versuch, dort als Teilhaber aufgenommen zu werden, trat Müller wieder aus der Firma aus. Er kehrte nun nach Hause zurück und lieh bei Verwandten Geld zur Gründung einer eigenen Maschinenfabrik. Daraufhin eröffnete er eine Werkstatt in der Gießerei des staatlichen Hüttenwerkes Jenbach in Tirol. Kurz darauf erhielt er von der renommierten Wagner'schen Universitätsdruckerei in Innsbruck den Auftrag zum Bau einer Druckerschnellpresse.

1833 nahm Müller ein Privileg (Patent) auf eine technisch verbesserte Presse. Nun zeichnete sich ein Konkurrenzkampf mit dem Maschinenbauer Friedrich Helbig, einem Neffen Friedrich Koenigs, ab; dieser betrieb eine Werkstatt in Wien. Nach anfänglichen Auseinandersetzungen einigten sich die beiden jedoch darauf, fortan einen gemeinsamen Betrieb zu führen. Dabei stellte Helbig kaufmännisches Wissen und Kapital zur Verfügung, Müller brachte seine patentierte Maschine ein. 1836 erhielt er ein weiteres Patent. Im selben Jahr verkauften die beiden Gesellschafter zwei Druckmaschinen an die Hof- und Staatsdruckerei in Wien. Binnen sechs Jahren lieferte die Wiener Firma 52 einfache sowie sieben doppelte Schnellpressen in verschiedene größere Städte der Habsburgermonarchie sowie nach Deutschland; dabei gelang es den Gesellschaftern auch, Kunden ihrer ehemaligen Lehrmeister Koenig & Bauer zu gewinnen. Sie warben für

Leo Müller, der Erfinder aus Mittelberg

ihre Waren in Fachzeitschriften und durch Vorführungen. Kurze Zeit darauf erlebte der Betrieb allerdings einen entscheidenden Rückschlag: 1843 starb Helbig, im Jahr darauf Leo Müller. Da Frauen nach dem Gewerberecht keinen Betrieb führen durften, musste Müllers Witwe Maria einen Geschäftsführer bestellen. Doch gingen die im Betrieb beschäftigten Maschinenbauer vielfach denselben Weg, den Helbig und Müller vor ihnen gewählt hatten: Nach ihrer Lernzeit machten sie sich in diesem viel versprechenden Gewerbe selbstständig. 1860 musste die Firma in Wien daher gelöscht werden.

Während der kurzen Zeit ihres Bestehens leistete die Firma Helbig & Müller einen wichtigen Beitrag zum frühen Maschinenbau in der Habsburgermonarchie. Leo Müller kann neben Fritz Schindler im 19. Jahrhundert als der bedeutendste Erfinder Vorarlbergs bezeichnet werden. Schindler war allerdings nicht aus Vorarlberg gebürtig, und Müller musste sein Glück außerhalb der Landesgrenzen suchen, denn im Milieu seiner engeren Heimat bestand kein Bedarf an verbesserten Druckerpressen, etwa für Zeitungen mit höheren Auflagen. Daran zeigt sich, dass die doch relativ kleine, wenngleich hoch entwickelte Industrie- und Gewerbelandschaft Vorarlbergs keinen besonders guten Nährboden für Erfinder bot. H.W.

1832: Johann Nepomuk Tschiderer tritt sein Amt als Generalvikar für Vorarlberg an.

1833: In Hard wird die Herstellung von Taschentüchern mit dem Bildnis Napoleons verboten.

1833: Leo Müller aus dem Kleinen Walsertal erwirbt ein Patent auf eine technisch verbesserte Druckerschnellpresse.

28.8.1834: Rheinüberschwemmung in Lustenau.

1834: In den Vorarlberger Städten entstehen liberale Klubs.

1834: Johann Nepomuk Tschiderer, Generalvikar für Vorarlberg, wird zum Fürstbischof von Trient ernannt. 1835 wird er inthronisiert.

TODESTAGE

4.2.1827: Johann Konrad Blank, durch Raubmord (* 8.6.1757), Priester und Gelehrter.

25.5.1828: Maria Walburga (* 22.10.1762), Tochter von Maria Rebekka von Hohenems und Franz Xaver Graf von Harrach-Rohrau, Erbgräfin von Harrach-Hohenems, Gattin des Reichsgrafen Klemens von Truchseß-Waldburg-Zeil-Trauchburg.

9.1.1832: Bernhard Riedmiller (* 5.6.1757, Illerbachen bei Memmingen), Wirt und Landesverteidiger.

5.2.1833: Franz Joseph Seifried (* 31.1.1775, Röthis), Priester und Dichter.

1835

Pfarrer Franz Josef Rosenlächer

Franz Josef Rosenlächer

1763–1835

Franz Josef Rosenlächer entstammte einer wohlhabenden und angesehenen Konstanzer Bürgerfamilie. Mit zehn Jahren wurde er auf die Lateinschule geschickt und erhielt darüber hinaus Privatunterricht, vor allem in Instrumentalmusik. Als seine Eltern infolge unglücklicher Spekulationen verarmten, bedurfte es der Unterstützung durch gute Freunde und eines städtischen Stipendiums, damit der junge Rosenlächer seine Ausbildung fortsetzen konnte. Er wählte das Studium der Theologie und trat 1784 in das Priesterseminar Augsburg ein. Nach seiner Primiz (1787) wurde er Benefiziat in der Stiftskirche zu Zeil. Sein weiterer beruflicher Werdegang war aufs Engste mit den Grafen von Waldburg verbunden, die fortan seine wichtigsten Förderer waren. 1791 wurde Rosenlächer Hauslehrer und Erzieher am Grafenhof, 1799 zweiter Canonicus des Stifts Zeil; 1801 wurde er über Vermittlung der Gräfin Maria Rebekka von Hohenems-Harrach, deren Erbtochter mit einem Grafen von Waldburg-Zeil verheiratet war, Pfarrer von Lustenau. Hier wirkte er bis zu seinem Tod 1835.

Während seiner mehr als drei Jahrzehnte währenden Tätigkeit in Lustenau widmete er sich vor allem der Verbesserung der Schulbildung. Rosenlächer, der sich in der Tradition der Bildungsreformen Maria Theresias und Josephs II. sah, hatte anfänglich große Schwierigkeiten zu überwinden, zumal es auch in Lustenau zu erheblichen Unruhen in Zusammenhang mit der Durchsetzung der so genannten „Normalschule" gekommen war. Seiner Initiative ist es zu danken, dass die Gemeinde ein einheitliches Lesebuch für alle Schüler der Oberklasse anschaffte und dass Unterricht in Naturgeschichte und -lehre stattfand, um weit verbreiteten abergläubischen Vorstellungen den Boden zu entziehen u.a.m. Auf ihn geht auch die Einführung einer „Industrieschule" zurück, in welcher die Mädchen in der „Strickerey" und die Buben in der Baumkultur unterrichtet wurden. Bei all seinen pädagogischen Bemühungen fand Rosenlächer in der Person der Gräfin Walburga eine einflussreiche Verbündete. So wurden fortan die Schulprüfungen öffentlich in der Pfarrkirche abgehalten und die besten Schülerinnen und Schüler mit von der Gräfin gestifteten Preisen ausgezeichnet. In Anerkennung seines Einsatzes für die Verbesserung der Bildung wurde Rosenlächer 1810 zum Schulvisitator des Dekanats Dornbirn ernannt.

Am Sterbeort von Pfarrer Rosenlächer wurde zu seinem Andenken dieser Bildstock errichtet.

Auch sonst machte sich Rosenlächer um das kulturelle Leben in Lustenau verdient. 1821 gründete er die erste Musikkapelle des Ortes, welche überhaupt erst die zweite auf dem Boden des heutigen Vorarlberg war.

Auch in seelsorgerischer Hinsicht zeichnete er sich aus. Seine Bemühungen galten vor allem der Verbesserung der

Die von Pfarrer Rosenlächer geförderte und nach Plänen von Alois Negrelli erbaute „neue" Lustenauer Pfarrkirche

Predigt sowie der Einführung des deutschen Kirchengesanges in Lustenau. Auch in dieser Hinsicht wurde sein Einsatz durch Ehrentitel und Beförderungen belohnt, von welchen lediglich die Ernennung zum außerordentlichen Beichtvater des Klosters Grimmenstein (1814) und zum Dekan des Landkapitels Dornbirn (1821) sowie die Verleihung des Titels eines fürstbischöflich-geistlichen Rats (1821) hier Erwähnung finden können.

Neben seinen vielfältigen schulischen, kulturellen und geistlichen Aktivitäten fand Rosenlächer auch immer noch Zeit zu wissenschaftlicher Fortbildung und schriftstellerischer Tätigkeit. Neben einer zweibändigen Pfarrchronik Lustenaus stammen mehrere im frühen 19. Jahrhundert viel gelesene Bücher wie „Biographischer Ehrentempel errichtet verstorbenen, um das Schulwesen vorzüglich verdienten katholischen Schulvorständen, Geistlichen und Lehrern" (Kempten 1821, Augsburg 1828) oder „Goldener Spiegel oder biographische Skizzen christlich-frommer und verständiger Personen aus dem Bürger- und Bauernstande" (Augsburg 1827) aus seiner Feder.

Als Anhänger des aufgeklärten Staates im Sinn Josephs II. brachte Rosenlächer der bayerischen Herrschaft Sympathie entgegen und versuchte vergeblich, die Lustenauer von der Teilnahme am Vorarlberger Aufstand des Jahres 1809 abzuhalten. Dabei spielten seine Erfahrungen mit früheren Truppeneinquartierungen und Plünderungen eine entscheidende Rolle.

In die letzten Lebensjahre Rosenlächers fallen der Neubau der Lustenauer Pfarrkirche und die Anlage eines neuen Friedhofes samt Priestergrab, wobei er diese Vorhaben mit finanziellen Zuschüssen aus seinem eigenen Vermögen förderte. Franz Josef Rosenlächer starb am 9. Juni 1835 auf dem Heimweg von einem Krankenbesuch an einem Schlaganfall. Ein bescheidenes Bildstöcklein erinnert heute noch an seinem Sterbeort an diesen verdienstvollen Mann. W.Sch.

1835: Erzherzog Johann bereist Vorarlberg.

1835: Abgeordnete aus dem ganzen Land werden in das Kreisamt gebeten, um über die Verteilung von Entschädigungen und Belohnungen an die Opfer und besonders verdienten Freiheitskämpfer von 1809 zu beraten.

9.9.1836: Das Gubernium für Tirol und Vorarlberg erteilt der Firma „Ganahl, Wohlwend & Comp." die Bewilligung zum Bau einer mechanischen Baumwollspinnerei und -weberei in Frastanz.

1836: Beginn der Bauarbeiten an der Kennelbacher Spinnerei der Firma „Jenny u. Schindler". In zweijähriger Bauzeit entsteht der mit Abstand größte Betrieb dieser Art in Vorarlberg.

1836: Georg Prünster wird Weihbischof von Vorarlberg.

GEBURTSTAGE

15.4.1835: Bregenz: Karl Robert Emerikus Georg von Bayer († 30.6.1902), Mundartdichter unter dem Pseudonym Robert Byr.

1.6.1835: Kiel: Bernhard von Florencourt († 21.9.1890), Redakteur des „Vorarlberger Volksblattes" und ideologischer Vordenker der katholisch-konservativen Volksbewegung Vorarlbergs.

12.3.1836: Olmütz: Bohuslaw Freiherr von Widmann († 9.6.1911), Statthalter für Tirol und Vorarlberg, Ehrenbürger der Stadt Bregenz.

25.3.1836: Wien: Julius Lott († 24.5.1883), Erbauer der Arlbergbahn.

26.4.1836: Hippach, Zillertal: Franz Egger († 17.5.1918), Weihbischof und Generalvikar für Vorarlberg, Fürstbischof von Brixen.

TODESTAG

14.10.1836: Franz Anton von Daubrawa (* 3.3.1763, Salzburg), Kreishauptmann.

Melchior Jenny aus Glarus (1785–1863) führte die Verhandlungen mit den Arbeitern.

1837 – Der erste Arbeitskampf in Vorarlberg

Die Industrialisierung Vorarlbergs, vor allem der rasche Ausbau der Textilindustrie, schuf auch hier zu Lande eine Arbeitnehmerschaft, deren Interessen immer wieder mit denen der Arbeitgeber kollidierten. Solche Auseinandersetzungen führten alsbald auch zu Arbeitskämpfen. Als am 29. April 1837 die Eigentümer der Textilfabrik Jenny & Schindler in Hard unter Hinweis auf verschlechterte Absatzmöglichkeiten und daraus resultierende Umsatzeinbußen ihren Arbeitern den Tageslohn

1837

senkten, drohten diese mit Streik. Die Fabrikanten kündigten daraufhin die Entlassung aller jener Arbeiter an, die sich nicht mit dem reduzierten Lohn zufrieden geben würden. Eine Streikversammlung am 30. April beschloss, vom folgenden 1. Mai an die Fabrik gänzlich zu bestreiken. Tatsächlich blieb an diesem Tag die gesamte Belegschaft der Arbeit fern. Angeblich aber teilten einige Arbeiter der Firmenleitung mit, dass ein Teil der Beschäftigten nur wegen massiver Drohungen des Streikkomitees nicht zur Arbeit erschienen sei. Wiederum kündigte die Unternehmerseite nun den Arbeitsunwilligen die Entlassung an und verschärfte diese Drohung mit der Mitteilung, man sei gewillt, dafür Sorge zu tragen, dass alle ausländischen Streikenden unverzüglich außer Landes geschafft würden. Dies hatte zur Folge, dass der Streik zusammenbrach, ohne dass die Arbeiter ihre Forderung durchsetzen konnten. A.N.

Franz Martin Hämmerle

1815–1878

Franz Martin Hämmerle, der nachmalige Gründer des größten Textilunternehmens des Landes, stammte aus einfachen Verhältnissen. Sein Vater Josef Andrä war Landwirt und Gemischtwarenhändler. Da die Uhrmacherlehre, für die Franz Martin vorgesehen war, vom Vater nicht finanziert werden konnte, arbeitete er nach Abschluss der Volksschule und einer Fortbildungsschule – damals die einzigen Bildungseinrichtungen in Dornbirn – beim Bleicher und Weber Johann Baptist Salzmann. Er erlernte dort die wichtigsten praktischen und theoretischen Fertigkeiten für eine selbstständige Berufsausübung, die ihm die Mitgift seiner ersten Gattin Katharina Rhomberg ermöglichte.

Während er anfangs als Fergger tätig war, also Lohnweber außer Haus beschäftigte, konnte er bereits 1846 eine kleine Fabrik in Dornbirn Steinebach einrichten und diese später mit

Der Dornbirner Textilunternehmer Franz Martin Hämmerle

mechanischen Webstühlen ausstatten. Von nun an expandierte das Unternehmen ständig: Es folgten der Erwerb der Buntweberei im Weppach (1855) sowie der Bau einer leistungsfähigen Spinnerei im Gütle (1862–1864). Damit war Hämmerle in der Lage, alle Produktionsschritte vom Spinnen der rohen Baumwolle bis zur Herstellung von marktfähigen Fertigprodukten in eigenen Fabriken vornehmen zu lassen.

Als Franz Martin Hämmerle im 64. Lebensjahr verstarb, beschäftigte er etwa 800 Menschen. Seine Söhne Otto, Viktor, Theodor und Guntram traten in die väterlichen Fußstapfen

Werbeplakat der Firma F. M. Hämmerle aus den 50er Jahren des 20. Jahrhunderts

und bauten das Unternehmen weiter zu einem renommierten Großbetrieb aus. A.N.

1.5.1837: Nach einer Lohnsenkung kommt es in der Textilfabrik Jenny und Schindler in Hard zum ersten bekannt gewordenen Streik in Vorarlberg.

1837: John Douglass of Tilquhillie gründet in Thüringen seine erste Baumwollspinnerei und Weberei.

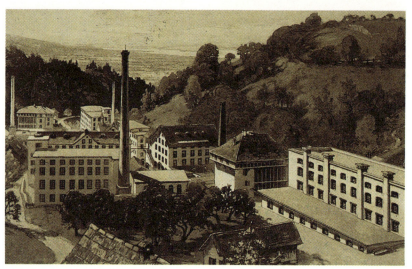

Betriebsgelände Steinebach in Dornbirn

1844

1837: Gründung des (zivilen) Bregenzer Seebades.

1837: Beginn der Bauarbeiten an der Straße durch das Schwarzachtobel in den Bregenzerwald.

1837/38: Zum ersten Mal sind für die Vorarlberger Spinnereien und Webereien Nachtschichten bezeugt.

1838: In Hard wird erstmals der Bau einer protestantischen Kirche in Vorarlberg verlangt.

1838: Im Wirtatobel werden Kohlevorkommen entdeckt; im selben Jahr beginnt man mit dem Abbau der Kohle.

1838: Kaiserin Alexandra von Russland besucht Vorarlberg.

1839: Das Benediktinerkloster Einsiedeln kauft das Propsteigebäude samt den dazugehörigen Gütern in St. Gerold zurück.

1839: Erzherzog Johann bereist Vorarlberg.

1841: In einer Spinnerei in Kennelbach kommt es unter den 350 Arbeitern zum Streik.

1841: Gründung der Frastanzer Schützengesellschaft.

1841: Die Brüder Philipp und Josef Rosenthal aus Hohenems gründen eine Baumwollspinnerei.

1841: Erzherzog Johann bereist Vorarlberg.

1842: In Feldkirch wird eine städtische Sparkasse gegründet; sie ist die zweite Sparkasse des Landes.

1842/43: In Dornbirn kommt es zu schweren Konflikten um die Transparenz der Gemeindeverwaltung und die Privatisierung von Gemeindegütern.

18.2.1843: Durch die größte Brandkatastrophe in der Geschichte von Götzis werden im Oberdorf 14 Häuser und 16 Ställe zerstört; insgesamt werden 26 Familien obdachlos.

1843: Franz Martin Hämmerle erwirbt in Dornbirn-Oberdorf das Stammhaus seines späteren Großbetriebes.

1844: Firmengründung durch Wilhelm Benger.

GEBURTSTAGE

1.1.1837: Hard: Samuel Gottfried Jenny († 13.9.1901), Chemiker, Unternehmer, Archäologe.

12.10.1837: Feldkirch: Ludwig von Hörmann († 14.2.1927), Bibliothekar und Gelehrter, Ehrenbürger der Stadt Feldkirch.

18.11.1838: Thüringen: John Sholto of Tilquhillie († 15.9.1874), Unternehmer.

10.12.1838: Dornbirn: Johannes Thurnher († 23.11.1909), Begründer des „konstitutionellen-katholischen Bürgerkasinos" in Bregenz und Dornbirn, Abgeordneter zum Vorarlberger Landtag und zum Reichsrat.

21.2.1839: Bregenz: Carl Albert Pedenz († 15.8.1921), Bürgermeister und Ehrenbürger der Stadt Bregenz.

13.5.1839: Schoppernau: Franz Michael Felder († 26.4.1869), Dichter.

7.9.1839: Egg-Unterach: Johann Kohler († 23.11.1916), Lehrer, Kaufmann, Vorsteher von Schwarzach, Abgeordneter zum Vorarlberger Landtag und zum Reichsrat.

19.2.1840: Schwarzach: Josef Fink († 11.7.1909), Arzt, Ehrenbürger der Gemeinde Hard.

8.12.1840: Zell am Ziller, Tirol: Hermann Sander († 7.3.1919), Landeshistoriker.

25.8.1841: Feldkirch: Wunibald Briem († 15.3.1912), Musiker und Komponist.

20.4.1844: Ems bei Chur: Martin Karl (als Abt Dominicus) Willi († 6.1.1913), Abt von Marienstatt und Bischof von Limburg.

7.9.1844: Dornbirn: Martin Thurnher († 2.1.1922), Abgeordneter zum Vorarlberger Landtag und zum Reichsrat.

12.9.1844: Bregenz: Josef Huter († 5.9.1902), Bürgermeister und Ehrenbürger der Stadt Bregenz.

28.12.1844: Lauterach: Theodor Schmid († 22.1.1915), Arzt, Bürgermeister und Ehrenbürger der Stadt Bregenz, Abgeordneter zum Vorarlberger Landtag.

1844: Jakob Fetz († 9.7.1911), Pfarrer und Ehrenbürger von Altach

TODESTAG

1844: Christian Leo Müller (* 13.2.1798, Mittelberg), Buchdrucker und Erfinder.

1845

1845: Erzherzog Johann bereist Vorarlberg.

1846: Die Stadtmauern von Bludenz werden abgetragen.

1846: Der Oberdorfer Turm in Dornbirn wird abgebrochen.

1846: Franz Martin Hämmerle erwirbt ein Anwesen mit Wasserkraft am Steinebach in Dornbirn und errichtet dort eine Garn- und Stückfärberei.

1846: In verschiedenen Landesteilen kommt es zu Überschwemmungen: In Frastanz richten die Hochwasser der Ill und der Samina, in Götzis die des Emmebachs erhebliche Schäden an.

1847: Eine neuerliche Überschwemmung des Emmebachs richtet in Götzis Schäden an.

1847: Carl Ganahl tritt für den Bau einer Eisenbahnstrecke vom Bodensee bis zur Adria ein.

Winter 1847 / Frühjahr 1848: Der Bregenzer Bürgersohn Robert Kurer stellt im Garten seines Elternhauses Turngeräte auf und pflegt mit einigen Freunden „die edle Turnerei". Dies ist der Beginn des Jahn'schen Turnens in Vorarlberg.

15.3.1848: Unter dem Eindruck der Revolution in Wien verspricht Kaiser Ferdinand I. („der Gütige") eine freiheitliche Verfassung und gewährt Pressefreiheit sowie die Bildung einer Nationalgarde. Kreishauptmann Ebner lässt daraufhin in Vorarlberg einen neuen Landtag wählen.

GEBURTSTAGE

11.11.1845: Bruneck, Pustertal: Joseph Zösmair († 6.6.1928), Landeshistoriker.

6.3.1847: Bregenz: Johann Georg Hagen († 5.9.1930), Jesuit, Astronom.

24.4.1848: Bizau: Johann Gebhard Wölfle († 22.1.1904), Mundartdichter.

TODESTAG

1846: Karl Ulmer (* 1773, Dornbirn), Fabrikant.

Vorarlberger Landesverfassungen des 19. und 20. Jahrhunderts

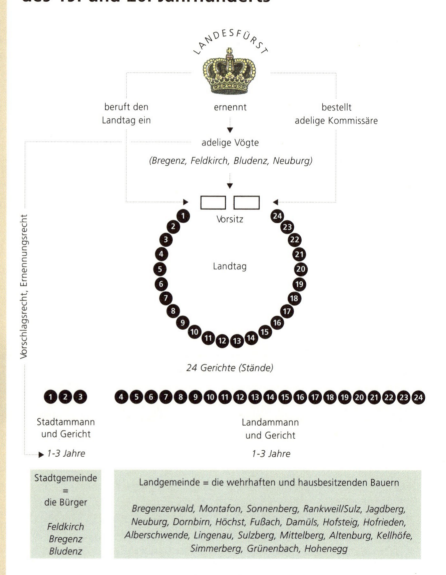

Zusammensetzung des Landtags nach der landständischen Verfassung

1848

Die landständische Verfassung 1391–1808

Vorarlberg hatte von 1391 bis 1808 eine ungeschriebene Verfassung, die auf Gewohnheitsrecht beruhte. Die drei Städte Feldkirch, Bludenz und Bregenz (Bürger) sowie 21 ländliche Gerichte (Bauern) traten auf Landtagen zusammen, die vom Landesfürsten einberufen wurden und auf denen vor allem über die Steuern und die Landesverteidigung diskutiert wurde. Diese Vorarlberger Verfassung unterschied sich von den landständischen Verfassungen der meisten anderen österreichischen Länder dadurch, dass in ihr nur Bürger und Bauern, nicht aber der Adel und die Geistlichkeit vertreten waren. Durch den Ausfall gerade solcher kapitalkräftiger Gruppen fehlte den Vorarlberger Landständen eine stärkere Repräsentationsmöglichkeit nach außen; insbesondere verfügten sie über kein eigenes Landhaus (stattdessen benützte man im Wechsel die Rathäuser von Feldkirch und Bregenz als Tagungsorte). Im Zeitalter des aufgeklärten Absolutismus, also etwa seit Maria Theresia, wurde die politische Macht der Landstände stark ausgehöhlt. Wenn nach dem Übergang Vorarlbergs an Bayern die ständische Verfassung schließlich 1808 ganz aufgehoben wurde, so bedeutete das weniger eine spürbare Einschränkung der Mitspracherechte des Volkes, die kaum mehr gegeben waren, als vielmehr die Aufhebung der politischen Existenz des Landes Vorarlberg überhaupt, das dem bayerischen Illerkreis mit der Hauptstadt Kempten zugeordnet wurde.

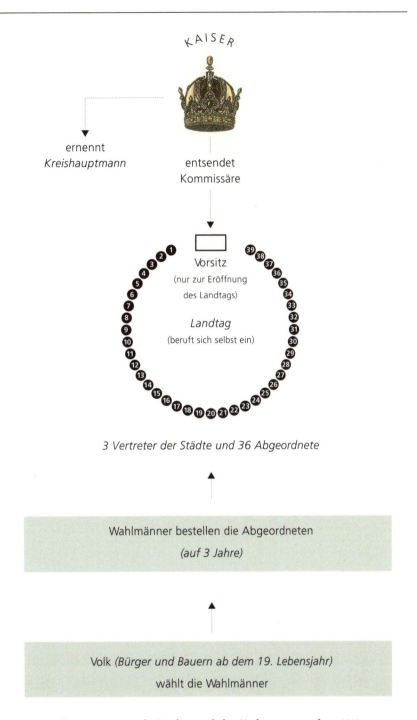

Zusammensetzung des Landtags nach dem Verfassungsentwurf von 1848

Die erneuerte landständische Verfassung 1816–1848

Nach der Rückgabe Vorarlbergs an Österreich am 7. Juli 1814 versammelten sich schon wenige Tage später die Landstände zu einem Landtag in Feldkirch. Die Landstände hatten also die Zeit ihrer Aufhebung überlebt und sahen es jetzt als ihre Aufgabe an, die Wünsche der Bevölkerung für die Zukunft zu artikulieren. Die alte Verfassung sollte wiederhergestellt werden, ebenso die alte Gerichtsverfassung und die Landesverteidigung. Gefordert wurde auch die Integration der ehemals reichsfreien Gebiete Hohenems, Lustenau, Blumenegg und St. Gerold (ja auch des Fürstentums Liechtenstein) in die Vorarlberger Landstände. Nach längerem Zögern fasste Kaiser Franz I. am 12. Mai 1816 eine Entschließung über die Wiederherstellung der Vorarlberger Landstände. Die Standesrepräsentanten der alten 19 Stände wurden noch im selben Jahr gewählt (ohne die bei Bayern verbliebenen fünf westallgäuischen Gerichte und auch ohne die neu hinzugekommenen Gebiete Hohenems, Lustenau, Blumenegg, St. Gerold). Der Wirkungskreis der Landstände blieb ungeregelt, das Steuerbewilligungsrecht blieb den Ständen versagt. So blieb diese Wiederherstellung der landständischen Verfassung eine halbe Sache; sie erfolgte mehr oder weniger

1848

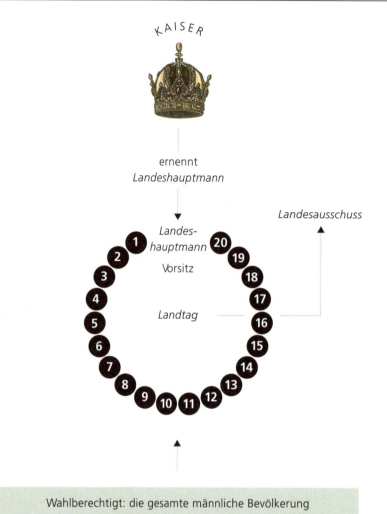

Zusammensetzung des Landtags nach der Landesordnung von 1860

nur auf dem Papier. Als anlässlich der Revolution von 1848 erstmals wieder ein Vorarlberger Landtag zusammentreten sollte, waren alle Abgeordneten bis auf einen gestorben. Vorarlberg war in den drei Jahrzehnten vor 1848 ohne jedes Verfassungsleben geblieben.

Der Verfassungsentwurf von 1848

Nach dem Sieg der Demokratie von 1848 schuf die neu gewählte Vorarlberger Ständeversammlung eine neue Verfassung. Federführend war der Feldkircher Bürgermeister Fidel Markus Wohlwend. Der Entwurf knüpfte an die alten landständischen Traditionen an: Der 39 Abgeordnete umfassende Landtag setzte sich ausschließlich aus Bürgern und Bauern zusammen. Vorsitzender war nicht mehr der ranghöchste staatliche Beamte (Kreishauptmann), sondern ein aus der Mitte des Landtags zu wählender Landeshauptmann; die Einberufung des Landtags sollte damit nicht länger vom Willen der Regierung abhängig sein. Der Landtag sollte abwechselnd in Feldkirch und in Bregenz tagen. Dieser Verfassungsentwurf wurde jedoch nicht realisiert, da sich in Wien der Absolutismus durchsetzte und die Revolution scheiterte.

Die oktroyierte zentralistische Verfassung von 1849

Das Scheitern der Revolution brachte für das Land Vorarlberg neuerlich den Verlust der politischen Existenz. Vorarlberg wurde durch die oktroyierte Verfassung mit Tirol vereinigt; im Tiroler Landtag saßen elf Vorarlberger (von insgesamt 84 Abgeordneten): zwei Vertreter der Städte, sechs Vertreter der Landgemeinden und drei Vertreter der Höchstbesteuerten. Der demokratische Grundzug des Verfassungsentwurfs von 1848 war damit preisgegeben. Die Vorarlberger Abgeordneten hatten kaum mehr die Möglichkeit, die Landesinteressen wirksam zu vertreten. Dazu kam, dass der Landtag nur sehr beschränkte Kompetenzen hatte.

Die Landesordnung von 1860

Die außenpolitischen Misserfolge Österreichs in Italien 1859 zwangen den Kaiser zum Einlenken in der Verfassungsfrage. Eine Vorarlberger Delegation forderte im November 1859 die Loslösung von Tirol aus geografischen, historischen und politischen Gründen. Obwohl die Meinungen dazu geteilt waren, setzte sich die Ansicht durch, dass Vorarlberg wieder einen eigenen Landtag haben sollte. Entscheidend für diese Ansicht wurde die rechtliche Erwägung, dass Kaiser Franz I. bereits 1816 die Vorarlberger Landstände wiederhergestellt hatte. Die mit dem Oktoberdiplom von 1860 für Vorarlberg erlassene Landesordnung lehnte sich eng an den demokratischen Verfassungsentwurf von 1848 an. Die 20 Abgeordneten wurden demokratisch gewählt, d.h. ohne Rücksichtnahme auf irgendwelche Klassen (Adel, Geistlichkeit, Höchstbesteuerte). Der Landeshauptmann wurde zwar vom Kaiser ernannt, doch konnte der Landtag die Einberufung des Landtags erzwingen. Die Frage des Landtagssitzes blieb ungeregelt. Das Oktoberdiplom von 1860 scheiterte am Widerstand Ungarns, sodass diese demokratische Landesverfassung erneut zum Scheitern verurteilt war.

Die Landesordnung von 1861

Durch das Februarpatent von 1861 erhielt Vorarlberg zwar dennoch wieder einen eigenen Landtag; doch entfernte sich die Landesordnung von

1848

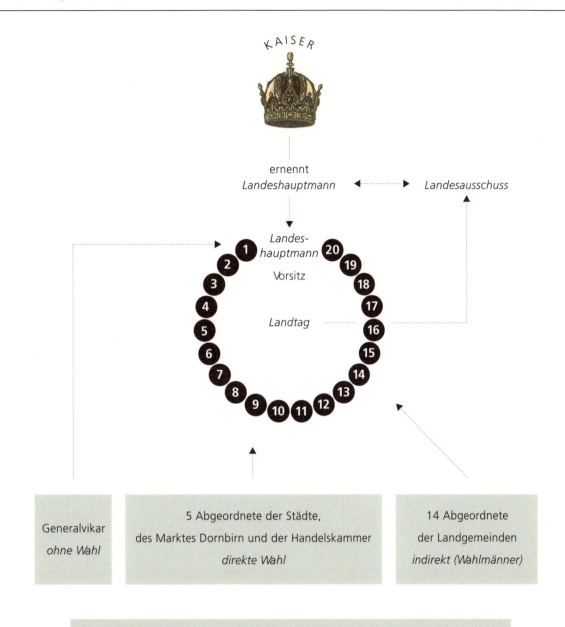

Zusammensetzung des Landtags nach der Landesordnung von 1861

1861 wieder sehr stark von den demokratischen Vorbildern von 1848 und 1860. Von den 20 Sitzen des Landtags fiel einer dem Generalvikar (Weihbischof in Feldkirch) kraft Amtes zu (ohne Wahl). Zudem trat an die Stelle eines allgemeinen Wahlrechts ein Censuswahlrecht, das an eine jährliche Steuerleistung von fünf Gulden gebunden war; wer weniger Steuern bezahlte, war vom Wahlrecht ausgeschlossen. Teilweise wurden die Abgeordneten auch indirekt gewählt. Den Vorsitz im Landtag führte der vom Kaiser ernannte Landeshauptmann. Ungeachtet dieser Mängel wurde die Wiederherstellung des Landtags und damit der politischen Existenz des Landes am 6. April 1861 gebührend gefeiert: Das Land erhielt damit erstmals seit 1808 ein echtes Verfassungsleben zurück. Gleichwohl blieb Vorarlberg verwaltungsmäßig weiterhin Innsbruck unterstellt. Die Vorstöße von 1907 und 1913, eine von Tirol unabhängige Verwaltung zu erreichen, blieben ohne Erfolg.

Der Entwurf einer föderalistischen Reichsverfassung von 1918

Gegen Ende des Ersten Weltkrieges verkündete der US-amerikanische Präsident Wilson im Januar 1918 seine 14 Punkte, die u.a. eine autonome Entwicklung für die Völker der Habsburgermonarchie vorsahen. Die Regierung in Wien versuchte in den folgenden Monaten die vom Zerfall bedrohte Monarchie in einen föderalistischen Staat umzuwandeln. Ein im Februar 1918 entstan-

1848

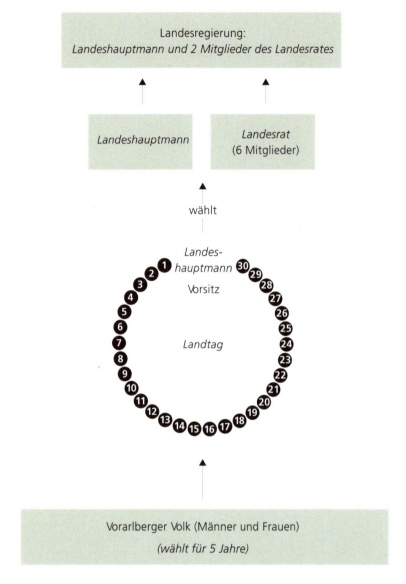

Zusammensetzung des Landtags nach der Landesverfassung von 1919

dener Entwurf zu einer föderalistischen Reichsverfassung sah für das Land Vorarlberg einen von Tirol unabhängigen Status vor, und zwar in politischer wie auch in verwaltungsmäßiger Hinsicht.

Die Landesverfassung von 1919

Am 3. November 1918 erklärte das Land Vorarlberg seine Selbstständigkeit. Dieser Schritt wird gewöhnlich als ein revolutionärer Akt gesehen; da sich jedoch kein Widerstand dagegen erhob, darf man wohl annehmen, dass er durch die Föderalisierungstendenzen der Reichsregierung vorbereitet gewesen war.

Die Landesverfassung von 1919, an deren Zustandekommen vor allem Dr. Johann Josef Mittelberger federführend beteiligt war, knüpfte an die – nicht realisierten – demokratischen Verfassungstraditionen von 1848 und 1860 wieder an, ja ging weit darüber hinaus, da zum einen mit dem Zusammenbruch der Monarchie die bisherige ständische Gesellschaft beseitigt worden war, zum anderen die Diskussion über einen Anschluss an die Schweiz eine enge Anlehnung der Landesverfassung an Schweizer Kantonsverfassungen nahe legte. Die Landesverfassung von 1919 musste auch keinerlei Rücksichten auf eine Bundesverfassung nehmen, da eine solche noch nicht bestand. Die Landesverfassung von 1919, die generell offen ließ, ob dieser Bundesstaat Österreich oder die Schweiz sein würde, nahm in starkem Maße Elemente der direkten Demokratie auf, insbesondere das Volksbegehren („Initiative") und die Volksabstimmung („Referendum"). Zum ersten Mal in der Geschichte des Landes wurde ein allgemeines Wahlrecht verwirklicht, das – auf Grund eines österreichischen Bundesgesetzes vom Dezember 1918 – auch die Frauen mit einschloss.

Die Landesverfassung von 1923

Das Scheitern des angestrebten Anschlusses an die Schweiz (noch am 27. März 1920 hinterlegte das Land beim Völkerbund in Genf ein Memorandum über sein Selbstbestimmungsrecht) führte zu der schon am 3. November vorgesehenen Eingliederung Vorarlbergs in einen österreichischen Bundesstaat, der sich am 1. Oktober 1920 eine Verfassung gab. Der Landtag beschloss am 30. Juli 1923 eine neue Landesverfassung, die sich den Gegebenheiten der Bundesverfassung von 1920 anpasste. Diese Landesverfassung von 1923 wurde 1984 grundlegend überarbeitet und erneuert. K.H.B.

Die Vorarlberger Landesverfassung vom 14. März 1919

1848

Die Revolution von 1848/49 in Vorarlberg

Als gegen Ende der ersten Märzwoche des Jahres 1848 Nachrichten über die revolutionären Ereignisse in Italien, in Frankreich, in der Schweiz sowie in Süd- und Südwestdeutschland Vorarlberg erreichten, wirkten sie, um die Worte des Dornbirner Landrichters Ratz zu verwenden, wie eine „außerordentliche Sensation". Die Erwartungen, welche die Bevölkerung damit verband, waren jedoch nach Herkunft, Stand und sozialer Lage sehr unterschiedlich: Bei der „vermöglichen Volksklasse" dominierten oft Kriegsfurcht und die Angst um den eigenen Besitz; bei den vielen Saisonwanderern, die jedes Jahr nach Frankreich oder in die Schweiz zogen, um dort Arbeit zu suchen, stand naturgemäß die Sorge im Vordergrund, dass ihnen infolge der unruhigen Zeiten der Eintritt in diese Länder verwehrt werden könnte. Andere wiederum verknüpften die Nachrichten mit der Hoffnung, „bei einem allgemeinen Wirrwarr etwas zu gewinnen". Aus dem Blickwinkel der Beamtenschaft betrachtet, herrschte, um nochmals den Dornbirner Landrichter zu zitieren, eine „mit Vorsicht zu überwachende Aufregung" im Lande. Diese Sorge schien angesichts des vorhandenen Konfliktpotenzials durchaus berechtigt. Die Zeit seit dem Wiener Kongress war durch eine Reihe von Krisen gekennzeichnet: So wurden die drei Jahrzehnte vor der Revolution durch die zwei letzten Wirtschafts- oder Teuerungskrisen der „alten Art" – darunter verstand man Krisen, die hauptsächlich durch die Wechselfälle der Natur ausgelöst wurden – gleichsam eingerahmt. 1817 hatte eine schwere Hungersnot das Land heimgesucht, 1845 bis 1847 war es die in fast ganz West- und Mitteleuropa grassierende Kartoffelfäule, welche die Lebensumstände großer Teile der Bevölkerung dramatisch verschlechterte. Die Lebensmittelpreise wurden noch dadurch zusätzlich in die Höhe getrieben, dass die in die Wege geleiteten Hilfsmaßnahmen durch Spekulation

Der vom Vorarlberger Landtag des Jahres 1848 erarbeitete Verfassungsentwurf

teilweise ihrer Wirkung beraubt wurden: In Grenzgemeinden wie Lustenau umgingen beispielsweise die Bäcker die hohen Exportzölle für Getreide, indem sie in großem Stil Brot in die Schweiz verkauften. Der „Agrarschock" der Jahre 1845 bis 1847 trug mit all seinen Begleiterscheinungen nicht unwesentlich zur Destabilisierung des politischen Systems im Lande bei.

Für viele Vorarlberger bildete die österreichische Politik des Vormärz einen steten Stein des Anstoßes: Die rigorose Haltung bei der Erteilung von Ferggerlizenzen, das nicht selten als schikanös empfundene Verhalten der Zollbeamten, staatliches Tabakmonopol und hohe Verzehrsteuer riefen ebenso den Unmut der Bevölkerung hervor wie eine strenge, von einem ausgeprägten Harmoniebedürfnis getragene Zensur

143

1848

und ein tief in die Privatsphäre eindringender staatlicher Regelungswahn. Hinzu kam noch, dass sich die in Zusammenhang mit dem Aufstand von 1809 und den Befreiungskriegen gegen Napoleon geweckten demokratischen Hoffnungen nicht erfüllt hatten.

Diese Krisenphänomene verdichteten sich in den Jahren vor der Revolution zusehends. Die zunehmenden sozialen Spannungen fanden Ausdruck in einer Häufung schwerer Delikte wie Raufhändel, Beleidigungen und Diebstähle. Die Krise des bürokratischen Obrigkeitsstaates äußerte sich in Akten des versteckten Widerstandes wie Schmuggel oder Holzdiebstahl.

Als Mitte März 1848 die Nachricht von der Gewährung der Pressefreiheit Vorarlberg erreichte, wurde dieses Ereignis in den Städten und den größeren Gemeinden mit Freudenkundgebungen gefeiert. Freilich wurde die neue Freiheit mancherorts recht eigenwillig interpretiert. Kreishauptmann Ebner musste jedenfalls feststellen, dass „dem Vernehmen nach unter dem gemeinen Volke [...] falsche Begriffe herrschen und die Pressfreiheit von manchen als Zollfreiheit ausgelegt werden soll".

Um das vorhandene Unruhepotenzial in die europäische Revolution jenes Jahres münden zu lassen, bedurfte es einer oppositionellen Gruppe, die bereit und entschlossen war, die Gunst der Stunde zu nützen, um einen Systemwandel herbeizuführen. In diesem Sinn fand das eigentliche revolutionäre Ereignis in Vorarlberg am 18. April 1848 statt, als liberale Demokraten und Fabriksarbeiter unter Führung des Fabrikanten Carl Ganahl den in Feldkirch zusammengetretenen Landtag sprengten, der in ihren Augen auf undemokratische Weise gewählt worden war – durch ein Gremium von Wahlmännern, bestehend aus den Gemeindevorstehern und den Gemeindeausschüssen. Kreishauptmann Ebner musste schließlich einer Neuwahl nach demokratischen Prinzipien zustimmen. Das erste wirkliche Landes-

Die Paulskirche in Frankfurt 1848, das Zentrum der Revolution in Deutschland

parlament Vorarlbergs, dem nun auch Vertreter der ehemals reichsunmittelbaren Gebiete Hohenems, Lustenau, Blumenegg und St. Gerold angehörten, setzte sich die Ausarbeitung einer Landesverfassung und die Loslösung von Tirol zum Ziel. Seine Arbeit endete am 4. März 1849 mit der Oktroyierung der zentralistischen Verfassung. Das Land verlor seine eben erst beanspruchte Selbstständigkeit und seine neue Verfassung. Es wurde wieder mit Tirol vereinigt.

Das Revolutionsjahr brachte eine zunehmende Politisierung der Bevölkerung, vor allem der bürgerlichen Schichten. Die Vorarlberger Liberalen, die sich im Bregenzer „Patriotischen Verein der Volksfreunde" zusammenfanden – von seinen Gegnern schlicht als „Heidenklub" bezeichnet –, vertraten insgesamt ein gemäßigt liberales Programm, zu dessen Kernpunkten die Forderung nach einer konstitutionellen Monarchie, die Bildung eines großdeutschen Nationalstaates unter Einschluss ganz Österreichs, Pressefreiheit, Schaffung einer Nationalgarde, allgemeines Männerwahlrecht und vor allem die Loslösung Vorarlbergs von Tirol zählten. Obgleich aus den Reihen des „Heidenklubs" auch handfeste antiklerikale Äußerungen zu vernehmen waren, zählte zu seinen prominentesten Vertretern auch ein Geistlicher: der liberale Bildsteiner Pfarrer Johann Georg Hummel.

Die Mehrzahl der Vorarlberger Geistlichen vertrat jedoch ein anderes Programm. Auch die Kirche versuchte die Gunst der Stunde zu nützen, um das politische System in ihrem Sinn zu verändern. Ihr ging es darum, sich aus der staatlichen Kontrolle zu lösen, der sie seit den Zeiten des österreichischen Reformabsolutismus unterworfen war. Es gelang ihr dabei, die Bevölkerung in ihrem Sinn nicht unwesentlich zu politisieren. So konnten beispielsweise für die vom „Katholisch-Konstitutionellen Verein" initiierte Petition zur Aufhebung des

1848

Im Sitzungssaal des Feldkircher Rathauses sprengten liberale Bürger und Fabriksarbeiter unter der Führung von Carl Ganahl die Zusammenkunft des Landtags.

Toleranzpatents für Tirol und Vorarlberg allein in Lustenau 357 Unterschriften gesammelt werden.

Bei den Wahlen zur deutschen Nationalversammlung in der Frankfurter Paulskirche, zum Reichsrat in Wien und zum Tiroler Landtag setzten sich dann vor allem konservative Kandidaten durch, unter ihnen die beiden Geistlichen Josef Fessler und Jodok Stülz.

Neben diesen Ereignissen der so genannten „Institutionen-Revolution", zu deren Zielen die Errichtung eines Nationalstaates und einer Staatsbürgergesellschaft zählte und die das Erreichte durch institutionelle Reformen abzusichern trachtete, verdient auch die so genannte „elementare Revolution" Beachtung, die einer eigenen Logik folgte. Die für sie typischen Methoden wie anonyme Beschuldigungen, nächtliche Zusammenrottungen, Katzenmusiken, Androhung körperlicher Gewalt, kollektive Drohgebärden etc. lassen sich im Revolutionsjahr in vielen Vorarlberger Ortschaften beobachten. Sie stammten samt und sonders aus dem Repertoire der traditionellen Protestformen vornehmlich der ländlichen Bevölkerung. Die „elementare Revolution" wurde von den Behörden durchaus ernst genommen und trug nicht unwesentlich zu deren Nachgiebigkeit bei. In einer Art Wechselwirkung verstärkten sich die „Institutionen-Revolution" und die „elementare Revolution" gegenseitig. So konnte es dazu kommen, dass die staatlichen Behörden 1848 auch in Vorarlberg ihre Autorität fast völlig einbüßten. Indizien dafür sind etwa der offene Schmuggel in Grenzgemeinden wie Lustenau und Höchst oder die demonstrative Missachtung des staatlichen Tabakmonopols in Frastanz.

Mit dem Sieg der Reaktion im März 1849 kam auch Vorarlberg in den Genuss des so genannten Neo-Absolutismus, der rund eineinhalb Jahrzehnte rigoroser Polizeistaatlichkeit brachte. Einige der liberalen Protagonisten des Revolutionsjahres, unter ihnen auch der Bildsteiner Pfarrer Johann Georg Hummel, suchten ihr Heil in der Emigration in die USA. Die im Lande Zurückgebliebenen wurden noch lange polizeilich observiert. W. Sch.

21.3.1848: Im Bregenzer Theater findet anlässlich des „freigegebenen Wortes" eine Feier statt.

18.4.1848: Im Feldkircher Rathaus tritt der durch Wahlmänner gewählte neue Landtag zum ersten Mal zusammen; dabei kommt es zu einem Tumult, als Carl Ganahl ein demokratisches Wahlrecht fordert. Die Versammlung wird schließlich durch Demonstranten gesprengt. Kreishauptmann Ebner muss Neuwahlen nach einem gerechteren Wahlmodus zustimmen.

22./23.5.1848: In Bregenz tagt erstmals der neu gewählte Landtag; ihm gehören auch Abgeordnete der früher reichsunmittelbaren Gebiete Hohenems, Lustenau und Blumenegg an.

Mai 1848: In Vorarlberg werden Abgeordnete zur Deutschen Nationalversammlung in der Frankfurter Paulskirche und zum Reichstag in Wien gewählt.

5./6.6.1848: Zweite und letzte Tagung des neu gewählten Landtags in Bregenz.

Sommer 1848: Drei Freiwilligenkompanien aus Vorarlberg – insgesamt 411 Mann – nehmen an der Verteidigung Südtirols gegen die italienischen Freischärler unter Giuseppe Garibaldi teil.

23.10.1848: In Frastanz erscheint eine Finanzwachekommission, die den rechtswidrigen Anbau von Tabak in der Gemeinde überprüfen soll. Sie wird von einer aufgebrachten Menschenmenge vertrieben.

1848

26.10.1848: Vorarlberg entsendet drei Vertrauensmänner als Beobachter in den Tiroler Landtag.

1848: Der Bludenzer Anton Neyer besteigt als erster die Zimba im Alleingang.

TODESTAGE

13.3.1848: Katharina Felder (* 15.1.1816, Bezau-Ellbogen), Bildhauerin.

8.8.1848: Christian Getzner (* 17.10.1782, Satteins), Gründer der Firmen Getzner, Mutter & Co. und Getzner & Co.

Carl Ganahl

1807 – 1889

Portrait Carl Ganahls auf einer Schützenscheibe des Feldkircher Schießstandes

Plakat der Firma Ganahl in den 30er Jahren des 20. Jahrhunderts

Carl Ganahl, Sohn eines Fabrikanten, besuchte das Gymnasium in Feldkirch und sammelte anschließend in der Schweiz in der Textilindustrie Berufserfahrung. 1835 errichtete er in Frastanz eine Baumwollspinnerei, wenig später folgten eine Weberei, eine Bleicherei und Appretur sowie eine Textildruckerei. Ganahls große Leidenschaft aber war die Politik. Im Revolutionsjahr 1848 stellte er sich an die Spitze der Liberalen und setzte die demokratische Wahl eines Vorarlberger Landtags durch. 1850 wurde Ganahl Präsident der neu geschaffenen Vorarlberger Handelskammer, von 1861 bis 1885 gehörte er dem Landtag an. Als Exponent des liberalen Lagers, das bis 1870 die Mehrheit in Vorarlberg besaß, konnte er maßgeblichen Einfluss auf die Landespolitik nehmen. Als Sprachrohr der Liberalen diente die 1861 von Ganahl gegründete „Feldkircher Zeitung". Carl Ganahl regte unter anderem den Bau der Arlbergbahn an und gründete die Feldkircher Sparkasse. Aus wirtschaftlichen und politischen Gründen forderte er die Lösung Vorarlbergs von Tirol. A.N.

Die Betriebe Feldkirch und Frastanz um 1920

1851

4.3.1849: Durch eine oktroyierte Verfassung wird Vorarlberg wieder mit Tirol vereinigt; das Land darf elf Deputierte in den gemeinsamen Landtag nach Innsbruck entsenden.

3.4.1849: Der Bregenzer Leseverein, hinter dem sich der während der Revolution gegründete „Verein der Volksfreunde" verbirgt, bringt die erste Nummer der „Vorarlberger Zeitung" heraus, in der heftige Polemik gegen die regierungsfreundlichen Zeitungen, den „Boten für Tirol und Vorarlberg" und das „Bregenzer Wochenblatt", geübt wird.

17.4.1849: Die „Vorarlberger Volkszeitung" wird gezwungen, auf ihr Eintreten für die Demokratie zu verzichten.

20.6.1849: Der Anfang Mai in Bregenz gegründete erste Vorarlberger Turnverein („Turngemeinde Bregenz") reicht beim Kreisamt seine Statuten ein.

1.8.1849: Die Turngemeinde Bregenz lädt in einem Flugblatt die Bregenzer ein, dem neuen Verein beizutreten.

30.9.1849: Auf dem Turnplatz an der Weiherstraße in Bregenz findet das erste öffentliche Schauturnen Vorarlbergs statt.

Ende 1849: In Vorarlberg werden nach dem ungarisch-italienischen Feldzug freigewordene Truppen stationiert – hauptsächlich Wellington-Infanteristen und -Dragoner. Sie hinterlassen eine Reihe von unehelichen Kindern im Land, die im Volksmund als „Wellingtoner" oder „Wellingtön" bezeichnet werden.

29.3.1850: Die letzte Nummer der liberalen „Vorarlberger Zeitung" erscheint.

30.9.1850: Carl Ganahl wird erster Präsident der neu gegründeten Vorarlberger Handelskammer.

10.-15.10.1850: Monarchentreffen in Bregenz: Kaiser Franz Joseph I. von Österreich, König Maximilian II. von Bayern und König Wilhelm I. von Württemberg verpflichten sich im Bregenzer Vertrag vom 11./12.10.1850 zur unveränderten Wiederherstellung des Deutschen Bundes und beschließen, gegen jeden Widerstand mit der Bundesexekution vorzugehen. Sollte in dieser Frage ein Krieg gegen Preußen ausbrechen, wird die Aufstellung einer Armee von 220.000 Mann beschlossen.

1.12.1850: Silvester Hammerer aus Bregenz löst Johann Nepomuk Ebner als Kreishauptmann ab.

1850: Die Papiermühle in Lauterach stellt ihren Betrieb ein.

1850: Der erste massive Schub der Auswanderung aus Vorarlberg nach Amerika setzt ein.

20.6.1851: Ein zwölfköpfiges Proponentenkomitee zeigt bei der Bezirkshauptmannschaft die Gründung des Feldkircher Turnvereins an und reicht gleichzeitig die Vereinsstatuten ein; die behördliche Bewilligung wird am 2.8. erteilt.

16.7.1851: Kaiser Franz Joseph I. erhebt Kreishauptmann Silvester Hammerer für seine Verdienste bei der Organisation der Landesverteidigung in Südtirol gegen die italienischen Freischärler 1848 in den österreichischen Ritterstand.

GEBURTSTAGE

7.4.1850: Stuttgart: Wilhelm Bleyle († 15.2.1915), Unternehmer und Firmengründer.

16.11.1850: Gaschurn: Josef Othmar Rudigier († 23.3.1930), Pfarrer und Ehrenbürger der Marktgemeinde Götzis, Abgeordneter zum Vorarlberger Landtag, Domherr und Kanonikus zu Brixen.

22.11.1850: Raggal: Franz Anton Bickel († 27.11.1916), Bludenzer Stadtpfarrer und Ehrenbürger, Ehrenbürger der Gemeinde Innerbraz.

23.3.1851: Dornbirn: Adolf Rhomberg († 7.9.1921), Landeshauptmann von Vorarlberg.

TODESTAGE

14.2.1851: Johann Josef Schmid (* 25.12.1785, Au-Rehmen), Pädagoge, Mitarbeiter Heinrich Pestalozzis.

3.5.1851: Josef Christian Müller (* 25.8.1775, Bludenz), Wirt und Landesverteidiger.

26.5.1851: Lorenz Rhomberg (* 24.11.1785, Dornbirn), Dornbirner Gemeindeammann, Unternehmer.

2.9.1851: Josef Feldkircher (* 3.3.1812, Andelsbuch), Priester und Mundartdichter.

1852

Diese Grenztafel befindet sich heute noch am Grenzübergang von Bangs nach Liechtenstein.

Der Zolleinigungsvertrag zwischen Liechtenstein und Österreich

Die Herrschaften Schellenberg und Vaduz, die zusammen das souveräne Fürstentum Liechtenstein bilden, zählten durch Jahrhunderte zum wirtschaftlichen, kulturellen und politischen Einflussbereich der Stadt Feldkirch, wo sich im Palais Liechtenstein auch längere Zeit die obrigkeitliche Verwaltung für diese Gebiete befand. Die Familie der Fürsten von Liechtenstein, deren Hauptbesitzungen in Österreich und in Mähren lagen, hatte die Herrschaften 1699 bzw. 1712 gekauft und 1719 zum Reichsfürstentum erheben lassen.

Am 5. Juni 1852 schloss Fürst Alois II. von Liechtenstein einen Zolleinigungsvertrag mit der österreichisch-ungarischen Monarchie, dessen Zweck es war, „zwischen den stammesverwandten Gebieten von Vorarlberg und Liechtenstein vollkommen freien Verkehr herzustellen". Liechtenstein bildete von diesem Zeitpunkt an auch in staatsrechtlicher Hinsicht einen voll integrierten Bestandteil des österreichischen Wirtschaftsgebietes. Ein enger Zusammenhang ergab sich daraus ebenso auf dem Gebiet des Geld-, Post-, Eisenbahn- und Gerichtswesens, was aus der geografischen Lage wie aus der Zugehörigkeit des Fürstenhauses zum österreichischen Hochadel resultierte. Noch heute sind österreichische Richter an liechtensteinischen Gerichten tätig. 1919 kündigte Liechtenstein den Zollvertrag mit dem wirtschaftlich schwer angeschlagenen Restösterreich und trat 1923 in ein solches Vertragsverhältnis mit der Schweiz. Die landesfürstliche Hofhaltung für Liechtenstein verblieb jedoch bis 1938 in Wien und wurde erst nach dem Anschluss Österreichs an Hitlerdeutschland nach Vaduz verlegt. A.N.

20.1.1852: Im Gasthaus „zum Ochsen" findet der erste Feldkircher Turnerball statt.

23.4.1852: Die Statthalterei in Innsbruck weist das Kreispräsidium in Bregenz an, die Turnvereine in Bregenz und Feldkirch aufzulösen, da es ihnen gegenüber politische Bedenken gäbe.

5.6.1852: Fürst Alois II. von Liechtenstein schließt einen Zolleinigungsvertrag mit Österreich.

1852: Die Bregenzer und Feldkircher Turnvereine werden verboten.

1852: In Bregenz wird das so genannte Kaiserschießen, ein großes Schützenfest, veranstaltet.

1852: Wilhelm Benger stellt den ersten Rundwebstuhl in Süddeutschland auf.

23.6.1853: Die seit etwa 1848 existierende private Turngesellschaft Dornbirn wird behördlich verboten.

GEBURTSTAGE

17.4.1852: Wolfurt-Rickenbach: Gebhard Fischer († 24.6.1935), Gymnasialprofessor und Historiker, Ehrenbürger der Stadt Feldkirch.

13.10.1852: Dornbirn-Haselstauden: Josef Ölz († 14.2.1915), Kaufmann, Direktor der Vorarlberger Hypothekenbank, Abgeordneter zum Vorarlberger Landtag.

23.10.1852: Bludenz: Josef Wichner († 14.6.1923), Gymnasialprofessor, Schriftsteller, Ehrenbürger der Stadt Bludenz.

19.2.1853: Andelsbuch: Jodok Fink († 1.7.1929), Abgeordneter zum Nationalrat, Vizekanzler der Republik Österreich.

1853

Der Textildrucker Franz Martin Rhomberg

Franz Martin Rhomberg

1811–1864

Die Verarbeitung von Textilien hatte in der Familie Franz Martin Rhombergs Tradition – sein Vater, aber auch weitere Vorfahren waren Färber. Der junge Franz Martin interessierte sich sehr für den väterlichen Beruf. Nach der Lehre bildete er sich in der Schweiz und im Elsass weiter und erbaute bereits mit 22 Jahren ein eigenes Wohnhaus mit Färberei in Dornbirn-Rohrbach, das er mit seiner Frau Anna Marie Rhomberg bezog.

Der Betrieb nahm rasch einen bedeutenden Aufschwung, da Franz Martin Rhomberg sich auch der Textildruckerei zuwandte. Die Aufnahme seines Bruders Ulrich Rhomberg gab dem Betrieb außerdem einen fähigen kommerziellen Leiter, der Eintritt von J. A. Rhomberg als Gesellschafter brachte eine Aufstockung des Firmenkapitals und damit weitere Expansionsmöglichkeiten. Der Handdruck wurde ab 1857 durch die Aufstellung von Druckmaschinen, die mehrere Farben zugleich drucken konnten, nach und nach abgelöst; außerdem erweiterte Franz Martin Rhomberg das Unternehmen um eine Weberei mit 170 Webstühlen in Dornbirn-Schmelzhütten (1853). Trotz nicht unbeträchtlicher wirtschaftlicher Probleme, die

Seit den 1930er Jahren wurden die Dirndlstoffe der Firma Franz M. Rhomberg intensiv beworben. Das abgebildete Plakat stammt aus den zu Ende gehenden 1950er Jahren.

der amerikanische Bürgerkrieg durch die Blockade der Baumwollausfuhr der Südstaaten verursachte, konnte das Unternehmen auch über den frühen Tod seines Gründers hinaus, der im 53. Lebensjahr verstarb, seine Bedeutung im Rahmen der Vorarlberger Textilindustrie bewahren. A.N.

Die Auswanderung von Vorarlbergern nach Amerika

Schon seit dem 17. Jahrhundert spielte die saisonale Auswanderung aus Vorarlberg eine wichtige Rolle.

Besonders aus dem Montafon und dem Hinteren Bregenzerwald wanderten jährlich Tausende Männer auf Baustellen im süddeutschen Raum, in Frankreich und in der Schweiz. Und gerade in diesen Gebieten wurden Vorarlberger Wanderarbeiter schon sehr früh mit der Möglichkeit der Überseewanderung vertraut gemacht. Alle frühen erfolgreichen Amerikaauswanderer sind nicht direkt von Vorarlberg aus nach Amerika ausgewandert: so etwa der Dornbirner Maler Franz Martin Drexel (1792–1865), Gründer des gleichnamigen Bankhauses in Philadelphia, oder Johann Joseph Ganahl (1796–1837), Baumwollhändler in Savannah/Georgia, oder der Montafoner Kirchenbaumeister und Zeitungsverleger Franz Saler (1808–1893) in St. Louis.

Im Gegensatz zu den übrigen österreichischen Gebieten setzte in Vorarlberg der erste Schub einer massiven Auswanderung nach Amerika bereits um 1850 ein und fand – wie in Süddeutschland – seinen Höhepunkt im Jahre 1854. An die 300 Vorarlberger und Vorarlbergerinnen wanderten in diesem einen Jahr in die USA aus.

Neben Vorarlberg hatte innerhalb der Habsburgermonarchie nur Böhmen zu dieser Zeit eine prozentual ähnlich hohe Auswanderungsrate. Beide Gebiete befanden sich im industriellen Umbruch. Die frühe Maschinenindustrie hatte im Gegensatz zur vorausgehenden Hausindustrie keine neuen Arbeitsplätze gebracht, sondern viele alte wegrationalisiert. Dabei war gerade in der Phase der Protoindustrialisierung, also etwa zwischen 1750 und 1830, die Vorarlberger Bevölkerung von ehemals relativ stabilen 60.000 auf über 100.000 Einwohner angewachsen. Wie sehr die Amerikawanderung der 50er Jahre mit dem Aufkommen der Fabrikindustrie zusammenhängt, zeigt auch die Tatsache, dass die nunmehrigen Zentren der Abwanderung nicht mehr die Berggebiete waren, sondern die Industrieorte Dornbirn, Hohenems, Frastanz und Wolfurt.

Das soziale Profil dieser Auswanderer war recht einheitlich: Nahezu alle stammten aus kleinbäuerlichen Verhältnissen oder waren Handwerker ohne eigenen Betrieb. Das angestrebte Ziel war deshalb die berufliche Selbstständigkeit im neuen Land. Den unmittelbaren Wanderungsanlass bildeten oft eine drohende Einberufung zum Militär oder die Werbung der zahlreichen Schweizer Agenten.

In der Neuen Welt

Die Hauptansiedlungsorte der Vorarlberger Auswanderer bis zum Bürgerkrieg waren in der Regel vom

1854

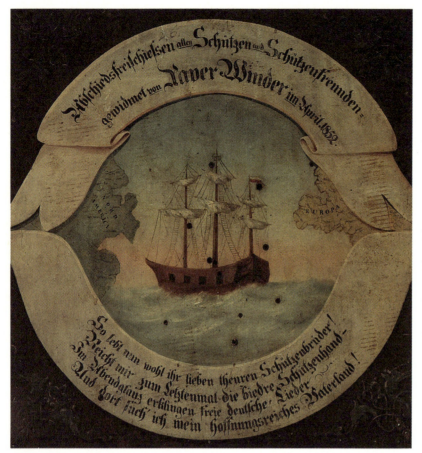

Darstellung der Überfahrt nach Amerika auf einer Schützenscheibe von Xaver Winder zur Verabschiedung von seinen Schützenfreunden. Schützengesellschaft Feldkirch

Andere Erstansiedlungsorte waren vor allem St. Louis, wo sich nach dem Erfolg Franz Salers praktisch alle ausgewanderten Montafoner niederließen; weiters Fremont in Ohio, wo die Mehrzahl der Wolfurter startete.

Viele Vorarlberger wurden in dieser Phase des amerikanischen Landesausbaus Farmer im jeweiligen Frontier-Gebiet: zuerst in Illinois, Iowa und Minnesota, später immer westlicher in Kansas, Nebraska, Colorado, Washington und Oregon.

Die in den Städten blieben, arbeiteten in erster Linie im Baugewerbe. Etliche wurden Wirte und Brauer, während die geistigen Berufe – der sozialen Schichtung der Auswanderer entsprechend – stark unterrepräsentiert waren.

Auffällig ist, dass die Vorarlberger Auswanderer dieser Zeit kaum in Fabriken arbeiteten. Sie waren ja der zu Hause drohenden Proletarisierung entflohen.

Herkunftsort bestimmt. Nach dem Prinzip der Kettenwanderung ließ man sich zumindest in der Anfangsphase dort nieder, wo schon Landsleute als Arbeitgeber fungierten. So kam der überwiegende Teil der zahlreichen Dornbirner nach Dubuque am Mississippi, weil hier der Bierbrauer und Destilleriebesitzer Josef Rhomberg (1833–1897) berufliche Startmöglichkeiten bot. Und von hier aus konnte die Landnahme westlich des Mississippi vorbereitet werden.

Die Stickerei zieht um

Eine zweite große Auswanderungswelle wurde durch die Stickereikrise ab etwa 1885 ausgelöst.

Etliche Gemeinden im Rheintal hatten sich seit etwa 1870 fast ausschließlich auf die heimindustrielle Stickerei eingelassen. Die Fertigprodukte wurden von sankt-galler Handelshäusern exportiert, und die USA waren der mit Abstand größte Abnehmer.

Zum Schutz der eigenen Industrie belegte die US-amerikanische Regierung Ende der 80er Jahre neben anderen Waren auch Stickereiprodukte mit 60% Zoll. So begannen die Schweizer, Teile ihrer Produktion nach Amerika zu verlegen. Diesem Vorbild folgten bald auch die Vorarlberger, und so entstand im Bergen- und im Hudson County von New Jersey eine ganze Stickerkolonie. Aus Lustenau wanderten ganze Familien nach New Jersey aus, wobei sie ihre Stickmaschinen mit sich nahmen.

Die Gefahren der Überfahrt werden durch dieses Votivbild aus Vandans besonders deutlich.

1854

Aus den Stickereigemeinden des Rheintals wanderten seit 1890 viele Sticker in das Gebiet um New York aus; so auch die drei Höchster Brüder Brunner, die in West New York / New Jersey um 1915 eine Stickerei betrieben.

Die Konzentration so vieler Lustenauer und Höchster an einem Ort und in einer Branche führte zur Entstehung eines geschlossenen Vorarlberger Milieus in den nebeneinander liegenden Orten Union City, West New York und North Bergen. Die Sticker gründeten einen „Vorarlberger Fortschrittsverein", einen Fischereiclub, einen Schützenverein, eine Blasmusik und 1927 sogar einen eigenen Fußballclub.

Zwischenkriegszeit

Der überwiegende Teil der Auswanderer in dieser Zeit stammte wiederum aus Lustenau, Höchst und Wolfurt und hatte bereits Verwandte in Amerika. Dies war deshalb von Bedeutung, weil die US-amerikanische Regierung seit 1923 Immigranten nach Herkunftsländern quotiert hatte und jeder Einwanderer einen US-Bürgen benötigte.

Trotz der angepriesenen Kolonistenmöglichkeiten in Südamerika und der leichteren Einreisemöglichkeit nach Kanada gingen noch gut zwei Drittel aller Vorarlberger Überseewanderer in die USA. Viele verstanden sich nun als Wanderer auf Zeit, die nur der heimischen Arbeitslosigkeit entgehen oder schnelles Geld verdienen wollten. Den Arbeitsmarktgesetzen eines Einwanderungslandes entsprechend mussten die ungelernten Einwanderer der 20er Jahre meist ganz unten anfangen. Das ist in den meisten Fällen wörtlich zu nehmen: nämlich als Tellerwäscher in Hotel- und Spitalsküchen, die sich in der Regel im Keller befanden. Der gängige Aufstieg war aber nicht der zum Millionär, sondern bestenfalls der zum Koch. Die Zielgebiete für diese Dienstleister waren die Großräume von New York und Chicago.

Durch den Zweiten Weltkrieg konnten die meisten Auswanderer dieser Zeit ihre Rückwanderungsabsichten nicht mehr verwirklichen. Viele gedachten aber in der unmittelbaren Nachkriegszeit mit großzügigen Spenden ihrer alten Heimat.

Der Großteil der etwa 5.000 Vorarlberger aller drei Auswanderungswellen brachte es in Amerika nach hartem Beginn zu einem ordentlichen Auskommen, das heißt zu einem höheren Lebensstandard, als sie ihn zur gleichen Zeit zu Hause gehabt hätten, und zu besseren Aufstiegs- und Bildungschancen für ihre Kinder. Herbert Spencer Gasser, Sohn eines ehemaligen Dornbirner Schusters, erhielt beispielsweise 1944 den Nobelpreis für Medizin.

Etwa 10% aller Auswanderer fanden sich im neuen Land nicht zurecht, starben bald, verunglückten, blieben unglücklich passiv oder kehrten zurück.

Ein kleiner Teil aber brachte es zu bedeutendem Wohlstand und ein noch kleinerer – etwa der Bregenzerwälder Industriepionier Johann Michael Kohler (1846–1899) oder der aus Hohenems stammende Buchhändler August Brentano (1828–1886) – zu nationaler Bedeutung.   M.P.

Diejenigen Auswanderer, die es zu etwas gebracht hatten, zeigten dies auch bei Besuchen in der alten Heimat. Der Stickereibesitzer Ferdinand Bösch (ganz links) brachte 1925 beim Heimatbesuch sein Automobil nach Lustenau mit.

1854

1854: Die aus Wettingen im Aargau vertriebenen Zisterzienser lassen sich im 1806 aufgehobenen Kloster Mehrerau nieder.

1854: Etwa 300 Vorarlberger wandern nach Amerika aus. Damit ist ein weiterer Höhepunkt dieser Wanderungsbewegung erreicht.

1855: Der aus Partenen stammende Bischof Franz Joseph Rudigier ruft zum Dombau in Linz auf.

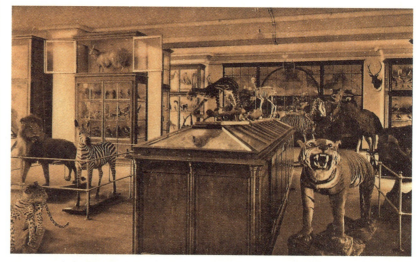

Die wissenschaftliche Sammlung der „Stella Matutina". 1945 wurde sie zum Teil zerstört.

GEBURTSTAGE

27.4.1854: Brixen: Philipp Krapf († 4.1.1939), Rheinbauleiter, Ehrenbürger der Marktgemeinde Lustenau.

8.11.1854: Bregenz: Ferdinand Gierer († 8.6.1927), Pfarrer von Hatlerdorf, Ehrenbürger der Stadt Dornbirn.

1854: Bludenz: Jakob Jehly († 1897), Maler.

27.2.1855: Dornbirn: Victor Hämmerle († 4.3.1946), Industrieller, Ehrenbürger der Stadt Dornbirn.

Die Gründung der Stella Matutina

Bereits in den Jahren zwischen 1649 und 1773 bestand in Feldkirch ein Lyceum der Jesuiten, das einen sehr guten Ruf genoss und einen überregionalen Einzugsbereich besaß. Nachdem der Jesuitenorden in der Schweiz aufgehoben worden war, ließen sich wiederum Ordensangehörige in Feldkirch nieder und übernahmen 1856 die Leitung und den Unterricht am dortigen k.k. Staatsgymnasium. Diese Berechtigung wurde ihnen allerdings auf Druck der liberalen Mehrheit im Lande 1868 wieder entzogen.

Daraufhin richteten die Jesuiten eine private Schule in den Räumlichkeiten ihres Konviktes „Stella Matutina" ein. Diese Anstalt wurde bereits 1877 von 350 Schülern besucht. Im Jahre 1900 konnte die Schule einen überaus großzügigen und modern ausgestatteten Neubau beziehen. In der Folge stieg die Schülerzahl der als Internat geführten Anstalt auf 460 an.

Bereits 1891 war neben das private „Deutsche Gymnasium" ein solches mit österreichischem Lehrplan und Öffentlichkeitsrecht getreten. Das Institut erhielt sehr bald den Charakter einer Eliteschule, die von Schülern aus allen Kronländern der österreichisch-

Die „Stella Matutina" in Feldkirch. Die Anlage befand sich beiderseits der Ill.

Die bekannte „Stella-Musik" setzte sich aus Zöglingen des Internats zusammen. Hier eine Aufnahme vor der Schneeburg

ungarischen Monarchie sowie aus dem Ausland besucht wurde. Aus ihr gingen zahlreiche bekannte Persönlichkeiten hervor, so etwa der nachmalige österreichische Bundeskanzler Dr. Kurt Schuschnigg oder die Schriftsteller Thomas Mann und Arthur Conan Doyle, der Schöpfer des legendären Detektivs Sherlock Holmes.

Von 1938 bis 1946 war der Schulbetrieb zwangsweise eingestellt. 1979 wurde die letzte Reifeprüfung an der traditionsreichen „Stella Matutina" abgenommen. A.N.

6.10.1856: Eröffnung des Jesuitenpensionats Stella Matutina in Feldkirch.

1856: Im Zusammenhang mit dem Kulturkampf aus der Schweiz vertriebene Zisterzienserinnen lassen sich in Gwiggen nieder.

GEBURTSTAGE

17.2.1856: Lustenau: Josef Grabherr († 20.2.1921), Pfarrer und Historiker.

1.6.1856: Ennenda, Kanton Glarus: Friedrich Wilhelm Schindler († 19.11.1920), Unternehmer und Erfinder.

1.11.1856: Düsseldorf: Eugen Hillmann († 20.5.1936), Prälat, Ehrenbürger der Marktgemeinde Lustenau.

TODESTAG

17.5.1856: Bernhard Galura, eigentlich Bernhard Katzenschwanz (* 21.8.1764, Herbolzheim im Breisgau), erster Generalvikar und Weihbischof von Vorarlberg, Fürstbischof von Brixen.

Alois Negrelli

Alois Negrelli von Moldelbe

1799–1858

Der als Sohn eines begüterten Bauern geborene Negrelli studierte in Feltre, Venedig, Padua und Innsbruck. 1819 trat er als Ingenieur in den österreichischen Staatsdienst. Zunächst wurde er mit der Ausführung von Geländeaufnahmen und Wasserbauten in Tirol und Vorarlberg betraut. Hier nahm er das Gebiet zwischen Bludenz und Feldkirch sowie das rechte Rhein-

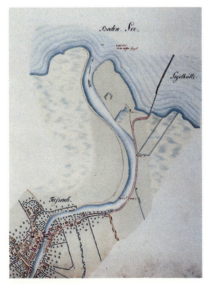

Negrelli schuf während seiner Tätigkeit in Vorarlberg beachtliche Kartenwerke. Hier Fußach und die Mündung der Dornbirner Ach, 1826

ufer auf. Diese Kartenwerke sind heute wichtige historische und ökologische Quellen. Außerdem schuf er die Pläne für die Verbauung der Dornbirner Ach, für zahlreiche Straßen-, Brücken- und Kirchenbauten (Peter und Paul in Lustenau, Pfarrkirchen von Satteins, Sulzberg und möglicherweise Wolfurt). Von 1832 bis 1840 war er in St. Gallen und Zürich tätig; die Trasse der ersten Schweizer Bahnlinie (Zürich–Baden) geht auf Negrelli zurück. Auch in weiterer Folge widmete er sich vornehmlich dem Eisenbahnbau und erweiterte seine Kenntnisse auf Studienreisen in England, Frankreich und Belgien. Später fungierte er als Generalinspekteur der Kaiser-Ferdinand-Nordbahn, leitete die Sektion „Eisenbahnen" im Arbeitsministerium, dann die Oberbaubehörde des Königreichs Lombardo-Venetien und avancierte schließlich, inzwischen in den Adelsstand erhoben, zum Generalinspekteur der österreichischen Staatsbahnen in Wien.

Sein bedeutendstes Projekt war die Planung des Suezkanals, zu der er eingehende Vermessungsarbeiten in Ägypten vornahm. Von 1857 bis zu seinem Tod begleitete er die Bauarbeiten selbst. Später setzte sie der Franzose Lesseps fort, ohne jedoch bei der feierlichen Eröffnung auf die Planung des Projekts durch Negrelli hinzuweisen. Erst dessen Tochter gelang es in einem langwierigen Rechtsstreit, der Urheberschaft ihres Vaters Anerkennung zu verschaffen. A.N.

Der Vorarlberger Landesmuseumsverein und das Vorarlberger Landesmuseum

Unter dem Namen „Museums-Verein für Vorarlberg" (heute: „Vorarlberger Landesmuseumsverein") konstituierte sich 1857 die erste landeskundliche Gesellschaft Vorarlbergs, die schon bald nach ihrer Gründung 400 Mitglieder zählte. Der Verein machte es sich zur Aufgabe, die Verschleppung und Vernichtung von Kulturgut zu verhindern und „der Vergangenheit

1857

Das 1905 neu erbaute Landesmuseum am Kornmarktplatz

und Gegenwart des Landes die rechte Geltung zu verschaffen". Aus dieser Zielsetzung ist bereits zu erkennen, dass es dem durch Jahrzehnte liberal dominierten Vereinsvorstand auch darum ging, über die Beschäftigung mit der Geschichte des Landes zur Förderung des Vorarlberger Landesbewusstseins beizutragen. Den ersten Schwerpunkt des Landesmuseumsvereins stellte die Erforschung der römischen Geschichte des Landes dar, insbesondere des antiken Brigantium (Bregenz). Seine aber auch in viele andere Bereiche ausgreifende Sammeltätigkeit bildete den Grundstock für die kulturgeschichtlichen Schausammlungen (Ur- und Frühgeschichte, Römerzeit, Volkskunde, Gewerbe, Wohnkultur, Waffen- und Rechtsaltertümer, Kunst) des Vorarlberger Landesmuseums, das 1905 sein neues, 1959/60 umgestaltetes Gebäude am Bregenzer Kornmarkt beziehen konnte. Entscheidend geprägt wurde das heutige Erscheinungsbild des Museums durch seinen langjährigen Direktor (1948–1986) Univ.-Prof. Dr. Elmar Vonbank, dem Dr. Helmut Swozilek in dieser Funktion nachfolgte. A.N.

Die 1985 neu gestaltete archäologische Abteilung

3.9.1857: Die nach Plänen Martin von Kinks erbaute klassizistische Dornbirner Stadtpfarrkirche wird eingeweiht.

15.11.1857: Der Vorarlberger Landesmuseumsverein wird gegründet; der spätere Kreishauptmann Sebastian Ritter von Froschauer wird zu seinem ersten Präsidenten gewählt.

1857/58: An der Stelle der alten Montforter Residenz in der Bregenzer Oberstadt wird die so genannte „Fronfeste" errichtet.

1858-1862: Die Straße von Andelsbuch über Bersbuch und Stallau nach Bezau wird gebaut.

27.11.1859: Eine Vorarlberger Delegation unter der Führung des Feldkircher Bürgermeisters Fidel Wohlwend und des Landesgerichtspräsidenten Kaspar von Ratz übergibt Erzherzog Karl Ludwig eine Denkschrift, in welcher der Wunsch nach einer Trennung Vorarlbergs von Tirol artikuliert und begründet wird.

1859: Die neue Klosterkirche der Mehrerau wird eingeweiht.

31.7.1860: An der Stelle des ehemaligen Klarissenklosters Valduna wird eine „Wohltätigkeitsanstalt" für Geisteskranke gegründet.

31.8.1860: Das Kreisamt in Bregenz wird aufgehoben; an seine Stelle treten drei Bezirksämter – in Bregenz, Feldkirch und Bludenz –, die späteren Bezirkshauptmannschaften.

30.11.1860: Der Bregenzer Stadtrat ersucht den Kaiser im Namen der gesamten Bürgerschaft, die Stadt zum ständigen Sitz des (künftigen) Landtags zu machen.

1860: Ein Streit um den Standort der neuen Pfarrkirche entzweit die Bevölkerung von Götzis.

1860: Carl Ganahl erwirbt die Eisengießerei in Frastanz aus der Konkursmasse der Firma Graßmayr.

1860: Sebastian Ritter von Froschauer wird zum Kreishauptmann von Vorarlberg ernannt.

1860

GEBURTSTAGE

31.3.1857: Schwarzenberg: Ägidius Mayer († 23.1.1935), Priester, Abgeordneter zum Vorarlberger Landtag, Schriftleiter des „Vorarlberger Volksblattes", Pfarrer und Ehrenbürger der Marktgemeinde Schruns.

26.3.1860: Feldkirch: Josef Häusle († 23.12.1939), Priester, Naturheilkundiger, Gründer verschiedener Schulen und Institute, Ehrenbürger der Stadt Feldkirch.

TODESTAGE

10.1.1858: Alois Negrelli von Moldelbe (* 23.1.1799, Primiero/Trentino), Kreisadjunkt, Inspektor der Bauarbeiten am Suezkanal.

3.12.1860: Johann Nepomuk von Tschiderer (* 15.4.1777), Weihbischof und Generalvikar von Vorarlberg, Fürstbischof von Trient.

Landeswahlordnung für Vorarlberg im Februarpatent 1861

Der Vorarlberger Landtag

Die am 4. März 1849 oktroyierte Verfassung beendete die österreichische Revolution von 1848 und damit auch die Hoffnungen auf ein selbstständiges Land Vorarlberg, denn sie vereinigte das jeglicher Autonomie beraubte Vorarlberg mit Tirol zu einem einzigen Kronland. In der Folge wuchs die Unzufriedenheit über diese Maßnahme und über den aus ihr resultierenden Verlust der politischen und vor allem auch wirtschaftlichen Gestaltungsmöglichkeiten. Gerade in ökonomischer Hinsicht erwies sich die Bindung des von der Textilindustrie geprägten Landes an das kaum industrialisierte Tirol als Hemmschuh. Alle politischen Kräfte – sowohl die vorerst dominierenden Liberalen wie auch die Katholisch-Konservativen – traten daher für eine Loslösung von Tirol ein.

Am 27. November 1859 hinterlegte eine Vorarlberger Delegation bei der Statthalterei in Innsbruck den ausführlich begründeten Wunsch nach einer solchen Trennung. Sie wurde – allerdings nur in politischer Hinsicht – durch die Verfassung vom 26. Februar 1861 vollzogen. Vorarlberg erhielt ebenso wie Tirol eine eigene Landesordnung und einen eigenen Landtag, dem 20 Abgeordnete angehören sollten. Dem Wahlmodus entsprechend fiel ein Sitz dem jeweiligen Feldkircher Generalvikar kraft seines Amtes zu,

Von 1861 bis 1896 tagte der Vorarlberger Landtag im Bregenzer Rathaus, da er kein eigenes Gebäude besaß.

1861

fünf Sitze wurden von den Städten Bregenz, Feldkirch und Bludenz, vom Markt Dornbirn und der Handelskammer gewählt, die 14 weiteren von den ländlichen Bezirken. Den Landeshauptmann ernannte der Kaiser. Als Landesregierung amtierte ein vierköpfiger, später erweiterter Landesausschuss. Bis 1870 stellten die Liberalen die Mehrheit der Abgeordneten, dann die Katholisch-Konservativen (Christlichsozialen). Die Einrichtung eines eigenen Landtags bedeutete jedoch nicht die Erhebung Vorarlbergs zum Kronland. Zwar lockerten sich nunmehr die Bindungen an Tirol, die übergeordnete staatliche Verwaltungsbehörde für Vorarlberg blieb aber trotz wiederholter Vorstöße die Statthalterei in Innsbruck. A.N.

Die Gründung der evangelischen Gemeinde

Obwohl Kaiser Franz Joseph I. den evangelischen Christen Augsburger und Helvetischer Konfession 1861 die Gleichberechtigung mit den Katholiken gewährt hatte, setzten katholisch-konservative Kreise der Einrichtung einer evangelischen Gemeinde in Vorarlberg beträchtlichen Widerstand entgegen, da sie darin eine Gefahr für die Glaubenseinheit des Landes sahen. Dem späteren Landtagsabgeordneten Dr. Josef Anton Ölz brachte seine Agitation sogar eine gerichtliche Verurteilung wegen Verhetzung ein.

Dennoch konnte noch im Jahre 1861 die konstituierende Sitzung der Vorarlberger evangelischen Gemeinde stattfinden, zu deren weltlichem Vorsitzenden Ernst Freiherr von Poellnitz, der Großvater der Dichterin Grete Gulbransson, gewählt wurde. Am 24. August 1862 fand die Grundsteinlegung für die neugotische evangelische Kirche in Bregenz statt. Das Grundstück für den 1864 fertig gestellten Bau und den angrenzenden Friedhof hatte der aus der Schweiz zugewanderte Fabrikant Melchior Jenny gestiftet. A.N.

26.2.1861: Vorarlberg erhält eine eigene Landesordnung und einen eigenen Landtag mit 20 Abgeordneten.

21./22.3.1861: Die Landtagswahlen bringen einen eindeutigen Sieg der Liberalen.

31.3.1861: Kreishauptmann Sebastian Ritter von Froschauer wird zum Landeshauptmann von Vorarlberg ernannt.

6.4.1861: Im Bregenzer Rathaus tritt der durch das Zensuswahlrecht gewählte Vorarlberger Landtag erstmals zusammen.

8.4.1861: Kaiser Franz Joseph I. erlässt das so genannte Protestantenpatent. Daraufhin kommt es zur Gründung der ersten evangelischen Gemeinde Vorarlbergs.

3.8.1861: Die erste Nummer der von Carl Ganahl gegründeten liberalen „Feldkircher Zeitung" erscheint.

19.8.1861: Der Turnverein Feldkirch wird wiedergegründet.

GEBURTSTAGE

21.1.1861: Bludenz: Andreas Konzett († 11.1.1938), Jurist, Abgeordneter zum Vorarlberger Landtag, Bürgermeister und Ehrenbürger der Stadt Bludenz.

22.8.1861: Hard: Johann Mager († 28.10.1929), Bürgermeister und Ehrenbürger der Marktgemeinde Hard.

TODESTAGE

27.8.1861: Silvester Ritter von Hammerer (* 28.10.1791, Egg), Kreispräsident von Vorarlberg und Kreishauptmann von Bozen.

12.11.1861: Georg Prünster (* 12.3.1774), Weihbischof, Generalvikar für Vorarlberg.

Die evangelische Kirche in Bregenz

1862

13.8.1862: Der Turnverein Dornbirn wird gegründet; die Vereinsstatuten werden am 23.8. behördlich genehmigt; die konstituierende Sitzung findet am 30.8. statt.

24.8.1862: In Bregenz wird der Grundstein für die evangelische Pfarrkirche gelegt.

21.9.1862: In Lustenau wird das erste Vorarlberger Sängerbundfest veranstaltet, an dem sich sieben Vereine beteiligen; dabei werden offen Sympathien für die Deutsche Sängerbundtagung in Coburg bekundet.

13.11.1862: In Götzis wird der Grundstein für die Pfarrkirche im Oberdorf gelegt; durch ihren Bau wird das Dorfzentrum vom Unterdorf ins Oberdorf verlagert.

1862: Gründung des österreichischen Alpenvereins.

1862: Dr. Josef Fessler wird zum Generalvikar für Vorarlberg ernannt.

Franz Michael Felder

1839–1869

„Im Bregenzerwalde ist es Zeit, dass der Name Felders wieder aufgefrischt werde, mir scheint dort droht er am ehesten zu erlöschen, wo man ihm am meisten zu danken hatte. Was waren diese Schwarzen heilfroh, dass dieser Mann die Augen schloss!"

So schrieb der Gemeindearzt von Dornbirn und liberale Landtagsabgeordnete Johann Georg Waibel im Oktober 1869 an Rudolf Hildebrand in Leipzig. Dieser, damals Universitätsprofessor und Herausgeber des Grimm'schen Wörterbuches, war einer der prominenten Freunde Felders, die

Franz Michael Felder

seinen Namen weit über den Bregenzerwald hinaus bekannt machten, sodass etwa die Leipziger Zeitschrift „Europa" 1867 schrieb, Felder sei „eines der wunderbarsten Phänomene unserer Zeit". Sein Name taucht bis zum Ersten Weltkrieg nicht nur in deutschsprachigen, sondern auch in spanischen, italienischen, französischen, ungarischen und tschechischen Lexika auf; alle seine Romane wurden ins Holländische übersetzt. Durch zwei Bücher im Residenz-Verlag, die Autobiografie „Aus meinem Leben" (1985), zu der Peter Handke ein Vorwort schrieb, und den Band „Ich will der Wahrheitsgeiger sein' – Ein Leben in Briefen" (1994), ist Felders Name in weiteren Kreisen wieder zu einem Begriff geworden; seine gesammelten Schriften liegen in einer zwölfbändigen Ausgabe des Felder-Vereins vor.

Franz Michael Felder wurde am 13. Mai 1839 in Schoppernau als einziger Sohn eines Bauern geboren. Mit zehn Jahren verlor er den Vater und konnte nur die Volksschule besuchen. In dem ca. 400 Einwohner zählenden Schoppernau war er eine extravagante Erscheinung: Er las beim Viehhüten und kaufte sich schon als Jugendlicher einen städtischen Anzug. Als er mit 21 Jahren in die hochwasserführende Bregenzerache stürzte, ließ man ihn über eine Stunde ohne Hilfe zappeln.

Felders literarische Laufbahn begann 1863, als in Lindau seine Dorfgeschichte mit dem exotischen Titel „Nümmamüllers und das Schwarzokaspale" erschien.

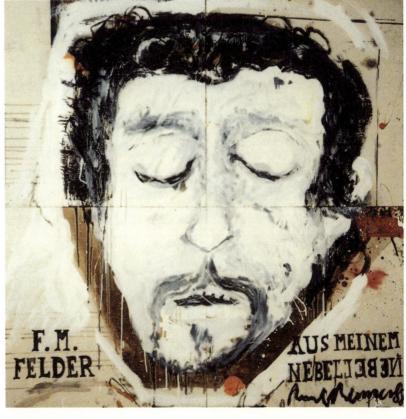

Auch die zeitgenössische Kunst beschäftigt sich mit Felder. Paul Renners „Aus meinem Nebelleben", 1988

1863

Die Familie Franz Michael und Nanni Felder mit drei Kindern und der Mutter Felders 1866

Landesverwaltungsabgabemarke mit dem Porträt Felders

1867 und 1868 folgten die Romane „Sonderlinge" und „Reich und Arm", bereits in Leipzig beim angesehenen Hirzel-Verlag. Felder begann auch bald, an den sozialen Verhältnissen zu rütteln: So erreichte er eine gerechtere Verteilung der Gemeindesteuern und gründete Sennereigenossenschaften, eine Viehversicherungsgesellschaft, eine Handwerkerleihbibliothek und, gemeinsam mit seinem Schwager, dem Juristen Kaspar Moosbrugger, die „Vorarlberg'sche Partei der Gleichberechtigung", die das heute selbstverständliche allgemeine und geheime Wahlrecht forderte. Er beschäftigte sich auch mit den Sagen und Sprichwörtern des Bregenzerwaldes. Die heftigen Verfolgungen durch die Geistlichkeit, die ihn von der Kanzel herunter als Ketzer, Freimaurer und Antichristen verteufelte, sowie Morddrohungen gegen ihn und seine Familie verdüsterten seine letzten Lebensjahre. Felder starb mit nicht einmal 30 Jahren am 26. April 1869, bald nach dem frühen Tod seiner Frau Nanni, am Beginn einer glänzenden literarischen Karriere. Er blieb lange Zeit ein Zankapfel zwischen den verschiedenen Parteien Vorarlbergs. Heute jedoch gilt er als Vorkämpfer der Demokratie, als mutiger Sozialreformer und als politisch bewusster Schriftsteller als eine herausragende Gestalt des österreichischen 19. Jahrhunderts. Felders Humor macht die Lektüre noch immer zu einem Vergnügen: So schrieb er 1867 aus Leipzig an seine Frau in Schoppernau: „Von Grottendieck, dem Übersetzer, hab ich noch immer keine Antwort. Er scheint nicht daheim zu sein, wie ich und alle berühmten Leute." U.L.

28.3.1863: Der aus Dornbirn stammende Karl Kunz übernimmt als Redakteur die Leitung der „Feldkircher Zeitung"; er ist der erste Berufsjournalist in der Vorarlberger Pressegeschichte.

11.8.1863: Die erste Nummer der amtlichen „Vorarlberger Landeszeitung" wird ausgeliefert; das Blatt erscheint dreimal pro Woche, am Dienstag, Donnerstag und Samstag.

20.8.1864: Vorarlberg erhält ein eigenes Landeswappen.

23.9.1864: Kaiser Franz Joseph I. ernennt den aus Lochau stammenden Generalvikar für Vorarlberg, Josef Fessler, zum Bischof von St. Pölten.

1864: Der Vorarlberger Landtag fordert den Bau einer Bahnverbindung zwischen Tirol und Vorarlberg.

1864: Die Spinnerei des F. M. Hämmerle in Dornbirn-Gütle wird errichtet (11.000 Spindeln).

1864: Die evangelische Kirche in Bregenz wird fertig gestellt.

1865

23.11.1865: Die liberalen Abgeordneten Wohlwend, Ganahl und Seyffertitz protestieren im Vorarlberger Landtag heftig gegen die Sistierung der Reichsvertretung durch Kaiser Franz Joseph I.

16.12.1865: Der Vorarlberger Landtag beschließt bei nur zwei Gegenstimmen eine Adresse an den Kaiser, mit welcher dieser gebeten wird, die Sistierung der Grundgesetze wieder aufzuheben. Der Kaiser weigert sich allerdings, diese Adresse anzunehmen.

GEBURTSTAGE

25.8.1863: Bludenz: Johann Mathias Jehly († 10.1.1950), Schuldirektor und Bludenzer Ehrenbürger.

29.5.1864: Brixen: Sigismund Waitz († 30.10.1941), Weihbischof und Generalvikar für Vorarlberg, Fürsterzbischof von Salzburg.

13.6.1864: Erl bei Kufstein: Josef Peer († 28.6.1925), Jurist, Bürgermeister und Ehrenbürger der Stadt Feldkirch, Landeshauptmannstellvertreter, Abgeordneter zum Vorarlberger Landtag, Mitglied des Verwaltungsgerichtshofes.

30.1.1865: Alberschwende: Georg Froewis († 11.11.1934), China-Missionar.

TODESTAGE

14.1.1864: Maria Schmid, verehelichte Raidel (* 8.10.1794, Au-Rehmen), Pädagogin, Mitarbeiterin Heinrich Pestalozzis.

6.3.1864: Anton Vonbun (* 10.5.1799, Nüziders), Jurist und Aktuar, Abgeordneter Vorarlbergs in der Frankfurter Paulskirche (1848/49), Feldkircher Bürgermeister.

17.5.1864: Franz Martin Rhomberg (* 15.4.1811, Dornbirn), Firmengründer, Unternehmer.

Das erste Vorarlberger Landeswappen

Bis nach der Mitte des 19. Jahrhunderts besaß Vorarlberg kein Symbol, das das ganze Land repräsentierte. Um diesem Missstand abzuhelfen, beschloss der 1861 eingerichtete Landtag, die Verleihung eines eigenen Landeswappens anzustreben. Mit der Ausarbeitung eines Entwurfes wurde der bekannte, aus Hittisau im Bregenzerwald stammende Historiker Joseph von Bergmann beauftragt, der in Wien als Direktor des Münz- und Antikenkabinetts wirkte. 1863 genehmigte der Landtag seinen Vorschlag mit einigen Abänderungen und fasste den Beschluss, mit der Bitte um Verleihung an Kaiser Franz Joseph I. heranzutreten.

Der Monarch stellte schließlich am 20. August 1864 den prunkvollen Wappenbrief aus, der heute im Vorarlberger Landesarchiv aufbewahrt wird. Das etwas komplizierte Wappen ist eine Kombination des Wappens der Grafen von Montfort mit denen der wichtigsten Glieder des Landes (Bregenz, Feldkirch, Bludenz, Dornbirn, Hohenems, Sonnenberg, Montafon und Bregenzerwald). Dieses erste Vorarlberger Landeswappen, das die erst spät erlangte Einheit des Landes dokumentiert, blieb bis zum 3. Dezember 1918 in Kraft.   A.N.

Das alte Vorarlberger Landeswappen von 1864

1865

28.12.1865 - 22.1.1866: Die Gemeindevertretungen von Rankweil, Höchst, Bludenz, Klaus, Hard, Hörbranz, Röthis, Sulz, Frastanz, Hohenems, Götzis und Lustenau richten Dankadressen an den Vorarlberger Landtag für die Verteidigung der Länderrechte. In der Folge wird Landeshauptmann Froschauer vom Kaiser in den vorzeitigen Ruhestand versetzt und seine Pension gekürzt.

1865: Die Wohltätigkeitsanstalt Valduna bei Rankweil wird zu einer Landesnervenheilanstalt und einem Landesunfallkrankenhaus ausgebaut.

1865: Johann Nepomuk Amberg wird Weihbischof von Vorarlberg.

1.7.1866: Die erste Nummer des katholisch-konservativen, vom Klerus des Landes gegründeten „Vorarlberger Volksblattes" wird ausgeliefert; die Zeitung erscheint zweimal pro Woche.

GEBURTSTAG

4.5.1866: Götzis: Alfons Heinzle († 28.6.1938), Gemeindearzt von Götzis, Altach, Mäder und Koblach, Ehrenbürger der Marktgemeinde Götzis.

Samuel Gottfried Jenny
1837–1901

Sein Vater Melchior Jenny (1785–1863) entstammte einer angesehenen Sippe in Ennenda im Schweizer Kanton Glarus. Nach schweren Verlusten der Handelsfirma seiner Familie suchte er einen Neuanfang und gründete mit seinen Schwägern Friedrich und Dietrich Schindler die Firma „Jenny & Schindler" in Hard. Hier flossen zwei wasserreiche, klare Quellbäche, die die Anlage einer Druckerei und Färberei begünstigten. Von 1836 bis 1838 ließen die Glarner Unternehmer in Kennelbach bei Bregenz die damals weitaus größte Spinnerei Vorarlbergs errichten. Der fünfgeschossige Bau war für rund 25.000 Spindeln konzipiert und wurde auf 440.000 Gulden veranschlagt; diese wurden von einer Aktiengesellschaft aufgebracht. Weiters wurde die Türkischrotfärberei in großem Stil betrieben: Bei diesem komplizierten Verfahren erhielten Baumwollstoffe ein Rot von besonderer Leuchtkraft.

Samuel Jenny erhielt privaten Unterricht durch den Pädagogen August Wilhelm Grube. 1855 studierte er Chemie am Polytechnischen Institut in Wien, 1858 erwarb er das Doktorat in Jena. 1867 übernahm er die Türkischrotfärberei und Druckerei in Hard sowie die mechanische Weberei in Lerchenau. Er ließ die älteren Bauten abreißen, führte Dampf- und Perotindruckmaschinen ein, versäumte aber den Umstieg auf die Rouleauxmaschine, die damals neueste Entwicklung im Textildruck. Auf Grund geänderter Konsumbedürfnisse und infolge mehrerer

Im Landesmuseum wird ein frühes Musterbuch der Firma Jenny & Schindler aufbewahrt. Die Leuchtkraft der Farben ist bemerkenswert.

Wirtschaftskrisen geriet die Firma „Samuel Jenny" bereits kurz nach seinem Tod in schwere Turbulenzen und musste 1913/14 stillgelegt werden.

Die liberale Familie Jenny bestimmte die Gemeindepolitik in Hard in starkem Maß. Sie ließ sich eine große Villa mit einem ausgedehnten Park errichten. Das Verhältnis der Firma zu ihren Arbeitern war ausgesprochen schlecht. 1899 musste sich sogar der Reichsrat in Wien mit den miserablen Arbeits- und Lebensbedingungen in Jennys Fabriken befassen. Der Protestant Jenny ließ auch an katholischen Feiertagen arbeiten und weigerte sich, für seine vielen Beschäftigten aus dem Trentino einen italienischsprachigen Priester zu bezahlen.

Jenny war Ausschussmitglied der Vorarlberger Handelskammer und Mitglied des Eisenbahnrats. Als Protestant setzte er sich für seine Glaubensgenossen ein; so fungierte er als

Die Fabrik Jenny & Schindler in Kennelbach um 1850

1868

Textilarbeiterinnen und -arbeiter der Firma Jenny & Schindler in Kennelbach, 1893. Als Zeichen ihres Berufsstandes halten fast alle Weberschiffchen in den Händen.

Presbyter. Er war auch Hobbyarchäologe und finanzierte mit eigenen Mitteln viele Ausgrabungen; im Jahrbuch des Vorarlberger Landesmuseumsvereins veröffentlichte er mehr als 30 Beiträge über seine Forschungen. Weiters war er Konservator der historischen Baudenkmale. Jenny grub auch in der ehemaligen Südsteiermark, in Pettau und Oberlaibach, und unternahm archäologische Reisen an den Rhein, den Limes, nach Carnuntum, Umbrien, Pompeji sowie nach Ägypten. 1877 wurde er Obmann des Vorarlberger Landesmuseumsvereins; er plante den Bau eines Landesmuseums und unterstützte diesen großzügig.

1861 heiratete er Marie Schindler. 1880 wurde Jenny mit dem Ritterkreuz des Franz-Joseph-Ordens ausgezeichnet, 1890 wurde er zum Kaiserlichen Rat ernannt. Er starb an einer Blutvergiftung infolge eines Insektenstichs und wurde auf dem evangelischen Friedhof in Bregenz begraben.   H.W.

Januar 1867: Die Liberalen erringen bei der Landtagswahl erneut einen eindeutigen Sieg. Sie entsenden 15 Abgeordnete in den Landtag, die Konservativen nur vier.

21.7.1867: In Lustenau wird die Unterfahrbrücke eröffnet; es ist die erste Rheinbrücke im Bereich Vorarlbergs.

Herbst 1867: Auf Grund einer Initiative des „Vorarlberger Volksblattes" werden in 95 Gemeinden rund 14.000 Unterschriften gegen die Vorlage eines liberalen Schulgesetzes der österreichischen Regierung gesammelt.

9.1.1868: Vorarlberger Konservative gründen nach badischem Vorbild in Bregenz ein erstes „Kasino", das am Osterdienstag (14.4.) seinen ersten öffentlichen Auftritt hat.

3.3.1868: Im „Vorarlberger Volksblatt" erscheint ein Artikel, in dem die „Arbeiterfrage" als die „brennendste aller Fragen auf volkswirtschaftlichem Gebiet" bezeichnet wird. Damit beginnt eine Artikelserie zur sozialen Frage.

17./20.3.1868: Kaspar Moosbrugger ruft im „Vorarlberger Volksblatt" zur Gründung von Arbeiterbildungsvereinen auf und fordert das allgemeine Wahlrecht.

18.4.1868: In Feldkirch findet eine Versammlung zur Gründung des „Vorarlberger Vereins der Verfassungsfreunde" statt.

11.6.1868: Der neu gegründete liberale „Verein der Verfassungsfreunde" hält seine erste Versammlung in Feldkirch ab.

19.6.1868: Der Priester Adolf Rhomberg hält eine Predigt über die Exkommunikation der Mitglieder des „Vereins der Verfassungsfreunde" sowie deren Ausschluss von Gottesdienst und Begräbnis.

September 1868: Der Vorarlberger Landtag nimmt das liberale Schulaufsichtsgesetz an; das kirchliche Aufsichtsrecht in den Schulen wird damit auf den Religionsunterricht beschränkt.

4.10.1868: In Dornbirn findet die konstituierende Sitzung des Dornbirner Kasinos statt.

GEBURTSTAGE

14.4.1867: Schruns: Franz Josef Wachter († 7.2.1951), Bürgermeister und Ehrenbürger der Marktgemeinde Schruns, Abgeordneter zum Vorarlberger Landtag.

10.6.1867: Andelsbuch: Anton Barnabas Fink († 20.9.1947), Pfarrer in Hittisau, Abgeordneter zum Vorarlberger Landtag, Landesrat und Landesstatthalter.

12.3.1868: Wien: Karl Hermann († 31.7.1949), Handelskammersekretär, Pionier der Elektrizitätserzeugung mit Wasserkraft, Ehrenbürger der Stadt Feldkirch.

1868

1868: Den Jesuiten wird die Genehmigung entzogen, am Feldkircher Staatsgymnasium zu unterrichten.

1868: Die über 11.000 Spindeln verfügende Spinnerei des F. M. Hämmerle in Dornbirn-Gütle wird um 10.000 Spindeln erweitert.

1868: In Lustenau werden erste Handstickmaschinen aufgestellt.

19.2.1869: Der liberale Arzt Dr. Johann Georg Waibel löst Arnold Rüf als Bürgermeister von Dornbirn ab.

2.5.1869: Der Bischof von Linz, Franz Joseph Rudigier, weiht die neue Pfarrkirche seines Geburtsortes Gaschurn ein.

12.5.1869: In Bregenz tritt ein Komitee zusammen, um die Gründung eines Arbeiterbildungsvereins vorzubereiten. Der Verein wird am 23.7. behördlich genehmigt; die Gründungsversammlung findet am 2.8. statt.

17.8.1869: Die Konzession zum Bau der Vorarlbergbahn wird an ein Konsortium vergeben, dem u. a. die Firmen Ganahl und Getzner, Mutter und Comp. sowie die österreichische Credit-Anstalt angehören.

1869: Eröffnung einer landwirtschaftlichen Fortbildungsschule in Götzis.

1869: Dr. Josef Fessler, Generalvikar für Vorarlberg, wird Generalsekretär des Ersten Vatikanums.

1869: Zum ersten Mal ist Turnunterricht an Vorarlberger Schulen bezeugt.

30.5.1870: In Dornbirn wird der „Katholisch-Politische Volksverein", eine Dachorganisation der Vorarlberger Kasinos, gegründet.

9./14.7.1870: Die katholisch-konservativen „Kasiner" gewinnen die Wahlen zum Vorarlberger Landtag. Sie erringen 15, die Liberalen vier Mandate.

7.10.1870: Bernhard von Florencourt wird Herausgeber des „Vorarlberger Volksblattes"; damit wird die Zeitung zu einem politischen Kampfblatt des katholischen Konservativismus in Vorarlberg.

Oktober 1870: Beginn der Bauarbeiten an der Vorarlbergbahn.

GEBURTSTAGE

24.8.1869: Götzis: Matthias Längle († 1.8.1952), Bürgermeister und Ehrenbürger der Stadt Bludenz.

27.7.1870: Kirchbach, Kärnten: Franz Unterberger († 5.12.1954), Buchhändler und Verleger, Bürgermeister und Ehrenbürger der Stadt Feldkirch, Abgeordneter zum Nationalrat, Präsident der Vorarlberger Handelskammer.

1871: Johann Georg Schmid († 20.11.1947), Pfarrer und Ehrenbürger von Altach.

TODESTAGE

26.4.1869: Franz Michael Felder (* 13.5.1839, Schoppernau), Dichter.

27.3.1870: Franz Josef Vonbun (* 28.11.1824, Nüziders-Laz), Arzt, Dichter und Sagensammler.

Aron Tänzer (Bildmitte) als Feldrabbiner im Ersten Weltkrieg

Rabbiner Aron Tänzer
1871–1937

Aron Tänzer wurde am 30. Januar 1871 in Preßburg (heute Bratislava in der Slowakei, damals Ungarn) geboren. Er entstammte einer alten Rabbinerfamilie mit langer Tradition: Sein Vater war der Rabbiner und Kaufmann Heinrich Tänzer, seine Mutter Marie Schlesinger. Er galt schon früh als Wunderkind, konnte er doch bereits im Alter von zwei Jahren lesen und schreiben. Mit großem Erfolg studierte er an der berühmten Preßburger Jeschiwa (Talmudhochschule). Wie in Preßburg, so musste sich Tänzer auch in Berlin sein Studium erbetteln, wo er ab 1892 Philosophie, Germanistik, Semitische Philogie und Geschichte studierte. Größten Einfluss auf ihn nahmen der Philosoph Moritz Lazarus (1824–1903), weiters der Philosoph Wilhelm Dilthey (1833–1911) und der Orientalist Hermann Strack (1848–1922). Tänzer, der seinen persönlichen Neigungen entsprechend gerne Schauspieler geworden wäre, veröffentlichte in Berlin 1894 auch sein erstes Bühnen-

1871

stück „Borgen macht Sorgen", dem 1900 und 1936 weitere folgten. 1895 schloss Tänzer in Bern seine Studien mit dem Dr. phil. ab; Thema seiner unter Professor Ludwig Stein (1859–1930) entstandenen Dissertation war „Die Religionsphilosophie Josef Albo's nach seinem Werke 'Ikkarim' systematisch dargestellt und erläutert" (Preßburg 1896). Anschließend erwarb er in Obornik (damals preußische Provinz Posen) 1895 ein Rabbinerdiplom. Über Fogaras bei Kronstadt (Siebenbürgen) gelangte Tänzer nach Buczacz in Galizien, wo er 1896 das Heimatrecht und die österreichische Staatsbürgerschaft erwarb. Über eine Stelle in Totis (Tata, Ungarn), wo er Leonore Rosa Handler (eine Schwester des berühmten ungarischen Rabbiners Simon Hevesi) heiratete, kam Tänzer 1896 als Rabbiner nach Hohenems. Von Anfang an war Tänzer vom zunehmenden Zerfall der Hohenemser Gemeinde betroffen. Da Tänzer auch für die Juden in Südtirol zuständig war, fasste er frühzeitig den Plan, seinen Amtssitz nach Meran zu verlegen, dessen jüdische Gemeinde expandierte. 1901 weihte er die dortige Synagoge ein. Die Behörden ließen jedoch alle Pläne scheitern, er selbst verlor seine Stelle in Hohenems, die neue Stelle in Meran blieb ihm verwehrt, was Tänzer wohl veranlasste, in Göppingen ein neues Wirkungsfeld zu suchen. Gleichwohl war das Wirken Tänzers in Hohenems, wo er sich für ein gutes Verhältnis zwischen Juden und Christen einsetzte, überaus segensreich, nicht zuletzt durch seine fundamentale „Geschichte der Juden in Hohenems" (Meran 1905), die 1971 und 1982 in Bregenz neu aufgelegt wurde. Die vielseitigen kulturellen Aktivitäten entfaltete Tänzer auch ab 1907 in Göppingen. Den Ersten Weltkrieg machte er als Feldrabbiner freiwillig mit und erwies sich als glühender Patriot. Umso härter traf ihn der nationalsozialistische Umschwung. Tänzer zog sich in die innere Emigration zurück; er widmete sich einer Biografie seines Lehrers Moritz Lazarus und schrieb an einem vielbändigen Werk „Die Thora im Talmud". Die Zerstörung seiner Synagoge in Göppingen erlebte der am 26. Februar 1937 Verstorbene nicht mehr mit; seine zweite Frau Bertha Strauss wurde am 29. September 1943 in Theresienstadt ermordet. Mit weit über hundert Titeln hat Tänzer ein riesiges literarisches Werk von großer Vielseitigkeit hinterlassen. K.H.B.

13.10.1871: Der Vorarlberger Landtag fordert – ohne Erfolg – vom Kaiser die Selbstständigkeit des Landes von der Statthalterei in Innsbruck sowie die Abschaffung der Maigesetze über Ehe und Schule, welche die Zivilehe ermöglichen, der Kirche die Aufsicht über das Unterrichts- und Erziehungswesen entziehen sowie Religionswechsel und gemischte Ehen ermöglichen.

14./16.12.1871: Nach der Ernennung des Grafen Auersperg zum österreichischen Ministerpräsidenten und der sofortigen Auflösung der Landtage (25.11.) werden Neuwahlen abgehalten. An den politischen Kräfteverhältnissen in Vorarlberg ändert sich nichts; im neuen Landtag sind 15 konservative und vier liberale Abgeordnete sowie der Generalvikar vertreten.

Das Innere der Synagoge in Hohenems

1871: In Andelsbuch entsteht die erste Seilbahn Vorarlbergs.

1871: Der Bau der ersten Alpenvereinshütte in Vorarlberg wird beschlossen.

GEBURTSTAG

30.1.1871: Preßburg: Aron Tänzer († 26.2.1937), Rabbiner und Historiker.

Josef Ritter von Bergmann

Josef Ritter von Bergmann
1796–1872

Seine Gymnasialzeit verbrachte der Sohn eines Bregenzerwälder Stuckateurs in Feldkirch und Kempten, später studierte er in Innsbruck und Wien Rechtswissenschaften und Philologie. Nach einer kurzen Zeit als Gymnasiallehrer in Cilli (Celje) wurde Bergmann als Kustos an das k.u.k. Münz- und Antikenkabinett in Wien berufen, wirkte aber auch für die Söhne Erzherzog Albrechts als Lehrer für Geschichte und Latein. Ab 1863 stand er dem Münz- und Antikenkabinett als Direktor vor, ein Jahr später erhob ihn Kaiser Franz Joseph I. in den Adelsstand. 1871 trat Bergmann in den Ruhestand und übersiedelte mit seiner Familie nach Graz, wo er im Jahr darauf verstarb.

1872

Dem Leiter des Münzkabinetts, Josef Bergmann, zu Ehren wurde diese Medaille herausgegeben.

Neben seiner beruflichen Tätigkeit bildete die Geschichte seiner Heimat den Schwerpunkt seiner historischen Interessen. Er gilt zu Recht als Begründer einer quellenkritischen und methodisch einwandfreien Vorarlberger Landesgeschichtsschreibung, seine zahlreichen Arbeiten bildeten lange Zeit deren Basis. A.N.

1.7.1872: Die Vorarlbergbahn nimmt ihren (öffentlichen) Betrieb zwischen Lochau und Bludenz auf.

24.10.1872: Die Bahnstrecke zwischen Lochau und Lindau wird eröffnet; damit erhält die Vorarlbergbahn Anschluss an das Eisenbahnnetz Deutschlands.

24.10.1872: Die Bahnstrecke zwischen Feldkirch und Buchs wird eröffnet.

23.11.1872: Die Bahnstrecke zwischen Lauterach und St. Margrethen wird eröffnet.

1872: Eröffnung des jüdischen Armenhauses in Hohenems.

1872: Erster Höhepunkt des Fremdenverkehrs im Montafon. Schruns ist als beliebter Urlaubsort bezeugt.

27.6.1873: Dr. Anton Jussel wird von Kaiser Franz Joseph I. zum Landeshauptmann von Vorarlberg ernannt.

23.8.1873: In Bludenz kommt es zum Zusammenschluss des deutschen und des österreichischen Alpenvereins.

17.7.1875: Eröffnung der Telegrafenstation auf dem Pfänder bei Bregenz.

15.8.1875: Eröffnung des Pfänderhotels.

1875: Josef Anton Fischer gründet in Bezau eine Lodenfabrik, die nach dem Ersten Weltkrieg in eine Spinnerei umgebaut wird.

1876: Bei der Abstimmung über einen Schulgesetzentwurf werden die Konservativen durch ein Gelöbnis gebunden, so zu stimmen, wie die Mehrheit des Klubs entscheidet. Dies ist der erste Hinweis für die Anwendung des so genannten Klubzwanges im Vorarlberger Landtag.

25.7.1877: Die Statthalterei in Innsbruck löst die Arbeiterbildungsvereine Bregenz, Hard, Dornbirn, Feldkirch und Bludenz auf, nachdem diese sich Ende Mai bei der Bodensee-Gau-Verbandstagung zur Sozialdemokratie bekannt hatten.

GEBURTSTAGE

21.7.1872: Dornbirn: Karl Drexel († 14.3.1954), Priester, Gründer und Organisator der christlichen Arbeiterschaft in Vorarlberg, Abgeordneter zum Vorarlberger Landtag, Reichsrat, Bundesrat und Nationalrat, Leiter des österreichischen Bundesamtes für Statistik.

3.10.1872: Bludenz: Franz Tschann († 10.10.1956), Weihbischof und Generalvikar für Vorarlberg, Ehrenbürger der Stadt Feldkirch.

11.10.1873: Bregenz: Josef Georg Bilgeri († 4.12.1934), Offizier und Schipionier.

12.2.1874: Feldkirch: Josef Strasser († 9.12.1957), Pfarrer und Ehrenbürger der Marktgemeinde Rankweil.

19.3.1874: Rankweil: Josef Längle († 29.6.1955), Volksschullehrer, Bürgermeister und Ehrenbürger der Marktgemeinde Rankweil.

29.3.1874: Hard: Johann Wolff († 2.12.1959), Unternehmer, Ehrenbürger der Marktgemeinde Hard.

31.8.1874: Gurtis: Johann Wiederin († 21.1.1952), Volksschuldirektor und Ehrenbürger der Marktgemeinde Schruns.

29.10.1874: Bludenz: Johannes Walter († 22.6.1956), Pfarrer und Ehrenbürger der Marktgemeinde Schruns.

24.12.1875: Altach: Otto Ender († 25.6.1960), Vorarlberger Landeshauptmann, Bundesminister und Bundeskanzler der Republik Österreich, Präsident des österreichischen Rechnungshofes.

26.1.1877: Wien: Arthur Neudörfer († 31.5.1952), Arzt, Ehrenbürger der Stadt Hohenems.

1877

TODESTAGE

25.4.1872: Josef Fessler (* 2.12.1813, Lochau), Abgeordneter zum Parlament in der Frankfurter Paulskirche (1848), Weihbischof und Generalvikar für Vorarlberg, Bischof von St. Pölten, Generalsekretär des Ersten Vatikanischen Konzils.

28.6.1872: Jodok Stülz (* 23.2.1799), Priester, Historiker, Propst von St. Florian, Abgeordneter zum Reichsrat.

29.7.1872: Joseph Ritter von Bergmann (* 13.11.1796, Hittisau), der Begründer einer quellenkritischen und methodisch einwandfreien Vorarlberger Landesgeschichtsschreibung.

9.1.1874: Gebhard Weiß (* 3.1.1800, Bregenz), Mundartdichter („der Bregenzer Hans Sachs").

15.9.1874: John Sholto Douglass of Tilquhillie (* 18.11.1838, Thüringen), Unternehmer.

16.9.1874: Pius Fink (* 5.3.1832, Sulzberg), Lokomotivkonstrukteur.

8.7.1876: Johann Nepomuk von Ebner-Rofenstein (* 8.5.1790, Imst), Kreishauptmann.

7.11.1877: Martin Kink (* 11.11.1800, Innsbruck), Kreisingenieur, Ehrenbürger von Bregenz.

Victor Hämmerle
1855–1946

Victor, ein Sohn Franz Martin Hämmerles, des bedeutenden Dornbirner Fabrikgründers, trat nach dem Studium in München 1875 in den

Der Dornbirner Fabrikant Victor Hämmerle

väterlichen Betrieb ein und wurde drei Jahre später Gesellschafter. Neben seiner unternehmerischen Tätigkeit entwickelte er eine Vielzahl von politischen, kulturellen und sozialen Aktivitäten.

Von 1888 bis 1907 gehörte er der damals liberal dominierten Dornbirner Gemeindevertretung bzw. dem Stadtrat an, deren Politik er nicht zuletzt auf Grund seines ökonomischen Rückhaltes nachhaltig zu beeinflussen verstand. Ob die finanzielle Unterstützung, die der betagte Victor Hämmerle in den 30er Jahren den Nationalsozialisten gewährt haben soll, politischer Überzeugung entsprang oder der Wahrung von Firmeninteressen dienen sollte, ist nicht geklärt.

Technische Innovationen faszinierten ihn. 1881 konnte Kaiser Franz Joseph I. das erste Telefon der Donaumonarchie zwischen der Spinnerei Gütle und dem Hauptbüro der Firma F. M. Hämmerle in Betrieb nehmen. Auf Victor Hämmerles Vorschlag hin wurde 1898/99 das Elektrizitätswerk Ebensand errichtet, das den Strom für die elektrische Bahn von Dornbirn nach Lustenau erzeugte. Der Ausbau des Straßennetzes sowie der Wasserbau waren ihm wichtige Anliegen. Sein besonderes Interesse – sowohl als Ortsschulinspektor wie als Privatmann – galt außerdem dem Schulwesen: Kommerzialrat Victor Hämmerle stiftete Lehrmittel, vergrößerte die Sammlungen der Schulen und gründete 1889 die Koch- und Haushaltungsschule sowie eine Nähschule in Dornbirn. Dass er darüber hinaus als Förderer der Musik, des Sports, der Landwirtschaft und des Fremdenverkehrs (Erschließung des Rappenlochs; Gütle mit dem höchsten Springbrunnen Europas) auftrat, rundet das Bild einer Persönlichkeit ab, die Dornbirn durch viele Jahrzehnte – beinahe im Stil der Feudalherren – entscheidend prägte und Einrichtungen schuf, die noch heute aus der größten Stadt des Landes, die ihn 1935 zum Ehrenbürger ernannte, nicht wegzudenken sind.

A.N.

Victor Hämmerle erschloss als Leiter des Betriebes Gütle die Rappenlochschlucht für die Öffentlichkeit. Er schuf damit eine der größten Fremdenverkehrsattraktionen im Lande.

Karl Graf Belrupt-Tissac
1826–1903

Nach einer Laufbahn als Offizier nahm Graf Belrupt-Tissac 1852 seinen Abschied und ließ sich auf dem heute nicht mehr bestehenden Landsitz Maihof in der Gemeinde Hörbranz nieder, wo er sich in erster Linie landwirtschaftlichen Studien widmete. 1859 gründete er den „Vorarlberger Land-

1878

Landeshauptmann Karl Graf Belrupt-Tissac

wirtschaftsverein", dem er bis zu seinem Tod vorstand. Die erste österreichische Molkereiausstellung leitete er als Präsident. Seiner Tätigkeit verdankte die Vorarlberger Landwirtschaft einen spürbaren Aufschwung. Auch an der Gründung des Vorarlberger Landesmuseumsvereins und damit an der Intensivierung landesgeschichtlicher Forschung war er maßgeblich beteiligt.

Gleichzeitig betätigte sich der adelige Wahlvorarlberger als Angehöriger des liberalen Lagers auf der politischen Bühne. Ab 1874 gehörte Graf Belrupt-Tissac dem Landtag an, 1878 ernannte ihn Kaiser Franz Joseph I. zum Landeshauptmann. Dieses Amt bekleidete er zwei Legislaturperioden lang. Besonders förderte Belrupt als zentrale infrastrukturelle Maßnahmen für die Wirtschaft des Landes den Bau der Arlbergbahn sowie die Dampfschifffahrt auf dem Bodensee.

In Würdigung seiner Verdienste ernannten ihn die Städte Bregenz und Bludenz zum Ehrenbürger, der Kaiser zeichnete ihn mehrfach mit hohen Orden und Ehrentiteln aus. A.N.

September 1878: Die Konservativen erringen bei der Landtagswahl 15 Mandate, die Liberalen vier.

21.9.1878: Kaiser Franz Joseph I. ernennt Karl Graf von Belrupt-Tissac zum Landeshauptmann von Vorarlberg.

GEBURTSTAGE

5.1.1878: Dornbirn: Karl August Albrich († 1948), Tierarzt, Ehrenbürger der Marktgemeinde Schruns.

16.1.1878: Bregenz: Ferdinand Redler († 18.11.1936), Rechtsanwalt, Vorarlberger Landeshauptmann, Senatspräsident des österreichischen Bundesgerichtshofes.

19.4.1878: Sindelfingen, Baden-Württemberg: Hermann Leibfried († 11.10.1918), Schriftsetzer, bedeutendster sozialdemokratischer Politiker Vorarlbergs vor dem Ersten Weltkrieg.

29.4.1878: Bregenz: Franz Erne († 14.12.1965), Landesgerichtspräsident, Landtagspräsident.

19.6.1878: Bregenz: Anna Hensler († 14.4.1952), Schriftstellerin.

23.7.1878: Klaus: Jakob Gut († 9.1.1960), Pfarrer und Ehrenbürger der Marktgemeinde Götzis.

1878: Düns: Anton Gohm († 8.12.1955), Bürgermeister und Ehrenbürger der Stadt Feldkirch.

TODESTAGE

15.2.1878: Franz Martin Hämmerle (* 13.1.1815, Dornbirn), Textilunternehmer.

28.3.1878: Liberat Hunderpfund (* 11.11.1806, Bregenz), Maler.

23.7.1878: Anton Jussel (* 6.11.1816, Bludenz), Vorarlberger Landeshauptmann, Ehrenbürger der Marktgemeinde Hard.

Abt Franz Pfanner

Franz Pfanner

1825–1909

Der Bauernsohn Franz Pfanner studierte nach dem Besuch des Feldkircher Gymnasiums in Innsbruck sowie in Padua und trat anschließend in das Priesterseminar in Brixen ein. Bereits dort erwachte sein Wunsch, in der Mission tätig zu werden. Vorerst jedoch wirkte er nach seiner Priesterweihe (1850) als Seelsorger in Dornbirn-Haselstauden. Neun Jahre später übersiedelte er nach Agram (= Zagreb), um dort eine Stelle als Beichtvater anzunehmen. Mit belgischen Trappistenbrüdern in Kontakt gekommen, entschloss er sich, dem Trappistenorden im Kloster Mariawald (Eifel) beizutreten. Schon bald wurde er nach Bosnien entsandt, um bei Banja Luka eine Ordensniederlassung zu gründen.

1879

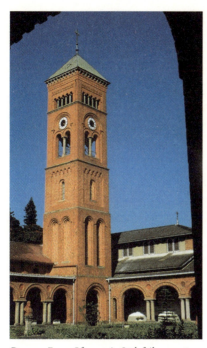

Das von Franz Pfanner in Südafrika gegründete Missionskloster Marianhill

1879 übernahm er die Aufgabe, in Südafrika ein Missionskloster einzurichten, das schließlich in Marianhill in der Provinz Natal entstand und bereits 1885 neunzig Mitglieder zählte. Abt Franz Pfanner gründete außerdem eine Frauenkongregation, die „Missionsschwestern vom kostbaren Blut". So wurde seine Niederlassung in Marianhill das größte Missionszentrum Afrikas. 1893 legte er nach internen Missstimmigkeiten sein Amt als Abt zurück und gründete eine weitere Außenstation (Emaus, 1894), wo Franz Pfanner, der „Trommler Gottes", 1909 verstarb. A.N.

9.10.1879: Kaiser Franz Joseph I. hebt in seiner Thronrede die Bedeutung des Baus einer Bahnverbindung zwischen Tirol und Vorarlberg hervor.

18.11.1879: Kaiser Franz Joseph I. sichert einer Abordnung des Vorarlberger Landesausschusses den baldigen Bau einer Arlbergbahn zu.

1879: Die Straße von Bezau nach Schoppernau wird gebaut.

GEBURTSTAGE

7.11.1879: Götzis: Johann Josef Mittelberger († 10.4.1963), Direktor der Vorarlberger Hypobank und der VKW, österreichischer Bundesminister.

26.11.1879: Ötz: Josef Haid († 22.9.1949), Abt von Wettingen-Mehrerau, Generalabt des Zisterzienserordens.

TODESTAG

19.11.1879: Josef Freiherr von Lasser zu Zellheim (* 30.9.1814, Strobl, Salzburg), Abgeordneter zum Parlament in der Frankfurter Paulskirche (1848) und zum Reichstag, Statthalter für Tirol und Vorarlberg, k.k. Minister, Ehrenbürger von Bregenz.

Hans Bertle
1880–1943

Fünf Maler aus vier Generationen der Familie Bertle bestimmten für anderthalb Jahrhunderte die künstlerische Landschaft des Montafons und für Jahrzehnte sogar diejenige des ganzen Landes. Begründer dieser Künstlerfamilie war Josef Anton Bertle (1796–1858), der noch sehr stark den spätbarocken Formen verpflichtet war. Seine Söhne Franz (1828–1883) und Jakob (1837–1911) erlangten als Nazarenermaler Bedeutung über die Grenzen des Landes hinaus. Ihre bekanntesten Werke sind die Wandbilder in den Pfarrkirchen von Schruns und Gaschurn. Der am 11. April 1880 in Schruns geborene Sohn Jakobs, Hans Bertle, wurde zum bekanntesten Vertreter der Künstlerfamilie. Zwischen 1897 und 1903 lernte er u.a. bei Nikolaus von Gysis und Wilhelm von Diez an der Münchener Akademie. Auf Grund des für Künstler günstigen Umfeldes nahm Bertle dauernden Aufenthalt in München. Besonders gerühmt wurden seine Porträts, die ihm zu prominenten Aufträgen am bayerischen Königshof verhalfen. Eine besondere Nahebeziehung ließ ihn aber immer wieder in seine alte Heimat zurückkehren. Die Deckenbilder in der Schrunser Pfarrkirche, die zahlreichen Entwürfe zum großen Schrunser Festumzug von 1928 und zum Heimatspiel „Batlogg" (1932), viele Landschafts- und Historienbilder sowie Plakatgestaltungen legen Zeugnis von seinem umfangreichen Schaffen für das Montafon ab. Seine Bilder orientieren sich an der realen Vorlage und wirken zumeist sehr malerisch. Als malender Kriegsberichterstatter gelangte Hans Bertle während und nach dem Ersten Weltkrieg zu Ehren. Der Künstler starb am 4. April 1943; sein mehr mit den modernen Kunstrichtungen verbundener Sohn Hannes (1910–1978) setzte die künstlerische Tradition fort. A.R.

Porträt einer Frau in Biedermeiertracht

„Jäger mit Laterne" von Hans Bertle

1880

3.1.-10.2.1880: Der Bodensee friert zu.

9.2.1880: Adolf Rhomberg wird erstmals zum Vorstand des Dornbirner Kasinos gewählt.

13.3.1880: Das Abgeordnetenhaus nimmt in zweiter und dritter Lesung die Arlbergbahnvorlage an.

1.5.1880: Die erste Nummer der von Adolf Rhomberg begründeten klerikal-konservativen „Dornbirner Zeitung" erscheint.

7.5.1880: Der Baubeschluss für die Arlbergbahnstrecke Innsbruck–Landeck–Bludenz wird durch ein Gesetz fixiert.

22.6.1880: Auf der Westseite des Arlbergs beginnen die Bauarbeiten am Eisenbahntunnel; auf der Ostseite hat man bereits am 14.6. damit begonnen.

31.12.1880: Die „Dornbirner Zeitung" wird nach längeren innerparteilichen Auseinandersetzungen der Konservativen eingestellt.

1880: In Jagdberg wird eine Erziehungsanstalt für schwer erziehbare Knaben gegründet.

GEBURTSTAGE

11.4.1880: Schruns: Hans Bertle († 4.4.1943), Maler.

7.5.1880: Feldkirch: Karl Bleyle († 5.6.1969), Komponist.

12.5.1880: Hard: Leo Birnbaumer († 19.2.1966), Bauer, Ehrenbürger der Marktgemeinde Hard.

24.6.1880: Dornbirn: Andreas Ulmer († 1.11.1953), Priester und Kirchenhistoriker.

23.10.1880: Thurn-Severin/Kleine Walachei (heutiges Rumänien): Anton Rudolf Linder († 23.9.1958), Tapezierer, Landesparteisekretär der Vorarlberger SPÖ, Landesleiter des Republikanischen Schutzbundes, Arbeiterkammerpräsident.

Leider wurde 1881 der Kaiser beim Telefonieren nicht fotografiert; man behalf sich später mit dieser Fotomontage, um diese technische Errungenschaft entsprechend zu würdigen.

Das erste Telefon der Monarchie in Dornbirn

Die Erfindung des Telefons durch Philipp Reis erfolgte im Jahre 1860. Weitere Verbesserungen, nämlich die Verwendung des elektrodynamischen Kopfhörers und des Kohlemikrofons 1876 und 1878, machten das neue Kommunikationsmittel einsatzfähig. Bereits 1879 ließ der Dornbirner Fabrikant Otto Hämmerle eine Haustelefonanlage installieren, wahrscheinlich die erste in Österreich. Am 4. Februar 1881 bewilligte der Gemeindeausschuss der Marktgemeinde Dornbirn der Firma Franz Martin Hämmerle die Errichtung einer Telefonleitung zwischen dem Zentralbüro und den Fabrikanlagen. Fünf Monate später wurde ein entsprechender Vertrag mit der k.u.k. Telegraphendirektion für Tirol und Vorarlberg in Innsbruck geschlossen. Bereits am 10. August 1881 konnte schließlich Kaiser Franz Joseph I. bei einem Besuch in Dornbirn die erste Außer-Haus-Telefonanlage der österreichisch-ungarischen Monarchie zwischen der Spinnerei Gütle und dem Hauptbüro der Firma F. M. Hämmerle in Dornbirn-Oberdorf feierlich in Betrieb nehmen. Nur ein Jahrzehnt später wurde in Dornbirn das öffentliche Lokal-Telefonnetz eröffnet.   A.N.

Zu Ehren des Kaisers wurde in Dornbirn dieser Triumphbogen aufgestellt.

10.8.1881: Die erste Außer-Haus-Telefonanlage der österreichisch-ungarischen Monarchie wird bei der Firma F. M. Hämmerle in Dornbirn in Betrieb genommen.

1.7.1882: Die Vorarlberger Bahn wird in den Staatsbetrieb übernommen.

1882: Dr. Simon Aichner wird zum Generalvikar für Vorarlberg ernannt.

1882: Der aus Langen bei Bregenz stammende Trappistenmönch Franz Pfanner grün-

1883

det in Südafrika das Kloster Marianhill.

1882: Der Vorarlberger Landtag bildet einen eigenen „Sonntags-Heiligungs-Ausschuss", der die Vernachlässigung des sonntäglichen Kirchenbesuches verhindern soll, um negative Folgen wie Verfall der Sittlichkeit, Verarmung, Niedergang des allgemeinen Wohlstandes usw. von der Bevölkerung abzuwenden.

19.11.1883: Feierlicher Durchschlag des Arlbergtunnels.

GEBURTSTAGE

25.7.1881: Konrad Renn († 8.9.1959), Hohenemser Pfarrer und Ehrenbürger.

21.8.1881: Götzis: Rosa (Sr. Selesia) Michler († 4.5.1971), Nonne, Ehrenbürgerin der Marktgemeinde Bezau.

21.4.1882: Maidan/Bukowina: Samuel Spindler († 10.11.1942), Schuster, Sekretär der sozialdemokratischen Textilarbeitergewerkschaft.

7.6.1882: Berkheim, Württemberg: Willibald Braun († 11.8.1969), Architekt.

31.7.1882: Bludenz: Grete Gulbransson-Jehly († 26.3.1934), Schriftstellerin.

2.2.1883: Hittisau: Adolf Helbok († 29.5.1968), Historiker, Volkskundler und Universitätsprofessor.

16.2.1883: Bregenz: Karoline Redler († 8.11.1944), Obfrau des „Guta"-Vereins, Gegnerin des NS-Regimes.

28.5.1883: Höchst: Emil Schneider († 25.12.1961), Bundesminister, Abgeordneter zum National- und Bundesrat, (Landesschulinspektor für Wien), Direktor der Dornbirner Realschule und des Mädchengymnasiums Bregenz.

14.11.1883: Feldkirch: Andreas Gassner († 15.2.1959), Abgeordneter zum Vorarlberger Landtag, Vizepräsident der Vorarlberger Handelskammer, Fabrikant, Ehrenbürger der Stadt Bludenz.

TODESTAGE

18.5.1881: Gebhard Flatz (* 11.6.1800, Wolfurt), Maler.

16.3.1882: Johann Nepomuk Amberg (* 28.1.1802, Innsbruck), Volksschulinspektor für Tirol und Vorarlberg, Weihbischof und Generalvikar für Vorarlberg.

24.5.1883: Julius Lott (* 25.3.1836, Wien), Erbauer der Arlbergbahn.

Die Eröffnung der Arlbergbahn

Bereits im Jahre 1848 legte der Feldkircher Fabrikant Carl Ganahl, eine der führenden Persönlichkeiten Vorarlbergs im 19. Jahrhundert, Pläne für eine Eisenbahnverbindung über den Arlberg vor. Als 1872 die Vorarlbergbahn ihren Betrieb von Lochau nach Bludenz aufnahm, wurde sie zwar noch im selben Jahr an die Schweiz (bei Buchs und St. Margrethen) sowie an Bayern (bei Lindau) angeschlossen, eine Verbindung nach Österreich fehlte aber weiterhin. Ganahl besaß seit 1865 gemeinsam mit anderen Vorarlberger Industriellen die Konzession für eine Bahnlinie von Innsbruck über den Arlberg oder durch das Paznaun – beide Varianten waren im Gespräch – nach Bludenz, doch scheiterte das Projekt immer wieder an Finanzierungs- und Rentabilitätsfragen, nicht zuletzt aber auch am Streit der politischen Parteien.

Erst 1880 beschloss das Abgeordnetenhaus, nachdem Kaiser Franz Joseph I. die Dringlichkeit dieser Verkehrsverbindung in einer Thronrede hervorgehoben hatte, nach hitzigen Debatten den Bau der Arlbergbahn, der dann wenig später in Angriff genommen wurde.

Bahnhof Langen beim Westportal des Arlbergtunnels

1884

Trotz der vielen Tunnel- und Galeriebauten mussten die Geleise bei starken Schneefällen händisch geräumt werden.

Die Bauleitung übernahm Oberbaurat Julius Lott. Nach nur dreieinhalb Jahren war der 10.250 Meter lange zweigleisige Arlbergtunnel am 19. November 1883 durchschlagen. Die feierliche Eröffnung der Arlbergbahn, deren Anlage die Errichtung von 347 Brücken, Viadukten und Durchlässen sowie von 15 weiteren Tunnels notwendig machte, fand am 20. September 1884 statt. A.N.

6./7.1.1884: Durch einen Murbruch vom Sonderdach werden in Bezau 13 Häuser zerstört. Der Gesamtschaden beträgt 33.700 Gulden.

14.5.1884: Die Bauarbeiten am Arlbergtunnel werden abgeschlossen. In den folgenden Jahren wird noch eine Fülle von nachrichtentechnischen Einrichtungen installiert.

Juni 1884: Die Dornbirner Bevölkerung spricht sich in einer Volksabstimmung für den Bau einer Straße von Haselstauden nach Alberschwende aus.

23.7.1884: Die Konservativen siegen bei den Landtagswahlen; sie erringen 16 Mandate, die Liberalen vier; der spätere Landeshauptmann Adolf Rhomberg wird erstmals in den Landtag gewählt.

2.8.1884: Kaiser Franz Joseph I. ernennt Adolf Rhomberg zum Landeshauptmann-Stellvertreter von Vorarlberg.

20.8.1884: Im Rheintal werden fünf neue Bahnhaltestellen eröffnet: Haselstauden, Hatlerdorf, Altach, Klaus-Koblach und Altenstadt.

15.9.1884: Beginn der österreichischen Dampfschifffahrt auf dem Bodensee.

20.9.1884: Die Arlbergbahnstrecke zwischen Landeck und Bludenz wird feierlich eröffnet. Der Güterverkehr wurde bereits am 6.9. aufgenommen.

1884: Friedrich Wilhelm Schindler erzeugt in der Firma seines Onkels in Kennelbach erstmals mit einem Gleichstromgenerator elektrisches Licht. Hier entstehen das erste Wasserkraftwerk und die erste elektrische Beleuchtungsanlage Österreichs.

1884: Der Generalvikar für Vorarlberg, Dr. Simon Aichner, wird zum Fürstbischof von Brixen geweiht.

1884/85: Adolf Rhomberg und Pfarrer Johannes Jehly gründen in Jagdberg bei Schlins einen „Verein zur Rettung sittlich verwahrloster Kinder".

GEBURTSTAG

26.4.1884: Götzis: Hans Nägele († 19.5.1973), Journalist und Historiker.

TODESTAGE

8.5.1884: Sebastian Ritter von Froschauer (* 18.6.1801, Reutte), Kreis- und Landeshauptmann von Vorarlberg.

29.11.1884: Franz Joseph Rudigier (* 7.4.1811, Partenen), Bischof von Linz.

Wilhelm Benger und Söhne

Im späten 17. Jahrhundert mussten viele Hugenotten aus religiösen Gründen Frankreich verlassen, unter ihnen eine Reihe qualifizierter Gewerbetreibender. Angehörige der hugenottischen Familie Benger zogen aus dem

1885

Websaal der Firma Benger um 1900

Elsass nach Württemberg, unter anderem nach Stuttgart und Umgebung sowie nach Tübingen.

Karl Benger (1788–1849) scheint 1837 als Oberzunftmeister der Strumpfwirker in Stuttgart auf. Für die Anschaffung eines verbesserten Webstuhls erhielt er eine Prämie zugesprochen. Auf einer Industrieausstellung in Stuttgart wurde er für seine Produkte mit einer silbernen Ehrenmedaille bedacht, eine weitere Medaille trug er von einer Ausstellung in Mainz nach Hause.

Karls Sohn Wilhelm (1818–1864) erlernte das Gewerbe bei seinem Vater, absolvierte 1844 die Meisterprüfung und heiratete kurz darauf. Er erwarb ein Weberhäuschen in Degerloch bei Stuttgart und errichtete dort seinen eigenen Handwerksbetrieb. In der ersten Hälfte des 19. Jahrhunderts gerieten viele traditionelle Gewerbe durch die Konkurrenz von Maschinen in eine schwere Krise; die Strumpfwirker bekamen diese vor allem durch einen neuartigen Wirkstuhl zu spüren. Die neu errichtete Württembergische Zentralstelle für Gewerbe und Handel ließ 1852 aus dem französischen Troyes einige Stühle dieser Art zum Nachbauen ins Land kommen; mit ihnen übersiedelte einer der Erfinder. Nun wurden engagierte Gewerbetreibende gesucht, die diese Maschinen in Gang setzten; einer der ersten war Wilhelm Benger. Er begann 1852 auf zwei Stühlen Baumwolle zu verarbeiten, erwarb bald weitere für Wolle dazu und beschäftigte nach einer anfänglichen Phase des Experimentierens binnen kurzer Zeit 40 bis 50 Wirker. Die mechanische Trikotweberei nahm in Württemberg bald einen großen Aufschwung, gefördert auch durch den Einsatz der in den USA erfundenen Nähmaschine.

Solcherart vom Handwerker zum Leiter eines mittelgroßen Betriebs aufgestiegen, begann Wilhelm Benger nun, regelmäßig Messen in Frankfurt am Main, Leipzig, München, Augsburg und Ulm zu besuchen, um Kunden zu werben. 1855 beteiligte er sich an einer großen Weltausstellung in Paris, wo seinen Erzeugnissen eine ehrenhafte Erwähnung zuteil wurde. Im selben Jahr starb Bengers Frau; er vermählte sich erneut und begann seinen Betrieb direkt nach Stuttgart zu verlagern. Während der Vorbereitungen dazu starb er mit erst 46 Jahren. Seine Witwe führte mit dem 19-jährigen Sohn Wilhelm das Geschäft weiter. Die Trikotweberei entwickelte sich günstig und erlebte einen weiteren Aufschwung durch die Entstehung eines deutschen Nationalstaates 1870/71. Das Geschäft konnte daher erneut verlagert und vergrößert werden. 1872 übernahm der zweite Sohn Gottlieb Benger die kaufmännische Leitung des Unternehmens, das nun über 14 Rundstühle verfügte und rund 60 Arbeiter beschäftigte.

Nach dem Tod ihrer Mutter übernahmen die beiden Söhne die Firma. Wilhelm und Gottlieb Benger eigneten sich in den folgenden Jahren die Theorien des Wissenschaftlers Dr. Gustav Jäger über den hohen gesundheitlichen Wert wollener Unterwäsche an; sie boten unter anderem ungefärbte Kleidungsstücke an und versahen ihre Erzeugnisse mit einer Schutzmarke (die übrigens viele unbefugte Nachahmer fand). Mit diesem geschickten Marketingmittel gelang ihnen die Eroberung neuer Märkte. Der wachsende Betrieb übersiedelte 1882 erneut, diesmal in den Stuttgarter Vorort Heslach.

1885 schottete sich Österreich-Ungarn mit einer Zollerhöhung vom Ausland ab; um diesen Markt nicht zu verlieren, sahen sich die Benger daraufhin genötigt, eine Filiale in Österreich zu errichten. Sie wählten dafür

Briefkopf mit Firmenansicht und Auszeichnungen um 1900

1885

Unter dem Markennamen „Ribana" erzeugte Benger ab 1925 Badeanzüge.

die am nächsten liegende Region und ließen bei Bregenz ein Fabrikgebäude errichten, dessen Leitung noch im selben Jahr der dritte Bruder, Karl, übernahm. Auch andere Firmeninhaber taten diesen Schritt und richteten in Rieden-Vorkloster Zweigstellen ein, so zum Beispiel die Nahrungsmittelhersteller Julius Maggi und Karl Heinrich Knorr. Bereits wenige Jahre nach der Übersiedlung der Firma Benger folgten ein Lager und eine Geschäftsstelle in Wien sowie Filialen in Berlin und New York. Im Jahre 1894 verfügten die Benger-Betriebe über 700 Webstühle mit rund 1.000 Beschäftigten. Im großen Wirtschaftsraum der Habsburgermonarchie machten sie offenbar gute Geschäfte, denn nach dem Zerfall der Monarchie errichteten sie wiederum Zweigbetriebe in Slowenien, in Ungarn und in der Tschechoslowakei.

H.W.

1885: Da sich Österreich-Ungarn durch eine Zollerhöhung vom Ausland abschottet, gründen mehrere ausländische, vor allem deutsche Firmen Filialen in Vorarlberg, um den österreichischen Markt nicht zu verlieren. Die Firma Benger errichtet bei Bregenz ein Fabrikgebäude, dessen Leitung Karl Benger übernimmt. Bald darauf folgen die Nahrungsmittelhersteller Julius Maggi und Karl Heinrich Knorr, die in Rieden-Vorkloster Zweigstellen einrichten.

1885: Der Unternehmer und Firmengründer Wilhelm Bleyle beginnt in der Feldkircher Herrengasse mit der Produktion von Stickereierzeugnissen.

1885: Dr. Johann Nepomuk Zobl wird zum Generalvikar für Vorarlberg ernannt.

1885: Ausgelöst durch eine Stickereikrise setzt eine weitere große Auswanderungswelle aus Vorarlberg in die USA ein.

29.11.1886: Bei einer Nachwahl zum Vorarlberger Landtag verlieren die Liberalen in der Stadt Bludenz ihr Mandat an die Konservativen.

1886: In Feldkirch wird der erste „Bicycleklub" Vorarlbergs gegründet.

1886: Eine Überschwemmung des Emmebachs richtet in Götzis Schäden an.

1.1.1887: Die „Vorarlberger Landeszeitung" erscheint fortan täglich, außer an Sonn- und Feiertagen.

19.2.1887: Der Mellauer Pfarrer spricht sich aus „sittlichen Gründen" gegen die Aufführung von Schillers „Die Räuber" durch die Theatergesellschaft Bizau aus.

22.2.1887: Das „Vorarlberger Volksblatt" erscheint fortan täglich, außer an den auf Sonn- und Feiertage folgenden Werktagen.

1.9.1887: Die Vorarlberger Landesausstellung wird eröffnet; sie dauert bis zum 5.10.

24.11.1887: Der Abgeordnete Johannes Thurnher bringt im Vorarlberger Landtag eine vom Thüringerberger Pfarrer Josef Grabherr verfasste und von mehreren Geistlichen des Landes unterzeichnete Petition ein, in welcher die Errichtung einer eigenen Diözese gefordert wird. Damit wird der so genannte Bistumsstreit ausgelöst, der zu einer schweren inneren Krise der konservativen Partei und zur Entfremdung des hohen Klerus von Teilen der Partei führt.

1887: Erstmals wird eine Fahrradtour um den Bodensee organisiert.

GEBURTSTAGE

15.1.1885: Wolfurt: Lorenz Böhler († 23.1.1973), Arzt, Ehrenbürger der Marktgemeinde Wolfurt.

20.5.1886: Lustenau: Ferdinand Riedmann († 17.3.1968), Volksschullehrer, Initiator der Anschlussbewegung an die Schweiz.

18.7.1886: Lustenau: Stephanie Hollenstein († 24.5.1944), Malerin.

24.10.1886: Wertheim am Main: Alois Grimm († 11.9.1944), Jesuitenpater, Professor an der Stella Matutina.

TODESTAG

20.3.1885: Kaspar Hagen (* 11.12.1820, Bregenz), Arzt und Mundartdichter.

Johann Georg Hummel

Pfarrer Johann Georg Hummel

1808–1888

Unter den Vorarlberger Priesterpersönlichkeiten des 19. Jahrhunderts spielt Johann Georg Hummel aus Bregenz eine ganz außergewöhnliche Rolle. Dies ist aber nicht wegen einer besonderen kirchlichen Ämterkarriere, sondern wegen seiner Haltung in politischen Fragen, seinen außerpriesterlichen Beschäftigungen, wegen seiner Weltläufigkeit und gleichzeitigen Verbundenheit mit seiner Vaterstadt Bregenz der Fall.

Geboren 1808 als Sohn eines armen Gerbers, fiel er bereits in der Bürgerschule durch besondere geistige Gaben auf. Dadurch eröffnete sich ihm die Chance zu einem Studium mit Hilfe kirchlicher Förderung, deshalb natürlich Theologie. 1834 fand in Bregenz seine Primiz statt, und nach einer Aushilfsstelle in Bregenz wurde Hummel 1837 Pfarrer in Schröcken. Mit großem Engagement wirkte er in den folgenden Jahren auf diesem entlegenen Posten, ehe er sich nach Bildstein verbesserte. Hier wie dort dokumentierte er sein historisches Interesse, indem er ausführliche Pfarrchroniken anlegte und führte. Im Revolutionsjahr 1848 fand sich der Bildsteiner Pfarrer anfänglich auf der Seite der liberalen Bürger, engagierte sich publizistisch, bei der Bürgerwehr und im „demokratischen Club", ehe er sich 1849 dem Kreishauptmann und dessen pragmatischer Politik annäherte, nachdem die Feldkircher Liberalen unter dem Industriellen Carl Ganahl die Verlegung des Kreisamtes von Bregenz nach Feldkirch betrieben. Hummel erwies sich nun als der heftigste publizistische Kämpfer gegen dieses Vorhaben. Dieses Engagement war ein Mitgrund dafür, dass er 30 Jahre später zum Ehrenbürger seiner Heimatstadt ernannt wurde.

Im März 1859 gab der Pfarrer seinem Leben eine entscheidende Wende: Wie etliche andere Vorarlberger Priester folgte er dem Ruf des Brixener Paters Raffeiner, der als Generalvikar des Bischofs von Brooklyn für die Betreuung der seit 1850 massenhaft in die USA einwandernden deutschen Katholiken verantwortlich war. Die Querelen rund um seine offene politische Haltung und die Attraktivität der Neuen Welt dürften die Hauptursachen für die Auswanderungsentscheidung gewesen sein. Doch schon nach fünf amerikanischen Jahren kehrte der „freiresignierte Pfarrer" von St. Bonifaz in Brooklyn in seine alte Heimat zurück.

Nach seiner Rückkehr trat Hummel kein geistliches Amt mehr an. Nun widmete er sich gänzlich seinen Vorlieben: Er ordnete und systematisierte die zahlreichen Urkunden des Landesmuseumsvereins und publizierte Regesten zu den gesamten Beständen, brachte dann ebenso Ordnung in das Bregenzer Stadtarchiv und begründete schließlich aus eigenen Mitteln die erste wissenschaftliche Wetterbeobachtungsstation in Bregenz.

Auch im Bregenzer Vereinsleben war Pfarrer Hummel bis zu seinem Tod am 27. Mai 1888 sehr aktiv. Den Mitgliedern des „Arbeiter-Bildungsvereins" erteilte er „unentgeltliche Unterrichtsstunden", und für den Bodensee-Geschichtsverein war er als „Pfleger" für Vorarlberg tätig. Das waren allesamt bürgerlich-liberale Gründungen. In der Mitgliederliste des katholisch-konservativen „Bürger-Kasinos" taucht Hummel als einziger Bregenzer Geistlicher nicht auf. Seine politische Heimat hatte er also auch nach seiner Rückkehr aus Amerika bei den gemäßigten Liberalen. In seinem Nachruf wurde er als „hochgebildeter, freisinniger Mann" bezeichnet, eine durchaus ungewöhnliche Charakterisierung für einen Geistlichen aus der Brixener Schule. M.P.

Johann Georg Hagen

1847–1930

Hagen, geboren in Bregenz am 6.3.1847, Sohn des Kreishauptschullehrers Martin Hagen (1797–1873) und der Theresia geb. Schick, besuchte die Elementarschule in Bregenz, ein Jahr die dortige Realschule und von 1858 bis 1863 als Externer die Stella Matutina in Feldkirch. Seine und seines Bruders Martin (1855–1923) Gymnasialstudien waren durch Kosttage und durch Stipendien der Stadt Bregenz ermöglicht, die Wohnung und Frühstück sicherten. 1863 trat Johann Georg der Gesellschaft Jesu bei, absolvierte das Noviziat in Gorheim (bei Sigmaringen), das Juniorat in Friedrichsburg (Münster) und 1867 die Philosophie in Maria Laach. Auf seinen Vorschlag hin erlaubte ihm der Jesuitenorden ein mathematisch-physikalisches und astronomisches Studium, zuerst in Münster bei Eduard Heis, dann in Bonn beim Gründer der dortigen Sternwarte, Friedrich Wilhelm Argelander. Von 1872 bis 1875 lehrte Hagen an der Stella Matutina Mathematik in den unteren vier Klassen, ab 1875 studierte er Theologie in Ditton Hall (bei Liverpool), wo er 1878 zum Priester geweiht wurde. Eine gewisse mystische Disposition, die vor allem bei seinem Bruder Martin zum Ausdruck kam, wurde in diesen Jahren deutlich. Sie trat dann allerdings völlig in den Hintergrund, als Hagen 1880 an das Kollegium Prairie du Chien in Wisconsin kam und dort als Lehrer der Mathematik und Physik nach Einrichtung einer kleinen Sternwarte sich intensiv mit den veränderlichen

1888

Pater Johann Georg Hagen als Astronom im Vatikanischen Observatorium in Rom

Sternen zu beschäftigen begann. Seine neuen und originellen Ideen wusste er den verfügbaren Mitteln anzupassen und ausdauernd zu verfolgen.

1888 zum Direktor des Georgetown Observatoriums bei Washington berufen, konnte sich Hagen als Astronom in Kontakt mit der großen Bibliothek der Regierungssternwarte und den Fachgenossen voll entfalten. Durch nichts ließ er sich jetzt davon ablenken, seinen Plan der Erstellung eines „Atlas Stellarum Variabilium" zu verwirklichen, der in sechs Serien (1899–1908), denen später (1927/1934) noch zwei weitere folgten, mehrere Hundert Umgebungskarten von veränderlichen Sternen mit Angabe der Positionen und Helligkeiten der verzeichneten Sterne gibt. Darüber hinaus gab Hagen auch eine Zusammenschau der höheren Mathematik in drei Bänden (1891–1905) heraus. Einer der führenden Mathematiker und Mitverantwortlichen an der mathematischen Formulierung der Einsteinschen Relativitätstheorie, Felix Klein, war von diesem Werk so beeindruckt, dass er seine Reise zur Weltausstellung in Chicago unterbrach, um Hagen in Georgetown zu besuchen.

1906 wurde Hagen mit der Leitung der Vatikanischen Sternwarte betraut, die er reorganisierte und modernisierte. Wissenschaftlich begann er jetzt, kosmische Gebilde von schwächerem Licht und größerer Ausdehnung (Nebelwolken) zu beobachten. Das Problem der „Hagen'schen Wolken" ist bis heute noch nicht geklärt und nach Mitteilung von Jürgen Treder „eine Herausforderung für die astrophysikalische Forschung".

Am 6.9.1930 verstarb Hagen in Rom. 1990 errichtete die Stadt Bregenz, der er zeit seines Lebens verbunden war, an seinem Geburtshaus eine Gedenktafel. Hagen war zweifellos ein gläubiger, ja frommer Mann. Er setzte aber seine Religiosität in vorurteilsloses Streben nach rationaler Erkenntnis um, frei von blindem Glauben an einen göttlichen Willen als unabhängige Ursache von Naturerscheinungen. G.O.

8.2.1888: Auf der Generalversammlung des katholischen Volksvereins in Dornbirn treten die beiden führenden Persönlichkeiten der konservativen Partei, Vorstand Johannes Thurnher und sein Stellvertreter Johann Kohler, infolge des Bistumsstreits von ihren Ämtern zurück.

9. und 22.2.1888: Im Bereich der Gemeinde Schruns kommt es zu Lawinenkatastrophen.

9.2.1888: Auf der Arlbergbahnstrecke wird die Spreubach-Brücke durch eine Lawine so stark beschädigt, dass sie neu aufgebaut werden muss.

11.2.1888: Wegen zahlreicher Lawinenabgänge muss der Betrieb der Arlbergbahn für fünf Tage eingestellt werden.

28.3.1888: In Dalaas kommt es zu einer Lawinenkatastrophe.

14.4.1888: In Langen am Arlberg kommt es zu einer Lawinenkatastrophe.

11.9.1888: Eine Rheinüberschwemmung richtet in Lustenau erhebliche Schäden an.

26.11.1888: Eröffnung des katholischen Privat-Lehrerseminars unter Leitung der Schulbrüder in Feldkirch-Tisis.

9.12.1889: Durch einen Brand wird das erst elf Jahre alte Schulhaus in Bezau zerstört; dabei werden das Gemeindearchiv und eine umfangreiche Bibliothek vernichtet.

1889: Victor Hämmerle stellt der neugegründeten Koch-, Haushaltungs- und Nähschule in Dornbirn-Oberdorf ein passendes Gebäude zur Verfügung.

GEBURTSTAGE

14.9.1888: Rankweil: Serafin Reich († 1.9.1975), Rankweiler Bürgermeister und Ehrenbürger.

7.11.1888: Bregenz: Fritz Krcal († 29.1.1983), Maler.

14.11.1888: Schaan, Liechtenstein: Wilhelmine (Sr. Eberharda) Risch († 8.6.1966), Nonne, Lehrerin, Ehrenbürgerin der Marktgemeinde Hard.

25.11.1888: Schruns: Ernst Hefel († 21.3.1974), Staatssekretär im Unterrichtsministerium.

29.9.1889: Lustenau: Josef Bösch († 28.1.1969), Bürgermeister und Ehrenbürger der Marktgemeinde Lustenau.

1890

TODESTAGE

27.5.1888: Johann Georg Hummel (* 8.12.1808, Bregenz), Pfarrer, Bregenzer Ehrenbürger.

17.9.1889: Carl Ganahl (* 5.3.1807, Feldkirch), Unternehmer, Präsident der Vorarlberger Handelskammer, Abgeordneter zum Vorarlberger Landtag.

Adolf Rhomberg mit den Dornbirner Kapuzinern im Garten des Klosters

Landeshauptmann Adolf Rhomberg

Adolf Rhomberg

1851–1921

Der spätere Politiker entstammte der Dornbirner Fabrikantenfamilie Herrburger-Rhomberg. Von 1871 bis 1875 studierte er Rechtswissenschaften in Innsbruck und Freiburg im Breisgau. Entgegen den Gepflogenheiten der Vorarlberger Unternehmerkreise des 19. Jahrhunderts tendierte Rhomberg politisch nicht zum liberalen Lager, sondern engagierte sich für die katholisch-konservative Partei, deren gemäßigtem Flügel er zugerechnet wurde.

Seit 1876 gehörte er dem Dornbirner Gemeinderat an, 1884 erfolgte seine Wahl in den Vorarlberger Landtag, und noch im selben Jahr avancierte er zum Landeshauptmann-Stellvertreter. Als Abgeordneter widmete er sich vor allem schulischen und sozialen Belangen, insbesondere den Problemen der Bergbauern. Nach den Wahlen zum Landtag im Jahre 1890 erschien Adolf Rhomberg auf Grund seiner gemäßigten politischen Haltung, seiner Ausbildung und seines sozialen Status als geeigneter Kandidat für das Amt des Landeshauptmannes. Die Ernennung sprach Kaiser Franz Joseph I. am 21. September 1890 aus. Rhomberg leitete in dieser Funktion die Geschicke des Landes bis zum Ende der Monarchie im Jahre 1918. Von 1899 an war er überdies Mitglied des Herrenhauses.

Adolf Rhomberg gilt als großer Wohltäter; unter anderem stiftete er das Kapuzinerkloster in Dornbirn, in dem er schließlich auch seine letzte Ruhestätte fand. Seine Popularität fand ihren Ausdruck in der Verleihung der Ehrenbürgerschaft zahlreicher Vorarlberger Gemeinden. Neben anderen hohen Auszeichnungen wurde er 1899 mit dem Titel „Geheimrat" geehrt. A.N.

1.5.1890: Die Vorarlberger Arbeiterbewegung hält erstmals öffentliche Feiern zum 1. Mai ab. Mancherorts werden Sicherheitsvorkehrungen getroffen, da Ausschreitungen befürchtet werden. Die Veranstaltungen verlaufen ruhig und friedlich; sie werden von wesentlich weniger Arbeitern besucht als von bürgerlicher Seite „befürchtet"; die größte Veranstaltung findet in Dornbirn statt, wo sich geschätzte 200 Personen einfinden.

1.6.1890: Zwischen Bludenz und St. Margrethen wird ein durchlaufender Bahnverkehr eingerichtet. Die Züge nach St. Margrethen verkehren nun nicht mehr von Lauterach, sondern von Bregenz.

11./15.7.1890: Die Konservativen erringen einen Sieg bei den Landtagswahlen; sie erhalten 16 Mandate, die Liberalen vier.

30.8.1890: Eine Rheinüberschwemmung richtet in Lustenau schwere Schäden an; aus diesem Grund muss am 1.9. die Bahnlinie nach St. Margrethen gesperrt werden.

1890

21.9.1890: Kaiser Franz Joseph I. ernennt Adolf Rhomberg zum Landeshauptmann von Vorarlberg.

28.9.1890: Im Gasthaus „Zur Traube" in Telfs findet die Gründungsversammlung der gemeinsamen sozialdemokratischen Landespartei für Tirol und Vorarlberg statt.

5.12.1890: Die erste Nummer des „Vorarlberger Volksfreundes" wird ausgeliefert; der „Volksfreund" ist das Organ der „Deutschfreisinnigen" und erscheint zunächst zweimal pro Monat.

1890: Auf Gemeindeebene tritt ein neues, demokratischeres Wahlrecht in Kraft.

1.5.1891: Das Kleine Walsertal erhält den Zollanschluss an das Deutsche Reich; gleichzeitig wird die Markwährung eingeführt.

1891: Friedrich Wilhelm Schindler lässt sich einen Schamotte-Heizkörper patentieren.

1891: Msgr. Dr. Josef Häusle gründet in Feldkirch eine private Volks- und Bürgerschule sowie eine Haushaltungs- und Nähschule für Mädchen, aus der 1902 eine zweiklassige Handelsschule ausgegliedert wird.

25.2.1892: Der „Katholisch-Politische Volksverein" wird aufgelöst.

9.7.1892: Durch einen Bergsturz wird die Arlbergbahnstrecke im Bereich des Großtobels auf einer Länge von 250 Metern verschüttet. Der Bahnbetrieb wird für 15 Tage unterbrochen; in der Zwischenzeit wird für Reisende ein Umsteigeverkehr eingerichtet.

2.8.1892: In Österreich-Ungarn, damit auch in Vorarlberg, wird die Kronen-Währung eingeführt: Ein Gulden entspricht zwei Kronen, eine Krone entspricht 100 Hellern.

30.12.1892: Der Staatsvertrag zwischen Österreich-Ungarn und der Schweiz über eine internationale Rheinregulierung wird von den Außenministern der beiden Länder unterzeichnet.

1892: Der Bau an der großen Spinnerei des Victor Hämmerle in Gisingen bei Feldkirch wird begonnen; zwei Jahre später wird das Werk fertig gestellt.

GEBURTSTAGE

27.2.1890: Dornbirn: Ernst Winsauer († 29.11.1962), Vorarlberger Landeshauptmann.

16.3.1890: Bregenz: Toni Plankensteiner († 30.10.1969), nationalsozialistischer Landeshauptmann und Gauleiter Vorarlbergs.

18.5.1890: Schruns: Franz Marent († 14.2.1978), Offizier, Bürgermeister und Ehrenbürger der Marktgemeinde Schruns, Abgeordneter zum Vorarlberger Landtag.

24.6.1890: Stuben am Arlberg: Hannes Schneider († 26.4.1955), Schipionier.

15.2.1891: Doren: Adolf Vögel († 11.9.1972), Abgeordneter zum Vorarlberger Landtag, Landesrat, Landtagspräsident.

1.11.1891: Andelsbuch: Josef Feuerstein († 26.10.1969), Abgeordneter zum Vorarlberger Landtag, Landtagspräsident.

25.3.1892: Feldkirch: Ferdinand Andergassen († 10.9.1964), Musiker und Komponist.

TODESTAGE

17.1.1890: Salomon Sulzer (* 18.3.1804, Hohenems), Begründer des modernen Synagogengesanges, Oberkantor der Wiener Synagoge.

21.9.1890: Bernhard von Florencourt (* 1.6.1835, Kiel), Redakteur des „Vorarlberger Volksblattes" und ideologischer Vordenker der katholisch-konservativen Volksbewegung Vorarlbergs.

Friedrich Wilhelm Schindler

1856–1920

Sein Vater Wilhelm Schindler (1826–1903) war der Sohn eines Teilhabers der Firma Jenny & Schindler, die sich seit den 20er Jahren des 19. Jahrhunderts in Hard und später in Kennelbach etabliert hatte und mit mechanischer Spinnerei, Weberei, Bleiche, Färberei und Druckerei einen integrierten Konzern darstellte. Bereits Generationen zuvor hatten die Familien der Gründer im Kanton Glarus Handel betrieben und Heimarbeiterinnen und Heimarbeiter beschäftigt. Wilhelm erhielt eine künstlerische Ausbildung in Genf und Rom und übernahm 1871 zusammen mit seinem Schwager Cosmus Jenny die Leitung der Betriebe. Er war mit Betty Jenny aus Ennenda im Kanton Glarus verheiratet.

1893

Friedrich Wilhelm Schindler

1893 beteiligte sich Schindler an der Weltausstellung in Chicago. Dabei präsentierte er eine elektrifizierte Küche, die starke Beachtung fand, und erhielt für seine Produkte eine goldene Medaille zugesprochen. Weitere Ausstellungen folgten, unter anderem in Leipzig, Stuttgart, Baden-Baden und Genf. Seine Erzeugnisse ließ er zunächst in anderen Werkstätten produzieren, gründete bzw. erwarb aber dann eigene Firmen in Bregenz, in der Schweiz und im Elsass. Dort wurden Koch- und Backherde, Tee- und Kaffeemaschinen, Tauchsieder, Bügeleisen, Bettwärmer, medizinische Apparate usw. gefertigt. Insgesamt nahm Schindler auf seine Erfindungen mehr als 100 Patente. Seinen Arbeitern galt er als angenehmer Fabrikherr.

Unter dem Markennamen „Elektra" vertrieb Schindler seine elektrischen Geräte. Titelseite eines Verkaufskataloges um 1910

Dort, in der Ortschaft Mollis, wurde auch Friedrich Schindler geboren. Er besuchte Schulen in St. Gallen und Lausanne, wo er Französisch lernte. Anschließend erhielt er in Livorno gemeinsam mit seinem Bruder Cosmus eine kaufmännische Ausbildung, der ein dreijähriger Aufenthalt in England folgte. 1888 trat Schindler in die Firma ein, in der schon sein Onkel und sein Bruder tätig waren. Ihre Arbeit entlastete ihn, und er konnte sich seinen Interessen widmen.

1881 besuchte Schindler eine Ausstellung in Paris, auf der elektrotechnische Erzeugnisse gezeigt wurden; diese Anregungen prägten ihn entscheidend. Auf einer Studienreise in England sah er einen von Edison entwickelten Dynamo; sein Onkel schaffte nun auf seine Anregung hin einen Gleichstromgenerator an. Schindler erzeugte damit bereits 1884 elektrisches Licht in Kennelbach. Er richtete nun sein Augenmerk darauf, elektrische Energie zum Wärmen und Heizen zu nutzen; dabei erwiesen sich Keramikformen als ideale Wärmeleiter. Nach jahrelangen Experimenten zusammen mit dem Fabrikschlosser Mathias Zängerle ließ Schindler 1891 einen Schamotte-Heizkörper patentieren.

Weiters trug er entscheidend zur frühen Vernetzung der Elektrizität in Vorarlberg bei. Die Firma Jenny & Schindler errichtete zunächst ein Elektrizitätswerk für ihren eigenen Bedarf. Friedrich Schindler setzte sich für die Lieferung von überschüssigem Strom an die Gemeinden Rieden und Bregenz ein; zu diesem Zweck wurde die Kraftversorgung weiter ausgebaut. 1905 wurde eine eigene Firma „E-Werke Bregenz-Rieden" gegründet; daraus entstand 1916/17 die Vorarlberger Kraftwerke GesmbH, die später in eine Aktiengesellschaft umgewandelt wurde. Allmählich entwickelte sich ein Netz von Hochspannungs-Fernleitungen, auch über die Landesgrenzen hinaus nach Lindau und ins Allgäu.

Privat war Schindler musikalisch und literarisch sehr interessiert. 1888 heiratete er Marie Jenny aus Schwanden im Kanton Glarus; das Ehepaar hatte vier Töchter und einen Sohn. Nach dem Tod seines Vaters und seines Onkels musste Schindler die inzwischen stark gewachsenen Betriebe mitübernehmen. Diese zusätzliche Belastung und andere Probleme verursachten 1909 einen Nervenzusammenbruch des sensiblen Erfinders, von dem er sich bis zu seinem Tod 1920 nicht wieder erholte. H.W.

Schindlers elektrifizierte Küche, die auf der Weltausstellung in Chicago 1893 ausgezeichnet wurde

1893

2.2.1893: Auf der Arlbergbahnstrecke wird die Glongtobelbrücke durch eine Lawine aus ihrer Verankerung gehoben und ins Tal gedrückt.

5.3.1893: In „Forsters Glassalon" in Bregenz findet die konstituierende Versammlung des „Politischen Vereins für Vorarlberg" statt, einer Art Landesorganisation für die sozialdemokratische Arbeiterbewegung.

7.3.1893: Eugen Zardetti aus Bregenz erwirbt einen dreirädrigen Benz-Motorwagen; er ist damit der erste Autobesitzer innerhalb der Grenzen des heutigen Österreich.

4.6.1893: Im Gasthaus „Zum Engel" in Götzis hält der Sozialdemokrat Johann Coufal eine öffentliche Rede, in der er die Geistlichkeit als „schwarze Teufel" im Priesterrock bezeichnet; nach einem anschließenden heftigen Wortgefecht zwischen ihm und dem Götzner Pfarrer Josef Othmar Rudigier kommt es zu handgreiflichen Auseinandersetzungen, sodass die Sozialdemokraten schließlich von der Gendarmerie geschützt werden müssen.

17.7.1893: In Dornbirn konstituiert sich der „Christlichsoziale Volksverein für Vorarlberg", der fortan die Rolle der „Kasinos" übernimmt.

17.11.1893: Auf der Arlbergstrecke wird der 505 Meter lange Großtobeltunnel nach elfmonatiger Bauzeit eröffnet.

1893: Friedrich Wilhelm Schindler präsentiert auf der Weltausstellung in Chicago eine elektrische Küche und erhält dafür eine Goldmedaille.

1893: Konrad Doppelmayer übernimmt die Schmiede am Rickenbach und gründet die Firma Doppelmayer.

1893: Gründung des Landesverbands für Fremdenverkehr.

3.5.1894: Gründung der Lustenauer Viehzuchtgenossenschaft.

5.8.1894: Bei den Gemeindevertretungswahlen in Hard werden erstmals in Vorarlberg zwei sozialdemokratische Kandidaten gewählt.

24.8.1894: Das „Konstitutionellkatholische Bürgerkasino" von Bregenz löst sich auf.

4.9.1894: In Dornbirn findet die feierliche Einweihung des Kapuzinerklosters statt; Landeshauptmann Adolf Rhomberg hat das Kloster auf eigene Kosten errichten lassen, wie er dies anlässlich einer lebensbedrohenden Erkrankung seiner Gattin im Mai 1892 gelobte.

1894: Feldkirch wird Sitz des Vorarlberger Landesgerichts und der Finanzlandesdirektion.

30.9.1895: Das Bregenzer Gymnasium wird eröffnet; im zweiten Stock des Rathauses wird der Unterricht mit 25 Schülern begonnen.

1.10.1895: Bei einer Brandkatastrophe im Nenzinger Ortsteil Grienegg werden 14 Häuser zerstört.

1895: Der Vorarlberger Landtag nimmt einen von konservativen Abgeordneten eingebrachten Gesetzesentwurf an, nach dem u.a. Tanzveranstaltungen an Samstagen verboten werden sollen, um damit der Entheiligung des Sonntags einen Riegel vorzuschieben. Die Regierung in Wien verweigert dem Gesetzesentwurf allerdings die Sanktion.

GEBURTSTAGE

25.2.1893: Bregenz: Rudolf Wacker († 19.4.1939), Maler.

9.1.1894: Göfis: Carl Lampert († 13.11.1944), Provikar.

10.2.1894: Wien: Siegfried Fußenegger († 31.8.1966), Gründer der Vorarlberger Naturschau.

7.6.1894: Dornbirn: Toni Ulmer († 10.9.1972), Landeskommandant der Heimwehr und Frontmiliz.

31.8.1895: Barcelona: Anton Ammann († 9.12.1972), Ehrenbürger der Marktgemeinde Schruns sowie der Gemeinden Tschagguns, Vandans, St. Gallenkirch und Gaschurn. Direktor der Vorarlberger Illwerke.

24.9.1895: Johannesberg bei Pensberg, Deutschland: Julita Wölfle († 13.10.1978), Nonne, Volksschullehrerin, Ehrenbürgerin der Marktgemeinde Bezau.

TODESTAGE

8.1.1893: Ludwig Gabriel Seeger (* 30.1.1831, Thüringen), Arzt und Mundartdichter.

19.12.1894: Anton Ölz (* 24.1.1812, Dornbirn), Arzt, Abgeordneter zum Vorarlberger Landtag und zum Reichsrat.

1896

Bludenz gegen Brandnertal von Jakob Jehly

Jakob Jehly

(1854–1897)

Die Malerei Vorarlbergs in der zweiten Hälfte des 19. Jahrhunderts wird im Wesentlichen von zwei Richtungen bestimmt: Zum einen sind die Spätnazarener zu nennen, die in mittelalterlicher Tradition eine religiös-idealisierende Wiedergabe der Motive anstrebten. Im Mittelpunkt standen Darstellungen Marias, Christi und von Heiligen; wichtigster Auftraggeber war die Kirche. Auf der anderen Seite stand die an den städtischen Akademien gelehrte Richtung des Realismus, die vor allem den Bereich der Landschafts- und Genremalerei beeinflusste. Im Unterschied zu den Nazarenern handelte es sich hier vornehmlich um eine „private Kunst", die in der Öffentlichkeit zunächst auf wenig Resonanz stieß. In der ländlich geprägten Region Vorarlbergs dominierten daher auf dem Gebiet der Malerei des 19. Jahrhunderts lange die spätnazarenischen Kirchenmaler (Deschwanden, Bertle).

Jakob Jehly entstammte einer bedeutenden Bludenzer Künstlerfamilie, deren Tätigkeit bis in das frühe 18. Jahrhundert zurück verfolgt werden kann. Mit 16 Jahren begann Jehly seine Ausbildung an der Akademie in München, wo er in Wilhelm Diez einen prominenten Lehrer und Förderer erhielt. Von ihm wurden Jehly die wichtigsten Grundlagen für die realistische Landschaftsmalerei vermittelt. Einzelne Altarbilder aus dem Raum Bludenz (Rungelin, Kloster St. Peter) bezeugen aber, dass Jehly bei öffentlichen Aufträgen zunächst auf die traditionelle Nazarenermalerei zurückgreifen musste. Erst nach der Heirat mit der verwitweten Wanda Douglass (1879) und der damit verbundenen finanziellen Unabhängigkeit war es Jehly möglich, ausschließlich als Landschafts- und Porträtmaler tätig zu sein. Die Motive seiner Zeichnungen, Aquarelle und Gemälde suchte er vornehmlich in Bludenz und den umliegenden Talschaften. Eine kleine Auswahl seiner Werke wird im Bludenzer Stadtmuseum präsentiert. A.R.

16.7.1896: Auf einer Versammlung in Dornbirn geht die katholisch-konservative Partei in die christlichsoziale Partei über.

12./13.8.1896: Der Vizebürgermeister von Wien, Dr. Karl Lueger, stellt auf Versammlungen in Bregenz, Götzis und Dornbirn das Programm der „Christlichsozialen Partei" vor.

21./22.10.1896: Die Landtagswahlen bringen einen Sieg der Christlichsozialen; sie erringen 16, die Liberalen vier Mandate.

1896

14.11.1896: Das Bregenzer Gymnasium übersiedelt aus dem Rathaus in das seinerzeitige Kontorhaus einer stillgelegten Seidenfabrik, die nun die Stadtpolizei beherbergt.

Das Vorarlberger Landesarchiv.
Das Haus wurde 1688 bis 1690 erbaut.

Ablassbrief vom 3. September 1518 für die Pfarrkirche Lindenberg. Urkunde im Vorarlberger Landesarchiv

Das Vorarlberger Landesarchiv

Im Jahre 1897 sollten zahlreiche wichtige Dokumente zur Geschichte Vorarlbergs nach Innsbruck überführt werden. Dagegen wehrten sich nicht nur landeskundlich Forschende, sondern auch führende Politiker, an ihrer Spitze der an historischen Fragen stets interessierte Landeshauptmann Adolf Rhomberg. Als er die Übernahme der Kosten für die Einrichtung und den Betrieb eines eigenen Vorarlberger Landesarchivs zusagte, stimmten schließlich auch die staatlichen Stellen diesem Wunsch zu, der von politischer Seite im Zusammenhang mit den Bestrebungen stand, Vorarlberg verwaltungsmäßig ganz von Tirol zu lösen. 1898 erfolgte die offizielle Gründung des Archivs, das künftig als „Gedächtnis des Landes" wirken sollte. Erster Landesarchivar war Viktor Kleiner, der eine sehr rege Sammeltätigkeit entfaltete. Er übernahm Teile des landständischen Archivs, Akten der staatlichen Verwaltung, aber ebenso Bestände aus Gemeinden, Pfarren, von aufgehobenen Klöstern und nicht mehr bestehenden Verwaltungseinheiten in die Räumlichkeiten des neuen Archivs, zuerst in die ehemalige Seekaserne, dann ins Alte Landhaus in der Bregenzer Kirchstraße, dem 1933 ein Magazingebäude beigegeben wurde. Von 1904 bis 1977 fungierte das Archiv auch als Landesbibliothek. Auf Viktor Kleiner folgten als Landesarchivare Dr. Meinrad Tiefenthaler (1939–1963), Dr. Ludwig Welti (1964–1969) und Univ.-Prof. DDr. Karl Heinz Burmeister (seit 1969). Heute ist diese Institution nicht nur Historisches Archiv und Verwaltungsarchiv des Landes Vorarlberg, sondern auch landesgeschichtliches Forschungs- und Dokumentationszentrum von überregionaler Bedeutung. A.N.

Jahrzeitbuch des Dominikanerinnenklosters St. Peter aus dem Jahre 1592, eines der Prunkstücke des Vorarlberger Landesarchivs

1899

1896: In Lustenau wird die erste Schifflistickmaschine aufgestellt.

1896: Eröffnung der gewerblichen Fortbildungsschule in Götzis.

27.6.1897: In Dornbirn wird der „Deutschfreisinnige Verein für das Land Vorarlberg" gegründet, eine landesweite Organisation für die Deutschnationalen.

Dezember 1897: In Bregenz wird das deutschnationale „Bregenzer Tagblatt" gegründet.

1.4.1899: Die Vorarlberger SDAP (Sozialdemokratische Arbeiterpartei) trennt sich von der Tiroler SDAP.

1899: Der Reichsrat in Wien beschäftigt sich mit den äußerst schlechten Arbeits- und Lebensbedingungen in den Fabriken des Samuel Jenny.

1899: Landeshauptmann Adolf Rhomberg wird in Anerkennung seiner Verdienste um das Landeswohl zum Geheimrat und Mitglied des Herrenhauses auf Lebenszeit ernannt.

GEBURTSTAGE

10.2.1898: Ludesch: Adolf Ammann († 23.2.1967), Pfarrer und Ehrenbürger der Stadt Bludenz.

28.2.1898: Wil, Kanton St. Gallen: Joachim Ammann († 19.8.1981), Missionsbischof.

16.3.1898: St. Veit: Maria Stromberger († 18.5.1957), leistete als Krankenschwester humanitäre Hilfe im Vernichtungslager Auschwitz.

5.2.1899: Hard: Günther Anton Moosbrugger († 5.8.1979), Bürgermeister und Ehrenbürger der Stadt Dornbirn.

11.4.1899: Wolfurt: Julius Wachter († 16.3.1986), Bregenzer Bürgermeister und Ehrenbürger, Mitbegründer der Bregenzer Festspiele.

30.11.1899: Dornbirn: Eduard Ulmer († 4.5.1970), Landesleiter der Vaterländischen Front, Abgeordneter zum Vorarlberger Landtag, Landesstatthalter, Direktor der Vorarlberger Verlagsanstalt.

TODESTAGE

1897: Jakob Jehly (* 1854, Bludenz), Maler.

10.7.1898: Johann Berchtold (* 26.5.1810, Götzis), Lehrer, Götzner Ehrenbürger.

15.7.1898: Johann Coufal (* 1848), Agitator und Vorkämpfer der Vorarlberger Sozialdemokratie.

19.1.1899: Andreas Fetz (* 13.8.1832, Bregenz), Bregenzer Bürgermeister und Ehrenbürger.

Die Gebrüder Rosenthal

Die Familie der Rosenthal geht unter dem Namen Levi auf eine der ältesten Judenfamilien in Vorarlberg zurück. Ende des 17. Jahrhunderts wird ein Abraham Veit Levi in Sulz erwähnt; sein Sohn übersiedelte in der ersten Hälfte des 18. Jahrhunderts nach Hohenems. Dessen Sohn wiederum, Urban Veit Levi (1765–1826), nannte sich ab 1813 Rosenthal; er handelte mit Leinwand, Leinwandmischgeweben und Leder, später mit Baumwollstoffen. Er führte ein Warenlager in Bozen und setzte Waren in Südtirol und Italien ab. Seine Frau Sophie brachte eine Tochter und zwei Söhne zur Welt. Die letzteren, nämlich Philipp (1801–1859) und Josef Rosenthal (1805–1862), begründeten die Firma „Gebrüder Rosenthal".

Philipp und Josef wurden zunächst als Kaufleute ausgebildet; nebenher waren sie als Verleger tätig und ließen Tücher färben. 1833 beteiligten sie sich zusammen mit ihrem Schwager Simon Brettauer mit je einem Viertel an der Baumwollspinnerei Johann Kaspar Kopfs in Götzis; diese Teilhaberschaft dürfte rund fünf Jahre lang gedauert haben. Ihre gewonnenen Erfahrungen verwerteten die Brüder 1838: Sie richteten auf dem Betriebsgelände Johann Georg Ulmers in Dornbirn eine Spinnerei ein und führten diese zeitweise selbst. 1841 gründeten sie ihre eigene Firma, indem sie von der Witwe des Isaak Lowengard in Hohenems eine um 1825 gegründete kleine Spinnerei mit Einrichtung und Wasserleitungen sowie ein Schwefelbad erwarben. Die Brüder betrieben das Heilbad weiter und ergänzten die Produktionspalette durch eine Druckerei, eine Türkischrotfärberei und eine Bleiche.

1852 schlossen Philipp und Josef einen formellen Gesellschaftsvertrag miteinander. Nach ihrem Tod stiegen ihre Witwen und Söhne als Gesellschafter ein. Beide hinterließen eine reiche Nachkommenschaft: Philipp hatte mit Regina Bernheimer 14 Kinder, von denen die Söhne Ludwig, Anton und Julius in der Firma tätig blieben. Die Ehen der Töchter spiegeln auch die Geschäftsinteressen wider: Sie heirateten unter anderem Männer aus Triest, Wien, Manchester und Rotterdam. Der Ehe Josef Rosenthals mit Klara Lowenberg entstammten elf

1899

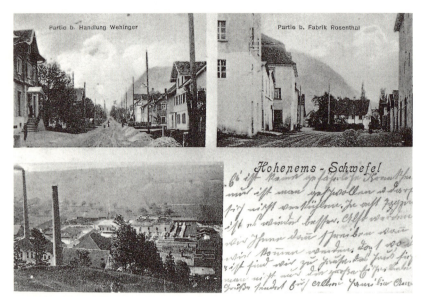

Ansichtskarte aus Hohenems mit der Fabrik Gebrüder Rosenthal im Schwefel

Kinder; von diesen stiegen später Robert und Arnold als Gesellschafter ein.

Die Firma expandierte kräftig: 1865 erwarben die Rosenthal von Johann Michael Ohmayers Erben eine Spinnerei in Rankweil. Ab 1856 wurden weiters mehrere mechanische Webereien gekauft bzw. errichtet, darunter zwei Betriebe bei Schaan in Liechtenstein. Kurz vor 1900 dürfte der Betrieb seine größte Ausdehnung erreicht haben: Drei Webereien, eine Spinnerei, je eine Rouleaux- und eine Handdruckerei, eine Türkischrotfärberei sowie eine Bleiche und Appretur bildeten ein ansehnliches Ensemble. Kurze Zeit später begann allerdings der Niedergang. Die Ursachen lagen unter anderem darin, dass türkischrot gefärbte Kopftücher gegenüber Hüten zusehends an Bedeutung verloren, während buntgewebte Waren begannen, die gedruckten zu ersetzen. Im Laufe einer Wirtschaftskrise 1904/05 sahen sich die Gesellschafter daher gezwungen, unter Mithilfe ihrer Hausbank, der Credit-Anstalt, eine Aktiengesellschaft zu gründen. Die Firma erholte sich aber nicht mehr, und 1916 endete die Ära Rosenthal in der Hohenemser Industriegeschichte.

Was die Größe ihrer Betriebe betraf, konnten die Rosenthal durchaus mit den katholischen und protestantischen Unternehmern Vorarlbergs mithalten. Sie galten als humane Fabrikherren; bemerkenswert ist, dass sie praktisch nur nichtjüdische Fabrikarbeiterinnen und Fabrikarbeiter beschäftigten. Die kleine israelitische Gemeinde mit ihren wenigen hundert Bewohnern hätte dafür allerdings ohnehin nicht genü-

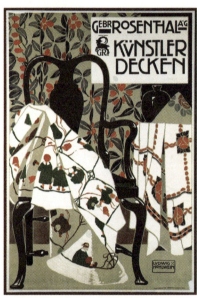

Die Gebrüder Rosenthal – ihr Firmenzeichen bestand aus den Anfangsbuchstaben „GR" und dem Emser Steinbock – warben mit ihrem Plakat für ihre hochwertigen Decken, die von bekannten Künstlern entworfen wurden.

gend Potenzial geliefert. Im 19. Jahrhundert stellten Angehörige der Sippe rund 35 Jahre lang den Ortsvorsteher, andere fungierten in Ausschüssen und betätigten sich im Schul- und Armenwesen. So legten Josef und Klara Rosenthal in ihren Testamenten die Grundlage für ein jüdisches Armenhaus; dieses konnte 1872 eröffnet werden. Auch im sozialen und politischen Engagement der Rosenthal finden sich also ähnliche Muster wie bei manchen christlichen Fabrikbesitzern.   H.W.

Die Villa von Ivan und Franziska Rosenthal in Hohenems

1900

Paula Ludwig
1900–1974

"'Geboren in Altenstadt – Vorarlberg'. Vorarlberg? Was ist das? Neuerdings – seit dem Skisport – ist mein Geburtsland ja plötzlich international geworden. Jedoch musste ich dieses Gebiet verlassen, als ich neun Jahre alt war." Diese Worte schrieb die Lyrikerin, Prosaistin und Malerin Paula Ludwig um 1970, als die Odyssee ihres Lebens in Darmstadt einen vorläufigen Endpunkt gefunden hatte. Sie wurde am 5. Jänner 1900 im damals verfallenen Schlösschen Amberg bei Feldkirch geboren, zog 1909 nach Linz, 1914 nach Breslau und 1919 nach München, wo sie als Malermodell und als Souffleuse an den Kammerspielen arbeitete. 1923 ging sie nach Berlin. Zu ihren Bekannten zählten Brecht, Ringelnatz, W. Bonsels und Erika Mann. Obwohl sie weder rassisch noch politisch verfolgt war, lebte sie ab 1933 in Ehrwald in Tirol. 1938 floh sie über die Schweiz nach Frankreich und 1940 nach Brasilien. Nach ihrer Rückkehr nach Europa 1953 lebte sie zeitweise in Götzis, dann in Wetzlar und Darmstadt, wo sie 1974 starb.

Vor der Emigration war Paula Ludwig mit ihren Gedichtbänden "Die selige Spur" (1919), "Der himmlische

Paul Ludwig mit seinen Töchtern Martha und Paula (vorne)

Spiegel" (1927) und "Dem dunklen Gott. Ein Jahresgedicht der Liebe" (1932) eine hoch angesehene Lyrikerin; durch das lange Exil wurde sie aber im deutschen Sprachgebiet nie mehr richtig heimisch, trotz Wiederauflagen ihrer Werke und literarischer Preise (Trakl-Preis, Preis des österreichischen Schriftstellerverbandes). Ihrem Geburtsland Vorarlberg hat sie im ersten Teil ihrer Autobiografie "Buch des Lebens" (1936) ein Denkmal gesetzt, ihr Prosaband "Traumlandschaft" (1935) bzw. in der erweiterten Fassung "Träume" (1962) versammelt poetisch-hintergründige Kurztexte. Noch zu entdecken ist ihr Nachlass, der im Felder-Archiv liegt und in dem sie polemisch auf Zeitereignisse wie den Auschwitz-Prozess oder die Studentenunruhen von 1968 reagiert. Dort schreibt sie: "Nie würde ich vergessen sein: denn: mein Leben war doch Teil des Lebens meiner Zeitgenossen, unentwirrbar verflochten die gemeinsamen Tage – jedoch meine Mitmenschen leiden an einem schwachen Gedächtnis – sie vergessen sich selbst." U.L.

5./6.5.1900: Der Rhein bahnt sich einen Weg durch den Fußacher Rheindurchstich an der Grenze zwischen Höchst und Lustenau.

30.6.1900: Ein Extraschiff bringt zahlreiche Schaulustige von Bregenz nach Friedrichshafen, wo der erste Aufstiegsversuch eines Zeppelins geplant ist; dieser erfolgt am 2.7.1900.

GEBURTSTAGE

5.1.1900: Feldkirch, Schloss Amberg: Paula Ludwig († 27.1.1974), Schriftstellerin.

2.2.1900: Dornbirn: Edmund Kalb († 20.10.1952), Maler.

22.3.1900: Hohenems: Hans Elkan († 27.7.1944), Mittelschullehrer.

1.8.1900: Dornbirn: Hermann Rhomberg († 5.7.1970), Unternehmer, Präsident der österreichischen Handelskammer in Zürich, Dornbirner Ehrenbürger.

2.8.1900: Andelsbuch: Alfons Fritz († 7.2.1933), Architekt.

Paula Ludwig mit Waldemar Bonsels, dem Schöpfer der "Biene Maja", um 1930 in Berlin

1900

1900: Eröffnung der Flexenstraße.

1900: Im Kurpark von Schruns wird ein Denkmal für den Freiheitskämpfer Landammann Johann Josef Batlogg enthüllt.

TODESTAG

12.1.1900: Karl Freiherr von Seyffertitz (* 17.2.1825), Bregenzer Bürgermeister, Abgeordneter zum Reichsrat, Ehrenbürger von Bregenz.

Das Zentrum Dornbirns kurz nach der Stadterhebung. Die elektrische Trambahn war damals das modernste Verkehrsmittel.

Die Stadterhebung von Dornbirn

Dornbirn war ursprünglich eine in erster Linie bäuerlich-landwirtschaftlich ausgerichtete Gemeinde, die aus den vier Dörfern Nieder- und Oberdorf, Hatlerdorf sowie Haselstauden bestand. Ab dem ausgehenden 18. Jahrhundert entwickelte sich die Gemeinde zum Zentrum der Textilindustrie Vorarlbergs. Die Firmen Herburger & Rhomberg (gegründet 1795), Franz Martin Rhomberg (1832), Franz Martin Hämmerle (1836) und I. M. Fußenegger bestimmten – neben anderen – die Entwicklung Dornbirns, das auf Grund seiner rasch anwachsenden ökonomischen Potenz auch zu einem wichtigen politischen Mittelpunkt des Landes für die beiden großen politischen Lager – das katholisch-konservative und das liberale – wurde. Von 1771 bis zum Beginn des 20. Jahrhunderts wuchs Dornbirn infolge der wirtschaftlichen Entwicklung von 4.000 auf 13.000 Einwohner an und war damit für lange Zeit die größte Marktgemeinde der Donaumonarchie. Bereits 1869 besaß Dornbirn etwa die gleiche Einwohnerzahl wie die drei alten Städte des Landes – Bregenz, Feldkirch und Bludenz – zusammen.

Aber erst 1901 nahm der Gemeinderat unter Bürgermeister Dr. Johann Georg Waibel den Antrag an, den Kaiser um die Erhebung zur Stadt zu bitten. Kaiser Franz Joseph I. entsprach diesem Wunsch mit einer Entschließung vom 21. November 1901. Dornbirn war damit als jüngste und zugleich mit Abstand größte Kommune in den Kreis der Vorarlberger Städte aufgenommen. A.N.

Johann Georg Waibel, der wenige Jahre nach der Stadterhebung verstarb, wurde ein Denkmal errichtet. Das Bild zeigt die Einweihungsfeierlichkeiten 1910.

22.3.1901: Der deutschnationale „Vorarlberger Volksfreund" erscheint nach mehrjähriger Unterbrechung wieder.

1901: Überschwemmung des Emmebachs in Götzis.

21.11.1901: Dornbirn wird zur Stadt erhoben.

GEBURTSTAG

15.1.1901: Bludenz: Guido Schmidt († 5.12.1957), Diplomat, österreichischer Außenminister.

1902

TODESTAG

13.9.1901: Samuel Gottfried Jenny (* 1.1.1837, Hard), Chemiker, Unternehmer und Archäologe.

Die Eröffnung der Bregenzerwald-Bahn

Die Gemeindevertretungen des Bregenzerwaldes beschlossen im Jahre 1870 die Planung einer Eisenbahntrasse durch das Tal der Bregenzerach, um durch diese neue Verkehrsverbindung ihre Region besser zu erschließen und an die Eisenbahn und die Schifffahrt in Bregenz anzubinden. Bereits bei der 1891 erfolgten Eingabe an das Handelsministerium, die technischen Vorarbeiten für den Bau einer schmalspurigen Lokalbahn von Bregenz nach Bezau vornehmen zu dürfen, wurde mit dem zu erwartenden Nutzen für den Fremdenverkehr argumentiert.

Obwohl vor allem im Süden Vorarlbergs zahlreiche Gemeinden gegen dieses Projekt Einspruch erhoben, da sie eine Benachteiligung ihres Gebietes befürchteten, stimmte der Vorarlberger Landtag in seiner Sitzung vom 17. Januar 1894 dem Vorhaben zu. 1899 erfolgte die Erteilung der Konzession zum Bau der 35 Kilometer langen Strecke mit 18 Bahnhöfen und Haltestellen. Zur Anlage der Trasse war die Errichtung von 28 Brücken und drei Tunnels erforderlich. Nur drei Jahre nach der Konzessionierung konnte die Bahn, an deren Errichtung überwiegend italienische Arbeiter mitgewirkt hatten, am 15. September 1902 offiziell in Dienst genommen werden. Ein bereits 1936 wegen starker Einnahmenverluste gestellter Antrag auf Einstellung des Betriebs fand keine Zustimmung. Endgültig eingestellt wurde die Bregenzerwald-Bahn nach mehreren Unterbrechungen schließlich 1985. Auf der Strecke Andelsbuch-Bezau verkehrt heute eine Museumsbahn. A.N.

Postkarte Bregenzerwald-Bahn

15.9.1902: Die Bregenzerwald-Bahn wird eröffnet.

30.11.1902: Die Elektrische Bahn Dornbirn-Lustenau, das „Tram", wird in Betrieb genommen.

1902: Durch einen Großbrand in Frastanz-Einlis werden fünf Häuser zerstört.

GEBURTSTAGE

19.2.1902: Flauerling/Tirol: Alois Jeller († 3.5.1945), Bahntischler, Mitglied der Bludenzer Widerstandsbewegung.

TODESTAGE

30.6.1902: Karl Robert Emerikus Georg von Bayer (* 15.4.1835, Bregenz), Mundartdichter unter dem Pseudonym Robert Byr.

5.9.1902: Josef Huter (* 12.9.1844, Bregenz), Bregenzer Bürgermeister und Ehrenbürger.

Die Wälderbahn kurz vor ihrer Einstellung 1980 beim Bahnhof Langenegg

1902

1902: Das Autorennen Paris – Wien führt durch Vorarlberg.

20.7.1903: In Lustenau wird eine kommunale Handelsschule gegründet.

1903: In der Felsenau zwischen Feldkirch und Frastanz wird ein städtisches Schwimmbad eröffnet.

1903: Der Schipionier Oberst Josef Georg Bilgeri veranstaltet den ersten Schikurs für Militärangehörige in Vorarlberg.

1904: In Dornbirn wird der christlichsoziale „Vorarlberger Arbeiterbund" gegründet.

1904: Die Dornbirner Realschule zieht in ihr neues Gebäude ein, in welchem heute noch ihre Nachfolgeschule, das BG Dornbirn-Stadt, untergebracht ist.

1904: Anton Schmutzer vertont das Gedicht „s'Ländle". Seine Vertonung wird 1949 offizielle Vorarlberger Landeshymne.

1904: Der christlichsoziale Reichsratsabgeordnete aus Rieden bei Bregenz, Franz Loser, stellt im Parlament in Wien den Antrag, eine Autosteuer einzuführen. Er betont in seiner Rede, dass er es nicht für ein Unglück halten würde, „wenn ein solches Gesetz die Ursache würde, dass die Anzahl der Automobile etwas geringer würde".

25.6.1905: Vor dem Kapuzinerkloster in Bludenz wird zur Erinnerung an den Bludenzer Anteil an der Erhebung von 1809 ein Denkmal für Bernhard Riedmiller aufgestellt.

9.8.1905: Hard wird zur Marktgemeinde erhoben.

12.12.1905: Die Montafonerbahn nimmt ihren Betrieb auf; die feierliche Eröffnung folgt am 18.12.

1905: Der Elektropionier Friedrich Wilhelm Schindler gründet die Firma „E-Werke Bregenz-Rieden", aus der später die VKW GesmbH hervorgeht.

1905: Dr. Aron Tänzer veröffentlicht in Meran seine umfangreiche Geschichte der Juden von Hohenems.

1906: Der aus Bregenz stammende Jesuit Johann Georg Hagen wird zum Direktor der Vatikanischen Sternwarte ernannt.

1906: Willibald Braun aus Berkheim in Württemberg eröffnet in Bregenz ein Architekturbüro.

1906: Die Weberinnen der Firma F. M. Hämmerle in Dornbirn erkämpfen sich durch einen Streik eine Anhebung ihrer Löhne.

14.5.1907: Bei den Wahlen zum Reichsrat, die erstmals nach dem allgemeinen, gleichen und direkten Männerwahlrecht abgehalten werden, erringen die Christlichsozialen alle vier Vorarlberger Mandate.

20.9.1907: In Lustenau wird mit dem F.C. Lustenau 07 der erste Vorarlberger Fußballklub gegründet.

1907: Auf dem Bödele wird der erste Schilift Vorarlbergs in Betrieb genommen.

1907: Das Landesmuseumsgebäude am Bregenzer Kornmarkt wird erbaut.

1907: Für die kommunale Handelsschule in Lustenau wird in der Maria-Theresien-Straße ein eigenes Gebäude errichtet.

GEBURTSTAGE

3.3.1902: Schönbach/Eger: Ernst Volkmann († 26.7.1941), Gitarrenbauer in Bregenz, Wehrdienstverweigerer aus christlicher Überzeugung.

30.6.1902: Frastanz: Adalbert Welte († 9.7.1969), Schriftsteller.

22.9.1902: Satteins: Johann August Malin († 9.11.1942), Widerstandskämpfer.

1.5.1903: Dornbirn-Haselstauden: Armin Diem († 15.8.1951), Mundartdichter.

17.6.1903: Au/Bregenzerwald: Natalie Beer († 31.10.1987), Schriftstellerin.

4.10.1903: München: Paul Rusch († 31.3.1986), Apostolischer Administrator der Administratur Innsbruck-Feldkirch, Bischof von Innsbruck.

5.12.1903: Satteins: Martin Häusle († 9.4.1966), akademischer Maler.

1903: Höchst: Claus Ströbele, Architekt.

7.10.1904: Bregenz: Karl Kleiner († 5.12.1995), Generalabt des Zisterzienserordens.

7.4.1905: Dornbirn: Ulrich Ilg († 9.5.1986), Politiker, Landeshauptmann.

8.8.1906: Koblach: Erich Kräutler († 29.12.1985), Missionar und Bischof.

1907

GEBURTSTAGE

19.2.1907: Dornbirn: Walter Zumtobel († 4.9.1990), Unternehmer.

20.6.1907: Feldkirch: Eugen Andergassen († 31.3.1987), Lehrer, Lyriker und Dramatiker.

6.12.1907: Lustenau: Karl Schwärzler († 4.1.1990), Maler.

TODESTAGE

11.11.1902: Johann Georg Sieber (* 16.9.1826, Schwarzenberg), Pfarrer, Ehrenbürger der Marktgemeinde Wolfurt.

31.5.1903: Carl Graf Belrupt-Tissac (* 14.12.1826, Peternica, Slawonien), Landeshauptmann, Mitglied des Herrenhauses, Bregenzer und Bludenzer Ehrenbürger.

22.1.1904: Johann Gebhard Wölfle (* 24.4.1848, Bizau), Mundartdichter.

16.12.1906: Johann Schwendinger (* 31.8.1829, Dornbirn-Haselstauden), Pfarrer von Hard und Fußach, Ehrenbürger der Marktgemeinde Hard.

13.9.1907: Johannes Nepomuk Zobl (* 23.1.1822, Schattwald-Wies, Tannheimer Tal), Weihbischof von Brixen und Generalvikar für Vorarlberg.

Fritz Krcal

(1888-1983)

„Adèle Fitzgibbon" von Fritz Krcal

Durch die Bekanntschaft mit Charles Palmié, einem Schüler und Freund des Impressionisten Claude Monet, schlug Fritz Krcal, Sohn des evangelischen Pfarrers in Bregenz, im Jahre 1907 die künstlerische Laufbahn ein. Nach der Matura folgten längere Studienreisen nach Norddeutschland. Die Entdeckung der Farbe in der Landschaft war sein erster Schritt zur Pleinairmalerei und seine Frühwerke bestechen durch einen eigenständigen, äußerst dynamischen Duktus. Anschließend studierte der auch musikalisch begabte Fritz Krcal Malerei an der Münchner Akademie, entfernte sich stilistisch von seiner erlernten Malweise, reflektierte aber kaum die Einflüsse seiner Münchner Lehrer und beschäftigte sich vor allem mit kunsttheoretischen Fragen und der Musik.

Eine gewisse Unzufriedenheit führte ihn 1911 nach Paris, wo er enge Kontakte zu den Fauvisten und Kubisten hatte. Die Fülle von neuen Eindrücken, die diese Weltstadt damals bot, und insbesondere Persönlichkeiten aus der Kunst- und Theaterwelt erweckten in Fritz Krcal neue Interessen. Neben seiner Ausbildung an der Akademie war er als Bühnenbildner an der Pariser Oper tätig. Der Ausbruch des Ersten Weltkrieges vereitelte seine Karriere und es folgten drei Jahre Zwangsinternierung in Südfrankreich.

Im Jahre 1917 kam er in die Schweiz und lernte dort viele bedeutende Künstler und Theoretiker kennen. Die in den Folgejahren entstandenen Aktzeichnungen, welche durch ihre Betonung der Umrisslinie an seinen Lehrer Henri Matisse erinnern, sind ebenso Spiegelbilder seiner Eindrücke aus der Pariser Zeit wie die Porträts und Landschaftsbilder, die mit leuchtend expressiven Farben und einer unübersehbaren Tendenz zur Flächigkeit einen Hang ins Dekorative und Bühnenartige aufweisen. Ab 1921 unternahm der Künstler Studienreisen nach Italien, die ihn nach Florenz, Siena, Mailand und schließlich Genua führten. Die Einflüsse moderner Strömungen in Italien, etwa die Mailänder Künstlergruppe Novecento und die Pittura Metafisica, beeinflussten vor

1908

allem den Malstil seiner Auftragsarbeiten. Seine Annäherung an den magischen Realismus zeigt sich im Bildnis „Adèle Fitzgibbon" aus dem Jahre 1927. Die vornehme Distanziertheit zum Betrachter täuscht nicht darüber hinweg, mit welch scharfem Blick und fehlender Scheu der Künstler die charakteristischen Eigenarten der vom Alter gekennzeichneten Dame eingefangen hat. Der künstlerische Pinselstrich und die Atmosphäre im Bildraum wurden zu Gunsten dieser Stilrichtung stark reduziert, ebenso scheint die Porträtierte von der Außenwelt abgeschirmt und isoliert.

Parallel dazu beschäftigte sich Fritz Krcal mit dem Gedankengut der Anthroposophen, das sich in seinem Streben nach vollkommener Harmonie zwischen Farbe und Form widerspiegelt, um in den Bildern „Klänge" zu verwirklichen und letztendlich den Zustand einer kosmischen Ruhe herzustellen.

Nach der Rückkehr in seine Heimatstadt Bregenz im Jahre 1926 begann sich der Künstler in vielen Porträts auf die Malerei des Tre- und Quattrocento zu beziehen. Daneben reflektieren Kohlezeichnungen und Studienblätter sein damaliges, von der Nachkriegsmisere gezeichnetes Künstlerleben als Gemüseanbauer und Imker in dem kleinen Dorf Nack. Ab Mitte der 30er Jahre zeigte sich in seinen Wandbildern der immer stärker werdende Einfluss der NS-Kunst. Anfangs von dieser politischen Ideologie geblendet und auf eine Anstellung im Lehrbereich hoffend, erkannte Krcal mit großer Enttäuschung die eigentlichen Ziele des Nationalsozialismus. Seine Wahl, Künstler geworden zu sein, und die Suche nach künstlerischer Eigenständigkeit brachten ihn oft an den Rand der Verzweiflung.

Nach dem Zweiten Weltkrieg erfuhr Krcals Bildsprache eine Intensivierung individueller Ausprägung, die sich keinem Ismus unterwirft. Die Vorstellung von der Vollkommenheit der Farbe erzielt er mittels feiner Nuancierungen. Dadurch erscheint dem Betrachter das Bild auf eine seltsame Weise verfremdet und entrückt. Besonders seine Blumen- und Landschaftsbilder verweisen auf seine außergewöhnliche Sensibilität gegenüber der Natur und zeugen von einer gewissen Ehrfurcht vor dem Akt der Schöpfung. Jedes noch so unbedeutende Lebewesen, umringt von einer Aura, erfährt dadurch eine vergeistigte Existenz und letztendlich etwas Sakrales.   R.Z.

Stephanie Hollenstein
1886–1944

Stephanie Hollenstein, die nach Angelika Kauffmann bekannteste Vorarlberger Künstlerin, wurde am 18. Juli 1886 in Lustenau geboren. Sie studierte Malerei an der Kunstgewerbeschule und an der Akademie in München. Ihre Lehrer waren Walter Thor und Hermann Gröber. Zwischen 1908 und 1910 leitete sie in München eine eigene Malschule. 1913/14 kam Hollenstein erstmals nach Italien. Hier hielt sie sich u.a. in der französischen Akademie auf, die in der römischen Villa Medici untergebracht war. Im Mai 1915 rückte sie als Soldat „Stephan Hollenstein" in Südtirol ein, wo sie in den nächsten beiden Jahren als Kriegsbildberichterstatterin tätig war. Nach dem Ersten Weltkrieg ließ sie sich in Wien nieder. Weitere Reisen führten sie nach Oberitalien, in die Schweiz und immer wieder zurück nach Lustenau. Hollenstein war auf zahlreichen Ausstellungen vertreten; sie erhielt mehrfach Auszeichnungen und zeigte großes persönliches Engagement im Rahmen verschiedener Künstlervereinigungen. Stephanie Hollenstein starb am 24. Mai 1944 in Wien und erhielt ein Ehrengrab in Lustenau. Ihr künstlerischer Nachlass wird in der dortigen Galerie Hollenstein aufbewahrt.

Das Werk der Künstlerin umfasst über 1.000 Gemälde, Aquarelle und Zeichnungen. Landschaften, Still-Leben, Blumenbilder und Porträts gehören zu den wichtigsten Inhalten ihrer Malerei. Sie gilt, beeinflusst durch die Ausbildung in München, als Vertreterin der realistischen Richtung der Zwischenkriegsmalerei.   A.R.

Stephanie Hollenstein als Soldat im Ersten Weltkrieg

6.1.1908: In Hohenems wird das „Kaiserin-Elisabeth-Krankenhaus" eröffnet, zu dessen Leiter Dr. Neudörfer bestellt wird.

29.3.1908: Die Sozialdemokratische Arbeiterpartei beschließt, mit Domenico Gasperini einen italienischen Sekretär anzustellen, um die italienischen Migranten für die Partei zu gewinnen.

1908: DDr. Franz Egger wird zum Weihbischof und Generalvikar für Vorarlberg ernannt.

1908: Stephanie Hollenstein aus Lustenau wird zur Leiterin einer Malschule in München bestellt. Sie behält diese Funktion bis 1910.

Mai 1909: Die Christlichsozialen erringen bei den Landtagswahlen einen überragenden Sieg; es gelingt ihnen vor allem, die Städtemandate in Feldkirch und Bludenz von den Liberalen zu erobern. Die Christlichsozialen verfügen nun über 26, die Liberalen über zwei Mandate; die Sozialdemokraten gehen leer aus.

1911

30./31.8.1909: Kaiser Franz Joseph I. besucht anlässlich der Hundertjahrfeier des Aufstands von 1809 Vorarlberg. In Bregenz wird bei dieser Gelegenheit ein großer Festumzug veranstaltet, an dem unter anderem 40 Musikkapellen, 50 Schützen- und 40 Veteranenvereine teilnehmen.

1.11.1909: Das Italienersekretariat der Sozialdemokratischen Arbeiterpartei Vorarlbergs wird wegen zahlreicher polizeilicher Schikanen gegen den Leiter, vor allem aber wegen geringen Erfolges aufgelöst.

1909: Fertigstellung der Flexenstraße.

5.1.1910: Die erste Nummer der „Vorarlberger Wacht", der Parteizeitung der Sozialdemokraten, wird ausgeliefert; das Blatt erscheint zunächst einmal wöchentlich.

6.4.1910: Bei den Gemeinderatswahlen in Dornbirn erlangen die Christlichsozialen 28, die Liberalen zehn und die Sozialdemokraten vier Mandate; damit ist die vierzigjährige Vorherrschaft der Liberalen beendet. Engelbert Luger wird am 23.4. zum Bürgermeister gewählt.

14./15.6.1910: Mehrere Überschwemmungen – unter anderem treten in Bezau die Bregenzerach, der Dorf- und der Grebenbach, in Schruns die Ill und die Litz, in Nenzing die Meng und in Feldkirch die Ill über die Ufer – richten in Vorarlberg große Verwüstungen an. Der gesamte Sachschaden wird auf 8.750.000 Kronen geschätzt. In der Folge kommt es zu verschiedenen Flussregulierungen und -verbauungen, z.B. der Litz in Schruns sowie der Ill und der Samina in Frastanz.

28.8.1910: Neben der Rankweiler St.-Peters-Kirche wird ein Denkmal für Johann Sigmund Nachbauer enthüllt.

1910: Fertigstellung des Vorarlberger Binnenkanals („Koblacher").

1910: Erste Automatenstickmaschinen in Lustenau.

1910: Die neubarocke Pfarrkirche von Höchst wird erbaut.

1910: Oberst Georg Bilgeri verfasst ein Handbuch für den hochalpinen Schilauf.

20.6.1911: Um das Vorarlberger Mandat zum Reichsrat kommt es in der Städtekurie zu einer Stichwahl: Der liberale Bregenzer Bürgermeister, Dr. Ferdinand Kinz, der auch von den Sozialdemokraten unterstützt wird, setzt sich dabei knapp gegen den christlichsozialen Kandidaten (Dr. Karl Drexel) durch.

GEBURTSTAGE

1.7.1908: Götzis: Bruno Wechner, Bischof der Diözese Feldkirch.

30.10.1910: Bludenz: Wilhelm Himmer († 8.7.1942), Schlosser, Gründer der „Aktionistischen Kampforganisation" Dornbirn, einer Widerstandsgruppe gegen den Nationalsozialismus.

13.11.1910: Schruns: Edwin Albrich († 18.9.1976, Schruns), Arzt, Ehrenbürger der Marktgemeinde Schruns.

9.5.1911: Lech: Robert Pfefferkorn († 20.2.2000), Altbürgermeister und Ehrenbürger von Lech.

15.10.1911: Walter Rhomberg, Vizepräsident der Vorarlberger Handelskammer, Präsident der Bregenzer Festspiele.

TODESTAGE

22.10.1908: Johann Georg Waibel (* 28.8.1828, Dornbirn), Dornbirner Stadtarzt, Bürgermeister und Ehrenbürger, Abgeordneter zum Vorarlberger Landtag und zum Reichsrat.

24.5.1909: Wendelin (als Abt Franz) Franz Pfanner (* 21.9.1825, Lauterach), Missionar, Abt, Ordens- und Klostergründer in Südafrika.

11.7.1909: Josef Fink (* 19.2.1840, Schwarzach): Arzt, Ehrenbürger der Marktgemeinde Hard.

23.11.1909: Johannes Thurnher (* 10.12.1838, Dornbirn), Begründer des „Konstitutionellkatholischen Bürgerkasinos" in Bregenz und Dornbirn, Abgeordneter zum Vorarlberger Landtag und zum Reichsrat.

24.11.1909: Josef Wolf (* 4.1.1829, Bludenz), Bürgermeister und Ehrenbürger von Bludenz, Abgeordneter zum Vorarlberger Landtag.

1.11.1910: Simon Aichner (* 19.11.1816, Terenten, Pustertal), Weihbischof und Generalvikar für Vorarlberg, Fürstbischof von Brixen.

9.6.1911: Bohuslaw Freiherr von Widmann (* 12.3.1836, Olmütz), Statthalter für Tirol und Vorarlberg, Bregenzer Ehrenbürger.

1911

1.11.1911: Die Sozialdemokratische Partei der Schweiz stellt ihrer Schwesterpartei in Vorarlberg einen bezahlten Teilzeitsekretär zur Verfügung, um die Arbeitskämpfe in der Textilindustrie beiderseits der Grenze aufeinander abstimmen zu können.

1911: Bei den Reichsratswahlen erlangen die Sozialdemokraten in Hard 44,4 Prozent der Stimmen; zum einzigen Mal vor dem Ersten Weltkrieg werden sie damit in einer Vorarlberger Gemeinde stärkste Partei.

1911: Wegen der zunehmenden Verkehrsbelastung beschließt der Dornbirner Stadtrat eine Begrenzung der Höchstgeschwindigkeit für Autos innerhalb des Ortsgebiets auf 15 km/h.

1912: Durch den Ankauf des Marienheims in Bludenz erweitert sich das Heim des „Vereins zur Rettung sittlich verwahrloster Kinder" in Jagdberg zu einer Anstalt für „schwachsinnige, doch bildungsfähige Kinder".

1912: Der Vorarlberger Weihbischof DDr. Franz Egger wird zum Fürstbischof von Brixen geweiht.

1913: Dr. Sigismund Waitz wird zum Weihbischof und Generalvikar für Vorarlberg ernannt.

1913: Der aus Vorarlberg stammende deutschnationale Publizist Dr. Albert Ritter veröffentlicht unter dem Pseudonym Dr. Karl von Winterstetten die Schrift „Berlin – Bagdad. Neue Ziele mitteleuropäischer Politik", in welcher er die Idee eines unter deutscher Führung stehenden Mitteleuropa sowie einer vom Nordkap bis nach Persien reichenden Interessengemeinschaft entwirft.

1913: Die jüdische Schule in Hohenems wird wegen Schülermangels geschlossen.

1913/14: Stilllegung der Firma „Samuel Jenny" in Hard.

11.5.1914: Landeshauptmann Adolf Rhomberg eröffnet die letzte Sitzung des Vorarlberger Landtags in der Monarchie.

28.8.1914: Im Zuge einer österreichisch-ungarischen Offensive in Galizien erleben die Kaiserjägerregimenter ihre „Feuertaufe". Sie erleiden dabei fürchterliche Verluste. Unter den Opfern sind auch Vorarlberger zu finden; allein am ersten Kampftag fallen 36 Soldaten aus dem „Ländle", weitere 14 werden vermisst. Bis zum 1.9. – an diesem Tag wird die Offensive wegen zu hoher Verluste abgebrochen – fallen insgesamt 220 Vorarlberger oder werden als vermisst gemeldet. Dies ist der Auftakt zu den – aus Sicht des Landes – blutigsten Kämpfen des ganzen Krieges.

6.-13.12.1914: Eine Zählung der Arbeitslosen in 34 Industriegemeinden Vorarlbergs ergibt, dass 1.711 Männer und 1.910 Frauen beschäftigungslos sind. Der Grund ist der fast völlige Zusammenbruch der Stickereiwirtschaft nach Beginn des Krieges; folglich sind auch die Stickereizentren Lustenau, Hohenems, Dornbirn und Götzis am stärksten betroffen.

GEBURTSTAGE

9.1.1912: Lauterach: Ernst Kolb († 23.9.1978), Rechtswissenschaftler, Politiker, Bundesminister, Landesstatthalter.

8.5.1912: Pilsen: Gertrud Fussenegger, Schriftstellerin.

27.5.1912: Feldkirch-Levis: Eugen Jussel († 4.10.1997), Maler.

5.7.1912: Feldkirch: Carl Bobleter († 24.10.1984), Diplomat, Staatssekretär im Außenministerium, österreichischer Botschafter bei der OECD in Paris.

12.10.1912: Hohenems: Jean Améry (eigentlich Hans Maier) († 18.10.1978), Schriftsteller.

13.10.1913: Bezau: Hans Georg Strobel († 6.11.1974, Feldkirch, begraben in Bezau), Maler.

26.11.1913: Bregenz: Eugen Leissing, Sekretär der Vaterländischen Front, Mitbegründer der Bregenzer Widerstandsbewegung, Mitglied des Landesausschusses, Abgeordneter zum Bundesrat.

6.2.1914: Dornbirn: Franz Grubhofer († 12.11.1970), Staatssekretär im Innenministerium, Abgeordneter zum Nationalrat.

TODESTAGE

9.7.1911: Jakob Fetz (* 1844), Pfarrer und Ehrenbürger von Altach

15.3.1912: Wunibald Briem (* 25.8.1841, Feldkirch), Musiker und Komponist.

1914

TODESTAGE

28.10.1912: Ferdinand Bürkle (* 15.5.1825, Bürs), Pfarrer, Ehrenbürger der Marktgemeinde Lauterach.

6.1.1913: Martin Karl (als Abt Dominicus) Willi (* 20.4.1844, Ems bei Chur), Abt von Marienstatt und Bischof von Limburg.

Einfamilienhaus Zimmermann von Claus Ströbele 1934, Ansicht von Westen

Baukunst, Malerei, Skulptur: 1900–1945

Durch die geografische Lage bedingt, beherrschen die wirtschaftlichen Kontakte zu Süddeutschland und der Schweiz zu Beginn des 20. Jahrhunderts auch die Baukunst. So kamen die bestimmenden Architekten aus München, Stuttgart, Zürich und St. Gallen. Manche scheinen mit einigen wenigen Bauten auf, andere blieben überhaupt im Lande. Die wichtigsten sind Georg Baumeister (München), Josef Cades (Stuttgart), E. und R. Schleicher (Stuttgart), August Hardegger (St. Gallen), Albert Rimli (Frauenfeld), Willibald Braun (Stuttgart) und Friedrich Wehrly (Zürich). Diese Architekten wurden nicht nur von der Kirche, sondern auch von dem liberalen, teilweise dem deutschnationalen Lager angehörenden Auftraggebern aus der Unternehmerschicht ins Land gerufen. So spielten neben einem letzten Ausklingen des Historismus, verbunden mit wenigen Elementen des Jugendstils, auch nationalromantische Strömungen eine entscheidende Rolle (Herz-Jesu-Kirche, Bregenz; St. Gallus-Stift, Bregenz; k.k. Staatsgymnasium, Bregenz; Vorarlberger Kammgarnspinnerei, Hard; Verwaltungsgebäude Firma Benger, Bregenz; Klosterkirche im Salvatorkolleg, Hörbranz).

Zwei innerösterreichische Architekten spielten in der Jugendstilarchitektur eine wichtige Rolle: Ernst Dittrich und Hanns Kornberger. Sie waren über viele Jahre in Vorarlberg tätig und beeindrucken durch eine hohe Baukultur. Ernst Dittrich zeichnete für das Feldkircher Landesgericht (1903/05) und das gegenüber liegende Bundesfinanzamt (1911/12) verantwortlich und war nach der Jahrhundertwende die zentrale Architektenpersönlichkeit in Feldkirch.

Hanns Kornberger war ab 1900 in Vorarlberg wohnhaft. Von ihm stammt – neben dem alten Krankenhaus in Hohenems (1905/08) und der Jahnturnhalle in Hohenems (1911/13) – eine Reihe von Villenbauten (u.a. Villa Ammann, Hohenems; Villa Schwendinger, Dornbirn; Wohn- und Geschäftshaus, Dornbirn, Marktplatz 5).

Neben diesen mannigfaltigen auswärtigen Einflüssen war in den ersten beiden Jahrzehnten des 20. Jahrhunderts eine Reihe heimischer Baumeister tätig, die meistens für kleinere Bauaufgaben herangezogen wurden und sich durch eine erstaunliche handwerkliche Qualität auszeichneten. Vor allem die Villen der Baumeister J. A. Albrich/Alfred Albrich, Dornbirn, zählen zum Bedeutendsten, das vor dem Ersten Weltkrieg in Vorarlberg gebaut wurde. Daneben muss Otto Mallaun, Bregenz, Erwähnung finden, der etwa mit der Bregenzer Löwenapotheke (1913) und der Gestaltung der Bregenzer Seeanlagen zu Beginn

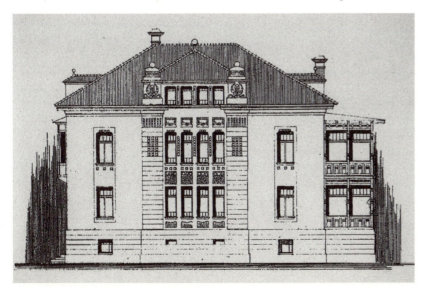

Ärztekammer Dornbirn, Skizze von Hanns Kornberger

1914

„Zwei Puppen" von Rudolf Wacker, 1937

des 20. Jahrhunderts wegweisend wirkte. Weiters müssen Rudolf Bösch, Josef Schöch, Johann Wachter, Romedi Wacker, Ignaz Wolf und Christian Zangerl sowie die Bauunternehmen Pümpel, Hilti und Heimbach & Schneider genannt werden.

In den 20er und 30er Jahren bestimmte Willibald Braun das Vorarlberger Baugeschehen. Daneben vertraten in einzelnen Bauten Claus Ströbele und Franz Reznicek die internationale Moderne.

Willibald Braun zählt mit seinen über hundert Objekten zu den wichtigsten österreichischen Architekten der Zwischenkriegszeit. Seine Entwürfe sind Modelle der gesellschaftlichen Selbstdarstellung. Er vertrat die Ideen des Deutschen Werkbundes, war Schüler von Theodor Fischer in Stuttgart und begann 1907 seine Bautätigkeit in Vorarlberg, die ihn bald zum wichtigsten Architekten des Landes werden ließ. Claus Ströbele und Franz Reznicek erlangten mit ihren Entwürfen in exemplarischen Beispielen der 30er Jahre internationale Beachtung und verkörperten die progressive Richtung der Architekturszene. Ströbele griff Ergebnisse und Erkenntnisse der modernen Bewegung auf, ja seine wenigen Bauten stellen einen eigenständigen Beitrag dazu dar. Dies gilt vor allem für das Textilhaus Holzner (Bregenz, 1935/36) und das Einfamilienhaus Zimmermann (Bregenz, 1934). Beide Bauten, vom Textilkaufmann Holzner in Auftrag gegeben, bezogen eine bewusste Antiposition gegenüber der dominierenden nationalromantischen Heimatschutzarchitektur, wie sie etwa exemplarisch zeitgleich von Johann Anton Tscharner vertreten wurde.

Franz Reznicek, heute noch in Bludenz lebend, konnte in den 30er Jahren mit dem Wohnhaus Sauter (Bludenz, 1931/32) und dem Haus Beck (Bludenz, 1934/35) sowie mit seinen Entwürfen für eine Fruchtverwertungsanlage in Rankweil (1931), ein Landhaus auf der Tschengla/Bürserberg (vor 1933), ein Berghotel (vor 1933) sowie mit der Skizze für das Postamt in Lech (vor 1933) mit erstaunlichen architektonischen Lösungen seine Position innerhalb der österreichischen Avantgarde dieser Zeit behaupten.

Neben Braun, Ströbele und Reznicek müssen die Tiroler Architekten Lois Welzenbacher (Innsbrucker Nachrichten, Bregenz, 1927; Feldkirchhalle, 1925) und Clemens Holzmeister mit seinen Kirchenbauten erwähnt werden.

Im Bereich der Malerei dominierten zu Jahrhundertbeginn religiöse Themen. Von besonderer Bedeutung ist Josef Huber-Feldkirch (1858–1932), der 1909 an der Düsseldorfer Akademie eine Professur für religiöse Monumentalkunst erhielt. Er entwickelte eine stark linear orientierte Formensprache, die sowohl für seine Tafelbilder wie auch für seine Fresken und Mosaike kennzeichnend ist (Giebelmosaik der Pfarrkirche St. Martin, Dornbirn, 1924). Daneben spielte in den ersten Jahrzehnten des Jahrhunderts im Bereich der Skulptur Anna Margareta Schindler (1893–1929) eine wichtige Rolle. In Auseinandersetzung mit den Schriften von Rudolf Steiner und buddhistischer Philosophie entstanden Marmorskulpturen wie „Sinnende", um 1927, oder „Dämmerung", ebenfalls

1914

„Die Erstarrung" aus „Land der Seele" von Herbert von Reyl-Hanisch, 1928

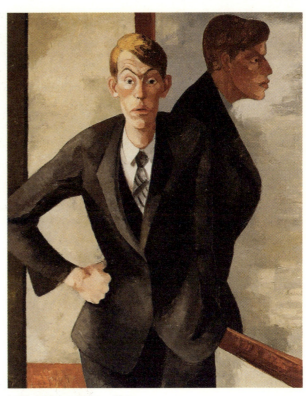

„Selbstbildnis" von Oswald Beer

um 1927. Ihre künstlerische Entwicklung von der kompakten Form zu einer elementaren Gebärde sah sie als Mitarbeit am Aufbau einer neuen Welt.

Zentrale Künstlerpersönlichkeiten der 20er und 30er Jahre waren Rudolf Wacker, Herbert von Reyl-Hanisch,

„Bildnisbüste Rudolf Wacker" von Albert Bechtold, 1924

Fritz Krcal und Edmund Kalb, deren Leben und Schaffen in eigenen Texten vorgestellt wird.

Von besonderer Bedeutung ist auch Albert Bechtold (1885–1965), der ein künstlerisches Werk von überregionaler Bedeutung hinterließ. Er erhielt seine Ausbildung an der Münchner und Wiener Akademie und konnte 1934 die Nachfolge von Anton Hanak an der Wiener Akademie antreten. 1938 wurde er wegen seinen angeblich naturfremden und entarteten Arbeiten und seiner kommunistischen Weltanschauung seinen Pflichten enthoben. Sein vorrangiges künstlerisches Ziel galt der Reduktion und Vereinfachung des Formenrepertoires. Seine Porträts geben eine gestaltende und deutende Darstellung des Menschen, die anschauliche Erscheinung soll zum direkt fassbaren Ausdruck der geistigen Wesenheit einer Person werden. Bechtold, der seine Tätigkeit mit zahlreichen kunsttheoretischen Schriften begleitete, sah in einer Urkraft, einer Grundenergie, alles menschliche Tun begründet. Seine Gestaltungsweise ist vom Kubismus abgeleitet und zielt in Richtung Abstraktion (Porträt Rudolf Wacker, Bronzebüste, 1924).

Daneben spielten Stephanie Hollenstein, Oswald Baer, Herbert Arlt, Franz Reiter, Edwin Neyer sowie mit ihren Frühwerken Fritz Krcal, Rudolf Hoegler und Martin Häusle eine wichtige Rolle im Vorarlberger Kunstgeschehen dieser Zeit. Mit Stephanie Hollenstein (1886–1944) trat eine Künstlerin in Erscheinung, die sich bewusst als künstlerisch tätige Frau verstand und 1938 den Vorsitz in der „Vereinigung bildender Künstlerinnen Österreichs" übernahm. Ihre Bilder sind von starker Expressivität und leuchtender Farbigkeit; den Hauptteil ihres Werkes bilden Berglandschaften. Bereits während des Ersten Weltkrieges erregte sie Aufsehen, als sie, als Standschütze verkleidet, an der Front zeichnete. Ihre Arbeiten dieser Zeit dokumentieren die Schattenseiten des Krieges: verwundete und zermürbte Soldaten. Sie war Mitglied der beiden wichtigsten Künstlervereinigungen Vorarlbergs der Jahre zwischen den Weltkriegen („Der Kreis" und „Vorarlberger Kunstgemeinde").

H.S.

1915

Der Erste Weltkrieg und die Standschützen

Das Wehrsystem der k.u.k.-Monarchie war zu Beginn des 20. Jahrhunderts, also unmittelbar vor dem ersten großen Krieg, folgendermaßen gegliedert:

1. Die gemeinsame Wehrmacht der beiden Reichsteile Österreich und Ungarn, die das kaiserliche und königliche (k.u.k) Heer sowie die Kriegsmarine umfasste.
2. Die Landwehr, in Zisleithanien die kaiserlich-königliche (k.k.) und in Transleithanien die königlich-ungarische (k.u.) Honved.
3. Der Landsturm in jedem der beiden Staaten.

Erstere stand unter dem Österreich und Ungarn umfassenden k.u.k. Kriegsministerium. Landwehr und -sturm unterstanden je nach ihrer Zugehörigkeit dem k.k. Ministerium für Landesverteidigung oder dem k.u.k. Landesverteidigungsministerium, wobei Landwehr und Landsturm als zweit- bzw. drittrangige Linie zur Unterstützung der gemeinsamen Wehrmacht gedacht waren. Ab 1867, dem Jahr des Ausgleichs zwischen Österreich und Ungarn, entwickelten sich die beiden Landwehren in einer Art nationaler Konkurrenz bis zu Kriegsbeginn 1914 allerdings zu annähernd gleichwertigen Truppen. Oberbefehlshaber über alle war uneingeschränkt der Kaiser und König.

Vorarlberg hatte – wie ein Teil der Grafschaft Tirol – in Landesverteidigungsangelegenheiten eine besondere Entwicklung genommen. Im 19. Jahrhundert, das nach dem Februarpatent 1861 die Errichtung von Landtagen brachte, wurde die Landesverteidigung in Tirol und Vorarlberg für das ganze Reich einmalig durch zahlreiche Sondergesetze und Verordnungen geregelt. Man hatte sich dabei von Länderseite auf jahrhundertealtes ständisches Recht berufen. Kernpunkt dieses Rechts war die Forderung, dass Landwehr (in Tirol und Vorarlberg Landes-

Die Verabschiedung der Standschützen erfolgte im ganzen Lande mit großer Anteilnahme und zum Teil mit ebenso großen Befürchtungen, denn der Krieg hatte in den ersten Jahren bereits viele Opfer gefordert. Hier die Verabschiedung der Feldkircher Schützen unter dem Kommando von Philipp Ganahl am 23. Mai 1915. Schützenscheibe der Feldkircher Schützengesellschaft

Das Schützenwesen hatte in Vorarlberg eine lange Tradition und war auch Teil des gesellschaftlichen Lebens. 1878 feierte ein Feldkircher Standschütze mit dieser Schützenscheibe seine sechzigjährige Zugehörigkeit. Schützengesellschaft Feldkirch

schützen, ab 1917 Kaiserschützen) und Landsturm nur im eigenen Land bzw. außerhalb desselben nur mit Zustimmung des Landtags eingesetzt werden sollten. Das Ringen um dieses Recht kennzeichnete wesentlich die wehrpolitischen Auseinandersetzungen zwischen Land und Staat im vorigen Jahrhundert. Ein Mitspracherecht im Bereich der gemeinsamen Wehrmacht, zu der das 1815 für ständig errichtete Kaiserjägerregiment gehörte (ab 1895 vier Kaiserjägerregimente), stand für unser Land und Tirol nie zur Debatte.

Die Gesetzesentwicklung bis zum Weltkrieg gipfelte im Landesverteidigungsgesetz für Tirol und Vorarlberg vom 25. Mai 1913. In diesem Gesetz war unzweideutig festgehalten, dass bei Gefahr im Verzug und bei nicht unmittelbar gefährdeten Landesgrenzen dem Oberbefehlshaber, also dem Kaiser, das uneingeschränkte Verwendungsrecht über diese Truppenteile zustand. Bei einer diesbezüglichen Entscheidung war keine Zustimmung des Landtags notwendig, sondern lediglich die nachträgliche Mitteilung an denselben. Dass die Einschränkungen, die im Gesetz bezüglich des Einsatzes der Landwehr außer Landes gemacht wurden, inhaltslos waren, zeigte ja bereits das Jahr 1914, das nicht nur die Landesschützen, sondern auch bereits den Landsturm an der Ostfront und auf dem Balkan sah.

Von Tirol und Vorarlberg dahingehend vorgebrachte Proteste wurden abgewiesen, da sie auch tatsächlich rechtlich nicht begründbar waren. Denn im Jahre 1914 war durch das Heranrollen der „russischen Dampfwalze" in Galizien Gefahr im Verzug, und die Tiroler Landesgrenze war durch die zwar unsichere, aber dennoch vorerst vorhandene Neutralität Italiens nicht unmittelbar gefährdet. Die den Ländern Tirol und Vorarlberg – für das ganze Reich einmalig – zur Regelung ihrer Landesverteidigung zur Verfügung stehende Landesverteidigungskommission war nach jahrelangen Auseinandersetzungen mit den Regierungsstellen zu Kriegsbeginn in einer Bedeutungslosigkeit angelangt, die sie nunmehr eine Hilfsbehörde des k.k. Ministeriums für Landesverteidigung sein ließ und die Länder von allen wesentlichen Entscheidungen ausschloss. De facto hatten die gefürstete Grafschaft Tirol und das Land Vorarlberg in Bezug auf die Landesverteidigung keine Sonderrechte mehr, im Gegenteil, sie hatten sogar Sonderverpflichtungen: die Standschützen.

Das Schießstandwesen unterstand im Wege der oben bereits erwähnten k.k. Landesverteidigungskommission dem k.k. Ministerium für Landesver-

1915

teidigung. Allein durch diese Unterstellung wird die Bedeutung klar, die von Seiten des Staates dieser eigentlich bürgerlich-zivilen Einrichtung beigemessen wurde. Das Schießstandwesen fußte in Vorarlberg auf der Tradition, sich freiwillig im Kämpfen zu üben, um nach ständischem Muster selbstständig das Land gegen den eindringenden Feind verteidigen zu können. Das im 19. Jahrhundert in Oberitalien ständig kriegerisch verwickelte Kaisertum Österreich erkannte die Bedeutung der Wehrhaftigkeit im Tiroler Raum und machte sich die dort von unten her organisierten Einrichtungen zur Wehrertüchtigung nunmehr von oben her durch Gesetze und Schießstandordnungen zu Eigen. Die Schießstandordnung, der die Standschützen zu Kriegsbeginn unterlagen, war jene vom 25. Mai 1913, die als 26. Gesetz dem über Landesverteidigung desselben Jahres angeschlossen worden war. Das Landesverteidigungsgesetz stellte unmissverständlich die Landsturmpflicht der k.k. Schießstände fest; dass für den Einsatz des Landsturms, also auch der Standschützen, dieselben Beschränkungen oder, besser gesagt, Nichtbeschränkungen in Bezug auf den Einsatz außer Landes galten wie für die Landesschützen, wurde schon dargelegt.

Nachdem der Ermordung des Thronfolgers Franz Ferdinand am 28. Juni 1914 in Sarajewo die österreichisch-ungarische Kriegserklärung an Serbien und das kaiserliche Manifest „An meine Völker" gefolgt waren, begann der Weltkrieg. In uns heutigen Menschen rückblickend naiv anmutender Unkenntnis des Kommenden fluteten patriotische Begeisterungswellen durch die Völker Europas, die alsbald vernichtend aufeinander prallen sollten.

In kriegerischer, siegesbewusster Stimmung gingen auch aus Tirol und Vorarlberg neben anderen Truppen die Kaiserjäger, die Landesschützen und der Landsturm mit klingendem Spiel nach Galizien und Serbien, mit ihnen auch jene Standschützen, die in diesen Truppen dienstpflichtig waren. Zurück blieb nur, wer entweder zu jung, zu alt oder untauglich war. Und diese im

Landeshauptmann Adolf Rhomberg (im Auto links) war als Landesoberschützenmeister den Anordnungen des k.u.k. Militärkommandos verpflichtet. Lustenau 1914

Lande gebliebenen Standschützen wurden nunmehr gesetzmäßig als zusätzlicher Landsturm aufgeboten. Bereits am 10. August 1914 erließ der Landesoberschützenmeister von Vorarlberg, Landeshauptmann Adolf Rhomberg, auf Anordnung des k.u.k. Militärkommandos in Innsbruck die diesbezügliche Weisung. Mit der Bildung von Formationen wurde nunmehr das „Standschützenkorps" in Tirol und Vorarlberg aufgestellt. In diese Formationen eingeteilt wurde so gut wie jeder aus oben angeführten Gründen daheim gebliebene Standschütze. Rücksichtnahme wurde nur jenen zuteil, die über 60 Jahre alt oder gänzlich ungeeignet waren. Musterungen wurden, wenn überhaupt, der

Not am Mann gehorchend, auf das Oberflächlichste abgehalten. Bereits Ende August 1914 konnten die in Vorarlberg aufgestellten sechs Bataillone von Landesoberschützenmeister Rhomberg vereidigt werden. Die Standschützen wurden vorerst zu verschiedenen Wach- und Sicherungsdiensten in der Heimat eingeteilt und mussten sich durch Gefechtsdienstübungen auf einen allfälligen Einsatz vorbereiten. Die großen Verluste im Osten und die daraus resultierende Furcht, selbst dort eingesetzt zu werden, ließen die Begeisterung der Standschützen zeitweise sinken. Ihre Furcht war durchaus nicht ganz unberechtigt. Denn genauso wie der Einsatz der Landesschützen und des Land-

Die Ausbildung der Standschützen erfolgte in Vorarlberg; hier wurden sie auch zu Wachdiensten verwendet.

1915

1915 erfolgte überall in Vorarlberg der Marsch zu den Bahnhöfen und die Fahrt zum Kriegsschauplatz, Richtung Tirol. Auszug des Bataillons in Dornbirn

sturmes außer Landes dem Gesetz entsprochen hatte, hätte es derjenige der Standschützen, da sie ja durch das Landesverteidigungsgesetz auch zum Landsturm gemacht worden waren. Dem Versuch der Landeshauptleute von Tirol und Vorarlberg, in der Zeit der Not gegen die zweifelsohne korrekte Anwendung des Landesverteidigungsgesetzes Front zu machen, war verständlicherweise kein Erfolg beschieden. Dass der Staat das Gesetz in seinem Sinn ausgelegt hatte, war legitim und entsprach auch der damaligen öffentlichen Meinung. Die Interventionen Tirols und Vorarlbergs gegen einen Einsatz außer Landes sind auch nicht als prinzipielle Opposition gegen die Staatsführung zu sehen, sondern entsprangen mehr der Sorge um den Einsatz alter Jahrgänge und um den militärischen Kräftemangel dem unsicheren Italien gegenüber. Die mit Beginn des Jahres 1915 nach Süden hin immer gespannter werdende Lage ließ jedoch einen allfälligen Einsatz der Standschützen im Osten gegenstandslos werden.

Im März 1915 erklärte sich Österreich auf Druck des Deutschen Reiches bereit, das Trentino abzutreten, um den Kriegseintritt Italiens an der Seite der Feindmächte zu verhindern. Doch das Angebot war Italien nicht weit reichend genug, es lehnte ab. Nachdem am 26. April die Entente dem Königreich Italien im Geheimvertrag von London weit gehende Gebietserwerbungen zugesagt hatte (unter anderem Tirol bis zum Brenner), kündigte es am 4. Mai den Dreibundvertrag und erklärte am 23. Mai Österreich-Ungarn den Krieg. Noch einmal wandte sich der greise Kaiser mit einem Manifest an „seine Völker". Ein Aufschrei der Entrüstung ging durch Österreich. Das längst schon Befürchtete war Wirklichkeit geworden. Aber nicht nur in den deutschen, sondern auch in den südslawischen Ländern der Monarchie hatte der Kriegseintritt Italiens das Aufbieten aller noch vorhandenen Kräfte zur Folge. Denn Slowenen, Kroaten und Serben sahen durch die italienische Aggression ihre Heimat ebenso gefährdet wie die Deutschen ihr Tirol. Dieser nationalistischen Komponente der nunmehr aufstehenden Verteidigungsmacht ist im Jahre 1915 auch noch jene der Liebe zum Kaiser und zum gemeinsamen Vaterland an die Seite zu stellen. Völkisches und monarchisches Denken und Fühlen verbanden sich in diesem beginnenden Kampf zu einer ungeahnten, vor allem vom Feind unterschätzten Kraft.

Am 23. Mai, dem Tag der Kriegserklärung, zogen ca. 3.500 Mann in den sechs Bataillonen Bludenz, Feldkirch, Rankweil, Dornbirn, Bregenz und Bezau aus dem Ländle an die Front. Zusammen mit anderen Ländern hatten Tirol und Vorarlberg für die 350 km lange Grenze etwas mehr als 35.000 Mann auf die Beine gestellt, jeder 10. ein Vorarlberger. Ungeachtet der patriotischen Begeisterung griff die harte Wirklichkeit des modernen Krieges auch nach den Standschützen. Ihr militärischer Wert war unterschiedlich. Die Standschützen waren seinerzeit in tiefstem Frieden freiwillig dem Schießstand beigetreten und hatten großteils nicht mit diesen weit reichenden Folgen gerechnet. Durch das Gesetz von 1913 war jeder landsturmpflichtig geworden

Wachposten in Eis und Schnee. Nicht nur der Feind, sondern auch die Anstrengungen und Gefahren im Hochgebirge forderten viele Opfer.

1915

Kriegsgefangene Standschützen auf der Überfahrt nach Albanien, wo sie zum Straßenbau eingesetzt wurden.

nicht vor dieser Aufgabe gedrückt hätten. Nach dem Gesetz war also keiner ein Freiwilliger, wohl aber die meisten in Bezug auf ihre innere Einstellung. Um welchen Prozentsatz es sich dabei gehandelt haben könnte, zeigt die Tatsache, dass sich die Zahl der Standschützen in den Feldformationen innerhalb eines Monats von etwa 25.000 auf etwa 20.000 reduziert hatte. Zu diesen Abgängen führten allerdings nicht sosehr die Kampfeinwirkungen als vielmehr die ungeheuren Strapazen, denen die oft für den Kriegsdienst ungeeigneten Männer im Hochgebirge ausgesetzt waren. Viele mussten krank oder gänzlich un-

und konnte nach Aufbietung desselben nicht mehr aus dem Schießstand austreten. Die Einteilung in die Formationen betraf im Wesentlichen, durch die Kriegsereignisse bedingt, jene Standschützen, die unter 19 und über 42 Jahre alt waren; jene daheimgebliebenen Standschützen, die zwischen diesen Jahrgängen lagen, waren für den regulären Militärdienst untauglich gewesen. Die Masse wird also in den Vierzigern gewesen sein, Männer, die eine familiäre und berufliche Existenz zu verlieren hatten. Es darf also nicht verwundern, dass sich bei einigen die Lust zum Kampfe in Grenzen hielt. Ungeachtet dessen ist es auch eine Tatsache, dass sich viele freiwillig zu den Standschützen gemeldet hatten, oft erst, nachdem der Kriegseintritt Italiens als sicher galt, und dass sich die meisten auch ohne Landsturmpflicht

Die provisorischen Gedenkstätten wurden nach und nach in fast allen Gemeinden durch steinerne Denkmale ersetzt. Aufnahme Fußach

tauglich nach Hause zurückgeschickt werden. Diejenigen Standschützen, die an der Front verblieben, bildeten allerdings einen harten Kern, der in den folgenden schweren Jahren nicht nur seine Aufgabe als Hilfstruppe voll erfüllen konnte. Vier Jahre sollte dieser Krieg dauern. Vorarlberg kostete er neben ungeheuren Entbehrungen der Zivilbevölkerung ca. 5.000 Gefallene, viele Vermisste, Verwundete und Gefangene. Nebenbei zerbrach 1918 eine Welt, und der Friede, der begann, trug den neuen Krieg schon in sich. R.E.B.

Viele kehrten aus diesem Krieg nicht mehr zurück. In die Namenstafeln der vorerst noch provisorischen Gedenkstätten, wie hier auf dem Friedhof Dornbirn, mussten immer mehr Gefallene eingetragen werden; die anfängliche Kriegsbegeisterung schwand deshalb schnell.

1915

22.3.1915: Bei der Kapitulation der ausgehungerten Festung Przemysl am San geraten 119.000 Österreicher und Ungarn, darunter Hunderte Vorarlberger, in russische Kriegsgefangenschaft. Unter den Gefangenen, die zum Großteil in sibirische Lager abtransportiert werden, befindet sich auch der aus Dornbirn stammende Landtags- und Reichsratsabgeordnete Dr. Karl Drexel, der als Feldkurat in der Festung Dienst tat.

April 1915: Um die Versorgung der Bevölkerung mit den lebenswichtigen Nahrungsmitteln zu sichern, wird die Brot- und Mehlkarte eingeführt.

1.-3.5.1915: Bei der Durchbruchschlacht von Gorlice-Tarnow in Westgalizien erleiden die Kaiserjäger schwere Verluste; für die Vorarlberger Kriegsteilnehmer ist dies die zweitblutigste Schlacht des gesamten Krieges.

23.5.1915: Italien tritt auf der Seite der Entente-Mächte in den Krieg ein. Um diese neue Front zu schützen, werden in Tirol und Vorarlberg die Schützen mobilisiert und meist in die Dolomiten beordert. Vorarlberg stellt insgesamt sechs Standschützenbataillone (rund 3.500 Mann) auf.

August 1915: In Dornbirn wird eine Kinderküche eröffnet, in der täglich mehr als 100 Kinder aus bedürftigen Familien ein kostenloses Mittagessen erhalten.

März 1916: Zur Rationierung von Zucker wird die „Zuckerkarte" eingeführt.

13.3.1916: In Dornbirn wird eine „Kriegs-" oder „Volksküche" eröffnet, die bis zum Sommer 1920 Bestand hat. Gegen einen geringen Geldbetrag wird nach vorheriger Anmeldung ein Liter Suppe pro Person und Tag ausgegeben.

September 1916: Zur Rationierung von Fetten wird die „Fettkarte" eingeführt.

1.5.1917: Die Vorarlberger Sozialdemokraten stellen sich voll und ganz hinter die Monarchie. In einer Veranstaltung zum 1. Mai erklärt der spätere Landeshauptmannstellvertreter Fritz Preiß, dass seine Partei alles tun werde, um „den Staat in seinem Verteidigungskrieg zu unterstützen".

Mai 1917: Die Dornbirner Kinderküche beginnt, neben der kostenlosen Mittagsverköstigung auch eine Kinderabendsuppe für „500 der ärmsten Schulkinder" auszuteilen.

5.6.1917: Kaiser Karl und seine Gattin Zita besuchen Vorarlberg.

Juni 1917: Zur Rationierung der Milch wird die „Milchkarte" eingeführt.

GEBURTSTAGE

31.3.1915: Feldkirch: Max Riccabona († 4.10.1997), Rechtsanwalt, Autor, bildender Künstler.

12.4.1915: Bregenz: Karl Tizian († 2.4.1985), Bregenzer Bürgermeister, Landtagspräsident.

TODESTAGE

22.1.1915: Theodor Schmid (* 28.12.1844, Bregenz), Arzt, Bregenzer Bürgermeister und Ehrenbürger.

14.2.1915: Josef Ölz (* 13.10.1852, Dornbirn-Haselstauden), Kaufmann, Direktor der Vorarlberger Hypothekenbank, Abgeordneter zum Vorarlberger Landtag.

15.2.1915: Wilhelm Bleyle (* 7.4.1850, Stuttgart), Unternehmer und Firmengründer.

23.11.1916: Johann Kohler (* 7.9.1839, Egg-Unterach), Lehrer, Kaufmann, Vorsteher von Schwarzach, Abgeordneter zum Vorarlberger Landtag und zum Reichsrat.

27.11.1916: Franz Anton Bickel (* 22.11.1850, Raggal), Bludenzer Stadtpfarrer und Ehrenbürger, Ehrenbürger der Gemeinde Innerbraz.

Aufklärung und Gegenaufklärung – ein Grundkonflikt der letzten 200 Jahre

Ein Grundelement der Geschichte Vorarlbergs seit der Zeit Maria Theresias ist das Trauma der Fremdbestimmung. Der Wunsch nach Eigenständigkeit zieht sich vom 18. Jahrhundert bis zur Pro-Vorarlberg-Bewegung (1979/80) wie ein roter Faden durch die Landesgeschichte. Der Widerstand gegen die „zentralistische" Staatsmacht zeugt streckenweise von ausgeprägtem Selbstbewusstsein der Landesbewohner. Er richtete sich zum Teil aber auch gegen positive Neuerungen der Regierung, im 18. Jahrhundert zum Beispiel gegen die Gründung von Volksschulen und Maßnahmen zur

1917

Hebung der Wirtschaftskraft. Die autoritär verfügten aufklärerischen Reformen Maria Theresias und Josephs II. wurden von einem Großteil der Bevölkerung als Angriff auf überlieferte Bräuche und Traditionen angesehen.

Die Kirche hatte rund tausend Jahre lang die Handlungsnormen der Menschen bestimmt. Sie war bestrebt gewesen, das Leben der Menschen nach Glaubens- und Jenseitsvorstellungen auszurichten Sie hatte den Lebensrhythmus, die Traditionen und Bräuche sowie das Denken der Gläubigen geprägt. Die Kirche hatte gesagt, was Sünde sei und was nicht. Mönche und Weltpriester, dem Ideal der Askese verpflichtet, hatten die Einstellung der Gläubigen zu ihrem eigenen Körper beeinflusst, aber auch die psychische Bereitschaft der Menschen, bestehende Autoritäten anzuerkennen. Die Kirche erwartete von den Gläubigen die Unterordnung unter eine Hierarchie und vertrat eine eher statische Herrschaftsform.

Die Philosophie der Aufklärung verfolgte ein gegensätzliches Konzept. Der Philosoph Immanuel Kant (1724–1804) forderte die Menschen auf, nicht das nachzubeten, was bestimmte Autoritäten vorgegeben hatten, sondern selbst zu denken. „Aufklärung ist der Ausgang des Menschen aus seiner selbstverschuldeten Unmündigkeit. Unmündigkeit ist das Unvermögen, sich seines Verstandes ohne Leitung eines anderen zu bedienen." Die Mündigkeit und Vernunftfähigkeit der Bürger sowie Toleranz, Humanität und Menschenrechte sollten die Leitbilder für politisches Handeln sein. Doch die Mündigkeit konnte nur dann annähernd erreicht werden, wenn die Menschen nicht nur des Lesens mächtig waren, sondern sich auch ein Buch oder eine Zeitung leisten konnten. Im Bildungsunterschied liegt somit eine der Hauptursachen für die Spaltung der Gesellschaft und für das unterschiedliche Wählerverhalten nach Einführung der modernen Demokratie im 19. Jahrhundert.

In der Mitte erkennt man Nathan den Weisen aus dem gleichnamigen Theaterstück von Gotthold Ephraim Lessing, dem berühmtesten Bühnenwerk der Aufklärung. Das 1779 verfasste Stück ist ein Plädoyer für Humanität, für religiöse und politische Toleranz. Doch der Karikaturist Dieter Zehentmayer zeigt einen ratlosen Nathan, denn die Geschichte des 19. und 20. Jahrhunderts ist eine Geschichte von Kriegen, Rassenhass und ideologischen Feindseligkeiten.

Die Reformen in Österreich kamen in der Regel nicht „von unten", vom Volk, sondern „von oben", von der Staatsspitze. Kaiser Joseph II. (1780–1790), der auf die Empfindungen des Volkes wenig Rücksicht nahm, veranlasste die Abschaffung von Wallfahrten und Bittprozessionen, mit deren Hilfe schlechtes Wetter und anderes Unheil abgewendet werden sollten. Die Menschen sollten nach Meinung des Kaisers nützliche Arbeit zur Hebung des Wohlstandes leisten. Diese Anordnung sowie die Errichtung von Dorfschulen lösten in Vorarlberg heftige Proteste aus. 1774 zerstörten empörte Bauern in Sulzberg die Einrichtung der neuen Schule. 1789 gingen in Batschuns Schulbücher und Schulgerät in Flammen auf, auch in Schruns gab es Exzesse. Ein Amtsbote, der in Feldkirch ein Prozessionsverbot verkündete, wurde verprügelt. Auch die Folterung und Ermordung von Kreishauptmann Indermauer und zweier weiterer Beamter im Jahre 1796 in Bludenz durch Montafoner Bauern war zum Teil eine indirekte Folge der verhassten josephinischen Reformen.

Nach dem Sieg über Napoleon hielt Staatskanzler Metternich das Staatsruder fest in der Hand, es gab Zensur und Spitzelwesen. Die Bürgerrevolution von 1848 wurde blutig niedergeschlagen. Kaiser Franz Joseph I. (1848–1916) ging 1855 auf der Grundlage eines Konkordats ein Bündnis mit der Kirche ein, um eine Wiederholung der Revolution von 1848 zu verhindern. Der Bürger wandelte sich wieder zum Untertan. Das Schulwesen lag erneut darnieder. Der Katechismus wurde wichtiger als alle übrigen Fächer. Die Volksschüler lernten hauptsächlich Frömmigkeit. Die Oberaufsicht über das Schulwesen wurde der Geistlichkeit übertragen. Das Schulniveau sank rapide. Die Aufklärung schien verloren zu haben. Doch es gab auch Gegenströmungen. So erkannten z.B. Lustenauer Familien aus liberalem Milieu die Problematik der Entwicklung und schickten deshalb ihre Kinder zur schulischen Ausbildung in die Schweiz. Auch der Bregenzerwälder Dichter Franz Michael Felder erkannte gemeinsam mit seinem Schwager Kaspar Moosbrugger, dass eine Reform der Gesellschaft bei der Bildung beginnen müsse. Das politische Vorbild der beiden Bregenzerwälder war der deutsche Reformer Lassalle, der Begründer der Sozialdemokratie in Deutschland.

1917

Die Entwicklung des liberalen Lagers in Vorarlberg: Die Verkümmerung der Toleranzidee

Im Konflikt zwischen Aufklärung und Tradition spielte der Gegensatz zwischen Besitzbürgertum und Landbevölkerung, zwischen Gebildeten und „einfachem" Volk eine wichtige Rolle. Die Fabrikanten wählten mit ganz wenigen Ausnahmen liberal. Der Aufschwung der Textilindustrie trug wesentlich zur Stärkung der politischen Position des Besitzbürgertums bei. Den Liberalen gehörten weiters an: die besser Gebildeten, viele Gastwirte, die Anhänger der Aufklärung und schließlich jene, die für ein Zusammengehen Österreichs mit Deutschland eintraten. Der Feldkircher Fabrikant Carl Ganahl war der unumstrittene Führer der Liberalen. Ihr Parteiprogramm orientierte sich um 1870 noch stark am Geist der Humanität und an der Aufklärung. Sie traten für Fortschritt in Wissenschaft und Wirtschaft ein, forderten – ganz in der Tradition Josephs II. – eine Verbesserung des Schulniveaus und propagierten Toleranz gegenüber Juden und Protestanten. Der liberale „Verein der Verfassungsfreunde" wählte demonstrativ einen jüdischen Arzt aus Hohenems und einen Protestanten in den Vereinsvorstand.

Doch schon früh trug die liberale Partei den Keim der Spaltung in sich. Ihr Verhängnis war der Nationalismus. Der Geist der Toleranz wurde gegen Ende des 19. Jahrhunderts durch deutschnationale Parolen zunehmend verdrängt, die sich bis zur Hysterie steigerten. Nationalismus, völkische Wahnideen und Rassenhass, als Vorspiel zu den beiden Weltkriegen, erlebten – zum Teil unter dem Einfluss von Georg Ritter von Schönerer – auch in Vorarlberg eine Blütezeit. Der Wandel von liberal zu national und von national zu nationalistisch vollzog sich innerhalb weniger Generationen. Wer z.B. in den 30er Jahren des 20. Jahrhunderts in Innsbruck studierte, war dort einem Klima des extremen Antisemitismus ausgesetzt. Auch im Schrifttum Vorarlbergs spielte die völkische Idee eine wesentliche Rolle. Damit wurde bei einem großen Teil des Bildungs- und Besitzbürgertums der Boden bereitet für den Nationalsozialismus und den Siegeszug Adolf Hitlers.

Die ungefestigte Demokratie: Die Nachzüglerrolle Österreichs und Deutschlands und die Entwicklung zum „Kirchenstaat Vorarlberg"

In westlichen Ländern mit aufklärerischer Tradition war es schon in der ersten Hälfte des 19. Jahrhunderts üblich, dass eine Regierung auch einmal abgewählt und durch Männer der Opposition ersetzt werden konnte, wenn das Volk mit der alten Regierung nicht zufrieden war. In Österreich und Deutschland hingegen setzte die moderne Mehrparteiendemokratie mit erheblicher Verspätung ein. Erst 1861 erlaubte der Kaiser in Österreich die Einberufung von Landtagen, aber mit sehr beschränktem Wahlrecht. 1867 wurden politische Parteien in Form von Vereinen zugelassen. Diese verspätete Entwicklung und die mangelnde Verwurzelung des Demokratiegedankens im Volk hatte auch im 20. Jahrhundert nachhaltige Auswirkungen. Sie bildete eine der wesentlichsten Voraussetzungen für die Entstehung diktatorischer Regimes: für den autoritären Ständestaat 1934–1938 in Österreich und die nationalsozialistische Herrschaft 1938–1945 unter Hitler.

Eine Hauptkrankheit der noch ungefestigten Demokratie im 19. Jahrhundert war das politische Eiferertum und der absolute Wahrheitsanspruch der Parteien. Man hatte noch keinerlei Übung darin, gegnerische Standpunkte zu akzeptieren und Kompromisse zu schließen. Die konservative Partei war nicht nur jung und mit allen Fehlern behaftet, die junge Parteien haben können, vor allem Unerfahrenheit und Unduldsamkeit. Die Partei, in der der Klerus eine Hauptrolle spielte, hatte auch eine andere Besonderheit. Sie ging davon aus, in höherem Auftrag zu handeln, nämlich im Auftrag der katholischen Kirche und des Papstes. Für die Konservativen war Politik eine Weiterführung einer religiösen Mission, also eine Glaubensfrage. Und in Glaubensfragen konnte es keine Kompromisse geben. Dabei spielte es keine Rolle, dass die Gegner der Partei, die Liberalen, nicht die Religion abschaffen, sondern die politische Macht der Kirche begrenzen wollten. Für die Konservativen hingegen war Religion keine Privatsache. Die Trennung von Staat und Religion kam nicht in Frage. Was sie anstrebten, war eine Art Kirchenstaat Vorarlberg. Die Vorrangstellung der Kirche wurde auch dadurch weiter gefestigt, dass es noch keine geheimen Wahlen gab und jeder Wahlvorgang von den Geistlichen kontrolliert werden konnte. Durch das Übergewicht der Konservativen in Vorarlberg ab 1870 entstand zwangsläufig auch ein innerer, nämlich ideologischer Gegensatz zur Regierung in Wien und zum österreichischen Gesamtstaat. Und zwar – mit Ausnahme der NS-Zeit – auf 100 Jahre hinaus. Vor allem in den Bereichen Kirche und Gesellschaft, Kultur und Schule, Sittlichkeit und Moral.

Die Machtverschiebung in der Parteienlandschaft

Von 1861 bis 1870 waren in Vorarlberg die Liberalen die politisch tonangebende Kraft. Die Landtagswahl von 1870 brachte die große Wende. Die katholisch-konservative Partei errang drei Viertel aller Landtagsmandate. Von nun an wurde Vorarlberg auf Landesebene klerikal regiert. Die Städte blieben liberal. Auch in Lustenau gab es ein liberales Milieu. Im Markt Dornbirn waren die Gegensätze besonders scharf. Die Liberalen, vom Wahlrecht bevorzugt, stellten jahrzehntelang den Bürgermeister, nämlich Dr. Johann Georg Waibel. Die Mehrheit der Bürger wählte katholisch-konservativ.

Zum konservativen Lager zählte – als große Ausnahme unter den Fabrikanten – auch die Familie des

1917

Der Dornbirner Kasiner und Fabrikantensohn Adolf Rhomberg und seine Frau Anna. 1890 wurde Adolf Rhomberg vom Kaiser zum Landeshauptmann ernannt. Er war zwar tief religiös, politisch aber viel gemäßigter als die Parteispitze.

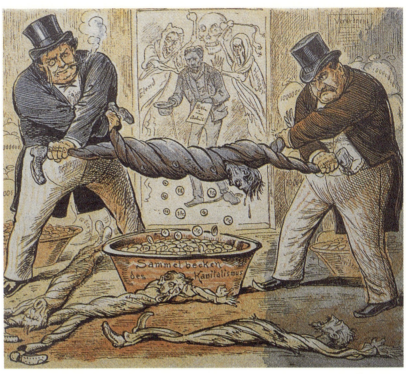

Diese Karikatur aus dem „Neuen Postillon" zeigt Verhältnisse, wie sie auch in Vorarlberg gegeben waren. In den Fabriken mussten die Arbeiter zur Zeit der Frühkasiner täglich 14 Stunden arbeiten, später 12 Stunden. Für einen sehr mageren Lohn. Kinderarbeit war die Regel.

späteren Landeshauptmannes Adolf Rhomberg. Rhomberg machte als Aktionär der Firma „Herrburger und Rhomberg" allerdings die strikt antikapitalistische Linie der konservativen Partei nicht mit. Auch die Radikal-Opposition des „fundamentalistischen" Parteiführers Johannes Thurnher aus Dornbirn gegenüber der Wiener Regierung lehnte Rhomberg ab, weil dadurch Subventionen ausblieben und dem Land Vorarlberg großer Schaden entstand.

Die Krise der Partei begann schon 1870, als Johannes Thurnher & Co. sich anschickten, alles rückgängig zu machen, was die Liberalen erreicht hatten. Vorarlberg sollte einen anderen Weg gehen als das übrige Österreich. Die Kirche sollte, wie zur Zeit des Absolutismus, die volle Kontrolle über alle Volksschullehrer des Landes ausüben, den Lehrplan bestimmen, über die Sittlichkeit wachen, die Ehescheidung sollte verboten sein und die Gleichberechtigung anderer Religionsgemeinschaften sollte abgeschafft werden. Besonders schlecht erging es den Lehrern. Die konservative Landtagsmehrheit unter dem diktatorischen Regiment Johannes Thurnhers lehnte es über mehr als zwei Jahrzehnte ab, den Lehrern eine Gehaltserhöhung zu gewähren, und zwar mit der Begründung, dass die meisten Lehrer dem liberalen Lehrerverein angehörten.

Landtags- und Reichsratsabgeordneter Johannes Thurnher

Vorarlberg bezahlte seine Pflichtschullehrer am schlechtesten von allen Kronländern der Monarchie. Die Folge war ein weiteres Absinken des Schulniveaus.

Dr. Bernhard von Florencourt brachte als Redakteur oder Herausgeber des konservativen „Vorarlberger Volksblattes" ab 1871 einen scharfen, polemischen Ton in die Zeitungslandschaft. Der Fundamentalismus der Parteispitze war nicht zuletzt sein Werk. Mit aller Macht versuchte er zu verhindern, dass der Fabrikant Adolf Rhomberg in der katholisch-konservativen Partei Einfluss gewann. Auch die Macht des Klerus versuchte Florencourt – obwohl selbst Priester – einzudämmen. Florencourt war ohne Zweifel ein Revolutionär. Er appellierte an die katholischen Laien, sie sollten ihre Ehrfurcht vor den Priestern ablegen und ihr politisches Geschick selbst in die Hand nehmen. Auch in Kirchenfragen. Solche Töne hatte man nie zuvor gehört! Nach Meinung der Bischöfe von Feldkirch und Brixen wäre dies die Demokratisierung der Kirche und somit völlig undenkbar gewesen. Die Forderung

1918

Bernhard von Florencourt bekämpfte in Vorarlberg die Auswüchse des Kapitalismus am schärfsten.

der konservativen Parteiführung nach einer eigenen Vorarlberger Diözese führte deshalb ab 1887 zur schwersten Krise der Partei seit ihrem Bestehen.

Schließlich siegte die Autorität des Bischofs. Gegen den Bischof könne man unmöglich regieren, war die Lehre, welche die Konservativen aus diesem Konflikt zogen. Der eigentliche Gewinner war Adolf Rhomberg, der auf der Seite des Bischofs gestanden war. Er wurde 1890 vom Kaiser zum Landeshauptmann ernannt. Mit Unterstützung des Bischofs.

Demokratie-Barrieren

Das westliche Mehrparteiensystem setzte in Vorarlberg mit erheblicher Verspätung ein. Der absolute Wahrheitsanspruch der Parteien führte zu einer extremen Ideologisierung der Politik und zu einer Verschärfung des politischen Feindbilddenkens. Damit fehlte eine Grundvoraussetzung der Demokratie: die Bereitschaft zum Kompromiss. Die Aufklärung als eine Philosophie zur Zähmung des Menschen erreichte im 19. Jahrhundert im Grunde nur die Mittel- und Oberschicht. Doch auch in dieser Schicht wurde der Toleranzgedanke gegen Ende des Jahrhunderts mehr und mehr durch Rassismus und Nationalismus verdrängt. Die Aussichten für eine Weiterentwicklung der Demokratie im 20. Jahrhundert waren somit düster.

Antisemitismus

In den christlichen Katechismen stand jahrhundertelang zu lesen, dass die Juden es waren, die Jesus Christus gekreuzigt haben. Und dafür habe sie die gerechte, historische, für alle ewigen Zeiten unabänderliche Strafe ereilt. Dieses grausame Missverständnis der Geschichte war jahrhundertelang die Hauptursache für den Antisemitismus. Es stellte die Juden für alle Zeiten außerhalb des Gesetzes. Es stigmatisierte sie als minderwertige, von Gott zum Verderben auserwählte Menschen, die kein Recht hatten, an Mitleid und Recht und Verständnis zu appellieren.

Gegen Ende des 19. Jahrhunderts erhielt der christliche Antisemitismus auch eine betont politische Dimension. 1897 besuchte der Wiener christlichsoziale Politiker Dr. Karl Lueger Vorarlberg. Ab diesem Zeitpunkt ist eine Verschärfung des antisemitischen Tonfalls im „Volksblatt" erkennbar.

Die obskure Rassen-Ideologie des großdeutschen Lagers färbte auch auf die Christlichsozialen ab. Dr. Otto Ender, in der ersten Republik Landeshauptmann und Bundeskanzler, sagte 1913 auf einer Parteiversammlung, dass die italienischsprachigen Zuwanderer aus dem österreichischen Trentino eine Bedrohung des Volkstums und völkischer Eigenart in Vorarlberg seien. Es gehört zur Tragik der Entwicklung in Vorarlberg und Österreich in der Zwischenkriegszeit, dass der große Vermittler zwischen den Fronten, der Christlichsoziale Jodok Fink, schon 1929 starb. Verhängnisvoll war weiters, dass der Demokrat und Priester Dr. Karl Drexel in seiner eigenen Partei ins Abseits gedrängt wurde. Vermittler waren nicht mehr gefragt.

Dr. Karl Drexel, Demokrat und Priester

Die Kinderkrankheiten der frühen Demokratie des 19. Jahrhunderts, die nie auskuriert worden waren, hatten sich im 20. Jahrhundert zu chronischen, tödlichen Krankheiten entwickelt: Intoleranz, völkische Wahnideen, Kriegsbereitschaft. Der eigentliche Weg in die Katastrophe war dann der Nationalsozialismus.

Das Jahr 1945 war nicht die Stunde Null der Vorarlberger Demokratie. Man begann dort, wo man 1938 – vor dem Einmarsch der Hitler-Truppen in Österreich – aufgehört hatte. Das Ideengut des autoritären Systems war zum Teil noch immer lebendig. Vor allem an Landesamtsdirektor Elmar Grabherr war die ideologische Prägung seiner Studentenjahre in Innsbruck und Berlin in der autoritären Ära nicht spurlos vorübergegangen, ebenso wenig seine Beamtenjahre in der NS-Zeit als enger Mitarbeiter von Gauleiter Hofer und als Mitglied der NSDAP. Elmar Grabherr, der bis 1976 oberster Chef der Landesverwaltung war, wurde als hervorragender Jurist hoch geschätzt. Doch in den Augen des Bregenzer Bürgermeisters Karl Tizian war Grabherr ein Haupthindernis für eine gedeihliche Entwicklung der Vorarlberger Demokratie.

1918

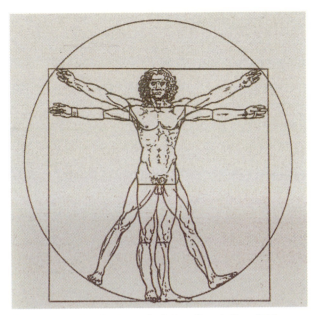

Der Renaissancekünstler Leonardo da Vinci hat mit dieser Zeichnung den Typus des schöpferischen Menschen zu Papier gebracht. Nicht irgendeine Macht, Hierarchie oder Ideologie schränkt ihn ein, das Menschliche, das Humane ist für ihn der Maßstab. Ein künstlerisches Symbol für den Humanismus

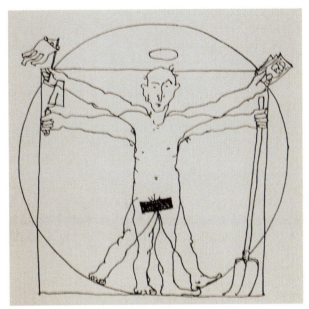

In den 70er Jahren des 20. Jahrhunderts hat der Vorarlberger Künstler Reinhold Luger nach der Vorlage Leonardos den Typus des idealen Vorarlbergers gezeichnet. Er ist ein Vorarlberger Patriot, baut gerade ein Eigenheim, hat eine ganz spezielle Beziehung zum Geld, weiß mit der Mistgabel umzugehen, geht regelmäßig zur Kirche und der Klebstreifen in der Mitte bedeutet, dass er in diesen Dingen keinen Spaß versteht.

Landeshauptmann Ulrich Ilg stand im Ruf eines aufrechten, integren Mannes, der auch bei der französischen Besatzung hohes Ansehen genoss. Elmar Grabher wurde für ihn auf Grund seiner juristischen Kenntnisse unentbehrlich beim Wiederaufbau der Landesverwaltung. In den Augen mancher gewährte er, wie Karl Tizian in seinen Tagebuchnotizen beklagte, seinem Spitzenbeamten zu viel Einfluss auf die Politik. Als Ulrich Ilg Ende 1969 abtrat, war bald auch die große Zeit Grabherrs zu Ende. 1976 ging er in Pension. Für eine Stärkung des Föderalismus hatte er viel geleistet, ebenso viel für eine straffe Verwaltung. Einen letzten Höhepunkt seiner Karriere erlebte Elmar Grabherr 1979 in der „Pro-Vorarlberg-Bewegung". Im Bündnis mit VN-Chefredakteur Dr. Franz Ortner, der seine berufliche und politische Prägung ebenfalls in einem totalitären Regime erfahren hatte und Mitglied der NSDAP gewesen war, durchtränkte er die „Pro-Vorarlberg-Bewegung", die sich gegen Zentralismus und Misswirtschaft richtete, mit einem stark ideologischen Element. Grabherrs und Ortners Absicht war es unter anderem, die von Kulturschaffenden betriebene Liberalisierung Vorarlbergs seit Anfang der 70er Jahre wieder rückgängig zu machen.

Die Pro-Vorarlberg-Bewegung hatte jedoch nur einen vorübergehenden Erfolg. Landeshauptmann Purtscher und Kultur-Landesrat Lins (beide ÖVP) wollten in den 80er Jahren von der Alemannen-Ideologie nichts mehr wissen und lenkten ihre Energien in Richtung kulturelle Erneuerung und eine europäische Öffnung des Landes.

L.H.

Der langjährige Bregenzer Bürgermeister und Landtagspräsident Dr. Karl Tizian

Juni 1918: Im Zuge einer sich immer mehr verschärfenden Versorgungskrise werden die Brotkarten um 50 Prozent gekürzt. Wegen des akuten Mangels an Lebensmitteln veranlasst der Dornbirner Stadtschulrat eine vorzeitige Beendigung des Schuljahres. In der Begründung dieser außergewöhnlichen Maßnahme heißt es: „Wenn man sie (= die Schulkinder) länger schlafen lassen könnte, würden sie den Mangel an Lebensmitteln leichter überstehen."

Juli 1918: Zur Rationierung von Fleisch wird die „Fleischkarte" eingeführt.

1918

3.8.1918: Die Dornbirner „Kriegs-" oder „Volksküche" verzeichnet den höchsten Tagesverbrauch während ihres Bestehens; an diesem Tag werden insgesamt 3.228 Portionen Suppe ausgegeben.

12.8.1918: Die Christlichsoziale und die Deutschfreisinnige Partei veranstalten in Dornbirn gemeinsam einen „Deutschen Volkstag". Als einer der Hauptredner fordert Jodok Fink eine engere politische, militärische und wirtschaftliche Bindung Österreichs an das Deutsche Kaiserreich. Weiters spricht er sich für den Umbau des Habsburgerstaates, der seiner Meinung nach als Gesamtheit erhalten werden soll, in eine konstitutionelle Monarchie aus, in der bei Stellenbesetzungen künftig allein die Fähigkeiten und die Leistungen der Bewerber ausschlaggebend sein sollen und die privilegierte Stellung des Adels keine Rolle mehr spielen dürfe.

8./9.9.1918: Katholikentag in Feldkirch.

Spätsommer/Herbst 1918: Die Ernährungslage verschlechtert sich infolge von Missernten sowie des Ausbleibens von Lebensmittellieferungen aus dem Osten der Donaumonarchie und dem Deutschen Reich dramatisch; die so genannte „Spanische Grippe" fordert in der geschwächten Bevölkerung Vorarlbergs Hunderte Menschenleben. Wegen der großen Ansteckungsgefahr wird der Schulbeginn in manchen Ortschaften auf den 21.10. verschoben.

18.10.1918: Der Schweizer Botschafter in Wien weist in einem Brief an seinen Außenminister erstmals darauf hin, dass sich im Fall des Auseinanderbrechens der Donaumonarchie in Vorarlberg eine Stimmung für den Anschluss des Landes an die Schweiz abzeichnet.

22.10.1918: Die Konferenz der deutsch-österreichischen Länder empfiehlt den einzelnen Ländern, ihre Selbstständigkeit „auf revolutionärem Weg" zu erklären und danach dem deutsch-österreichischen Staat beizutreten.

1.11.1918: Die beiden christlichsozialen Reichsratsabgeordneten Jodok Fink und Franz Loser reisen von Wien nach Bregenz und treffen sich hier mit dem Landesparteiobmann der Vorarlberger Christlichsozialen; sie bereiten die Unabhängigkeitserklärung des Landes vor.

2.11.1918: Der Lustenauer Lehrer Ferdinand Riedmann hält in Linz vor Vorarlberger Soldaten erstmals eine Rede, in welcher er den Anschluss Vorarlbergs an die Schweiz fordert.

3.11.1918: In Bregenz tritt eine provisorische Landesversammlung zusammen, deren Zusammensetzung nach den Ergebnissen der Reichsratswahl von 1911 errechnet wird; ihr gehören folglich 19 christlichsoziale, sechs deutschfreisinnige und fünf sozialdemokratische Abgeordnete an. Auf Antrag Jodok Finks wählt die Landesversammlung den Rechtsanwalt Dr. Otto Ender aus Altach zum Landespräsidenten, den deutschfreisinnigen Bregenzer Bürgerschullehrer Franz Natter zu seinem ersten und den sozialdemokratischen Lokomotivführer Fritz Preiß zu seinem zweiten Stellvertreter. Auf Antrag des Abgeordneten Dr. Mittelberger nimmt die Landesversammlung einstimmig eine Erklärung an, in der Vorarlberg unter Berufung auf das Selbstbestimmungsrecht „als eigenes selbständiges Land im Rahmen des deutsch-österreichischen Staates" bezeichnet wird.

4.11.1918: Am Grenzübergang Höchst-St. Margrethen entfernen Gegner der Habsburgermonarchie das kaiserliche Wappen und reißen die schwarz-gelben Grenzpfähle aus.

6.11.1918: Eine Vorarlberger Delegation bemüht sich beim Bundesrat in Bern um Lebensmittellieferungen aus der Schweiz. Bereits am Vortag hat der Regierungsrat des Kantons St. Gallen der Schweizer Bundesregierung die Gewährung von Hilfslieferungen empfohlen, da die aktuelle Notlage der Vorarlberger Bevölkerung zu einer Hungerkatastrophe und zum Ausbruch von Revolten führen müsse. Als sich die Schweizer Regierung zu derartigen Lieferungen nur dann bereit erklärt, wenn sie von den Entente-Mächten bewilligt und ersetzt werden, erntet sie zunehmend Kritik in der Presse.

6.11.1918: In der italienischen Tageszeitung „Il Messaggero" wird die Frage des Anschlusses Vorarlbergs an die Schweiz erstmals in der Presse angesprochen.

1918

7.11.1918: Unter dem Eindruck der katastrophalen Versorgungslage in Vorarlberg erlaubt die französische Regierung Lebensmittellieferungen aus der Schweiz und verspricht, die gelieferten Güter zu ersetzen. Da aber bereits am 5.11. bayerische Truppen in Tirol eingerückt sind, um bei Franzensfeste eine Front gegen Italien aufzubauen, wird die Zusage zurückgezogen.

9.11.1918: Der aus Reutin bei Lindau stammende Jakob Saalwächter fordert das bayerische Ministerium für Verkehrsangelegenheiten brieflich auf, Schritte zu unternehmen, um einen Anschluss Vorarlbergs an Bayern voranzutreiben.

10.11.1918: Das „Vorarlberger Volksblatt", die Parteizeitung der Christlichsozialen, verlangt für Österreich „eine Verbindung von Demokratie und Monarchie nach englischem Vorbild" und erteilt der Einführung einer Republik eine klare Absage. Am selben Tag stellt Jodok Fink im christlichsozialen Parlamentsklub in Wien den Antrag auf Abschaffung der Monarchie und Einführung der Republik.

12.11.1918: Die provisorische Nationalversammlung in Wien ruft die Republik Deutsch-Österreich aus.

13.11.1918: Ferdinand Riedmann hält im Lustenauer Kino erstmals eine Versammlung zur Propagierung der Anschlussidee an die Schweiz ab. Dabei wird ein „Werbeausschuss" gegründet, der zu einer „großen" Volksversammlung nach Lustenau einlädt.

15.11.1918: Im Zuge der Bemühungen, von den Entente-Mächten eine Bewilligung für Lebensmittellieferungen aus der Schweiz zu erhalten, meldet die (provisorische) Landesregierung, dass Vorarlberg ab dem 17.11. ohne Brot sein werde. Daraufhin veranlasst die Schweizer Regierung auch ohne Bewilligung durch die Entente den Transport von 20 Waggons mit Lebensmitteln nach Vorarlberg.

17.11.1918: Die provisorische Landesregierung schließt mit der Schweiz einen bilateralen Wirtschaftsvertrag ab, der Vorarlberg bis Sommer 1919 die vierzehntägliche Lieferung von 38 Waggon Mehl und sechs Waggon Monopolware garantiert. Durch diese und andere Maßnahmen gelingt es, eine akute Versorgungskrise – seit Mitte November konnte die Bevölkerung nicht mehr mit Brot versorgt werden – zu überwinden.

22.11.1918: Ferdinand Riedmann hält im Lustenauer Kronensaal eine erste große öffentliche Kundgebung ab, auf der für den Anschluss Vorarlbergs an die Schweiz geworben wird. An der Veranstaltung nehmen etwa 1.500 Personen teil.

3.12.1918: Durch einen Beschluss der provisorischen Landesversammlung wird das 1864 vom Kaiser verliehene Landeswappen, das sich aus den Wappen der einzelnen Vorarlberger Herrschaften zusammensetzte und dadurch die „alte Vielheit des Landes symbolisierte", durch das heute noch gültige Wappen mit der roten Montforter Fahne auf silbernem Schild ersetzt. Gleichzeitig werden die Farben Rot-Weiß zu den Landesfarben erklärt.

7.12.1918: Der ranghöchste Beamte des Außenministeriums der Schweiz schlägt in einem Geheimbericht vor, nicht nur Vorarlberg, sondern auch Tirol, Domodossola und Chiavenna an die Schweiz anzugliedern.

10.12.1918: Eine durch den Bürgermeister von Lindenberg einberufene Versammlung von Gemeindevertretern aus 19 Gemeinden des Westallgäus erklärt in einer Resolution den Anschluss Vorarlbergs an Bayern für wünschenswert und vorteilhaft für beide Seiten.

17.12.1918: Die erste Nummer des „Vorarlberger Tagblattes" wird ausgeliefert; die neue Zeitung, in welcher der „Vorarlberger Volksfreund" aufgeht, wird vom „Deutschen Volksverein für Vorarlberg" herausgegeben.

Dezember 1918: Überschwemmungen der Ill und der Bregenzerach richten schwere Schäden an.

1918: Unter der Leitung des Architekten Willibald Braun beginnt der Bau der Lungenheilstätte Gaisbühl, der 1922 fertig gestellt wird.

TODESTAG

17.5.1918: Franz Egger (* 26.4.1836, Hippach, Zillertal), Weihbischof und Generalvikar für Vorarlberg, Fürstbischof von Brixen.

1918

TODESTAG

11.10.1918: Hermann Leibfried (* 19.4.1878, Sindelfingen, Württemberg), Schriftsetzer, bedeutendster sozialdemokratischer Politiker Vorarlbergs vor dem Ersten Weltkrieg.

Dr. h.c. Jodok Fink
1853–1929

Jodok Fink wurde am 19. Februar 1853 in Andelsbuch als siebtes von zehn Kindern des Bauern Josef Alois Fink und seiner Frau Maria Katharina geboren. Nur er und sein Bruder Alois erreichten das Erwachsenenalter, alle anderen Geschwister starben noch als Kinder. 1868/69 studierte er für ein Jahr am Gymnasium in Brixen. Obwohl er dieses Schuljahr mit Vorzug abschloss, setzte er seine höhere schulische Ausbildung nicht fort, sondern entschied sich für den Beruf als Bauer. 1886 heiratete er Maria Katharina Meusburger, mit der er zwölf Kinder hatte, von denen fünf frühzeitig verstarben. Gemeinsam mit seinem Bruder Alois führte er die väterliche Landwirtschaft. Kurzfristig betätigte er sich auch als Sticker. Das 1959 vom Land Vorarlberg errichtete Jodok-Fink-Denkmal an der Bregenzer Bahnhofstraße, entworfen und ausgeführt von Emil Gehrer, bezeichnet Fink als „Bauer und Staatsmann". Diese beiden Pole bestimmten das Leben Finks. Sie verweisen auch auf seine Fähigkeit, das Alte mit dem Modernen zu verbinden. Fink war ein Förderer von Modernisierungen in der Landwirtschaft. Er unterstützte die Gründung einer landwirtschaftlichen Fachschule der Vorarlberger Landesregierung sowie einer Lehr- und Mustersennerei in Doren. Er unternahm Studienreisen durch Europa, etwa im Mai 1902 nach Dänemark, um sich mit Neuerungen im Agrarbereich bekannt zu machen. Er bemühte sich, das auf Studienreisen neu erworbene

Vizekanzler Jodok Fink aus Andelsbuch

Wissen im Rahmen von Vorträgen und Fortbildungsveranstaltungen den Bauern zu vermitteln. Während seiner Jahre als Gemeindevorsteher von Andelsbuch 1888–1897 legte er einen Mustergarten für Obstbäume und eine Kunstwiese für den Getreideanbau an. Als einfaches Mitglied des Gemeindeausschusses von 1879 bis 1887 hatte er bereits erfolgreich eine Hypothekarerneuerung durchgeführt. Während seiner Jahre als Landtagsabgeordneter 1890–1918 setzte er sich besonders für die Einführung des Verhältniswahlrechts, den Bau der Bregenzerwälderbahn, die Gründung einer Landeshypothekenbank und für die Opfer der Hochwasserkatastrophen von 1910 und 1912 ein. Im österreichischen Reichsrat, dem Fink von 1897 bis 1918 angehörte, machte er sich vor allem als Vertreter der Anliegen der Bauern einen Namen. So initiierte er 1898 ein Gesetz über den Verkehr von Margarine, Käse und Speisefett, das 1902 in Kraft trat. 1901 schloss er sich dem christlichsozialen Klub an, dessen Vorsitz er in den Folgejahren übernahm – ein Amt, das er bereits im Vorarlberger Landtag ausgeübt hatte. Seine ausgeprägte Fachkenntnis in agrarwirtschaftlichen Belangen resultierte 1916 in der Ernennung zum Direktor des auf Grund des Ersten Weltkrieges geschaffenen Volksernährungsamtes in Wien. Auf seinen Einfluss ist es auch zurückzuführen, dass in Bregenz eine Zweigstelle des Kriegsgetreideverkehrsamtes errichtet wurde. Deren Direktor wurde Dr. Otto Ender. Auf Finks Vorschlag hin wurde Otto Ender im November 1918 zum Vorarlberger Landespräsidenten ernannt und das Land aus der Tiroler Verwaltung herausgelöst. Ender und Fink können daher als Begründer des modernen demokratischen österreichischen Bundeslandes Vorarlberg

Vizekanzler Jodok Fink (Bildmitte) auf dem Kirchplatz in seinem Heimatort Andelsbuch

Der Maler Hans Bertle hat nach antikem Vorbild die Berufung Jodok Finks als Vizekanzler dargestellt.

bezeichnet werden. Finks politische Grundhaltung war nicht durchwegs republikanisch. Noch im August 1918 bezeichnete er in einer öffentlichen Rede in Dornbirn die Habsburgermonarchie als Garanten für die geografische und wirtschaftliche Einheit der österreichischen Länder und ihren möglichen Untergang als fatal. In der Ersten Republik zählte er zu einem der wesentlichen Förderer und Unterstützer des christlichsozialen Bundeskanzlers Prälat Ignaz Seipel. Zu Beginn der 1920er Jahre wandte er sich im Nationalrat heftig gegen den Beschluss der Anti-Habsburgergesetze. Nichtsdestotrotz war er einer der Gründerväter der ersten demokratischen Republik auf österreichischem Boden. Der Bauer und Staatsmann erkannte, dass das Alte durch Neues ersetzt werden musste und dass die von ihm favorisierte konstitutionelle Monarchie sich gegen die Moderne wandte. Als Mitglied des Staatsrates 1918/19 sowie als Vizekanzler in den Kabinetten Karl Renner I und II unternahm er alles Mögliche, um der jungen Republik das Überleben zu sichern – und war damit erfolgreich. Als Mann des Ausgleichs und der Großen Koalition war er nach dem deutlichen Sieg der Christlichsozialen Partei bei den Nationalratswahlen 1920 jedoch in Regierungsverantwortung nicht mehr denkbar. Das Verhältnis zwischen den beiden größten politischen Gruppierungen der Ersten Republik, der Christlichsozialen Partei und der Sozialdemokratischen Partei, war durch Konfrontation bestimmt. Fink blieb bis zu seinem Tod am 1. Juli 1929 einfacher Nationalratsabgeordneter, der jedoch in seiner Partei über großen Einfluss verfügte. Er wurde auf dem Andelsbucher Friedhof bestattet. Der österreichische Kaiser würdigte seine staatspolitische Arbeit 1906, 1913 und 1917 mit der Verleihung des Eisernen-Krone-Ordens und des Franz-Joseph-Ordens; die demokratische Republik Österreich 1925 mit der Verleihung der Ehrendoktorwürde der rechts- und staatswissenschaftlichen Fakultät der Universität Innsbruck sowie mit der Gründung einer Dr.-Jodok-Fink-Stiftung zur Unterstützung von Bauernsöhnen; die Bundeshauptstadt Wien mit der Benennung des Vorplatzes der Piaristenkirche im 8. Bezirk auf Jodok-Fink-Platz; der österreichische Nationalrat mit zahlreichen Ehrungen zum 25. und zum 30. Jubiläum seiner parlamentarischen Tätigkeit; das Land Vorarlberg mit dem schon erwähnten Denkmal an der Bregenzer Bahnhofstraße. W.W.

Schweizer Anschlussbewegung 1918/19 und Schwabenkapitel 1919/20

Mit dem Ende der Habsburgermonarchie im November 1918 war in Österreich eine jahrhundertelange staatliche Ordnung zerbrochen. Der ungarisch- und der slawischsprachige Teil des Vielvölkerstaates drängten in die nationalstaatliche Unabhängigkeit. Das politische Denken der deutschen Sprachgruppe war an geografischen und nationalen Großräumen orientiert, kleinstaatliche Lösungen waren nicht Teil ihres staatstheoretischen Diskurses.

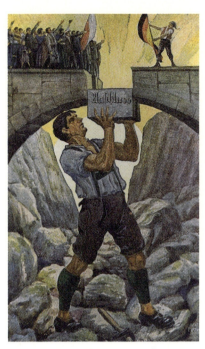

Werbepostkarte für den Anschluss Österreichs an Deutschland

Die Lebensfähigkeit eines Kleinstaates Österreich wurde insbesondere auf Grund wirtschaftlicher Einwände bezweifelt. Folglich erklärte sich die am 12. November 1918 gegründete Republik Deutsch-Österreich als Teil der deutschen Republik und strebte einen Anschluss an den nördlichen Nachbarn an. Volksabstimmungen in Tirol und Salzburg 1921 ergaben eine nahezu hundertprozentige Zustimmung für einen derartigen Schritt. Die Vorarlberger Bevölkerung hingegen hatte sich in einer Volksabstimmung am 15. Mai 1919 mit rund 80% für die Aufnahme von Verhandlungen mit der Schweizer Bundesregierung über einen möglichen Beitritt des Landes zur Eidgenossenschaft ausgesprochen. Nur in Bludenz, Bolgenach und Hittisau war eine Mehrheit der Stimmbürger gegen derartige Verhandlungen, der Rest der rund 100 Vorarlberger Gemeinden wies bis zu 90% Befürworter auf. Die Propaganda für einen Beitritt Vorarlbergs zur Schweiz war im November 1918 von dem Lustenauer Lehrer Ferdinand Riedmann begonnen worden, der bis zum Januar 1919 Unterschriften von rund der Hälfte der Vorarlberger Stimmberechtigten für die Einleitung einer entsprechenden Volksabstimmung

1919

Ferdinand Riedmann, hier als junger Volksschullehrer in Alberschwende, war der bekannteste Agitator für einen Anschluss an die Schweiz.

sammelte. Allerdings ließ er nur jene Vorarlberger und Vorarlbergerinnen zur Unterschriftenleistung zu, die auch im Lande heimatberechtigt bzw. geboren waren. Auf Schweizer Seite gründete der St. Galler Kantonsrat und Arzt Ulrich Vetsch 1919 ein Aktionskomitee Pro-Vorarlberg, welches den Beitritt Vorarlbergs zur Eidgenossenschaft propagierte. Von November 1919 bis Juni 1920 bemühte es sich, die notwendigen 50.000 Unterschriften für eine Verfassungsinitiative zu sammeln. Dies scheiterte aber mit 29.132 Unterschriften deutlich. Besonders in den Grenzorten Buchs und St. Margrethen war die Ablehnung eines Vorarlberger Beitrittes stark ausgeprägt. Wie die Befürworter hatten auch die Gegner in der Schweiz wirtschaftliche Gründe ins Treffen geführt. Ähnlich verlief die Argumentation der Gegner in Vorarlberg. Im April 1919 war von Funktionären der Deutschnationalen und der Sozialdemokratischen Partei der Verein Vorarlberger Schwabenkapitel gegründet worden. Er forderte einen politischen und wirtschaftlichen Anschluss des Landes an Deutschland. Gemeinsam mit den schwäbischen Landesteilen in Baden, Bayern und Württemberg sollte Vorarlberg ein neues „Bundesland Schwaben" bilden. Auf deutscher Seite war für die propagandistische Verbreitung dieser Idee bereits im Januar 1919 ein Verein Schwabenkapitel gegründet worden. Die Motivation der Sozialdemokraten für diese Forderung war ideologisch begründet – sie erhofften sich durch den Beitritt eine Weiterführung der sozialistischen Revolution, die 1918/19 in Deutschland eine reale politische Alternative war. Die Motivation der Deutschnationalen war wirtschaftlich und ideologisch. Zum einen war für sie die österreichische Bevölkerung eine deutsche, die daher in einem einzigen deutschen Nationalstaat zusammengeschlossen werden musste. Zum anderen war besonders die Vorarlberger Industrie-Unternehmerschaft, aus der sich das Gros der deutschnationalen Anhänger rekrutierte, an

Aufruf der Anschlussbefürworter

Karikatur aus dem „Nebelspalter", 1919

1919

Abstimmungsergebnisse im „Vorarlberger Tagblatt" vom 14. Mai 1919

einem Zugang zum großen deutschen Absatzmarkt interessiert, da ihr jener der Habsburgermonarchie im Herbst 1918 verloren gegangen war. Die Friedensverträge von St. Germain mit Österreich und Versailles mit Deutschland im Jahre 1919 bereiteten jedoch all diesen Separationsbestrebungen ein Ende. Die alliierten Sieger des Ersten Weltkrieges verboten einen Anschluss Österreichs an Deutschland oder andere Staaten und wünschten eine selbstständige demokratische Republik Österreich. Diese wurde mit der Bundesverfassung von 1920 dann auch errichtet. Die Ideen der Anschlusspropagandisten wirkten jedoch Jahrzehnte weiter, sowohl für die Schweizer als auch für die deutsche Option. Im Juli 1920 wurde ein Wirtschaftsverband Schwaben-Vorarlberg gegründet, der nicht nur die wirtschaftlichen, sondern auch die kulturellen Beziehungen zwischen beiden Regionen intensivieren wollte. Nach der Okkupation Österreichs durch NS-Deutschland im März 1938 und der vorhersehbaren Auflösung des Landes Vorarlberg bemühten sich süddeutsche und vorarlbergische Nationalsozialisten um die Errichtung eines NS-Gaues Schwaben, dem Vorarlberg zugeschlagen werden sollte. Nach der Befreiung von der NS-Herrschaft im Jahre 1945 griffen einige katholisch-konservative Proponenten aus Bregenz und Konstanz mit Unterstützung der französischen Militärregierung die Idee eines alemannisch-schwäbischen Staates auf. Schließlich reflektierte die föderalistische Pro-Vorarlberg-Bewegung der späten 1970er und frühen 1980er Jahre auf Inhalte der Schweizer Anschlussbewegung der Jahre 1918–1921. W.W.

Januar 1919: Beginn der Bodenmelioration in verschiedenen Teilen des Landes: Bei Hohenems und in der Kummenbergregion sowie in Frastanz wird der Riedboden entwässert, wodurch in den folgenden Jahren große zusätzliche landwirtschaftliche Nutzflächen gewonnen werden können.

10.1.1919: Im Bregenzer Rathaus findet eine geheime Sitzung von Befürwortern eines Anschlusses Vorarlbergs an Bayern statt; dabei treffen sich führende Persönlichkeiten aus Bregenz, Lindau und Weiler im Allgäu.

21.1.1919: Die Vorarlberger Landesregierung kauft das Hotel „Montfort" in Bregenz als künftigen Sitz für Landesregierung und Landtag an.

1.3.1919: Der Lustenauer Lehrer Ferdinand Riedmann übergibt der Vorarlberger Landesregierung die vom „Werbeausschuss" seit November des Vorjahres gesammelten Unterschriften für einen Anschluss an die Schweiz – rund 70 Prozent aller Wahlberechtigten haben das Ansinnen des Werbeausschusses unterstützt – und bittet, die notwendigen Maßnahmen zur Verwirklichung des Anschlusses einzuleiten.

7.3.1919: Der Verband der Vorarlberger Industriellen weist in einer Eingabe an den Schweizer Bundesrat auf die negativen Folgen hin, die ein Anschluss Vorarlbergs an die Schweiz für die Wirtschaft beider Staaten haben würde.

9.3.1919: Nach einer dramatischen Verschlechterung der Versorgungslage kommt es in Dornbirn zu einer spontanen Protestkundgebung: Als bekannt wird, dass ein Viehtransport aus Bregenz nach Linz abgehen soll – es handelte sich um ein Kompensationsgeschäft Vieh gegen Futtermittel –, versammeln sich am Dornbirner Bahnhof mehrere Hundert Menschen

1919

und erzwingen die Abkoppelung der Viehwaggons, in denen sich 73 Kühe befinden. In den folgenden Tagen kommt es zu mehreren von Arbeiter-, Bauern- und Soldatenräten organisierten Massenkundgebungen. Schlussendlich werden acht der Tiere geschlachtet und die übrigen an ihren ursprünglichen Bestimmungsort transportiert.

Hermann Sander
1840–1919

Hermann Sander war als Historiker, Germanist, Schriftsteller und nicht zuletzt in seinem angestammten Beruf als Gymnasiallehrer gleichermaßen erfolgreich. Sein aus Schruns stammender Vater wirkte unter anderem als Bezirkshauptmann in Bludenz, er selbst trat nach dem Studium in Innsbruck 1863 am Feldkircher Gymnasium in den Schuldienst ein. 1879 übernahm Sander die Direktion der Oberrealschule in Innsbruck. Außerdem gehörte er zuerst dem Vorarlberger, dann dem Tiroler Landesschulrat an.

Im Rahmen seiner Forschungen beschäftigte er sich vor allem mit Vorarlberger Themen. Einige seiner zahlreichen historischen Abhandlungen, unter denen biografische Darstellungen überwiegen, zählen noch heute zur Standardliteratur. Besondere Verdienste erwarb sich Hermann Sander durch seine Studien über den großen Bregenzerwälder Dichter Franz Michael Felder, dessen erste Werkausgabe er besorgte. Eigene schriftstellerische Arbeiten publizierte er unter den Pseudonymen Anderlitz bzw. Dalla Tramosa. Von 1881 bis 1886 war Sander Mitglied des Innsbrucker Gemeinderats. A.N.

Hermann Sander

Die Feier des 50. Geburtstags Felders am 1. September 1889 vor dem Gasthaus Rößle in Au. Hermann Sander hielt die „Rede zum Andenken an den Dichter Franz Michael Felder", die später auch gedruckt wurde.

14.3.1919: Die provisorische Vorarlberger Landesversammlung beschließt einstimmig eine provisorische Landesverfassung.

14.3.1919: Major Stingelin, der Kommissär des Eidgenössischen Ernährungsamtes, droht in einer Verlautbarung mit der Einstellung der Lebensmittellieferungen für Vorarlberg, falls weitere Arbeiter-, Bauern- und Soldatenräte gebildet und diese sich in die Tätigkeit der Landesregierung und -verwaltung einmischen würden. Nach heftigen Protesten im Land gegen die Haltung Stingelins wird dieser Anfang April von seinem Posten abberufen.

15.3.1919: Die provisorische Landesversammlung erklärt, dass der Beitritt Vorarlbergs zur Republik Deutsch-Österreich nur provisorisch sei und dass eine Volksabstimmung darüber zu entscheiden habe, welchem größeren Staatsverband sich Vorarlberg anschließe. In diesem Zusammenhang referiert Landeshauptmann Ender erstmals über die verschiedenen für das Land in Frage kommenden staatlichen Orientierungen – Schweiz, Bayern, Württemberg und Österreich.

15.3.1919: Jodok Fink wird Vizekanzler im Kabinett Dr. Karl Renners; er bekleidet dieses Amt bis zum 11.6.1920.

21.3.1919: Der Oberbürgermeister von Kempten, Dr. Merkt, fordert in einem Referat offen den Anschluss Vorarlbergs an Bayern.

4.4.1919: In Bregenz wird das Vorarlberger „Schwabenkapitel"

1919

als überparteiliche Vereinigung gegründet, deren erklärtes Ziel es ist, den Anschlusswünschen an die Schweiz entgegenzusteuern und eine Vereinigung Vorarlbergs mit Württemberg, Baden und Südwestbayern zu einem „Großschwaben", dessen späterer Eintritt in einen gesamtdeutschen Staat beabsichtigt ist, zu propagieren. Der Verein, der am 30.4. seine erste Versammlung abhält, wird vor allem von Deutschland aus, aber auch von Institutionen und Privatpersonen aus Österreich, die mit einem Anschluss an Deutschland sympathisieren, darunter der spätere österreichische Bundespräsident Dr. Karl Renner, finanziell unterstützt.

7.4.1919: In München wird die Räterepublik ausgerufen; am selben Tag ergreifen auch in Lindau die Räte die Macht.

13.4.1919: Auf einen Aufruf des „Vorarlberger Volksblattes" hin werden in 16 Orten des Landes am Palmsonntag antibolschewistische Kundgebungen veranstaltet.

26.4.1919: Rieden und Vorkloster werden in Bregenz eingemeindet.

27.4.1919: Bei den ersten Wahlen zum Vorarlberger Landtag nach dem Ersten Weltkrieg, den ersten Landtagswahlen überhaupt, die nach dem allgemeinen, gleichen und geheimen Wahlrecht abgehalten werden, erringt die Christlichsoziale Partei 22, die Sozialdemokratische Partei fünf und die Deutschfreisinnige Partei zwei Mandate. Der Bauernbund stellt einen Abgeordneten. Trotz ihres eindeutigen Sieges überlassen die Christlichsozialen den Sozialdemokraten einen Sitz in der Landesregierung.

30.4.1919: Die Landesregierung gibt die Gründung einer „Freiwilligen Vorarlberger Volksmiliz" bekannt, aus der sich später die „Vorarlberger Heimwehr" entwickeln wird. Durch diese Organisation soll einer vermeintlich drohenden „bolschewistischen Gefahr" begegnet werden.

1.5.1919: Nach der Mai-Feier in der Landeshauptstadt versuchen 30 bis 40 Vorarlberger Sozialdemokraten unter der Führung des Bregenzer Schneidermeisters Johann Gattermayer, sich zu einem „Verbrüderungsfest" nach Lindau zu begeben. Beim Zollamt Unterhochsteg werden sie von 100 bis 130 Lindauer Sozialisten erwartet, an einem Grenzübertritt jedoch von den österreichischen und deutschen Beamten gehindert. Schon Tage zuvor sind von Regierungsseite in Vorarlberg Vorkehrungen getroffen worden – in Bregenz wurde die Volkswehr in Alarmbereitschaft versetzt, die Gendarmerie wurde verstärkt, Waffen und Feldtelefone wurden bereitgestellt usw. –, um einen befürchteten Putschversuch zu verhindern.

3.5.1919: Der Vorarlberger Landeshauptmann Dr. Otto Ender erörtert im Gespräch mit dem Außenminister der Schweiz, Felix Calonder, die Voraussetzungen für einen möglichen Anschluss Vorarlbergs an die Eidgenossenschaft.

11.5.1919: In einer Volksabstimmung sind mehr als 80 Prozent der Vorarlberger Wahlberechtigten dafür, Verhandlungen mit der Schweiz über einen Betritt des Landes zur Eidgenossenschaft aufzunehmen.

14.-31.5.1919: Landeshauptmann Dr. Otto Ender reist zu den Friedensverhandlungen nach Saint-Germain-en-Laye bei Paris. Es gelingt ihm allerdings nicht, die Frage des Anschlusses Vorarlbergs an die Schweiz zur Sprache zu bringen.

Juni 1919: Die Kinderausspeisung des „Amerikanischen Kinderhilfswerks" löst die Dornbirner Kinderküche ab.

14.7.1919: Der aus Buchau am Federsee (Württemberg) stammende Eugen Ruß erwirbt die Buchdruckerei Franz Müller in Bregenz und damit auch den Verlag der „Vorarlberger Landeszeitung".

1.8.1919: Am Schweizer Nationalfeiertag werden in Vorarlberg an die 200 Bergfeuer abgebrannt, um die Sympathien für einen Anschluss an die Eidgenossenschaft auszudrücken.

2.8.1919: Das Fürstentum Liechtenstein löst den seit 1852 bestehenden Zollvertrag mit Österreich. Ab dem 1.9. gilt Österreich für das Fürstentum als „Zollausland". Am 23.3.1923 schließt Liechtenstein einen entsprechenden Vertrag mit der Schweiz.

11.8.1919: In einer „Sitzung der Volksdelegierten" fordern Mitglieder des Werbeausschusses für einen Anschluss an die Schweiz die Landesregierung

1919

auf, ihr Anliegen mit größerem Nachdruck zu vertreten. Aus Enttäuschung über die zu wenig tatkräftige Haltung Landeshauptmann Enders wird ein Dreierausschuss – Ferdinand Riedmann, Dr. Paul Pirker und Dr. Gustav Neubner – von den Volksdelegierten damit beauftragt, im In- und Ausland für den Anschluss zu werben.

10.9.1919: Der österreichische Staatskanzler Dr. Karl Renner unterzeichnet in Saint-Germain-en-Laye bei Paris den Friedensvertrag zwischen Deutsch-Österreich und den Entente-Mächten, nachdem der österreichische Nationalrat die darin formulierten Friedensbedingungen unter Protest angenommen hat. Darin wird unter anderem die Grenze zwischen Österreich und der Schweiz am Rhein festgeschrieben.

1.10.1919: Die „Vorarlberger Landeskasse" gibt wegen der zunehmenden Inflation ein „Landesnotgeld" heraus – 10-, 20- und 50-Heller-Banknoten.

14.11.1919: Mit der so genannten „Calonder-Konklusion" erklärt der Schweizer Bundesrat, sich bezüglich des Anschlusswunsches der Vorarlberger nicht in die inneren Verhältnisse Österreichs einmischen zu wollen. Sollte aber Österreich der Abspaltung seines westlichsten Bundeslandes zustimmen, würde die Schweizer Regierung die Bestrebungen Vorarlbergs zur Verwirklichung seines Selbstbestimmungsrechts unterstützen. Ferner wird dem „Ländle" wirtschaftliche Unterstützung in Aussicht gestellt.

November 1919: Um den Nahrungsmittelmangel der Minderbemittelten ein wenig zu mildern, führt die Landesregierung eine Landessammlung zur Verbilligung der Lebensmittel durch. Insgesamt werden 576.000 Kronen gespendet.

6.12.1919: Mit großer Mehrheit nimmt der Landtag zwei Anträge an, durch die von der österreichischen Staatsregierung die Anerkennung des Selbstbestimmungsrechts Vorarlbergs gefordert und – sollte dies verweigert werden – die Landesregierung ermächtigt wird, die Forderung nach dem Selbstbestimmungsrecht beim Obersten Rat in Paris und beim Völkerbund vorzubringen. Die Sozialdemokraten, die sich gegen beide Anträge ausgesprochen haben, verlassen nach der Abstimmung aus Protest die Sitzung des Landtags.

Dezember 1919: Ferdinand Riedmann fordert Landeshauptmann Ender brieflich auf, durch einen Putsch oder durch eine Volksabstimmung das Land von Österreich zu trennen und für selbstständig zu erklären.

27.3.1920: Das Land Vorarlberg deponiert beim Völkerbund in Genf ein Memorandum über sein Selbstbestimmungsrecht.

7.7.1920: In Biberach wird ein Wirtschaftsverband Schwaben-Vorarlberg gegründet, dessen Ziel die wirtschaftliche Zusammenarbeit des schwäbischen Raumes und die Vorbereitung des politischen Anschlusses Vorarlbergs an Schwaben bzw. Deutschland ist. Der Verband hält seine erste Tagung im März des folgenden Jahres ab und ist bis in die 30er Jahre aktiv.

GEBURTSTAGE

16.8.1919: Bürs: Hans Bürkle († 8.8.1993), Staatssekretär im Sozialministerium.

16.7.1920: Dornbirn: Karl Bohle († 31.1.1987), Bürgermeister und Ehrenbürger der Stadt Dornbirn.

TODESTAGE

7.3.1919: Hermann Sander (* 8.12.1840, Zell am Ziller, Tirol), Landeshistoriker.

19.11.1920: Friedrich Wilhelm Schindler (* 1.6.1856, Ennenda, Kanton Glarus), Unternehmer und Erfinder.

Zwei Generaläbte des Zisterzienserordens aus der Mehrerau

Mit den Generaläbten Dr. Kassian Haid (1879–1949) und Dr. Sighard Kleiner (1904–1995) bekleideten gleich zwei Patres der Mehrerau im 20. Jahrhundert das höchste Amt im Orden der Zisterzienser.

Josef Haid wurde am 26. November 1879 in Ötz in Tirol geboren. Der begabte Gastwirtssohn besuchte das Gymnasium in Brixen, Mehrerau und Hall, bevor er 1897, noch vor Ablegung der Reifeprüfung, um Aufnahme in das Kloster Mehrerau ansuchte. Nach seiner Priesterweihe 1903 studierte Pater Kassian, so sein Ordensname, Geschichte und Geografie in Innsbruck und kehrte

1920

Generalabt Dr. Kassian Haid (1879–1949)

schließlich nach einem Studienaufenthalt am österreichischen historischen Institut in Rom in die Mehrerau zurück. Hier wurde er 1909 zum Direktor der Hauslehranstalten ernannt. 1917 wurde Kassian Haid mit großer Mehrheit zum 50. Abt von Wettingen-Mehrerau gewählt. In seine Zeit als Schuldirektor (bis 1919) und Abt der Mehrerau fielen zahlreiche Veränderungen, die für das Kloster bis heute von Bedeutung geblieben sind – darunter der Ausbau der Schule zu einem Vollgymnasium mit Öffentlichkeitsrecht und die Eröffnung des Sanatoriums Mehrerau 1923. Der Kauf der von der Mehrerau als Propstei neu eingerichteten Wallfahrtskirche Birnau im Jahr 1919 war ihm ein großes Anliegen. Auch die Klärung der kirchenrechtlichen Stellung der Mehrerau als „Abbatia Nullius", d.h. eine dem Apostolischen Stuhl unmittelbar unterstehende Abtei, fiel in diese Zeit.

Schon bald wurde Abt Kassian Haid wieder zu neuen Aufgaben berufen. 1920 nahm er seine Wahl zum Generalabt des Zisterzienserordens an, freilich unter der Bedingung, nicht – wie für den Generalabt üblich – in Rom residieren zu müssen. Die neue Aufgabe war mit zahlreichen Visitationsreisen und Fahrten in die Heilige Stadt verbunden, wo sich das Generalat des Zisterzienserordens im Aufbau befand. Während seiner Zeit als Generalabt kam es auch zur Gründung neuer und zur Angliederung bereits bestehender Häuser an die Mehrerauer Kongregation. Als 1927 endgültig Rom als Residenz des Generalabtes bestimmt wurde, bat Kassian Haid um Enthebung von seinem Amt, um die Abtei Mehrerau nicht aufgeben zu müssen.

Der Anschluss Österreichs an Deutschland brachte eine tief greifende Wende im Leben des bis dahin sehr tatkräftigen Abtes. Gesundheitlich bereits angegriffen, verließ Kassian Haid Österreich noch im Juni 1938. Aus der Schweiz, wo er sich in den nächsten Jahren aufhielt, musste er die Schließung seiner Schulen sowie die Beschlagnahmung und Aufhebung der Mehrerau durch die Gestapo miterleben. Während dieser für ihn ruhelosen Zeit kümmerte sich Abt Kassian um die ihm unterstellten fünf Frauenklöster und widmete sich den Vorbereitungen zur Wiederbesiedelung des Priorats Hauterive (Fribourg). Zwar war es dem Abt, dessen besonderes Interesse stets den historischen Studien und der Ordensgeschichte galt, noch vergönnt, die Wiederaufnahme des klösterlichen Lebens in der Mehrerau zu erleben; am 22. September 1949 verstarb er jedoch nach langer, schwerer Krankheit und wurde in der Mehrerauer Äbtegruft zur letzten Ruhe gebettet.

Als einer der ersten Maturanten des von Abt Kassian Haid zum Vollgymnasium ausgebauten Kollegiums St. Bernardi legte Karl Kleiner, am 7. Oktober 1904 als Sohn des Vorarlberger Landesarchivars Viktor Kleiner in Bregenz geboren, 1923 die Reifeprüfung ab. Nach dem Theologiestudium in Innsbruck und Paris wurde er am 6. September 1928 im Bregenzer Gallusstift zum Priester geweiht und trat einige Tage später als Novize in Mehrerau ein, wo er den Namen Sighard erhielt. Seine Studien setzte Pater Sighard am Angelicum in Rom fort, wo er 1931 zum Doktor der Theologie promovierte. Nach der Rückkehr in die Mehrerau unterrichtete er bis 1938 an der dortigen

Generalabt Dr. Sighard Kleiner (1904–1995)

theologischen Hochschule Philosophie und Dogmatik sowie Religion am Gymnasium und war als Novizenmeister, Kantor und Präses der Marianischen Kongregation tätig.

Als in Folge des Anschlusses 1938 die Aufhebung des Klosters Mehrerau drohte, berief Abt Kassian Haid Pater Sighard in die Schweiz. 1939 bestellte er ihn zum ersten Prior des alten Klosters Hauterive (Fribourg), für dessen Wiederbesiedelung der Abt in erster Linie junge, politisch gefährdete oder vom Kriegsdienst bedrohte Patres auswählte. Unter großen Anstrengungen gelang es dem jungen Prior in den darauf folgenden Jahren, die Neugründung innerlich zu festigen und ihr auch Anerkennung nach außen zu verschaffen.

Beim ersten Zusammentreten des Generalkapitels des Zisterzienserordens nach dem Zweiten Weltkrieg wurde Sighard Kleiner im Herbst 1950 zum Generalprokurator des Ordens gewählt und am 5. November zum Abt geweiht. 1953 erfolgte seine Wahl zum Generalabt – ein Amt, das er über 30 Jahre lang innehaben sollte. In dieser Funktion war er von 1962 bis 1965 Mitglied des Zweiten Vatikanischen Konzils. Er besuchte mehrmals alle Zisterzienserklöster auf der ganzen Welt und leitete periodische Versammlungen

1921

der Äbtissinnen und Äbte. 1985 entschloss sich der bei allen kirchlichen Stellen in Rom hoch angesehene Abt auf Grund seines hohen Alters zur Resignation und zog sich in sein Kloster Hauterive zurück. Der Träger des Goldenen Ehrenzeichens des Landes Vorarlberg verstarb am 5. Dezember 1995 im Sanatorium Mehrerau. S.G.

24.4.1921: Die erste Arbeiterkammerwahl in Vorarlberg wird durchgeführt.

6.9.1921: Das 1919 in Umlauf gebrachte Landesnotgeld verliert seine Gültigkeit.

1921/22: Nach Plänen des Architekten Willibald Braun wird in Bregenz das (alte) Landhaus in der Bahnhofstraße errichtet.

TODESTAGE

20.2.1921: Josef Grabherr (* 17.2.1856, Lustenau), Pfarrer und Historiker.

15.8.1921: Carl Albert Pedenz (* 21.2.1839, Bregenz), Bregenzer Bürgermeister und Ehrenbürger.

7.9.1921: Adolf Rhomberg (* 23.3.1851, Dornbirn), Vorarlberger Landeshauptmann (beerdigt im Kapuzinerkloster Dornbirn).

Rudolf Wacker

1893–1939

Rudolf Wacker zählt zu den wichtigsten europäischen Künstlern der Jahre zwischen den beiden Weltkriegen und gilt als Hauptvertreter der Neuen Sachlichkeit in Österreich. 1893 als viertes Kind eines aus Tirol stammenden Baumeisters und einer Bregen-

Selbstporträt Rudolf Wackers beim Malen

zerwälderin geboren, studierte er bei Albin Egger-Lienz an der Akademie in Weimar, rückte in das Tiroler Kaiserjäger-Regiment ein, kam 1915 nach Galizien, Polen und Russland und verbrachte die Jahre zwischen 1916 und 1920 in sibirischer Kriegsgefangenschaft. Hier begann er mit den für sein künstlerisches Frühwerk so wichtigen Zeichnungen, die bis 1924 werkbestimmend und dem Expressionismus verpflichtet waren. Verstärkt wurde diese Tendenz durch die Freundschaft mit Erich Heckel sowie durch mehrere Aufenthalte in Berlin und Weimar. Auch seine Tagebuchaufzeichnungen, die bis zu seinem Tod 1938 in Bregenz zu einem wichtigen kulturhistorischen Dokument anwuchsen – bekannt sind acht Bücher und acht Hefte –, erreichten in seiner Kriegsgefangenschaft eine erste Intensivierung. Die einschneidenden historischen Ereignisse wurden von Wacker nicht nur registriert, sondern in ihren Auswirkungen auf seine unmittelbaren Lebenszusammenhänge begriffen und mit seinem künstlerischen Schaffen in Verbindung gebracht. Daraus entstand ein dichtes literarisches Geflecht bewusst erlebter Alltagsgeschichte eines mit den kommunistischen Ideen vertrauten, häufig in materiellen Sorgen lebenden Künstlers. Seine Hinweise auf gelesene Bücher und besuchte Ausstellungen sowie seine kunsttheoretischen Äußerungen lassen diese Aufzeichnungen auch für sein bildnerisches Werk von entscheidender Bedeutung werden.

Wacker zeichnete Frauenakte, Köpfe nach Negerplastiken, beschäftigte sich mit seiner eigenen Person, oft unerbittlich, gab stilistische Stenogramme seines Innenlebens. Das Thema der „Puppe" gewann immer mehr an Bedeutung und wurde ab 1924 auch in den Ölbildern unverzichtbarer Bestandteil seiner Dingwelt.

Die Puppe gilt in vielen Atelierbildern als Requisit, bei Wacker geht ihre Bedeutung darüber hinaus, scheint in manchen Phasen seines Schaffens End- und Ruhepunkt seiner Bemühungen zu sein. Sie wird zu einer Bildmetapher für Beziehungslosigkeit, steht zwischen Sinnlichkeit und Gewalt, sie war seit seiner Kindheit mit Sexualität besetzt. Er erkannte ihren magischen Aspekt als Ding- und Zwitterwesen, ließ sie ihre Erotik, Entfremdung und Vereinsamung leben. Die Puppe erlaubte dem Künstler Rollenspiele, er setzte sie in Bezug zu seiner eigenen Person und zur Bildfigur des Kasperl. In seinen Hauptwerken der späten 20er und frühen 30er Jahre erhielt sie einen bildbestimmenden Charakter. So wurde die wiederholte Darstellung der Puppe seiner Frau Ilse zu einer dreiteiligen Bildergeschichte einer fortschreitenden Erotisierung und einer damit einhergehenden Vereinsamung (1927–1932). Stets alleiniger Bildinhalt, wurde sie zu einem Psychogramm seiner Weltanschauung. 1927 im Bild „Puppe und Interieur" noch mit hochgeschlossener Bluse züchtig bekleidet, undeformiert und leicht nach rechts blickend, wird sie 1929 entkleidet, zeigt sich im Mieder, sitzt mit leicht gespreizten Beinen, zwingt den Betrachter, den weit offenen Schlitz im Schritt zu betrachten. 1932 entstand die „Blinde Puppe", auf einer Holzkiste sitzend, dem Betrachter frontal gegenüber, sie scheint uns zu fixieren, die Pupillen

1922

„Blinde Puppe" von Rudolf Wacker, 1932

fehlen. Zwei schwarze Augenhöhlen führen ins Nichts, der Mechanismus des Körpers wird betont. Schuhe, Mieder und Einschnürungen der Bekleidung zeigen die malerische Präzision, die unerbittliche Realität, hier bis ins Irrationale gesteigert. Und wieder wird der voyeuristische Blick durch die Einsicht in die Schamgegend gereizt.

Neben den Puppen sind Wackers Still-Leben, die quantitativ den Hauptteil seines Werkes ausmachen, durch Streichholzschachteln, Spielkarten, Bücher, Kinderzeichnungen, Käfer, Blumen, Kakteen, den lädierten Haubenstock und durch das werkimmanente Bild-im-Bild-Thema geprägt. Wacker nimmt den Objekten ihren Ort, ihre Zeit, Licht und Schatten hüllen seine Dingwelt nicht mehr ein, sie enthüllen sie vielmehr, lassen sein Hauptwerk zu einer zentralen Position innerhalb der Neuen Sachlichkeit werden. „Schließlich ist es Weltanschauung: das Begreifen, wie jedwedes Ding ewig sich selbst ist, für sich bleibt, fremd und allein. Und doch das geringste unter ihnen ein Wunder" (R. Wacker). Dass daneben weiterhin expressiv malerisch orientierte Zeichnungen entstanden, ja kurz vor seinem Tod Blätter wie „Lesbische Puppe" und „Puppe mit erhobenem rechten Arm" – letztere, die auf die politische Komponente in seinem Schaffen verweist, zeichnete er nach einem Deutschlandaufenthalt 1937 –, muss vermerkt werden.

Neben den Still-Leben, Landschaftsbildern und Porträts spielt das Selbstbildnis eine entscheidende Rolle. Es zeigt Wacker in den verschiedenen Stadien seines Lebens, in der existenziellen Erfahrung einer starken Vereinsamung und Isolierung ebenso wie als selbstbewussten Künstler. Beinahe alle ikonografischen Möglichkeiten, die in der Zwischenkriegszeit zur Verfügung standen – vom Hinweis auf Christus, im Atelier, an der Staffelei, bis hin zum leidenden, verarmten Künstler in einer dunklen Dachkammer –, finden Verwendung. Häufig zeigt sich Wacker im Beisein der Puppe; diese ist dominant wie 1932 bei „Selbstbildnis mit Puppe" oder nur am Rande vertreten wie 1924 im „Selbstbildnis mit Rasierschaum". Hier sitzt Wacker vor einem Tisch mit ausgeblasener Kerze, Vase mit Blumenstrauß und Rasierutensilien, die Arme an seinen Körper gepresst, erinnert mit dem Rasierschaum, den rot hervortretenden Lippen und seiner Kopfbedeckung an einen Clown, scheint seine Rolle als Künstler zu hinterfragen. Im Hintergrund finden wir ein Bild eines Kasperl mit Puppe als Liebespaar.

Rudolf Wacker starb nach mehreren Verhören und Hausdurchsuchungen durch die Gestapo am 19. April 1939 in Bregenz. „Jemand hat mir gesagt, ich stelle die Trümmer der bürgerlichen Welt dar – das scheint den Gegenstand meiner Bilder wirklich zu bezeichnen" (R. Wacker). H.S.

1922: Dr. Emil Schneider aus Höchst wird für vier Jahre Unterrichtsminister der Republik Österreich.

1922: In Berlin entstehen die ersten Still-Leben des Bregenzer Malers Rudolf Wacker.

1922

Bundesminister Emil Schneider aus Höchst

Emil Schneider
1883–1961

„Wedeln", die rhythmisch geschlossene, unmittelbare Aufeinanderfolge einer Reihe von Kurzschwüngen mit gleichem Radius, lässt nicht nur das Herz eines jeden Skisportlers höher schlagen, sondern ist auch untrennbar mit der „Akademie des Schilaufs", dem Bundessportheim St. Christoph a. A., verbunden. Als Unterrichtsminister unterstützte Dr. Emil Schneider in den 20er Jahren die Skiausbildungsaktivitäten von E. Janner und legte damit den Grundstein für das heutige Bundessportheim, das untrennbar mit Namen wie Stefan Kruckenhauser und Franz Hoppichler verbunden ist. Hunderte in St. Christoph ausgebildete Skilehrer wirkten und wirken als „Winterbotschafter" nicht nur für die Tourismuswirtschaft, sondern auch für die Wintersportartikelindustrie und trugen und tragen u.a. die „Arlberg-Technik" und den „österreichischen Skilehrplan" in alle Welt hinaus.

Emil Schneider wurde am 28. Mai 1883 in Höchst geboren. Die Gymnasialzeit verbrachte er in Feldkirch und in Bregenz, wo er, zusammen mit dem weltberühmten Unfallchirurgen Lorenz Böhler aus Wolfurt, der ersten Maturaklasse des 1895 eröffneten Communal-Obergymnasiums Bregenz angehörte. In Innsbruck und Wien inskribierte er die Fächer Geschichte und Geografie; 1910 wurde er zum Lehramtskandidaten ernannt, und im selben Jahr promovierte er zum Doktor der Philosophie. Seine Studienzeit fiel in die Zeit des Kulturkampfes, der mit der so genannten „Wahrmund-Affäre" seinen Höhepunkt erreichte. Er nahm für die christlichsoziale Seite Stellung, wurde im Herbst 1903 bei „Leopoldina" in Innsbruck rezipiert und tat sich 1908 als Gründer und Stifter der katholischen CV-Verbindung „Raeto-Bavaria zu Innsbruck" hervor. Für zwei Jahre unterrichtete Schneider am Privatgymnasium in Volders/Tirol, danach an der Oberrealschule in Dornbirn. Während des Ersten Weltkrieges arbeitete er im Reservespital in Dornbirn. Bei den ersten Wahlen nach dem Krieg 1919 wurde Schneider in den Nationalrat gewählt. 1922 nahm der neue Bundeskanzler Dr. Ignaz Seipel Schneider in seine Regierung auf und vertraute dem konzilianten, sich der milden Tonart verpflichtet fühlenden Schneider das neu geschaffene Bundesministerium für Unterricht und Kultus an. In Schulgesetzfragen war eine Zweidrittelmehrheit notwendig, was eine Zusammenarbeit der beiden großen Parteien, der Christlichsozialen und der Sozialdemokraten, notwendig machte. Außerdem war das Schulwesen föderalistisch organisiert, wodurch ein äußerst harter politischer Kampf zwischen dem christlichsozialen Unterrichtsminister und dem sozialdemokratischen Wiener Stadtschulrat Dr. Otto Glöckel heraufbeschworen wurde. Die Auseinandersetzungen zwischen den Parteien gipfelten schließlich in einem Handgemenge während der Nationalratssitzung vom 17. Juni 1926. Auch ein Artikel der christlichsozialen Parteizeitung „Reichspost" aus der Feder von Friedrich Funder tat ein Übriges. Um die Regierung Ramek zu retten, wurde der Unterrichtsminister schließlich geopfert. Von seiner Demission musste Emil Schneider, der auf einer Auslandsreise in Köln weilte, aus der Zeitung erfahren.

1927 kehrte er als Direktor an die Bundesrealschule in Dornbirn zurück; 1938 wurde er aus politischen Gründen des Amtes enthoben und musste seine Dienstwohnung räumen. Ab 1943 war er provisorisch als Hilfslehrer in Bregenz und Dornbirn angestellt. Von 1945 bis 1949 war er erster Direktor des Bundesrealgymnasiums für Mädchen in Bregenz, das im Gallusstift untergebracht war, dem heutigen Gebäude der Vorarlberger Landesbibliothek; 1950 trat er in den Ruhestand. Im selben Jahr war er Spitzenkandidat der ÖVP bei den Bregenzer Gemeinderatswahlen. Den Bürgermeistersessel trat er, nach Auseinandersetzungen zwischen den Koalitionsparteien ÖVP und WdU (Wahlverband der Unabhängigen, die Vorläuferorganisation der FPÖ) an Dr. Karl Tizian ab, der 20 Jahre Bürgermeister der Landeshauptstadt bleiben sollte. Schneider selbst wurde Stadtrat für Kultur, Unterricht, Kindergärten, Tagesheimstätten, Waisenhaus, Krankenhaus und Sanitätswesen.

Am 25. Dezember 1961 verstarb Schneider. Seit 1914 war er mit Josephine geb. Hillebrand verheiratet und Vater einer Tochter und eines Sohnes. Kl.

GEBURTSTAGE

17.2.1922: Hörbranz: Josef Anton King († 20.4.1945), Student, Gegner des NS-Regimes.

2.4.1922: Andelsbuch: Hubert Berchtold († 1.12.1983, Bregenz), Maler.

2.4.1922: Götzis: Franz Ortner († 3.6.1988), langjähriger Chefredakteur der „Vorarlberger Nachrichten".

30.4.1922: Lustenau: Robert Bösch († 16.1.1983, Lustenau), Bürgermeister und Ehrenbürger der Marktgemeinde Lustenau, Abgeordneter zum Vorarlberger Landtag.

1922

TODESTAG

2.1.1922: Martin Thurnher (* 7.9.1844, Dornbirn), Abgeordneter zum Vorarlberger Landtag und zum Reichsrat.

Literatur in Vorarlberg vor dem Zweiten Weltkrieg

Im Jahre 1755 fand der Lindauer Arzt Jakob Oberiet im Hohenemser Palast eine Handschrift des Nibelungenliedes; kurz darauf tauchte noch eine weitere auf. Das Nibelungenlied entstand zwar nicht in Vorarlberg, doch die beiden Handschriften bildeten die Grundlage für die erste vollständige Ausgabe dieser wichtigsten mittelalterlichen Heldendichtung.

Hohenems war auch die Heimat des ersten Vorarlberger Dichters, des höfischen Epikers Rudolf von Ems aus dem 13. Jahrhundert, einem Dienstmann der Grafen von Montfort. Zwei Legendendichtungen, der „Guote Gerhart" und „Barlaam und Josaphat", der Ritterroman „Alexander", der Minneroman „Willehalm von Orleans" und die „Weltchronik" machen Rudolf zu einem wichtigen Vertreter der spätmittelalterlichen Dichtung.

Hugo von Montfort (1357–1423) stammte aus dem Geschlecht der Grafen von Bregenz, schloss drei Ehen und spielte eine herausragende politische Rolle im Bodenseegebiet sowie in der steirischen Landespolitik. Als einer der letzten Minnesänger verfasste er Lieder, Briefe und Reden, die in einer Prunkhandschrift in Heidelberg überliefert sind. Sie handeln von Liebe, Morallehre, Toten-, Welt- und Sündenklage.

Der aus Bregenz stammende Kaplan Heinrich Beck in Schaffhausen ging als Autor einer Passionshistorie 1472 in die Literaturgeschichte ein.

In der Zeit des Humanismus war Feldkirch das Zentrum des geistigen Lebens in Vorarlberg. Aus dieser Stadt stammte auch der weit gereiste Arzt und Geograf Hieronymus Münzer (1437–1508), der in Leipzig, Pavia und Nürnberg lebte und wegen seiner kostbaren Büchersammlung sowie wegen seines Reisebuches „Itinerarium" in Humanistenkreisen sehr bewundert wurde.

Im Barock brachte es ein Vorarlberger sogar bis zur Krönung zum Dichter durch Kaiser Leopold I.: Laurentius von Schnifis, geboren als Johann Martin in Schnifis (1633–1702), ein früh verwaister Sohn armer Eltern, der mit Komödiantentruppen durch Süddeutschland und Österreich zog. Er wurde 1658 in Innsbruck am Hoftheater fest angestellt und brachte es zu beträchtlichem Ruhm als Schauspieler, Dichter und Musikant. 1665 trat er nach einer schweren Krankheit unter dem Ordensnamen Laurentius in den Kapuzinerorden ein. Mit dem Roman „Philotheus, oder deß Miranten [...] wunderlicher Weeg" schrieb er ein erfolgreiches Werk, das die Bekehrung des Höflings Mirant schildert. Auch sein „Mirantisches Flötlein", eine Sammlung von Liedern und Dialogen, war sehr beliebt. Sein posthum erschienenes Gebetbuch „Vilfärbige Himmels-Tulipan" wurde in der katholischen Kirche noch bis zum Ende des 18. Jahrhunderts verwendet.

Detail aus der Weltchronik von Rudolf von Ems: Joseph und die Frau des Putiphar; Joseph wird des Ehebruchs angeklagt.

Aufführung des Bizauer Theatervereins im Jahre 1887; Gallus Xaver Metzler als Franz Moor in Schillers „Die Räuber"

Das Kolleg Stella Matutina in Feldkirch war von 1649 bis 1773 das Zentrum des barocken Jesuitentheaters in Vorarlberg; 117 Aufführungen sind verbürgt, jedoch ist keiner der lateinischen Texte überliefert. In Wien, wo die glanzvollsten Aufführungen stattfanden, wirkte der Jesuit Andreas Friz, der zwar 1711 in Barcelona geboren wurde, aber aus einer adeligen Familie in Klösterle stammte und sich als Historiker und Verfasser von lateinischen Schuldramen wie dem Heldenschauspiel „Zrinyi", „Cyrus" oder „Penelope" hervortat.

Im 19. Jahrhundert begann man sich auf das Volksleben zu besinnen. So verdanken wir dem Arzt Franz Josef Vonbun aus Nüziders (1824–1870) die erste Sammlung der Sagen und Märchen aus Vorarlberg. Franz Michael Felder, der bedeutendste Vorarlberger Schriftsteller dieses Jahrhunderts, interessierte sich ebenfalls für dieses Gebiet. In diese Zeit fallen auch die Anfänge der Mundartdichtung. Am bekanntesten ist vielleicht auch heute noch das Lied „O Hoamatle, o Hoamatle" des Bregenzer Stadtarztes

1923

Gebhard Wölfle, der Gründer des Bizauer Theatervereins

Kaspar Hagen (1820–1885). Ebenso sind die Dialektstücke des Bregenzerwälders Gebhard Wölfle (1848–1904), der damals öfter in Konflikte mit der Geistlichkeit geriet und auch Begründer des bis heute florierenden Bizauer Theatervereins war, noch lebendig; genauso das Lied „Uf da Berga" von Seeger an der Lutz aus Ludesch, dem Gymnastiklehrer der Kaiserin Elisabeth. Praktisch vergessen ist heute hingegen Karl von Bayer, 1835 in Bregenz geboren, Rittmeister unter Radetzky, der unter dem Pseudonym Robert Byr als viel gelesener Vielschreiber des Liberalismus mindestens 40 Romane und Erzählbände verfasste, z.B. „Anno Neun und Dreizehn", „Mit eherner Stirn", „Auf abschüssiger Bahn", „Der Weg zum Herzen" oder „Soll ich?". Alfred Meissner aus Böhmen lebte von 1869 an in Bregenz und war ein bekannter Lyriker, Erzähler und politischer Schriftsteller sowie ein persönlicher Freund Heinrich Heines. Er wurde von seinem „Ghostwriter" Franz Hedrich erpresst und beging 1885 Selbstmord.

Große Verdienste um die Literatur Vorarlbergs als Herausgeber (u.a. von Franz Michael Felder) und Sammler erwarb sich der liberale Innsbrucker Gymnasialprofessor Hermann Sander, der in den Anthologien „Vorarlberg. Land und Leute, Geschichte und Sage im Lichte deutscher Dichtung" (1891) und „Dichterstimmen aus Vorarlberg" (1895) die Literatur des 19. Jahrhunderts zusammenfasste.

Josef Wichner aus Bludenz (1852–1923) zählte zum konservativen Lager und wurde mit seiner dreibändigen Autobiografie „Im Schneckenhause", „Im Studierstädtlein" und „An der Hochschule" sowie mit Erzählbänden als Volksschriftsteller bekannt. Als Verfasserin des historischen Romans „Frankreichs Lilien. Das Schicksal der Kinder Ludwigs XVI." (1904) erzielte Anna Hensler (1878–1952) in Vorarlberg bis dahin ungeahnte Verkaufserfolge – bis zum Zweiten Weltkrieg wurden 37.000 Exemplare verkauft.

Grete Gulbranssons (1882–1934) „Geliebte Schatten" (1936) erzählt die soziales Aufsehen erregende Liebesgeschichte ihrer Eltern, der Adeligen Wanda Douglass, geb. von Poellnitz, und des Bludenzer Malers Jakob Jehly. Gulbranssons Tagebücher aus ihren Jahren als Frau des Karikaturisten Olaf Gulbransson in München, deren erster Band 1998 unter dem Titel „Der grüne Vogel des Äthers" veröffentlicht wurde, bilden eine spannende Quelle zur Kunst- und Zeitgeschichte der Jahre nach der Jahrhundertwende. Der englische Reiseschriftsteller Norman Douglas (1868–1952), ihr Halbbruder, verfasste in „Together" (1931) (dt. „Wieder im Walgau") Erinnerungen an seine Zeit in Vorarlberg und war bis Robert Schneider der international bekannteste Autor aus Vorarlberg. Die Lyrikerin und Prosaistin Paula Ludwig (1900–1974), die ihre Kindheit in Feldkirch-Altenstadt verbrachte, setzte Vorarlberg in ihrer Autobiografie „Buch des Lebens" (1934) ein literarisches Denkmal.

In der Zwischenkriegszeit wurde in Vorarlberg vorwiegend bäuerliche Heimatliteratur im traditionellen Geist geschrieben. Dazu zählen die Romane und Erzählungen von Franz Michel Willam (1894–1981) und Adalbert Welte (1902–1969), der 1965 als erster Vorarlberger mit dem Johann-Peter-Hebel-Preis ausgezeichnet wurde.

Aktive Anhängerin des Nationalsozialismus war Natalie Beer (1903–1987) aus Au, die Abteilungsleiterin

Grete Gulbransson auf ihrem Totenbett, gezeichnet von ihrem Mann Olaf Gulbransson

für Presse und Propaganda in der NS-Frauenschaft in Innsbruck wurde und nach Anfängen als Lyrikerin mit Bregenzerwälder Heimatromanen wie „Schicksal auf Vögin" (1941) und „Der Urahn" (1943) reüssierte.

Vielleicht sollte man noch daran erinnern, dass nicht nur die Schriftstellerin Gertrud Fussenegger väterlicherseits aus Dornbirn stammt und deshalb vor allem von der älteren Generation als „Vorarlberger Autorin" gelesen wird, sondern dass auch aus der bis ins späte 19. Jahrhundert blühenden jüdischen Gemeinde in Hohenems eine Reihe von Schriftstellern hervorging: So stammte die Mutter von Stefan Zweig aus der Hohenemser Bankiersfamilie Brettauer, der Vater von Jean Améry nannte sich noch Maier und war ein Hohenemser Jude, und die Schweizer Erzählerin Regina Ullmann wurde in St. Gallen geboren, wohin ihr Vater, ein Arzt aus Hohenems, ausgewandert war.

U.L.

1925

18.4.1923: Der obere Rheindurchstich zwischen Lustenau und Diepoldsau wird durchbrochen.

30.7.1923: Der Vorarlberger Landtag beschließt eine neue, den Gegebenheiten der österreichischen Bundesverfassung vom 1.10.1920 angepasste Landesverfassung, in der eine Reihe föderalistischer Elemente beseitigt wird. In diesem Zusammenhang wird auch der Titel „Landeshauptmannstellvertreter" durch „Landesstatthalter" ersetzt.

21.10.1923: Bei den Wahlen zum Vorarlberger Landtag erringt die Christlichsoziale Partei 21, die Sozialdemokratische Partei fünf, die Deutschfreisinnige Partei und der Landbund je zwei Mandate.

5.11.1924: Gründung der Vorarlberger Illwerke.

20.11.1924: Im Arlbergbahntunnel wird zwischen Langen und St. Anton der elektrische Betrieb aufgenommen.

15.12.1924: Die rechts- und staatswissenschaftliche Fakultät der Universität Innsbruck verleiht Jodok Fink das Ehrendoktorat.

1924: In Dornbirn wird die erste Ortsgruppe der NSDAP in Vorarlberg gegründet.

1924: Als erstes österreichisches Bundesland erhöht Vorarlberg die zulässige Höchstgeschwindigkeit für Automobile von 15 km/h innerorts und 45 km/h außerhalb der Ortschaften auf 25 bzw. 60 km/h.

1.3.1925: In ganz Österreich wird die neue Schillingwährung eingeführt: Ein Schilling entspricht 10.000 Kronen.

1.5.1925: Das Spullerseekraftwerk wird in Betrieb genommen.

14.5.1925: Auf der Westrampe der Arlbergbahnstrecke wird zwischen Bludenz und Langen am Arlberg der elektrische Betrieb aufgenommen.

1.6.1925: Altenstadt, Gisingen, Tosters, Tisis und Nofels werden in Feldkirch eingemeindet.

1925: Die Vorarlberger Künstler geben sich mit der „Vorarlberger Kunstgemeinde" eine gemeinsame Organisation.

GEBURTSTAGE

2.7.1923: Walter Tölzer († 2.2. 1992), langjähriger Intendant von Radio Vorarlberg.

23.2.1924: Hohenems: Fritz Pfister († 2.4.1989), Maler.

2.2.1925: Bludesch-Gais: Herbert Keßler, Landeshauptmann.

TODESTAGE

14.6.1923: Josef Wichner (* 23.10. 1852, Bludenz), Gymnasialprofessor, Schriftsteller, Bludenzer Ehrenbürger.

28.6.1925: Josef Peer (*13.6. 1864, Erl bei Kufstein), Jurist, Feldkircher Bürgermeister und Ehrenbürger, Landeshauptmannstellvertreter, Abgeordneter zum Vorarlberger Landtag, Mitglied des Verwaltungsgerichtshofes.

Selbstbildnis ohne Gesicht, 1928

Edmund Kalb

1900–1952

Edmund Kalb zählt zu den großen Außenseitern der österreichischen Kunst der Zwischenkriegszeit. Nach einigen Studienreisen und seiner Akademiezeit in München lebte er zurückgezogen in Dornbirn, stets auf Kriegsfuß mit der Obrigkeit – Verhaftungen und Gefängnisaufenthalte 1943 (Verurteilung wegen Gehorsamsverweigerung) und 1947 (Beamtenbeleidigung, Widerstand gegen die Staatsgewalt). Hier entstand das in sich geschlossene Œuvre eines hochsensiblen, isolierten Menschen, der seine eigene Person zum beinahe ausschließlichen Bildinhalt werden ließ. Seine über 600 Selbstdarstellungen beinhalten mathematische Denkmodelle ebenso wie die Beschäftigung mit kosmischen Ordnungen und esoterischen Ideen der Jahre zwischen den Weltkriegen.

Kalb wurde im Jahre 1900 in Dornbirn geboren. Sein Vater war Dekorationsmaler, seine Mutter, die er des Öfteren porträtierte, stammte aus Ebnit bei Dornbirn. Die rückseitige Beschriftung einer Zeichnung seiner

1926

Mutter lautet: „Proletariat und Persönlichkeit als Ausblick, Tragik und Dämonie und Möglichkeitswert zur Persönlichkeit schöpferischer Konzentrationskräfte/Dämonisch realistische Auseinandersetzung ins Gigantische magisch physikalischer Raumgestaltungsmöglichkeiten am Bildnis meiner Mutter".

Kalbs Darstellungen seiner eigenen Person haben häufig einen seriellen Charakter, seine Zeichnungen thematisieren das Denken selbst. Er folgte der Lehre der Theosophie und deren Weltbild von jener Energie, die in Form von Vibrationen alles durchdringt. Kalb besaß selbst zahlreiche Bücher theosophischen und spiritistischen Inhalts. Viele Bildfolgen zeigen die Sonderstellung seiner Blätter, versuchte er doch nicht nur eine Beschreibung der psychischen und physischen Welt zu geben, sondern darüber hinaus die kosmischen Ordnungen zu ergründen und seine Person mit diesen höheren Realitäten zu konfrontieren. Kosmische Elemente, Fragen der Metaphysik und der Erscheinungsformen von Gedanken und Gefühlen, die schrittweise Auflösung des eigenen Bildnisses sowie die Schaffung einer geistigen Atmosphäre, in der sich meist geometrische Gebilde bewegen, bestimmen die Arbeiten der Jahre um 1930.

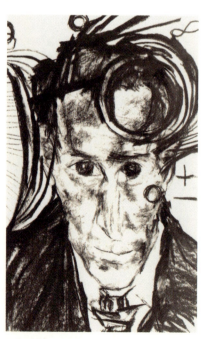

Selbstbildnis, 1938

Bereits 1918 finden wir eine Darstellung der linken Gesichtshälfte des Künstlers, bezeichnet mit „E. K. ein Stück Selbsterkenntnis: innere Vergeistigung 1918/Fragment aus dem Spiegel". Kalb beschäftigte sich auch mit der Dreiteilung, die wir in esoterischen Schriften der Jahrhundertwende wiederholt abgehandelt finden.

Im Selbstbildnis vom 10. Februar 1930 dringt die geistige Welt in den Bereich des Materiellen ein, verlässt den Hintergrund und wird bildbestimmend. Kalb zeigt die Dualität von Mann und Frau, von negativ und positiv, von hell und dunkel sowie die Vereinigung beider in der universellen Harmonie des Kreises, der die linke Kopfseite des Künstlers beherrscht. Darüber sehen wir die Lemniskate als Spirale der Unendlichkeit, der Urform, die in der Lage ist, die irdischen Widersprüche aufzuheben. Der dominierende Mond tangiert die Aura des Künstlers. Der Mond, dem rechten Ohr zugeordnet, zeigt die Akustik als möglichen Zugang zur unsichtbaren Welt – eine Idee, die auch in der im München dieser Zeit weit verbreiteten Theosophie vertreten wurde.

Vibrationen, in vielen theosophischen und okkulten Texten als die gestaltenden Kräfte der Materieformen angesehen, zerstören in seiner Selbstdarstellung vom 19. März 1930 Kalbs Gesicht, die Verbindung zwischen den Polen im Bild ist unterbrochen, Energieströme werden aufgehoben, der Raum für neue Möglichkeiten scheint, seinem materiellen Leben entsprechend, eingeengt zu sein.

Ab den 40er Jahren arbeitete Edmund Kalb an einer Verwissenschaftlichung seiner Absicht, den Gedanken bildlich zu vergegenständlichen. Die Bedingungen von Kunst und Leben wissenschaftlich zu ergründen wurde zur wichtigsten Aufgabe seiner letzten Lebensjahre, die immer mehr von einer inneren Emigration bestimmt wurden. Kalb bediente sich in seiner Korrespondenz des Esperanto, befasste sich intensiv mit Autosuggestion, Astro-

Edmund Kalb im Jahre 1928

nomie, dem Lauf der Planetenbahnen und mathematischen Denkmodellen, die auch Eingang in seine Selbstdarstellungen fanden. Er beschränkte sich auf wenige Speisen, war einer speziellen Diätetik verpflichtet und versuchte sich in Pflanzenzucht und Reisanbau.

Die Idee war für Kalb zeitweise wichtiger als die bildnerische Umsetzung, Denken diente der Überwindung materieller Armut. Auf der Rückseite eines Selbstbildnisses aus dem Jahre 1937 findet sich die Erkenntnis: „Das Bild drückt charakteristisch momentanes und intensives Denken und Anstrengung zu Scharfsinn aus dabei kommt ihm das Warme des Überrockes und Eckige der Kaumuskeln ausdrucksvoll zur Überwindung von Ärmlichkeit und Kälte durch Denken zu statten."

Edmund Kalb starb 1952 in Dornbirn; große Teile seines schriftlichen und bildnerischen Werkes, von einer bemerkenswerten Konsequenz und Intensität getragen, gingen verloren. H.S.

6.8.1926: Auf der Bahnstrecke zwischen Bludenz und Feldkirch wird der elektrische Betrieb aufgenommen.

1927

16.12.1926: Die Bahnstrecke zwischen Feldkirch und Buchs wird elektrifiziert.

1926: Das Erholungsheim der Vorarlberger Gebietskrankenkasse in Götzis-Rütte wird eröffnet.

1926: Die Hauptschaffenszeit des Dornbirner Malers Edmund Kalb beginnt.

15.2.1927: Die Bahnstrecke zwischen Feldkirch und Bregenz wird elektrifiziert.

20.3.1927: Die Pfänderseilbahn bei Bregenz wird eröffnet.

21.10.1927: Schruns wird zur Marktgemeinde erhoben.

1927: Der Vorarlberger Landtag verabschiedet ein Lichtspielgesetz, in dem der Filmzensur breiter Raum gelassen wird.

1927: Johann Wolff gründet zusammen mit seinen Söhnen die Wirkwarenfabrik Gebrüder Wolff.

1927: Vorarlberger Auswanderer, vor allem aus Lustenau stammende Sticker, gründen in New Jersey/USA einen eigenen Fußballclub.

1927: Der Architekt Claus Ströbele eröffnet sein „Modernes Entwurfsbüro".

TODESTAGE

14.2.1927: Ludwig von Hörmann (* 12.10.1837, Feldkirch), Bibliothekar und Gelehrter, Feldkircher Ehrenbürger.

8.6.1927: Ferdinand Gierer (* 8.11.1854, Bregenz), Pfarrer von Hatlerdorf, Dornbirner Ehrenbürger.

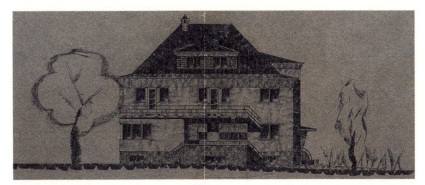

Entwurf für das Haus Metzler, Feldkirch (1935)

Claus Ströbele

1903–1988

Ein Protagonist des Neuen Bauens in Vorarlberg ist der 1903 in Höchst geborene Claus Ströbele. Er besuchte die Baufachschule an der Höheren Staatsgewerbeschule in Salzburg und wurde dort vom Otto-Wagner-Schüler Wunibald Deininger geprägt, der eine gemäßigt moderne Architekturauffassung vertrat. Claus Ströbele arbeitete nach seinem Studium zunächst bei verschiedenen Baufirmen, bis er 1927 sein eigenes „Modernes Entwurfsbüro" eröffnete. Zu seinen Hauptaufgaben wurde der private Wohnbau, aber auch der Geschäftsbau.

Ströbele brachte entscheidend neue Impulse für die von Nationalromantik und Heimatschutzbewegung geprägte Vorarlberger Architekturszene der Zwischenkriegszeit. Er löste sich von den vorherrschenden konservativen Strömungen, indem er sich im Sinn der Moderne kubischen Bauformen, geraden Kanten und glatten Flächen ohne jedes rein dekorative Element zuwandte.

Während sein Frühwerk ein Nebeneinander mehrerer architektonischer Strömungen in der lokal tradierten, teils regionalromantisch angehauchten Bauweise zeigt, machte sich zu Beginn der 30er Jahre ein deutlicher Stilwandel bemerkbar. Auf der vom Deutschen

Entwurf für das Geschäftshaus Scheidle, Bregenz, in den 50er Jahren

1928

Werkbund veranstalteten Ausstellung „Die Wohnung" am Weißenhof in Stuttgart 1927 kam Ströbele mit der neuen Baugesinnung, die Eindruck hinterließ, in unmittelbaren Kontakt.

Das Einfamilienhaus Höller in Bregenz (1933) zeichnet sich durch Einfachheit, Sachlichkeit und Zweckmäßigkeit aus. Das benachbarte Einfamilienhaus Zimmermann (1934), das ihm den Durchbruch in der Vorarlberger Architekturszene ermöglichte und ein klares Bekenntnis zum neuen Bauprinzip darstellt, wurde vom Textilkaufmann Holzner für seine Tochter als Probebau für das Geschäftshaus Holzner – ebenfalls in Bregenz (1936), eines von Ströbeles Meisterwerken – in Auftrag gegeben. Der auch im Ausland (Haus Koenig in London/Maidenhead) tätige Architekt zeigt in seinen Bauten – etwa im Haus Metzler in Feldkirch (1935), ein in klarer Formensprache gestaltetes und in Verbindung mit einer Zahnarztpraxis stehendes Einfamilienhaus – die Fähigkeit der Anpassung an die lokale Bautradition. Durch den Kriegsausbruch fand Ströbeles kreativste und produktivste Phase ein abruptes Ende.

Während die in der Kriegszeit entstandenen Objekte einen konservativen Baustil zeigen, wies Ströbele nach 1945 keine geschlossene Entwicklung auf, sondern zeichnete sich wieder durch Stilpluralismus aus. Zu Beginn der 50er Jahre beteiligte sich Ströbele auch beim Wiederaufbau des unteren Bereichs der Kaiserstraße in der Landeshauptstadt Bregenz. Die Wohn- und Geschäftshäuser Kleber, Troy und Scheidle zeigen sich im Stil Ströbeles der 30er Jahre unter weiterer Reduktion und Versachlichung der Formensprache.

Der Musikpavillon in den Bregenzer Seeanlagen zählt zu den wenigen Aufträgen öffentlicher Hand. In den 60er Jahren gelang Ströbele der Anschluss an die junge Architektengeneration nicht mehr. 1984 erhielt er für seine außerordentlichen Leistungen vom Land Vorarlberg die Ehrengabe für Kunst und Wissenschaft. Claus Ströbele starb 1988. M.R.G.

Johann Josef Mittelberger

Johann Josef Mittelberger

1879–1963

Der Sohn eines Bauern und Stickereiferggers studierte nach dem Besuch des Feldkircher Gymnasiums in Innsbruck Germanistik und klassische Philologie (Promotion 1905). Nach einigen Dienstjahren als Gymnasiallehrer wandte sich Dr. Mittelberger der Politik zu. 1918 gehörte er als Abgeordneter der christlichsozialen Partei der Provisorischen Landesversammlung und ab 1919 dem Vorarlberger Landtag an. 1923 berief man Dr. Mittelberger, der auch der Landeshypothekenbank vorstand, als Landesrat und Finanzreferent in die Landesregierung. In diesem Amt zeichnete er sich durch Sachlichkeit, Weitblick und vor allem durch eiserne Sparsamkeit aus. Seine vorsichtige Finanzgebarung ermöglichte in diesen wirtschaftlich schwierigen Jahren einige bedeutende Investitionen. Besonders verdient machte sich Mittelberger um den Ausbau der Energieversorgung, in der Vorarlberg bundesweit führend wurde. Er wirkte viele Jahre lang als Präsident des Aufsichtsrates der Vorarlberger Landeselektrizitäts-AG. Unter Landesrat Mittelberger genehmigte der Vorarlberger Landtag den Ankauf der Aktien der Vorarlberger Kraftwerke.

Nach dem Rücktritt von Bundeskanzler Seipel 1929 war Mittelberger als Kanzlerkandidat im Gespräch. Er wurde schließlich Finanzminister im Kabinett Streeruwitz, das allerdings bereits nach fünf Monaten zurücktreten musste. Die Ereignisse des Jahres 1934 bewogen den grundsatztreuen Demokraten Mittelberger, aus der Politik auszuscheiden; er lehnte eine Wiederwahl in die Landesregierung ab. Auf Bitten seiner politischen Freunde verblieb er aber in den elektrizitätswirtschaftlichen Unternehmungen des Landes. So konnte er die Organisation der Vorarlberger Kraftwerke in ihrer gegenwärtigen Gestalt vorbereiten.

1938 wurde Dr. Mittelberger aus dem Dienst entlassen. Nach Kriegsende übernahm er als Direktor den kaufmännischen Bereich der Vorarl-

Die VKW-Zentrale um 1930

1928

berger Kraftwerke und übte diese Tätigkeit bis 1950 aus. In der Politik engagierte er sich nach dem Krieg nicht mehr. Für seine bedeutenden Verdienste verlieh ihm der Bundespräsident das Große Ehrenzeichen mit Stern der Republik Österreich. A.N.

18.3.1928: Bei den Wahlen zum Vorarlberger Landtag erringt die Christlichsoziale Partei 21, die Sozialdemokratische Partei sechs und der Bauernbund zwei Mandate. Die Deutschfreisinnige Partei verliert ein Mandat und stellt nur noch einen Abgeordneten.

GEBURTSTAG

12.11.1928: Thüringen: Martin Purtscher, Landeshauptmann.

Lorenz Böhler
1885 – 1973

Seit dem Jahr 1972 trägt das größte Unfallkrankenhaus in Wien seinen Namen: das „Lorenz-Böhler-Krankenhaus" im 20. Wiener Gemeindebezirk. Lorenz Böhler zählt nicht nur in der medizinischen Fachwelt als „Vater der modernen Unfallchirurgie". Zu seinen Lebzeiten war Wien das Mekka der Unfallchirurgie. Noch heute gilt bei einer konservativen Knochenbruchbehandlung, also ohne Operation, Böhlers Technik der fachgemäßen Ruhigstellung: schmerzfreie Einrichtung, Ruhigstellung bis zur Heilung und aktive Bewegung der nicht ruhig gestellten Gelenke. Sein 1929 erschienenes dreibändiges Hauptwerk „Technik der Knochenbruchbehandlung", dessen erste Auflage er im Eigenverlag herausbringen musste, erschien bisher in 13 Auflagen, dazu in englischer, französischer, spanischer, russischer, italienischer, polnischer, chinesischer und ungarischer Übersetzung und wurde 1995/96 ein weiteres Mal aufgelegt.

Lorenz Böhler beim Studium von Röntgenbildern

Lorenz Böhler, geboren am 15. Jänner 1885 in Wolfurt, besuchte zuerst das Gymnasium in Brixen und dann das erst wenige Jahre zuvor eröffnete Gymnasium in Bregenz, wo er mit dem späteren Unterrichtsminister Dr. Emil Schneider maturierte. Es folgte das Medizinstudium in Wien, wo er 1911 promovierte. Nach Studienaufenthalten als Schiffsarzt in Südamerika und an der weltberühmten Mayo-Klinik in Rochester/Minnesota, USA, arbeitete er an den Krankenhäusern in Bozen und in Tetschen an der Elbe. 1915 leistete er Kriegsdienst in Galizien, 1916 war er an der Isonzo-Front eingesetzt. In diesem Jahr wurde er Leiter des Kriegsspitals für Knochenbrüche und Gelenksschüsse in Bozen, zuletzt als italienischer Kriegsgefangener. Nach Studien an der Chirurgischen Klinik von Prof. Dr. Hohenegg in Wien war er zunächst für vier Jahre als Chirurg in Gries bei Bozen und dann für ein Jahr als Leiter des Krankenhauses Brixen tätig. In dieser Zeit regte er den Bau eines Krankenhauses für Arbeitsverletzungen in Wien an, das weltweit für zahlreiche derartige Einrichtungen zum Vor-

bild werden sollte. Hier war er von 1925 bis 1963 als Primarius und Direktor tätig. Über eine Million Patienten wurden in diesem Zeitraum in irgendeiner Form betreut. Später, achtundsiebzigjährig, war Böhler beratender Unfallchirurg der Allgemeinen Unfallversicherungsanstalt für Österreich. Heute besteht in Österreich eine vorbildliche Kette von Unfallkrankenhäusern, Rehabilitationszentren und Spezialeinrichtungen, die ohne seine Impulse aus der Unfallchirurgie und der Unfallversicherung undenkbar gewesen wären.

In seiner akademischen Laufbahn wurde er 1930 zum Dozenten, 1936 zum außerordentlichen, 1944 zum wirklich außerordentlichen und 1954 zum ordentlichen Professor für Unfallchirurgie der Universität Wien ernannt. Über 450 Veröffentlichungen medizinwissenschaftlichen Inhalts in in- und ausländischen Fachzeitschriften deuten auf seine Kompetenz und Wertschätzung hin. Er war Ehrenmitglied verschiedener in- und ausländischer Ärztegesellschaften und Akademien der Wissenschaften sowie Ehrenprofessor zahlreicher Universitäten. Auch der „Verein der Vorarlberger in Wien" verlieh dem weltberühmten Landsmann die Ehrenmitgliedschaft, und seine Heimatgemeinde Wolfurt enthüllte ihrem Ehrenbürger 1985 eine Gedenktafel. Nach dem Tod des Bundespräsidenten Dr. Theodor Körner (SPÖ) 1957 schlug die FPÖ der ÖVP unter Bundeskanzler Julius Raab Univ.-Prof. Dr. Lorenz Böhler als gemeinsamen parteiunabhängigen Kandidaten für die Präsidentschaftswahlen vor. Böhler konnte sich aber gegen den Chirurgen Univ.-Prof. Dr. Wolfgang Denk, der schließlich gegen Adolf Schärf unterlag, nicht durchsetzen.

Lorenz Böhler starb am 23. Jänner 1973 in Wien. Er war mit Leopoldine geb. Settari verheiratet. Kl.

Diese Medaille wurde Lorenz Böhler für seine Verdienste um die Unfallchirurgie gewidmet.

1928

1928: Mit der „Österreich" wird das erste Motorschiff auf dem Bodensee in Betrieb genommen.

Februar 1929: Der Bodensee friert zu. In der Nacht vom 13. auf den 14.2. sterben bei einem Eisunglück bei Hard drei Menschen.

1.5.1929: Die Landeswallfahrt auf den Liebfrauenberg in Rankweil wird eingeführt.

4.5.1929: Der aus Götzis stammende Dr. Johann Josef Mittelberger wird in der neu gebildeten Regierung Ernst Streeruwitz Finanzminister der Republik Österreich. Er behält dieses Amt bis zum 25.9.1929.

13.9.1929: Das Land Vorarlberg kauft die VKW.

1929: Der aus Wolfurt gebürtige Unfallchirurg Dr. Lorenz Böhler veröffentlicht sein bahnbrechendes Werk „Technik der Knochenbruchbehandlung".

1929: Für Vorarlberg wird ein Tanzverbot erlassen.

Um 1930: Beginn der Hotelbauten in Zürs.

4.12.1930: Der Vorarlberger Landeshauptmann Dr. Otto Ender wird österreichischer Bundeskanzler. Er bekleidet dieses Amt bis zum 14.7.1931.

9.12.1930: Ferdinand Redler aus Bregenz wird als Nachfolger Dr. Otto Enders zum Landeshauptmann von Vorarlberg gewählt; er amtiert bis zum 14.7.1931.

1930: Auf 160 Einwohner kommt in Vorarlberg ein Kraftfahrzeug. Damit weist das Land die höchste Kraftfahrzeugsdichte aller österreichischen Bundesländer auf.

GEBURTSTAG

22.10.1929: Bludenz: Bertram Jäger, Präsident der Vorarlberger Arbeiterkammer, Landtagspräsident.

TODESTAGE

6.6.1928: Joseph Zösmair (* 11.11.1845, Bruneck, Pustertal), Landeshistoriker.

1.7.1929: Jodok Fink (* 19.2.1853, Andelsbuch), Abgeordneter zum Nationalrat, Vizekanzler der Republik Österreich.

28.10.1929: Johann Mager (* 22.8.1861, Hard), Bürgermeister und Ehrenbürger der Marktgemeinde Hard.

23.3.1930: Josef Othmar Rudigier (* 16.11.1850, Gaschurn), Götzner Pfarrer und Ehrenbürger, Abgeordneter zum Vorarlberger Landtag, Domherr und Kanonikus zu Brixen.

5.9.1930: Johann Georg Hagen (* 6.3.1847, Bregenz), Jesuit, Astronom.

Dr. Otto Ender

1875–1960

Otto Ender wurde am 24. Dezember 1875 als erster Sohn der Eheleute Hermann und Viktoria Ender in Altach geboren. Die Familien beider Elternteile zählten zur politischen Elite des Dorfes. Der Urgroßvater mütterlicherseits, Johann Walser, war der erste Vorsteher der 1801 geschaffenen Gemeinde. Der Großvater väterlicherseits, Johann Jakob

Bundeskanzler Dr. Otto Ender

Ender, hatte dasselbe Amt 1835–1844 sowie 1850–1857 inne. 1861–1866 war Johann Jakob Abgeordneter der konservativen Partei im Vorarlberger Landtag. Die politische Karriere des (Ur-)Enkels begann wenige Jahre vor dem Ersten Weltkrieg. 1910 wurde Otto Ender Mitglied der Landesleitung der Christlichsozialen Partei in Vorarlberg, 1914–1918 deren Obmann. In dieser Funktion entschloss er sich im November 1918 gemeinsam mit Jodok Fink und Franz Loser zur Gründung eines von der Tiroler Verwaltung unabhängigen selbstständigen Landes Vorarlberg. Von Dezember 1918 bis Dezember 1930 und von Juli 1931 bis Juli 1934 war Otto Ender dessen Landeshauptmann. Die vier Landtagswahlen der Ersten Republik (1919, 1923, 1928 und 1932) gewann er für seine Christlichsoziale Partei mit 53 bis 63% der Stimmen. 1930/31 war Otto Ender österreichischer Bundeskanzler, 1934 bis 1938 Präsident des Rechnungshofes in Wien. Die Besetzung Österreichs durch NS-Deutschland im März 1938 bedeutete das Ende für Enders politische Karriere. Von März bis September 1938 war er in Gestapo-Haft, im Frühjahr 1939 wurde er von der NS-Regierung zwangspensioniert und bis zum Kriegsende 1945 des Landes verwiesen. Ender wurde während der NS-Herrschaft in Österreich 1938 bis 1945 insbesondere wegen seiner führenden Rolle im so gennanten Ständestaat zwischen 1934 und 1938 politisch verfolgt. Er hatte 1934 die Verfassung für den „christlichen deutschen Bundes-

1930

Landeshauptmann Dr. Otto Ender als Festredner bei der Wimpelweihe der Vorarlberger Heimwehr in Dornbirn 1929

staat Österreich" entworfen. Dieser war als autoritäre Antithese zum deutschen Nationalsozialismus gedacht und sollte einen Anschluss Österreichs an Hitler-Deutschland verhindern helfen. Zu den Grundideen des so genannten Ständestaates zählte ein Verbot sämtlicher politischer Parteien und Organisationen sowie die Gliederung der Gesellschaft entlang von Berufsgruppen. Bei Wahlen, etwa zu Gemeinderäten oder Landtagen, wären nicht Parteien, sondern Vertreter von Bauern, Gewerbetreibenden oder Selbstständigen als Mandatare angetreten. Enders Verfassung wurde jedoch von den Regierungen Engelbert Dollfuß (1933/34) und Kurt Schuschnigg (1934–1938) nie in die Realität umgesetzt. Wahlen wurden etwa nur einmal, 1936 zur Vorarlberger Bauernkammer, durchgeführt. Nach 1945, in den Jahren des Wiederaufbaus und der Etablierung der Zweiten Republik, nahm Otto Ender aus Altersgründen keine politischen Ämter mehr wahr.

Seine christliche Grundhaltung hatte Otto Ender während seiner Studienzeit am Jesuitenkolleg Stella Matutina in Feldkirch von 1888 bis 1896 gefestigt. Nach der Matura 1896 studierte er in Innsbruck, Wien, Prag und Freiburg in der Schweiz Rechtswissenschaften. 1901 wurde er an der Universität Innsbruck zum Doctor iuris promoviert. 1901/02 absolvierte er ein Rechtspraktikantenjahr am Kreisgericht Feldkirch. Von 1902 bis 1908 war er Rechtsanwaltskonzipient in Feldkirch und Wien.

1908 eröffnete er in der Bregenzer Rathausstraße 35a seine eigene Kanzlei. Im selben Jahr heiratete er die Schweizer Staatsbürgerin Maria Rusch, mit der er vier Söhne und drei Töchter hatte. Ruschs Vater, Großvater und Urgroßvater waren Landammänner im Kanton Appenzell. In den Folgejahren engagierte Ender sich vermehrt in der Öffentlichkeit. Er hielt Vorträge über die Einführung des Grundbuches und war während des Besuchs von Kaiser Franz Joseph I. in Bregenz 1909 Presseverantwortlicher. Die Öffentlichkeitsarbeit zählte auch zu seinen Aufgaben als stellvertretender Obmann des katholischen Turndachverbandes „Vorarlberger Rheingau" zwischen 1906 und 1914. Diese Funktion legte er 1914 zurück, da er in diesem Jahr zum geschäftsführenden Direktor der Landeshypothekenbank ernannt worden war, 1915 erfolgte die Definitivstellung. Nach Kriegsausbruch im Sommer 1914 wurde er Leiter der Landeseinkaufsstelle und der Bregenzer Außenstelle der Kriegsgetreideverkehrsanstalt sowie Mitglied im Landeskomitee für soziale Fürsorge. 1915 bis 1918 war er Mitglied des Ernährungsrates in Wien, 1917/18 Obmann des Baukomitees zur Errichtung der Lungenheilstätte Gaisbühel. Die Kriegsjahre 1914–1918 ermöglichten Ender eine Erweiterung seiner beruflichen Qualifikation vom anerkannten Juristen und Medienfachmann zum effektiven Bankmanager und Organisationsprofi. Dieser reiche berufliche Erfahrungsschatz war das Fundament, auf dem er in der Zwischenkriegszeit seine erfolgreiche politische Karriere aufbauen konnte. Diese war nicht frei von autoritären Zügen. Ender bestand etwa auf der alleinigen Befehlsgewalt des Landeshauptmannes über den Vorarlberger Heimatdienst, eine 1927 aus bürgerlichen antimarxistischen Selbstschutzorganisationen gegründete paramilitärische Organisation. Im Juli 1927 setzte er den Heimatdienst gegen streikende Vorarlberger Arbeiter ein. Nach dem Scheitern seiner Bundesregierung im Juni 1931 erklärte er dem österreichischen Bundespräsidenten, nur dann zur Bildung eines weiteren Kabinetts bereit zu sein, wenn er die Vollmacht erhielte, wirtschaftliche und politische Reformen notfalls auch per Verordnung durchzusetzen. Unbestritten sind seine Verdienste als Gründer und Gestalter des Landes Vorarlberg; in wirtschaftspolitischer Hinsicht etwa durch die Gründung der Agrarbezirksbehörde, durch den Beginn des Ausbaus des Straßennetzes in den 1920er Jahren, durch die Errichtung einer landwirtschaftlichen Fachschule, durch den Ausbau der Vorarlberger Wasserkräfte mit dem Kauf der Vorarlberger Kraftwerke und der Gründung der Vorarlberger Illwerke; in verwaltungstechnischer Hinsicht etwa durch die Organisation und Etablierung einer autonomen Vorarlberger Landesverwaltung; in rechtshistorischer Hinsicht etwa durch die Mitarbeit an der demokratischen Bundesverfassung von 1920 und der demokratischen Landesverfassung von 1923. Die Einschätzung der Mittel und Wege, die bei der Umsetzung dieser Verdienste ergriffen wurden, sind notwendigerweise unterschiedlich: Für das eigene politische Lager war Otto Ender „Vorarlbergs größter Sohn" (so das christlichsoziale „Vorarlberger Volksblatt" in einem Nachruf 1960). Der politische Gegner verwendete in den 1920er und 1930er Jahren das Bild vom „Lande Ender Paschas", um den politischen Stil Otto Enders zu beschreiben.

Otto Ender starb am 25. Juni 1960 und wurde auf dem städtischen Friedhof in Bregenz beigesetzt. W.W.

225

1931

14.7.1931: Dr. Otto Ender tritt als österreichischer Bundeskanzler zurück, nachdem der österreichische Staat durch den Zusammenbruch der Credit-Anstalt im Mai in eine finanzielle Krise geraten ist und sich ein Scheitern der von ihm angestrebten Zollunion mit Deutschland abzeichnet. Nach seinem Rücktritt als Bundeskanzler wird Dr. Otto Ender wieder zum Vorarlberger Landeshauptmann gewählt.

6.11.1932: Bei den letzten Landtagswahlen vor dem Zweiten Weltkrieg erringt die Christlichsoziale Partei 18, die Sozialdemokratische Partei vier und die NSDAP zwei Mandate. Die Großdeutsche Volkspartei, in der die Deutschfreisinnigen aufgegangen sind, und der Landbund stellen je einen Abgeordneten. Die Gesamtzahl der Mandate wurde zuvor von 30 auf 26 verringert.

1932: Ebnit wird in Dornbirn eingemeindet.

19.6.1933: In Österreich wird die NSDAP verboten. Daraufhin setzt auch in Vorarlberg eine intensive Flugblatttätigkeit der nun illegalen Partei ein. Anfang August verabschiedet der Vorarlberger Landtag schließlich ein Landesverfassungsgesetz, durch welches das Ruhen der beiden nationalistischen Mandate im Landtag festgelegt wird.

19.7.1933: Der Vorarlberger Landeshauptmann Dr. Otto Ender wird zum Bundesminister für Verwaltungs- und Verfassungsreform berufen. In dieser Funktion ist er für die Ausarbeitung der Ständeverfassung vom 1.5.1934 verantwortlich. Während dieser Zeit bleibt Ender weiterhin Landeshauptmann.

GEBURTSTAG

18.7.1933: Dornbirn: Fritz Mayer († 13.9.1988), Bregenzer Bürgermeister.

TODESTAG

7.2.1933: Alfons Fritz (* 2.8.1900, Andelsbuch), Architekt.

Das Jahr 1934

1934 war der Kulminationspunkt für eine Entwicklung der österreichischen Innenpolitik, die bereits nach dem Scheitern der letzten großkoalitionären Regierung Karl Renners und Jodok Finks im Juli 1920 begonnen hatte. Die drei großen politischen Lager der Ersten Republik, das christlichsoziale, das deutschnationale und das sozialistische, zeigten zwischen 1920 und 1933 wenig Willen, das demokratische Haus Österreich gemeinsam zu bauen. Im Gegenteil: Sie agitierten auf Grundlage von chauvinistischen Allmachtsfantasien und patriarchalen Gewaltszenarien. 1927 ließ der Wiener Polizeipräsident Johannes Schober auf jene Menschen schießen, die vor dem Justizpalast gegen den Freispruch für die Mörder im Schattendorf-Prozess demonstrierten. Über hundert Tote waren das traurige Ergebnis. Im März 1933 verhinderte die Regierung Dollfuß ein legitimes Zusammentreten des Nationalrates und erklärte, das Parlament hätte sich selbst ausgeschaltet. Unter Rückgriff auf das Kriegswirtschaftliche Ermächtigungsgesetz aus dem Jahre 1917 regierte sie fortan per Notverordnungen. Noch im selben Monat löste sie den sozialdemokratischen Republikanischen Schutzbund auf. Im Mai 1933 verbot sie die Durchführung von Gemeinderats- und Landtagswahlen sowie die Kommunistische Partei Österreichs. Sie kündigte die Auflösung aller Parteien und politischen Organisationen sowie die Zusammenfassung aller so genannten österreichtreuen gesellschaftlichen Kräfte in der Vaterländischen Front an. Auf Grund der fortgesetzten antiösterreichischen NS-Propaganda, die immer gewalttätigere Ausmaße annahm, verbot sie am 19. Juni 1933 die NSDAP. Im September 1933 errichtete sie Anhaltelager zur Internierung von politisch missliebigen Personen. Im November 1933 wurde die 1919 von der demokratischen Republik abgeschaffte Todesstrafe wieder eingeführt.

Im Dezember 1933 wurden die sozialdemokratischen Funktionäre in den Arbeiterkammern per Verfügung der Dollfuß-Regierung durch christlichsoziale Mandatare ersetzt. Nationalsozialisten, Kommunisten und ein Teil der Sozialdemokraten reagierten auf diese Verschärfung des politischen Kurses in gleicher Weise. Sie gingen in den Untergrund, um dort den politischen Kampf gegen die autoritäre Regierung Dollfuß fortzusetzen. In den Mitteln, die sie in diesem Kampf einsetzten, unterschieden sie sich aber deutlich. Während der marxistische Untergrund seinen Widerstand im Wesentlichen auf gewaltfreie Aktivitäten wie Bummelstreiks oder das Streuen von Flugblättern beschränkte und nur vereinzelt Sabotageakte an materiellen Staatsgütern ausübte, setzte die NSDAP auf die terroristische Karte. Noch zu Zeiten ihrer Legalität im Frühjahr 1933 hatte sie den Anschluss Österreichs an Hitler-Deutschland mit Gewaltakten zu erzwingen versucht. Am 11. Juni 1933 etwa führte sie einen Mordanschlag auf den Tiroler Heimwehrführer Richard Steidle durch und am 19. Juni desselben Jahres einen Handgranatenanschlag auf christliche Turner in Krems, bei dem ein

1934

Der Republikanische Schutzbund konnte weder in der Zahl noch in der Ausstattung mit den Heimwehren mithalten. Auf dem Bild ist der Republikanische Schutzbund Dornbirn bei einem Ausflug Anfang der 30er Jahre zu sehen.

Turner getötet wurde. Dieser Terror wurde nach dem NSDAP-Verbot intensiviert. Allein in der ersten Januarwoche 1934 wurden in ganz Österreich 140 NS-Sprengstoffanschläge gezählt. In Dornbirn sollen im Januar 1934 täglich bis zu 25 Papierböller explodiert sein. In der Nacht vom 10. auf den 11. November 1933 wurde der Lochauer Heimwehrmann Edwin King während eines Patrouillenganges am Bodensee von einem illegalen Nationalsozialisten erschossen. Der Vorarlberger NS-Täter flüchtete mit einem Boot über den Bodensee nach Lindau.

Trotz solcher verbrecherischer Aktivitäten sah die Dollfuß-Regierung nicht in der NSDAP, sondern in der Sozialdemokratie den primären Feind ihrer Bestrebungen zum totalitären Umbau Österreichs. Ende Januar 1934 begann sie die Sozialdemokraten mit vermehrten Waffensuchen in sozialdemokratischen Parteiheimen und Wohnungen gezielt zu provozieren. Im Februar 1934 teilte der oberösterreichische Republikanische Schutzbund der sozialdemokratischen Parteileitung in Wien mit, dass er sich im Fall von Hausdurchsuchungen wehren würde. Am 12. Februar 1934 machte er diese Ankündigung wahr und widersetzte sich mit Waffengewalt einer polizeilichen Visite des Linzer sozialdemokratischen Parteiheimes. In Steyr, im Hausruck, in Bruck, Kapfenberg, Judenburg, Weiz, Graz, St. Pölten, Neunkirchen, Höring, Wörgl und Wien kam es ebenfalls zu bewaffneten Erhebungen sozialdemokratischer und kommunistischer Arbeiter. Bis zum 15. Februar 1934 wurden sie durch Bundesheer, Heimwehr und Polizei niedergekämpft. Die Bilanz am Ende der Auseinandersetzungen war erschreckend: zwischen 300 und 1.200 Tote sowie 800 bis 5.000 Verletzte.

In vielen europäischen Staaten und in den USA kam es zu Solidaritätskundgebungen für die kämpfenden österreichischen Arbeiter und Arbeiterinnen. Trotzdem verbot die Dollfuß-Regierung am 12. Februar 1934 die Sozialdemokratische Partei und ihr nahe stehende Organisationen. In Vorarlberg traf das eine Partei von wenigen Tausend Mitgliedern und wenige Dutzend sozialdemokratische Vereine. Die Vermögenswerte der Sozialdemokratischen Partei und der Vereine wurden durch den Staat beschlagnahmt. Immobilien wurden nach Möglichkeit verkauft, Sachwerte wie z.B. die Turngeräte der Arbeiter-Turn- und Sportvereine an die katholischen Turnerbünde des Landes überstellt. Die Mandate der Sozialdemokratie in den Landtagen und im Nationalrat wurden annulliert, die Betriebsräte ihrer Funktion enthoben, die Gewerkschaft wurde aufgelöst und an ihrer Stelle eine staatliche Einheitsgewerkschaft errichtet. 21 Arbeiter wurden durch Standgerichte zum Tod verurteilt. Neun dieser Todesurteile wurden vollstreckt, u.a. an dem schwer verletzten Wiener Schutzbundführer Karl Münichreiter. Der dafür verantwortliche Justizminister Kurt Schuschnigg wurde im Sommer 1934 Nachfolger des durch NS-Putschisten ermordeten Bundes-

Bundeskanzler Engelbert Dollfuß 1934 vor dem Landesgericht Feldkirch

1934

Heimwehraufmarsch 1935 in Feldkirch

kanzlers Engelbert Dollfuß. Die NSDAP hatte während der Februarkämpfe ihre terroristische Propaganda gegen Österreich kurz eingestellt, sie danach aber mit immer härteren Mitteln wieder aufgenommen. Am 9. Juni 1934 sprengten illegale Vorarlberger Nationalsozialisten eine Druckrohrleitung des Spullerseewerkes und verursachten damit einen Schaden von ca. 200.000 ATS. Am folgenden Tag wurden in Dornbirn und Hohenweiler zwei Starkstrommasten der Illwerke gesprengt. Ende Juni ging in Lustenau bei der Turnhalle des katholischen Turnerbundes ein Sprengsatz hoch, der an der Halle und den umliegenden Häusern einen Schaden von ca. 5.000 ATS verursachte. Am 25. Juli 1934 versuchte die illegale SS-Standarte 89 in Wien einen Staatsstreich. Sie besetzte die Senderäume des österreichischen Rundfunks (RAVAG) und das Bundeskanzleramt. Bundeskanzler Dollfuß wurde bei seinem Fluchtversuch von zwei Putschisten durch Pistolenschüsse schwer verletzt und erlag am Nachmittag des 25. Juli 1934 seinen Verletzungen. Der Putsch brach zusammen, die 154 Aufständischen, von denen rund zwei Drittel ehemalige Bundesheerangehörige waren, wurden verhaftet und vor ein Militärgericht gebracht. Acht von ihnen wurden hingerichtet. In Kärnten wurde auf Seiten der NS-Putschisten der Bregenzer Dr. Arthur Seeber tödlich verwundet. In Vorarlberg selbst blieb es im Juli 1934 ruhig. Kurt Schuschnigg übernahm die Regierungsgeschäfte und setzte bis Jahresende 1934 den von Dollfuß begonnenen totalitären Umbau Österreichs fort. Bereits am 1. Mai 1934 war die vom Vorarlberger Landeshauptmann Dr. Otto Ender ausgearbeitete ständische Verfassung oktroyiert worden. Darin wurde die Vaterländische Front zum alleinigen Organ der politischen Willensbildung erklärt. Die gesamte Gesellschaft wurde entlang von Berufsgruppen (Ständen) organisiert. In den Parlamenten saßen nun nicht mehr Parteien, sondern Vertreter von Ständen. Im November 1934 wurde die Vorarlberger Landesverfassung der neuen autoritären Bundesverfassung angepasst. Landtag und Gemeinden setzten sich folglich aus Vertretern von Kirche, Schulen, Wissenschaft, Landwirtschaft, Industrie, Handel, Gewerbe usw. zusammen. Staats- und Landesbedienstete waren verpflichtet, der Vaterländischen Front oder einer ihrer Teilorganisationen wie der Sozialen Arbeitsgemeinschaft beizutreten.

Im Spätherbst 1934 wurden die in der Maiverfassung vorgesehenen neuen beratenden Organe der Regierung konstituiert: der Staatsrat, der Bundeskulturrat, der Bundeswirtschaftsrat, der Länderrat sowie der Bundestag. Einige ehemalige christlichsoziale Vorarlberger Politiker nahmen am Aufbau dieses neuen Staates aktiv teil und waren Mitglieder in dessen beratenden Institutionen – so etwa der spätere Landeshauptmann Ulrich Ilg, der von 1934 bis 1938 Mitglied des Bundeswirtschaftsrates sowie des Bundestages und im Kabinett Dollfuß II kurzfristig Staatssekretär für Land- und Forstwirtschaft war. Auch Vorarlberger Sozialdemokraten erklärten sich zum neuen Staat loyal, so etwa der sozialdemokratische Parteisekretär Anton Linder im Februar 1934. Einige Dutzend Vorarlberger, insbesondere aus dem marxistischen Lager, verweigerten sich jedoch dem Ständestaat und agitierten mittels Flug- und Streuzetteln gegen ihn – so z.B. der spätere Landtagsabgeordnete und Bezirkssekretär der SPÖ, Josef Greussing, der 1937/38 wegen Streuung von Flugzetteln der illegalen Revolutionären Sozialisten mehrere Wochen in Haft war, oder der kurzfristige kommissarische Bürgermeister von Klösterle, Richard Kolar, der auf Grund seiner Funktion als Landesleiter der illegalen KPÖ 1937/38 zu drei Monaten Arrest verurteilt wurde.

W.W.

Auswirkungen eines Bölleranschlags illegaler Nationalsozialisten auf das Rathaus in Dornbirn

1935

12.2.1934: Die Sozialdemokratische Partei wird verboten, ihre Mandate werden aufgehoben.

5.3.1934: Der Vorarlberger Landtag überträgt für den Fall, dass ein Zusammentreten nicht mehr möglich sein sollte, seine Gesetzgebungsbefugnisse dem Landeshauptmann.

10.7.1934: Dr. Otto Ender tritt als Landeshauptmann zurück und übersiedelt als Präsident des Rechnungshofes nach Wien. Er behält dieses Amt bis 1938.

17.7.1934: Adolf Vögel aus Doren wird zum Landtagspräsidenten gewählt.

24.7.1934: Dipl.-Ing. Ernst Winsauer aus Dornbirn wird als Nachfolger Dr. Otto Enders zum Landeshauptmann gewählt.

11.10.1934: Der Vorarlberger Landtag beschließt eine neue, auf der am 1.5.1934 proklamierten und unter der Leitung von Dr. Otto Ender ausgearbeiteten ständischen Bundesverfassung basierende Landesverfassung.

14.11.1934: Der auf der Grundlage der neuen ständischen Landesverfassung bestellte Landtag tritt erstmals zusammen. Er setzt sich aus 26 Abgeordneten der verschiedenen Berufsstände zusammen: zwei Vertreter der staatlich anerkannten Kirchen- und Religionsgemeinschaften, zwei Vertreter des Schul-, Erziehungs- und Volksbildungswesens, ein Vertreter von Kunst und Wissenschaft, sieben Vertreter der Land- und Forstwirtschaft, fünf Vertreter von Industrie und Bergbau, vier Vertreter des Gewerbes, zwei Vertreter von Handel und Verkehr sowie je ein Vertreter des Geld-, Kredit- und Versicherungswesens, der freien Berufe und des öffentlichen Dienstes.

1934: Der spätere Vorarlberger Landeshauptmann Ulrich Ilg wird Staatssekretär im Landwirtschaftsministerium.

1934: Der Vorarlberger Landessender nimmt seinen Betrieb auf.

1935: Der Weihbischof von Feldkirch und Generalvikar für Vorarlberg, Dr. Sigismund Waitz, wird zum Fürsterzbischof von Salzburg geweiht.

1935-1937: Bau der Montjolastraße.

GEBURTSTAG

18.6.1935: Bürs: Hubert Säly († 19.5.1992), Mitbegründer und Herausgeber der „Neuen Vorarlberger Tageszeitung".

TODESTAGE

26.3.1934: Grete Gulbransson-Jehly (* 31.7.1882, Bludenz), Schriftstellerin (begraben in Bludenz).

11.11.1934: Georg Froewis (* 30.1.1865, Alberschwende), China-Missionar.

4.12.1934: Josef Georg Bilgeri (* 11.10.1873, Bregenz), Offizier und Schipionier.

23.1.1935: Ägidius Mayer (* 31.3.1857, Schwarzenberg), Priester, Abgeordneter zum Vorarlberger Landtag, Schriftleiter des „Vorarlberger Volksblattes", Pfarrer und Ehrenbürger der Marktgemeinde Schruns.

24.6.1935: Gebhard Fischer (* 17.4.1852, Wolfurt-Rickenbach), Gymnasialprofessor und Historiker, Feldkircher Ehrenbürger.

Turn- und Sportgeschichte Vorarlbergs

Ein Überblick über die Geschichte von Turnen und Sport in Vorarlberg erfordert zunächst eine Begriffsbestimmung. Sport stellt im heutigen Sprachgebrauch einen Sammelbegriff dar und umfasst alle möglichen Formen der Leibesübungen, auch das Turnen. „Sport" wurde zuerst in England betrieben und unterschied sich vom Turnen in der Bedeutung der absoluten Leistung des Einzelnen, im Streben nach Höchstleistungen (Rekorden), in der Messbarkeit der Leistungen und in der Spezialisierung auf einzelne Disziplinen. Wesentliches Merkmal des Turnens war neben einer ausgewogenen Körperausbildung vor allem die Erziehung zum „sittlichen und vaterlandsliebenden" Menschen (Friedrich Ludwig Jahn). Das Turnen war gekennzeichnet durch eine enge Bindung an weltanschauliche Bewegungen wie Nationalismus, Liberalismus oder Sozialismus. Fast ein Jahrhundert lang standen Turnen und Sport einander diametral gegenüber. Erst nach dem Zweiten Weltkrieg wurde das Turnen eine von vielen Sportarten.

Von den Anfängen bis zum Ersten Weltkrieg

Schon vor vielen Jahrhunderten wurde gerannt, gesprungen, gejagt, geschwommen, gewandert. Bereits im

1936

17. Jahrhundert wurde etwa das Baden im Bodensee durch eine Verordnung des Stadtmagistrats von Bregenz geregelt, die das Baden nicht nur zeitlich limitierte, sondern auch eine strenge Trennung nach Geschlechtern befahl.

Die Anfänge einer vereinsmäßig organisierten Turn- und Sportbewegung gehen auf die Mitte des 19. Jahrhunderts zurück. Unter dem Einfluss deutscher Facharbeiter wurden 1849 in Bregenz und 1851 in Feldkirch die ersten „Turngemeinden" des Landes gegründet. Von allem Anfang an stand dieses auf den Grundsätzen von „Turnvater" Friedrich Ludwig Jahn begründete so genannte „deutsche" Turnen in einem engen Zusammenhang mit den politischen und wirtschaftlichen Gegebenheiten des Landes. Noch vor dem Ersten Weltkrieg entwickelten sich drei voneinander unabhängige, weltanschaulich klar abgegrenzte Turnrichtungen: eine deutschnationale, eine christlichsoziale und eine sozialdemokratische. Nur bei den Turnern kam es auch zur Gründung von so genannten Fachverbänden. 1883 wurde der deutschnationale Vorarlberger Turngau gegründet, 1906 der katholische Vorarlberger Turner- und Athletenverband (ab 1908 Vorarlberger Rheingau).

1885 wurde mit dem Ruder- und Segelclub Bregenz der erste Sportverein des Landes gegründet. Bis zum Ersten Weltkrieg erfolgten weitere Vereinsbildungen im Eislaufen, Fußball, Radfahren, Rudern, Segeln, Skilaufen

Alpinisten um die Jahrhundertwende auf dem Widderstein

Radrennen im Vorkloster um 1900 im 1896 eröffneten Radstadion

Das Vorarlberger Gauturnfest 1906 in Dornbirn

und Stemmen. Noch vor dem Ersten Weltkrieg sorgten mehrere Vorarlberger Sportler für herausragende (sportliche) Leistungen: Otto Madlener belegte bei den Europameisterschaften 1904 im Ringen (in Wien) den 5. Rang; Dr. Karl Blodig bestieg alle 66 Viertausender der Alpen; die Skipioniere Viktor Sohm, Josef Bildstein, Josef Georg Bilgeri und Hannes Schneider legten den Grundstein für den ausgezeichneten Ruf, den Vorarlberg als Skisportland bis heute weit über die Grenzen des Landes hinaus genießt. Mit seinem österreichischen Rekord von 41 m (1911 in Bad Aussee) und dem österreichischen Meistertitel im Jahre 1913 war Josef Bildstein auch der erste in einer Reihe herausragender Vorarlberger Spitzensportler im Skifahren.

Turnen und Sport in der Ersten Republik (1918–1938)

Die wesentlichsten Merkmale des Turn- und Sportgeschehens in der Ersten Republik in Vorarlberg waren dessen zunehmende Verpolitisierung, die Ablösung des Turnens als vorherrschende Form der Leibeserziehung durch den Sport, die Internationalisierung des Wettkampfwesens und die immer stärker werdende Emanzipation der Frauen im Sport.

Die Turn- und Sportbewegung blieb auch nach dem Ersten Weltkrieg in drei Lager gespalten. Die politischen Auseinandersetzungen der 30er Jahre mit dem Bürgerkrieg im Februar 1934 und der Ermordung des christlichsozialen Bundeskanzlers Dr. Engelbert Dollfuß durch Nationalsozialisten als Höhepunkt führten zum einen zur Auflösung aller sozialdemokratischen Turn- und Sportvereine im Februar 1934, zum anderen aber auch zu einer starken Polarisierung des bürgerlichen Lagers. Hatte sich der Vorarlberger Rheingau kurz nach dem Ersten Weltkrieg noch energisch gegen eine Vereinnahmung durch den Vorarlberger Turngau gewehrt, so scheiterten ab 1934 alle politischen Versuche, die beiden Turnverbände in einer Einheitsturnerschaft zu vereinen, am Widerstand des Vorarlberger Turngaus. Das offensichtliche Nahverhältnis einiger „völkischer" Turn- und Sportverbände (z.B. des Vorarlberger Turngaus, des Verbands Vorarlberger Skiläufer) zur Nationalsozialistischen Deutschen Arbeiterpartei (NSDAP) führte zur behördlichen Auflösung mehrerer Turn- und Sportvereine und zum Rücktritt maßgeblicher Sportfunktionäre.

Unabhängig von der Turnbewegung entwickelte sich in Vorarlberg ab Beginn der 20er Jahre immer mehr eine eigenständige Sportbewegung. Obwohl sich die beiden Turnverbände

Beim Baden wurden die Geschlechter streng getrennt.

Die erste Badeanstalt Vorarlbergs, die „Mili" in Bregenz

Turngau und Rheingau bemühten, der zunehmenden Konkurrenz der Sportvereine entgegenzuwirken, und immer mehr Sportarten in ihren Aufgabenbereich übernahmen, war der Siegeszug der „Weltreligion des 20. Jahrhunderts" (Krüger) auch in Vorarlberg nicht aufzuhalten. 1920 wurde mit dem Vorarlberger Fußballverband der erste „reine" Sportverband des Landes gegründet. Bis 1938 folgten elf weitere Fachverbände. Von 1924 bis 1934, den „goldenen Jahren des Sports", wurde das Angebot an Sportarten immer vielfältiger, die Mitgliederzahlen der Vereine und Verbände vervielfachten sich, der Sport wurde zu einem Massenphänomen, das alle Bevölkerungsschichten erfasste. Immer mehr wurde der Sport auch zum Zuschauersport. Einzelnen Sportveranstaltungen, etwa den Motorradrundstreckenrennen 1935 und 1936 in Lustenau, wohnten mehr als 10.000 Zuschauer bei.

1925 nahm der Lustenauer Radfahrer Adolf Haug als erster Vorarlberger an einer Weltmeisterschaft teil. In den folgenden zwölf Jahren starteten Vorarlberger Sportler bei sieben Welt- und fünf Europameisterschaften sowie bei den Olympischen Spielen 1936 in Berlin. Bei der Olympiade 1936 war Vorarlberg mit sechs Sportlern vertreten: den Turnern Pius Hollenstein, Adolf Scheffknecht (beide Lustenau) und August Sturn

1936

1933 gewann der FC Lustenau 1907 das Spiel gegen Grashopper Zürich in Zürich 3:2.

(Kennelbach), dem Radfahrer Rudolf Huber, dem Schützen Alfred Hämmerle und dem Fußballer Ernst Künz (alle Lustenau). Ernst Künz erreichte bei diesen Spielen mit der österreichischen Fußballnationalmannschaft Silber, die erste Olympiamedaille eines Vorarlberger Sportlers. Ebenfalls Silber gewann Alfred Alge (Lustenau) bei den Europameisterschaften 1931 in Bern im Saalradsport (Einerkunstfahren). Auf nationaler Ebene wurden zwischen 1924 und 1938 in sechs verschiedenen Sportarten nicht weniger als 24 Gold-, 33 Silber- und 22 Bronzemedaillen in Einzelbewerben gewonnen.

Einen nicht unwesentlichen Beitrag zu den Erfolgen von Vorarlberger Sportlern lieferten dabei die Frauen. Trotz Widerständen vor allem von Seiten der katholischen Kirche behaupteten immer mehr Frauen ihre Position im Turn- und Sportgeschehen. Ab Mitte der 20er Jahre kam es in verschiedenen Sportarten zur Durchführung von Vorarlberger Meisterschaften. Besonders erfolgreich waren Vorarlbergs Sportlerinnen im Schwimmen und im Skifahren. Mit acht Goldmedaillen bei österreichischen Meisterschaften war die Bregenzerin Fritzi Jelinek die überragende Vorarlberger Sportlerin der Zwischenkriegszeit.

Turnen und Sport im Nationalsozialismus

Der Anschluss Vorarlbergs an Hitlerdeutschland am 11. März 1938 beendete die Eigenständigkeit des Vorarlberger Turn- und Sportgeschehens. Die einzelnen Vereine und Verbände wurden in den „Deutschen Reichsbund für Leibesübungen" eingegliedert. Am 30. April 1941 wurde der Sportbezirk Vorarlberg aufgelöst und dem Gau Tirol-Vorarlberg unterstellt. Sportgauführer wurde der Innsbrucker Herrmann Margreiter.

1938 und 1939 errangen einige Vorarlberger Sportler schöne Erfolge. Die Lustenauer Josef Bösch und Anton Vogel gewannen im Radfahren bzw. Ringen den „Ostmarktitel", der Stubener Willi Walch erreichte bei den Weltmeisterschaften im Skilauf in Zakopane mit einem 4. Rang in der Abfahrt und einem 3. Rang im Slalom die Silbermedaille in der Kombinationswertung. Erst mit dem Ausbruch des Zweiten Weltkrieges trat das Sportgeschehen auch in Vorarlberg immer mehr in den Hintergrund. Lediglich im Schießen und im Bereich der Hitlerjugend wurde eine regelmäßige Wettkampftätigkeit aufrechterhalten. Stellvertretend für die vielen Vorarlberger Sportler, die im Zweiten Weltkrieg ihr Leben ließen, seien drei der besten erwähnt: Ernst Künz (Fußball), Adolf Scheffknecht (Turnen) und Willi Walch (Skifahren).

L.P.

Guido Schmidt
1901–1957

Für kaum einen anderen aus Vorarlberg stammenden Politiker der Zwischenkriegszeit interessierte sich die Weltöffentlichkeit so stark wie für Dr. Guido Schmidt. Anlass dafür war ein Hochverratsprozess vor dem Wiener Volksgerichtshof, der 1947 gegen ihn wegen seiner Haltung als österreichisches Regierungsmitglied gegenüber Deutschland vor dem Zweiten Weltkrieg angestrengt wurde und mit einem Freispruch endete.

Guido Schmidt wurde am 15. Jänner 1901 in Bludenz als Sohn einer angesehenen Kaufmannsfamilie geboren, die schon früh ihren Vater verlor. Sein ältester Bruder Josef war Ende der 20er Jahre Bürgermeister von Bludenz sowie Anfang der 30er Jahre Landtags- und Nationalratsabgeordneter der Christlichsozialen Partei.

Der Schipionier Josef Georg Bilgeri leitet einen Schikurs.

1936

Staatssekretär Guido Schmidt mit Bundeskanzler Schuschnigg (Mitte) und Hannes Schneider (links) 1937 in St. Christoph am Arlberg

Seinen Kampf für Österreich bezahlte Josef mit verschiedenen Strafen und mit dem KZ. In Feldkirch besuchte Guido das Gymnasium Stella Matutina, wo er seinen späteren politischen Mentor, Kurt Schuschnigg, kennen lernte. Sodann wechselte er an die Universität in Wien und inskribierte Rechts- und Staatswissenschaften. Nach Studienaufenthalten an den Universitäten Berlin und Bologna promovierte er 1924 in Wien zum Doktor der Rechte. Ein Jahr später trat er in den Diplomatischen Dienst ein, und 1927 holte ihn Bundeskanzler Dr. Ignaz Seipel in die Kanzlei des Bundespräsidenten Wilhelm Miklas.

Nach dem Zustandekommen des „Juliabkommens" nahm ihn Bundeskanzler Dr. Kurt Schuschnigg am 11. Juli 1936 als Staatssekretär des Äußeren in seine Regierung. Schmidt wurde zu einem der engsten und vertrautesten Mitarbeiter Schuschniggs, mit dem er seit ihrer gemeinsamen „Stella"-Zeit befreundet war. Die Regierungslager sowie die maßgeblichen politischen Gruppierungen waren uneins darüber, wie man innenpolitisch gegen die illegalen Nationalsozialisten in Österreich und außenpolitisch gegen Hitler vorgehen sollte. Zusammen mit Schuschnigg zählte Schmidt in dem zähen Ringen mit den Nationalsozialisten zu den versöhnungsbereiten – im Gegensatz zu den widerstandsbereiten – Kräften wie die katholische Kirche und der Wiener Bürgermeister Richard Schmitz.

Im Gespräch mit Hitler, der seine Verhandlungspartner (u.a. Schmidt und Schuschnigg) unter massiven psychischen und militärischen Druck gesetzt hatte, scheiterte am 12. Februar 1938 in Berchtesgaden der Versuch, eine politische Lösung zu erzielen. Das „Berchtesgadener Abkommen" beeinträchtigte die österreichische Souveränität gravierend. Im Rahmen der Regierungsumbildung am 15. Februar 1938 – die Regierung sollte den Charakter einer Konzentrationsregierung

Guido Schmidt mit dem deutschen Reichsaußenminister Freiherr von Neurath

erhalten – wurde Schmidt zum Bundesminister für Auswärtige Angelegenheiten ernannt. Heute ist bekannt, dass Schmidt in dieser Funktion einige Zugeständnisse Schuschniggs wieder rückgängig machen konnte. Schließlich demissionierte die Regierung Schuschnigg auf Grund des steigenden Drucks seitens der Nationalsozialisten am 11. März 1938. Ein Angebot des nationalsozialistischen Bundeskanzlers Dr. Arthur Seyß-Inquart, im Amt zu verbleiben, lehnte Schmidt ab.

Während des Krieges war Schmidt vorübergehend arbeitslos und zeitweise in der Industrie (Hermann-Göring-Werke, heute VÖEST/Linz) beschäftigt. Auf Grund seiner Konsensbereitschaft mit den Nationalsozialisten, die er als Regierungsmitglied in manchen Bereichen gezeigt hatte, wurde er wegen Hochverrates am 2. Dezember 1945 in Haft genommen. Der Volksgerichtsprozess, bei dem es nur Freispruch oder Todesstrafe gab, endete am 12. Juni 1947 nach dreieinhalbmonatiger Dauer mit einem Freispruch. Für viele war die Verlesung zahlreicher Dokumente und Protokolle eine Rechtfertigung der österreichischen Außenpolitik vor den tragischen Ereignissen von 1938. Für das Gericht konnte der Verdacht nicht genügend entkräftet werden, weshalb eine Entschädigung unterblieb. Eine Rückkehr Schmidts in den Auswärtigen Dienst wurde abgelehnt. Mitte der 50er Jahre wurde er Generaldirektor der Österreichisch-Amerikanischen Gummiwerke AG Semperit. In St. Anton am Arlberg unterstützte er den Ausbau der Seilbahnen auf die Valluga. Am 5. Mai 1957 verstarb Schmidt in Wien. Er war seit dem 14. September 1931 mit Maria geb. Baronesse von Chiari verheiratet und Vater dreier Kinder. Kl.

6.-16.2.1936: An den Olympischen Winterspielen in Garmisch-Partenkirchen nimmt mit dem Schirennläufer Edwin Hartmann aus Frastanz erstmals ein Vorarlberger Sportler teil.

1936

11.7.1936: Nach dem Abschluss des Juliabkommens zwischen Österreich und dem Deutschen Reich – beide Staaten schließen eine Art „Nichteinmischungspakt", erkennen sich gegenseitig die Souveränität zu, versprechen, die Außenpolitik auf einander abzustimmen und normale Wirtschaftsbeziehungen vorzubereiten, den kulturellen Austausch zu fördern usw.; Österreich verspricht außerdem, Vertreter der „nationalen Opposition" zu amnestieren und in die politische Verantwortung einzubinden – wird der aus Bludenz stammende Diplomat Guido Schmidt als Staatssekretär für Äußeres in die österreichische Regierung aufgenommen.

1.-16.8.1936: An den Olympischen Sommerspielen in Berlin nehmen auch Vorarlberger Athleten teil: die Turner Pius Hollenstein und Adolf Scheffknecht aus Lustenau sowie August Sturn aus Kennelbach, der Schütze Alfred Hämmerle aus Lustenau, der Radrennfahrer Rudolf Huber aus Lustenau und der Fußballspieler Ernst Künz aus Lustenau, der als Einziger eine Silbermedaille erringt.

TODESTAGE

20.5.1936: Eugen Hillmann (* 1.11.1856, Düsseldorf), Prälat, Lustenauer Ehrenbürger.

18.11.1936: Ferdinand Redler (* 16.1.1878, Bregenz), Rechtsanwalt, Vorarlberger Landeshauptmann, Senatspräsident des österreichischen Bundesgerichtshofes.

Herbert von Reyl-Hanisch

1898–1937

Reyl-Hanisch entstammte einer altösterreichischen Offiziersfamilie und erlebte in seiner Jugend den Zerfall der Donaumonarchie, der er sich durch Erziehung und Herkunft immer verbunden fühlte.

Er studierte an der Wiener Kunstgewerbeschule bei Wilhelm Müller-Hoffmann, um dann als freischaffender Künstler zu leben. Viele Besuche in Vorarlberg und verwandtschaftliche Beziehungen ließen ihn schließlich in den 30er Jahren nach Bregenz ziehen. Zuvor finden wir mehrere Italienaufenthalte, die auf sein künstlerisches Schaffen einen nachhaltigen Einfluss ausübten. 1928 schuf Reyl mit dem Gouachenzyklus „Das Land der Seele" einen vielgestaltigen Werkkomplex, bestehend aus einer Landkarte und zweiundzwanzig betitelten Landschaftsbildern, die, zu einer kalkulierten Reihe geordnet, eine visuelle Umsetzung psychischer Zustände versuchen und zur weiteren Ausdeutung von einem Text, als Testament abgefasst, begleitet werden. Die Versenkung in die Psyche wird zum bildgewordenen Ich-Erlebnis gesteigert und dokumentiert trefflich die Doppelbegabung des Künstlers wie auch die Bedeutung der Landschaftsmalerei, als direkteste Möglichkeit verstanden, Stimmungen für sein Œuvre einzufangen. Mit mehreren Aktdarstellungen und Fensterbildern näherte er sich dem romantischen Zweig des „Magischen Realismus" und konnte von hier aus Mitte der 30er Jahre dem nationalsozialistischen Kunstverständnis gerecht werden. Viele Arbeiten lassen die historische Rückbindung des Künstlers erkennen. Lateinische und griechische Inschriften, die Verwendung altmeisterlicher Techniken, die detaillierte Kleinarbeit, mit der Plastizität und Tiefenraum geschaffen werden, die Verwendung der Triptychonform – so bei „Glaube, Hoffnung, Liebe", 1930 – lassen sich mit seiner metaphysisch orientierten Geisteshaltung in Beziehung setzen. Neben der Landschaft und dem Akt besitzt das Porträt einen besonderen Stellenwert und wurde in den 30er Jahren, nicht zuletzt aus ökonomischen Gründen, immer wichtiger. Insbesondere die Industriellen in

„Die Verfolgung" von Herbert von Reyl-Hanisch

1938

Vorarlberg wurden zu seinen Auftraggebern. Neben der Darstellung des Realen als einer schönheitsbezogenen, reinen Welt, verbunden mit der poetischen Kunst der Sehnsucht und aufkeimenden Erotik, finden wir eine Auseinandersetzung mit der politischen Realität der Ersten Republik. Krieg, Revolution und Gewalt werden in mehreren Arbeiten thematisiert, so im kleinformatigen Bild „Straßenschlacht" aus den frühen 20er Jahren oder 1932 im Werk „Die Verfolgung", das einen Straßenkampf zwischen sozialdemokratischen Arbeitern und Nationalsozialisten in Wien zeigt. H.S.

12.2.1938: Nach den so genannten Berchtesgadener Gesprächen zwischen Adolf Hitler und dem österreichischen Bundeskanzler Kurt Schuschnigg wird der aus Bludenz stammende Guido Schmidt zum österreichischen Außenminister ernannt. Er behält dieses Amt bis zum 11.3.1938.

11.3.1938: Die Nationalsozialisten ergreifen die Macht im Lande. Toni Plankensteiner aus Dornbirn wird Landeshauptmann und Gauleiter von Vorarlberg.

12.3.1938: Deutsche Truppen besetzen Vorarlberg.

12.3.1938: Alle den Nationalsozialisten nicht nahe stehenden Zeitungen, darunter das „Vorarlberger Volksblatt", die „Vorarlberger Landeszeitung" und die „Vorarlberger Wacht", werden behördlich eingestellt.

14.3.1938: Carl Zuckmayer emigriert als Gegner des Nationalsozialismus über Feldkirch in die Schweiz.

17.3.1938: Die Reichsmark wird als Zahlungsmittel eingeführt.

Der Umtauschkurs – für drei Schilling werden zwei Reichsmark bezahlt – entspricht allerdings nicht der wahren Kaufkraft und führt zu einer erheblichen Teuerung im Lande.

10.4.1938: In einer Volksabstimmung wird der Anschluss Österreichs an Deutschland nachträglich sanktioniert. Während im Bundesdurchschnitt 99,73 Prozent der Wähler für den Anschluss stimmen, sind es in Vorarlberg „nur" 98,1 Prozent.

23.5.1938: Der Gau Vorarlberg wird aufgelöst; die drei Kreise Bregenz, Feldkirch – sein Sitz wird am 1.1.1939 nach Dornbirn verlegt – und Bludenz werden parteimäßig an Tirol angegliedert. In der Verwaltung bleibt für einige Zeit noch eine gewisse Eigenständigkeit des Landes erhalten.

30.9.1938: Die Ortsgemeinde Stallehr wird in Bludenz eingemeindet.

1.10.1938: Die Zollgrenze zu Deutschland wird aufgehoben.

15.10.1938: Das Kleine Walsertal wird von Vorarlberg abgetrennt und an Bayern angegliedert.

17.10.1938: Die letzten konfessionellen Schulen und Schülerheime im Lande werden geschlossen. Zwischen Juli und Oktober werden sechs Höhere Schulen – darunter das Jesuitengymnasium Stella Matutina sowie das Schulbrüderheim in Feldkirch und das Zisterziensergymnasium Mehrerau –, drei Hauptschulen, acht Volksschulen, drei Waisenheime und drei Kindergärten aufgehoben.

30.10.1938: Die Elektrische Bahn Dornbirn–Lustenau (Tram) stellt ihren Betrieb ein.

9.11.1938: In der so genannten „Reichskristallnacht" wird der jüdische Friedhof in Hohenems geschändet.

TODESTAGE

26.2.1937: Aron Tänzer (* 30.1.1871, Preßburg), Rabbiner und Historiker.

1.1.1938: Andreas Konzett (* 21.1.1861, Bludenz), Jurist, Landtagsabgeordneter, Bludenzer Bürgermeister und Ehrenbürger.

29.6.1938: Alfons Heinzle (* 4.5.1866, Götzis), Gemeindearzt von Götzis, Altach, Mäder und Koblach, Götzner Ehrenbürger.

Nationalsozialismus und Zweiter Weltkrieg in Vorarlberg

Das autoritäre Regime des Austrofaschismus – der „Ständestaat" –, von seinen „Schutzmächten", in erster Linie Italien, zunehmend allein gelassen, hatte auf Grund der schwierigen Wirtschaftslage, der Massenarbeitslosigkeit und des Verbots jeglicher politischen Opposition nach dem Februar 1934 nicht den nötigen Rückhalt in der Bevölkerung, um dem Nationalsozialismus erfolgreich widerstehen zu können. Die seit 1933 in Österreich illegale NSDAP, in Vorarlberg von finanzkräftigen einheimischen

1939

12. März 1938: Deutsche Truppen rücken in Bregenz ein.

Unternehmern unterstützt, hatte sich zur wirkungsvollsten Opposition entwickelt und schrittweise das gesamte rechte laizistische Lager – vor 1933 immerhin ein Viertel der Vorarlberger Wählerschaft – aufgesogen. Allein im Bezirk Feldkirch, mit dem „braunen Nest" Dornbirn als Zentrum, wurden vor 1938 knapp 1.400 Personen wegen illegaler Betätigung für die NSDAP verhaftet oder abgestraft.

Wie in ganz Österreich übernahmen auch in Vorarlberg einheimische Nationalsozialisten schon in der Nacht zum 12. März 1938 die Macht. Der Nationalsozialismus war also nicht nur von außen über das Land hereingebrochen. Der „Anschluss" Österreichs an das Deutsche Reich erfolgte dann de facto am nächsten Tag durch den von vielen bejubelten Einmarsch der deutschen Wehrmacht, de iure durch das von der Marionettenregierung Seyß-Inquart verabschiedete „Bundesverfassungsgesetz über die Wiedervereinigung Österreichs mit dem Deutschen Reich". Bei der Volksabstimmung am 10. April 1938 zur „Legalisierung" des bereits vollzogenen „Anschlusses" gab es in Vorarlberg – trotz einer für Diktaturen typischen fast hundertprozentigen „Zustimmung" – den österreichweit höchsten Anteil an „Nein-Stimmen".

Nicht nur Nationalsozialisten und ehemalige Großdeutsche begrüßten den „Anschluss" als Beginn einer neuen Zeit. Auch die Mehrheit der katholisch-konservativen Bevölkerung verband das Ereignis mit mehr oder weniger großen Hoffnungen, hatte doch die Amtskirche den „Anschluss" offiziell begrüßt und gutgeheißen. Trotz ideologischer Gegnerschaft zum NS-Regime trauerten Sozialisten und Kommunisten aus verständlichen Gründen dem „Ständestaat" nicht nach.

Wie überall erfolgte auch in Vorarlberg die Machtsicherung mit Zuckerbrot und Peitsche: Einerseits köderte das Regime Zweifler mit einer „Propaganda der Tat" – wie Sofortmaßnahmen zur Beseitigung der Arbeitslosigkeit, Einführung neuer Sozialgesetze und Entschuldung der Landwirtschaft –, andererseits terrorisierte man gleichzeitig Regimegegner und versuchte sie durch willkürliche Verhaftungen, politische Säuberungen, Entlassungen und Berufsverbote einzuschüchtern. Bis 1940 wurden das politische Leben und die Verwaltung radikal umstrukturiert, das Land Vorarlberg verlor seine Eigenständigkeit und wurde Teil des Gaus Tirol-Vorarlberg.

Viele waren vom anfänglichen Aufschwung geblendet. Dass die rasche Beseitigung der Arbeitslosigkeit vor allem eine Folge der laufenden Kriegsvorbereitungen war, erkannten die meisten nicht. Die Bevölkerung war einer vorher nie gekannten Propagandaflut ausgesetzt. Die „Volksgemeinschaft" sollte den „Klassenkampf" ersetzen, jedes Segment der Gesellschaft wurde politisiert, organisiert und militarisiert: Pimpfe, Hitlerjugend, Reichsarbeitsdienst und Wehrmacht waren die Stationen der männlichen Jugend. Auch für die weibliche Jugend gab es entsprechende Organisationen. Zahlreiche junge Vorarlbergerinnen mussten ein so genanntes „Pflichtjahr" absolvieren, meist in der Rüstungsindustrie im „Altreich".

Der Kriegsbeginn 1939 mit dem Angriff auf Polen wurde im Gegensatz zu 1914 mit Sorge und wenig Begeis-

Anlässlich der Abstimmung über den Anschluss Österreichs an Deutschland, der so genannten „Abstimmung der Ehre", wurde mit Einsatz aller Mittel für Hitlerdeutschland geworben; hier auf dem Dornbirner Marktplatz.

1939

Kolonne des Reichsarbeitsdienstes

terung aufgenommen. Durch die raschen militärischen Erfolge und die Aussicht auf ein baldiges Kriegsende erreichte nach dem Sieg über Frankreich im Sommer 1940 die Zustimmung zum NS-Regime auch in Vorarlberg ihren Höhepunkt. Noch war der Krieg ein ferner Krieg, und die Auswirkungen der ohne grundlegende Umstrukturierung der Wirtschaft geführten „Blitzkriege" berührten bis 1941 den Alltag im Lande kaum. Wie im Frieden und unter größtem Propagandaeinsatz baute man Siedlungen, um ab 1940 Tausende Südtiroler „Optanten" aufnehmen zu können. Die militärischen Siege und der Optimismus spiegelten sich bis Anfang 1942 nicht zuletzt in der Mitgliederstatistik der NSDAP wider: Vorarlberg erreichte – nach Tirol – mit über 10 Prozent der Bevölkerung den höchsten Anteil an Parteigenossen in der nunmehrigen „Ostmark" bzw. den „Donau- und Alpengauen".

Aber nicht alle unterstützten, und sei es auch nur durch Gehorsam und Pflichterfüllung, das NS-Regime: Von Anfang an regte sich im Lande auch ein breit gefächertes Spektrum oppositionellen Verhaltens bis hin zu echtem politischen Widerstand. Viele wanderten dafür in Gefängnisse und KZs; rund 800 von ihnen sind namentlich bekannt.

Nicht nur für Regimegegner – Sozialisten, Kommunisten, Repräsentanten des „Ständestaates" und der Kirche –, sondern auch für Minderheiten und gesellschaftliche Außenseiter hatte 1938 eine Zeit der Diskriminierung und Verfolgung begonnen. Sie zählten nach der NS-Ideologie nicht zur „Volksgemeinschaft": Vor allem die kleine jüdische Minderheit in Vorarlberg war sofort dem Druck des Regimes ausgesetzt: Ausgrenzung, Entrechtung, Enteignung, Vertreibung und Deportation hießen die Stufen der Verfolgung. Schon im Sommer 1938 kam der erste Vorarlberger Jude im KZ um.

Einige konnten fliehen, andere begingen Selbstmord, die meisten wurden nach Wien zwangsumgesiedelt und von dort in den Jahren 1941 bis 1944 ins Getto Theresienstadt oder in die Vernichtungslager weiter im Osten deportiert. 1945 war die über dreihundertjährige Geschichte der einst blühenden Hohenemser Judengemeinde endgültig beendet. Keiner der Überlebenden kehrte nach Vorarlberg zurück.

Neben der jüdischen Bevölkerung wurden schon ab Herbst 1939 körperlich und geistig Behinderte sowie Menschen mit sozial abweichendem Verhalten im Zuge der systematischen Vernichtung „lebensunwerten Lebens", der so genannten Euthanasie, ermordet. Diese Vernichtungsaktionen konnten nur unter Mitwirkung oder sogar auf Initiative einheimischer Handlanger durchgeführt werden. Auch zahllose Verhaftungen oder Einlieferungen in KZs erfolgten auf Grund von Denunziationen. Einige Vorarlberger zählten zu den Haupttätern dieser Verbrechen, so der Bregenzer Dr. Irmfried Eberl, der nach einer „Karriere" als Euthanasiearzt zum ersten Kommandanten des Vernichtungslagers Treblinka ernannt wurde.

Seit Beginn des Russlandfeldzuges im Sommer 1941 wurden die Auswirkungen des Krieges auch an der „Heimatfront" immer spürbarer: Zunehmend mussten Kriegsgefangene

Hitlerjugend beim Marschieren

1939

Die Totenfeier für die rund 200 Opfer des Bombenangriffs auf Feldkirch wurde von den Nationalsozialisten zu einer Propagandaveranstaltung genützt.

und Zwangsarbeiter eingerückte Männer in Industrie und Landwirtschaft ersetzen, und auch bei Großprojekten wie dem Kraftwerksbau der Illwerke kamen meist nur noch Fremd- und Zwangsarbeiter unter oft unmenschlichen Bedingungen zum Einsatz.

Nach dem Scheitern des Unternehmens „Barbarossa" im Dezember 1941 wurde die Wechselbeziehung zwischen Kriegsverlauf und Situation und Stimmung an der „Heimatfront" immer deutlicher: Auf die Senkung der Lebensmittelrationen Anfang 1942 im Zuge der Umstellung von der „Blitzkriegswirtschaft" auf eine längere Kriegsdauer reagierte die Bevölkerung mit Unzufriedenheit und einem Stimmungstief. Hatte der Verlauf der Sommeroffensive 1942 mit dem Vorstoß Richtung Stalingrad und dem Kaukasus vorerst Optimismus aufkommen lassen, schlug diese Stimmung ab Herbst angesichts dramatisch ansteigender Verluste bis Jahresende erstmals in Kriegsmüdigkeit um.

Die militärische Katastrophe im Kessel von Stalingrad, die Proklamation des „totalen Krieges", die gleichzeitige Forderung der Alliierten nach „bedingungsloser Kapitulation" und die Sorge um Angehörige an der Front – besonders um die ebenfalls von einer Einkesselung bedrohten Gebirgsjäger im Kaukasus – drückten Anfang 1943 nachhaltig auf die Stimmung. Gerade in Vorarlberg tat sich die NS-Propaganda angesichts des von weiten Kreisen trotz Verbots regelmäßig abgehörten Schweizer Rundfunks besonders schwer, als glaubwürdige Informationsquelle zu bestehen.

Die Folgen der Proklamation des „totalen Krieges" radikalisierten im Frühling 1943 auch das Leben an der „Heimatfront": Hasspropaganda prägte Zeitungen und Rundfunk; bislang durch eine Ehe mit einem „Arier" vor der Deportation geschützte jüdische Ehepartner wurden verhaftet, was zu Unruhe in der Bevölkerung führte. Auch die Einberufung von Schülern als Flakhelfer oder der Fraueneinsatz in der Kriegsindustrie stießen mehrheitlich auf Ablehnung. Aufkommende Unzufriedenheit und Angst kamen nicht zuletzt in einem vom Regime als bedrohlich empfundenen verstärkten Kirchenbesuch zum Ausdruck.

Auch die indirekten Auswirkungen des Krieges beeinflussten das Leben im Lande: Angesichts der verheerenden Luftangriffe auf Nord- und Westdeutschland begann eine verstärkte Verlagerung von kriegswichtigen Betrieben aus bombengefährdeten Gebieten nach Vorarlberg, obwohl bereits erste schwere Angriffe auf Friedrichshafen erfolgt waren. Die gleichzeitige Einquartierung einer wachsenden Zahl von Bombenflüchtlingen, meist aus dem Ruhrgebiet, stieß auf keine große Solidarität. Es entstanden soziale Spannungen und Reibungen mit den Einheimischen, die den alten Antagonismus zwischen „Ostmark" und „Altreich" wieder aufbrechen ließen.

Die Kämpfe an der Ostfront und die Kapitulation in Afrika im Sommer 1943 verstärkten die Ängste der Bevölkerung. Die alliierte Landung auf Sizilien und der Kriegsaustritt Italiens im September hatten in Vorarlberg sogar

Das Ende des Zweiten Weltkrieges in Vorarlberg. Stecken gebliebene Fahrzeuge der vor den vorrückenden Franzosen Richtung Arlberg flüchtenden Wehrmacht

1942

noch größere psychologische Auswirkungen als Stalingrad. Am 1. Oktober 1943 kam der Krieg erstmals ins Land: Beim Angriff der US-Luftwaffe auf das Gelegenheitsziel Feldkirch – nachdem zuvor die Bomber das geplante Angriffsziel, die Messerschmitt-Werke in Augsburg, nicht gefunden hatten – waren rund 200 Opfer zu beklagen.

Trotz der Luftangriffe auf Süddeutschland und auf Innsbruck galt das Gaugebiet – und somit auch Vorarlberg – weiterhin als „Luftschutzkeller des Reiches". Gegen den Willen der Gauleitung und vor allem der Vorarlberger Industrie gingen auch 1944 die Betriebsverlagerungen weiter. Trotz aller Abschottungsversuche wuchs auch die Zahl der Bombenflüchtlinge und später der Evakuierten aus Frontgebieten bis Kriegsende weiter an. Nach der Invasion in der Normandie und dem Zusammenbruch des Mittelabschnittes der Ostfront im Sommer 1944 zeichnete sich die militärische Niederlage des Deutschen Reiches für jedermann erkennbar ab. Auch bei den fanatischsten Nationalsozialisten sank der Glaube an den „Endsieg". Die Aufstellung des „Volkssturms" als letztes Aufgebot hob die Zuversicht keineswegs.

Ab Jahresende 1944 sollte das Land zum letzten Rückzugsgebiet für die Wehrmacht, zur nordwestlichen „Bastion" einer geplanten „Alpenfestung" ausgebaut werden. Allerdings liefen die Vorbereitungen auf den „Endkampf in der Alpenfestung" nur halbherzig, und die Bereitschaft der Vorarlberger, im eigenen Lande noch zu kämpfen, war gering. Statt für Elitetruppen wurde Vorarlberg im Frühjahr 1945 zum Rückzugsgebiet für Tausende Flüchtlinge aus allen Himmelsrichtungen. Obwohl die „Alpenfestung" ein Hirngespinst, ein Phantom blieb, bestand bis Kriegsende noch die Gefahr großer Kriegszerstörungen.

Wie viel menschliches Leid der Nationalsozialismus und der von ihm entfesselte Weltkrieg über das Land gebracht haben, kann nur erahnt werden. Insgesamt sind in Vorarlberg die Namen von über 800 Opfern von Verfolgung und Widerstand bekannt. Mindestens 80 Personen wurden aus politischen oder rassistischen Gründen hingerichtet oder in KZs ermordet, mindestens 300 fielen der „Euthanasie" zum Opfer. Unter den rund 1,2 Millionen Österreichern, die als Soldaten der Wehrmacht oder Waffen-SS an allen Kriegsschauplätzen im Einsatz waren, befanden sich Tausende Vorarlberger. Rund 7.800 von ihnen kehrten überhaupt nicht mehr zurück, andere mussten eine oft lange Kriegsgefangenschaft erdulden. Etwa 200 Zivilisten kamen beim Bombenangriff auf Feldkirch und bei diversen Tieffliegerangriffen in den letzten Kriegstagen ums Leben. Die materiellen Schäden dagegen hielten sich in Grenzen: Da der „Endkampf in der Alpenfestung" nicht stattfand, blieb das Land – ausgenommen Feldkirch und Bregenz – von Kriegszerstörungen weitgehend verschont. Th.A.

17.1.1939: In Andelsbuch wird eine „Gebietsführerschule" der HJ eröffnet.

25./26.3.1939: Teile der Vorarlberger SA und der HJ planen, mit Hilfe von Liechtensteiner Nationalsozialisten die Macht im Fürstentum zu ergreifen und es an das Deutsche Reich anzuschließen. Das Vorhaben scheitert jedoch, weil die Vorarlberger Nationalsozialisten, nachdem der geheime Plan bei Parteistellen durchgesickert ist, an der Landesgrenze Posten aufgestellt haben, um die „Umstürzler" aufzuhalten.

11.4.1939: Alle geistlichen Lehrkräfte werden ihres Lehramtes enthoben.

14.4.1939: Durch das „Ostmarkgesetz" verliert das Land Vorarlberg auch in der Verwaltung seine Eigenständigkeit. Nicht nur parteimäßig, sondern auch verwaltungsmäßig wird es Tirol unterstellt. Die Landeshauptmannschaft Vorarlberg wird durch einen Erlass vom 13.12. aufgelöst; ihre Dienstgeschäfte gehen am 1.2.1940 an die Behörde des Reichsstatthalters in Tirol über.

1940: Das Bludenzer Realgymnasium wird eröffnet.

GEBURTSTAG

11.5.1942: Wien: Elisabeth Gehrer, Landesrätin, Bundesministerin.

TODESTAGE

4.1.1939: Philipp Krapf (* 27.4.1854, Brixen): Rheinbauleiter, Ehrenbürger der Marktgemeinde Lustenau.

19.4.1939: Rudolf Wacker (* 25.2.1893, Bregenz), Maler.

23.12.1939: Josef Häusle (* 26.3.1860, Feldkirch), Priester, Naturheilkundiger, Gründer verschiedener Schulen und Institute, Feldkircher Ehrenbürger.

26.7.1941: Ernst Volkmann (* 3.3.1902, Schönbach/Eger), Gitarrenbauer in Bregenz, wegen Wehrdienstverweigerung aus christlicher Überzeugung hingerichtet.

30.10.1941: Sigismund Waitz (* 29.5.1864, Brixen), Weihbischof und Generalvikar für Vorarlberg, Fürsterzbischof von Salzburg.

1942

1942: Die aus St. Veit stammende Maria Stromberger beginnt ihren Dienst als Krankenschwester im KZ Auschwitz. Wegen ihres humanitären Einsatzes wurde sie unter dem Namen „der Engel von Auschwitz" bekannt.

31.3.-31.7.1943: Am Götzner Berg werden mehrere „Störballone" geborgen.

29.6.1943: Auf der im Gemeindegebiet von Nenzing gelegenen Alpe Gamo am Roßboden geht ein „Störballon" nieder, ohne Schaden anzurichten.

8.7.1943: Nach langjährigen Bemühungen wird in Bezau die erste Hauptschule des Bregenzerwaldes eröffnet.

1.10.1943: Bei einem Luftangriff auf Feldkirch werden über 200 Menschen getötet.

6.9.1943: Bei Fußach notlandet ein US-Bomber, der an einem versuchten Angriff auf Stuttgart teilgenommen hat. Dabei werden vier Besatzungsmitglieder getötet.

5.10.1943: In Bregenz wird die bereits 60 Jahre alte Gründerin des „Guta"-Vereins, Karoline Redler, von der Gestapo verhaftet.

TODESTAGE

8.7.1942: Wilhelm Himmer (* 30.10.1910, Bludenz), Schlosser, Gründer der „Aktionistischen Kampforganisation" Dornbirn, einer Widerstandsgruppe, wegen „Hoch- und Landesverrats" (Spionage für die Schweiz) hingerichtet.

9.11.1942: Johann August Malin (* 22.9.1902, Satteins), wegen „Hochverrats" hingerichtet.

10.11.1942: Samuel Spindler (* 21.4.1882, Maidan/Bukowina), Schuster, Sekretär der sozialdemokratischen Textilarbeitergewerkschaft, entzieht sich der Deportation – aus politischen und „rassischen" Gründen – in ein KZ durch Freitod.

4.4.1943: Hans Bertle (* 11.4.1880, Schruns), Maler.

Karl Schwärzler
1907–1990

Der Maler und Grafiker Karl Schwärzler wurde am 6. Dezember 1907 in Lustenau geboren und starb dort am 4. Jänner 1990. Nach dem Ende des Ersten Weltkrieges begann er zuerst eine Lehre als Stickereizeichner, dann als Maler und Anstreicher im Betrieb seines Vaters. Da er sich aber zum Künstler berufen fühlte, begann er schon bald eine diesbezügliche Ausbildung in den Abendkursen bei Prof. Alphons Luger in Dornbirn und an verschiedenen Malschulen in München. Erst nach einigen Jahren in seinem erlernten Handwerksberuf war es ihm finanziell möglich, in Wien das Kunststudium zu beginnen. Zuerst besuchte er vier Jahre lang die Graphische Lehr- und Versuchsanstalt und widmete sich hier vor allem dem Kupferstich und Holzschnitt. Von 1939 bis 1944 setzte er dann sein Studium an der Akademie der bildenden Künste bei den Professoren Christian Ludwig Martin, Ferdinand Andri, Karl Sterrer und Carl Fahringer fort. Bald wandte er sich von der Grafik ab und ging zur Malerei über. Zuerst wurde er von Fahringer geprägt, der noch dem Impressionismus nahe stand, doch fand er schon früh zu seiner Eigenständigkeit. Noch vor Beginn seines Studiums hatte er die Tochter eines Malermeisters geheiratet, die auch selbst in diesem Handwerk ausgebildet war. Mit dem Handwerk, genauer gesagt mit Gebrauchsgrafik, finanzierte er sich auch weiterhin das Studium: So stach er für den Fürsten von Liechtenstein das neue fürstliche Wappen und entwarf Geldscheine für Albanien und Argentinien. Kurz nach dem Zweiten Weltkrieg arbeitete er als Graveur in der Schweiz und schließlich sieben Jahre als Lehrer an der Berufs-

Studie einer Bäuerin aus dem Bregenzerwald von Karl Schwärzler

schule Bregenz und an der Realschule Dornbirn. Daneben war er stets als freischaffender Maler tätig und seine Arbeiten wurden in Ausstellungen sowohl im Inland als auch in Lissabon, Venedig, Brüssel, Berlin und Zürich gezeigt. In den letzten Jahrzehnten seines Schaffens widmete er sich oft dem Landschaftsbild, als Aquarell oder als Ölbild, aber auch die Porträtkunst blieb ihm seit seiner Zeit als Kupferstecher stets ein Anliegen. G.Tsch.

Hans David Elkan
1900–1944

Hans David Elkan gehört zu den bekanntesten Vorarlberger Opfern der nationalsozialistischen Gewaltherrschaft. Er kam am 22. März 1900 in Hohenems als Sohn des aus Wien gebürtigen Versicherungsagenten Theodor Elkan (* 1864) und seiner Ehefrau Betti, geborene Menz (* 1871), aus einer seit Jahrhunderten in Hohenems ansässigen jüdischen Familie zur Welt. Die Mutter starb wenige Tage nach der Geburt ihres Sohnes am 3. April 1900; Theodor Elkan heiratete am 10. März 1902 in Friedrichshafen in zweiter Ehe Helene Neuburger (* 1879) aus Buchau.

Hans Elkan besuchte 1912/13 das Gymnasium in Feldkirch und ab 1914/15 das Gymnasium in Bregenz, wo er zu den Vorzugsschülern zählte. Im Schuljahr 1918/19 maturierte er an dieser Schule. Es ist bezeichnend, dass er – nach seinen Berufsplänen gefragt – antwortete, er wolle Kaminkehrer werden; denn es zeigt sich darin, dass er von Anfang an wegen seiner jüdischen Herkunft mit Diskriminierungen beim Hochschulstudium und im Beruf gerechnet hatte, wie er es später tatsächlich wiederholt erleben musste. Und so ging Elkan dann auch nicht nach Innsbruck, sondern nach Freiburg im Breisgau, um dort ein Studium der Philosophie und Geschichte zu beginnen. Hier promovierte er auch 1927 bei dem Philosophen Edmund Husserl (1859–1938) mit einer Dissertation „Zur Problemgeschichte der platonischen Dialektik"; lange Zeit wurde diese bei H. Mayr in Dornbirn gedruckte Schrift in Vorarlberg ignoriert. Nicht weniger große Mühe hatte Elkan mit der Anerkennung seines ausländischen Studiums in Österreich. Das Doktordiplom wurde zwar 1931 von der Universität Innsbruck nostrifiziert, aber noch im November 1937 war Dr. Hans Elkan über den Status eines Lehramtsanwärters nicht hinausgelangt. Jahr für Jahr musste er als Hospitant neuerlich ansuchen. So wurde er für die Dauer des Schuljahres 1937/38 an der Bundesrealschule in Dornbirn als Hospitant in den Gegenständen seiner Lehrbefähigung zugelassen, doch mit dem ausdrücklichen Bemerken, dass er ohne besondere Genehmigung zu keiner (auch nicht nur vertretungsweisen) Dienstleistung herangezogen werden dürfe und ihm keinerlei Ansprüche

Titelblatt der Dissertation von Hans Elkan

dienst- oder besoldungsrechtlicher Art erwachsen würden. Elkan schuf in diesen Jahren eine Reihe von historischen Karten, die einen ersten Vorarlberger Geschichtsatlas darstellten.

Nach dem Anschluss rieten Freunde ihm und seinen Eltern wiederholt, in die Schweiz zu gehen; doch vertraute die Familie darauf, dass sie in Hohenems in großem Ansehen stand. Man konnte sich die Gewalttaten, die auf die Juden zukamen, einfach nicht vorstellen. Schon am 21. Mai 1940 erging an die Familie Elkan die Aufforderung, bis zum Ende des Monats nach Wien

Diese Fotografie von Hans Elkan stammt aus der Kennkarte, die von der nationalsozialistischen Verwaltung 1939 angefertigt wurde.

zu übersiedeln. Von Wien aus wurde die Familie am 21. August 1942 nach Theresienstadt deportiert. Dort starb Theodor Elkan bereits am 1. September 1942; seine Ehefrau folgte ihm am 28. Februar 1944 in den Tod. Von Hans Elkan gelangte noch 1943 eine Postkarte als sein letztes Lebenszeichen nach Hohenems; am 27. Juli 1944 kam auch Hans Elkan in Theresienstadt ums Leben.

Erst fünf Jahrzehnte später (1992) wurde den jüdischen Opfern der nationalsozialistischen Gewaltherrschaft auf dem jüdischen Friedhof in Hohenems ein Gedenkstein gesetzt. K.H.B.

Karoline Redler
1883–1944

Von allen Justizmorden des NS-Regimes in Vorarlberg hat jener an Karoline Redler am meisten Aufmerksamkeit und Betroffenheit ausgelöst. Dies deshalb, weil Frau Redler als Geschäftsfrau und Gründerin des christlichsozialen Frauenvereins „Guta" bekannt und geschätzt war und weil die Willkür dieses Urteilsspruches besonders ins Auge stach.

Karoline Redler war bereits 60 Jahre alt, als sie am 5. Oktober 1943 von der Bregenzer Gestapo verhaftet wurde. Einige Tage zuvor war sie im Wartezimmer eines Arztes mit zwei Frauen aus Lustenau ins Gespräch gekommen. Als sich diese über die ihrer Meinung nach barbarischen Luftangriffe der Alliierten empörten, soll Frau Redler festgestellt haben, dass das nur die Antwort auf die deutsche Kriegstreiberei sei.

Daraufhin erstatteten die beiden Anzeige und traten auch vor Gericht als Zeuginnen auf. Im November 1943 wurde Frau Redler allerdings auf Grund ihres angegriffenen Gesundheitszustandes für haftunfähig erklärt und enthaftet. Als aber die Nationalsozialisten nach dem Attentat vom 20. Juli 1944 im ganzen Reich eine Verhaftungswelle starteten, entsannen sich die Bregenzer NS-Fanatiker auch wieder der Frau Redler. An ihr sollte ein

1944

Exempel gegenüber dem „schwarzen Bürgertum" statuiert werden, das sich in all den Jahren zwar ruhig, aber doch ablehnend gegenüber dem NS-Staat verhalten hatte.

Obwohl sich ihr Gesundheitszustand zwischenzeitlich nicht gebessert hatte, wurde Frau Redler am 25. August 1944 neuerlich verhaftet und an den

Karoline Redler mit einem Wachebeamten

Volksgerichtshof beim Wiener Landesgericht überstellt. Dort wurde sie am 8. November 1944 nach einem „kurzen Prozess", in dem sie der „Wehrkraftzersetzung" für schuldig befunden wurde, hingerichtet. M.P.

29.1.1944: Ein US-amerikanischer Bomber vom Typ B 17 stürzt bei Hard in den Bodensee. Alle zehn Besatzungsmitglieder können sich mit Fallschirmen retten.

16.3.1944: Zahlreiche alliierte Bomber überfliegen in Zusammenhang mit einem Großangriff auf Friedrichshafen das Gebiet Vorarlbergs. Über Koblach und Lustenau springen die Besatzungsmitglieder eines US-amerikanischen Bombers ab. Alle bis auf einen, der in der Schweiz landet, werden von der Gendarmerie gefasst und nach Bregenz überstellt. Am selben Tag werfen US-amerikanische Flugzeuge über Schönebach bei Bezau in großer Höhe vier Bomben ab, die allerdings keinen großen Schaden verursachen. Es handelt sich um Notabwürfe. Im Gemeindegebiet von Koblach werden von der Götzner Gendarmerie einige kanadische Flieger verhaftet, die sich durch Notabsprünge aus ihren abgeschossenen Flugzeugen gerettet haben.

18.3.1944: Ein US-amerikanisches Bombenflugzeug stürzt zwischen Bregenz und Fußach ab. Sieben Besatzungsmitglieder können sich mit Fallschirmen retten, ein weiteres Mitglied der Crew kommt ums Leben.

9.4.1944: Ein US-amerikanisches Bombenflugzeug vom Typ B 24 notlandet in Höchst auf dem Feldflugplatz „Rinnsal".

10.4.1944: Beim Absturz einer deutschen Jagdmaschine am Pfänder werden zwei Personen verletzt.

21./22.4.1944: Bei Hittisau stürzt ein deutscher Nachtjäger ab. Beide Besatzungsmitglieder können sich mit Fallschirmen retten.

12.7.1944: Zwei US-amerikanische Bomber überfliegen auf dem Rückflug von einem Angriff auf München Altach. Ein US-amerikanischer Offizier springt dabei mit dem Fallschirm ab und wird von der Gendarmerie festgenommen. Am Nachmittag desselben Tages springen neun US-amerikanische Besatzungsmitglieder eines viermotorigen Bombers über dem Lustenauer Ried ab. Sie werden ebenfalls festgenommen. Der Pilot fliegt die Maschine über die Grenze und landet in der Schweiz. Auch über dem Gauertal springen vier US-Amerikaner ab. Sie werden ebenfalls festgenommen.

24.7.1944: Alliierte Flugzeuge werfen zwischen dem Mildenberg und dem Gebhardsberg bei Bregenz sieben Bomben ab. Zwei Personen werden leicht verwundet.

3.8.1944: In der Nähe der Alpe Seppaberg bei Egg kommt es im Zuge heftiger Luftkämpfe zu einem Notabwurf. Die Bomben richten Sachschaden an.

29.12.1944: Über dem Nenzinger Himmel werden zehn Sprengbomben abgeworfen, die jedoch keinen Schaden anrichten.

TODESTAGE

24.5.1944: Stephanie Hollenstein (* 18.7.1886, Lustenau), Malerin.

27.7.1944: Hans David Elkan (* 22.3.1900, Hohenems), Mittelschullehrer jüdischer Abstammung, ermordet im KZ Theresienstadt.

11.9.1944: Alois Grimm (* 24.10.1886, Wertheim am Main), Jesuitenpater, Professor an der Stella Matutina, wegen „Wehrkraftzersetzung" und „defätistischer Äußerungen" hingerichtet.

8.11.1944: Karoline Redler (* 16.2.1883, Bregenz), Obfrau des Bregenzer „Guta"-Vereins, in Wien wegen „Wehrkraftzersetzung" hingerichtet.

1944

13.11.1944: Carl Lampert (* 9.1. 1894, Göfis), Provikar, nach mehreren KZ-Aufenthalten in Halle wegen seiner Gegnerschaft zum NS-Regime hingerichtet.

Die französische Besatzungszeit

Die Befreiung unseres Landes vom Nationalsozialismus erfolgte durch französische Truppen (v.a. Teile der 5. Panzerdivision und die 4. Marokkanische Gebirgsdivision), die am 29. April 1945 die Vorarlberger Grenze überschritten. Einheiten der Wehrmacht und der SS stellten sich ihnen an verschiedenen Orten noch entgegen, z.B. bei Bregenz. Durch Artilleriebeschuss und Luftangriffe wurden dort rund 80 Häuser zerstört, und es gab Tote. An mehreren Orten wurde den einmarschierenden Franzosen jedoch auch vom einheimischen Widerstand geholfen. So erreichten sie nach einem militärischen „Spaziergang" (so der französische Oberkommandierende, General Béthouart) am 6. Mai den Arlberg.

Kriegsende in Feldkirch: weiße Tücher, Vorarlberger Fahnen und die Flagge der neutralen Schweiz, die als Schutzmacht für Liechtensteiner Bürger (und deren Eigentum) fungierte

Zunächst waren die Ortskommandanten unumschränkte Herrscher. Dann wurde die Militärregierung für Vorarlberg unter Colonel Henri Jung eingerichtet. Am 24. Mai hatten die Franzosen schon einen Landesausschuss (also eine Provisorische Landesregierung) unter Ulrich Ilg eingesetzt, der – immer unter der Kontrolle der Besatzungsmacht – versuchte, eine neue, rechtsstaatliche Verwaltung aufzubauen. Am 10. Juli 1945 wurde Tirol von den US-Amerikanern an die Franzosen übergeben und in der Folge wurde in Innsbruck die Zonenverwaltung für beide Bundesländer installiert.

Die militärischen Befehlshaber hatten für Ruhe und Ordnung zu sorgen; die NSDAP, ihre Organisationen und Gliederungen waren aufzulösen und zu verbieten, die führenden Nationalsozialisten zu internieren (rund 3.200 Personen wurden von den Franzosen interniert, ihre Fälle untersucht und etwa jeder zehnte der Staatsanwaltschaft übergeben; die Internierungslager wurden Ende 1946 aufgelassen);

Die Franzosen kamen als Befreier; ein Fraternisierungs-Verbot kannten sie nicht. Bald kam es zu regen Kontakten mit der Bevölkerung (wie hier in Dornbirn) ...

... wenn auch mancherorts die Waffen der Soldaten noch bedrohlich wirkten (hier in Bludenz).

1945

Kriegsverbrecher waren zu verhaften; nationalsozialistische Gesetze waren als hinfällig zu betrachten; jede rassische oder andere den nationalsozialistischen Ideen verpflichtete Diskriminierung war zu unterbinden; der öffentliche Dienst sollte von allen „reichs"deutschen und nationalsozialistischen Elementen gesäubert werden (rund ein Fünftel der Bediensteten wurde bis Ende 1946 aus dem Dienst entfernt); Flüchtlinge und „displaced persons" (im Mai 1945 über 65.000 Menschen!) mussten versorgt und so rasch wie möglich repatriiert werden; schließlich war die Zivilbevölkerung mit Lebensmitteln zu versorgen (das funktionierte auf Grund der wirtschaftlichen Schwäche Frankreichs – durch deutsche Besatzung und Kriegsfolgen selbst verwüstet – mehr schlecht als recht; erst als die US-Amerikaner und dann die UNRRA mit Nahrungsmittellieferungen aushalfen, konnte wenigstens das Lebensminimum garantiert werden); der Bevölkerung sollte schließlich deutlich vor Augen geführt werden, dass Österreich von Deutschland getrennt, die Herrschaft der Nationalsozialisten zu Ende war und dass die Alliierten ein freies, selbstständiges und wirtschaftlich lebensfähiges Österreich wiederhergestellt sehen wollten.

Nach den demokratischen Nationalrats- und Landtagswahlen vom 25. November 1945 nahmen die Alliierten ihre Kontrolle zurück und beschränkten sie (2. Kontrollabkommen, 28. Juni 1946) auf einige wesentliche Bereiche. Da der Staatsvertrag nicht, wie erhofft, nach zwei, drei Jahren abgeschlossen wurde (Österreich geriet in die Mühlen des Kalten Krieges), blieb Österreich bis 1955 ein von den vier Mächten besetztes Land. Doch schon 1953 hatten die Franzosen ihre Truppen abgezogen (es verblieben nur mehr einige Kontrolloffiziere und Gendarmen).

Den französischen Truppen in Österreich war klar gemacht worden, dass sie sich in einem Freundesland aufhielten. Dennoch waren es natürlich Besatzungstruppen und es gab auch Auseinandersetzungen mit der Bevölkerung – etwa wegen Beschlagnahmungen von Wohnungen oder Requirierungen von Lebensmitteln. Die Übergriffe blieben jedoch beschränkt, die Truppen waren in der Regel diszipliniert. Sehr bald konnten auch Verbindungen zwischen der weiblichen Bevölkerung und den Truppen festgestellt werden; dabei scheinen gerade die marokkanischen Soldaten „das Objekt einer gewissen Vorliebe" gewesen zu sein (wie der französische Botschafter in Bern nach Paris meldete). Die Reaktion der einheimischen Bevölkerung auf diese „Fraternisierung" war mitunter sehr ablehnend; und die Frauen wie die Kinder aus diesen Beziehungen bekamen das noch lange zu spüren.

Dennoch war das Verhältnis auf politischer wie menschlicher Ebene im

„Ihr seid unsere Freunde, wir wollen Österreicher sein." So wurde ein wieder entstehender österreichischer Patriotismus zur Schau gestellt.

Französische Soldaten in US-amerikanischen Jeeps: Die Aufrechterhaltung von Ruhe und Sicherheit gehörte zu den wichtigsten Aufgaben der Besatzungstruppen.

Wöchentliche Dienstbesprechung beim Chef der Militärregierung, Colonel Jung: Der Landesausschuss (unter Ulrich Ilg) beginnt mit dem Aufbau der Zivilverwaltung.

Großen und Ganzen tatsächlich freundschaftlich. Vor allem in der ersten Zeit war die Hilfe der Besatzungsmacht wesentlich für die Stabilisierung der Verhältnisse und den Beginn des demokratischen Wiederaufbaus.

In der ersten Direktive zur französischen Politik in Österreich hieß es: „Das wesentliche Ziel unserer Politik besteht darin, ein unabhängiges, vollkommen von Deutschland losgelöstes und wirtschaftlich lebensfähiges Österreich zu schaffen." Die verantwortlichen Besatzungsoffiziere setzten alles daran, dies zu verwirklichen. K.E.

Die erste Sitzung der neu gewählten Landesregierung unter der Leitung von Landeshauptmann Ulrich Ilg, 11. Dezember 1945

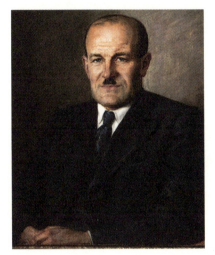
Ulrich Ilg, Landeshauptmann 1945–1964

Ulrich Ilg
1905–1986

Der 15. Mai 1927 ist dem „Vorarlberger historischen Gedächtnis" kaum bekannt, und dennoch kann er zu den Marksteinen der Vorarlberger Geschichte gezählt werden. Auf dem 1. Bauerntag schlossen sich christlichsoziale und unabhängige Bauern zum Vorarlberger Landesbauernbund zusammen und wählten den erst 22-jährigen, politisch völlig unbekannten Ulrich Ilg aus Dornbirn-Hatlerdorf zum neuen Obmann. Diesem gelang es rasch, wertvolle Mitarbeiter um sich zu sammeln und damit auf bäuerlicher Basis unbewusst jene Strukturen zu schaffen, die ihn nach dem Zweiten Weltkrieg zum „Vater des heutigen Vorarlberg" machen sollten.

Den 29-Jährigen, als jüngstes Mitglied seines Kabinetts, rief 1934 Bundeskanzler Engelbert Dollfuß als Staatssekretär nach Wien. Nach dem Dollfuß-Attentat von Wien nach Vorarlberg zurückgekehrt, führte Ilg als Bauernbundobmann 1936 die einzigen Bundesstandswahlen Österreichs nach der berufsständischen Ordnung durch. Demokratiepolitisch waren jene Wahlen in der autoritären Zeit wahrscheinlich vernachlässigbar, ihre psychologische Wirkung in der bäuerlichen Bevölkerung darf aber nicht unterschätzt werden, denn die berufsständische Kontinuität wurde durch die Zeit des Nationalsozialismus nicht aufgehoben.

Ulrich Ilg wurde am 7. April 1905 als ältestes von drei Kindern einer Bauernfamilie in Dornbirn-Hatlerdorf geboren. Er besuchte die landwirtschaftliche Schule in der Mehrerau und arbeitete danach auf dem väterlichen Hof. Zeitlebens war für ihn die bäuerliche und die politische Arbeit eine Einheit, die er täglich aufs Neue lebte. Sein „spärliches Fachwissen", wie er es in seiner Biografie „Meine Lebenserinnerungen" nannte, veröffentlichte er im Bauernbund-Taschenkalender und konnte so nicht nur der bäuerlichen Bevölkerung wertvolle Hinweise in Steuer- und anderen Angelegenheiten geben, sondern auch ein enges Netz der bäuerlichen Interessenvertretung aufbauen.

Nach Kriegsende im Mai 1945 – auf Grund seiner bäuerlichen Tätigkeit war er nicht zum Kriegsdienst eingezogen worden – konnte der 40-jährige Ilg die Franzosen von der Richtigkeit der Wiederherstellung des Landes Vorarlberg überzeugen, das während der Zeit der Nationalsozialisten dem Gau Tirol eingegliedert gewesen war. Zusammen mit Eduard Ulmer, Karl Zerlauth, Adolf Vögel, die alle schon in der Zwischenkriegszeit hohe politische Funktionen innegehabt hatten, und dem jungen Widerstandskämpfer Eugen Leißing auf christlichsozialer Seite sowie mit den Sozialdemokraten Jakob Bertsch, Emil Nesler und Hans Mayer bildete er den provisorischen Vorarlberger Landesausschuss. Auf der 1. Bundesländerkonferenz der ÖVP im Juli 1945 in Salzburg setzte Ilg sich als Wortführer für die Einführung der Bundesverfassung von 1929 und damit für die bundesstaatliche Idee ein, das Grundprinzip unserer heutigen Bundesverfassung.

Mit dem Slogan „Nit lugg lo!" gewann die Vorarlberger ÖVP die ersten freien Wahlen am 25. November 1945 mit über 70 Prozent der Stimmen; bis auf das „rote Hard" erreichte die ÖVP in allen Gemeinden die absolute Mehrheit. Ilg wurde zum ersten Landtagspräsidenten und zum ersten Landeshauptmann gewählt,

1945

Trotz politischer Karriere arbeitete Ulrich Ilg weiterhin auf seinem Bauernhof.

eine Tradition, die seit 1861, seit Bestehen des Vorarlberger Landtags, bestand. Im Gegensatz zu den Verfassungen anderer Bundesländer sieht die Vorarlberger keine proporzhafte Aufteilung der Regierungsämter vor. Dennoch wurden die anderen Parteien freiwillig mit Regierungsämtern betraut; eine Tradition, die sich mit der SPÖ bis 1974 und mit der FPÖ, respektive VdU, seit 1949 bis heute gehalten hat. Gemeinsam mussten die Ernährungssituation, die soziale Fürsorge, der Wiederaufbau der Landesverwaltung, die Inganghaltung der Betriebe und die Wirtschaftsbeziehungen zur Schweiz, die Vorarlberg selbst in einem eigenen Vertrag noch im Dezember 1945 mit Bern regelte, gemeistert werden. Trotz aller Schwierigkeiten legte sein Finanzlandesrat, der Bauer Adolf Vögel aus Doren, von 1945 bis 1964 ausnahmslos ausgeglichene Budgets vor. Das Neinsagenkönnen, so Ilg, bewahre vor einer unerträglichen Bürokratie, denn dies sei keine Bremse am gesunden Fortschritt, sondern Bedachtnahme auf das allgemeine Wohl.

Ilg, geradlinig, ehrlich und bescheiden, als Verhandler und wegen seiner Grundsatztreue geschätzt, sah die „Politik als Kunst des Möglichen" an, denn Erfolg und Misserfolg hingen für den tiefreligiösen Ilg von einer höheren Gnade ab. Nach dem schlechten Abschneiden der ÖVP bei den Nationalratswahlen 1962 kam es 1964 zur „Hofübergabe" an Dr. Herbert Keßler aus Rankweil. Ilg selbst gehörte aber noch weitere fünf Jahre als Finanzlandesrat der Regierung an.

Ilg starb am 9. Mai 1986. 1937 hatte er Hilde geb. Hillbrand aus Braz geheiratet. Das Ehepaar hatte sechs Töchter und vier Söhne. Kl.

20.1.1945: Bei Laterns werden flüchtige US-amerikanische Soldaten verhaftet, die versuchten, sich in die Schweiz durchzuschlagen.

22.2.1945: In der Nähe der Arlbergbahn zwischen Klösterle und Langen sowie in der Umgebung von Stuben werden einige kleinere Bomben abgeworfen.

22.4.1945: In Vorarlberg werden die Standschützen aufgeboten und Gauleiter Hofer direkt unterstellt.

25.4.1945: Bei einem Tieffliegerangriff auf einen getarnten deutschen Munitionstransport im Bahnhof Lauterach werden zehn Menschen getötet und sieben Häuser stark beschädigt. Insgesamt werden 78 Bombentrichter gezählt.

25./26.4.1945: In der Nacht vom 25. auf den 26.4. werden die Bodenseeschiffe „Bludenz", „Ostmark", „Österreich" und „Stadt Bregenz" über den See in die Schweiz in Sicherheit gebracht. Die völlig verdunkelt fahrenden Schiffe werden dabei von der SS beschossen.

Printmedien in Vorarlberg

Eine Besonderheit der Vorarlberger Medien ist, dass sie eine außergewöhnlich große Rolle für die Identität der Menschen und für den politischen Prozess spielen. Vor allem die Vorarlberger Zeitungen ziehen seit Jahren europaweit große Beachtung auf sich. Die Zeitungslandschaft wird dominiert durch die „Vorarlberger Nachrichten" (VN). Das Blatt wird in einem modernen Redaktions- und Druckzentrum in

Am Samstag, dem 1. September 1945, erschien die erste Ausgabe der „Vorarlberger Nachrichten".

1945

Schwarzach hergestellt. Die „VN" haben eine für Tageszeitungen außergewöhnliche Reichweite: Fast 80% der Vorarlberger Bürger greifen täglich zu den „VN". Viele Journalisten und Zeitungsmacher blickten nach Vorarlberg, als die „VN" ihr früheres, eher konservatives Lay-out auswechselten und durch ein inzwischen durchgängig farbiges Lay-out mit kurzen Artikeln und vielen grafischen Elementen ersetzten. Diese Art Zeitung zu machen ist dabei keineswegs unumstritten: Manche Medienschaffenden sehen die „Vorarlberger Nachrichten" als zukunftsweisend und vorbildlich, andere kritisieren die knappen Darstellungsformen und die Dominanz grafischer Elemente. Die „VN" sind zu den in den jeweiligen Ländern erscheinenden so genannten Bundesländer-Zeitungen zu zählen: Die „Salzburger Nachrichten", die „Oberösterreichischen Nachrichten", die „Tiroler Tageszeitung", die „Wiener Zeitung" sowie die in Graz und Klagenfurt erscheinende „Kleine Zeitung" werden zusammen mit den „VN" wegen ihrer traditionell marktbeherrschenden Stellung auch die „Goldenen Sieben" genannt. Die Bundesländerzeitungen spielen hinsichtlich der Identität der Menschen eine große Rolle und stellen im pressemäßig vergleichsweise stark zentral organisierten Österreich einen Ausgleich dar. Sie erwiesen sich ferner lange Zeit als Bollwerk gegen die Bemühungen der Wiener Boulevardpresse („Neue Kronen-Zeitung", „Kurier" und „täglich Alles"), in die Bundesländer vorzudringen.

Auch die „Vorarlberger Nachrichten" haben in der Vergangenheit verschiedentlich ihr großes politisches Gewicht unter Beweis stellen können und sich als bedeutender Faktor in der politischen Willensbildung erwiesen. „Wir waren nie eine neutrale Zeitung, sondern immer eine engagierte Zeitung", sagte der frühere Chefredakteur Franz Ortner. Die stark föderalistische Orientierung der „Vorarlberger Nachrichten" hat deutlichen Einfluss auf das Bewusstsein der Leser. Als besonderes Beispiel ist hier das so genannte Fußach-Fanal vom 21. November 1964 zu nennen, als sich die „VN" energisch gegen die Taufe eines neuen Schiffs auf den Namen „Karl Renner" zur Wehr setzten und eine aufgebrachte Menschenmenge die Taufe buchstäblich ins Wasser fallen ließ. Als weitere Beispiele der antizentralistischen Kampagnen der VN werden die „Initiative Pro Vorarlberg" aus dem Winter 1979/80 und der Streit um die Zukunft der Vorarlberger Illwerke in den 90er Jahren gesehen.

Die „Vorarlberger Nachrichten" können auf eine lange und wechselvolle Geschichte zurückblicken. Als Vorläufer des Blattes werden die 1786 von Josef Anton Bonifaz Brentano gegründeten „Bregenzer Wöchentlichen Nachrichten" gesehen. 1919 kam die Zeitung, die zwischenzeitlich mehrfach andere Namen führte, in den Besitz der Familie Ruß, der auch heute noch die „VN" und weitere wichtige Vorarlberger Massenmedien gehören. Während der NS-Herrschaft in Österreich war die Zeitung verboten. Am 1. September 1945 wurde das Blatt unter dem Namen „Vorarlberger Nachrichten" als Lizenzzeitung der französischen Militärregierung wiedergegründet. Kurz darauf übernahm Eugen Ruß sen. die Leitung der „VN".

Die Familie Ruß spielt bis heute eine dominierende Rolle in der Vorarlberger Medienlandschaft. In dem von ihr kontrollierten Verlag „Vorarlberger Medienhaus" erscheint auch die zweite Vorarlberger Zeitung, die „Neue Vorarlberger Tageszeitung", kurz „Neue" genannt. Hinzu kommen zwei an alle Haushalte verteilte Gratis-Zeitungen („Wann&Wo", „Mein Einkauf"), einer der größten österreichischen Internet-Provider („Teleport"), Beteiligungen am lokalen Hörfunk „Antenne Vorarlberg", Druckereien sowie ein Buchverlag.

Die „Neue" erreicht etwa 20% der Vorarlberger Bevölkerung und steht damit deutlich im Schatten des Schwesterblattes „VN". Sie nahm 1972 den Betrieb auf und wurde ursprünglich als Gegenkraft und Korrektiv zu den mächtigen „VN" konzipiert. Gleichzeitig wurde das von der ÖVP herausgegebene „Vorarlberger Volksblatt" eingestellt. Ein vorübergehender Aufschwung war 1975 zu beobachten, als die „Neue" in die Trägerschaft der Grazer „Styria" wechselte, die unter anderem die „Kleine Zeitung" (Graz, Klagenfurt) produzierte. 1990 schließlich kam die „Neue" zum „Vorarlberger Medienhaus", das seither für diese Zeitung staatliche Presseförderung in Millionenhöhe erhält. Dieser Schachzug wurde von vielen Beobachtern als nachteilig für die mediale Kultur Vorarlbergs eingeschätzt. Der Chef des Vorarlberger Medienhauses Eugen Ruß vertritt dagegen die Auffassung, dass die enge Kooperation nur den Vertriebs- und Verlagsbereich betreffe, dass redaktionell die beiden Blätter aber eigenständig seien: „Das sind zwei Mannschaften. Wir halten das auch für notwendig, um glaubwürdig die These vertreten zu können, dass wir unabhängig voneinander Standpunkte vertreten. Das ist schon öfter in der Praxis bewiesen worden."

Neben den Tageszeitungen des „Vorarlberger Medienhauses" erscheinen in Vorarlberg eine Reihe von lokalen Wochenzeitungen wie z.B. „Das Kleine Blatt" von Rudolf Ganahl und die von Ing. Alois Kaindl herausgegebenen „Bregenzer Blättle", „Feldkircher Anzeiger" und „Walgaublatt".

„Neue Vorarlberger Tageszeitung", die erste Ausgabe ganz im Stil der 70er Jahre

247

1945

Hinzu kommen weitere kleine Wochenzeitungen, kirchliche Zeitungen und Gemeindeblätter, die meist nur über einen kleinen redaktionellen Teil verfügen. Die Wiener Zeitungen („Neue Kronen-Zeitung", „Der Standard", „Die Presse", „Kurier" und „täglich Alles") spielen eine nur kleine Rolle. Ein Grund ist in der geografischen Lage Vorarlbergs zu suchen. Für die in Wien erscheinenden Zeitungen war es immer schwierig, den Aktualitätsvorsprung der in Vorarlberg gedruckten Titel wettzumachen.

Vorarlberg kann auf eine lange und interessante Pressegeschichte zurückblicken. Erste Zeitungen sind bis in das frühe 17. Jahrhundert zurückzuführen. Sie erschienen vorwiegend in Hohenems, das in der frühen Neuzeit große Bedeutung als „Zeitungsstadt" besaß. Wichtige Impulse auf die politische und mediale Entwicklung Vorarlbergs gingen vom „Vorarlberger Volksblatt" aus. Dieses wurde 1866 von Geistlichen rund um den Pfarrer Thomas Ammann gegründet und hatte sich zum Ziel gemacht, katholischen Positionen in der Öffentlichkeit zur Geltung zu verhelfen und gegen den Liberalismus anzukämpfen. Vor allem unter der redaktionellen Führung des katholischen Priesters Dr. Bernhard von Florencourt kam es zu einer Reihe von publizistischen Konflikten. Später

Der „Vorarlberger", vormals „Vorarlberger Volksbote"

übernahm der von Geistlichen und Laien gegründete „Vorarlberger Preßverein" die Trägerschaft der Zeitung. Ab 1934 leitete Kaplan Georg Schelling die redaktionelle Arbeit. Er nahm eine kritische Position zum Nationalsozialismus ein, wurde deshalb am 21. März 1938 verhaftet und anschließend sieben Jahre in Konzentrationslagern gefangen gehalten. Nach dem Zweiten Weltkrieg erschien das „Vorarlberger Volksblatt" erstmals wieder am 16. November 1945. Herausgegeben wurde die Zeitung von der Österreichischen Volkspartei (ÖVP). Immer wieder kritisierten die Alliierten die Zeitung wegen einer revanchistischen Ausrichtung; in der Folge kam es auch zu zahlreichen Abbestellungen. 1972, also 106 Jahre nach seiner Gründung, wurde das „Vorarlberger Volksblatt" eingestellt. Das Ende des „Vorarlberger Volksblattes" ist in Zusammenhang mit der Gründung der „Neuen Vorarlberger Tageszeitung" zu sehen.

Der „Vorarlberger Volksbote" erschien als Wochenzeitung erstmals am 29. September 1933 und richtete sich an die ganze Vorarlberger Bevölkerung, inhaltlich unterstützte er die Dollfuß-Regierung. Nach dem Anschluss Österreichs an das nationalsozialistische Deutschland im Jahre 1938 brachten die neuen Machthaber das Blatt unter ihre Kontrolle und ersetzten es bald durch den „Vorarlberger Landboten"; am 30. August 1944 erschien die vorerst letzte Ausgabe. Drei Jahre nach Kriegsende ließ der „Vorarlberger Presseverein" das Blatt unter dem alten Titel „Vorarlberger Volksbote" wieder aufleben. 1995 wurde es endgültig eingestellt.

Das „Vorarlberger Tagblatt" erschien erstmals 1899 und war deutsch-freisinnig ausgerichtet. 1907 wurde die Zeitung zunächst aufgegeben, um 1918 als Parteizeitung der „Großdeutschen Volkspartei" wiedergegründet zu werden. Später unterstützte das „Tagblatt" die nationalsozialistische Bewegung. Nach dem Anschluss Österreichs an das Deutsche Reich nahmen die Redakteure der Zeitung aber eine zunehmend kritische Position gegenüber den neuen Machthabern ein. Mehrfach drohte das Gaupresseamt mit der Einstellung der Zeitung. Die Geschichte des „Vorarlberger Tagblatts" endet am 27. April 1945. M.C.H.

Die Probenummer des konservativen „Vorarlberger Volksblattes", 1866

27.4.1945: Die letzte Nummer des „Vorarlberger Tagblatts" erscheint.

27./28.4.1945: Der Schweizer Rundfunk meldet im Auftrag des Internationalen Roten Kreuzes, dass Bregenz und Feldkirch zu „offenen Städten" erklärt wurden, also nicht verteidigt werden. Diese Erklärung wird aber am 29.4. auf Befehl von Generalfeldmarschall Kesselring wieder zurückgenommen.

29.4.1945: Eine deutsche Flak-Abteilung beim Umspannwerk Bürs schießt ein französisches Flugzeug beim Angriff auf die Bludenzer Bahnanlagen ab. Am selben Tag greifen französische Tiefflieger die in den Bregenzer Bahnhof einfahrende

1945

Wälderbahn an. Dabei werden mehr als zehn Menschen getötet. Insgesamt wird über dem ganzen Rheintal eine rege Fliegertätigkeit beobachtet.

29.4.1945: Gegen 20.30 Uhr erreichen die ersten französischen Truppen, Einheiten der 5. Panzerdivision, unter General Guy Schlesser die Vorarlberger Grenze bei Hohenweiler. Am selben Tag rücken die Franzosen in Hohenweiler, Hörbranz und Lochau ein.

30.4.1945: Der Chefarzt der Bregenzer Lazarette, Dr. Poschacher, und ein junger Schweizer Arzt des Roten Kreuzes, Dr. Meyer, nehmen Kontakt mit dem französischen Kommando in Lochau auf, um Bregenz aus den Kampfhandlungen herauszuhalten. Sie weisen dabei besonders auf die zahlreichen in der Stadt befindlichen Verwundeten hin. Der französische Kommandant stellt daraufhin ein Ultimatum: Er verspricht, Bregenz zu schonen, falls die militärischen Sperren an der Klause am 1.5. bis 2.50 Uhr gesprengt werden.

Rundfunk und Fernsehen

Der ORF betreibt in Vorarlberg 24 Sendestationen.

Der Rundfunk war das erste Medium in Vorarlberg, das nach Kriegsende 1945 wieder funktionierte. Schwierigkeiten gab es bei der Nachrichtenbeschaffung. Die ersten Nachrichten bestanden hauptsächlich aus von Schweizer Zeitungen abgeschriebenen Artikeln. „Aktualität" war noch ein Fremdwort.

Einen Journalismus im heutigen Sinn gab es nicht. Erst in der Bacher-Ära (ab 1967) wurden echte Informations-Redaktionen aufgebaut. Vorher existierte das Nachrichtenwesen im Radio hauptsächlich in Form von Verlautbarungen und Aussendungen der Landesregierung. Recherchen gab es in der Regel keine. Häufig wurden einfach Zeitungsartikel abgeschrieben und verlesen. In der Zeit der französischen Besatzung mussten die Manuskripte – zumindest pro forma – einem Presse-Offizier zur Genehmigung vorgelegt werden. Bis zur Bacher-Ära gab es von Radio Vorarlberg den ganzen Tag über nur drei Nachrichtensendungen. Als Kulturträger spielte die lokale Rundfunkstation in Dornbirn jedoch schon früh eine sehr wichtige Rolle. Der Sender produzierte Hörspiele und

1945

Nach 1945 im Studio im Dornbirner Rathaus: Die meisten Musiksendungen wurden live produziert.

Lesungen, das Musikprogramm war sehr breit gefächert. Es reichte von Volksmusik, Chorgesang und Blasmusik über gehobene Unterhaltungsmusik bis zu Sinfoniekonzerten und Kammermusik. In der Frühzeit des Radios nach 1945, in der Tonbänder rar waren, wurden alle Sendungen grundsätzlich live abgewickelt. Radio Vorarlberg war – neben dem Theater für Vorarlberg – der wichtigste Arbeitgeber für Berufskünstler im Lande. Von 1946 bis 1958 existierte in Dornbirn – abgesehen von Wien – das einzige Rundfunk-Berufsorchester in einem österreichischen Bundesland. Auf kulturellem Gebiet leistete Radio Vorarlberg Pionierarbeit.

1954 entschied der Verfassungsgerichtshof, dass Rundfunkangelegenheiten Bundesangelegenheiten seien. Damit wurde der Landessender – unter heftigsten Protesten der Landespolitiker – der unmittelbaren Verfügungsgewalt der Vorarlberger Landesregierung entzogen. Die Personalangelegenheiten bei Radio Vorarlberg wurden aber nach wie vor den landespolitischen Machtverhältnissen entsprechend gefällt. Erst gegen Ende der 50er und Anfang der 60er Jahre gab es in Einzelfällen eine Postenbestellung aus dem Einflussbereich der „roten" Opposition (Aktueller Dienst).

Die Rundfunkreform von 1966/67 brachte den großen Wandel, nämlich eine deutliche Annäherung an das westliche Demokratie-System. Unter Generalintendant Gerd Bacher wurde die British Broadcasting Corporation (BBC), eine Sendeanstalt mit langer demokratiepolitischer Tradition, zum Vorbild für die Informationspolitik des ORF. Die wichtigsten Grundsätze lauteten: Objektivität, umfassende Berichterstattung und politische Unabhängigkeit. Tendenziöse Meinungskommentare waren nicht gestattet, sehr wohl aber analytische Kommentare, welche dem Staatsbürger die Möglichkeit geben sollten, sich selbst ein Urteil über einen Sachverhalt zu bilden. Somit hielten die Leitbilder der Aufklärung – zumindest im Medienbereich – in Vorarlberg verspätet Einzug. Sendereihen wurden ins Leben gerufen, die sich analysierend und kritisch mit den politischen, gesellschaftlichen, wirtschaftlichen und kulturellen Vorgängen im Lande auseinander setzten. Die Politiker antworteten nicht wie früher auf vorher abgesprochene Fragen mit der Verlesung langatmiger Statements, sondern der Reporter konnte auch kritische Fragen stellen, welche die Öffentlichkeit interessierten. „Diese Änderung der Spielregeln im Rundfunk hatte unmittelbare Wirkung auf das gesamte öffentliche Leben und trug zum Entstehen eines neuen politischen Klimas bei. Es war ein Klima des Aufbruchs, des Bekenntnisses zum Konkurrenz- und Leistungsprinzip, der Verantwortung gegenüber der Öffentlichkeit, der Auskunftspflicht gegenüber dem Bürger, dem Steuerzahler, dem Wähler" (Hugo Portisch). Der ORF-Sender Ö 3 – ein absolutes Novum in der Rundfunkgeschichte Österreichs – entwickelte sich zum Sprachrohr der

Das neu erbaute Landesstudio Vorarlberg in Dornbirn

1945

Die beliebte Sendung „Vorarlberg heute", die im Landesstudio produziert wird, startete 1988.

Jugendkultur und eines veränderten Lebensgefühls der jungen Generation auch in Vorarlberg. Die Regionalprogramme des ORF erfuhren eine bis dahin nicht gekannte Ausweitung und qualitative Aufwertung. Das 1972 eröffnete und mit modernster Technik ausgestattete Landesstudio Vorarlberg in Dornbirn ermöglichte eine breit gefächerte Förderung der Kulturschaffenden Vorarlbergs in den Sparten Literatur und Hörspiel, Popmusik und E-Musik. Radio Vorarlberg leistete damit einen wesentlichen Beitrag zum kulturellen Aufschwung des Landes in der Ära von Landeshauptmann Keßler.

Die ersten Versuche zur Regionalisierung des Fernsehens setzten 1968 ein und wurden nach und nach ausgeweitet, mit vorerst technisch unzulänglichen Mitteln: Die Film-Beiträge mussten eine Zeit lang – in dringenden Fällen mit dem Flugzeug – nach Wien transportiert und dort geschnitten werden. Das föderalistische Prinzip im Fernsehen kam in den 70er Jahren jedoch immer deutlicher zum Tragen, vor allem in der Sendung „Österreich-Bild", die ab April 1976 siebenmal pro Woche ausgestrahlt wurde. Die „Österreich-Bild"-Redakteure von Studio Vorarlberg waren – wie in den anderen Bundesländern auch – nicht Mitarbeiter einer zentralen Fernsehredaktion, sondern arbeiteten eigenständig unter der Verantwortung des Landesintendanten. Der Siegeszug der Elektronik ermöglichte schließlich eine ungeahnte Ausweitung des Regionalfernsehens. Die Voraussetzung zur täglichen Ausstrahlung von Live-Sendungen („Vorarlberg heute") wurde durch den Zubau eigener TV-Studios und Regieplätze geschaffen. L.H.

30.4. / 1.5.1945: In der Nacht vom 30.4. auf den 1.5. gelingt es Mitgliedern der Widerstandsgruppe von Gaschurn, die zur Sprengung des Kraftwerks und Schrägaufzugs in Partenen vorgesehenen Sprengkapseln unschädlich zu machen. Außerdem können sie die Munitionsvorräte der in Vermunt und Partenen stationierten Flak-Abteilung vernichten und so eine militärische Verteidigung der Kraftwerksanlagen unmöglich machen.

1.5.1945: Da die Forderungen des französischen Ultimatums nicht erfüllt werden, beginnt der „Kampf um Bregenz". Die Stadt wird mit Artillerie beschossen und bombardiert. Dabei werden rund 80 Häuser zerstört und zwei Personen getötet. An diesem Tag werden bei französischen Tieffliegerangriffen auf Dornbirn, Frastanz, Götzis, Hard, Hohenems, Kennelbach, Lustenau und Vorkloster mehrere Menschen verwundet und einer getötet. Es entstehen erhebliche Sachschäden. Am selben Tag werden die Ach- und die Eisenbahnbrücke bei Lauterach gesprengt. Zwei Offiziere der Wehrmacht, welche die Sprengung der Achbrücke verhindern wollten, werden von SS-Truppen vor ein Standgericht gestellt, zum Tode verurteilt und erschossen. Die Sprengung der Rheinbrücke bei Fußach am selben Tag wird nur dadurch verhindert, dass zwei einheimische Männer die etwa 400 Meter lange Zündschnur in der Nacht auf den 1.5. entfernt haben. Französische Truppen nehmen schließlich Bregenz bis zur Bregenzerach, Thal, Langen bei Bregenz, Doren und Sulzberg ein.

1.5.1945: Nach der Zerstörung der Holzbrücke Langenegg-Müselbach durch Angehörige der Waffen-SS versuchen einige Gemeindebürger von Langenegg, weitere Zerstörungen zu verhindern, indem sie die örtlichen Funktionäre der NSDAP verhaften und in der Sennerei einsperren. Gegen Abend kommt es zu einem Gefecht dieser Widerstandskämpfer mit anrückenden SS-Truppen; dabei werden sechs Familienväter aus Langenegg getötet.

1. / 2.5.1945: Götzis wird von der französischen Artillerie beschossen. Dabei werden fünf Personen getötet, ein Fabrikgebäude und zwölf Privathäuser völlig zerstört und viele weitere beschädigt.

1945

2.5.1945: Französische Tiefflieger zerstören in Lauterach ein Haus und eine alte Mühle. Die Bodentruppen rücken bis Hohenems-Schwefel und Altach-Bauern vor. Eine zweite französische Heeressäule besetzt an diesem Tag das Kleine Walsertal.

2./3.5.1945: In der Nacht vom 2. auf den 3.5. versucht eine Bludenzer Widerstandsgruppe, die Kreisleitung der NSDAP auszuheben. Der nächtliche Angriff, bei dem drei Menschen getötet werden, wird zwar abgeschlagen, dennoch geht von dieser Aktion große Signalwirkung aus, da sich der Kreisleiter mit seinen engsten Parteigenossen am 3.5. aus der Stadt absetzt.

3.5.1945: Französische Truppen rücken über Mäder, Koblach, Meiningen und Brederis bis Feldkirch und Frastanz vor. Deutsche Truppen versuchen ohne Erfolg, den Vormarsch der Franzosen durch die Sprengung der Illbrücke in der Felsenau zu stoppen.

4.5.1945: Die Franzosen nehmen Nüziders und Bludenz ein und rücken bis zum Grubsertobel in Richtung Braz vor. Dabei kommt es bei Bings zu einem mehrstündigen Gefecht, in dessen Verlauf mehrere Menschen getötet und einige Gebäude, darunter das Bingser Schulhaus, zerstört werden. Am selben Tag nehmen die Franzosen bei ihrem Einmarsch in Brand den ehemaligen Reichsaußenminister und Reichsprotektor in Böhmen und Mähren, Konstantin Freiherr von Neurath, gefangen.

5.5.1945: Französische Truppen dringen bis Dalaas-Stelzistobel vor; außerdem besetzen sie den mittleren und vorderen Bregenzerwald sowie Hochkrumbach und Warth.

6.5.1945: Die Alliierten nehmen Langen am Arlberg, Lech und Stuben ein.

7.5.1945: Mit der Besetzung von Stuben und der Arlbergpasshöhe ist die Eroberung Vorarlbergs durch französische Truppen abgeschlossen.

8.5.1945: In Österreich tritt das so genannte „Verbotsgesetz" in Kraft: Damit werden die NSDAP und ihre Organisationen verboten. Außerdem wird verfügt, dass sich alle Personen, die zwischen dem 1.7.1933 und dem 27.4.1945 der NSDAP oder einem ihrer Verbände angehört haben, amtlich registrieren lassen müssen. Davon sind in Vorarlberg rund 20.000 Personen, etwa neun Prozent der Gesamtbevölkerung, betroffen.

24.5.1945: Die französische Militärverwaltung setzt einen Landesausschuss für Vorarlberg ein. Damit wird das Land wieder von Tirol getrennt. Der aus acht Mitgliedern bestehende Landesausschuss, zu dessen Präsidenten Ulrich Ilg aus Dornbirn bestimmt wird, übernimmt vorübergehend die Funktionen von Landesregierung und Landtag. Bis auf weiteres tagt er in Feldkirch, dem Sitz der französischen Militärregierung.

7.6.1945: Unter dem Namen „Österreichische demokratische Widerstandsbewegung, Land Vorarlberg" (ÖDW) schließen sich sämtliche Vorarlberger Widerstandsgruppen bei einer Tagung auf Schloss Glopper in Hohenems zusammen. Das Ziel dieser Vereinigung ist die Überwindung des Nazismus, die Betreuung von Opfern des Nationalsozialismus, die Beseitigung nationalsozialistischer Strukturen und Denkweisen sowie die Überführung von Kriegsverbrechern. Der Einfluss der ÖDW, die im Juli von den Besatzungsbehörden offiziell anerkannt wird, bleibt beschränkt, da es der Vorarlberger Landesausschuss ablehnt, ihr eine politische Sonderstellung zuzugestehen, obwohl dem Landesausschuss drei wichtige Funktionäre der ÖDW angehören. Bedeutung erlangt die Widerstandsbewegung in den folgenden Monaten vor allem bei der Entnazifizierung. Bis Ende des Jahres werden von ihren Bezirks- und Ortsausschüssen etwa 8.000 politische Gutachten angefordert. Die Beschlüsse der ÖDW sind allerdings nicht bindend.

15.6.1945: Der Landesausschuss und die französische Militärregierung verlegen ihren Sitz von Feldkirch nach Bregenz.

16.7.1945: In Feldkirch wird der Vorarlberger Sportverband gegründet.

August 1945: Der Sportausschuss der ÖDW organisiert die Wiederaufnahme des Fußballbetriebes in Vorarlberg.

16.8.1945: Der Oberbefehlshaber der französischen Besatzungstruppen, General Béthouart, ernennt den bisherigen

1945

Präsidenten des Landesausschusses, Ulrich Ilg, zum Landeshauptmann von Vorarlberg.

28.8.1945: Die von den Nationalsozialisten eingeführten Kreise werden durch die traditionellen Bezirkshauptmannschaften ersetzt. Parallel zu ihnen werden „Détachements du Gouvernement Militaire" eingerichtet. Die österreichische Verwaltung muss in allen Angelegenheiten den Anweisungen dieser Militärbehörden Folge leisten.

1.9.1945: Die erste Nummer der „Vorarlberger Nachrichten" erscheint. Es ist die erste nach dem Ende des Zweiten Weltkrieges in Vorarlberg erscheinende Tageszeitung.

September 1945: Unter dem Vorsitz von Theodor Veiter, einem ehemaligen illegalen Nationalsozialisten, wird ein Pressereferat der ÖDW gebildet, das sich die Information der einzelnen Ortsstellen und Mitglieder der Widerstandsbewegung zum Ziel setzt.

14.10.1945: Der Arlberg-Express zwischen Paris und Wien trifft erstmals nach dem Ende des Zweiten Weltkrieges in Wien ein.

15.11.1945: Die Ortsstelle Feldkirch der ÖDW teilt dem Landesausschuss mit, dass sie ihre Gutachtertätigkeit im Rahmen der Entnazifizierung einstellt. Als Begründung für diesen Schritt führt sie an, dass nach wie vor führende Stellen in der Landesverwaltung durch ehemalige Nationalsozialisten besetzt und dass politische Gutachten ohnehin nur dann eingeholt würden, wenn es um die Vergabe untergeordneter Stellen gehe.

16.11.1945: Mit Genehmigung der französischen Militärregierung erscheinen erstmals nach dem Zweiten Weltkrieg wieder parteigebundene Tageszeitungen: Das „Vorarlberger Volksblatt" (ÖVP), der „Vorarlberger Volkswille" (SPÖ) und die „Tageszeitung" (KPÖ); die parteiunabhängigen „Vorarlberger Nachrichten" werden erstmals im Eugen-Ruß-Verlag publiziert.

25.11.1945: Die ersten Nationalrats- und Landtagswahlen nach dem Zweiten Weltkrieg finden statt. Die Mitglieder der NSDAP, der SS und der SA sowie Anwärter auf die Parteimitgliedschaft der NSDAP sind von der Wahl ausgeschlossen. Von diesem Verbot sind in Vorarlberg 15.156 Personen oder 16,4 Prozent aller Wahlberechtigten betroffen. Die ÖVP gewinnt diese Wahlen eindeutig. Sie erringt drei Nationalratsmandate und 19 Landtagsmandate. Die SPÖ entsendet einen Abgeordneten in den Nationalrat und sieben in den Landtag. Die KPÖ kommt bei beiden Wahlen auf rund 1.700 Stimmen und geht damit, was die Mandate betrifft, leer aus.

1.12.1945: Auf der im November gegründeten Landesbühne wird erstmals eine Aufführung inszeniert: Schönherrs „Erde".

11.12.1945: Der Vorarlberger Landtag tritt zum ersten Mal nach dem Zweiten Weltkrieg zusammen. Ulrich Ilg wird mit 25 von 26 Stimmen zum Landtagspräsidenten und mit 24 von 26 Stimmen zum Landeshauptmann gewählt. Die siebenköpfige Landesregierung setzt sich aus fünf Vertretern der ÖVP und zwei der SPÖ zusammen.

14./15.12.1945: Die österreichische Widerstandsbewegung hält in Bregenz eine Tagung ab, an der Gruppen aus dem gesamten Bundesgebiet mit Ausnahme Kärntens teilnehmen, und beschließt dabei, sich künftig „Freiheitsbewegung" zu nennen.

21.12.1945: In ihrer letzten Sitzung des zu Ende gehenden Jahres bekräftigt die Landesregierung ausdrücklich, dass sie sich mit den Grenzen von 1938 zufrieden gebe, und verzichtet endgültig auf jeden Vorstoß zur Rückgliederung des ehemaligen Landgerichts Weiler an Vorarlberg.

1945: Der französische Colonel Henri Jung wird Militärgouverneur von Vorarlberg.

1945: DDr. Ernst Hefel aus Schruns wird Unterstaatssekretär im Unterrichtsministerium.

TODESTAGE

20.4.1945: Josef Anton King (* 17.2.1922, Hörbranz), Student, wegen humanitärer Hilfe für Fremdarbeiter ins KZ Mauthausen gebracht und dort ermordet.

3.5.1945: Alois Jeller (* 19.2.1902, Flauerling/Tirol), Bahntischler, Mitglied der Bludenzer Widerstandsbewegung, nach dem Sturm auf die Kreisleitung der NSDAP ermordet.

1945

Die Bregenzer Festspiele

Kaum ein Festival konnte in den letzten Jahren einen so gewaltigen Aufschwung erleben wie die Bregenzer Festspiele. Mit modernstem technischen Aufwand, neuer Inszenierungssprache und spektakulären Effekten werden jährlich 200.000 Besucher angelockt. Die internationale Bedeutung des Festivals ist mittlerweile unbestritten.

Bereits 1911 kam es in den Bregenzer Seeanlagen erstmals zu Freilichttheateraufführungen. Noch in den Trümmern des Zweiten Weltkrieges wurde 1946 die Idee einer Bregenzer Festwoche in die Tat umgesetzt. Zwei verankerte Kiesschiffe, einfache Sitzgelegenheiten und viel Idealismus waren der Beginn, Landesbühne und Rundfunkorchester bildeten die künstlerische Basis. Nach ersten Konzerten konnte das Orchester der Wiener Symphoniker als ständiges Festspielorchester gewonnen werden. Bald wurden bauliche Veränderungen notwendig. Die erste moderne Holztribüne bot den 6.400 Besuchern Platz, die Bühne selbst konnte nach Bedarf durch zusätzliche künstliche Inseln vergrößert werden. Durch diese Umgestaltung und die Mitwirkung eines neu gegründeten, aus Bregenzer Chorsängerinnen und -sängern zusammengesetzten Festspielchores wurde die Aufführung der Johann-Strauß-Operette „1001 Nacht" 1949 zum imponierenden Großereignis.

Der für die Durchführung der Spiele verantwortlichen Festspielgemeinde – an ihrer Spitze prominente Bregenzer Bürger – gelang es, künstlerische Persönlichkeiten von Weltrang zu engagieren (Clemens Krauss, Karl Böhm, Eugen Jochum, Helge Rosvaenge, Esther Rethy, Hilde Konetzny, Karl Dönch, Anton Dermota, Waldemar Kmentt, Eberhard Waechter, Wilma Lipp, Oskar Cerwenka u.a.). Neben der klassischen Operette und dem Orchesterkonzert wurden nun auch Ballett und Schauspiel ins Programm integriert. So feierte das Ensemble des Wiener Burgtheaters 1949 sein Bregenz-Debüt. Unvergessliche Schauspielerpersönlichkeiten wie Fred Liewehr, Käthe Gold, Ewald Balser, Werner Krauss, Josef Meinrad,

Als zusätzliches Angebot werden im Festspielhaus Opernraritäten aufgeführt. Szenenausschnitt aus „Le Roi Arthus" von Ernst Chausson (1996)

Das Festspielgelände Ende der 70er Jahre

1946

„Fidelio" von Ludwig van Beethoven wurde in der Saison 1995/96 auf der Seebühne gespielt.

Paula Wessely, Attila Hörbiger, Oskar Werner und Erich Auer traten in Bregenz auf.

Eine Alternative zur wetterabhängigen Festspielbühne wurde 1955 mit dem Bau des Theaters am Kornmarkt geboten; mit Aufführungen selten gehörter Werke der Opernliteratur (u.a. „Der Barbier von Bagdad" von Peter Cornelius oder Haydns Oper „Das brennende Haus") sollten neue Publikumsschichten angesprochen werden.

Erst 25 Jahre später gelang es unter der Direktion Ernst Bärs, den Traum vom eigenen Festspielhaus zu verwirklichen. Die feierliche Eröffnung im Sommer 1980 leitete eine neue Ära ein. Eine Krise in den frühen 80er Jahren führte zur Umstrukturierung im wirtschaftlichen wie auch im künstlerischen Bereich. So wurde die Festspielgemeinde zu Gunsten einer Gesellschaft aufgelöst. Ein künstlerischer und ein kaufmännischer Leiter stehen nun an der Organisationsspitze. Das Repertoire bewegte sich in den letzten Jahren von der klassischen heiteren Operette hin zum aussagekräftigen Musiktheater („Hoffmanns Erzählungen" 1987/88, „Der Fliegende Holländer" 1989/90, „Carmen" 1991/92, „Nabucco" 1993/94, „Fidelio" 1995/96, „Porgy and Bess" 1997/98, „Ein Maskenball" 1999/2000). Opernraritäten werden von einer neuen Bühnenästhetik umgeben, die Hausbühne sollte nach dem Konzept des künstlerischen Leiters Alfred Wopmann – er übernahm 1983 die Direktion – das Gegengewicht zum Volkstheater am See stellen. Regieteams verwirklichen auf der Seebühne die Idee eines Gesamtkunstwerkes, wobei die Einbeziehung aktueller Zeitbezüge ein wesentliches Element darstellt. Das Veranstaltungsangebot neben dem dominierenden Musiktheater ist vielfältig: Schauspiele, Lesungen, Serenaden, Solisten- und Orchesterkonzerte begeistern heute ein internationales Publikum.   A.B-N.

1.2.1946: Die Landeshauptmannschaft teilt allen Bürgermeistern und Bezirkshauptmannschaften mit, dass die ÖDW künftig keine politischen Gutachten zur Entnazifizierung mehr ausstellen darf. An ihre Stelle treten Begutachtungskommissionen, die in allen Gemeinden durch den Beschluss des Gemeinderats zu bilden sind. Diese Kommissionen sollen je zur Hälfte von Mitgliedern der ÖVP und der SPÖ besetzt werden. Sollte am Ort auch die KPÖ präsent sein, sind auch Kommunisten bei der Bildung der Kommissionen zu berücksichtigen.

19.2. - 2.3.1946: Mehrere im „Vorarlberger Volksblatt" veröffentlichte Artikel führen zur Verstimmung bei der französischen Besatzungsmacht: Ein anonymer Verfasser, der als „alter Seelsorger" zeichnet, nimmt am 19.2. die illegalen Vorarlberger Mitglieder der NSDAP in Schutz; am 21.2. bezeichnet er den Zweiten Weltkrieg als gerechte Sache der Deutschen und preist die Treue der Soldaten zu ihrer Fahne. Am 2.3. wird in einem Artikel von Weihbischof Tschann wörtlich aus einer Ansprache des Papstes zitiert, in der dieser die Österreicher als Deutsche begrüßt. Nach diesen Vorkommnissen verfügt die französische Militärregierung die Einstellung der Zeitung für mehrere Monate. Die Abonnenten des „Volksblattes" erhalten in dieser Zeit die „Vorarlberger Nachrichten", die damit zur wichtigsten Zeitung im Land werden.

Mai 1946: In Tschagguns muss ein neuer politischer Ausschuss „zur Säuberung vom Nazismus" gebildet werden, weil der alte, wie sich herausgestellt hat, zur Gänze aus ehemaligen Mitgliedern der

1946

NSDAP oder Anwärtern auf die Parteimitgliedschaft bestanden hat.

17.11.1946: Nach langen Verhandlungen geht der Sender Vorarlberg in den Besitz des Landes über.

8.12.1946: Nach einer Volksabstimmung wird das unter den Nationalsozialisten eingemeindete Stallehr wieder von Bludenz abgetrennt. Am selben Tag entscheiden sich die Bewohner von Fluh in einer Volksabstimmung für die Eingemeindung in Bregenz.

1946: Auf Initiative der Künstler Albert Bechtold, Emil Gehrer u.a. wird die „Kulturvereinigung Vorarlberger Bauhütte" gegründet.

TODESTAG

4.3.1946: Viktor Hämmerle (* 27.2. 1855, Dornbirn), Industrieller, Dornbirner Ehrenbürger.

„Insektenmann" von Hubert Berchtold, 1962

Architektur, Malerei, Skulptur, Medienkunst nach 1945

Mit der 1946 auf Initiative von Albert Bechtold, Fritz Krcal, Rudolf Hoegler, Emil Gehrer u.a. erfolgten Gründung der „Vorarlberger Bauhütte" versuchten die Vorarlberger Künstler nach dem Zusammenbruch des nationalsozialistischen Regimes einen Neubeginn zu signalisieren. Auch die 1947 erfolgte Gründung der „Berufsvereinigung Bildender Künstler Vorarlbergs" ging in diese Richtung. Dass ein wirklicher Neubeginn nur bedingt möglich war, zeigte sich nicht nur in der Kunstentwicklung Vorarlbergs der 50er und 60er Jahre, in der avantgardistische Positionen oder eine Rezeption der aktuellen Kunst nur in Ausnahmen zu finden sind.

Erste gegenstandslose Tendenzen zeigen sich bei Fritz Pfister, Rudolf Hoegler, Hubert Dietrich, Alois Schwärzler und in der Skulptur bei Emil Gehrer. Eine gegenständlich-expressive Malerei vertraten u.a. Martin Häusle, Eugen Jussel, Karl Schwärzler, Leopold Fetz, Herbert Arlt, Walter Kühny und Hubert Berchtold (1922–1983).

Bis heute beinahe unbeachtet ist das Werk von Irmengard Schöpf, 1923 in Lauterach geboren, großteils in Afrika lebend, die sich eine persönliche Variante der gegenstandslosen Malerei erarbeitete, stark beeinflusst von der ostafrikanischen Landschaft und Kultur.

Eine Sonderstellung nimmt Fritz Krcal ein, der, jenseits aktueller Strömungen, jedoch mit hoher künstlerischer Qualität, seine Naturdarstellungen der Zwischenkriegszeit in beinahe zeitloser Manier fortführte und bis in die 70er Jahre auch als Person für Toleranz und Menschlichkeit stand.

Daneben spielt auch in Vorarlberg die phantastische Kunst eine gewisse Rolle. Helmuth Fetz, Rudolf Zündel, Erich Smodics und Siegfried Kresser trafen sich im „Bregenzer Kreis".

1947

Herbert Albrecht, Reliefplastik Kloster Mehrerau 1960/62

Installation von Rainer Ganahl im Kunsthaus Bregenz, 1998

„Body Check/Physical Sculpture No. 5" von Wolfgang Flatz, ausgestellt auf der documenta IX

Herbert Albrecht (geboren 1927), Wotruba-Schüler, ist neben Emil Gehrer die entscheidende Bildhauerpersönlichkeit nach 1945. Seine Präsenz ist augenscheinlich: 1960/62 Portalplastik an der Klosterkirche Mehrerau in Bregenz, Bronzefiguren und Brunnenanlagen vor vielen öffentlichen Gebäuden, so vor dem Vorarlberger Landhaus, der Landesnervenheilanstalt Valduna etc. Sein Material ist der Stein, um die Gesetze von Maß und Harmonie künstlerisch umzusetzen, sein wichtigstes Thema der Mensch: Stehende, Sitzende, Liegende, Torsi und Köpfe.

In den 60er und frühen 70er Jahren traten mit Gottfried Bechtold und Wolfgang Flatz Künstler an die Öffentlichkeit, die sich einem neuen Kunstverständnis verpflichtet fühlen und bis heute ein umfangreiches, international Beachtung findendes Œuvre vorweisen können. Ihnen sind eigene Beiträge gewidmet.

Daneben etablierte sich eine vielschichtige Kunstszene, in der u.a. Ingo Springenschmid, Kurt Matt, Willi Kopf, Karl Heinz Ströhle, Tone Fink und Paul Renner mit ihren Arbeiten wichtige Positionen vertreten.

Im medialen Bereich traten in den letzten Jahren mit Ruth Schnell und Rainer Ganahl zwei Künstlerpersönlichkeiten international in Erscheinung, die wichtige Beiträge zum aktuellen Kunstgeschehen liefern. So geht es Ruth Schnell in ihrer Arbeit „Body Scanned Architecture", 1995 auf der Biennale in Venedig zu sehen, um das Verhältnis von Architektur, Körper und Bild. Als interaktive Installation realisiert, reflektiert Schnell die gegenseitigen Konstitutionsbedingungen und Bezogenheiten. Für Rainer Ganahl steht die Sprache im Mittelpunkt seiner künstlerischen Arbeit, so auch bei jener auf der Biennale 1999 in Venedig. Mittels Sprachseminaren

1947

Haus Rüdisser in Hohenems von Rudolf Wäger und Elisabeth Rüdisser

Industriebau „Lagertechnik Wolfurt" von Baumschlager & Eberle

Schule mit Gemeindesaal in Warth von Roland Gnaiger

Kunsthaus in Bregenz von Peter Zumthor

bindet er die Besucher und Besucherinnen in seine künstlerisch-wissenschaftlichen Projekte mit ein.

In den 50er und 60er Jahren wurden in Vorarlberg die ersten Hochhäuser gebaut, so jenes in der Dornbirner Marktstraße 1954 (Emanuel Thurnherr) und das Sternhochhaus in Bregenz (Walter Rhomberg, 1966).

Zu Beginn der 60er Jahre traten beinahe gleichzeitig Leopold Kaufmann, der Zimmermann Rudolf Wäger sowie die Rainer-Schüler Jakob Albrecht, Hans Purin und Gunter Wratzfeld in das Vorarlberger Baugeschehen ein. Mit ihren frühen Arbeiten und in deren Folge konnte sich vor allem im Wohnbau eine für Vorarlberg charakteristische Baukultur von hoher architektonischer Qualität entwickeln: offener Grundriss, sichtbare Konstruktion, systematische Produktion in Verbindung mit dem Anspruch auf kostengünstiges Bauen und unprätentiöse Benutzbarkeit, die sich dem Bedürfnis nach Identität und Selbstverwirklichung unterordnet. Diese Entwicklung fand vor allem im Holzbau statt. Hans Purin mit der Siedlung „Halde" in Bludenz (1965/67) und dem Wohnhaus Mähr in Feldkirch (1975/76) sowie Rudolf Wäger mit seinem Würfelhaus (Götzis, 1966), der Siedlung „Ruhwiesen" (Schlins 1971/73) und dem Wohnhaus Rüdisser in Hohenems (1983, gemeinsam mit Elisabeth Rüdisser) wurden zu Leitfiguren der weiteren Entwicklung, die in Konsequenz und Qualität ihresgleichen sucht und eine Synthese von konstruktiver und räumlicher Vernunft erreicht. Handwerk, Baukunst, finanzielle sowie architektonische Sparsamkeit vereinten sich zu exemplarischen Bauten. Die Architekten der Gruppe „Vorarlberger Baukünstler" stehen für diese Entwicklung, die internationale Beachtung gefunden hat.

Anfang der 80er Jahre finden wir eine Weiterentwicklung unter Ausschöpfung der Möglichkeiten des Holzbaus unter Einbeziehung formaler, energietechnischer und sozialer Experimente. Federführend waren u.a. Karl Baumschlager, Dietmar Eberle, Sture Larsen, Roland Gnaiger, Hermann Kaufmann, Wolfgang Juen, Markus Koch, Bruno Spagolla und Walter Holzmüller. In der aktuellen Bauszene finden wir eine Ausweitung der Bauaufgaben und Baumaterialien, ohne dass die architektonische Qualität Einbußen erleidet. Beispiele sind die Industriebauten von Baumschlager/Eberle (Alcatel, Lustenau, 1992; Lagertechnik, Wolfurt, 1993/94), das Schulgebäude von Roland Gnaiger in Warth (1992) und das Kunsthaus in Bregenz des Schweizer Architekten Peter Zumthor (1989/1996). H.S.

21.9.1947: Der Präsident der Vorarlberger Arbeiterkammer, Anton Linder, initiiert die erste Jungbürgerfeier in Österreich. Auf diese Weise soll das Demokratiebewusstsein der Jugend gestärkt werden. Prominentester Redner dieser Veranstaltung ist Bundespräsident Dr. Karl Renner.

5.12.1947: Der Landtag beschließt die Gründung der „Vorarlberger gemeinnützigen Wohnungsbau- und Siedlungsgesellschaft m.b.H." (= VOGEWOSI), um der drängenden Wohnungsnot zu begegnen. Das vorläufige Stammkapital der Gesellschaft beträgt eine Million Schilling. Die eigentliche Gründung erfolgt am 25.3.1948 durch die Landesregierung und die Städte.

1947: Der akademische Maler Martin Häusle erhält den österreichischen Staatspreis für Malerei.

1947: Aus der „Kulturvereinigung Vorarlberger Bauhütte" geht die „Vorarlberger Berufsvereinigung bildender Künstler" hervor.

GEBURTSTAGE

30.8.1947: Hard: Jürgen Weiss, Bundesminister, Abgeordneter zum Bundesrat.

1.8.1947: Bregenz: Gottfried Bechtold, Künstler.

TODESTAG

20.9.1947: Anton Barnabas Fink (* 10.6.1867, Andelsbuch), Pfarrer in Hittisau, Landtagsabgeordneter, Landesrat und Landesstatthalter.

Ernst Kolb
1912–1978

In seiner Eigenschaft als Bundesminister für Handel und Wiederaufbau (1948–1952) sowie als Bundesminister für Unterricht (1952–1954) war Ernst Kolb quasi als Schirmherr maßgeblich am Wiederaufbau der Staatsoper in Wien beteiligt (Eröffnung 1955). Heute hat der Wiener Opernball Weltruf und zahlreiche Nachahmer; für Kultur, Politik, Wirtschaft und Tourismus ein unschätzbares Kapital. Als Vorarlberg am Neujahrstag 1954 von einer Lawinen-

Landeshauptmann Herbert Keßler überreicht Ernst Kolb das Ehrenzeichen des Landes Vorarlberg.

katastrophe heimgesucht wurde, ließ es sich der Unterrichtsminister nicht nehmen, ein Benefizkonzert im Wiener Musikverein zu veranstalten. Er konnte die Wiener Symphoniker und alle Beteiligten für einen unentgeltlichen Auftritt gewinnen.

Ernst Kolb wurde am 9. Jänner 1912 in Lauterach geboren. Er stammte aus einer Lehrerfamilie. Nach dem Besuch des Privatgymnasiums der Zisterzienser in der Mehrerau studierte er zunächst einige Semester Theologie in Brixen, dann in Innsbruck, wo er schließlich 1936 zum Doktor der Rechte promovierte. Danach arbeitete er in der Organisation des Landesgewerbeverbandes und lehrte an der Staatsgewerbeschule in Bregenz. 1943 mit Gauverbot belegt, wechselte er in die Molkerei in Sonthofen im Allgäu. Gegen Kriegsende wurde er einberufen und kam zu einer Artillerieeinheit. Bei den ersten Wahlen 1945 wurde Kolb als Vertreter des ÖVP-Wirtschaftsbundes in den Nationalrat gewählt und drei Jahre später als 36-Jähriger zum Bundesminister für Handel und Wiederaufbau bestellt. Import/Export-Regelungen, Straßenbau, Wiederaufbau,

1948

Landesstatthalter Ernst Kolb als Redner

Bundestheater und viele Kulturstätten fielen in seinen Verantwortungsbereich. 1951 erreichte Kolb seitens der USA die Anerkennung des Handelsvertrages von 1928, der einen Großteil der Versorgung Österreichs mit Bedarfsgütern ermöglichte und den Grundstein für den Wiederaufbau legte. 1952 wechselte Kolb ins unbeweglich festgefahrene, mit scharfkantigen Problemen belastete Unterrichtsressort, das damals noch Wissenschaft und Forschung sowie Unterricht und Kunst zusammenfasse – eine Hypothek, mit der er zwei Jahre zu ringen hatte. In seine Amtszeit fielen die Wiedereröffnung der weltlichen Schatzkammer und eine rechtliche Neustrukturierung der Bundestheater. Von 1954 bis 1959 wechselte der „menschlichste Bundesminister", wie ihn die Beamten in Wien nannten, ins Amt des Landesstatthalters in Vorarlberg. Wenn Kolb auch in der Politik nicht immer glückhaft agi(ti)erte, schätzte ihn doch der politische Gegner als einen engagierten Katholiken, den Lauterkeit, Güte, Vornehmheit, Bescheidenheit und Pflichtbewusstsein, aber auch Noblesse und Großherzigkeit in einem besonderen Maß auszeichneten.

1959 folgte er dem Ruf nach Innsbruck und wurde dort Professor für Verfassungs- und Verwaltungsrecht. Die bewegte Zeit 1967/68 sah ihn als Rektor der Alma Mater Oenipontana.

Zahlreiche Publikationen und wissenschaftliche Arbeiten in so verschiedenen Wissensgebieten wie Kirche, Politik, Europa, Bildung, Kunst, Bodenseeregion, Recht und Heimat zeugen nicht nur von seiner Intellektualität, sondern auch von seiner großen Schaffenskraft. Eine besondere Ehre sah Kolb in seiner Berufung zum Präsidenten des österreichischen Katholikentages 1974 in Wien.

Am 23. September 1978 starb Kolb an einer Viruserkrankung. Er war mit Irma geb. König verheiratet und hatte zwei Töchter, einen Sohn und einen Adoptivsohn. Kl.

22.11.1948: Der Landtag beschließt die Wiedererrichtung der Agrarbezirksbehörde für Vorarlberg.

1948: Der aus Lauterach stammende Dr. Ernst Kolb wird Handelsminister im Kabinett Figl I.

TODESTAG

1948: Karl August Albrich (* 5.1.1878, Dornbirn), Tierarzt, Ehrenbürger der Marktgemeinde Schruns.

Dornbirner Messe

Vom 26. Juli bis 6. August 1949 wurde die „1. Export- und Musterschau Dornbirn" abgehalten. Wie bereits im Namen angedeutet, sollte die Ausfuhr von Vorarlberger Erzeugnissen, vor allem aus dem Bereich der Textilindustrie, gesteigert werden, nachdem die allergrößten wirtschaftlichen Probleme der Nachkriegszeit – Rohstoffmangel, fehlende Verkehrsverbindungen und unklare politische Verhältnisse – bereits bewältigt waren. Die Initiative ging vom Verkehrsverein Dornbirn unter der Leitung von Sparkassendirektor Dr. Eugen Lecher aus, als Ausstellungsleiter wurde Dkfm. Hermann Rhomberg bestellt.

An dieser ersten Veranstaltung im Zentrum von Dornbirn waren 541 Firmen beteiligt, davon 509 aus Österreich. 150.000 Besucher aus dem In- und Ausland besuchten die Ausstellung, die in verschiedenen Schulgebäuden und Turnhallen sowie in Leihzelten untergebracht war. Dieser große Erfolg führte zur Wiederholung in den folgenden Jahren und zur Gründung einer eigenen Gesellschaft, der „Export und Mustermesse Ges.m.b.H.

Symbolhaft wird auf diesem Plakat die Verbindung Dornbirns, vertreten durch den rot-weißen Birnbaum, mit der ganzen Welt durch die Dornbirner Messe gezeigt.

1948

Die Dornbirner Messe im Zentrum Dornbirns mit dem „Messehochhaus"

messe musste allerdings nach zwei Jahren aus wirtschaftlichen Gründen eingestellt werden. So wurde die Dornbirner Messe zu dem, was sie heute ist: zu einer Mehr-Branchen-Messe. Daneben wurden immer wieder Fachausstellungen abgehalten, beispielsweise „Interbüro" als Messe für Büroorganisation und -technik oder „Schule" mit dem Schwerpunkt Lehr- und Lernmittel, Schuleinrichtungen und audiovisuelle Medien.

Da das Raumangebot im Zentrum der Stadt nur sehr beschränkt erweiterbar war, musste für die Vergrößerung ein neues Gelände gesucht werden. Direkt neben der Autobahnabfahrt Dornbirn-Süd wurde ein idealer Standort gefunden, der auch für zukünftige Erweiterungen noch Platz bot. 1975 nahm man den neuen Standort in Betrieb, im folgenden Jahr wurde auch die neue Bezeichnung „Dornbirner Messe" offiziell verlautbart. Der ständig steigende Raumbedarf der Messe führte in den folgenden Jahren zu weiteren Hallenneubauten. Das Gelände wurde für verschiedenste Veranstaltungen genützt; unter diesen war die Hobby- und Freizeitmesse im Frühjahr die bekannteste. In den letzten Jahren hat sich das Messegelände immer mehr zu einem Sportzentrum entwickelt.

Dornbirn", im März 1951. Im selben Jahr konnte die nunmehrige „Messe" bei den Besucherzahlen erstmals die Grenze von 200.000 überschreiten, von den über 700 Ausstellern kamen 210 aus dem Ausland. Bei der für alle Wirtschaftszweige offenen Messe dominierte immer noch die Textilwirtschaft, denn von dem rund 40.000 m² großen Ausstellungsgelände beanspruchte diese Branche beinahe zwei Drittel. Nicht nur die Vorarlberger Wirtschaft wurde durch die Dornbirner Messe gefördert, die Messe veränderte auch das Erscheinungsbild Dornbirns. Gebäude wie die 1953 erbaute Messehalle, heute Stadthalle, und das 1957 errichtete Messehochhaus sind aus dem heutigen Stadtbild nicht mehr wegzudenken. Das Messehochhaus wurde damals zum Symbol des wirtschaftlichen Aufschwungs.

Zu einer Neuorientierung kam es 1966, als der große Bereich der Textilindustrie aus der Sommermesse herausgelöst und in einer Fachmesse im Herbst präsentiert wurde. Diese Fach-

Das neue Messegelände an der Autobahnausfahrt Dornbirn-Süd

1949

Mehrzweckhallen werden außerhalb der Messezeit als Sporthallen genützt, auch das Sportgymnasium Schoren ist hier untergebracht.

Verkehrsgeschichte schrieb die Dornbirner Messe durch die Einführung des so genannten „Messe-Express". Mit Autobussen wurden Interessierte aus fast allen Regionen Vorarlbergs und auch aus der Schweiz nach Dornbirn sowie nach einem eventuellen Besuch des Wirtschaftszeltes sicher wieder nach Hause gebracht. 1995 wurde der Termin der Dornbirner Messe auf den Herbst verlegt; anlässlich der ersten „Herbstmesse", der insgesamt 47. Dornbirner Messe, wurden 140.000 Eintrittskarten verkauft; ein Drittel der Besucher reiste umweltfreundlich mit dem Messe-Express an. Über 500 Aussteller präsentierten ihre Angebote in 14 Hallen auf rund 30.000 Quadratmetern Ausstellungsfläche. Wie sehr sich die Dornbirner Messe weit über Vorarlberg hinaus einen Namen gemacht hat, zeigt die stets prominent besuchte Eröffnung, die eine Plattform für zahlreiche Wirtschaftsgespräche bietet. W.M.

12.1.1949: Auf der Bahnstrecke zwischen Lauterach und St. Margrethen wird der elektrische Betrieb aufgenommen.

24.1.1949: Der Landtag beschließt, das schon 1904 von Anton Schmutzer vertonte Gedicht „s'Ländle" zur offiziellen Vorarlberger Landeshymne zu erklären.

26.7.1949: In Dornbirn wird die erste „Export- und Musterschau Dornbirn" – später Dornbirner Messe – eröffnet; sie dauert bis zum 6.8.

9.10.1949: Bei den am selben Tag abgehaltenen Landtags- und Nationalratswahlen darf mit der WdU erstmals in der Zweiten Republik eine Partei des national-liberalen Lagers kandidieren. Wie erwartet, kommt es zu einigen Stimmen- und Mandatsverschiebungen: Die ÖVP verliert bei den Landtagswahlen rund zwölf Prozent der Stimmen, behält aber mit 16 Mandaten die absolute Mehrheit. Die WdU wird im Land auf Anhieb zweitstärkste Partei und stellt sechs Landtagsabgeordnete. Die SPÖ fällt landesweit auf den dritten Platz zurück und entsendet vier Mandatare in den Landtag. Von den vier Nationalratsmandaten gehen zwei an die ÖVP und je eines an WdU sowie SPÖ.

23./24.10.1949: Die Arbeiterkammerwahlen bringen einen kräftigen Rechtsruck: Die SPÖ stellt 22, die ÖVP 15, die WdU zehn und die KPÖ einen Arbeitnehmervertreter. Bisher hatten auf Vereinbarung der Parteien 23 Abgeordnete der SPÖ, 20 der ÖVP und fünf der KPÖ die landesweite Arbeitnehmervertretung gebildet.

1.12.1949: Auf der Bahnstrecke zwischen Lochau und Lindau wird der elektrische Betrieb aufgenommen.

1949: Auf Initiative des Unternehmers Karl Deuring wird in Bregenz die erste hölzerne Festspieltribüne errichtet.

1949: DDr. Ernst Hefel aus Schruns wird zum Präsidenten des österreichischen Kulturinstituts in Rom ernannt. Er bekleidet dieses Amt bis 1954.

23.4.1950: Erstmals seit 1929 werden wieder freie und demokratische Gemeinderatswahlen durchgeführt. 1945 waren die Bürgermeister und Gemeindevertreter von den Franzosen eingesetzt worden und 1947 hatte lediglich eine Anpassung an die Ergebnisse der Landtagswahlen stattgefunden. Die ÖVP behauptet sich in 84 von 96 Gemeinden, in denen sie auch fortan die Bürgermeister stellt. Die WdU, nun VdU genannt, wird in Fußach, die SPÖ in Hard stärkste Partei.

23.6.1950: Durch einen Beschluss des Landtags werden im Kleinen Walsertal die nach wie vor gültigen deutschen Rechtsvorschriften außer Kraft gesetzt, das Vorarlberger Landesrecht wird eingeführt.

1950: Gründung der Kuranstalt Montafon in Schruns durch Doz. Dr. Edwin Albrich.

10.1.1952: Der Landtag beschließt auf Antrag aller Vorarlberger Parteien, die Rücksiedlung der Südtiroler – rund 8.000 befinden sich in Vorarlberg – zu fördern.

3.4.1952: Ähnlich wie bereits vorher der Nationalrat beschließt der Landtag, die französische Besatzungsmacht mit einem dringlichen Appell zur Räumung des Landes und zur Anerkennung seiner vollen Souveränität aufzufordern.

1952: Der aus Lauterach stammende Dr. Ernst Kolb wechselt vom Handelsministerium ins Unterrichtsministerium. Er bleibt Unterrichtsminister bis 1954.

1953

GEBURTSTAG

4.9.1952: Dornbirn: Wolfgang Flatz, Künstler.

TODESTAGE

31.7.1949: Karl Hermann (* 12.3.1868, Wien), Handelskammersekretär, Pionier der Elektrizitätserzeugung mit Wasserkraft, Feldkircher Ehrenbürger.

10.1.1950: Johann Mathias Jehly (* 25.8.1863, Bludenz), Volks- und Hauptschuldirektor, Vizebürgermeister und Ehrenbürger der Stadt Bludenz.

7.2.1951: Franz Josef Wachter (* 14.4.1867, Schruns), Bürgermeister und Ehrenbürger der Marktgemeinde Schruns, Abgeordneter zum Vorarlberger Landtag.

15.8.1951: Armin Diem (* 1.5.1903, Dornbirn-Haselstauden), Mundartdichter.

21.1.1952: Johann Wiederin (* 31.8.1874, Gurtis), Volksschuldirektor, Ehrenbürger der Marktgemeinde Schruns.

14.4.1952: Anna Hensler (* 19.6.1878, Bregenz), Schriftstellerin.

31.5.1952: Arthur Neudörfer (* 26.1.1877, Wien), Arzt, Hohenemser Ehrenbürger.

1.8.1952: Matthias Längle (* 24.8.1869, Götzis), Bludenzer Bürgermeister und Ehrenbürger.

20.10.1952: Edmund Kalb (* 2.2.1900, Dornbirn), Maler.

1.11.1953: Andreas Ulmer (*24.6.1880, Dornbirn), Priester und Kirchenhistoriker.

Kirchenarchivar Andreas Ulmer

Andreas Ulmer

1880–1953

Der Kaufmannssohn Andreas Ulmer widmete sich nach der Matura an der Stella Matutina dem Theologiestudium in Innsbruck, das er 1905 mit der Promotion zum Doktor der Theologie abschloss. Zuvor – im Jahre 1903 – war er zum Priester geweiht worden. Schon bald artikulierte sich sein historisches Interesse in zahlreichen Artikeln zur Vorarlberger Kirchengeschichte. 1918 erfolgte daher auch seine Ernennung zum Kirchenarchivar mit Sitz im Vorarlberger Landesarchiv in Bregenz. Im Rahmen seiner Tätigkeit verfasste er neben ca. 170 Aufsätzen zur Kirchengeschichte, Landesgeschichte und Kunstgeschichte Vorarlbergs 20 Bücher, darunter Standardwerke wie die Fortsetzung der von Ludwig Rapp begonnenen Generalvikariatsbeschreibung und seine noch heute unerreichte Arbeit „Burgen und Edelsitze Vorarlbergs und Liechtensteins". Zahlreiche Auszeichnungen waren Würdigung seines Schaffens: 1928 Titel „Geistlicher Rat", 1935 Ritterkreuz des österreichischen Verdienstordens, 1950 Titel „Professor" sowie Ehrenmitgliedschaft der Universität Innsbruck.   A.N.

„Burgen und Edelsitze Vorarlbergs und Liechtensteins", das bekannteste Werk Andreas Ulmers

20.4.1953: Der Landtag beschließt eine Resolution zur Errichtung eines eigenständigen Bistums Vorarlberg.

22.5.1953: Mit dem Alfenz-Kraftwerk geht das erste österreichische Kavernenkraftwerk in Betrieb.

16.11. - 10.12.1953: Die französischen Besatzungstruppen verlassen Vorarlberg: Am 16.11. findet auf der Schattenburg eine Feier zu ihrer Verabschiedung statt, am 20.11. wird in Bregenz eine feierliche Abschiedsparade abgehalten und am 10.12. verlässt die französische Gendarmerie das Land.

28.12.1953: Der Landtag beschließt einen Kredit von fünf Millionen Schilling, um die von den französischen Besatzungstruppen beschädigten Wohnungen wiederherzustellen.

1954

Die Lawinenkatastrophe des Jahres 1954

Eine der größten Naturkatastrophen, die Vorarlberg je heimsuchten, bildeten die gewaltigen Lawinenabgänge im Januar 1954. In den letzten Jahrhunderten fand nur im ungewöhnlich harten Winter des Jahres 1689 ein vergleichbares Unglück statt, wobei allein das Montafon weit über hundert Todesopfer zu beklagen hatte. 1954 lag der Schwerpunkt der Zerstörungen im Großen Walsertal und dort wiederum in der Gemeinde Blons.

In der Nacht zum Sonntag, dem 10. Januar, fielen in den Bergregionen Vorarlbergs große Mengen Neuschnee, die sich bei den herrschenden Untertemperaturen nicht ausreichend binden konnten und bei den anhaltenden Stürmen wachsende Lawinengefahr bewirkten. Schon am Morgen des 10. Januar forderte eine Lawine im Seewaldtobel bei Fontanella die ersten Opfer. Zwei Burschen kamen auf dem Weg zur Kirche ums Leben. Am Vormittag des nächsten Tages hielt die mangelhafte Lawinenverbauung am Falbkopf über Blons dem Druck nicht mehr stand: Die Schneemassen verschütteten 82 Bewohner des Ortsteils Walkenbach. 34 von ihnen fanden dabei den Tod. Am Abend desselben

Lawinenunglücke gab es schon immer, Votivtafel aus St. Gallenkirch von 1793

Tages löste sich auch am Mont Calv eine Lawine und begrub 43 Menschen, darunter 15, die am Vormittag aus der Falbkopf-Lawine gerettet worden waren. Weitere 22 Personen starben. Manche der Verschütteten mussten – zum Teil schwer verletzt und eingeschlossen neben verstorbenen Familienmitgliedern – länger als zwei Tage auf ihre Rettung warten. Einige verschieden kurze Zeit, bevor die Rettungsmannschaften sie erreichten. Noch Monate später fand man Leichen in den Schneemassen. Die von Eugen Dobler veröffentlichten Berichte der Überlebenden bieten ein erschütterndes Bild von den menschlichen Tragödien, die sich hinter den statistischen Angaben verbergen.

Außer in Blons, wo 57 Menschen umkamen sowie ein Drittel aller Häuser und Höfe zerstört wurde, forderten die Schneemassen auch in den anderen sonnseitig gelegenen Gemeinden des Großen Walsertals hohe Opfer: In Sonntag und Fontanella kosteten sie zehn, in St. Gerold drei Menschen das Leben. Im ganzen Bezirk Bludenz wurden in der Folge 280 Haushalte mit zusammen über 1.200 Personen als Lawinengeschädigte erfasst und unterstützt. Neben dem Großen Walsertal war der Bartholomäberg am schlimmsten betroffen. Bei zwei Lawinenabgängen in der Parzelle Lutt und auf der Montjola wurden 35 Personen verschüttet, von denen 18 ums Leben kamen. Auch im Klostertal forderten die Schneemassen ihre Opfer. Im Bahnhof von Dalaas riss eine Lawine am 12. Januar kurz nach Mitternacht die Lokomotive und einige Waggons eines im Schnee eingeschlossenen Personenzugs und einen Teil des Bahnhofsgebäudes mit. Während die Passagiere in den Waggons im Großen und Ganzen mit dem Schrecken davonkamen, fanden im Warteraum zehn Menschen den Tod. Weniger spektakulär, aber nicht minder grausam wütete der „Weiße Tod" im Bregenzerwald, wo durch Lawinenabgänge 15 Menschen das Leben verloren. Hier waren vor allem die Gemeinden Mellau und Hittisau betroffen.

Insgesamt gingen in Vorarlberg zwischen dem 10. und 12. Jänner 1954 etwa 150 Schadenslawinen nieder, die ungefähr 280 Personen verschütteten. 125 davon kamen ums Leben. Zwei Drittel der Todesopfer forderten die Lawinen im Großen Walsertal. In den Schneemassen verendeten weiters etwa 500 Stück Groß- und Kleinvieh. Zirka 600 Wohn- und Wirtschaftsgebäude wurden zerstört. Die Bergungsaktionen und die Wiederaufbaumaßnahmen erfolgten mit internationaler Unterstützung und unter großer Anteilnahme der Öffentlichkeit. M.Tsch.

Rettungsmaßnahmen in Blons im Jahre 1954

1954

10.-12.1.1954: In Vorarlberg werden durch etwa 150 niedergegangene Lawinen ungefähr 280 Personen verschüttet. Vor allem im Großen Walsertal und im Bregenzerwald sind zahlreiche Todesopfer zu beklagen. Am 11.1. gehen allein auf die Arlbergbahnstrecke 118 Lawinen nieder; ein Personenzug wird aus den Geleisen gehoben und der Bahnhof von Dalaas zerstört, wobei zehn Menschen ihr Leben verlieren. Der Bahnbetrieb auf der Arlbergstrecke ist für eine Woche unterbrochen.

September 1954: Die „Vorarlberger Nachrichten" veranstalten erstmals die so genannte „Eugen-Ruß-Ausfahrt" für ältere und pflegebedürftige Menschen.

17.10.1954: Bei den Landtagswahlen erringt die ÖVP 16, die SPÖ sieben und der VdU drei Mandate.

14.12.1954: Auf der Bahnstrecke zwischen Bregenz und der deutschen Grenze wird der elektrische Betrieb aufgenommen.

1954: Die Silvretta-Hochalpenstraße wird eröffnet.

1954: Der aus Wolfurt gebürtige Unfallchirurg Dr. Lorenz Böhler wird zum Universitätsprofessor ernannt.

1954: Graf Franz Josef von Waldburg-Zeil-Syrgenstein bezieht den Hohenemser Palast.

TODESTAGE

14.3.1954: Karl Drexel (* 21.7.1872, Dornbirn), Priester, Gründer und Organisator der christlichen Arbeiterschaft in Vorarlberg, Abgeordneter zum Vorarlberger Landtag, Reichsrat, Bundesrat und Nationalrat, Leiter des österreichischen Bundesamts für Statistik.

5.12.1954: Franz Unterberger (* 27.7.1870, Kirchbach, Kärnten), Buchhändler und Verleger, Feldkircher Bürgermeister und Ehrenbürger, Abgeordneter zum Nationalrat, Präsident der Vorarlberger Handelskammer.

Siegfried Fußenegger beim Malen eines Gebirgspanoramas

Siegfried Fußenegger
1894–1966

Dem Textilfabrikantensohn Siegfried Fußenegger, der 1912 an der Dornbirner Realschule maturierte und anschließend die Seidentextilschule in Como besuchte, schien die Laufbahn bereits vorbestimmt. Gegen Ende des Ersten Weltkrieges jedoch reifte in ihm, der schon als Schüler durch sein Interesse an Geologie, Flora und Fauna sowie durch sein Talent als Maler aufgefallen war, der Plan, ein naturgeschichtliches Museum aufzubauen. Neben seiner beruflichen Tätigkeit in der Firma I. G. Ulmer widmete er fortan seine ganze Freizeit dem Sammeln von Fossilien und dem Malen großformatiger Landschaftspanoramen. 1934 gab er seinen Beruf auf und richtete unter schwierigen Bedingungen zuerst im Alten Rathaus in Dornbirn und später in der ehemaligen Viehmarkthalle ein privates Naturgeschichte-Museum ein, das 1955 von der Stadt Dornbirn und dem Land Vorarlberg übernommen wurde. 1960 verlieh ihm die Universität Innsbruck in Würdigung seiner wissenschaftlichen Leistungen – mehr als drei Viertel des aus Vorarlberg wissenschaftlich bearbeiteten Fossilmaterials wurden von ihm gesammelt – das Ehrendoktorat. Im selben Jahr konnte Siegfried Fußenegger als Direktor die

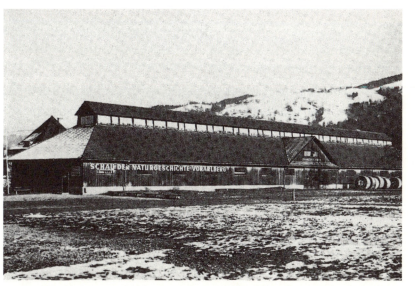

In einer ehemaligen Viehmarkthalle richtete Fußenegger sein erstes Museum ein.

1955

1960 wird die Vorarlberger Naturschau in Dornbirn eröffnet.

nach modernsten Gesichtspunkten eingerichtete „Vorarlberger Naturschau" in Dornbirn – die Krönung seines Lebenswerkes – eröffnen.

Die große Bedeutung seiner Arbeit liegt neben seiner Sammel- und Kartierungstätigkeit sowie der damals neuartigen und bahnbrechenden musealen Darstellung vor allem darin, dass er die Schätze seines Museums konsequent den Fachwissenschaften zur Bearbeitung zuführte und damit den internationalen Ruf der Dornbirner Naturschau begründete. A.N.

17.7.1955: In Bregenz wird das Kornmarkttheater eröffnet. Es entstand durch einen Umbau des 1838 errichteten Kornhauses.

1955: DDr. Bruno Wechner wird zum Weihbischof und Generalvikar für Vorarlberg ernannt.

1956: Der aus Dornbirn stammende Franz Grubhofer wird Staatssekretär im Innenministerium. Er bekleidet dieses Amt bis 1961.

1957: Der Vorarlberger Versehrtensportverband wird gegründet.

18.10.1959: Bei den Landtagswahlen kommt die ÖVP auf 21, die SPÖ auf zehn und die FPÖ, die Nachfolgerin des VdU, auf fünf Mandate. Die Zahl der Landtagssitze wurde zuvor von 26 auf 36 erhöht. Mit Elfriede Blaickner wird erstmals eine Frau in das Vorarlberger Landesparlament gewählt.

1959: Der Bregenzer Maler Fritz Pfister wird für sein künstlerisches Werk mit dem Hugo-von-Montfort-Preis ausgezeichnet.

April 1960: Die Gemeinderatswahlen bringen eine Reihe von neuen Bürgermeistern. Die am meisten beachtete Veränderung ergibt sich in Lustenau. Die seit Kriegsende regierende ÖVP verliert die absolute Mehrheit und eine Koalition aus FPÖ und SPÖ – die einzige dieser Art in ganz Vorarlberg – wählt Robert Bösch (FPÖ) zum neuen Bürgermeister.

1960: Die von Dr. Siegfried Fußenegger in Dornbirn gegründete Vorarlberger Naturschau wird eröffnet.

1961: Der Vinomnasaal in Rankweil wird erbaut, in dem auch ein Heimatmuseum eingerichtet wird.

1961: Vor dem Bregenzer Altersheim wird Emil Gehrers Skulptur „Begegnung" aufgestellt; es ist dies das erste auf einem öffentlichen Platz in Vorarlberg errichtete abstrakte Bildwerk.

6.2.1962: Bezau wird zur Marktgemeinde erhoben.

11.3.1962: Auf das Haus des Lustenauer Bürgermeisters Robert Bösch wird ein Bombenanschlag verübt, bei dem jedoch niemand verletzt wird. Der Fall wird nie aufgeklärt.

1962: Im Rest der renovierten Mittelweiherburg in Hard wird ein Heimatmuseum eröffnet.

1962: Beim Umbau der Mehrerauer Klosterkirche werden die Fundamente der romanischen Basilika freigelegt und konserviert.

Januar/Februar 1963: Der Bodensee friert zu.

26.10.1963: Schloss Gayenhofen wird Sitz der Bezirkshauptmannschaft Bludenz.

1963: Der Vizepräsident der Vorarlberger Handelskammer, Kommerzialrat Walter Rhomberg, wird zum Präsidenten der Bregenzer Festspiele gewählt. Er bekleidet dieses Amt bis 1968.

TODESTAGE

26.4.1955: Hannes Schneider (* 24.6.1890, Stuben am Arlberg), Schipionier.

29.6.1955: Josef Längle (* 19.3.1874, Rankweil), Volksschullehrer, Rankweiler Bürgermeister und Ehrenbürger.

8.12.1955: Anton Gohm (* 1878, Düns), Feldkircher Bürgermeister und Ehrenbürger.

22.6.1956: Johannes Walter (* 29.10.1874, Bludenz), Pfarrer und Ehrenbürger der Marktgemeinde Schruns.

10.10.1956: Franz Tschann (* 3.10.1872, Bludenz), Weihbischof und Generalvikar für

1963

Vorarlberg, Ehrenbürger der Stadt Feldkirch.

18.5.1957: Maria Stromberger (* 16.3.1898, St. Veit), leistete als Krankenschwester humanitäre Hilfe im Vernichtungslager Auschwitz.

5.12.1957: Guido Schmidt (* 15.1.1901, Bludenz), Diplomat, österreichischer Außenminister.

9.12.1957: Josef Strasser (* 12.2.1874, Feldkirch), Rankweiler Pfarrer und Ehrenbürger.

23.9.1958: Anton Rudolf Linder (* 23.10.1880, Thurn-Severin/Kleine Walachei), Tapezierer, Landesparteisekretär der Vorarlberger SPÖ, Landesleiter des Republikanischen Schutzbundes, Arbeiterkammerpräsident.

15.2.1959: Andre Gaßner (* 14.11.1883, Feldkirch), Landtagsabgeordneter, Vizepräsident der Vorarlberger Handelskammer, Fabrikant, Bludenzer Ehrenbürger.

2.12.1959: Johann Wolff (* 29.3.1874, Hard), Unternehmer, Ehrenbürger der Marktgemeinde Hard.

8.9.1959: Konrad Renn (* 25.7.1881, Krumbach), Hohenemser Pfarrer und Ehrenbürger.

9.1.1960: Jakob Gut (* 23.7.1878, Klaus), Pfarrer und Ehrenbürger von Götzis.

25.6.1960: Otto Ender (* 24.12.1875, Altach), Vorarlberger Landeshauptmann, Bundesminister und Bundeskanzler der Republik Österreich, Präsident des Rechnungshofes.

25.12.1961: Emil Schneider (* 28.5.1883, Höchst), Bundesminister, Gymnasialdirektor.

29.11.1962: Ernst Winsauer (* 27.2.1890, Dornbirn), Direktor der chemischen Versuchsanstalt in Bregenz, Vorarlberger Landeshauptmann.

10.4.1963: Johann Josef Mittelberger (* 7.11.1879, Götzis), Direktor der Vorarlberger Hypobank und der VKW, österreichischer Bundesminister und Vorarlberger Landesrat.

Herbert Keßler, Landeshauptmann 1964–1987, Gemälde von Eugen Jussel

Herbert Keßler
1925

1984 wurde mit Stimmen aus allen Parteien eine Reform der Landesverfassung beschlossen. Die Verankerung der Familie in der Landesverfassung bezeichnet der damalige Landeshauptmann Dr. Herbert Keßler als seinen größten politischen Erfolg: „Das Land hat die Ehe und die Familie als natürliche Grundlage der menschlichen Gesellschaft zu schützen und zu fördern!"

Für Keßler hat sich die Politik seiner Gesinnungsgemeinschaft ÖVP an der im „Naturrecht wurzelnden christlichen Verantwortung" zu orientieren. Seiner Meinung nach ist der Einzelpersönlichkeit, dem Privateigentum, der sozialen Marktwirtschaft und der Begabung der Vorzug gegenüber dem Kollektiv, dem Staatseigentum, der Planwirtschaft und der Nivellierung zu geben, um damit die persönliche Freiheit besser wahren zu können. Föderalismus und Subsidiarität – Stärkung, Wahrung und Förderung der sinnvollen kleinen Einheit –, Rechtsstaat und Solidarität waren die Grundlagen seiner Arbeit.

Herbert Keßler wurde am 2. Februar 1925 in Gais/Bludesch als Sohn des späteren Rankweiler Gemeindearztes geboren. Bis zu dessen Zwangsauflösung besuchte er das weit über Vorarlberg und Österreich hinaus bekannte Gymnasium der Jesuiten, die Stella Matutina in Feldkirch, und legte dann die Matura an der Oberschule in Feldkirch ab. Danach kam er zum Reichsarbeitsdienst, und im September 1943 wurde er als Rekrut zu den Gebirgsjägern in Oberitalien und an die Westfront eingezogen. Nach dem Krieg inskribierte er in Innsbruck Jus, absolvierte einen Abiturientenkurs der Handelsakademie und trat noch vor den Novemberwahlen 1945 der Innsbrucker ÖVP bei. Nach der Promotion 1949 begann seine berufliche Laufbahn in der Finanz- und Sozialabteilung im Amt der Vorarlberger Landesregierung und bei der Bezirkshauptmannschaft Feldkirch. 1954 wurde er in den Landtag und ein Jahr später in die Rankweiler Gemeindevertretung entsandt, die ihn 1957 zum Bürgermeister wählte. Noch vor der Landtagswahl 1964 schlug Landeshauptmann Ulrich Ilg den erst 39-jährigen Keßler als seinen Nachfolger vor. Bei den Landtagswahlen 1969 konnte Keßler mit 105 Stimmen Überhang gerade noch die absolute Mehrheit retten. Danach besserten sich die Wahlergebnisse, da die Oppositionsrolle der ÖVP auf Bundesebene der Vorarlberger ÖVP eine starke Opposition „gegen Wien" erlaubte. 1984, beim Einzug der Grünen in den

1964

Die Eröffnung des Arlberg-Straßentunnels 1978 war eines der wichtigsten Ereignisse für Vorarlberg während der Regierungszeit von Landeshauptmann Herbert Keßler (v.l.n.r.: Eduard Wallnöfer, Landeshauptmann von Tirol, Bundespräsident Rudolf Kirchschläger, Bundeskanzler Bruno Kreisky).

Landtag mit starker Unterstützung der „Vorarlberger Nachrichten", schrumpfte die ÖVP mit Keßler um sechs Prozent auf gut 51 Prozent.

Den Medien begegnete Keßler offen; der Grundsatz aber, „niemals eine liebedienerische Haltung gegenüber Medienvertretern" einzunehmen, hat ihm seiner Einschätzung nach auch manche Schwierigkeiten gebracht.

Während Ilg zur Zeit der Aufbauphase der tagespolitischen Probleme in einer Art „Aktion-Reaktions-Verfahren" Herr zu werden versuchte, setzte Keßler bereits auf „Programme", die nach und nach in Regierungskonzepte mündeten und schließlich als Vorlage für die Regierungsarbeit dienten. Die zuerst „einfachen Lösungen" wichen mit zunehmender Modernisierung „Modellen", bei denen versucht wurde, Entstehung, Nutzen und Abschätzung der Folgen in Einklang zu bringen. Vorarlberg nahm während Keßlers 23-jähriger Amtszeit von 1964 bis 1987 eine überaus dynamische Entwicklung. Die Bevölkerung stieg von 240.000 auf 320.000, die Zahl der Beschäftigten von 61.000 auf 117.000; 1961 besaß jeder elfte, 1986 jeder dritte Bürger ein Auto; 1965 betrug das Landesbudget 420 Mio., 1987 7,2 Mrd. – eine Steigerung um das Siebzehnfache.

Modernisierungen gab es in allen Bereichen, insbesondere in der Landesverwaltung (Fertigstellung des neuen Landhauses 1981), im Wohnbau, in der Raumplanung und im Straßenbau (Rheintalautobahn und Arlbergtunnel), aber auch im Bereich der Kultur, wo teilweise gegen heftigen Widerstand zum Beispiel sinnvoller Denkmalschutz mit Zukunftsperspektiven vereint werden konnte – etwa mit dem Zentrum für Wissenschaft und Weiterbildung in Schloss Hofen in Lochau, dem Landeskonservatorium in der ehemaligen Stella Matutina in Feldkirch oder der Vorarlberger Landesbibliothek im ehemaligen Gallusstift. Zuletzt, Mitte der 80er Jahre, fiel ein Viertel des Landesbudgets auf die Bereiche Schule, Kultur, Wissenschaft und Sport. Am 9. Juli 1987 zog Keßler sich aus der Landespolitik zurück. Keßler ist mit Inge geb. Beck verheiratet und Vater einer Tochter und zweier Söhne. Kl.

18.10.1964: Bei den Landtagswahlen kommt die ÖVP auf 20, die SPÖ auf zehn und die FPÖ auf sechs Mandate. Ulrich Ilg tritt als Landeshauptmann zurück und wird vom Rankweiler Bürgermeister Dr. Herbert Keßler abgelöst. Ilg bleibt bis 1969 als Finanzreferent Mitglied der Landesregierung.

21.11.1964: Etwa 20.000 Demonstranten verhindern in Fußach die Taufe des neuen Bodenseeschiffs auf den Namen „Karl Renner"; in einer „Nottaufe" erhält es den Namen „Vorarlberg".

1964: Der aus Feldkirch stammende Diplomat Dr. Carl Bobleter wird Staatssekretär im Außenministerium. Er behält diese Funktion bis 1968.

1964: Oskar Rhomberg wird zum Präsidenten der Dornbirner Messegesellschaft ernannt.

3.4.1965: Etwa 30.000-40.000 Menschen demonstrieren auf dem Bregenzer Kornmarktplatz für die Beibehaltung des Namens „Vorarlberg" für das neueste Bodenseeschiff der ÖBB.

10.5.1965: Der Schriftsteller Adalbert Welte erhält den Hebel-Preis.

Ende September 1965: Bundespräsident Franz Jonas lässt alle in Zusammenhang mit der Schiffstaufe in Fußach erhobenen Anklagen und Verfahren einstellen.

TODESTAGE

10.9.1964: Ferdinand Andergassen (* 25.3.1892, Feldkirch), Musiker und Komponist.

1965

14.12.1965: Franz Erne (* 29.4. 1878, Bregenz), Landesgerichtspräsident, Präsident des Vorarlberger Landtags.

Fußach 1964

Am Freitag, dem 21. November, war für das neueste Schiff der österreichischen Bodenseeflotte die Taufe auf den Namen „Karl Renner" geplant. Doch dazu sollte es nicht kommen. Rund 20.000 Demonstranten, so die Schätzung des Bezirksgendarmeriekommandanten, fanden sich beim Werftgelände in Fußach ein, wo die Schiffstaufe stattfinden sollte. Sie überwanden die Absperrungen der Gendarmerie und die Drahtgitter des Festplatzes. Die Busse mit den Ehrengästen wurden mit Pfiffen, Beschimpfungen, Tomaten und faulen Eiern empfangen, auf das Auto des Generaldirektors der ÖBB wurden Steine geworfen. Der Minister für Verkehr, Otto Probst, und seine Gattin kehrten um, da die Gendarmerie ihnen mitteilte, „für ihre Sicherheit nicht garantieren zu können".

Die Fußacher Werft am 21. November 1964. Die Demonstranten erzwangen eine „Nottaufe".

Auf Vorschlag des Redners Ernst Marxgut und unter dem Beifall der Anwesenden wurde das Schiff auf den Namen „Vorarlberg" getauft und mit dem neuen Namen bemalt. Begleitet wurde diese Aktion durch das Singen der Vorarlberger Landeshymne.

Bereits 1955 bestanden Pläne seitens der ÖBB, ein neues großes Bodenseeschiff zu bauen. Wegen Geldmangels begannen die Arbeiten in der Schiffswerft Korneuburg erst im Winter 1963/64. Die Landesregierung und auch die Bezirkshauptmannschaft Bregenz stellten, wie bereits im Jahre 1955, einen Antrag, das Schiff auf den Namen „Vorarlberg" zu taufen. Am 1. Oktober 1964 bestätigte dann ein kurzer Brief des zuständigen Verkehrsministers Otto Probst die im Sommer aufgekommenen Gerüchte, dass der Name des Schiffes nun „Karl Renner" lauten sollte.

Noch im Oktober und auch im November bemühten sich Vorarlberger Politiker von ÖVP und SPÖ um eine Namensänderung. Während sich das „Vorarlberger Volksblatt", das Organ der ÖVP, zurückhielt, setzten sich die „Vorarlberger Nachrichten" an die Spitze der Protestbewegung. Sie riefen am Tag der Schiffstaufe als „größte Zeitung des Landes ... die Bevölkerung zu einer Demonstration anläßlich des Taufaktes" auf, denn Probst brüskiere mit dieser Taufe ganz Vorarlberg.

Demonstration auf dem Kornmarktplatz in Bregenz am 3. April 1965

Die Ereignisse in Fußach führten zu einer Welle von Reaktionen. Die Kommentare in den Zeitungen schwankten zwischen der „Einführung eines neuen politischen Stils mit deutlich faschistischen Akzenten" („Arbeiterzeitung")

1966

und der Feststellung, dass Vorarlberg „wie ein beherrschtes Land" behandelt werde („Furche"). Im Nationalrat führte „Fußach" zu heftigen Diskussionen zwischen ÖVP und SPÖ, sodass der Weiterbestand der großen Koalition in Frage gestellt war. Als die „Vorarlberger Nachrichten" in einem Artikel den rechtlich verfolgten Rädelsführern Tipps für die Vernehmungen gaben und Justizminister Broda „Verhörmethoden" vorwarfen, führte dies zur Beschlagnahme der Ausgabe.

Am 3. April 1965 demonstrierten 30.000 bis 40.000 Personen auf dem Kornmarktplatz für den Schiffsnamen „Vorarlberg". Es sollte aber noch bis zum 30. Juli dauern, bis Minister Probst dem Druck aus Vorarlberg endgültig nachgab. Mittels einer „Ferntaufe" erhielt das Schiff nun auch von offizieller Seite den Namen „Vorarlberg". Ende September ließ der inzwischen neu gewählte Bundespräsident Franz Jonas alle Anklagen und Verfahren einstellen, die sich im Zuge der Ereignisse in Fußach ergeben hatten. „Fußach" selbst wurde in kurzer Zeit zum Symbol für erfolgreichen Widerstand gegen Zentralismus. Der „Geist von Fußach" wird immer wieder gerne in Reden beschworen. W.M.

1966: Der aus Dornbirn stammende Maler Prof. Armin Pramstaller erhält den Preis des österreichischen Grafikwettbewerbs.

1966: Hubert Berchtold erhält für sein künstlerisches Werk den Hugo-von-Montfort-Preis.

TODESTAGE

19.2.1966: Leo Birnbaumer (* 12.5. 1880, Hard), Bauer, Ehrenbürger von Hard.

10.4.1966: Martin Häusle (* 5.12. 1903, Satteins), akademischer Maler.

8.6.1966: Wilhelmine (Sr. Eberharda) Risch (* 14.11.1888, Schaan, Liechtenstein), Nonne, Lehrerin, Ehrenbürgerin der Marktgemeinde Hard.

31.8.1966: Siegfried Fußenegger (* 10.2.1894, Wien), Gründer der Vorarlberger Naturschau, Ehrendoktor der Universität Innsbruck.

23.2.1967: Adolf Ammann (* 10.2. 1898, Ludesch), Bludenzer Stadtpfarrer und Ehrenbürger.

Hubert Berchtold
1922–1983

Hubert Berchtold, gewiss einer der wichtigsten Künstler mit beachtlicher Rezeption des modernen Nachkriegsvorarlberg, machte aus dem Malen keine Weltanschauung. Der in Andelsbuch im Bregenzerwald geborene Künstler malte aus der Erfahrung des Malens und aus der Erfahrung seines Temperaments und Charakters. Er setzte gegenständlich Erschautes in die farbige und formale Ordnung eines Bildes, indem die Gegenstände selbst oft nur noch Farbträger und dem raumbildenden Gesetz der Farbe unterworfen sind. Für ihn war Farbe etwas zum Malen und zum Mischen, keinem Selbstzweck unterworfen. Berchtold gab sich der lebendigen, im Innersten echten Malerei hin. Er beabsichtigte nicht, zu schildern; seine „Motive" drängten ihn dazu, Malerei entstehen zu lassen. Es wird eine neue Realität geschaffen, in der sich der Künstler wieder findet.

Als seine Familie 1934 nach Bregenz übersiedelte, fand er einen Platz, an dem er überwiegend sein Leben verbrachte. Hubert Berchtold unternahm mehrere für seine malerische Entwicklung wichtige Studienreisen, u.a. nach Frankreich, Afrika und Italien, sowie längere Aufenthalte in Ronda (Andalusien).

Berchtold war nie ein guter Schüler. Er besuchte das Gymnasium in Bregenz und dann in Bregenz-Mehrerau, verließ dieses aber frühzeitig, um verschiedene Lehren zu beginnen, die er jedoch nicht abschloss, und meldete sich zur Wehrmacht. Als Berchtold in Antwerpen stationiert war, erhielt er die Möglichkeit eines Malstudiums an der Akademie in Antwerpen bei Permke und Opsomer, wurde aber nach Osten strafversetzt, wo er einen Kopfschuss erlitt.

„Stilleben mit Flaschen", Aquarell von Hubert Berchtold aus dem Jahre 1969

1969

Hubert Berchtold schuf die Wandtafeln für den Montfortsaal im Vorarlberger Landhaus.

Später studierte er bei Dobrowsky, dessen dunkle Farbpalette er in seinem Frühwerk übernahm, sowie bei Boeckl an der Akademie der Bildenden Künste in Wien.

Er stellte mit Vorliebe Gouachen her, die er so malte, als ob sie Ölbilder seien. Aber auch Ölbilder selbst, Tafelbilder oder Glasmalerei, wie die Glasfenster der Kapelle des Seniorenheimes Tschermakgarten in Bregenz, und bemalte Keramik, z.B. für das Bregenzer Seehallenbad, sowie Wandtafeln (Malereien) für den Landtagssaal und die in seinem letzten Lebensjahr entstandenen 14 Hinterglasbilder für die Nothelferkapelle in Langen am Arlberg sind in seinem Repertoire zu finden.

Berchtold periodisierte, was in die Augen springt. Seine Themen der 60er und 70er Jahre waren Häuser, Städte und Landschaftsstrukturen, Insekten, Flaschen, Säulen, Platten und Räume, Figuren, Huldigung an die Etrusker, Höhlenbilder und Empfindungen im/am Gegenstand.

Er erhielt auch mehrere Preise, etwa den Preis der Stadt Wien (1948), den Österreichischen Staatsförderungspreis (1949), den Hugo-von-Montfort-Preis (1966) sowie den Theodor-Körner-Preis 1968 und stellte im In- und Ausland aus.

Hubert Berchtold legte aus dem Expressionismus heraus den Weg als zeitgenössischer Maler zurück. Sein Werk wirkt dämonisch, aber doch sehr wirklich, weil die Impulsivität seiner Handschrift das Sujet in einem größeren und weiteren Lebensraum trägt.

Hubert Berchtold starb 1983 in Bregenz. M.R.G.

28.1.1968: Durch eine Lawine wird die Schanatobelbrücke beim Bahnhof Hintergasse zerstört; der Bahnbetrieb bleibt bis zum 20.2. unterbrochen.

7.10.1968: Feldkirch wird Bischofssitz. DDr. Bruno Wechner wird zum ersten Bischof von Feldkirch geweiht.

14.12.1968: Proklamation der neu geschaffenen Diözese Feldkirch.

1968: Der aus Bürs stammende Hans Bürkle (* 16.8.1919, † 8.8.1993) wird Staatssekretär im Bundesministerium für soziale Verwaltung. Er bleibt in diesem Amt bis 1970.

1968: Auf Maria Ebene bei Frastanz wird das Bernardiheim als Provinzhaus der franziskanischen Missionsschwestern errichtet.

1968: Der akademische Maler Prof. Hubert Berchtold erhält den Theodor-Körner-Preis.

1.1.1969: Ein eigener politischer Bezirk Dornbirn wird errichtet.

19.10.1969: Bei den Landtagswahlen kann die ÖVP trotz Stimmenverlusten – sie bleibt nur 105 Stimmen über der absoluten Mehrheit – ihren Mandatsstand halten und stellt weiterhin 20 Abgeordnete. Die SPÖ verliert ein Mandat und stellt neun, die FPÖ gewinnt ein Mandat hinzu und stellt sieben Abgeordnete.

3.11.1969: Bertram Jäger wird zum ersten nicht-sozialistischen Arbeiterkammerpräsidenten Österreichs gewählt.

TODESTAGE

17.3.1968: Ferdinand Riedmann (* 20.5.1886, Lustenau), Initiator der Anschlussbewegung an die Schweiz.

29.5.1968: Adolf Helbok (* 2.2.1883, Hittisau), Historiker, Volkskundler und Universitätsprofessor.

28.1.1969: Josef Bösch (* 29.9.1889, Lustenau), Bürgermeister und Ehrenbürger der Marktgemeinde Lustenau.

5.6.1969: Karl Bleyle (* 7.5.1880, Feldkirch), Komponist.

1969

Die Errichtung der Diözese Feldkirch

Am 8. Dezember 1968 wurde mit der Bulle „Christi Caritas" das Generalvikariat Feldkirch von der Diözese Innsbruck abgetrennt und zur eigenen Diözese erhoben. Aus der Sicht Vorarlbergs führte damit eine 150 Jahre dauernde Entstehungsgeschichte zu einem erfolgreichen Ende.

Zu ersten Versuchen, das heutige Landesgebiet zu einem Bistum zusammenzufassen, kam es im Zuge der kirchlichen Reformbestrebungen Kaiser Josephs II. Seine Reformpolitik war dem Grundsatz des „territorium clausum" verpflichtet, was bedeutet, dass der Einfluss auswärtiger kirchlicher Machtträger auf österreichisches Gebiet unterbunden werden sollte. Dieses Ziel suchte man über Diözesanregulierungen – d.h. die Neuordnung von Bistümern – zu erreichen.

Seit der Gründung der Diözese Konstanz im 7. Jahrhundert war das heutige Vorarlberg auf drei Diözesen aufgeteilt: Der nördliche Teil einschließlich des Bregenzerwaldes gehörte zur Diözese Konstanz, der Süden ab Hohenems/Schwefel zur Diözese Chur und das Tannberggebiet sowie ein Teil des Kleinen Walsertals mit der Breitach als Grenzfluss unterstanden der Diözese Augsburg.

Diese Dreiteilung, bei der die zuständigen Bischöfe ihren Sitz außerhalb der österreichischen Erblande hatten, stand den Grundsätzen der von Joseph II. verfolgten Politik gänzlich entgegen. So wurde im Oktober 1783 die Errichtung eines Bistums für Vorarlberg mit dem Sitz in Bregenz angeordnet – ein Vorhaben, das schließlich am Widerstand der drei betroffenen Bischöfe scheiterte, welche die erforderlichen Abtretungserklärungen verweigerten.

Mit der Säkularisation zu Beginn des 19. Jahrhunderts wurde auch die Regelung der Bistumsfrage wieder zu

Ein wichtiger Schritt zu einer eigenen Diözese ist getan: Der erste Feldkircher Weihbischof, Bernhard Galura, wird auf dem Feldkircher Kirchplatz empfangen.

einem Problem. Noch bevor der Plan Kaiser Franz I., ein vorderösterreichisches Bistum zu errichten, verwirklicht werden konnte, fiel Vorarlberg in der Folge des Friedens von Preßburg an Bayern. Unter bayerischer Herrschaft wurde 1808 der Anteil der Diözese Chur in die provisorische Verwaltung des Bischofs von Brixen übertragen. Nachdem Vorarlberg wieder mit Österreich vereinigt worden war, konnte dieser Schritt – ebenso wie die Abtretung der Verwaltung des Augsburger Anteils an Brixen – 1816 dauerhaft vollzogen werden.

Um eine endgültige Regelung der Bistumseinteilung zu erreichen, kam es zwischen 1817 und 1818 zu intensiven Verhandlungen zwischen Kaiser und Kurie. Franz I. wollte eine Übereinstimmung der Diözesangrenzen mit den österreichischen Staatsgrenzen erreichen, im Gegensatz zum Apostolischen Stuhl jedoch in Vorarlberg aus finanziellen Gründen kein eigenes Bistum errichten. Stattdessen strebte er den Anschluss an die Diözese Brixen und – als kirchenrechtliche Besonderheit – die Einsetzung eines eigenen Generalvikars für das Gebiet Vorarlberg an. Die Lösung des Konflikts brachte die Bulle „Ex imposito" vom 2. Mai 1818, in der Papst Pius VII. im Hinblick auf eine künftig zu errichtende Diözese Feldkirch hundert Vorarlberger Pfarren endgültig von den Diözesen Chur, Konstanz und Augsburg abtrennte. Bis zur tatsächlichen Errichtung dieser Diözese wurden dem Brixener Bischof alle Rechte eines residierenden Bischofs übertragen, ohne jedoch das Vorarlberger Kirchengebiet in sein eigenes einzugliedern. Gleichzeitig wurde dem jeweiligen Brixener Bischof die Bestellung eines Generalvikars für Vorarlberg mit Sitz in Feldkirch aufgetragen. Obwohl ursprünglich nicht vorgesehen, hatten von Anfang an alle Feldkircher Generalvikare die Bischofswürde inne.

1969

Ein Beleg für die Aufsplitterung Vorarlbergs in verschiedene Diözesen ist diese Schützenscheibe aus Feldkirch, die der Visitation des Churer Bischofs Dionys von Rost gewidmet ist. Die besuchten Orte sind alle abgebildet – links Götzis, Rankweil und Altenstadt, in der Mitte die Kirche in Feldkirch und Göfis, Schnifis, Satteins, Frastanz, Nenzing und Bludenz.

Trotz der Bestimmungen über die künftige Diözese – es blieb dem Kaiser überlassen, die zur Errichtung nötigen Schritte zu setzen – wurde in der Praxis im Wesentlichen nur am Generalvikariat für Vorarlberg festgehalten, das Land selbst jedoch schon bald als Teil der Diözese Brixen angesehen. Die so geschaffene Situation sollte hundert Jahre lang unverändert bleiben.

Als sich nach Ende des Ersten Weltkrieges abzeichnete, dass wegen der nunmehrigen Zugehörigkeit Brixens zu Italien an eine Wiederherstellung der Diözese in ihren alten Grenzen nicht zu denken war, wurde 1925 die „Apostolische Administratur Innsbruck-Feldkirch" eingerichtet. Sie sollte, wie im österreichischen Konkordat von 1934 vorgesehen, zur Diözese erhoben werden, was aber erst nach dem Zweiten Weltkrieg und der neuerlichen Anerkennung des Konkordats durch die Zweite Republik 1964 in die Tat umgesetzt wurde. Vorarlberg musste sich vorerst wieder mit einem eigenen Generalvikariat mit Sitz in Feldkirch begnügen. Im Land war jedoch besonders seit dem Ende des Zweiten Weltkrieges der Wunsch nach einer eigenen Diözese wieder stärker geworden, was sich in einer Entschließung des Vorarlberger Landtags aus dem Jahr 1953 widerspiegelte, in der die Vorarlberger Landesregierung in Erinnerung an die Bulle „Ex imposito" um die Einleitung geeigneter Schritte für die Errichtung eines Vorarlberger Bistums ersucht wurde.

Es mussten noch einige Jahre vergehen und zahlreiche Schwierigkeiten überwunden werden, ehe am 7. Oktober 1968 endlich der notwendige Vertrag zwischen der Republik Österreich und dem Heiligen Stuhl betreffend die Verwirklichung der Diözese Feldkirch geschlossen wurde.

Und so fand am 14. Dezember 1968 in Anwesenheit des Nuntius Erzbischof Opilio Rossi die formelle kanonische Errichtung statt. Im Festgottesdienst am darauf folgenden Tag wurde die formelle Translation und Amtseinführung des elften Vorarlberger Generalvikars, Weihbischof Bruno Wechner, zum ersten Bischof von Feldkirch vorgenommen. S.G.

Am 14. Dezember 1968 wird die Errichtung der Diözese im Feldkircher Dom proklamiert.

TODESTAGE

9.7.1969: Adalbert Welte (* 30.6. 1902, Frastanz), Schriftsteller.

11.8.1969: Willibald Braun (* 7.6. 1882, Berkheim), Architekt.

26.10.1969: Josef Feuerstein (*1.11.1891, Andelsbuch), Landtagspräsident.

30.10.1969: Toni Plankensteiner (* 16.3.1890, Bregenz), nationalsozialistischer Landeshauptmann und Gauleiter Vorarlbergs.

1970

Vorarlbergs Sport nach 1945

Der Sport hat in den letzten Jahrzehnten eine ungeahnte gesellschaftliche Bedeutung erlangt. Die Faszination der einst „wichtigsten Nebensache der Welt" hat mittlerweile alle Bevölkerungsschichten erfasst und stellt für viele Kinder, Jugendliche und Erwachsene ihr liebstes Freizeitvergnügen dar. Die Zahl der in Vereinen registrierten Sportler und Sportlerinnen ist in Vorarlberg von ca. 56.000 zu Beginn der 70er Jahre kontinuierlich bis auf knapp 125.000 zu Beginn des Jahres 2000 angewachsen. Viele Tausende betätigen sich ohne Vereinszugehörigkeit mehr oder weniger sportlich auf Skipisten, in Fitness-Studios, Tennis- oder Squashhallen, joggen oder radeln durch die Natur und erwandern unsere Bergwelt. Das Heer der aktiv tätigen Sportler wird ergänzt durch Abertausende „passive" Sportkonsumenten, die zum Teil in den Medien, zum Teil als Zuschauer das nationale und internationale Sportgeschehen „fachmännisch" mitverfolgen.

Es ist zur Tradition geworden, Medaillengewinner im jeweiligen Heimatort mit einer öffentlichen Ehrung zu empfangen. Olympiasieger Toni Innauer wird in Bezau von Bürgermeister Erich Schäffler und einer begeisterten Volksmenge gefeiert.

Zur Organisation des Sports

Der Sport ist auf drei Ebenen organisiert: in Vereinen, Fach- und Dachverbänden.

Die rund 770 Sportvereine des Landes bilden die Keimzellen sportlicher Tätigkeit. Sie sorgen für eine solide sportliche Grundausbildung und bieten über die rein sportliche Betätigung hinaus oft attraktive Formen von Gemeinschaft und Geselligkeit. Gerade in den letzten Jahren hat der traditionelle vereinsgebundene Sport aber ernste Konkurrenz durch kommerzielle Sportanbieter (Fitness-Studios, Sportparks, Tennishallen usw.) bekommen. Sich dieser Konkurrenz zu stellen, wird in der Zukunft eine der zentralen Aufgaben der Sportvereine sein.

Vereine der gleichen Sportart wiederum gehören einem Fachverband an. Die Fachverbände betreuen österreich- bzw. landesweit vor allem den Leistungssport und sind für die Organisation von Landes- und nationalen Meisterschaften verantwortlich. Mit Ende 1996 waren bei der Sportabteilung des Landes Vorarlberg 51 Fachverbände registriert (von Aikido bis zum Verband Vorarlberger Skiläufer).

Die dritte Ebene stellen die Dachverbände dar. Die Dachverbände verstehen sich österreichweit als Interessenvertretungen der einzelnen Fachverbände. In Vorarlberg gibt es drei Dachverbände: den Vorarlberger Sportverband (= VSV; 1945 gegründet; überparteilich; ca. 70.000 Mitglieder); den Landesverband Vorarlberg der Arbeitsgemeinschaft für Sport und Körperkultur Österreichs (= ASKÖ; 1946 gegründet; sozialistisch; ca. 17.000 Mitglieder) und den Landesverband der österreichischen Turn- und Sportunion (= Union; 1956 gegründet; überparteilich; ca. 33.000 Mitglieder).

Der Beitrag des Landes Vorarlberg

Das gesamte Sportwesen in Österreich ist nach der Verfassung Landessache. 1968 verpflichtete der Vorarlberger Landtag das Land und die Gemeinden per Gesetz, den „im Interesse der Gemeinschaft gelegenen Sport nach Kräften zu fördern" (Landesgesetzblatt Nr. 9/1968). Dieses Gesetz beinhaltet auch die Errichtung eines Sportbeirates beim Amt der Landesregierung. Der Landessportbeirat ist zu einem wichtigen Instrument im Vorarlberger Sportwesen geworden. Ihm kommt die Aufgabe zu, die Landesregierung in allen wesentlichen Angelegenheiten des Sports zu beraten (u.a. Zuteilung der Förderungsmittel an die Dachverbände, Fachverbände und Vereine; Sportstättenleitplan; Förderung des Breiten- und Spitzensports). Im Landessportbeirat sind die drei Vorarlberger Dachverbände entsprechend ihrer Mitgliedsstärke vertreten. Wurden 1971 vom Land noch 3 Millionen Schilling an Sportförderung ausgeschüttet, so stieg das Sportbudget der Vorarlberger Landesregierung 1996 auf über 50 Millionen.

Im Lauf der Jahre wurden vom Land Vorarlberg auch einige weitere wesentliche Impulse für die Entwicklung des Vorarlberger Sportwesens gesetzt, z.B. die Errichtung der Landessportschule in Dornbirn (1970), das Institut für Sportmedizin in Feldkirch

1970

Bruno Pezzey war als vielfacher Nationalspieler und langjähriger Profi in der Deutschen Bundesliga einer der erfolgreichsten Vorarlberger Fußballer.

Klaus Bodenmüller, Aushängeschild der Vorarlberger Leichtathletik

bilanz ohne Versehrtensport). Die Palette der internationalen Erfolge reicht dabei vom Olympiasieg von Trude Jochum-Beiser im Abfahrtslauf 1948 in St. Moritz bis zum Weltmeistertitel in der Mannschaft der Bludenzerin Andrea Tagwerker im Gesamtweltcup der Rodler im Jahre 1999.

Die beeindruckenden Ergebnisse Vorarlberger Sportler und Sportlerinnen bei Olympischen Spielen, Welt- und Europameisterschaften sind in einem eigenen statistischen Anhang zusammengefasst. Die wichtigsten Stationen der Vorarlberger Sportgeschichte sollen jedoch kurz sportartspezifisch besprochen werden.

An Erfolgen gemessen ist der Skisport eindeutig Vorarlbergs Sportart Nummer eins. Trude Jochum-Beiser (1948 und 1952), Othmar Schneider (1952), Egon Zimmermann (1964), Hubert Strolz (1988), Anita Wachter (1988) und Patrick Ortlieb (1992) gewannen Olympisches Gold im alpinen Rennsport. Der für Luxemburg startende Lustenauer Marc Girardelli war mit 46 Weltcupsiegen, fünf Weltcupgesamtsiegen, elf Weltmeisterschaftsmedaillen und zwei Olympiamedaillen der erfolgreichste Rennläufer in der Geschichte des alpinen Skilaufs. Die Goldmedaille von Mario Reiter in der Alpinen Kombination bei den Olympischen Spielen 1998 ist der

(1979), die Einführung von Entschädigungen für Übungsleiter (1986) und das Sportinformationszentrum in Dornbirn (1996).

Eindrucksvolle Leistungsbilanz

Seit 1945 haben Vorarlberger Sportler und Sportlerinnen neun Goldmedaillen bei Olympischen Spielen, 18 Titel bei Weltmeisterschaften und 28 Titel bei Europameisterschaften errungen. Weitere 54 Silber- und 85 Bronzemedaillen allein in Einzeldisziplinen zeigen eindrucksvoll die Leistungsfähigkeit unserer Sportler und Sportlerinnen und die Qualität der sportlichen Basisarbeit im Land auf (Hinweis: Medaillen-

Duell der in den letzten Jahren erfolgreichsten Vorarlberger Eishockeymannschaften: der mehrfache Meister Feldkirch gegen Lustenau

1970

vorläufige Schlusspunkt in einer fast endlosen Liste nationaler und internationaler Erfolge. Überragender Athlet im Bereich des Nordischen Skilaufs war der heutige ÖSV-Sportdirektor Toni Innauer. Innauer gewann 1976 als 17-Jähriger bei den Olympischen Spielen in Innsbruck die Silbermedaille, verbesserte den Weltrekord im Skifliegen auf 176 m und gewann 1980 in Lake Placid die Olympia-Goldmedaille auf der Normalschanze. Aber auch im Firngleiten (Ignaz Ganahl), Tiefschneefahren (Bernd Greber, Christa Hartmann) und Paraskifahren (Alexandra Gutgsell) kamen Vorarlberger Sportler zu Europa- oder Weltmeisterehren.

1960 gewann der Egger Schütze Hubert Hammerer bei den Olympischen Spielen in Rom als erster Vorarlberger eine Olympiagoldmedaille in einer Sommersportart. Hammerer gewann 44-mal den Titel eines österreichischen Meisters und war über ein Jahrzehnt der beste Schütze Österreichs. Auch in der Folge waren Vorarlberger Schützen immer wieder national und international sehr erfolgreich. Wolfram Waibel sen. startete bei fünf Olympischen Spielen und gewann nicht weniger als 75 österreichische Meistertitel. Mit 400 von 400 möglichen Ringen erreichte er einen „Weltrekord für die Ewigkeit". Wolfram Waibel jun. war bei den Olympischen Spielen 1996 in Atlanta mit einer Silber- und einer Bronzemedaille der erfolgreichste Sportler Österreichs.

Schon während der Ersten Republik zeigten sich die Vorarlberger Turnvereine als „Lehrmeister" für die übrigen Vereine Österreichs. Vorarlberg blieb auch nach dem Zweiten Weltkrieg über viele Jahrzehnte die Turnerhochburg Österreichs. Der Bregenzer Hans Sauter gewann von 1947 bis 1959 insgesamt 37 österreichische Meistertitel und startete bei vier Olympischen Spielen. Erfolgreichster Turner der Vorarlberger Turnerschaft ist derzeit der mehrfache EM- und WM-Teilnehmer Thomas Zimmermann. Aber auch im Bereich Rhythmische Sportgymnastik konnten Vorarlberger Athletinnen schöne Erfolge feiern.

Turnbetrieb in der später ausgebauten Turnhalle der Landessportschule

Die neu erbaute Landessportschule in Dornbirn

Monika Bachmann und Tanja Alge prägten über viele Jahre diese Sportart in Vorarlberg.

Erfolgreichster Leichtathlet des „Ländle" ist der Rankweiler Klaus Bodenmüller. Er gewann 1990 den Europameistertitel im Kugelstoßen in der Halle. 1991 wurde er bei den Hallenweltmeisterschaften Zweiter. Mit einem 6. Rang bei den Olympischen Spielen in Barcelona beendete Bodenmüller 1992 seine Karriere. Erfolgreichste Athletin war die Bregenzerin Brigitte Haest-Ortner. Sie startete insgesamt bei zehn Europameisterschaften und war über ein Jahrzehnt eine der schnellsten österreichischen Sprinterinnnen. Das von Ing. Konrad Lerch ins Leben gerufene Götzner

1970

Mehrkampfmeeting ermöglicht es dem Vorarlberger Sportpublikum, jährlich Weltklasseleistungen hautnah mitzuerleben. Internationale Topstars wie Daley Thompson, Jackie Joyner-Kersee oder zuletzt 1996 Frank Busemann und Ghada Shouaa begründeten weltweit den Ruf von Götzis als Mekka der Mehrkämpfer.

Fußball und Eishockey sind nach wie vor die publikumswirksamsten Sportarten Vorarlbergs. War es vor dem Zweiten Weltkrieg der FC Lustenau 1907, der das heimische Fußballgeschehen dominierte, so ist derzeit die Lustenauer Austria der erfolgreichste Fußballclub des Landes. Der herausragende Vorarlberger Fußballer war der Lauteracher Bruno Pezzey (1994 verstorben), der seine größten Triumphe in den 80er Jahren in der Deutschen Bundesliga bei Eintracht Frankfurt und Werder Bremen feierte. Pezzey wurde 83-mal in die österreichische Nationalmannschaft berufen und erhielt internationale Wertschätzung durch mehrere Nominierungen für Europa- und Weltauswahlmannschaften. Der absolute Publikumsmagnet im Ländle ist aber derzeit die VEU Feldkirch, die sich in den letzten Jahren zu einem europäischen Spitzenclub im Eishockey entwickelte. Der österreichische Meistertitel 1997 bedeutete für die VEU den vierten Meistertitel in Folge, Höhepunkt der VEU Erfolge ist der 1998 errungene Euroliga-Sieg.

Die Palette an Sportarten ist in den letzten Jahren immer vielfältiger geworden. Die Internationalisierung des Wettkampfwesens brachte gerade den so genannten Randsportarten internationale Erfolge und damit vermehrt Anerkennung in der Öffentlichkeit. Zu Weltmeisterehren kamen Vorarlberger Sportler im Aerosport (Alexandra Überbacher), im Eisschießen (Frieda und Susanne Armellini; Roswitha Denifl, Maria Kögler), im Karate (Daniel Devigili), im Kunstradfahren (Brigitte und Sabine Franz), im Ringen (Nikola Hartmann), im Rodeln (Andrea Tagwerker) und im Segeln (Klaus Diem). Weitere Weltmeisterschafts- bzw. Europameisterschaftsmedaillen wurden im Bahnengolf, im Billard, im Boccia, im Bogenschießen, im Boxen, im Faustball, im Gewichtheben, im Judo, im Motocross, im Radball, im Shotokan-Karate und im Skibobfahren errungen.

Wesentlich zum Ansehen des Vorarlberger Sports haben in den letzten vier Jahrzehnten die Versehrtensportler beigetragen. 1957 wurde der Vorarlberger Versehrtsportverband gegründet, 1971 nahmen Vorarlberger Versehrtensportler erstmals an internationalen Wettkämpfen teil. Von 1971 bis 1996 wurden bei Olympischen Spielen, Welt- und Europameisterschaften nicht weniger als 114 Medaillen gewonnen. Athleten wie Josef Meusburger (sechsmal Gold bei Olympischen Spielen im alpinen Skisport), Hildegard Fetz (zweifache Olympiasiegerin im alpinen Skisport), Harald Roth (mehrfacher Olympiasieger, Welt- und Europameister im Speerwerfen), Arno Hirschbühel (Olympiasieger und Weltmeister im alpinen Skifahren) oder Klaus Salzmann (Weltmeister im Skifahren; Tennis) haben bewiesen, dass Versehrte zu grandiosen Leistungen befähigt sind.

Die Zukunft des Sports

In den letzten Jahren hat sich die Sportszene grundlegend geändert. Der Sammelbegriff Sport umfasst heute den hoch spezialisierten, omnimedienpräsenten Hochleistungssport der Profis ebenso wie den Wettkampfsport von Kindern, Jugendlichen oder Senioren, den Breiten-, Freizeit- und Alternativsport oder den Gesundheitssport. Neue Sportarten wie Snowboarden, Inline-Skating oder Mountainbiking sprechen vor allem die Jugendlichen an und ermöglichen ein aktives Sportbetreiben ohne Vereinszugehörigkeit. Der Vielfalt an Sportarten scheinen dabei keine Grenzen gesetzt zu sein. War einst vom Skifahren die Rede, so unterscheidet der Fachmann heute zwischen Skifahren, Skibobfahren, Snowboarden, Carving und Freestyle. Und wer sich nicht selbst aktiv in die Reihe der Sportbetreibenden einreiht, kann sich kaum dem Bann des Medienspektakels Sport entziehen.

Vieles spricht dafür, dass der Sport auch im nächsten Jahrtausend, möglicherweise mehr denn je, eine wichtige Rolle in der Gesellschaft spielen wird. Welcher Sport, welche Formen und Inhalte dies sein werden, wird nicht zuletzt von den Sportlern selbst bestimmt werden.

L.P.

Einer der erfolgreichen Versehrtensportler, Klaus Salzmann, bei der Versehrtensport-WM in Lech

1970

12.5.1970: Dipl.-Ing. Fritz Mayer (SPÖ) löst Dr. Karl Tizian (ÖVP) als Bregenzer Bürgermeister ab.

1970: In Dornbirn wird eine Landessportschule errichtet.

TODESTAGE

4.5.1970: Eduard Ulmer (* 30.11.1899, Dornbirn), Landesleiter der Vaterländischen Front, Abgeordneter zum Vorarlberger Landtag, Landesstatthalter.

5.7.1970: Hermann Rhomberg (* 1.8.1900, Dornbirn), Unternehmer, Präsident der österreichischen Handelskammer in Zürich, Dornbirner Ehrenbürger.

12.11.1970: Franz Grubhofer (* 6.2.1914, Dornbirn), Staatssekretär im Innenministerium.

Flint

Für Samstag, den 10. Juli 1971, lud ein Flugblatt zu den Begräbnisfeierlichkeiten von „Flint" ein. Allerdings lautete der Titel für eine Todesanzeige höchst ungewöhnlich: „Flint lebt trotzdem". Rund 500 Jugendliche formierten sich auf der in Bau befindlichen Autobahn bei der Neuburg zu einem Trauerzug. Mit Trauermusik und einer eigenen Flint-Litanei wurde ein „Flint" symbolisierender Sarg verbrannt. Jahrelang wurde der Slogan „Flint lebt" noch auf Wände, Mauern und Brücken gesprüht.

Eine Gruppe der Pfadfinder, darunter Reinhold Luger, Günther Hagen, Hartwig Rusch und Peter Kuthan, hatte bereits 1968 bei der Bischofsweihe in Feldkirch und anlässlich der 50-Jahr-Feier der Republik Österreich in Bregenz mit kritischen Fragen für Aufsehen gesorgt. Dieselbe Gruppe sollte auch bei den Vorgängen von „Flint" führend vertreten sein.

Was war nun „Flint" eigentlich? Vorbild für Flint war das Open-Air-Festival in Woodstock. Ein ähnliches Festival sollte den Jugendlichen in Vorarlberg Alternativen zu den üblichen Bierzelten und Gasthäusern bieten. „Manche glauben", so die offizielle Pressemitteilung der Organisatoren, „FLINT werde ein Eldorado für Haschischjünger. FLINT will jedoch jenen, die sich auf ein Haschen von Haschern freuen, den Spaß verderben. FLINT verteilt bewußtseinserweiternde Drogen in Form von Musik und Lyrik, alles andere ist im Sinne der Veranstalter überflüssig."

Am 4. Juli 1970 fand das erste Festival dieser Art in Vorarlberg, Flint I, auf der Neuburg statt. Rund 1.000 Jugendliche hörten die Gruppen „The Gamblers" (mit Walter Batruel, Martin Hämmerle, Dieter Kycia und Hermann Schartner), „The Wanted" (Rolf Aberer, Reinhold Bilgeri, Reinhard Woldrich, Benny Gleeson, Mandi Marte), „Venus observed" (Band der Stella Matutina), „Game" (Bludenz) und „James Cook Formation" (Lindau). Michael Köhlmeier sang selbstverfasste Protestsongs sowie Lieder von Degenhardt und Brecht. Außerdem wurden Texte von Bertolt Brecht, Wolf Biermann, Hans Magnus Enzensberger, Erich Fried, Thomas Bernhard, Julian Beck und Allen Ginsberg rezitiert.

„Flint", dieses Wort war noch lange Zeit an den verschiedensten Bauwerken entlang der Autobahn zu finden.

Nach dem Erfolg von Flint I sollte nun das zweite Flint-Festival auf der Neuburg noch größer und besser organisiert werden. Jedoch wurde wenige Tage vor dem geplanten Beginn das Gebiet der Neuburg durch die Landesregierung unter Naturschutz gestellt. Da diese Vorgangsweise für die Organisatoren mit dem offensichtlichen Ziel geschah, die Durchführung des Festivals zu verhindern, kam es zu der bereits angesprochenen Demonstration. „Flint" wurde somit zur ersten Auseinandersetzung zwischen einer neuen Jugendkultur, die vom Geist der 68er-Jugendrevolten in ganz Europa beeinflusst war, und der offiziellen Landespolitik.

W.M.

Das von der Landesregierung verhinderte Konzert „Flint" wurde mit einem eindrucksvollen Trauerzug auf der Autobahntrasse zu Grabe getragen.

1972

10.7.1971: Die Landesregierung verbietet das Abhalten des Open-Air-Festivals „Flint".

1971: Der aus Koblach stammende Missionar Dr. Erich Kräutler wird Xinguprälat und Titularbischof von Cissa in Brasilien.

1971: Der erste Teilabschnitt der Rheintalautobahn zwischen Dornbirn-Nord und Rankweil wird eröffnet.

1971: Gottfried Bechtold stellt eines der Schlüsselwerke in seinem Œuvre fertig: den „Betonporsche".

TODESTAG

4.5.1971: Rosa (Sr. Selesia) Michler (* 21.8.1881, Götzis), Nonne, Ehrenbürgerin der Marktgemeinde Bezau.

Gottfried Bechtold
1947

„Betonporsche", Gottfried Bechtold, 1971

Gottfried Bechtold, 1947 in Bregenz geboren, kommt ursprünglich von der Bildhauerei – auch sein Vater war Steinmetz, sein Großonkel Albert Bechtold einer der wichtigsten Bildhauer der Zwischenkriegszeit in Österreich – und hat sich seit den späten 60er Jahren in Auseinandersetzung mit der Land Art, der Minimal und Concept Art von traditionellen Gestaltungs- und Präsentationsformen gelöst und zu einem inter- und multimedialen künstlerischen Vorgehen gefunden. Er arbeitet experimentell, analysierend im Spannungsfeld der menschlichen Kommunikation, Realität und Virtualität. Er benützt dabei häufig vorgefundene Objekte naturgegebener oder artifizieller Herkunft, aber auch Materialien wie Eisen und Beton bis hin zu Fotografie, Video und neuesten elektronischen Medien. Sein bisheriges Werk steht exemplarisch für die Überwindung des traditionellen Skulpturbegriffs.

Der Idee gebührt die Vormachtstellung gegenüber der formal-ästhetischen Ausarbeitung, wobei anschaulich gemachte Gegensätze von sichtbar und unsichtbar, positiv und negativ, beweglich und unbeweglich, konkav und konvex, real und abgebildet seine Arbeiten durchziehen und sie als seltenes Beispiel für den forschenden und experimentellen Charakter von Kunst in Österreich ausweisen.

Bechtold kennt keine medialen Schranken; sowohl seine imaginären Skulpturen als auch seine ausgeführten Großplastiken der letzten Jahre entstanden auf der Basis aktuellster laser- oder computergesteuerter Technologie.

Seine Arbeiten der 70er und frühen 80er Jahre wie „Reisebilder" (1971), das documenta- und das Sozialgrundstückprojekt (1972, 1973), die „Metamorphose einer Galerie" (1974), „Schiene Koffer" (1978) und „Interkontinentale Skulptur" (1985) sprechen für sich. Die Bedeutung dieser Projekte wird zum Teil erst heute sichtbar.

Ein Schlüsselwerk in seinem umfangreichen Œuvre stellt sein „Betonporsche" dar, der Guss eines Porsche 911, 1971 entstanden, dem Themenkomplex „Mythen des Alltags" zugehörig. Bechtold zielt auf die Freilegung des mythischen Gebrauchs von Objekten, indem er sie auf einer weiteren Ebene mystifiziert und einen neuen künstlerischen Mythos entstehen lässt. Hierzu zählt wohl auch das „Herkules-Projekt" (ab 1980) mit seiner Konfrontation der barocken Version des Herkules-Mythos von Andrea Pozzo im Palais Liechtenstein in Wien mit einem Hercules-Transportflugzeug.

Bechtolds bisheriges Werk weist einen stark konzeptuellen Charakter auf, kennt keine medialen Schranken, bleibt der Widersprüchlichkeit treu, fragt nach der Identität – nach der seiner Person ebenso wie nach jener von anderen und der von Orten und Ländern. 1999 erhielt er den großen internationalen Kunstpreis des Landes Vorarlberg. „Ein wichtiger Gesamtaspekt bei all meinen Projekten ist der Versuch, eine neue Konfiguration zwischen Materialität und Information in Form einer neuartigen Legierung herzustellen" (G. Bechtold). H.S.

29.4.1972: Die Parteizeitung der ÖVP, das „Vorarlberger Volksblatt", stellt wegen des zunehmenden Leserschwundes ihr Erscheinen ein.

1972

2.5.1972: Die erste Nummer der parteiunabhängigen „Neuen Vorarlberger Tageszeitung" wird ausgeliefert.

1972: Das Möslestadion in Götzis wird eröffnet.

1972: Die ARGE ALP für die grenzüberschreitende Zusammenarbeit in den Bereichen Raumordnung, Landwirtschaft, Verkehr, Kultur und Umweltschutz wird gegründet.

20.10.1974: Bei den Landtagswahlen kommt die ÖVP auf 22, die SPÖ auf zehn und die FPÖ auf vier Mandate.

1.12.1974: In Bezau wird die Musikschule Bregenzerwald gegründet.

1974: Der aus Schwarzenberg stammende Künstler Tone Fink erhält den Theodor-Körner-Preis.

1974: Dr. Martin Purtscher wird neuer Landtagspräsident.

TODESTAGE

10.9.1972: Toni Ulmer (* 7.6.1894, Dornbirn), Landeskommandant der Heimwehr und Frontmiliz.

11.9.1972: Adolf Vögel (* 15.2.1891, Doren), Abgeordneter zum Vorarlberger Landtag, Landesrat, Landtagspräsident.

9.12.1972: Anton Ammann (* 31.8.1895, Barcelona), Ehrenbürger der Gemeinden Schruns, Tschagguns, Vandans, St. Gallenkirch und Gaschurn, Direktor der Vorarlberger Illwerke.

23.1.1973: Lorenz Böhler (* 15.1.1885, Wolfurt), Arzt, Ehrenbürger der Marktgemeinde Wolfurt.

19.5.1973: Hans Nägele (* 26.4.1884), Journalist und Historiker.

27.1.1974: Paula Ludwig (* 5.1.1900, Feldkirch, Schloss Amberg), Schriftstellerin.

21.3.1974: Ernst Hefel (* 25.11.1888, Schruns), Staatssekretär im Unterrichtsministerium.

6.11.1974: Hans Georg Strobel (* 13.10.1913, Bezau), Maler.

1.9.1975: Serafin Reich (* 14.9.1888, Rankweil), Rankweiler Bürgermeister und Ehrenbürger.

Die Schubertiade

Den Gedanken, Franz Schuberts Werke im „kleinen Rahmen auf exemplarische Weise zur Aufführung zu bringen", den der bekannte Liedinterpret Hermann Prey seit Jahren hegte, konnte er erstmals 1976 zusammen mit dem heutigen Geschäftsführer der Schubertiade, Gerd Nachbauer, in Hohenems in die Tat umsetzen. Der Begriff „Schubertiade", Synonym für das Festival, wurde bereits Anfang des 19. Jahrhunderts zu Lebzeiten des Komponisten geprägt, als man gemeinsam im Freundeskreis musizierte. In diesem Sinne war auch die Veranstaltung geplant. In einer dafür vorgesehenen Woche standen Einführungsvorträge und neun Konzerte im Rittersaal des Palastes und in der Pfarrkirche auf dem Programm. Als erste namhafte Interpreten traten Hermann Prey, Christa Ludwig, Peter Schreier, das Melos-Quartett, Paul Badura Skoda und Jörg Demus auf, den musikalischen Schwerpunkt bildete Schuberts Liedschaffen. Da sich Preys ideale Vorstellung einer chrono-

Hermann Prey, gemeinsam mit Gerd Nachbauer Initiator der Schubertiade, 1976 bei einem Liederabend im Rittersaal des Hohenemser Palastes

logischen Aufführung von Schuberts Lebenswerk nicht verwirklichen ließ, zog sich der Sänger 1980 von der Festivalleitung zurück.

Gerd Nachbauer konnte als Geschäftsführer der Schubertiade GesmbH in weiterer Folge das Angebot auf dem künstlerischen und musikalischen Sektor erweitern. Seinem Erfolgsrezept verdankt Vorarlberg neben den Bregenzer Festspielen ein zweites Festival von internationalem Format.

Franz Schuberts Werk ist nach wie vor dominierend, doch werden auch Komponisten wie Mozart, Haydn, Schumann, Richard Strauss, Mahler, Hugo Wolf u.a. berücksichtigt. Ab 1985 konnten das Montforthaus und der Konservatoriumssaal in Feldkirch – im ehemaligen Gebäude des Jesuitenkollegs Stella Matutina – als Veranstaltungsorte gewonnen werden. Damit waren auch Möglichkeiten für größere Orchesterkonzerte und für Ausstellungen gegeben.

Die günstige Infrastruktur nützend, verlagerte die Gesellschaft den Standort für die Schubertiade endgültig nach Feldkirch. Seit 1994 gibt es mit den nach historischem Muster abgehaltenen „Landpartien" in die nähere und weitere Umgebung (Waldbühne im Areal des

1976

Schubertiadebesucher vor dem Landeskonservatorium. Seit 1985 ist Feldkirch das Zentrum der Schubertiade.

Konservatoriums, Schloss Achberg im Allgäu, Propstei St. Gerold, Schwarzenberg) eine reizvolle Alternative zu den Konzerten in Feldkirch. Den zeitlichen Rahmen von Mai bis September (mit Ausnahme der Festspielmonate Juli und August) füllen über 50 Veranstaltungen (Liederabende, Kammerkonzerte, Klaviermatineen, Orchesterkonzerte, Messen, Lesungen, Meisterkurse).

International angesehene Künstler wie Claudio Arrau, Vladimir Ashkenazy, Janet Baker, Olaf Bär, Brigitte Faßbaender, Dietrich Fischer-Dieskau, Edita Gruberova, Barbara Hendricks, Robert Holl, Margret Price, Elisabeth Schwarzkopf, Nikolaus Harnoncourt, Gidon Kremer, Thomas Zehetmair sowie Ensembles und Orchester wie das Alban Berg Quartett, Hagen Quartett, Tokyo String Quartet, The Chamber Orchestra of Europe, Königliches Concertgebouw Orchester Amsterdam und Wiener Philharmoniker – um nur einige zu nennen – bilden nach wie vor Publikumsmagneten. Doch wird seit mehreren Jahren auch jungen, noch unbekannten Sängern und Sängerinnen die Gelegenheit gegeben, vor internationalem Publikum zu debütieren. A.B-N.

Der Angelika-Kauffmann-Saal in Schwarzenberg ist einer der Aufführungsorte der Schubertiade.

22.9.1976: In Götzis wird die Musikschule „Mittleres Rheintal" gegründet.

19.10.1976: In Frastanz wird das Krankenhaus Maria Ebene als Behandlungszentrum für Suchtkranke in Betrieb genommen.

TODESTAG

18.9.1976: Edwin Albrich (* 13.11.1910, Schruns), Arzt, Ehrenbürger der Marktgemeinde Schruns.

1976

Musik in Vorarlberg

Musikalische Kultur wird auf dem Gebiet des heutigen Vorarlberg erst mit der Anwesenheit der Römer fassbar. Darstellungen musizierender und tanzender Personen auf Tonscherben geben, da es sich um Importgut handelt, zwar kein direktes Zeugnis von musikalischen Aktivitäten, doch lässt schon die Anlage eines Tempelbezirkes in der Metropole Brigantium zumindest für den kultischen Bereich Rückschlüsse darauf ziehen.

Mit den iro-schottischen Glaubensboten Kolumban und Gallus begann im 7. Jahrhundert eine für das Bodenseegebiet musikhistorisch bedeutende Epoche. Die Klostergründungen Sankt Gallen und Reichenau wuchsen zu Zentren klösterlicher Hochkultur, deren Einfluss weite Kreise zog. Aus dem Benediktinerkloster Mehrerau sind älteste schriftliche Nachweise zum Vorarlberger Musikleben in Form von liturgisch-musikalischen Handschriftenfragmenten aus dem 13. Jahrhundert erhalten, welche die Pflege des Gregorianischen Chorales dokumentieren.

Profane Musik fand ihren Ausdruck vor allem in der höfisch-ritterlichen Kultur. Der aus Bregenz gebürtige Minnesänger Graf Hugo von Montfort (1357–1423) steht mit seinen Dichtungen, vertont von Bürk Mangolt, bereits am Ende einer prägenden kulturellen Epoche. Weniger prachtvoll dokumentiert ist das Musikleben der Bürger, Bauern und Handwerker. Im 13. Jahrhundert werden erstmals dokumentarisch Spielleute genannt, Pfeifer, Geiger, Trompeter und Trommler. Ihre Funktion war vielfältig und durch eigene Verordnungen geregelt. Seit dem 14. Jahrhundert sind Tanzhäuser bekannt, die aber mehrfunktional genutzt wurden.

Hugo von Montforts Gedichte wurden von Bürk Mangolt vertont. In der Heidelberger Handschrift werden zehn dieser Lieder überliefert.

Hatte die Musik im Lehrplan der Klosterschulen des Mittelalters eine wichtige Stellung inne, so trifft dies auch im 15. Jahrhundert für die städtischen Schulen, die Latein- und deutschen Schulen zu. Die „Choralisten" oder „Singschüler" waren mit ihrem Schulmeister, der zugleich Kantoren- und Organistenamt bekleidete, nicht nur an der musikalischen Gestaltung der Gottesdienste beteiligt, sondern traten auch bei weltlichen Anlässen in Erscheinung. Musikalieninventare bezeugen ihr hohes musikalisches Niveau. Der aus Lindau stammende Feldkircher Schulmeister Johannes Vogelsang verfasste eigens für den Musikunterricht das Traktat „Musicae rudimenta", gedruckt 1542 in Augsburg. Musik im schulischen Bereich dokumentiert auch das 1649 begründete Jesuitengymnasium in Feldkirch mit seinen musikalisch untermalten Theateraufführungen. Neben schauspielerischen Fähigkeiten konnten Schüler auch ihr musikalisches Talent als Komponisten unter Beweis stellen. So wird in den Theaterprogrammen, den Periochen, mehrmals der spätere Schulmeister Johann Kaspar Bösch (1656–ca. 1705) erwähnt. Ein weiterer prominenter Absolvent ist Johann Martin, der spätere Pater Laurentius von Schnifis.

Sakrale Musikausübung findet man auch in Vorarlbergs Frauenklöstern. Nach jahrelanger Praxis des einstimmigen

Norditalienische Renaissance-Tragorgel aus Hohenems, 16. Jahrhundert

1976

Grußkarte des Männergesangsvereins Hard

Choralgesanges wurden nach 1640 bei den Dominikanerinnen in St. Peter/Bludenz und in Altenstadt mit der „edlen Musik des Figurale" neue Wege beschritten. Musikinstrumente unterstützten den Gesang bei feierlichen Gottesdiensten.

Die höfisch-adelige Musik konnte in der Frühzeit des Barock in Hohenems eine letzte Blüte erleben. Graf Kaspar von Ems (1573–1640) lag es fern, sich an der prunkvollen Hofhaltung seines Bruders Marcus Sitticus (1575–1619), des Erzbischofs von Salzburg, zu messen, doch fand in bescheidenem Rahmen im gräflichen Palast manche Tafelmusik statt, zu der auswärtige Instrumentalisten herangezogen wurden. Bartholome Schnell druckte zwischen 1620 und 1641 in der gräflichen Offizin mehrere Liedflugblätter.

Das Fehlen einer adeligen, auf Prachtentfaltung ausgerichteten Residenz wirkte sich auf Vorarlbergs Musikgeschehen des 17. und 18. Jahrhunderts nachteilig aus. Da es für Musiker nur wenige Möglichkeiten einer fixen Anstellung gab, waren viele gezwungen, sich an auswärtigen Höfen zu bewerben. Der Spielmann Hans Bach (1555–1615) aus Andelsbuch trat in die Dienste der Herzöge von Württemberg, Hieronymus Bildstein (1580–1634) aus Bregenz wurde Organist und Komponist am Hofe des Konstanzer Fürstbischofs Jakob Fugger. Der Kapuzinerpater Laurentius von Schnifis (1633–1702) verkehrte als Hofkaplan an vielen adeligen Höfen des süddeutschen Raumes.

Eine entscheidende Wende brachte im 19. Jahrhundert das kulturelle Erwachen des Bürgertums. Wohlhabende Fabrikanten traten an die Spitze privater kultureller Unternehmungen: Es kam zu Gründungen von Musikvereinen, Chören, Orchestergesellschaften, Blasmusikkapellen und Theatergruppen. Städtische Musikdirektoren trugen zur weiteren Entwicklung der profanen Musikausübung bei. Erwähnenswert ist in Feldkirch Georg Frick. Ihm folgte die aus Böhmen gebürtige Musikerfamilie Schmutzer – Anton Schmutzer (1864–1936) verfasste die Vorarlberger Landeshymne („s'Ländle, meine teure Heimat"); ebenfalls aus Böhmen kam Albert Jaksch nach Bregenz; in Bludenz wirkte der Rheinberger-Schüler Josef Renner. In ländlichen Gegenden trug die Lehrerschaft die musikalisch-kulturelle Verantwortung. Die musikalischen Aufführungen, die im Rahmen des Vereinslebens stattfanden, waren zum Teil recht beachtlich. Angeregt durch gastierende

Festkarte des Sängerfestes in Bregenz, 1907

Der Musikverein Buch 1907

1977

Das Landeskonservatorium in Feldkirch

Schauspielertruppen und Virtuosen pflegte man über die Jahrhundertwende hinaus Musiktheater und Konzerte. Eigene Fonds begründeten die Errichtung von Musikschulen.

Die Kirchenmusik erhielt durch die Reformbewegung des „Caecilianismus" neue Impulse. Oberstes Ziel war die Entfernung weltlicher Elemente aus dem sakralen Musikrepertoire. Ganz im Sinne dieser Bestrebungen ragt Wunibald Briem als Mentor und Komponist hervor. Sein Erbe trat Ferdinand Andergassen (1892–1964) an, der, neben dem ebenfalls aus Feldkirch gebürtigen Karl Bleyle (1880–1969), Vorarlbergs zeitgenössisches Musikschaffen einleitete.

Weiteren Aufschwung erhielt das Musikleben nach dem Zweiten Weltkrieg durch die Bregenzer Festspiele und durch die Gründung des „Vorarlberger Funkorchesters". Musiker aus Innerösterreich, die auch als Komponisten gefragt waren – wie Hans Moltkau, Oswald Lutz, Rudolf Mayer, Georg Schneider, Wilhelm Stärk –, wurden in Vorarlberg ansässig. Die Liste der Vorarlberger Komponisten wird von Ernst Kreal, Gerold Amann, Richard Dünser und Herbert Willi in die Gegenwart fortgesetzt.

Neben den großen Festivals ist heute ein breites Spektrum an musikalischen Veranstaltungen festzustellen, das jede Interessen- und Altersgruppe berücksichtigt. Zahlreiche Jugendliche nützen das Angebot der Musiklehranstalten (Musikschulen, seit 1977 Landeskonservatorium), welche die wachsende Bedeutung Vorarlbergs als Musikland unterstreichen. A.B-N.

Orchesterprobe im Landeskonservatorium

1.9.1977: Der Landtag beschließt die Errichtung einer universell ausgerichteten Landesbibliothek.

Herbst 1977: Das Oberstufenrealgymnasium in Götzis nimmt den Schulbetrieb auf. Bis zur Übersiedlung in einen eigenen Neubau im Mösle (1989) wird das Gymnasium provisorisch in der Hauptschule untergebracht.

1977: Auflassung des Kapuzinerklosters Bezau.

5.11.1978: In einer Volksabstimmung spricht sich eine knappe Mehrheit der Österreicher – 50,4 Prozent – gegen die Inbetriebnahme des Atomkraftwerks Zwentendorf aus. In Vorarlberg ist sowohl die Zahl der Nein-Stimmen mit 84,4 Prozent als auch die Wahlbeteiligung mit 75,8 Prozent – im österreichischen Durchschnitt gingen 64,1 Prozent der Wahlberechtigten zur Abstimmung – am höchsten.

1980

1.12.1978: Der Arlbergstraßentunnel wird eröffnet.

1978: In Hard wird die erste Moschee in Vorarlberg eröffnet.

Sommer 1979: Das Jesuitenkolleg „Stella Matutina" in Feldkirch wird aufgelassen.

3.9.1979: In Vorarlberg wird die Krankenhausverwaltung in eine österreichweite erste Krankenhaus-Betriebs-Ges. m.b.H. ausgelagert.

11.9.1979: Die Bürgerinitiative „Pro Vorarlberg" fordert in einer Eingabe an den Vorarlberger Landtag die Abhaltung einer Volksabstimmung zur Frage: „Soll Vorarlberg durch eine Vereinbarung mit dem Bund im Rahmen des österreichischen Bundesstaates mehr Selbständigkeit durch ein eigenes Statut [...] erhalten?"

21.10.1979: Bei den Landtagswahlen kommt die ÖVP auf 22, die SPÖ auf zehn und die FPÖ auf vier Mandate.

15.6.1980: In einer Volksabstimmung sprechen sich rund 70 Prozent der Vorarlberger für einen Ausbau der Länderrechte aus.

14.7.1980: Die Bregenzerwaldbahn stellt ihren Betrieb zwischen Kennelbach und Egg ein.

20.10.1980: Die Bregenzerwaldbahn stellt ihren Betrieb zwischen Egg und Bezau ein.

TODESTAGE

14.2.1978: Franz Marent (* 18.5.1890, Schruns), Offizier, Bürgermeister und Ehrenbürger der Marktgemeinde Schruns, Abgeordneter zum Vorarlberger Landtag.

23.9.1978: Ernst Kolb (* 9.1.1912, Lauterach), Rechtswissenschaftler, Bundesminister, Landesstatthalter.

13.10.1978: Julita Wölfle (* 24.9.1895, Johannesberg bei Pensberg, Deutschland), Nonne, Volksschullehrerin, Ehrenbürgerin der Marktgemeinde Bezau.

5.8.1979: Günther Anton Moosbrugger (* 5.2.1899, Hard), Dornbirner Bürgermeister und Ehrenbürger.

Erwin Kräutler

1939

Erwin Kräutler wurde am 12. Juli 1939 als erstes von sechs Kindern des Heinrich und der Maria Kräutler in Koblach geboren. Seine berufliche Biografie ist eng mit jener seines Onkels, Bischof Erich Kräutler, verknüpft. Erich wanderte als Mitglied des Ordens der Missionare vom Kostbaren Blut gemeinsam mit seinem Bruder Willi 1934 nach Brasilien aus. In der Provinz Xingu, einer Region von der Größe der Bundesrepublik Deutschland an einem Nebenarm des Amazonas mit rund 400.000 Einwohner und Einwohnerinnen, beteiligte er sich am Aufbau der katholischen Indianermission. Er wurde zu einem anerkannten Fürsprecher für die Anliegen der südamerikanischen Indianer. 1971 wurde er in Feldkirch zum Weihbischof geweiht. Zu diesem Zeitpunkt war sein Neffe Erwin bereits seit sechs Jahren in Erichs Diözese Xingu als Seelsorger und Lehrer tätig. Erwin war nach der Matura am Feldkircher Gymnasium 1958 seinem Onkel in den Orden der Missionare vom Kostbaren Blut gefolgt, hatte im liechtensteinischen Schellenberg das Noviziat absolviert und im Anschluss in Salzburg Theologie und Philosophie studiert. 1965 feierte er – wie sein Onkel 1932 – in Koblach Primiz. Im Herbst 1965 ging er nach Xingu. Sein ausgeprägtes soziales Gewissen war ihm Auftrag für ein starkes Engagement für die Rechte der Ausgebeuteten und Unterdrückten, der Arbeiter, der Bauern und der Indianer. Er scheute die Kritik an den neoliberalen politischen und wirtschaftlichen Strukturen nicht und forderte deren Reform, um grundsätzliche Menschenrechte wie Freiheit und Gleichheit auch für die Armen seiner brasilianischen Welt Wirklichkeit werden zu lassen.

Missionsbischof Erwin Kräutler mit dem Päpstlichen Nuntius Ceccini und dem Diözesanbischof Bruno Wechner in Rankweil. Der Anlass war die feierliche Erhebung der Landeswallfahrtskirche „Zu unserer lieben Frau" zur Basilika.

1981

Bischof Erwin Kräutler in Brasilien

1983 beteiligte er sich an Protesten von Zuckerrohrarbeitern gegen die menschenverachtenden Arbeitsbedingungen in Brasilien und wurde von der Militärpolizei niedergeschlagen. 1987 wurde ein Mordanschlag auf ihn verübt. Die mit diesem traurigen Umstand verbundene weltweite Publizität nützte er, um den Anliegen der südamerikanischen indigenen Völker – etwa dem Schutz ihrer natürlichen Lebenswelt – internationale Aufmerksamkeit zu verschaffen. 1988 wurden die Rechte der Indianer auf Schutz ihrer Lebenswelt im tropischen Regenwald in der brasilianischen Verfassung verankert. Sein Engagement und seine Fachkenntnis in ethnischen und ökologischen Fragen führten zur Ernennung Erwin Kräutlers zum Präsidenten des Indianer-Missionsrates der Brasilianischen Bischofskonferenz und zum Berater der österreichischen Delegation beim Umweltgipfel 1992 in Rio de Janeiro. Die katholische Kirche hatte sein Wirken bereits 1981 mit der Ernennung zum Bischof der Diözese Xingu anerkannt. Erwin folgte damit in diesem Amt direkt seinem Onkel Erich. Die Wertschätzung seiner Arbeit in der westlichen Welt drückt sich in der Verleihung zahlreicher Preise und Ehrendoktorwürden aus: So erhielt Erwin Kräutler etwa 1988 den Erzbischof-Oscar-Romero-Preis, 1989 den Binding-Preis für Natur- und Umweltschutz, 1991 den Dr.-Bruno-Kreisky-Preis für Verdienste um die Menschenrechte, 1992 den Dr.-Karl-Renner-Preis und den Dr.-Toni-Ruß-Preis, 1992 Ehrendoktorate der Innsbrucker Sozial- und Wirtschaftswissenschaftlichen Fakultät, der Luzerner und der Bamberger Theologischen Fakultäten. Die Bevölkerung Vorarlbergs unterstützt und würdigt ihn und seine Arbeit etwa durch zahlreiche Spendenaktionen, die u.a. zur Errichtung eines so genannten Vorarlberg-Dorfes in Altamira, der Hauptstadt der Provinz Xingu, führten, oder durch die aus über hundert Mitgliedern bestehende freiwillige Selbstbesteuerungsgruppe Bischof Kräutler. W.W.

14.10.1981: Der Vorarlberger Landtag hält seine erste Arbeitssitzung im neuen Landhaus in Bregenz ab.

1.12.1981: Der Güterbahnhof Wolfurt nimmt den Vollbetrieb auf; die offizielle Eröffnung folgt am 14.5.1982; Teilbereiche sind bereits seit Oktober 1977 provisorisch in Betrieb.

Michael Köhlmeier
1949

Michael Köhlmeier hat sich seit den 70er Jahren zum wichtigsten zeitgenössischen Schriftsteller in Vorarlberg entwickelt: Er schreibt auf Hochdeutsch und im Dialekt, er beherrscht alle Gattungen vom Roman über Theaterstücke, Hörspiele und Essays bis zu Kinderbüchern und kunstvollen Gedichten (etwa der Sonettenkranz im „Peverl Toni") und er trifft den volkstümlichen Geschmack – etwa in der inoffiziellen Landeshymne „Oho Voradelberg, bist zwar als Land ein Zwerg" oder in der Hörspielserie „Scheffknecht und Breuß" – genauso, wie er hohen literarischen Ansprüchen gerecht wird.

Köhlmeier, 1949 in Hard geboren, lebt nach einem Studium der Germanistik, Mathematik und Politologie als freier Schriftsteller in Hohenems. Er begann mit Einaktern – „Like Bob Dylan" (1975) –, für die er den Rauriser Förderungspreis erhielt.

Mit dem Roman „Der Peverl Toni und seine abenteuerliche Reise durch meinen Kopf" (1982) beginnt die

Michael Köhlmeier erhält 1988 den Hebel-Preis.

1983

Reihe seiner großen Romane, in denen er auch immer Möglichkeiten des Erzählens zum Thema macht. In „Moderne Zeiten" (1984) wird Vorarlberg in mehreren Zeitepochen zum Schauplatz einer turbulenten Heimkehrergeschichte, „Die Figur" (1986) umreißt das Leben des italienischen Königsmörders Gaetano Bresci.

„Spielplatz der Helden" (1988) setzt sich anhand einer Nordpolexpedition mit Männermachtfantasien auseinander, "Die Musterschüler" (1989) thematisiert in einer Internatsgeschichte das Problem einer alten Schuld und „Bleib über Nacht" (1993) erzählt eine Liebesgeschichte im und nach dem Krieg. Mit „Telemach" (1995) hat Köhlmeier den ersten Teil einer auf mehrere Bände angelegten literarischen Auseinandersetzung mit Homers „Odyssee" geschrieben, deren zweiter Teil „Kalypso" 1997 erschienen ist. In jüngster Zeit ist Michael Köhlmeier in breiten Publikumskreisen durch seine Nacherzählungen der griechischen Sagen, des Nibelungenliedes und der Bibel im ORF und auf CD zum Begriff geworden.

Für sein literarisches Schaffen wurde er mit zahlreichen Literaturpreisen ausgezeichnet, unter anderem mit dem Johann-Peter-Hebel-, dem Manès-Sperber-, dem Wildgans- und dem Grimmelshausen-Preis. U.L.

1981: Der aus Koblach stammende Missionar Erwin Kräutler wird zum Prälaten von Xingu und Titularbischof von Cissa in Brasilien geweiht. Er wird damit Nachfolger seines Onkels Dr. Erich Kräutler.

30.4.1982: Der Lustenauer Bürgermeister Robert Bösch tritt nach 22-jähriger Amtszeit zurück. Er wird von Dieter Alge abgelöst.

1.5.1982: Wolfurt wird zur Marktgemeinde erhoben.

11.5.1982: Dr. Alfred Wopmann wird zum künstlerischen Leiter der Bregenzer Festspiele bestellt.

14.5.1982: Der Güterbahnhof Wolfurt wird offiziell eröffnet; der Vollbetrieb ist schon am 1.12.1981 aufgenommen worden.

18.5.1982: Beim Einsturz des Stahlgerüstes der neuen Brücke zwischen Lustenau und Höchst stürzen 17 Arbeiter in den Rhein, zwei von ihnen ertrinken.

15.9.1982: In Feldkirch wird das renovierte Theater am Saumarkt wieder eröffnet.

22.9.1982: Bei den 6. österreichischen Filmtagen in Kapfenberg wird Tone Finks „Narrohut" vorgestellt.

18.10.1982: Dr. Leonhard Paulmichl wird neuer ORF-Landesintendant. Er tritt damit die Nachfolge von Walter Tölzer an.

23.10.1982: Das Dornbirner Kulturhaus wird eröffnet.

1982: Auf dem Letzehof in Frastanz wird ein Zentrum für tibetanische Religion und Kultur eröffnet.

10.1.1983: Die Bregenzerwaldbahn stellt ihren Betrieb zwischen Bregenz und Kennelbach ein.

20.1.1983: In der Konstanzer Leichenhalle werden die Urnen von etwa 80 Vorarlbergern entdeckt, die dem NS-Regime zum Opfer gefallen sind.

27.2.1983: Durch eine höchstgerichtliche Entscheidung wird das Mehrheitswahlrecht, das in mehreren Vorarlberger Gemeinden zur Anwendung kam, für verfassungswidrig erklärt. Von nun an müssen bei den Gemeinderatswahlen überall Wahllisten aufgelegt werden.

14.3.1983: Der Vorarlberger Landtag verabschiedet einstimmig eine neue Landesverfassung.

28.5.1983: Hohenems wird zur Stadt erhoben.

31.8./1.9.1983: In der Nacht vom 31.8. auf den 1.9. verschüttet eine Mure in Braz 27 Häuser.

September 1983: Der Dalai Lama besucht den Letzehof zu Frastanz.

31.12.1983: Der langjährige Dornbirner Bürgermeister Dr. Karl Bohle tritt von seinem Amt zurück. Die Stadtvertretung wählt am 19.1.1984 Rudolf Sohm zu seinem Nachfolger, der am darauf folgenden Tag durch den Bezirkshauptmann vereidigt wird.

TODESTAGE

19.8.1981: Joachim Ammann (* 28.2.1898, Wil, Kanton St. Gallen), Missionsbischof.

16.1.1983: Robert Bösch (* 30.4.1922, Lustenau), Bürgermeister und Ehrenbürger der Marktgemeinde Lustenau, Abgeordneter zum Vorarlberger Landtag.

29.1.1983: Fritz Krcal (* 7.11.1888, Bregenz), Maler.

1.12.1983: Hubert Berchtold (* 2.4.1922, Andelsbuch), Maler.

1984

Einzug der „Grünen" in den Landtag

Bertram Jäger, seit 1969 erster „schwarzer" Präsident einer Arbeiterkammer in Österreich, hatte sich auf Einladung von Vorarlberger Studenten, darunter Christoph Hinteregger, Claus Albertani und Gerhard Sutter, im Studentenheim Leechgasse der Katholischen Hochschulgemeinde, die zur Katholischen Aktion gehört, in Graz zu einer Diskussion eingefunden. Dabei wurde die Idee geboren, für Vorarlberg eine Art Manifest zu schaffen, das den gesellschaftlichen Tendenzen – etwa „die Zweifel am Machbaren und die Zukunftsangst" gegenüber dem „blinden Vertrauen in den wissenschaftlich-technischen Fortschritt" – Rechnung tragen würde.

Die ÖVP griff diese Idee auf. Über 300 Interessierte, darunter auch der zum Jungbauernbund der ÖVP gehörende Kaspar Ignaz Simma aus dem Bregenzerwald im Bereich Umwelt, aber auch zahlreiche Nichtparteimitglieder entwarfen, in mehr als zweijähriger Arbeit und in sechzehn thematische Arbeitskreise gegliedert, ein „Modell Vorarlberg", das 1983 der Landes-ÖVP als Programm vorgelegt und zur Durchführung empfohlen wurde. Bereits im Vorfeld wurde dieses „Modell" zerzaust, die Medien sprachen von einem Alibipapier und einer Totgeburt, da das „Papier" insbesondere im Bereich Umwelt zahlreiche Änderungen erfahren habe. Simma wechselte nun die Fronten. Zusammen mit dem Theologen Siegfried Peter aus Rankweil ging er als Spitzenkandidat der Alternativen Liste Österreichs (ALÖ) mit den Vereinten Grünen Österreichs (VGÖ) ein Wahlbündnis (AL/VGÖ) ein. Diese Gruppierung schaffte nicht nur den Einzug in den Landtag, sondern erreichte bei der „Erdrutschwahl" 1984 auf Anhieb 13 Prozent, was von den Medien als „Watschen für die Funktionärsparteien" bezeichnet wurde, da alle übrigen Parteien Federn lassen mussten. Das Bild des bärtigen Bauern aus dem Bregenzerwald mit Strickjacke und unkonventionellem Namen als ungewolltem Markenzeichen fand sich auf zahlreichen internationalen Titelseiten. Simmas „Politik der Liebe", die „das Positive im Gegner sucht", war gefragt. Vor laufenden Fernsehkameras verteilte er am Abend des Wahltages Bergkäse an seine politischen Gegner. Auch zur Angelobung im Landtag erschien der am 27. September 1954 geborene Simma in seiner bäuerlichen Kleidung.

Verheiratet mit Lucia geb. Flatz, bewirtschaftet der wertkonservative Vater dreier Kinder selbst einen kleinen Hof und setzt sich insbesondere für eine Ökologisierung der Landwirtschaft und für die Nutzung alternativer Energien (z.B. Solarenergie) ein. So nahm er auch an den Demonstrationen gegen die Atom-Wiederaufbereitungsanlage in Wackersdorf (WAA) in Bayern teil. Trotz zahlreicher Proteste und Demonstrationen Ende der 80er Jahre gelang es ihm aber nicht, den Bau des Speicherbeckens für das Kraftwerk Alberschwende in seiner Heimatgemeinde Andelsbuch oder den Bau des Kraftwerks Klösterle Anfang der 90er Jahre zu verhindern. Ohne Wahlbündnis schaffte Simma in den Reihen der VGÖ bei der Landtagswahl 1989 den Wiedereinzug nicht. 1994 kandidierte er auf dem Spitzenplatz der Grünen, die drei Mandate erhielten. Kl.

Kaspanaze Simma (rechts) verteilt Bregenzerwälder Bergkäse an Politikerkollegen, hier im Bild an Siegfried Gasser und Hans Dieter Grabher.

5.7.1984: Der Citytunnel in Bregenz wird eröffnet.

21.10.1984: Die Landtagswahlen bringen eine Veränderung der politischen Landschaft in Vorarlberg. Die ÖVP verliert rund sechs Prozent der Stimmen oder zwei Mandate, behält aber mit 20 Abgeordneten die absolute Mehrheit; die SPÖ kommt auf neun Mandate und verliert damit eines; die FPÖ fällt von vier auf drei Mandate zurück und ist nur noch viertstärkste Partei. Mit den „Grünen" (VGÖ/ALÖ) zieht erstmals eine weitere politische Gruppierung in den Vorarlberger Landtag ein. Sie erringen auf Anhieb vier Mandate.

16.7.1985: Der Ambergtunnel wird eröffnet.

30.10.1985: Dr. Nikolaus Schwärzler wird zum Vorarlberger Volksanwalt gewählt. Er ist damit der erste Landesvolksanwalt Österreichs.

1985

November 1985: In Feldkirch werden die ersten Vorarlberger Filmtage veranstaltet.

TODESTAGE

24.10.1984: Carl Bobleter (* 5.7. 1912, Feldkirch), Diplomat, Staatssekretär im Außenministerium.

2.4.1985: Karl Tizian (* 12.4. 1915), Bregenzer Bürgermeister, Landtagspräsident.

29.12.1985: Erich Kräutler (* 8.8. 1906, Koblach), Missionar und Bischof.

Die Vorarlberger Landesbibliothek

Die Vorarlberger Landesbibliothek

Als unter Maria Theresia alle österreichischen Kronländer, die nicht über eine eigene Universität verfügten, eine wissenschaftliche Landesbibliothek erhalten sollten, blieb Vorarlberg unberücksichtigt, vor allem, weil es die politische Selbstständigkeit noch nicht erlangt hatte. Erst am 31. Oktober 1904 stimmte der Vorarlberger Landesausschuss der Gründung einer eigenen Landesbibliothek zu, deren Aufgabe in erster Linie mit der Sammlung von Vorarlbergensien, also von Schrifttum mit klarem Bezug zum Land, festgelegt wurde. Der Schritt zur Bildung einer eigenständigen Institution wurde vorerst noch nicht getan. Über Jahrzehnte blieb die Bibliothek sowohl räumlich als auch personell aufs Engste mit dem 1898 gegründeten Landesarchiv verbunden. 1933 erfuhr die Bibliothek eine bedeutende Erweiterung, als sich der Landesmuseumsverein nach einer über ein Jahrzehnt dauernden heftigen Auseinandersetzung bereit erklärte, dem Land seine eigene Büchersammlung zu überlassen. Nach einem zügigen Anwachsen der Bestände auf rund 50.000 Bände Mitte der 70er Jahre wurde die Gründung einer eigenständigen Institution unumgänglich. Am 1. September 1977 stimmte der Vorarlberger Landtag unter Reaktivierung des Beschlusses von 1904 der Errichtung einer eigenständigen wissenschaftlichen Universalbibliothek zu. Als Direktor wurde Dr. Eberhard Tiefenthaler bestellt, der den Ausbau der Landesbibliothek bis zu seinem Tod im Jahre 1995 zielstrebig vorantrieb. Bis 1986 war die nun selbstständige Landesbibliothek noch im Gebäude

Der 1993 renovierte Kuppelsaal. In der gesamten Landesbibliothek können die Bücher vom Besucher selbst aus den Regalen genommen werden.

1986

des Vorarlberger Landesarchivs in der Kirchstraße untergebracht. Danach wurde der Umzug in ein eigenes Gebäude unumgänglich. Eine neue Heimstätte fand sich im historischen Gemäuer des ehemaligen St.-Gallus-Stifts. Die Gebäudeanlage, deren älteste Teile bis ins 14. Jahrhundert zurückdatieren, hatte das Land Vorarlberg im Jahre 1981 erworben.

Am 27. Juni 1986 fand nach dreijähriger Renovierungszeit die feierliche Eröffnung statt. Nachdem zunächst nur Teile des Gebäudekomplexes als Bibliothek genutzt werden konnten, fand der gesamte Umbau am 30. April 1993 seinen Abschluss, als der so genannte Kuppelsaal (die ehemalige Abteikirche) seiner Bestimmung als Lesesaal übergeben werden konnte.

In die Landesbibliothek hatten mittlerweile einige bedeutende Büchersammlungen Eingang gefunden, die vom Land durch Kauf oder auf dem Wege der Schenkung erworben worden waren: 1978 die Bibliothek des Kapuzinerklosters Bezau mit etwa 9.000 Bänden, 1981 der Großteil der ehemaligen Bibliothek der Stella Matutina mit rund 58.000 Bänden, 1992 die Bibliothek des Kapuzinerklosters Bregenz mit etwa 22.000 Bänden.

Heute stellt sich die Landesbibliothek als ein modernes Informationszentrum mit vielfältigem Angebot dar. Ihr Gesamtbuchbestand beträgt etwa 400.000 Bände, wovon mehr als die Hälfte über ein vollautomatisiertes Bibliothekssystem erschlossen ist. Zum Großteil werden diese Bestände den Benützern in einer systematisch geordneten Freihandaufstellung dargeboten. Von der ursprünglichen Beschränkung auf Vorarlbergensien wurde bereits 1977 Abstand genommen. Heute stellt die Bibliothek den Anspruch, Studenten, Wissenschaftlern und Interessierten ganz allgemein Basisliteratur aus möglichst allen Fachgebieten zur Verfügung zu stellen. In einer Mediathek wird bereits seit Jahren in großem Umfang landeskundlich relevantes „non-book-material", wie Videos, Filme, Rundfunksendungen, Fotos und dergleichen, gesammelt, archiviert und mittels EDV erschlossen. Im Laufe der Zeit kamen wichtige historische Sammlungen wie das Fotoarchiv der Firma Risch-Lau (etwa 40.000 Negative und Positive, meist Landschaftsaufnahmen und Ansichtskarten), die Sammlung des Bregenzer Fotografen Alf Stäger (ca. 130.000 Negative und Positive aus den Jahren 1945–1992) oder das Archiv der ehemaligen Landeslichtbildstelle (30.000 Bilder) in den Besitz der Landesbibliothek. Zu den besonderen Schätzen der Bibliothek zählen auch die historischen Bestände mit 108 Inkunabeln, rund 200 Handschriften, von denen die meisten aus dem 18. und 19. Jahrhundert stammen, sowie einigen Tausend Alten Drucken, darunter die Überreste der einst berühmten Palastbibliothek der Grafen von Hohenems. W.Sch.

Zum Bestand der Landesbibliothek gehören auch wertvolle frühe Drucke. Diese Seite stammt aus dem Chronicon von Augustinus Florentinus, gedruckt 1491 in Nürnberg.

19.4.1986: In Bregenz wird das neue Spielkasino am See eröffnet.

25.4.1986: Bei einem Zugsunglück in Chur entweichen ca. 50.000 Liter Heizöl und fließen zum Großteil in den Rhein. Ein vier Kilometer langer Ölteppich treibt auf den Bodensee zu; daher wird die Rheinmündung mit einer zwei Kilometer langen Ölsperre hermetisch abgeriegelt. Dabei kommen sämtliche Ölwehren der Region zum Einsatz.

30.4.1986: Beim Reaktorunfall in Tschernobyl am 26.4. freigesetzte Radioaktivität erreicht mit einer nordöstlichen Luftströmung den Bodenseeraum. Am Abend des 30.4. wird sie durch heftige Regenfälle auf dem Boden, auf Pflanzen und Gewässern abgelagert. Von allen mitteleuropäischen Staaten ergreift die österreichische Bundesregierung die umfangreichsten Maßnahmen zum Strahlenschutz. In den folgenden Wochen werden der Weideauftrieb und die Grünfütterung des Viehs, die Einfuhr von Milch, Obst und Gemüse aus Süd- und Osteuropa, das Abhalten von Sportveranstaltungen auf Rasen, der Abschuss von Wild, die Verfütterung von Molke an Schweine und Kälber, der Verkauf von Freilandblattgemüse sowie von Schaf- und Ziegenmilch wenigstens vorübergehend verboten. Außerdem wird empfohlen, Kinder nicht in Sandkästen spielen zu lassen, Staubkontakt zu vermeiden, sich häufiger als sonst zu waschen, keine Milch ab Hof zu kaufen, kein Wasser aus Zisternen zu trinken usw. Den Molkereien wird ein Grenzwert vorgegeben, oberhalb des-

1986

sen Milch nicht in den Verkauf gebracht werden darf. Vorarlberg zählt zu den insgesamt weniger betroffenen Regionen; vom gesamten Bodenseeufer ist der österreichische Abschnitt am wenigsten belastet. Nur im Juni erreichen die Bodenseefische kurzfristig die österreichischen Richtwerte.

1.6.1986: Der Taktverkehr auf der Bahnstrecke zwischen Feldkirch und Bregenz wird aufgenommen.

9.6.1986: Die neue Dornbirner Stadtstraße wird eröffnet.

27.6.1986: Das zur Vorarlberger Landesbibliothek umgebaute, 1981 vom Land erworbene Gallusstift in Bregenz wird offiziell seiner neuen Bestimmung übergeben. Die Bibliothek hat nach ihrem Umzug bereits am 18.11.1985 ihren Normalbetrieb wieder aufgenommen.

14.11.1986: In Bezau wird die Tourismusfach- und Haushaltungsschule eröffnet.

26./27.12.1986: Als bekannt wird, dass DDr. Klaus Küng neuer Landesbischof werden soll, üben Teile des Vorarlberger Klerus, darunter auch Bischof Bruno Wechner, teilweise heftige Kritik an dieser Personalentscheidung der Kirche.

TODESTAGE

16.3.1986: Julius Wachter (* 11.4.1899, Wolfurt), Bregenzer Bürgermeister und Ehrenbürger, Mitbegründer der Bregenzer Festspiele.

31.3.1986: Paul Rusch (* 4.10.1903, München), Apostolischer Administrator der Administratur Innsbruck-Feldkirch, Bischof von Innsbruck.

9.5.1986: Ulrich Ilg (* 7.4.1905, Dornbirn), Landeshauptmann, Staatssekretär.

Hermann Gmeiner

1919–1986

Was 1949 in Imst in Tirol mit dem Bau von drei Häusern für Waisenkinder begann, hat sich bis heute zu einem der größten privaten Sozialwerke der Welt entwickelt: Die weltweit über 1.500 Einrichtungen der SOS-Kinderdorfbewegung – Kindergärten, Schulen, Spitäler etc. – kommen über 300.000 Menschen zugute, in rund 400 Kinderdörfern in 131 Ländern der Erde leben rund 37.800 Kinder und Jugendliche (Stand Oktober 1999).

Hermann Gmeiner im SOS-Kinderdorf Assomada auf Kap Verde

Der Gründer der SOS-Kinderdörfer war der Bregenzerwälder Bauernsohn Hermann Gmeiner, der mit nur 600 Schilling Startkapital den Sozialverein „Societas Socialis" (SOS) ins Leben rief. Vom Schicksal und von der Hoffnungslosigkeit zahlreicher Kriegswaisen, die er im Rahmen seiner Jugendarbeit betreute, tief berührt, reifte in ihm der Entschluss, diesen Kindern zu helfen und ihnen einen möglichst vollwertigen Ersatz für die verlorene Familie zu

SOS-Kinderdorf Dornbirn

1987

geben. Umstände und Ereignisse seiner eigenen Biografie mögen dabei Einfluss auf die Ausgestaltung seines späteren Lebenswerkes genommen haben.

Hermann Gmeiner wurde am 23. Juni 1919 in Alberschwende als fünftes Kind einer kinderreichen Bauernfamilie geboren. Nachdem er sehr früh seine Mutter verloren hatte, kümmerte sich seine älteste Schwester Elsa um die Erziehung der jüngeren Geschwister. In ihr lässt sich das Vorbild für den Beruf der Kinderdorfmutter erkennen, die neben dem Haus als bleibendem Daheim, dem Dorf als Gemeinschaft und Brücke zur Umwelt sowie den bis zu acht „Geschwistern" pro Haus eines der vier Grundprinzipien der SOS-Kinderdörfer darstellt.

Ein Stipendium ermöglichte dem jungen Gmeiner ab dem 17. Lebensjahr den Besuch des Gymnasiums in Feldkirch. Noch vor Ablegung der Reifeprüfung wurde er jedoch während des Zweiten Weltkrieges zur deutschen Wehrmacht einberufen. Nach mehrjährigem Kriegsdienst legte er schließlich die Reifeprüfung ab und begann 1946 mit dem Ziel, Kinderarzt zu werden, das Studium der Medizin in Innsbruck. Hier nahm er auch sein Engagement für die zahlreichen heimatlosen Kriegswaisen auf und musste schon bald nach der Gründung des ersten Kinderdorfes in Imst, wo er Dorfleiter wurde, aus Zeitmangel sein Studium aufgeben.

Um sein Imster Projekt, das er gemeinsam mit einigen Kommilitonen trotz großer anfänglicher Schwierigkeiten verwirklichen sollte, finanzieren zu können, startete Gmeiner eine Spendenaktion, in deren Rahmen er viele Menschen um nur einen Schilling im Monat bat. Das Echo übertraf sämtliche Erwartungen. Bald schon breitete sich die SOS-Kinderdorfbewegung in Österreich und Europa aus; in Vorarlberg wurde erst 1966 in Dornbirn ein SOS-Kinderdorf gegründet.

1963 erreichte Hermann Gmeiner ein Hilferuf für Not leidende Kinder in Korea. Da die Mittel fehlten, um den Bau des ersten Kinderdorfes in Asien zu ermöglichen, wurde Freunden der SOS-Kinderdörfer diesmal gegen die Spende von einem US-Dollar ein Reiskorn als Symbol für Leben, Glück und Frieden angeboten – mit Erfolg. Es folgten Kinderdorf-Gründungen in Lateinamerika und Afrika. Seit 1964 koordiniert der Dachverband SOS-Kinderdorf International, dessen Präsident Hermann Gmeiner war, die Arbeit in den verschiedenen Kontinenten.

Hermann Gmeiner starb am 26. April 1986. Er wurde in seinem ersten Kinderdorf in Imst beigesetzt. Ihm wurden zahlreiche Auszeichnungen und Ehrungen zuteil; lediglich der Friedensnobelpreis, auf den er Zeit seines Lebens gehofft hatte, blieb seiner Bewegung bis zuletzt versagt. Seit 1996 erinnert auch in seiner Heimatgemeinde Alberschwende eine Büste an Hermann Gmeiner. S.G.

20.2.1987: In Bizau fordert ein Murenunglück fünf Todesopfer.

18.3.1987: In Dornbirn wird das Einkaufszentrum „Messepark" eröffnet.

1.7.1987: Die von den Vorarlberger Zahnärzten im Mai ausgesprochene Kündigung des Krankenkassenvertrages wird wirksam.

1.7.1987: Das Landesgendarmeriekommando zieht in das neue Gebäude in der Bregenzer Bahnhofstraße um.

9.7.1987: Landeshauptmann Herbert Keßler tritt nach 23-jähriger Amtszeit zurück; zu seinem Nachfolger wird der bisherige Landtagspräsident Martin Purtscher gewählt. Bertram Jäger wird neuer Landtagspräsident.

19.7.1987: Nach anhaltenden Regenfällen bricht der Rheindamm bei Fußach an zwei Stellen. Dabei werden das FKK-Gelände und die Feriensiedlung „Schanz" überschwemmt; 250 Häuser stehen unter Wasser, 60 Bewohner müssen evakuiert werden.

16.10.1987: Auf den aus Vorarlberg stammenden Bischof Erwin Kräutler wird auf der Transamazonasstraße nahe Altamira in Brasilien ein Attentat verübt. Der Bischof wird dabei schwer verletzt, sein Fahrer getötet.

Martin Purtscher

Martin Purtscher
1928

Martin Purtscher wurde am 12. November 1928 in Thüringen als Sohn einer großen Bauernfamilie geboren. Nach dem Besuch der Volksschule und der Handelsschule in Feldkirch wurde er 1944 als Sechzehnjähriger zum Stellungsbau nach Italien einberufen.

1987

Nach dem Krieg legte er die Matura an der Handelsakademie in Bregenz-Mehrerau ab und absolvierte Ergänzungsprüfungen, um in Innsbruck als Werkstudent an der staats- und rechtswissenschaftlichen Fakultät inskribieren zu können. 1953 promovierte er zum Doktor der Rechte. Seine Berufslaufbahn begann er als Buchhalter, und sie sollte ihn ins Top-Management führen. 1948 begann er bei den Lorünser-Leichtmetallwerken in Schlins, 1953 wurde er zum Geschäftsführer bestellt. 1965 wechselte er zur Suchard-Schokoladen-GmbH in Bludenz und wurde ein Jahr später deren Geschäftsführer. Er führte das Unternehmen vom dritten Platz im österreichischen Süßwarenmarkt an die Marktspitze, was durch Firmenzukäufe – wie Mirabell-Grödig 1975 und Bensdorp-Tulln 1985 – unterstrichen wurde. 1984 wurde er zum Leiter der Jacobs-Suchard-Gruppe bestellt, die unter seiner Führung 1.100 Beschäftigte und ein Umsatzvolumen von 3,2 Mrd. Schilling hatte.

Neben seinem Beruf engagierte sich Purtscher in der Kommunal- und Landespolitik. 1955 wurde er in die Gemeindevertretung von Thüringen, 1964 als Abgeordneter in den Vorarlberger Landtag gewählt; 1974 folgte er Dr. Karl Tizian als Landtagspräsident. Während seiner Präsidentschaft wurden wegweisende Beschlüsse gefasst; die Vorarlberger Landesverfassung wurde umfassend reformiert, eine neue Geschäftsordnung für den Landtag erstellt und der Beschluss gefasst, eine Volksabstimmung zum 10-Punkte-Föderalismusprogramm abzuhalten. Auf Wunsch seines Vorgängers Keßler übernahm Purtscher am 9. Juli 1987 das Amt des Landeshauptmanns. Schon bald galt er österreichweit als einer der Motoren der europäischen Integration, auf die er unbeirrt hinarbeitete. Am 12. Juni 1994 stimmten auch zwei Drittel der Vorarlberger für den EU-Beitritt. Immer wieder betonte Purtscher die Notwendigkeit einer europäischen Friedens- und Wertegemeinschaft. Gleichzeitig setzte er sich international für die Idee eines „Europa der Regionen" ein, für eine Dezentralisierung der EU gemäß dem Subsidiaritätsprinzip.

Dem Förderalismus verpflichtet, war Purtscher 1990 bis 1994 auch maßgeblich an der Vorbereitung einer Bundesstaatsreform beteiligt, die zunächst jedoch an geänderten Mehrheitsverhältnissen im Nationalrat scheitern sollte.

Nach ebenfalls sehr zähen Verhandlungen und Rechtsstreitigkeiten gelang es, die Gründerrechte des Landes an den Vorarlberger Illwerken zu sichern und die Aktienmehrheit des Bundes vorzeitig zurückzukaufen, getreu dem Gründungsauftrag des Landtags von 1920: „Dem Lande die Führung! Dem Lande den Nutzen!" Die Vertragsunterzeichnung am 9. November 1995 in Wien wurde von den Vorarlberger Medien als „historisches Ereignis", als „Sternstunde für Vorarlberg" gewertet. Mit dem Ziel, die Kräfte der Vorarlberger Energiewirtschaft zu bündeln, übernahm Purtscher gleichzeitig auch den Vorsitz im Aufsichtsrat sowohl der Vorarlberger Illwerke als auch der Vorarlberger Kraftwerke.

Purtscher sieht die Politik „als positiven, geistig-kämpferischen Wettbewerb, in dem der politische Gegner nicht als Feind betrachtet wird, weil er Toleranz, Konsens- und Kompromissbereitschaft zu den wichtigsten politischen Tugenden neben sozialer Gerechtigkeit, Verlässlichkeit und Sparsamkeit zählt". Für Purtscher, so sein Credo in seiner Antrittsrede als Landeshauptmann, ist Politik ein „stetes Suchen, Hoffen, Werten, Finden, Verbessern, Lernen, eine ewige Unruhe und eine ewige Unvollkommenheit"; deshalb erscheint ihm die Gestaltung der sozialen Umwelt mit dem Ziel des Friedens, der Gewaltlosigkeit, des allgemeinen Wohlstandes, der Minderung von Armut und der Bewältigung der Umweltprobleme nicht als ein Traum. Mit der Einführung von Familienzuschüssen, Pflegezuschüssen und einer leistungsorientierten Spitalsfinanzierung, mit der Bildung eines Verkehrsverbundes oder dem Aufbau der ersten Fachhochschule wurden Wege eingeschlagen, denen wenig später andere Länder bzw. der Bund folgten.

Auch das „Vorarlberger Wirtschaftskonzept", „die Vision einer konkurrenzfähigen Wirtschaft in einer lebenswerten Umwelt, ökosoziale Marktwirtschaft als Antwort auf die Herausforderungen der 90er Jahre" hatte schon, bevor sie von ÖVP-Vizekanzler Dipl.-Ing. Josef Riegler propagiert wurde, Eingang in Purtschers Regierungsarbeit gefunden. Ende der 80er Jahre wurde aus dem Aktienfonds der Vorarlberger Kraftwerke AG das „Technikum Vorarlberg" finanziert. Alle diese Maßnahmen sollen dem „Vorarlberger Arbeitnehmer", dem „Standort Vorarlberg" und der Umwelt zugute kommen.

Entgegen dem nicht nur in Österreich, sondern auch allgemein vorherrschenden Trend konnte die ÖVP in Vorarlberg bei den Landtagswahlen 1989 und 1994 ihre absolute Mehrheit verteidigen. Nach den Wahlen 1994 designierte Purtscher seinen Statthalter Dr. Herbert Sausgruber, der bereits 1987 die Führung der Vorarlberger ÖVP übernommen hatte, als Nachfolger. Am 2. April 1997 zog sich Purtscher aus der Landespolitik zurück.

Purtscher ist seit 1954 mit Gretl geb. Hübner verheiratet und Vater dreier Töchter. Kl.

TODESTAGE

31.1.1987: Karl Bohle (* 16.7.1920, Dornbirn), Bürgermeister und Ehrenbürger der Stadt Dornbirn.

31.3.1987: Eugen Andergassen (* 20.6.1907, Feldkirch), Lehrer, Lyriker und Dramatiker.

31.10.1987: Natalie Beer (* 17.6 1903, Au/Bregenzerwald), Schriftstellerin.

1988

15.5.1988: Das vor zwei Jahren abgebrannte Heimatmuseum des Großen Walsertals wird nach seiner Renovierung wieder eröffnet.

24.6.1988: In Hard wird das größte Strandbad am Bodensee eröffnet.

5.7.1988: In Dornbirn nimmt das neue Zahnambulatorium seinen provisorischen Betrieb auf.

29.8.1988: Bei einem Zugunglück in Lauterach werden fünf Menschen getötet und 50 weitere verletzt.

September 1988: Bei Routinearbeiten werden im Vermuntstausee Munition und Sprengstoff aus dem Zweiten Weltkrieg gefunden.

November 1988: Bischof Erwin Kräutler erhält den Erzbischof-Romero-Preis.

1988: In Götzis wird der Vorarlberger Wirtschaftspark eröffnet.

1988: Die Volkshochschule Götzis wird gegründet.

1988: Der aus Hard stammende Schriftsteller Michael Köhlmeier erhält den Hebel-Preis.

23.1.1989: Der Langener Tunnel wird nach zweijähriger Bauzeit durchbrochen.

1.2.1989: Erstmals ist im Unterland Milch in Flaschen erhältlich.

3.2.1989: In Dornbirn entwickelt sich eine Kontroverse um einen von der Homosexuelleninitiative „Hosi" geplanten Faschingsball. Die Abhaltung der Veranstaltung wird schließlich untersagt.

23.2.1989: Die Maschine „Alemannia" der Rheintal-Fluggesellschaft stürzt in den Bodensee. Bei diesem Unglück finden elf Menschen, unter ihnen der österreichische Sozialminister Alfred Dallinger, den Tod. Das abgestürzte Flugzeug kann erst am 2.3. aus einer Tiefe von 76 Metern geborgen werden.

5.3.1989: Klaus Küng hält als neuer Bischof in Feldkirch Einzug; die offiziellen Feierlichkeiten werden von Protestkundgebungen überschattet.

7.3.1989: Bischof Klaus Küng ernennt Elmar Fischer zum neuen Generalvikar seiner Diözese.

4.5.1989: Auf dem Dachboden eines Hauses in Egg wird eine Reihe bisher noch unveröffentlichter Briefe des Dichters Franz Michael Felder gefunden.

30.6.1989: Die Dornbirner Fußgängerzone wird offiziell eröffnet.

3.7.1989: Die neue Textilschule in Dornbirn wird eröffnet.

26.7.1989: Der Schattenburgtunnel in Feldkirch wird durchschlagen.

15.9.1989: Der neue Bregenzer Bahnhof wird eröffnet.

8.10.1989: Die Landtagswahlen bringen erneut eine Veränderung des politischen Kräfteverhältnisses: Während die ÖVP unverändert bei 20 Mandaten hält, verliert die SPÖ erneut ein Mandat und stellt nur noch acht Abgeordnete; die FPÖ verbessert sich von drei auf sechs Mandate und die ALÖ/VGÖ verschlechtert sich von vier auf zwei Mandate.

28.10.1989: In Bludenz-Bings werden durch einen der größten Rasenbrände in der Geschichte Vorarlbergs rund vier Quadratkilometer Wald und Wiese verwüstet. Der Brand wurde durch Funkenflug ausgelöst.

6.12.1989: Der aus Koblach stammende Missionsbischof Erwin Kräutler erhält für sein Engagement gegen die Zerstörung der Amazonas-Urwälder den diesjährigen (mit 50.000 SFr dotierten) Binding-Preis für Umweltschutz.

11.2.1990: Durch ein von spielenden Kindern gelegtes Feuer wird im Websaal der Firma F. M. Hämmerle in Dornbirn ein Schaden von rund acht Millionen Schilling angerichtet.

TODESTAGE

3.6.1988: Franz Ortner (* 2.4.1922, Götzis), langjähriger Chefredakteur der „Vorarlberger Nachrichten".

13.9.1988: Fritz Mayer (* 18.7.1933, Dornbirn), Bregenzer Bürgermeister.

2.4.1989: Fritz Pfister (* 23.2.1924, Hohenems), Maler.

4.1.1990: Karl Schwärzler (* 6.12.1907, Lustenau), Maler, Ehrenringträger der Marktgemeinde Lustenau.

4.9.1990: Walter Zumtobel (* 19.2.1907, Dornbirn), Unternehmer.

1990

Herbert Willi

Herbert Willi
1956

Ein Vorarlberger Komponist, der internationales Ansehen genießt, dessen Werke bereits von renommierten Orchestern (Berliner Philharmoniker, Cleveland Orchestra) unter Dirigenten wie Claudio Abbado und Christoph von Dohnanyi in New York (Carnegie Hall), London (Royal Albert Hall), Berlin (Philharmonie), Wien (Musikverein, Konzerthaus) und Salzburg (großes Festspielhaus) aufgeführt wurden, ist MMag. Herbert Willi.

Herbert Willi wurde am 7. Jänner 1956 geboren. Nach einer ersten Ausbildung in Vorarlberg folgten Studien in Innsbruck an der Universität (Theologie, Schulmusik – Abschluss als Magister der Philosophie) und am Konservatorium (Fagott, Klavier), Kompositionsstudien bei Helmut Eder am Mozarteum in Salzburg (Abschluss mit Komponistendiplom und „Magister artium") und bei Boguslaw Schaeffer. Eine Begegnung mit Olivier Messiaen 1988 wirkte sich prägend auf sein Schaffen aus.

Der Komponist wurde seit 1985 mit zahlreichen Preisen und Stipendien ausgezeichnet (u.a. 1987/88 Romstipendium der Republik Österreich, 1985 und 1989 Österreichisches Staatsstipendium für Komponisten, 1990 Rolf-Liebermann-Stipendium für Opernkomponisten – Jury: Staatsoper Wien, Berlin, Hamburg, Dresden, München –, 1991 Förderpreis der Ernst-von-Siemens-Stiftung, 1992 „Composer in residence" bei den Salzburger Festspielen).

Willis Schaffen ist vielfältig. Mit der Uraufführung des Werkes „Der Froschmäusekrieg" für drei Orchestergruppen, Tonband und Sprechgesang unter Abbados Leitung kam 1989 der Durchbruch. Es folgten größere Kompositionsaufträge: ein Orchesterwerk für die Wiener Philharmoniker und die Oper „Schlafes Bruder" (Libretto von Robert Schneider) für das Opernhaus Zürich, deren Uraufführung am 28.4. 1996 stattfand. Herbert Willi lebt als freischaffender Komponist in St. Anton/Montafon. A.B-N.

April 1990: Bei den Gemeinderatswahlen kommt es zu einigen markanten Veränderungen: In Bregenz wird die 20-jährige Alleinherrschaft der SPÖ durch eine Dreierkoalition aus ÖVP, FPÖ und Bregenzer Liste beendet. Siegfried Gasser löst Norbert Neururer als Bürgermeister ab. In Hohenems verliert die ÖVP ihre absolute Mehrheit und Bürgermeister Otto Amann tritt nach 25-jähriger Amtszeit zurück. Er wird von Herbert Amann (ÖVP) abgelöst. In Bludenz büßt die SPÖ zwar die absolute Mehrheit ein, Bürgermeister bleibt jedoch Heinz Wiedemann, der fortan in einer Koalition mit der ÖVP regiert. In Lustenau verliert die FPÖ die absolute Mehrheit. Sie erreicht 18 von 36 Mandaten, stellt aber mit Dieter Alge weiterhin den Bürgermeister.

9.4.1990: Durch einen Großbrand in Feldkirch-Gisingen verlieren 14 Menschen ihr Heim.

8.5.1990: Die bisherige Landtagsvizepräsidentin und Bregenzer Stadträtin Elisabeth Gehrer wird als erste Frau Mitglied einer Vorarlberger Landesregierung.

17.5.1990: Der renovierte Raddampfer „Hohentwiel" nimmt seinen Betrieb auf dem Bodensee wieder auf.

9.9.1990: In der Bregenzer Oberstadt wird das neue Bundesdenkmalamt eröffnet. Sein Sitz ist das völlig sanierte ehemalige Gefangenenhaus.

Jürgen Weiss

Jürgen Weiss
1947

Die Bundesstaatsreform, die u.a. die Subsidiarität, die Selbstverantwortung kleiner Gemeinschaften, insbesondere der Familie, und den Föderalismus – für viele Vorarlberger Politiker seit langem ein Anliegen – vorsah, hätte die Krönung der stillen, kompetenten Arbeit von Jürgen Weiss als Bundesminister für Föderalismus und Verwaltungsreform dargestellt. Da bei den Nationalratswahlen 1994 SPÖ und ÖVP die Zweidrittelmehrheit und damit

1991

die Möglichkeit verloren, die Verfassung ohne eine dritte Partei zu ändern, kam dies nicht zu Stande.

Dessen ungeachtet konnten in seiner Amtszeit für die Länder wichtige Weichen gestellt werden: Ihr Recht auf Beteiligung an der österreichischen Mitwirkung in der EU wurde verfassungsrechtlich verankert und den Ländern die lange vergeblich geforderte Zuständigkeit für den gesamten Grundverkehr übertragen. Mit dem Projekt Verwaltungsmanagement wurden auf Bundesebene die Voraussetzungen für viele nun einsetzende Reformmaßnahmen geschaffen, beispielsweise hinsichtlich des Kostenbewusstseins in der öffentlichen Verwaltung und der Berechnung der Folgekosten neuer Gesetze.

Jürgen Weiss wurde am 30. August 1947 in Hard geboren. Er maturierte an der Handelsakademie in Bregenz und trat dann in den Dienst der Vorarlberger Landesverwaltung. Nach dem für damalige Verhältnisse katastrophalen Abschneiden der Vorarlberger Volkspartei bei den Landtagswahlen 1969 – die ÖVP erreichte die absolute Mehrheit mit einem Überhang von gerade eben 105 Stimmen – holte Landesrat Martin Müller den erst 22-jährigen Weiss in die Parteizentrale. Wenige Jahre zuvor hatte Weiss – zusammen mit Armin Brunner, Gottfried Feurstein und Wolfram Reiner, die einander größtenteils aus der Mittelschulverbindung „Wellenstein-Bregenz" kannten – die JVP, die Jugendorganisation der ÖVP, aus der Taufe gehoben, die später mit zahlreichen Anträgen, darunter einem Gegenkandidaten zu Landesparteiobmann und Landeshauptmann Dr. Herbert Keßler sowie ökologischen Anliegen, die Landespartei mehrfach in Aufruhr brachte.

Weiss war von 1969 bis 1991 Landesparteisekretär der ÖVP. In dieser Zeit erreichte die Landespartei bei den fünf Landtagswahlen stets absolute Mehrheiten. Von 1991 bis 1994 wurde Weiss vom damaligen Vizekanzler und Bundesparteiobmann Dr. Erhard Busek als Bundesminister für Föderalismus und Verwaltungsreform in die Regierung geholt. 1994 übernahm er während der Regierungsumbildung interimistisch das Landwirtschaftsressort. Seit 1979 vertritt Weiss, mit Unterbrechungen, Vorarlberg im Bundesrat und wurde im Dezember 1996 zum Vizepräsidenten gewählt. Er ist seit 1971 mit Karin geb. Gruber verheiratet und Vater einer Tochter. Kl.

10.1.1991: Das Bregenzer Seeufer wird unter Naturschutz gestellt.

19.1.1991: Die „Gulaschbrücke" beim alten Bregenzer Bahnhof wird abgebrochen.

22.1.1991: Der neue Schattenburgtunnel in Feldkirch wird eröffnet.

25.2.1991: Nach Auseinandersetzungen zwischen den beiden Bregenzer Fischern Martin und Claus Bilgeri auf der einen und deutschen Fischern sowie der deutschen Wasserschutzpolizei auf der anderen Seite lebt die Diskussion über die Staatsgrenzen auf dem Bodensee erneut auf.

28.3.1991: Die alte Schesabrücke in Nüziders wird gesprengt.

10.4.1991: In Hohenems wird das Jüdische Museum eröffnet. Es findet seine Heimstätte in der ehemaligen Villa Rosenthal.

14.4.1991: Durch einen Felssturz im Gemeindegebiet von Braz wird die Westbahnstrecke für zwölf Stunden blockiert.

10.5.1991: Im gräflichen Palast in Hohenems wird die erste Vorarlberger Landesausstellung eröffnet. Ihr Titel lautet „Kleider und Leute".

11.5.1991: Nach anhaltenden starken Regenfällen kommt es in verschiedenen Teilen Vorarlbergs zu Überschwemmungen, Vermurungen und Hangrutschungen.

13.7.1991: Die Verbindungsstraße zum Nenzinger Himmel wird durch schwere Unwetter zerstört.

22.7.1991: Der langjährige Feldkircher Bürgermeister Heinz Bilz tritt zurück. Wilfried Berchtold wird zu seinem Nachfolger gewählt.

5.8.1991: Das Feldkircher Saalbau-Kino wird durch einen Brand zerstört.

Anfang September 1991: In Maria Ebene bei Frastanz wird ein Universitätsinstitut für Drogenprophylaxe eingerichtet.

26.10.1991: Der Dornbirner Stadtbus nimmt seinen Betrieb auf.

12.11.1991: Auf der B 202 zwischen Hard und Bregenz wird die erste Busspur in Vorarlberg eingerichtet.

1.12.1991: In Vorarlberg wird der Verkehrsverbund eingeführt. Es können nun Fahrausweise und Fahrkarten gelöst werden, die für Bus und Bahn gelten. Die Fahrpreise werden dadurch bis zu 40 Prozent verbilligt.

1991: Der aus Hard stammende Bundesrat Jürgen Weiss wird Bundesminister für Föderalismus und Verwaltungsreform.

9.1.1992: Das Bundesministerium für Wissenschaft und Forschung genehmigt die Durchführung des Studien-

1992

versuchs „Fertigungsautomatisierung" am Technikum Vorarlberg in Dornbirn.

19.2.1992: Erstmals wird in Vorarlberg ein so genanntes „Schülerparlament" abgehalten; es wird unter das Thema „Fremd sein in Vorarlberg" gestellt.

24.4.1992: In Dornbirn wird das Vorarlberger Jugendinformationszentrum „aha" eröffnet.

8.5.1992: Anlässlich des hundertjährigen Bestehens der Internationalen Rheinregulierung wird in Lustenau und Widnau die Ausstellung „Rheinschauen" eröffnet.

16.6.1992: Die ersten 60 bosnischen Flüchtlinge werden in der zu einem Flüchtlingsheim umgebauten Kaserne Galina einquartiert.

25.6.1992: In Feldkirch findet die erste „Anti-Drogen-Disko" Österreichs statt.

9.9.1992: Trotz heftiger Proteste im ganzen Montafon wird das Schrunser Entbindungsheim geschlossen.

22.10.1992: Dornbirn wird zur fußgängerfreundlichsten österreichischen Stadt der Größenordnung 20.000 bis 100.000 Einwohner gewählt.

13.12.1992: Mit einer Lichterkette rund um den Bodensee wird gegen Ausländerhass und Rechtsradikalismus demonstriert.

20.12.1992: Am Güterbahnhof Wolfurt werden in einem Eisenbahnwaggon fünf fast erfrorene afrikanische Flüchtlinge entdeckt.

1992: Wolfgang Flatz ist mit „Body Check/Physical Sculpture No. 5" auf der documenta IX in Kassel vertreten.

TODESTAGE

2.2.1992: Walter Tölzer (* 2.7.1923, Wels), langjähriger Intendant des ORF-Landesstudios Vorarlberg.

19.5.1992: Hubert Säly (* 18.6.1935, Bürs), Mitbegründer und langjähriger Herausgeber der „Neuen Vorarlberger Tageszeitung".

Wolfgang Flatz
1952

„Mein Kunstwerk, das bin ich" (W. Flatz). Wolfgang Flatz, 1952 in Dornbirn geboren, gelernter Goldschmied, entwickelte in den frühen 70er Jahren sein künstlerisches Programm in Form von Aktionen und Performances, die häufig auch gegen seinen eigenen Körper gerichtet sind und sich durch einen stark provokativen Charakter auszeichnen (Aktion „Palais Liechtenstein" endete im Stadtgefängnis Feldkirch, Aktion „Zum 3. Jahrestag" führte zur Einweisung in ein psychiatrisches Krankenhaus). Er legt das Aggressionspotenzial seiner Zuseher und der Öffentlichkeit offen, macht es zu einem integrativen Bestandteil seiner Arbeiten – so bei der

Performance „Demontage IX" von Wolfgang Flatz

1993

Performance „Treffer" (Stuttgart 1979), bei der Flatz, nackt vor einer weißen Wand agierend, sich mit Wurfpfeilen bewerfen ließ, wobei demjenigen Teilnehmer, der ihn zu treffen im Stande war, eine Prämie von 500 DM zustand.

Gewalt und Ästhetik treten gebündelt in Erscheinung. Flatz konfrontiert das Publikum mit einem Bündel an Motivationsmöglichkeiten, erzeugt eine Situation, die notwendig eine Reaktion abverlangt und in einer einsetzenden Reflexion endet – eine Reflexion, die sich mit dem Unfasslichen, Unvorstellbaren im ästhetischen Sinn auseinander zu setzen hat.

Nach Designer-Arbeiten (Möbel, Inneneinrichtungen) und architekturbezogenen Werken lernte Flatz die Opernsängerin Ina Brox kennen, gründete das „Flatz-Syndikat" und erarbeitete Stücke, die unter dem Begriff „Demontagen" aufgeführt wurden. So beim Steirischen Herbst 1993: Demontage XIV – Haus. Während die Sopranistin die Schumann-Arie „Nun hast du mir den ersten Schmerz getan" sang, wurde ein Einfamilienhaus in die Luft gesprengt. Bereits 1992 war er mit „Body Check/Physical Sculpture No. 5" auf der documenta IX in Kassel vertreten.

Die Rolle des eigenen Körpers in seinem Schaffen zeigte die Demontage IX, durchgeführt in der Silvesternacht 1990/91 in der alten Synagoge in Tiflis, Georgien. Der Künstler, gefesselt, mit dem Kopf nach unten aufgehängt, wurde fünf Minuten lang pendelartig zwischen gewaltigen Stahlplatten hin- und herbewegt; zum dadurch entstandenen Ton tanzte ein Paar den Kaiserwalzer.

„Das Video davon haben inzwischen eine ganze Menge von Medizinern gesehen und für die meisten ist es unerklärlich, wie jemand so etwas überleben kann" (Flatz).

Flatz setzt für seine Kunst sein eigenes Leben ein. Er mutet dem Publikum zu, bei seinen Körperattacken zugegen zu sein, untersucht, ob es fähig ist, rettend einzugreifen oder ob es den Tod des Künstlers als Kunstwerk akzeptiert. Das Publikum wird nicht verachtet, es soll sich selbst verachten. Flatz gelang es, sein Konzept der Selbstdarstellung in der Kunstszene durchzusetzen, er selbst ist seine Öffentlichkeitsarbeit. Flatz wurde zum personifizierten Artefakt – mit kahl geschorenem Schädel, meist in Leder gekleidet, mit Totenkopfring und Tätowierungen, stets von Hitler, seinem Hund, begleitet (Zyklus "Hitler – ein Hundeleben", 1989–1996). H.S.

4.2.1993: Nach Auseinandersetzungen über den Kurs der Partei und deren Obmann Jörg Haider verlassen einige Nationalratsabgeordnete die FPÖ und gründen mit dem „Liberalen Forum" eine neue politische Gruppierung. Unter ihnen befindet sich auch die Vorarlberger Nationalratsabgeordnete Klara Motter.

14.3.1993: Im Bregenzer Forster-Kino findet die letzte Filmvorführung statt.

20./21.3.1993: Die Stadt- und Landbuslinie Feldkirch und Vorderland wird in Betrieb genommen.

30.4.1993: Der Kuppelsaal der Vorarlberger Landesbibliothek wird eröffnet.

4.6.1993: Nenzing wird zur Marktgemeinde erhoben.

12.6.1993: Die neue Feldkircher Fußgängerzone wird eröffnet.

19.6.1993: Frastanz wird zur Marktgemeinde erhoben.

6.9.1993: Zehn Monate nach seiner Wahl zum Landesparteiobmann der SPÖ erklärt Arnulf Häfele auf Grund innerparteilicher Turbulenzen seinen Rücktritt. Er wird von Karl Falschlunger abgelöst, der am 27.10. zum neuen Parteivorsitzenden gewählt wird.

6.10.1993: Ing. Erich Schwärzler und Hubert Gorbach werden vom Landtag zu Regierungsmitgliedern gewählt und als Landesräte angelobt.

16.10.1993: Der Bregenzer Stadtbus nimmt seinen Betrieb auf.

TODESTAG

8.8.1993: Hans Bürkle (* 16.8.1919, Bürs), Staatssekretär im Sozialministerium, Bundesrat.

Literatur in Vorarlberg nach dem Zweiten Weltkrieg

Das literarische Leben in Vorarlberg wurde bis in die 70er Jahre von Namen wie Natalie Beer und Eugen Andergassen (1907–1987) dominiert, der bereits vor dem Krieg religiös inspirierte Gedichte und Theaterstücke veröffentlicht hatte und weiter als Lyriker und Erzähler publizierte. Auch die Mundartdichtung florierte mit Autoren wie Hannes Grabher (1894–1965), Otto Borger (1904–1995) oder auch Armin Diem (1903–1951) ungebrochen weiter.

Ab der Mitte der 70er Jahre änderte sich die Situation entscheidend: War Vorarlberg bis dahin, abgesehen von ein paar Glanzlichtern in Mittelalter und Barock und dem früh verstorbenen Franz Michael Felder, kaum jemals im Scheinwerferlicht der Literaturgeschichte gestanden, so bahnte sich nun eine Entwicklung an, die Vorarlberg von einer literarischen Provinz zu einem Hoffnungsgebiet der

1994

deutschsprachigen Gegenwartsliteratur machte. Das zeigte sich auch darin, dass Autorinnen und Autoren aus Vorarlberg nun nicht mehr bloß regional verbreitet waren, sondern in renommierten Verlagen zu publizieren begannen (Piper, Suhrkamp, Hanser, Residenz, Diogenes, Fischer) und generell den Anschluss an die literarische Moderne fanden.

Dieser Generationen- und Paradigmenwechsel ging jedoch nicht ohne Kämpfe vor sich: 1977 publizierte der Franz-Michael-Felder-Verein den Band „Neue Texte aus Vorarlberg: Prosa I", der heftige Kontroversen auslöste. Der Streit gipfelte darin, dass der Damülser Pfarrprovisor Reinold Simma an verschiedene Persönlichkeiten des Landes ein Schreiben verschickte, in dem er einige Publikationen der „modernen" Autoren als Pornografie beschimpfte; auch fügte er einen negativen Brief des Innsbrucker Universitätsgermanisten Eugen Thurnher an. Als Reaktion auf diese kulturpolitischen Auseinandersetzungen wurde 1982 der Vorarlberger Autorenverband gegründet; auch die Literaturabteilung des Landesstudios Vorarlberg tat viel zur Förderung der neuen Autoren. Die Mundartdichtung nahm ebenfalls eine neue

Monika Helfer

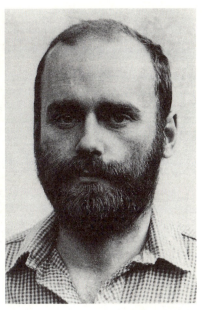

Kurt Bracharz

Richtung: Kritische Dialektdichter wie Ulrich Gabriel, Herbert Häusle, Richard Gasser oder Inge Morscher-Dapunt schlossen an die Tradition der Wiener Gruppe an und brachten neue Themen und literarische Formen in die Mundartdichtung.

Oscar Sandner, 1927 geboren und lange Kulturreferent der Landeshauptstadt Bregenz, prägte die Phase des kulturellen und literarischen Aufbruchs entscheidend mit. Er verfasste zahlreiche Hörspiele, Essays, kunstgeschichtliche Publikationen, den Gedichtband „Strukturen in Molasse" und Theaterstücke („Sulla gegen Sulla"); ein Roman „Das Leben ist hart in den Bergen" ist noch nicht abgeschlossen. Neben Michael Köhlmeier, der von Anfang an einer der Pioniere der Moderne in Vorarlberg war, begann Monika Helfer mit ihren Hörspielen, Erzählungen und Romanen „Eigentlich bin ich im Schnee geboren" (1977), „Die wilden Kinder" (1984), „Mulo" (1986), „Der Neffe" (1991), „Ich lieb dich überhaupt nicht mehr" (1989) sowie „Oskar und Lilli" (1994) Alltagsleben in Vorarlberg aus der Sicht von Frauen, Heranwachsenden und Kindern zu beschreiben. Ingrid Puganigg, 1947 in Kärnten geboren und seit 1962 in Vorarlberg, erregte nach dem Gedichtband „Es ist die Brombeerzeit die dunkle" (1978) mit ihrem Romandebüt „Fasnacht" (1981) Aufsehen und erhielt beim Ingeborg-Bachmann-Wettbewerb den Preis der Jury. Der Krimi „La Habanera" (1984) sowie die Prosabände „Laila. Eine Zwiesprache" (1988) und „Hochzeit. Ein Fall" (1992) stellen wie ihr Erstling exzentrische Paare in den Mittelpunkt, deren oft grausame Beziehungen in zum Teil surrealistisch verknappten Bildern und in einer Sprache, die den traditionellen Erzählfluss bricht, evoziert werden.

Kundeyt Surdum

1994

Robert Schneider beim Signieren seines Erfolgsbuches „Schlafes Bruder" nach einer Lesung im Franz-Michael-Felder-Archiv

Eva Schmidt (geb. 1952) brachte 1984 bei Residenz einen Band mit an Robert Walser geschulter Kurzprosa heraus („Ein Vergleich mit dem Leben"), dem 1986 die Erzählung „Reigen" folgte. Elisabeth Wäger-Häusle, geboren 1942 und schon lange in Wien lebend, schrieb neben Hörspielen und außergewöhnlich prägnanten, kritischen Dialektgedichten auch Prosaarbeiten, die sich mit Frauen befassen, so die Bände „Anna's Häuser" (1978) und „Verhärtung der Puppenhaut" (1983) sowie die Erzählungen „Blick durch den Spiegel" (1991). Ricarda Bilgeri (geb. 1929) hat mit „Kinderlandverschickung" (1990) einen zeitkritischen ländlichen Roman aus dem Bregenzerwald verfasst, Susanne Alge (geb. 1958) veröffentlichte 1995 bei Haymon „Die Brupbacherin", eine biografische „Annäherung" an die Ärztin und Sozialreformerin Paulette Brupbacher. Jutta Rinner (geb. 1957) schrieb Hörspiele und den Gedichtband „Grenzland" (1991). Ihr Theaterstück „Seitenwechsel" wurde 1988 vom Theater für Vorarlberg uraufgeführt. Lina Hofstädter (geb. 1954) schrieb Kurzprosa („Kopfzirkus", 1991), die Erzählung „Der Finder" (1989) und den Roman „Tilmanns Schweigen" (1993).

Kurt Bracharz (geb. 1947) leitet sein Literaturverständnis weniger von der deutschen als von der angelsächsischen Literatur her, wo zwischen ernster und Unterhaltungsliteratur nicht unterschieden wird. So bevorzugt er einerseits Gattungen wie Kriminalromane und Kinderbücher, andererseits intellektuell anspruchsvolle Schreibweisen: Seine Kriminalromane „Pappkameraden" (1986), „Höllenengel" (1990), „Die grüne Stunde" (1993) und „Cowboy Joe" (1994) haben ihm den Ruf eingebracht, der Begründer der „Dornbirn School of Crime" zu sein; er verfasste aber auch „Esaus Sehnsucht. Ein gastrosophisches Tagebuch" (1984), „Esaus Erfüllung. Tagebuch eines zynischen Feinschmeckers" (1995) und „Ein Abendessen zu Fuß. Notizen zu Lichtenberg" (1987). Auch Jürgen Benvenuti (geb. 1963) hat mehrere Krimis publiziert, z.B. „Harter Stoff" (1994) und „Leichenschänder" (1995). Ulrike Längle (geb. 1953) verbindet in drei Erzählbänden (z.B. „Am Marterpfahl der Irokesen", 1992) und zwei Romanen („Tynner", 1996; „Vermutungen über die Liebe in einem fremden Haus", 1998) „treffsichere Kurzangebundenheit" (M. Walser) mit satirischen Aspekten. Christian Mähr (geb. 1950) schreibt Science-Fiction-Romane wie „Fatous Staub" (1991) und erzielte 1998 mit dem Roman „Simon fliegt" einen beachtlichen literarischen Erfolg.

Wolfgang Hermann (geb. 1961) hat sich mit Prosabänden und einigen literarischen Preisen einen Namen als

Max Riccabona beim Schreiben, 1970

1994

sprachsensibler Autor und subtiler Beobachter gemacht, z.B. „Die schöne Welt" (1988), „Die Namen die Schatten die Tage" (1991), „Paris Berlin New York" (1992) und „Schlaf in den Fugen der Stadt" (1993). Werner Grabhers (geb. 1948) experimentelles Stück „Säuberungen" wurde 1984 vom Theater für Vorarlberg mit großem Erfolg aufgeführt, seine Lyrikbände „Gefangene Freiheit" und „Landvermessung" erschienen 1975 bzw. 1995. Norbert Loacker (geb. 1939), Verfasser der utopischen Romane „Aipotu" (1980) und „Die Vertreibung der Dämonen" (1984), hat sich mit „Idealismus. Analyse einer Verhaltensstörung" (1993) dem Essay zugewandt. Wolfgang Linders (geb. 1961) sprachexperimenteller Band „Steinschlag auf Schlag" erschien 1983, sein Roman „Und trotzdem reifen die Brombeeren" 1999. Ingo Springenschmid (geb. 1942) verfasst ebenfalls avantgardistische Texte, u.a. „Pattstellung" (1988); in jüngerer Zeit schreibt auch Petra Nachbaur (geb. 1970) experimentelle Lyrik. Als Lyriker sind auch Norbert Mayer (geb. 1958) und Maria Schneider (geb. 1934) hervorzuheben. Gudrun Embacher (geb. 1931) hat mit „Aphrodite geht vorbei" (1999) bereits den neunten ihrer kulturkritischen Romane vorgelegt.

An jüngeren Autoren sind Arno Geiger (geb. 1968) mit seinen literarisch anspruchsvollen Romanen „Kleine Schule des Karussellfahrens" (1997) und „Irrlicherloh" (1999), Christian Futscher (geb. 1960) mit Kurzprosa, u.a. „Ein gelungener Abend" (1997), und Stephan Alfare (geb. 1966) mit Erzählungen, u.a. „Das Begräbnis" (1999), hervorgetreten.

Eine Sonderposition nehmen drei Autoren ein: der deutsch schreibende türkische Lyriker Kundeyt Surdum (geb. 1937) – dessen Lyrikband „Unter einem geliehenen Himmel" (1988) mit kraftvollen Bildern und dem Ausdruck einer stillen Trauer das Leben in zwei Kulturen beschreibt – erhielt im Jahre 1996 den Hebel-Preis; der Lyriker Joseph Kopf (1929–1979), der zwar in St. Gallen geboren wurde, aber aus Götzis stammt und für seine Gedichte, u.a. „dem kalten sternwind offen. gedichte 1954–1977" ebenfalls den Hebel-Preis erhielt, und zwar ausdrücklich als Autor aus Vorarlberg; sowie Max von Riccabona (1915–1997), dessen gewaltiges, nur teilweise veröffentlichtes sprachexperimentelles Werk „Bauelemente zur Tragikkomödie des x-fachen Doktor von Halbgreyffer oder Protokolle einer progressivsten Halbbildungsinfektion" (1980, als „poetatastrophen" 1994) ihn zu einer herausragenden Gestalt der österreichischen Avantgarde macht. 1995 erschienen seine Memoiren „Auf dem Nebengeleise", in denen es auch um seine Jahre im KZ Dachau geht, das er ebenfalls mit sprachexperimentellen Mitteln zu beschreiben trachtet.

Der mittlerweile im In- und Ausland bekannteste Autor aus Vorarlberg ist Robert Schneider (geb. 1961), dessen Roman „Schlafes Bruder", die traurige Lebens- und Liebesgeschichte des genialen Musikers Johann Elias Alder, 1992 nach einer Ablehnung durch mehr als zwanzig Verlage zu einem literarischen Bestseller ungeahnten Ausmaßes (über 1 Million verkaufte Exemplare allein im deutschsprachigen Raum) wurde und seinem Verfasser intensive Anerkennung durch Preise (u.a. Alemannischer Literaturpreis, Literaturpreis der Salzburger Osterfestspiele 1994, Prix Médicis Étranger Paris, Premio Grinzante Cavour Turin), die Verfilmung durch Josef Vilsmaier und die Vertonung als Oper durch Herbert Willi sowie Übersetzungen in 24 Sprachen eingebracht hat. Mit den Romanen „Die Luftgängerin" (1998), der von der Kritik heftig gebeutelt wurde, und „Die Unberührten" (2000) weitete Schneider sein Romanprojekt zur „Rheintalischen Trilogie" aus. Der Autor hat mit „Dreck" (1993), einem Monolog über Ausländerfeindlichkeit, auch als Dramatiker große Erfolge erzielt: Das Stück wurde am Thalia-Theater Hamburg uraufgeführt und war das meistgespielte Theaterstück der Saison 1993/94, während „Die Komödie vom deutschen Heimweh", 1999 am Schauspielhaus Zürich uraufgeführt, weniger erfolgreich war. U.L.

25.1.1994: Eine Cessna 425 stürzt in den Bodensee. Nach aufwändiger Suche wird das Flugzeug am 1.2. in der Nähe von Rorschach in 160 Meter Tiefe georted.

21.2.1994: In Bregenz erfolgt die offizielle Grundsteinlegung für den Bau des Kunsthauses.

12.6.1994: In einer Volksabstimmung sprechen sich rund 66 Prozent der Österreicher für den Beitritt ihres Landes zur Europäischen Union aus.

10.8.1994: Im Garneratal beginnen die Dreharbeiten zum deutschen Kinofilm „Schlafes Bruder" nach dem gleichnamigen Roman von Robert Schneider.

3.10.1994: Am Technikum Vorarlberg in Dornbirn wird der Fachhochschul-Studiengang „Fertigungsautomatisierung" eröffnet.

4.10.1994: Im Zuge einer erneuten Briefbombenserie in Österreich landet eine an den im Gastarbeiterreferat beschäftigten Paul Nikolitsch adressierte explosive Postsendung in einer Dornbirner Ausländerberatungsstelle.

19.10.1994: Manfred Rein wird vom Landtag zum Regierungsmitglied gewählt und als Landesrat angelobt.

4.12.1994: Die Bauarbeiten am Kraftwerk Klösterle beginnen.

Dezember 1994: Die internationale Bodenseekonferenz IBK erarbeitet ein gemeinsames Bodenseeleitbild zur Entwicklung der Bodenseeregion.

1995

Bundesministerin Elisabeth Gehrer

Elisabeth Gehrer
1942

Als Elisabeth Gehrer im Alter von 38 Jahren in die Politik eintrat, war ihr wohl nicht bewusst, welch steile Karriere auf sie wartete, denn ihr politisches Engagement stand immer im Dienst der Sache selbst. Von Anbegin an verfolgte die „starke Frau" der ÖVP dynamisch und kämpferisch ihre Ziele – mit bemerkenswertem Erfolg, der nicht zuletzt in ihrer unermüdlichen Suche nach dem offenen und konstruktiven Dialog begründet ist.

Elisabeth Gehrer wurde am 11. Mai 1942 in Wien geboren. 1949 übersiedelte sie mit ihrer Familie nach Innsbruck, wo sie das Gymnasium und die Lehrerbildungsanstalt besuchte. Von 1961 bis 1964 arbeitete sie als Volksschullehrerin in Hart im Zillertal, nach der Heirat mit Fritz Gehrer war sie noch bis 1966 an der Volksschule in Lochau tätig. Sie ist Mutter dreier erwachsener Söhne.

1980 wurde Elisabeth Gehrer zur Stadträtin für Musikschulwesen und regionale Zusammenarbeit in Bregenz gewählt. In dieser Funktion gründete sie das Vorarlberger Musikschulwerk. 1981 übernahm sie den Vorsitz der Regionalplanungsgemeinschaft Bodensee, 1983 das Amt der Ortsobfrau der Frauenbewegung „Guta" in Bregenz.

Nach den Landtagswahlen 1984 zog sie neben zwei weiteren Frauen in den Landtag ein, und bereits bei den Wahlen des Jahres 1989 wurde sie zur Vizepräsidentin des Landtags bestellt. Im selben Jahr wurde sie Klubobfrau des ÖVP-Stadtvertreterklubs in Bregenz. Als Landesstatthalter Siegfried Gasser im Mai 1990 die Bürgobmeisterwahl in Bregenz für sich entschied, folgte ihm Elisabeth Gehrer als erste Landesrätin in die Vorarlberger Landesregierung nach. Sie war zuständig für die Bereiche Schule, Wissenschaft und Weiterbildung, Frauen, Jugend, Familie, Gemeindeentwicklung und Entwicklungshilfe sowie Energiesparen. Daneben übernahm sie die Funktion der Amtsführenden Präsidentin des Landesschulrates. Zur besonderen Unterstützung der Frauenanliegen folgte Elisabeth Gehrer im Januar 1994 Elfriede Salzgeber als Landesleiterin der Frauen in der ÖVP und setzte sich u.a. für die Schaffung eines Gleichbehandlungsgesetzes ein.

In ihre fünfjährige Amtszeit als Landesrätin fallen der Aufbau der Fachhochschul-Studiengänge „Fertigungsautomatisierung" und „Betriebliches Prozess- und Projektmanagement" am Technikum Vorarlberg sowie der Aufbau des Ressorts Gemeindeentwicklung, die Eröffnung des Kuppelsaales der Landesbibliothek und des Jugendinformationszentrums „aha", die Gründung des Fraueninformationszentrums „Femail" und die Schaffung der Lehrgänge für neue Lehrberufe im Berufsschulbereich. Der österreichweit ersten Fachhochschul-Diplomverleihung in Dornbirn wohnte Elisabeth Gehrer 1995 bereits als Bundesministerin bei. Bereits mehrmals zuvor war sie als Wunschkandidatin für ein Ministeramt im Gespräch, jedoch erst, als ihr vom Bundesparteiobmann der ÖVP, Dr. Wolfgang Schüssel, im Mai 1995 das Unterrichtsressort angeboten wurde, sagte sie zu.

Zu den wesentlichen Neuerungen des von ihr geschnürten Schulreformpaketes gehören die Integration behinderter Kinder in die AHS-Unterstufe und in die Hauptschule, die Lehrplanreform zur Trennung des Lehrstoffs in Kern- und Erweiterungsbereiche, der weitere Ausbau der Schulautonomie und die Reform des Polytechnischen Lehrgangs. Die von ihr bereits 1990 mit großem persönlichen Engagement initiierte Entwicklungshilfe für Albanien hat über den Schulbereich hinaus zu einem breit gefächerten Netzwerk von Projektpartnerschaften geführt.   G.D.

4.1.1995: Von der EU werden Teile Vorarlbergs als Fördergebiet anerkannt. Deshalb erhält Vorarlberg für den Zeitraum von 1995 bis 1999 rund 230 Millionen EU-Strukturförderung für Ziel-2- (rückläufige industrielle Gebiete) und Ziel-5b-Gebiete (Entwicklung des ländlichen Raumes).

7.3.1995: In Feldkirch wird das Fraueninformationszentrum „Femail" eröffnet.

April 1995: Die Gemeinderatswahlen bringen vor allem in den Städten und größeren Gemeinden eine Bestätigung der Bürgermeister. In Bregenz festigt Siegfried Gasser seine Position, da die ÖVP genau die Hälfte der Mandate erobern kann. In Dornbirn und Feldkirch baut ebenfalls die ÖVP unter Rudolf Sohm bzw. Wilfried Berchtold die absolute Mehrheit aus. In Lustenau erobert die FPÖ unter Hans Dieter Grabher die absolute Mehrheit zurück. Dagegen verliert die SPÖ den Bürgermeistersessel in Bludenz: Heinz Wiedemann (SPÖ) wird von Othmar Kraft (ÖVP) abgelöst.

4.5.1995: Die Vorarlberger Landesrätin Elisabeth Gehrer wird als Unterrichtsministerin in die österreichische Bundesregierung berufen.

1996

Mai 1995: Die Telekommunikations GmbH wird gegründet.

11.8.1995: Bei Braz kommt es nach einem Murenabgang zu einem Zugunglück, bei dem drei Menschen getötet und zahlreiche weitere zum Teil schwer verletzt werden.

9.9.1995: In Gaschurn findet unter freiem Himmel die Welturaufführung des nach einem Roman Robert Schneiders gedrehten Kinofilms „Schlafes Bruder" statt.

November 1995: Das Land Vorarlberg kauft die Bundesanteile an den Vorarlberger Illwerken.

13.12.1995: Das Bregenzer Kapuzinerkloster wird nach 360-jährigem Bestehen aufgelassen.

1995: Das Land Vorarlberg forciert arbeitsmarktpolitische Maßnahmen und fördert besonders die Gründung von Arbeitsstiftungen.

9.4.1996: Das InVoNet wird gestartet. Damit präsentiert sich das Land Vorarlberg im Internet.

18.4.1996: Im Beisein von Bundesministerin Elisabeth Gehrer findet in Dornbirn die österreichweit erste Fachhochschul-Diplomverleihung statt.

15.5.1996: Die offizielle Grundsteinlegung für die Erweiterung des Festspielhauses Bregenz (Probebühne) erfolgt.

17.5.1996: Dr. Eva Maria Waibel wird vom Landtag zum Regierungsmitglied gewählt und als Landesrätin angelobt.

Oktober 1996: In Vorarlberg startet eine frauenpolitische Offensive.

1.10.1996: In Dornbirn wird das Vorarlberger Sportinformationszentrum eröffnet.

Die Präsidenten des Vorarlberger Landtags seit 1945

Der Landtagspräsident wird von den Abgeordneten des Landesparlaments gewählt. Seit 1945 stellte die mandatstärkste Fraktion im Landtag, die ÖVP, den Präsidenten. Seine Aufgabe ist die Vertretung des Landtags nach außen. Der Präsident führt die Geschäfte des Landtags, leitet dessen Verhandlungen, handhabt die Geschäftsordnung und hat innerhalb des Landtags das Hausrecht. Seine Vertretung nehmen zwei Vizepräsidenten wahr.

Der erste Landtagspräsident nach dem Zweiten Weltkrieg war von 1945 bis 1949 Landeshauptmann Ulrich Ilg. Ihm folgte von 1949 bis 1964 der Bregenzer Rechtsanwalt Dr. Josef Feuerstein. Dr. Feuerstein wurde am 1. November 1891 in Andelsbuch geboren. Er maturierte am Vinzentinum in Brixen und absolvierte den Abiturientenkurs an der Grazer Handelsakademie. In Graz inskribierte er das rechtswissenschaftliche Studium, welches 1914 bis 1918 durch den Kriegsdienst an der italienischen Front unterbrochen wurde. Nach Kriegsende 1918 promovierte er an der Universität Innsbruck, kehrte nach Bregenz zurück und machte dort die Gerichts- und Anwaltspraxis. 1923 übernahm er die Rechtsanwaltskanzlei des damaligen Vorarlberger Landeshauptmannes Dr. Otto Ender. Neben seiner Tätigkeit als Anwalt war Dr. Feuerstein u.a. seit 1929 Vorsitzender des Kuratoriums der Landes-Hypothekenbank, Obmann des Vorarlberger Pressevereins und von 1945 bis 1951 öffentlicher Verwalter der Vorarlberger Illwerke. 1945 wurde er für die ÖVP in den Vorarlberger Landtag gewählt. Am 26. Oktober 1969 verstarb Dr. Feuerstein in Bregenz. Seine Nachfolge als Landtagspräsident trat von 1964 bis 1974 der Bregenzer Bürgermeister und Tabakverleger Dr. Karl Tizian an.

Dr. Tizian maturierte 1934 am Privatgymnasium Mehrerau. An der Universität Innsbruck und am Österreichischen Kulturinstitut in Rom studierte er Geschichte, Kunstgeschichte und Archäologie. 1938 promovierte Karl Tizian mit einer Arbeit über die Diözesanregulierung Josephs II. und über die geplante Errichtung eines autonomen Bistums Vorarlberg zum Doctor philosophicus. 1970 verlieh ihm

Josef Feuerstein

Karl Tizian

1997

das Wagner College (New York) den Titel eines Doctor legum. Bereits als Jugendlicher half Dr. Tizian im familieneigenen Tabakhauptverlag aus und übernahm 1957 dessen Geschäftsführung. Seit den späten 40er Jahren engagierte er sich als Kammerrat und als Bregenzer Stadtvertreter politisch für die ÖVP. 1950 wurde er zum Bürgermeister der Landeshauptstadt Bregenz gewählt. Dieses Amt übte er bis 1970 aus. Während seiner Amtsperiode als Landtagspräsident wurden insbesondere die Landtagskanzlei und die parlamentarischen Dienste des Landtags ausgebaut. Für seine zahlreichen landes- und gemeindepolitischen Verdienste, die sich u.a. auch in Funktionen wie z.B. der des Präsidenten des Landesverbandes für Fremdenverkehr, des Präsidenten des internationalen Bodensee-Verkehrsvereins, des Aufsichtsratsvorsitzenden der Pfänderbahn AG und der VOGEWOSI manifestierten, erhielt Dr. Tizian mehrere Ehrungen. Nach dem Ehrenzeichengesetz des Landes Vorarlberg von 1963 war er kraft seines Amtes als Landtagspräsident Träger des Goldenen Ehrenzeichens des Landes Vorarlberg. Diese Auszeichnung erhielten daher auch seine Nachfolger Dr. Martin Purtscher, Bertram Jäger, Dipl.-Vw. Siegfried Gasser und Manfred Dörler. 1968 erhielt er das Große Goldene Ehrenzeichen mit dem Stern für Verdienste um die Republik Österreich.

1985 verstarb Dr. Tizian und wurde auf dem Friedhof Blumenstraße in Bregenz im Familiengrab beigesetzt.

1974 folgte Dr. Tizian der Suchard-Manager Dr. Martin Purtscher als Landtagspräsident. Während dessen Amtszeit wurden die Vorarlberger Landesverfassung und die Geschäftsordnung des Landtags revidiert. Am 9. Juli 1987 wurde Dr. Martin Purtscher zum Landeshauptmann von Vorarlberg gewählt. Sein Nachfolger als Landtagspräsident wurde der Präsident der Vorarlberger Kammer für Arbeiter und Angestellte, Bertram Jäger.

Bertram Jäger wurde 1929 als zweites von acht Kindern eines Schneidermeisters in Bürs geboren. 1949 maturierte er am Paulinum in Schwaz/Tirol. 1953/54 absolvierte er den Abiturientenkurs der Handelsakademie in Bregenz und 1960/61 die Katholische Sozialakademie in Wien. Seine Verbindung zur katholischen Arbeitnehmerbewegung und sein Einsatz für soziale Fragen spiegeln sich in seiner politischen Karriere wider. Von 1956 bis 1960 war er Gemeindevertreter in Bürs und von 1960 bis 1970 Stadtvertreter in Bludenz, wo er über Jahre hinweg als Obmann des Ortshilfswerk- und Fürsorgeausschusses fungierte. Ab 1956 war Jäger Mitglied und ab 1960 Obmann des Angestelltenbetriebsrates bei der Firma Getzner Textil AG. 1964 wurde er für die ÖVP in den Vorarlberger Landtag sowie in die Kammer für Arbeiter und Angestellte gewählt. Von 1969 bis 1987 stand er der AK als Präsident vor. Von 1974 bis 1987 führte Bertram Jäger die ÖAAB-Fraktion im Österreichischen Arbeiterkammertag, 1975 bis 1992 war er Landesobmann des ÖAAB Vorarlberg. Er bekleidete auch viele bundespolitische Funktionen – so war er von 1978 bis 1991 Bundesobmann-Stellvertreter des ÖAAB, von 1980 bis 1989 Stellvertreter des ÖVP-Bundesobmannes und von 1982 bis 1987 Vizepräsident des Österreichischen Arbeiterkammertages. Nach der Landtagswahl 1994 legte Bertram Jäger sein Amt als Landtagspräsident freiwillig zurück. Als Vorstandsmitglied von CARE-Österreich und Aufsichtsratsmitglied der katholischen Wochenzeitung „Die Furche" widmet er sich weiterhin sozialpolitischen Themen. Sein Einsatz für die Öffentlichkeit wurde durch die Verleihung des Großen Goldenen Ehrenzeichens mit Stern für Verdienste um die Republik Österreich sowie des Leopold-Kunschak-Jubiläumspreises honoriert. Bertram Jäger ist mit Leni geb. Ender verheiratet und Vater von vier Mädchen und zwei Jungen.

Das Erbe von Bertram Jäger trat 1994 Diplomvolkswirt Siegfried Gasser an. Er wurde am 16. Juli 1941 in Saarwellingen/Deutschland geboren. In Schruns besuchte er die Volks- und die Hauptschule, 1955 trat er in die Bundeshandelsakademie Bregenz ein. Nach der Matura arbeitete er kurzfristig als kaufmännischer Angestellter, ehe er 1960 den Präsenzdienst ableistete. Im Anschluss daran studierte er bis 1966 an der Juridischen Fakultät in Innsbruck. Es folgten weiterführende Ausbildungen in Datenverarbeitung und als Betriebsberater. Von 1968 bis 1979 war Dipl.-Vw. Gasser Geschäftsführer der Vorarlberger Rechenzentrum Ges.m.b.H. in Dornbirn. Während dieser Zeit begann seine politische Laufbahn. Ab 1970 war Gasser Mitglied der Bregenzer Stadtvertretung sowie ÖVP-Stadtparteiobmann und ab 1972 ÖVP-Bezirksparteiobmann. Im September 1973 wurde er als Landes-

Martin Purtscher bei einem Betriebsbesuch

1997

Bertram Jäger

Siegfried Gasser

rat mit den Ressorts Pflichtschulen und Kindergärten, Wohnungswesen und Wohnbauförderung, Inneres, Verkehrsrecht und Gastarbeiterwesen in die Vorarlberger Landesregierung berufen. Von 1984 bis 1990 war er als Landesstatthalter zweiter Mann in der Landesregierung. 1990 nominierte die Bregenzer ÖVP Dipl.-Vw. Gasser als Spitzenkandidaten für die Gemeindevertretungswahl. Am 27. April 1990 wurde er als Bürgermeister der Landeshauptstadt angelobt; am 9. Mai 1990 schied er aus der Landesregierung aus, blieb jedoch Abgeordneter zum Vorarlberger Landtag. Nach der Landtagswahl 1994 wurde er zum Landtagspräsidenten gewählt. Dipl.-Vw. Gasser ist seit 1966 mit Maria geb. Fürst verheiratet. Mit ihr hat er zwei Söhne. Seine Arbeit wurde mit dem Großen Goldenen sowie dem Großen Silbernen Ehrenzeichen für Verdienste um die Republik Österreich und dem Bruckner-Ring der Wiener Symphoniker ausgezeichnet.

Nach der Landtagswahl vom 19. September 1999 wurde der langjährige Geschäftsführer des Instituts für Sozialdienste, Manfred Dörler, am 5. Oktober 1999 zum Präsidenten des Vorarlberger Landtags gewählt. Dörler wurde am 27. Dezember 1941 in Bregenz geboren. Er ist mit Johanna geb. Köstenbauer verheiratet und Vater von zwei Töchtern und einem Sohn. Nach der Matura an der Bregenzer Handelsakademie arbeitete er von 1959 bis 1977 bei der Maschinenfabrik Künz in Hard, wo er auch die Funktion des Prokuristen innehatte. Von 1977 bis 1997 war er Geschäftsführer beim Institut für Sozialdienste und von 1997 bis 1999 Klubobmann der ÖVP-Landtagsfraktion. Dörler gehört dem Landtag seit 1989 an. 1992 wurde er erstmals zum Landesobmann des ÖAAB Vorarlberg gewählt; zuvor war er bereits fünf Jahre Bezirksobmann des Bregenzer Arbeiter- und Angestelltenbundes gewesen.

Überblick Vorarlberger Landtagspräsidenten 1945–1999

1945–1949
Ulrich ILG, Dornbirn

1949–1964
Dr. Josef FEUERSTEIN, Bregenz

1964–1974
Dr. Karl TIZIAN, Bregenz

1974–1987
Dr. Martin PURTSCHER, Thüringen

1987–1994
Bertram JÄGER, Bludenz

1994–1999
Dipl.-Vw. Siegfried GASSER, Bregenz

seit 5. 10. 1999
Manfred DÖRLER, Hard

Manfred Dörler

W. W.

1997

Die Vorarlberger Landesstatthalter
1918–1999

Der Landesstatthalter ist der Vertreter des Landeshauptmannes. Er wird vom Landtag gewählt. Die Bezeichnung „Landesstatthalter" ist eine historisch und sprachlich bedingte Eigenart der Vorarlberger Landesverfassung. In allen anderen österreichischen Bundesländern heißt diese Funktion „Landeshauptmannstellvertreter". Zwischen 1918 und 1923 fand diese Bezeichnung auch in Vorarlberg Anwendung. In diesen fünf Jahren gab es drei christlichsoziale, einen sozialdemokratischen und einen deutschfreiheitlichen Landeshauptmannstellvertreter. Die Landesverfassung von 1923 schuf das Amt des Landesstatthalters. Der Landesstatthalter wurde von 1923 bis 1938 von der Christlichsozialen Volkspartei und von 1945 bis 1999 von der ÖVP gestellt. Der am 5. Oktober 1999 konstituierte 27. Vorarlberger Landtag wählte mit Hubert Gorbach erstmals seit 1918 wieder einen freiheitlichen Mandatar zum Vertreter des Landeshauptmannes.

Im provisorischen Landesrat 1918 waren der deutschfreiheitliche Lehrer Franz Natter und der sozialdemokratische Maschinenmeister Fritz Preiss die beiden Vizepräsidenten des christlichsozialen Landespräsidenten Dr. Otto Ender. In der ersten Vorarlberger Nachkriegsregierung vom 27. Dezember 1918 bis zum 16. Juni 1919 bekleideten Natter und Preiss das Amt des Landeshauptmannstellvertreters. Neben diesen beiden gab es noch zwei weitere christlichsoziale Landeshauptmannstellvertreter: den Riedener Schuhmacher, Reichsrats- und Nationalratsabgeordneten Franz Loser sowie den Feldkircher Rechtsanwalt Dr. Ferdinand Redler. In der zweiten Vorarlberger Landesregierung, die vom 17. Juni 1919 bis zum 31. Dezember 1920 amtierte, reduzierte sich die Anzahl der Landeshauptmannstellvertreter auf drei. Natter und Loser schieden aus ihren Funktionen, Preiss und Dr. Redler blieben. Zu ihnen gesellte sich als 3. Landeshauptmannstellvertreter Dekan Barnabas Fink aus Hittisau. Die dritte Landesregierung nach dem Ersten Weltkrieg, welche vom 1. Januar 1921 bis zum 5. November 1923 amtierte, reduzierte schließlich die Landeshauptmannstellvertreter auf zwei: Dr. Redler und Dekan Fink. Der Sozialdemokrat Preiss blieb als Landesrat in der Landesregierung. Mit der neuen Landesverfassung von 1923 wurde die Vertretung des Landeshauptmannes auf das Amt des Landesstatthalters beschränkt. Zum ersten Vorarlberger Landesstatthalter wählte der Landtag Dr. Ferdinand Redler.

Dr. Redler wurde am 5. Januar 1876 in Bregenz geboren. 1897 maturierte er am Brixener Gymnasium, 1902 promovierte er nach Studien in München, Graz und Wien zum Doktor der Rechte. Von 1903 bis 1909 arbeitete er in Meran als Rechtsanwaltskonzipient. 1907 zog er mit seiner Frau Josefine geb. Ölz und seinen fünf Kindern nach Feldkirch. Dort eröffnete er eine Rechtsanwaltskanzlei. 1918 war er Mitglied jener provisorischen Landesversammlung, die am 3. November die Selbstständigkeit des Landes Vorarlberg erklärte. Wenige Tage später durchreiste der abgedankte österreichische Kaiser Karl auf seinem Weg ins Schweizer Exil Vorarlberg. Dr. Redler begleitete ihn als Delegierter der provisorischen Vorarlberger Landesregierung von Langen am Arlberg bis zur Grenze. In den 20er Jahren war Dr. Redler maßgeblich am Aufbau eines autonomen Landes Vorarlberg beteiligt. Zahlreiche Landesgesetze entstanden unter seiner Mitwirkung. Als Landeshauptmann Dr. Otto Ender im Dezember 1930 zum österreichischen Bundeskanzler berufen wurde, wählte der Vorarlberger Landtag Dr. Redler zum Landeshauptmann. Dieses Amt übte er bis zu Dr. Enders Rückkehr aus Wien im Juli 1931 aus. Nach Enders Rückkehr trat Redler ins zweite Glied zurück. Er war bis zum 5. März 1934 wiederum Landesstatthalter. In dieser Funktion vertrat ihn während seiner

Ferdinand Redler

Martin Schreiber

Alfons Troll

achtmonatigen Zeit als Landeshauptmann der Feldkircher Richter Dr. Martin Schreiber. Die Etablierung des autoritären Ständestaates in Österreich im Jahre 1934 brachte für Dr. Redler einen letzten Karrieresprung. Im Juli 1934 wurde er als Senatspräsident an den neu geschaffenen austrofaschistischen Bundesgerichtshof in Wien berufen. Zwei Jahre später starb Dr. Redler 60-jährig. Er wurde auf dem Wiener Friedhof Grinzing bestattet. 1969 erfolgte seine Umbettung nach Bregenz.

Letzter Vorarlberger Landesstatthalter vor dem so genannten Anschluss an NS-Deutschland war von 1934 bis 1938 der am 9. November 1889 in Schwarzach geborene Richter Dr. Alfons Troll. Nach der Okkupation Österreichs im März 1938 wurde er als Exponent des autoritären Ständestaates in so genannte Schutzhaft genommen. Später versetzten ihn die NS-Machthaber bei gekürzten Bezügen in den frühzeitigen Ruhestand. Dr. Troll arbeitete während des Zweiten Weltkrieges als landwirtschaftlicher Arbeiter und als Buchhalter. Nach der Befreiung 1945 trat er als Leiter der Abteilung Jagdwesen sowie als stellvertretender Vorsitzender der Sonderkommission zur Durchführung des NS-Verbotsgesetzes für kurze Zeit in den Dienst der Vorarlberger Landesregierung, ehe er als Leiter und Gerichtsvorsteher des Bezirksgerichtes Bregenz wieder in seinen erlernten Beruf zurückkehrte. Von 1951 bis 1955 war er Präsident des Landesgerichtes in Feldkirch. Dr. Troll verstarb am 30. November 1964 in Bregenz. Er wurde auf dem städtischen Friedhof beigesetzt.

Nach der Befreiung Vorarlbergs von der NS-Herrschaft im Mai 1945 setzte die französische Militärbehörde eine provisorische Landesregierung mit Ulrich Ilg als Landespräsidenten ein. Ilgs Stellvertreter und Vizepräsident war der sozialdemokratische Postbeamte Jakob Bertsch. Im November 1945 wurde erstmals seit 1932 wieder ein freier demokratischer Landtag gewählt. Er beschloss in seiner konstituierenden Sitzung am 11. Dezember 1945 die Wiederinkraftsetzung der Vorarlberger Landesverfassung aus dem Jahre 1923. Damit war auch das Amt des Landesstatthalters wieder geschaffen. 1945 und 1949 wählte der Landtag Dr. Martin Schreiber in diese Funktion.

Dr. Schreiber wurde am 9. Dezember 1879 als jüngstes von sieben Kindern eines Landwirtes in Feldkirch-Altenstadt geboren. Nach dem Besuch der Volksschule und des Gymnasiums in Feldkirch studierte er in Innsbruck Rechtswissenschaften. 1904 begann er in Feldkirch die Richterausbildung, die er 1909 abschloss. In Male, Borgo, Bozen und Dornbirn wirkte er als Richter. 1924 wurde er zum Gerichtsvorsteher in Feldkirch ernannt, von 1932 bis 1938 war er Präsident des Landesgerichtes in Feldkirch und von 1922 bis 1938 Mitglied des Obergerichtes im Fürstentum Liechtenstein. Auf Bitte von Bundeskanzler Dr. Otto Ender übernahm Dr. Schreiber vom 9. Dezember 1930 bis zum 14. Juli 1931 erstmals die Funktion des Vorarlberger Landesstatthalters. Von 1945 bis 1954 war er erneut Landesstatthalter und führte die Agenden Agrarrecht, Gemeindeaufsicht, Staatsbürgerschaft und Wohnrecht. Am 7. Mai 1961 starb Dr. Martin Schreiber in Altenstadt.

Am 29. Oktober 1954 wählte der Vorarlberger Landtag den ehemaligen Bundesminister für Handel, Wiederaufbau, Unterricht, Kunst, Wissenschaft und Forschung, Dr. Ernst Kolb, zum Landesstatthalter. In dieser Funktion machte sich Dr. Kolb insbesondere um die Landesgesetzgebung und um die Kulturpolitik verdient. 1959 schied er aus der Vorarlberger Landesregierung aus, da er von der Universität Innsbruck eine Berufung an die Lehrkanzel für Verfassungs- und Verwaltungsrecht erhielt.

Auf Dr. Kolb folgte der Geschäftsführer der Vorarlberger Verlagsanstalt, Eduard Ulmer, als Landesstatthalter. Ulmer wurde am 30. November 1899

Ernst Kolb

Eduard Ulmer

Gerold Ratz

1997

in Dornbirn geboren. Dort begann seine politische Karriere. Von 1929 bis 1938 und von 1945 bis 1947 war er Stadtrat. Von 1934 bis 1938 führte er die Vaterländische Front in Vorarlberg. 1945 war er Mitglied der von der französischen Militärbehörde eingesetzten provisorischen Landesregierung. Nach der Landtagswahl 1945 wurde er Landesrat. In sein Aufgabengebiet fielen u.a. die Wirtschaft, die Wohnbauförderung und der Straßenbau. Als Leiter des Landeswirtschaftsamtes und der Wirtschaftsstelle Vorarlberg-Schweiz war Ulmer wesentlich am erfolgreichen Wiederaufbau der Vorarlberger Wirtschaft nach 1945 beteiligt. Am 31. Dezember 1963 legte er seine Regierungsfunktion aus gesundheitlichen Gründen nieder. Wenige Jahre später, am 4. Mai 1970, verstarb Eduard Ulmer in Dornbirn. Er wurde auf dem städtischen Friedhof beerdigt.

Der Landesbeamte Dr. Gerold Ratz folgte Ulmer nach. Er wurde am 12. Dezember 1963 vom Landtag zum Landesstatthalter gewählt. Dr. Ratz wurde am 29. Juli 1919 in Dornbirn geboren. Nach dem Zweiten Weltkrieg, während dem er am Frankreich- und Russlandfeldzug teilnahm und schwer verwundet wurde, studierte er in Innsbruck Rechtswissenschaften. 1948 promovierte er und absolvierte in Vorarlberg die Gerichtspraxis. Ein Jahr später fand er als Jurist Aufnahme in den Landesdienst. 1959 trat er in die Vorarlberger Landesregierung ein. Als Landesrat war er für die Referate Gesetzgebung, Polizei, Inneres, Wohnbauförderung und Verkehrsrecht zuständig. Neben seiner politischen Tätigkeit engagierte sich Dr. Ratz ebenso beim Roten Kreuz, als stellvertretender Landesobmann des Vorarlberger Kriegsopferverbandes, als Obmann des Vorarlberger Pressevereins sowie als Herausgeber des „Vorarlberger Volksblattes" und des „Vorarlberger Volksboten". Aus gesundheitlichen Gründen legte Dr. Ratz am 12. September 1973 seine politischen Ämter zurück. 1974 kehrte er als Vorstand der Gruppe I in den Landesdienst zurück, aus dem er mit 31. Dezember 1979 aus Altersgründen ausschied.

1973/74 übte Landesrat Martin Müller die Funktion des Landesstatthalters aus. Er wurde am 27. Mai 1915 in Bürs geboren. 1934 maturierte er an der Feldkircher Lehrerbildungsanstalt. In den Folgejahren arbeitete er erst im landwirtschaftlichen Betrieb seiner Eltern und später als Volksschullehrer. 1939 wurde er zur deutschen Wehrmacht eingezogen. An der Ostfront wurde er so schwer verwundet, dass er nach 1945 den Lehrberuf nicht mehr ausüben konnte. Er betätigte sich als Kaufmann und war Teilhaber einer Großhandelsfirma. In den negativen Kriegserlebnissen lag vermutlich auch sein Engagement für die Opfer des Krieges begründet. Über viele Jahre hinweg war er Landesobmann des Vorarlberger Kriegsopferverbandes. Auf Müllers maßgebliche Initiative ging die Errichung eines Erholungsheimes für Kriegsinvalide auf der Tschengla sowie die Schaffung des Vorarlberger Kriegsopferabgabegesetzes zurück. Er organisierte Ferienaktionen und materielle Unterstützungen für bedürftige Kriegsopfer. Als Landesrat von 1964 bis 1973 und als Landesstatthalter 1973/74 kam ihm der Aufgabenbereich Straßenbau, Wirtschafts- und Raumplanung zu. Seine Verdienste für das Land Vorarlberg und dessen Wirtschaft wurden durch die Verleihung des Goldenen Ehrenzeichens des Landes und den vom Bundespräsidenten 1975 verliehenen Berufstitel „Kommerzialrat" honoriert. Am 13. Juni 1989 verstarb Martin Müller.

Der Feldkircher Rechtsanwalt Dr. Rudolf Mandl wurde 1974 zum Landesstatthalter gewählt. Dr. Mandl gehörte seit 1969 als Landesrat für Finanzen, Hochbau und Gesetzgebung der Landesregierung an. Er wurde am 20. August 1926 in Feldkirch geboren. 1944 maturierte er am dortigen Gymnasium. Noch im selben Jahr wurde er zur deutschen Wehrmacht eingezogen. Nach der Rückkehr aus US-amerikanischer Kriegsgefangenschaft

Martin Müller

Rudolf Mandl

Siegfried Gasser

1997

studierte er an der juridischen Fakultät der Universität Innsbruck. 1950 promovierte er zum Doktor der Rechte und trat nach dem Gerichtsjahr in die Anwaltskanzlei seines Vaters ein. 1960 wurde er für die ÖVP in die Feldkircher Stadtvertretung gewählt. Von 1965 bis 1970 war er Stadtrat für Bauwesen. Dieses Ressort hatte er auch in der Landesregierung inne. In seine Amtsperiode fallen u.a. der Neubau der Landeskrankenhäuser in Feldkirch und Rankweil, der Landesberufsschulen und des Landhauses in Bregenz. Besondere Verdienste erwarb sich Dr. Mandl um die Energiepolitik des Landes als Finanzreferent ebenso wie als Aufsichtsratsvorsitzender der Vorarlberger Kraftwerke, als Aufsichtsrat der Illwerke, der Verbundgesellschaft sowie der Vorarlberger Erdöl- und Ferngasgesellschaft. Nach der Landtagswahl 1984 legt er seine Regierungsfunktionen nieder.

1984 wählte der Vorarlberger Landtag Dipl.-Vw. Siegfried Gasser zum Landesstatthalter. Nach seinem Wahlerfolg bei den Bregenzer Gemeinderatswahlen 1990 schied Gasser aus der Landesregierung aus. Er wurde Bürgermeister der Landeshauptstadt und Landtagspräsident.

Gassers Nachfolge trat am 9. Mai 1990 Dr. Herbert Sausgruber an. Dr. Sausgruber wurde am 24. Juli 1946 in Bregenz geboren. Nach der Matura am Bregenzer Gymnasium studierte er in Innsbruck Rechtswissenschaften. 1970 promovierte er und absolvierte in den beiden folgenden Jahren den Präsenzdienst in Absam und Innsbruck sowie die Gerichtspraxis in Feldkirch und Bregenz. 1972 trat Dr. Sausgruber in den Landesdienst ein. Seine politische Laufbahn begann 1975 mit der Wahl zum Gemeindevertreter in Höchst. 1979 zog er für die ÖVP in den Landtag ein, 1981 wurde er Klubobmann der ÖVP-Landtagsfraktion. Seit 1986 ist er Landesparteiobmann der ÖVP. Nach der Landtagswahl 1989 trat Dr. Sausgruber als Landesrat für Verkehr, Wohnbauförderung und Inneres in die Landesregierung ein. 1994 übernahm er die Ressorts Gesetzgebung, Finanzangelegenheiten, Wohnbauförderung, Feuerwehr, Rettungswesen und Katastrophenbekämpfung. Nach der Nationalratswahl im Dezember 1995 nominierte die Bundes-ÖVP Dr. Sausgruber in jenes Viererteam, welches mit dem Koalitionspartner SPÖ das erste so genannte Sparpaket verhandelte. Dr. Sausgruber ist mit Ilga geb. Gstrein verheiratet, mit der er zwei Söhne und eine Tochter hat. Am 2. April 1997 sowie am 5. Oktober 1999 wurde Sausgruber vom Vorarlberger Landtag zum Landeshautpmann gewählt. Seine Nachfolge als Statthalter trat der Bregenzer Oberarzt und Landesrat Dr. Hans-Peter Bischof an.

Dr. Bischof wurde am 21. Januar 1947 als zweites von sechs Kindern des Gemeindearztes Dr. Leopold Bischof und dessen Gattin Herta in Götzis geboren. Er besuchte die Volksschule in der Kummenberggemeinde sowie das Humanistische Gymnasium in Feldkirch und maturierte 1966 am Kollegium Mehrerau. Nach der Absolvierung des Wehrdienstes an der Sanitätstruppenschule in Wien begann er 1967 an der Universität Innsbruck das Medizinstudium und promovierte 1975 zum Doktor der gesamten Heilkunde. Es folgte die Ausbildung zum Facharzt für Innere Medizin am Landeskrankenhaus in Bregenz. 1983 wurde er zum leitenden Oberarzt an der Intensivstation des Landeskrankenhauses bestellt. 1989 erhielt Dr. Bischof das Dekret zum Additivfacharzt Kardiologie. Von Beginn seiner beruflichen Tätigkeit an engagierte sich Dr. Bischof in der Standesvertretung der Ärzte und Ärztinnen. 1981 wurde er Vorstandsmitglied des Vorarlberger Spitalsärzteverbandes und 1982 der Vorarlberger Ärztekammer, deren Vizepräsident er 1986 war. 1984 wurde er Vorstandsmitglied und 1986 einer der Geschäftsführer des Arbeitskreises für Vorsorge- und Sozialmedizin. In diesen Funktionen machte er sich insbesondere um Vorsorgeprogramme und die Entwicklung eines Geriatriekonzeptes für

Herbert Sausgruber

Hans-Peter Bischof

Hubert Gorbach

1997

Vorarlberg verdient. 1993 wählte der Vorarlberger Landtag den ausgewiesenen medizinischen Fachmann als Landesrat in die Landesregierung und 1997 zum Landesstatthalter. Auf Grund einer Regierungsvereinbarung zwischen ÖVP und FPÖ nach der Landtagswahl vom 19. September 1999 ging das Amt des Landesstatthalters an Hubert Gorbach von der FPÖ über.

Hubert Gorbach wurde am 27. Juli 1956 in Frastanz geboren. Dort besuchte er die Volksschule, im Anschluss die Hauptschule sowie die Handelsakademie in Feldkirch. Nach der Matura 1977 leistete er den Präsenzdienst und schloss 1978 die Unteroffiziers-Ausbildung ab. Seine berufliche Tätigkeit begann er 1978 als Exportmanager bei der Firma Elektra in Bregenz, von 1979 bis 1987 war er Abteilungsleiter, Prokurist und Aufsichtsrat bei der Firma Textilwerke Ganahl AG in Feldkirch sowie von 1987 bis 1993 Geschäftsführer der Firma Kolb GmbH in Meiningen. 1993 wurde er als Nachfolger von Hans-Dieter Grabher in die Vorarlberger Landesregierung gewählt. Dort ist er Landesrat für Straßen- und Hochbau, Abfall- und Wasserwirtschaft, Elektrotechnik, Maschinenbau, Aufzug und Seilbahnen sowie Wildbach- und Lawinenverbauung. Dem Landtag gehört Hubert Gorbach seit 1989 an. Von 1989 bis 1993 war er Obmann des Volkswirtschaftlichen Ausschusses. Seine politische Karriere begann sehr früh mit seiner Funktion als Schulsprecher an der Handelsakademie Feldkirch. Bereits in dieser Zeit engagierte er sich als Landesobmann des Ringes Freiheitlicher Jugend für die FPÖ. Der Parteibeitritt erfolgte 1980. Im selben Jahr wurde Gorbach zum Bundesobmann des Ringes Freiheitlicher Jugend gewählt. Als solcher war er auch Mitglied der Bundesparteileitung sowie des Bundesparteivorstandes der FPÖ. Mit seiner Wahl zum Landesobmann der FPÖ Vorarlberg zog er 1992 auch in das Bundesparteipräsidium ein. Gorbach ist mit Margot geb. Bertsch verheiratet und Vater einer Tochter und eines Sohnes.

Überblick Vorarlberger Landesstatthalter 1923–1999

1923–1930
Dr. Ferdinand REDLER, Feldkirch

1930–1931
Dr. Martin SCHREIBER, Feldkirch

1931–1934
Dr. Ferdinand REDLER, Feldkirch

1934–1938
Dr. Alfons TROLL, Schwarzach

1945–1954
Dr. Martin SCHREIBER, Feldkirch

1954–1959
Dr. Ernst KOLB, Lauterach

1959–1963
Eduard ULMER, Dornbirn

1964–1973
Dr. Gerold RATZ, Dornbirn

1973–1974
Martin MÜLLER, Bürs

1974–1984
Dr. Rudolf MANDL, Feldkirch

1984–1990
Dipl.-Vw. Siegfried GASSER, Bregenz

1990–1997
Dr. Herbert SAUSGRUBER, Höchst

1997–1999
Dr. Hans-Peter BISCHOF, Bregenz

seit 5. 10. 1999
Hubert GORBACH, Frastanz

W. W.

1.1.1997: Dr. Wolfgang Burtscher folgt Prof. Dr. Leonhard Paulmichl als ORF-Landesintendant.

28.1.1997: Das im November 1996 vom Vorarlberger Landtag verabschiedete „Gesetz zur Förderung der Chancengleichheit von Frauen und Männern (Landes-Frauenförderungsgesetz)" tritt in Kraft.

4.2.1997: Die „Kulturhäuser-Betriebsgesellschaft mbH" zur Konzentration der Verwaltungen des Kunsthauses Bregenz, des Vorarlberger Landesmuseums, des Theaters für Vorarlberg und des Pförtnerhauses in Feldkirch wird gegründet.

2.4.1997: Im Rahmen einer feierlichen Sitzung des Vorarlberger Landtages wird Dr. Herbert Sausgruber mit 27 von 35 Stimmen zum neuen Landeshauptmann gewählt. Er löst damit Dr. Martin Purtscher ab, der sich nach zehnjähriger Amtszeit als Landeshauptmann und über dreißigjährigem politischen Engagement im Landtag freiwillig aus der aktiven Politik zurückzog. In der selben Sitzung werden Dr. Hans-Peter Bischof zum neuen Landesstatthalter und Mag. Siegmund Stemer zum neuen Landesrat gewählt.

23.5.1997: In Lustenau wird das Museum „Rhein-Schauen" eröffnet.

28.5.1997: In Dornbirn hält der Vorarlberger Naturschutzrat seine konstituierende Sitzung ab. Der Landschaftsökologe Mario Broggi wird zum Vorsitzenden gewählt. Ziel des Naturschutzrates ist es, einen nachhaltigen Umgang mit den natürlichen Ressourcen zu fördern und in Stellungnahmen auf Tendenzen aufmerksam zu machen.

Juni 1997: SC Austria Lustenau steigt als Meister der 1.

1997

Division in die österreichische Fußball-Bundesliga auf, in der damit erstmals seit 23 Jahren wieder ein Vorarlberger Klub vertreten ist.

13.7.1997: Bei einer Volksabstimmung in Hohenems spricht sich eine Mehrheit (60 %) für den Bau eines Krematoriums aus. Am 5.11. wird mit dem Bau begonnen.

24.7.1997: Das Kunsthaus Bregenz wird eröffnet.

24.7.1997: Die Vorarlberger Landesregierung entscheidet sich für Hohenems als Standort für die künftige Autobahnraststätte.

8.10.1997: Der Richter DDr. Felix Dünser wird zum neuen Vorarlberger Volksanwalt gewählt. Er löst am 1.11. Dr. Nikolaus Schwärzler ab.

1.12.1997: Das Schengener Abkommen tritt in Kraft. Damit entfallen die Kontrollen an den Grenzübergängen Vorarlbergs zu Bayern. Bis zum 31.4.1998 werden sie an insgesamt 34 Grenzübergängen eingestellt.

Herbert Sausgruber

1946

Dr. Herbert Sausgruber wurde am 24. Juli 1946 in Bregenz geboren. Nach der Matura am Bregenzer Gymnasium studierte er an der Universität Innsbruck und promovierte 1970 zum Doktor der Rechte. 1975 bis 1986 war er Gemeindevertreter in Höchst. 1979 zog Dr. Sausgruber für die ÖVP in den Landtag ein, 1981 wurde er Klubobmann der ÖVP-Landtagsfraktion und 1986 Landesparteiobmann der ÖVP.

Landeshauptmann Herbert Sausgruber (links, mit Gattin) wird von Bundespräsident Thomas Klestil (Mitte) angelobt. Rechts Bundeskanzler Viktor Klima, Vizekanzler Wolfgang Schüssel

1989 wurde Dr. Sausgruber vom Vorarlberger Landtag in die Landesregierung gewählt, 1990 bis 1997 als Landesstatthalter. Er betreute die Ressorts Verkehr, Wohnbauförderung, Inneres, Gesetzgebung, Finanzangelegenheiten, Feuerwehr, Rettungswesen und Katastrophenbekämpfung. Unter seiner Ägide wurde die Wohnbauleistung stark angehoben und für Jungfamilien ein eigenes Förderungsprogramm entwickelt. Mit der Einführung des Verkehrsverbundes setzte Dr. Sausgruber wichtige umweltpolitische Impulse. In der Budgetpolitik gelang es, den Grundsatz „Keine Netto-Neuverschuldung" einzuhalten. Nach zähen Verhandlungen gelang es, die Aktienmehrheit des Bundes an den Vorarlberger Illwerken vorzeitig zurückzukaufen. Bundespolitisch wirkte Dr. Sausgruber bei den Verhandlungen zum Finanzausgleich, zur Spitalsreform und zum Konsultationsmechanismus führend mit. Am 2. April 1997 wurde Dr. Sausgruber vom Vorarlberger Landtag zum Landeshauptmann gewählt.

Dr. Sausgruber ist mit Ilga geb. Gstrein verheiratet, mit der er zwei Söhne und eine Tochter hat.

W.W.

Strategiegespräch der Regierungschefs der Internationalen Bodenseekonferenz (IBK) unter Vorsitz von LH Sausgruber auf dem Dampfschiff „Hohentwiel" im Juli 1999 (v.l.n.r): Minister Werner Schnappauf (Bayern), Regierungsrat Walter Kägi (St. Gallen), Regierungsrätin Dorothée Fierz (Zürich), Regierungsrat Hermann Lei (Thurgau), Regierungsrat Ernst Neukomm (Schaffhausen), IBK-Präsident LH Herbert Sausgruber (Vorarlberg), Regierungschef Mario Frick (Liechtenstein) und Ministerpräsident Erwin Teufel (Baden-Württemberg)

1998

25.1.1998: Die VEU Feldkirch besiegt im Finalturnier der Europaliga Dynamo Moskau mit 5:3 und gewinnt damit das europäische Eishockey-Championat.

14.2.1998: Der Bludenzer Arzt und Missionar Andreas Erhard wird in Sierra Leone gemeinsam mit zwei anderen Missionaren von Rebellen entführt und verschleppt. Am 1.3. wird er wieder freigelassen.

16.2.1998: Die Hauptschullehrerin Anna Franz wird zur Bürgermeisterin von Bezau gewählt. Damit steht erstmals in der Geschichte eine Frau an der Spitze einer Vorarlberger Gemeinde. Anna Franz ist die 39. Bürgermeisterin ganz Österreichs.

17.3.1998: Die Skifirma Kästle gibt ihren Standort in Hohenems auf, wo zuletzt noch 43 Mitarbeiter beschäftigt waren.

28.4.1998: Der Bregenzer „BH-Skandal" wird in der Öffentlichkeit bekannt. Der Leiter der Sozialabteilung der BH Bregenz hatte, wie sich später herausstellen sollte, rund 37 Millionen Schilling an Sozialgeldern unterschlagen. Er wird schließlich wegen Amtsmissbrauchs zu fünfeinhalb Jahren Gefängnis verurteilt.

20.5.1998: Die „Käse-Straße Bregenzerwald" wird eröffnet. Nach dem Vorbild der „Weinstraße" sollen landwirtschaftliche Produkte der Region Bregenzerwald vermarktet werden.

22.5.1998: In Feldkirch werden der Ardetzenbergtunnel und die umgebaute Bärenkreuzung dem Verkehr übergeben.

1.6.1998: Mit „Antenne Vorarlberg" geht die erste private Radiostation im Land auf Sendung.

10.6.1998: Der Vorarlberger Landtag beschließt mit den Stimmen der Regierungsparteien ÖVP und FPÖ per Verfassungsgesetz die Bürgermeister-Direktwahl. Gegen das Gesetz stimmen die SPÖ, die Grünen und der ÖVP-Mandatar Helmut Batlogg.

14.7.1998: Der Bregenzer Geistliche Arno Gruber sieht sich durch die „Klang-Installationen" des Künstlers Bill Fontana, die von den Kirchtürmen der Stadt ertönen, so sehr gestört, dass er in der Bregenzer Seekapelle die Kabel des Kunstvereins kappt. Es entsteht ein Schaden von etwa 60.000 Schilling. Der Geistliche wird angezeigt. Die Staatsanwaltschaft verzichtet später auf eine Anklageerhebung, da der Schaden größtenteils durch private Spenden beglichen werden konnte.

1.10.1998: In Bludenz wird das Erlebnishallenbad „Val Blu" eröffnet.

1.10.1998: Die Lustenauer Top-Triathletin Jasmine Hämmerle rückt als erste Vorarlberger Rekrutin zum österreichischen Bundesheer ein.

3.10.1998: Das Studienzentrum Bregenz startet als erste Bildungseinrichtung in Österreich den Versuch eines multimedial gestützten Jura-Fernstudiums.

Anfang Oktober 1998: Mittels Hightech-Geräten gelingt es, in Feldkirch-Altenstadt eine römische Anlage von ungeahnten Ausmaßen zu orten. Vieles spricht dafür, dass es sich um die lange gesuchte Straßenstation „Clunia" handelt.

November 1998: Greenpeace-Aktivisten verbringen sechs Tage auf dem Gipfel des Piz Buin, um damit auf die Gefahren des Klimawandels aufmerksam zu machen.

10.12.1998: Der Landtag beschließt ein Verfassungsgesetz, das die Einrichtung eines Landesrechnungshofes vorsieht.

1.1.1999: Landeshauptmann Herbert Sausgruber übernimmt für zwei Jahre den Vorsitz der Internationalen Bodenseekonferenz, der neben Vorarlberg die Schweizer Kantone Schaffhausen, Thurgau, St. Gallen, Appenzell-Außerrhoden, Appenzell-Innerrhoden und Zürich, das Fürstentum Liechtenstein sowie die deutschen Bundesländer Bayern und Baden-Württemberg angehören.

1.1.1999: Das erst vor kurzem fertig gestellte Rheindeltahaus geht pachtweise vom Land Vorarlberg an den Naturschutzverein Rheindelta. Die Hauptaufgaben des Trägervereins liegen in der Besucherbetreuung, der Umweltbeobachtung und -erforschung sowie in der Überwachung und Pflege des Naherholungs- und Naturschutzgebietes.

27.1.1999: Der Landtag beschließt ein neues Jugendgesetz.

1999

Der Landtag im politischen System des Landes

Die Funktionen und die Stellung des Landtags und der Landesregierung sind in der Verfassung des Landes Vorarlberg festgelegt. Das Stammgesetz, auf das auch die geltende Landesverfassung zurückgeht, ist die Verfassung von 1923. Die Landesregierung hat auf Grund der Änderungen des Stammgesetzes die Landesverfassung durch die Verordnung LGBl. Nr. 9/1999 neu kundgemacht.

1981 wurde das von Wilhelm Holzbauer entworfene neue Landhaus eröffnet.

Der aus 36 Mitgliedern bestehende Landtag wird vom Volk alle fünf Jahre gewählt. Wahlberechtigt ist, wer am Stichtag der Wahl Landesbürger ist, seinen Hauptwohnsitz im Wahlgebiet hat, vom Wahlrecht nicht ausgeschlossen ist und vor dem 1. Januar des Jahres der Wahl das 18. Lebensjahr vollendet hat. Wählbar sind alle Wahlberechtigten, die vor dem 1. Januar des Jahres der Wahl das 19. Lebensjahr vollendet haben. Für die Wahl zum Landtag wird das Land in vier Wahlkreise eingeteilt, auf welche die Mandate entsprechend der Bürgerzahl verteilt werden.

Konnte die ÖVP über 54 Jahre die absolute Mehrheit im Landtag halten, so brachten die Wahlen von 1999 erstmals den Verlust ihrer absoluten Stimmen- und Mandatsmehrheit. Die SPÖ, die im Land seit den 1980er Jahren ständig an Stimmen verlor, wurde 1994 von der FPÖ auf den dritten Platz verwiesen. 1984 war erstmals einem grünen Wahlbündnis der Einzug in den Landtag gelungen. Mit den Wahlen vom September 1999 ergab sich folgende Mandatsverteilung für den neu gewählten Landtag: ÖVP: 18 Sitze, FPÖ: 11 Sitze, SPÖ: 5 Sitze, Grüne: 2 Sitze.

Die Landtagsperioden schließen zeitlich nahtlos aneinander an, eine Landtagsperiode endet mit dem Beginn der nächsten. Beschließt der Landtag selbst seine vorzeitige Auflösung, so ist die Ausschreibung von Neuwahlen vorgesehen.

Die Landesverfassung schreibt dem Landtag die gesetzgebende Gewalt und der Landesregierung vollziehende Gewalt zu. Alles, was nicht ausdrücklich Sache des Bundes ist, verbleibt im Wirkungsbereich des Landes. Obwohl beinahe 80 Prozent der wichtigsten Entscheidungen in die Zuständigkeit des Bundes fallen, unterliegen zahlreiche Angelegenheiten – etwa Gemeindeorganisation, Straßenwesen, Raumplanung etc. – der Landesgesetzgebung. In einigen Materien hat sich der Landtag an die Grundsatzgesetzgebung des Bundes zu halten.

Aus seiner Mitte wählt der Landtag einen Landtagspräsidenten und zwei Vizepräsidenten, die nicht der Landesregierung angehören dürfen und zusammen das Landtagspräsidium bilden.

Ebenso vom Landtag gewählt wird das oberste Verwaltungsorgan des Landes, die Landesregierung, die aus Landeshauptmann, Landesstatthalter (Landeshauptmannstellvertreter) und fünf Landesräten besteht. Die Landesregierung, die ihre Geschäftsaufteilung in einer Geschäftsordnung regelt, vollzieht die Landesgesetze in oberster Instanz. Sie verwaltet das Landesvermögen und hat dem Landtag jährlich einen von ihm zu genehmigenden

Blick in den Landtagssaal. Interessierte können die Sitzungen von der Zuschauertribüne aus mitverfolgen.

1999

Voranschlag über den Landeshaushalt vorzulegen. Die Mitglieder der Landesregierung, die zwar zum Landtag wählbar sein müssen, diesem aber nicht angehören müssen, haben das Recht bzw. die Pflicht, an den Landtagssitzungen teilzunehmen.

Der Landtag hat die Befugnis, die Geschäftsführung der Landesregierung mittels Befragung, Untersuchungskommission oder Rechnungshofkontrollen – seit 1999 verfügt Vorarlberg über einen eigenen Landesrechnungshof – zu überprüfen.

Zwar sind die einzelnen Abgeordneten zum Landtag in der Ausübung ihrer Mandate frei und nicht an Aufträge gebunden, de facto sind sie jedoch weitgehend durch die Zugehörigkeit zu einer Partei bestimmt.

Der Landtag beschließt seine eigene Geschäftsordnung. Diese kann neben Regeln zur Behandlung der Geschäfte unter anderem auch Bestimmungen über die Bestellung und Gebarung von Ausschüssen enthalten. Die Ausschüsse stellen die Arbeitsgremien des Landtags dar, wobei Anzahl, Größe und Zusammensetzung in jeder Legislaturperiode neu festgesetzt werden. Die Besetzung erfolgt entsprechend der Stärke der im Landtag vertretenen Parteien.

Auch die Bestellung eines in der Ausübung seines Amtes unabhängigen Landesvolksanwaltes und die Wahl der Bundesratsmitglieder für die Dauer der Landtagsperiode fällt in die Kompetenz des Landtags.

Das erforderliche Personal, aus dem der Landtagspräsident den Leiter der Landtagskanzlei bestellt, wird dem Landtag von der Landesregierung zur Verfügung gestellt.

Gesetzesvorschläge gelangen als Volksbegehren, Vorlagen von mindestens drei Landtagsmitgliedern, Vorlagen von Ausschüssen oder Vorlagen der Landesregierung vor den Landtag. Beschlüsse können nur in Anwesenheit von mindestens der Hälfte der Landtagsmitglieder gefasst werden. Entscheidend ist eine einfache Mehrheit, in gewissen Fällen (Verfassungsgesetze) ist eine Zweidrittelmehrheit notwendig. S.G.

23.2.1999: Das von der Vorarlberger Autorin Monika Helfer verfasste Theaterstück „Bestien im Frühling" gelangt im Wiener Schauspielhaus zur Uraufführung.

27.2.1999: Die „Komödie vom deutschen Heimweh" von Robert Schneider wird am Zürcher Schauspielhaus uraufgeführt.

2.3.1999: Die Landesregierung weist dem Landtag den Entwurf für ein geändertes Spitals- und ein neues Patienten- und Klientenschutzgesetz zu, in dem durch eine „Patienten-Charta" alle wichtigen Patientenrechte verbindlich festgeschrieben wurden.

25.3.1999: Die Abgeordneten zum Vorarlberger Landtag werden mit modernster Informationstechnologie ausgestattet. Als mobilen Arbeitsplatz erhält jede Abgeordnete und jeder Abgeordnete ein Notebook mit Internet-Zugang. Sie sind damit auch jederzeit via E-Mail erreichbar.

6.4.1999: Der gebürtige Bregenzer Journalist Hans-Peter Martin wird zum Spitzenkandidaten der SPÖ für die EU-Wahlen am 13.6. nominiert.

April 1999: Die VKW eröffnen ihre ersten Stromtankstellen für Besitzer von Elektrofahrzeugen.

April 1999: Peter Zumthor erhält für das Bregenzer Kunsthaus den Mies-van-der-Rohe-Preis.

21.-24.5.1999: Hochwasser im Bodenseegebiet. Der Wasserpegel des Sees steigt ständig. Man spricht von einer „Jahrhundertflut" für die Gemeinden des Bodenseeufers und des unteren Rheintals.

22.5.1999: SW Bregenz sichert sich die Meisterschaft in der Ersten Fußball-Division. Damit steigen die Bregenzer nach 26 Jahren wieder in die österreichische Fußball-Bundesliga auf, in der nun erstmals zwei Vorarlberger Vereine vertreten sind.

24.5.1999: Ein Erdrutsch reißt Teile der Straße zwischen Brand und Bürserberg in die Tiefe. In Dalaas legt eine Mure eine Phosphorgranate aus dem Zweiten Weltkrieg frei. Neun Personen müssen wegen der ätzenden Rauchgase ins Krankenhaus eingeliefert werden.

25.5.1999: Sibratsgfäll wird durch eine Hangrutschung großen Ausmaßes von der Außenwelt abgeschnitten. Bereits seit Mitte Mai waren in den Straßen und Alpen der Gemeinde Risse aufgetreten. Zwei Monate später setzen sich nochmals ca. 1.600 ha Erdmasse in Bewegung: Insgesamt werden 98 ha landwirtschaftliche Fläche, 63 ha Wald, 19 ha Wiesen, 41 ha Streuwiesen, 38 ha Alpfläche, 14 Alpgebäude und Ferienhäuser zerstört. Die Schadenssumme wird mit etwa 700-750 Mio. Schilling beziffert. Erst im Sep-

1999

tember wird die Hangrutschung langsamer.

29.5.1999: Im Gütle bei Dornbirn wird das weltgrößte Rolls-Royce-Museum eröffnet.

4.6.1999: Im Kloster Mehrerau wird die Sommerausstellung „900 Jahre Zukunft" eröffnet, die den Besuchern mit Zeitkammern, einem Zukunftslabyrinth und einem umfangreichen Rahmenprogramm eine ungewöhnliche Zeitreise von der Vergangenheit in die Zukunft bieten will.

7.6.1999: Bruno Felix beendet nach 29 Jahren seine Tätigkeit als Direktor des Theaters für Vorarlberg. Für seine Verdienste wird er von Landeshauptmann Herbert Sausgruber mit dem Silbernen Ehrenzeichen des Landes ausgezeichnet.

9.6.1999: Am Bodensee wird der höchste Wasserstand seit 100 Jahren gemessen. In den Bodenseegemeinden werden insgesamt 400.000 Sandsäcke als Hochwasserschutz zum Einsatz gebracht. Besonders betroffen ist Hard. Hier müssen chemische Toiletten installiert werden, da das Kanalsystem nicht mehr funktioniert. Auch der Rhein und andere Flüsse führen Hochwasser. In Vorarlberg wird Katastrophenalarm gegeben. Die Ill wird mit etwa 11.000 Sandsäcken abgesichert; 180.000 Sandsäcke schützen das Rheindelta.

14.6.1999: Gottfried Bechtold erhält den Internationalen Kunstpreis des Landes Vorarlberg 1999.

16.6.1999: Die Gemeinden der Bodenseeanrainerstaaten schließen sich zur besseren grenzüberschreitenden Zusammenarbeit in der Initiative „D-A-CH" zusammen.

19.6.1999: Die Komposition „Begegnung", ein Auftragswerk von Herbert Willi zum 150-jährigen Jubiläum der Wiener Philharmoniker, wird in Wien unter Seiji Ozawa mit großem Erfolg uraufgeführt.

28.6.1999: Das LKH Feldkirch wird zum ersten akademischen Lehrkrankenhaus Österreichs ernannt.

1.9.1999: Der Vorarlberger Landesrechnungshof wird feierlich eröffnet. Bereits am 12.5. war Dr. Herbert Schmalhardt von Landtagspräsident Siegfried Gasser als Direktor angelobt worden.

1.9.1999: Im Energiepark West, Satteins, wird die erste öffentliche Solarstromanlage Vorarlbergs in Betrieb genommen.

3.9.1999: In der ehemaligen „Sonnenheilstätte" in Viktorsberg wird das Ferien- und Ausbildungshotel „Viktor" eröffnet, in dem zwölf junge behinderte Menschen eine Lehre absolvieren können. Die Lebenshilfe Vorarlberg ist Trägerin dieses innovativen Projekts, das vom Tourismusverband und der Wirtschaftskammer unterstützt wird.

4.9.1999: Der neue Landbus nimmt in 15 Gemeinden des Unterlandes den Taktverkehr auf.

7.9.1999: Die Fachhochschule Dornbirn erhält offiziell den Hochschulstatus und ist damit die erste eigenständige Hochschule Vorarlbergs.

17.9.1999: Die Fachhochschulen Konstanz und Vorarlberg beschließen eine enge Kooperation: Ab dem Wintersemester 1999/2000 soll das international anerkannte Masterstudium für FH-Absolventen „Mechanical Engineering and International Sales Management" angeboten werden. An der Kooperation beteiligt sind auch die FH Furtwangen und die FH Ravensburg-Weingarten.

19.9.1999: Bei der Landtagswahl in Vorarlberg erreicht die ÖVP 45,71 % der Stimmen bzw. 18 Mandate und verliert somit erstmals die absolute Mehrheit an Mandaten. Die FPÖ steigert ihren Stimmenanteil von 18,38 % auf 27,48 % (11 Mandate). Die SPÖ kommt auf 13,01 % (5 Mandate), die Grünen erreichen 6 % (2 Mandate). Das Liberale Forum verfehlt mit 3,3 % den Einzug in den Landtag.

29.9.1999: In einer Festsitzung des Vorarlberger Landtags verabschiedet sich Landtagspräsident Siegfried Gasser nach dreißig Jahren aus der aktiven Politik.

5.10.1999: Der Vorarlberger Landtag hält seine konstituierende Sitzung ab. Herbert Sausgruber (ÖVP) wird wiederum zum Landeshauptmann gewählt. Er wird am 7.10. von Bundespräsident Thomas Klestil angelobt. Hubert Gorbach

1999

(FPÖ) wird neuer Landesstatthalter und Manfred Dörler (ÖVP) wird Landtagspräsident.

7.11.1999: Das Land Vorarlberg, die Vorarlberger Illwerke AG und die VKW AG einigen sich mit den bisherigen Illwerke-Vertragspartnern über eine neue vertragliche Beziehung, die am 1.1.2000 beginnen und bis zum Jahr 2030 gelten soll: Die österreichische Verbundgesellschaft scheidet aus den Vertragsbeziehungen mit den Illwerken aus und tritt ihre bisherigen Strombezugsrechte an der Spitzenkraftwerksgruppe „Obere Ill-Lünersee" an die Energie Baden-Württemberg AG ab.

19.10.1999: Bei der Restaurierung einer 420 Jahre alten Handschrift des Vorarlberger Landesarchivs werden die ältesten erhaltenen Vorarlberger Jasskarten entdeckt.

22.11.1999: Lech nimmt die größte Holznahwärmeversorgung unter den alpinen Wintersportorten in Betrieb.

27./28.11.1999: In Dornbirn wird das neue Messestadion eröffnet. Es soll in erster Linie für den Eissport, aber auch für Handball- und Fußballereignisse genutzt werden. Insgesamt bietet das Stadion 5.000 Besuchern Platz. Für Konzerte können die Besucherkapazitäten auf bis zu 8.000 Personen ausgeweitet werden.

26.12.1999: Der Orkan „Lothar" fegt über Mitteleuropa hinweg. Auch in Vorarlberg richtet er Schäden in zweistelliger Millionenhöhe an. 1.791 Feuerwehrmänner absolvieren am Tag des Sturms und in den darauf folgenden Tagen insgesamt 500 Einsätze im ganzen Land.

28.12.1999: Die Europäische Kommission betraut den aus Bludenz stammenden Dr. Wolfgang Burtscher, bisher Vertreter der Bundesländer in der Ständigen Vertretung Österreichs bei der EU, mit der Leitung der Direktion für „Wirtschaftsgesetzgebung für die Landwirtschaft" in der Generaldirektion „Landwirtschaft" der Europäischen Kommission.

1.1.2000: Die Energie Baden-Württemberg übernimmt die Strombezugsrechte der Verbundgesellschaft bei den Illwerken. Nach jahrelangen Streitereien ist damit die komplette Trennung von Verbundgesellschaft und Vorarlberger Illwerken vollzogen. So soll die Selbstständigkeit der Vorarlberger Energieunternehmen gesichert werden. In einem zweiten Vertrag lässt sich das Land Vorarlberg außerdem das Heimfallrecht an Kraftwerken von den Illwerken abkaufen. Mit der im Vertrag festgelegten Zugabe von 1.218 ha Grund sichert sich das Land außerdem Trinkwasserressourcen.

19.02.2000: In Dornbirn nehmen rund 1.500 Demonstranten an einer Protestkundgebung gegen die neue ÖVP/FPÖ-Bundesregierung teil.

Ende Februar 2000: Die Finanzmisere beim mehrfachen österreichischen Eishockeymeister VEU Feldkirch nimmt dramatische Formen an. Es wird befürchtet, dass der hoch verschuldete Klub nach Saisonende Konkurs anmelden und den Spielbetrieb einstellen muss.

Ende Februar 2000: Die Rhomberg-Kaserne in Lochau wird geschlossen.

1.3.2000: Erstmals wird eine Sitzung des Vorarlberger Landtags live im Internet übertragen. Dies stellt eine österreichweite Premiere dar.

2.4.2000: Bei den Gemeindewahlen werden die Bürgermeister erstmals direkt gewählt. In vier Gemeinden, in Lustenau, Bludenz, Weiler und Bludesch, ist ein zweiter Wahlgang notwendig, da keine bzw. keiner der angetretenen Kandidatinnen und Kandidaten auf Anhieb die absolute Mehrheit erreichen konnte.

16.4.2000: Im zweiten Durchgang der Bürgermeisterwahlen behaupten sich in Lustenau (Hans Dieter Grabher), in Bludenz (Dr. Othmar Kraft) und in Bludesch (Erich Walter) die bisherigen Amtsinhaber. In Weiler setzt sich dagegen mit Mechtild Bawart die Kandidatin der Opposition knapp gegen den amtierenden Bürgermeister Ing. Rudolf Boss durch. Die Wahlen brachten u.a. zwei weitere Bürgermeisterinnen: Neben Bezau (Anna Franz, seit 1998) stehen jetzt auch in Schröcken (Renate Schrammel) und in Weiler (Mechtild Bawart) Frauen an der Spitze der Gemeinde.

Ausblick

Vorarlberg an der Schwelle zum 3. Jahrtausend

Denkt man an Vorarlberg, so kommen dem Nicht-Vorarlberger vor allem der Arlberg, unberührte Natur, die Bregenzer Festspiele oder die Erzeugung von Textilien sowie Schokolade, Käse und Fruchtsäfte in den Sinn. Das ist Vorarlberg – auch! In den letzten Jahren hat sich dieses Bild der Wirtschaft unseres Landes aber stark gewandelt.

Ein Blick in die Wirtschaftsstatistik dokumentiert den wirtschaftlichen Strukturwandel in den letzten Jahrzehnten deutlich. Entfielen noch Anfang der 70er Jahre rund zwei Drittel der gesamten Industrieproduktion auf die Textil- und Bekleidungsindustrie, so ist der Anteil dieses Industriezweiges heute auf unter ein Viertel gesunken. Im selben Zeitraum hat sich der Anteil der Eisen-, Metall- und Elektroindustrie verdreifacht und liegt heute bei mehr als 40 Prozent. Ein Wachstumsmarkt ist aber auch die Nahrungs- und Genussmittelindustrie, die ihren Anteil seit 1970 nahezu verdoppeln konnte und heute bei rund 20 Prozent liegt.

Die dynamische wirtschaftliche Entwicklung unseres Landes wird aber auch maßgeblich von dem Umstand geprägt, dass in den Regionen, die für industriell-großgewerbliche Standorte weniger geeignet sind, der Tourismus und das Handwerk als Einkommensquellen einspringen. Nicht nur die Landschaft, die Kultur der Gastlichkeit und das touristische Infrastrukturangebot, sondern vor allem auch Attraktionen wie die Bregenzer Festspiele oder die Schubertiade machen Vorarlberg als Sommer- und Winterdestination attraktiv. Davon zeugen jährlich mehr als eine Million Urlaubsgäste, die knapp acht Millionen Übernachtungen und Ausgaben von mehr als 20 Milliarden Schilling jährlich tätigen. Von der Stärke dieses Wirtschaftszweiges profitieren vor allem auch Gewerbe und Handel. Allein im letzten Dezennium des 2. Jahrtausends konnten in den Sektoren Gewerbe, Handel und Tourismus zusammen beinahe 8.000 Arbeitsplätze geschaffen werden – weit mehr, als in der Industrie in diesem Zeitraum verloren gingen.

Einen wesentlichen Teil seines Erfolgs verdankt die Wirtschaft Vorarlbergs seiner geografischen Lage im Zentrum Europas mit einem außerordentlich interessanten Einzugsgebiet. Dieser Standortvorteil zeigt sich darin, dass im Umkreis von 300 km rund 70 Millionen kaufkräftige Konsumenten und Unternehmen von Süddeutschland über Italien bis zur Schweiz angesprochen werden können. Das ist einer der Gründe für die starke Exportintensität der Vorarlberger Wirtschaft.

Fast die Hälfte aller in Vorarlberg erzeugten Güter und Dienstleistungen werden im Ausland verkauft. Ende der 90er Jahre gingen von einem jährlichen Exportwert in Höhe von rund 50 Milliarden Schilling rund 60 Prozent in die Länder der Europäischen Union. Neben der EU wichtigster Exportmarkt ist die Schweiz mit einem Marktanteil von rund 15 Prozent des gesamten Exportwerts. Klingende Marken wie beispielsweise Blum, Doppelmayr, Head, Hydro Aluminium Nenzing, Liebherr, Rauch, Skiny – Huber Trikot, Wolford oder Suchard stehen nicht nur für die Vielfalt der heimischen Industrieproduktion, sie werden weltweit exportiert.

Die Entwicklung von einem Textilland zu einem Hightech-Standort mit hoher Lebensqualität hat wesentlich zum Wohlstand der Bevölkerung unseres Landes beigetragen. Für diese Entwicklung entscheidend ist aber auch das kontinuierlich steigende Bildungsniveau, das neben anderen Faktoren eine Erhöhung der Wertschöpfungsintensität der Volkswirtschaft unseres Landes in der jüngsten Vergangenheit bewirkt hat. Der Ausbau der Bildungsinfrastruktur hat daher eine nicht zu unterschätzende strategische Bedeutung dafür, dass Vorarlberg seine Position im internationalen Wettbewerb der Regionen festigen konnte.

Landeshauptmann
Dr. Herbert Sausgruber

Anhang

Vorarlberger Gemeinden 320

Autorenverzeichnis 331

Medaillenverzeichnis 332

Literaturverzeichnis 342

Artikelübersicht 350

Bildnachweis 352

Namensregister 356

Ortsregister 369

Vorarlberger Gemeinden

ALBERSCHWENDE
Bezirk: Bregenz
Einwohnerzahl: 2.948
Fläche: 21,1 km²
Seehöhe: 450 - 1.182 m,
Ortskern Hof 721 m

Bürgermeister (seit 1945):
1945 - 1950 Ferdinand Dür
1950 - 1959 Walter Berlinger
1959 - 1970 Johannes Freuis
1970 - 1971 Walter Berlinger
1971 - 1989 Franz Siegl
seit 1989 Ing. Walter Rüf

AU
Bezirk: Bregenz
Einwohnerzahl: 1.636
Fläche: 44,9 km²
Seehöhe: 770 - 2.403 m,
Ortszentrum 791 m

Bürgermeister (seit 1945):
1945 - 1946 Pius Beer
1946 - 1950 Anton Fuchs
1950 - 1954 Josef Beer
1954 - 1975 Anton Friedle
1975 - 1985 Johann Madlener
1985 - 1993 Georg Ammann
seit 1993 Pius Natter

BILDSTEIN
Bezirk: Bregenz
Einwohnerzahl: 721
Fläche: 9,1 km²
Seehöhe: 460 - 924 m,
Ortskern 656 m

Bürgermeister (seit 1945):
1945 - 1950 Eduard Gasser
1950 - 1954 Emil Widmer
1954 - 1965 Anton Böhler
1965 - 1969 Walter Lenz
1969 - 1970 Anton Böhler
1970 - 1975 Friedl Staudacher
1975 - 1998 Josef Lenz
seit 1998 Egon Troy

ALTACH
Bezirk: Feldkirch
Einwohnerzahl: 5.702
Fläche: 5,3 km²
Seehöhe: 412 - 600 m,
Ortskern 412 m

Bürgermeister (seit 1945):
1945 - 1950 Albert Kopf
1950 - 1955 Julius Kopf
1955 - 1975 Christian Schneider
1975 - 1993 Georg Giesinger
seit 1993 Gottfried Brändle

BARTHOLOMÄBERG
Bezirk: Bludenz
Einwohnerzahl: 2.244
Fläche: 27,3 km²
Seehöhe: 640 - 2.032 m,
Pfarrkirche 1.087 m

Bürgermeister (seit 1945):
1945 - 1965 Josef Keßler
1965 - 1990 Erwin Vallaster
seit 1990 Martin Vallaster

BIZAU
Bezirk: Bregenz
Einwohnerzahl: 939
Fläche: 21,1 km²
Seehöhe: 660 - 2.090 m,
Ortszentrum 681 m

Bürgermeister (seit 1945):
1945 - 1945 Jakob Gmeiner
1945 - 1946 Jakob Ratz
1946 - 1965 Jakob Mohr
1965 - 1987 Alois Kaufmann
1987 - 1990 Franz Meusburger
1991 - 1995 Georg Übelher
seit 1995 Josef Moosbrugger

ANDELSBUCH
Bezirk: Bregenz
Einwohnerzahl: 2.254
Fläche: 19,4 km²
Seehöhe: 540 - 1.800 m,
Ortskern Hof 613 m

Bürgermeister (seit 1945):
1945 - 1946 Anton Fink
1946 - 1950 Jodok Anton Bär
1950 - 1962 Anton Fink
1962 - 1975 Peter Jäger
1975 - 1995 Ferdinand Kohler
seit 1995 Anton Wirth

BEZAU
Bezirk: Bregenz
Einwohnerzahl: 1.844
Fläche: 34,5 km²
Seehöhe: 620 - 2.090 m,
Ortskern 650 m

Bürgermeister (seit 1945):
1945 - 1956 Peter Fink
1956 - 1965 Erich Schäffler
1965 - 1970 Jodok Greber
1970 - 1980 Erich Schäffler
1980 - 1990 Walter Schwärzler
1990 - 1998 Dipl.-Ing. Helmut Batlogg
seit 1998 Anna Franz

BLONS
Bezirk: Bludenz
Einwohnerzahl: 337
Fläche: 14,9 km²
Seehöhe: 680 - 1.962 m,
Ortskern 903 m

Bürgermeister (seit 1945):
1945 - 1950 Otto Schnetzer
1950 - 1955 Josef Jenny
1955 - 1959 Josef Bischof
1959 - 1962 Jakob Schäfer
1962 - 1971 Josef Jenny
1971 - 1985 Josef Bickel
1985 - 2000 Erich Türtscher
seit 2000 Dipl.-Ing. Otmar Ganahl

Vorarlberger Gemeinden

BLUDENZ
Bezirk: Bludenz
Einwohnerzahl: 13.664
Fläche: 29,96 km²
Seehöhe: 555-2.214 m,
Ortskern 570 m

Bürgermeister (seit 1945):
1945 - 1970 Eduard Dietrich
1970 - 1983 Hermann Stecher
1983 - 1995 Heinz Wiedemann
   seit 1995 Dr. Othmar Kraft

BLUDESCH
Bezirk: Bludenz
Einwohnerzahl: 2.085
Fläche: 7,6 km²
Seehöhe: 500-680 m,
Ortskern 530 m

Bürgermeister (seit 1945):
1945 - 1947 Josef Lins
1947 - 1950 Anton Gassner
1950 - 1975 Christian Nigsch
1975 - 1985 Josef Wehinger
   seit 1985 Erich Walter

BRAND
Bezirk: Bludenz
Einwohnerzahl: 747
Fläche: 40,2 km²
Seehöhe: 900-2.965 m
(Schesaplana),
Ortszentrum 1.037 m

Bürgermeister (seit 1945):
1945 - 1947 Johann Kegele
1947 - 1950 Klemens Schedler
1950 - 1955 Ernst Meyer
1955 - 1975 Othmar Beck
1975 - 1988 Josef Meyer
1988 - 1992 Dipl.-Ing. Manfred Beck
   seit 1992 Erich Schedler

BREGENZ
Bezirk: Bregenz
Einwohnerzahl: 26.571
Fläche: 29,5 km²
Seehöhe: 397-1.020 m,
Stadtzentrum 400 m

Bürgermeister (seit 1945):
1945 - 1945 Dr. Stefan Kohler
1945 - 1947 Dr. Julius Wachter
1947 - 1950 Othmar Michler
1950 - 1970 Dr. Karl Tizian
1970 - 1988 Dipl.-Ing. Fritz Mayer
1988 - 1990 Mag. Norbert Neururer
1990 - 1998 Dipl.-Vw. Siegfried Gasser
   seit 1998 Dipl.-Ing. Markus Linhart

BUCH
Bezirk: Bregenz
Einwohnerzahl: 536
Fläche: 6,1 km²
Seehöhe: 440-971 m,
Ortskern 725 m

Bürgermeister (seit 1945):
1945 - 1947 Franz Josef Rusch
1947 - 1949 Peter Zengerle
1949 - 1958 Fidel Eberle
1958 - 1969 Theodor Pickelmann
1969 - 1995 Ewald Hopfner
   seit 1995 Franz Martin

BÜRS
Bezirk: Bludenz
Einwohnerzahl: 3.102
Fläche: 24,6 km²
Seehöhe: 555-2.643 m
(Zimba),
Ortszentrum 570 m

Bürgermeister (seit 1945):
1945 - 1949 Peter Winder
1949 - 1955 Alois Tschofen
1955 - 1960 Ludwig Sähly
1960 - 1971 Elmar Steurer
1971 - 1988 Willi Plangg
   seit 1988 Helmut Zimmermann

BÜRSERBERG
Bezirk: Bludenz
Einwohnerzahl: 526
Fläche: 13,7 km²
Seehöhe: 700-1.809 m,
Ortskern 871 m

Bürgermeister (seit 1945):
1945 - 1948 Andreas Schwald
1948 - 1950 Emil Schwald
1950 - 1951 Alfons Morscher
1951 - 1970 Emil Schwald
1970 - 1980 Karl Hartmann
1980 - 1995 Rudi Morscher
   seit 1995 Karl Fritsche

DALAAS
Bezirk: Bludenz
Einwohnerzahl: 1.593
Fläche: 94,3 km²
Seehöhe: 780-2.753 m,
Ortskern Dalaas-Dorf
835 m, Außerwald 963 m

Bürgermeister (seit 1945):
1945 - 1947 Eugen Wachter
1947 - 1954 Karl Gantner
1954 - 1955 Erwin Ganahl
1955 - 1971 Herbert Neßler
   seit 1971 Ernst Fritz

DAMÜLS
Bezirk: Bregenz
Einwohnerzahl: 335
Fläche: 20,9 km²
Seehöhe: 1.160-2.095 m,
Ortskern 1.428 m

Bürgermeister (seit 1945):
1945 - 1947 Franz Anton Domig
1947 - 1950 Heinrich Türtscher
1950 - 1955 Michael Madlener
1955 - 1965 Anton Rützler
1965 - 1970 Fridolin Strobl
1970 - 1975 Anton Rützler
1975 - 1990 Gustav Madlener
   seit 1990 Wilfried Madlener

Vorarlberger Gemeinden

DOREN
Bezirk: Bregenz
Einwohnerzahl: 1.002
Fläche: 14,2 km²
Seehöhe: 460-933 m,
Ortskern 709 m

Bürgermeister (seit 1945):
1945-1946 Gebhard Walser
1946-1948 Anton Vögel
1949-1975 Eugen Böhler
1975-1990 Paul Feurle
1990-1995 Hermann Böhler
seit 1995 Anton Vögel

DORNBIRN
Bezirk: Dornbirn
Einwohnerzahl: 41.811
Fläche: 120,9 km²
Seehöhe: 405-2.062 m,
Stadtzentrum 437 m

Bürgermeister (seit 1945):
1945-1965 Dr. Günther Anton Moosbrugger
1965-1984 Dr. Karl Bohle
1984-1999 Rudolf Sohm
seit 1999 Dipl.-Ing. Wolfgang Rümmele

DÜNS
Bezirk: Feldkirch
Einwohnerzahl: 371
Fläche: 3,5 km²
Seehöhe: 532-1.440 m,
Ortskern 753 m

Bürgermeister (seit 1945):
1945-1947 Wendelin Gohm
1947-1955 Andreas Dünser
1955-1972 Karl Schregenberger
1972-1993 Bruno Schnetzer
seit 1993 Ludwig Mähr

DÜNSERBERG
Bezirk: Feldkirch
Einwohnerzahl: 136
Fläche: 5,5 km²
Seehöhe: 860-1.854 m

Bürgermeister (seit 1945):
1945-1947 Thomas Rauch
1947-1960 Anton Müller
1960-1985 Stefan Rauch
seit 1985 Walter Rauch

EGG
Bezirk: Bregenz
Einwohnerzahl: 3.405
Fläche: 65,4 km²
Seehöhe: 509-2.230 m
(Hoher Ifen),
Ortszentrum 564 m

Bürgermeister (seit 1945):
1945-1950 Kaspar Schwärzler
1950-1965 Johann Peter Sutterlüty
1965-1980 Richard Natter
1980-2000 Dr. Anton Sutterlüty
seit 2000 Mag. Ariel Josef Elmar Lang

EICHENBERG
Bezirk: Bregenz
Einwohnerzahl: 374
Fläche: 11,6 km²
Seehöhe: 640-1.044 m,
Ortskern 796 m

Bürgermeister (seit 1945):
1945-1950 Kaspar Degasper
1950-1955 Alfons Fessler
1955-1965 Josef Mager
1965-1983 Josef Degasper
1983-1985 Edmund Kienreich
seit 1985 Hermann Gmeiner

FELDKIRCH
Bezirk: Feldkirch
Einwohnerzahl: 28.236
Fläche: 34,3 km²
Seehöhe: 430-1.378 m,
Stadtzentrum 458 m

Bürgermeister (seit 1945):
1945-1945 Hermann Lange
1945-1945 Dr. Arthur Ender
1945-1957 Josef Andreas Mähr
1957-1970 Lorenz Tiefenthaler
1970-1991 Dr. Heinz Bilz
seit 1991 Mag. Wilfried Berchtold

FONTANELLA
Bezirk: Bludenz
Einwohnerzahl: 445
Fläche: 31,2 km²
Seehöhe: 1.060-2.403 m,
Ortskern Kirchberg
1.145 m, Faschina 1.486 m

Bürgermeister (seit 1945):
1945-1947 Franz Josef Burtscher
1947-1975 Wilhelm Burtscher
1975-1985 Josef Müller
1985-1995 Paul Sperger
1995-2000 Sebastian Bickel
seit 2000 Erich Ganner

FRASTANZ
Bezirk: Feldkirch
Einwohnerzahl: 6.148
Fläche: 32,3 km²
Seehöhe: 470-2.198 m,
Ortszentrum 509 m

Bürgermeister (seit 1945):
1945-1947 Albert Welte
1947-1950 Ludwig Dobler
1950-1956 Gebhard Schmiedle
1956-1974 Egon Tiefenthaler
seit 1974 Harald Ludescher

Vorarlberger Gemeinden

FRAXERN
Bezirk: Feldkirch
Einwohnerzahl: 662
Fläche: 8,9 km²
Seehöhe: 580 - 1.645 m,
Ortskern 817 m

Bürgermeister (seit 1945):
1945 - 1950   Adolf Nägele
1950 - 1965   Josef Summer
1965 - 1990   Alois Nachbaur
   seit 1990   Josef Summer

GASCHURN
Bezirk: Bludenz
Einwohnerzahl: 1.670
Fläche: 176,8 km²
Seehöhe: 920 - 3.312 m,
Ortskern Gaschurn 979 m,
Partenen 1.051 m

Bürgermeister (seit 1945):
1945 - 1972   Peter Wachter
1972 - 1980   Ernst Pfeifer
1980 - 2000   Heinrich Sandrell
   seit 2000   Gerhard Blaas

HARD
Bezirk: Bregenz
Einwohnerzahl: 11.390
Fläche: 17,4 km²
Seehöhe: 397 - 404 m

Bürgermeister (seit 1945):
1945 - 1945   Franz Josef Birnbaumer
1945 - 1950   Adolf Kölbl
1950 - 1954   Josef Blenk
1954 - 1970   Anton Gorbach
1970 - 1998   Gerhard Köhlmeier
   seit 1998   Hugo Johann Rogginer

FUSSACH
Bezirk: Bregenz
Einwohnerzahl: 3.428
Fläche: 11,5 km²
Seehöhe: 397 - 404 m

Bürgermeister (seit 1945):
1945 - 1950   Eduard Weiß
1950 - 1955   Dr. Fritz Rohner
1955 - 1981   Kurt Nagel
1981 - 1993   August Grabher
   seit 1993   Ernst Blum

GÖFIS
Bezirk: Feldkirch
Einwohnerzahl: 2.875
Fläche: 9,0 km²
Seehöhe: 470 - 752 m,
Ortskern 558 m

Bürgermeister (seit 1945):
1945 - 1945   Rupert Lampert
1945 - 1955   Franz Lampert
1955 - 1965   Franz Morscher
1965 - 1970   Georg Lampert
1970 - 1991   Rudolf Lampert
   seit 1991   Helmut Lampert

HITTISAU
Bezirk: Bregenz
Einwohnerzahl: 1.791
Fläche: 46,7 km²
Seehöhe: 640 - 1.645 m,
Ortszentrum 790 m

Bürgermeister (seit 1945):
1945 - 1970   Leopold Nenning
1970 - 1995   Anton Bilgeri
   seit 1995   Konrad Schwarz

GAISSAU
Bezirk: Bregenz
Einwohnerzahl: 1.425
Fläche: 5,3 km²
Seehöhe: 397 - 403 m

Bürgermeister (seit 1945):
1945 - 1949   Josef Lutz
1949 - 1950   Konrad Lutz
1950 - 1975   Ferdinand Nägele
1975 - 1990   Josef Selb
   seit 1990   Helmut Egelhofer

GÖTZIS
Bezirk: Feldkirch
Einwohnerzahl: 10.026
Fläche: 14,6 km²
Seehöhe: 412 - 1.460 m,
Ortskern 448 m

Bürgermeister (seit 1945):
1945 - 1946   Dr. Armin Rhomberg
1946 - 1958   Ivo Mayer
1958 - 1970   Gallus Schmid
1970 - 1974   Mag. Friedrich Heinzle
1974 - 1990   Kurt Küng
   seit 1990   Werner Huber

HÖCHST
Bezirk: Bregenz
Einwohnerzahl: 7.053
Fläche: 20,2 km²
Seehöhe: 397 - 404 m

Bürgermeister (seit 1945):
1945 - 1950   Otto Nagel
1950 - 1960   Rudolf Schneider
1960 - 1973   Kuno Schobel
1973 - 1987   Franz Grabherr
   seit 1987   Ing. Werner Schneider

Vorarlberger Gemeinden

HOHENEMS
Bezirk: Dornbirn
Einwohnerzahl: 13.865
Fläche: 29,2 km²
Seehöhe: 409-1.532 m,
Stadtzentrum 432 m

Bürgermeister (seit 1945):
1945-1965 Johann Amann
1965-1990 Dipl.-Ing. Otto Amann
1990-1997 Herbert Amann
seit 1997 Christian Niederstetter

INNERBRAZ
Bezirk: Bludenz
Einwohnerzahl: 947
Fläche: 19,9 km²
Seehöhe: 660-2.413 m,
Ortskern 708 m

Bürgermeister (seit 1945):
1945-1946 Josef Alfare
1946-1947 Mathias Pötscher
1947-1965 Hermann Graß
1965-1970 Gustav Rützler
1970-1982 Richard Vonbank
seit 1982 Werner Walser

KLÖSTERLE
Bezirk: Bludenz
Einwohnerzahl: 795
Fläche: 62,2 km²
Seehöhe: 1.015-2.912 m,
Ortskerne: Klösterle
1.073 m, Langen 1.210 m,
Stuben 1.407 m

Bürgermeister (seit 1945):
1945-1945 Richard Kolar
1945-1973 Karl Brändle
1973-1999 Erich Brunner
seit 1999 Dietmar Tschohl

HOHENWEILER
Bezirk: Bregenz
Einwohnerzahl: 1.222
Fläche: 8,4 km²
Seehöhe: 440-740 m,
Ortskern 504 m

Bürgermeister (seit 1945):
1945-1950 Johann Georg Fessler
1950-1965 Josef Greissing
1965-1986 Kaspar Rauch
1986-1995 Josef Wetzel
1995-1995 Ing. Heinz Spieler
seit 1995 Josef Geissler

KENNELBACH
Bezirk: Bregenz
Einwohnerzahl: 1.989
Fläche: 3,2 km²
Seehöhe: 415-700 m,
Ortskern 430 m

Bürgermeister (seit 1945):
1945-1947 in Bregenz eingemeindet
1947-1955 Michael Heinzle
1955-1960 Josef Schmid
1960-1970 Josef Mager
1970-1995 Dr. Egon Sinz
seit 1995 Reinhard Hagspiel

KOBLACH
Bezirk: Feldkirch
Einwohnerzahl: 3.700
Fläche: 10,3 km²
Seehöhe: 420-667 m

Bürgermeister (seit 1945):
1945-1965 Georg Längle
1965-1979 Karl Gächter-Egle
1979-1999 Werner Gächter
seit 1999 Fritz Maierhofer

HÖRBRANZ
Bezirk: Bregenz
Einwohnerzahl: 6.060
Fläche: 8,7 km²
Seehöhe: 397-800 m

Bürgermeister (seit 1945):
1945-1947 Julius Hagen
1947-1961 Georg Flatz
1961-1989 Severin Sigg
seit 1989 Helmut Reichart

KLAUS
Bezirk: Feldkirch
Einwohnerzahl: 2.693
Fläche: 5,2 km²
Seehöhe: 440-970 m,
Ortskern 475 m

Bürgermeister (seit 1945):
1945-1955 Friedolin Längle
1955-1996 Ernst Summer
seit 1996 Robert Längle

KRUMBACH
Bezirk: Bregenz
Einwohnerzahl: 953
Fläche: 8,7 km²
Seehöhe: 500-900 m,
Ortskern 732 m

Bürgermeister (seit 1945):
1945-1950 Franz Josef Steurer
1950-1960 Albert Mennel
1960-1970 Gottfried Feurle
1970-1995 Raimund Bechter
seit 1995 Arnold Hirschbühl

Vorarlberger Gemeinden

LANGEN BEI BREGENZ
Bezirk: Bregenz
Einwohnerzahl: 1.309
Fläche: 21,9 km²
Seehöhe: 460 - 1.095 m,
Ortskern 657 m

Bürgermeister (seit 1945):
1945 - 1960   Xaver Vögel
1960 - 1964   Karl Heim
1964 - 1978   Johann Kennerknecht
1978 - 1999   Josef Schedler
   seit 1999   Johann Kogler

LANGENEGG
Bezirk: Bregenz
Einwohnerzahl: 988
Fläche: 10,5 km²
Seehöhe: 465 - 932 m

Bürgermeister (seit 1945):
1945 - 1951   Josef Anton Bechter
1951 - 1970   Otto Steurer
1970 - 1990   Alois Bechter
   seit 1990   Peter Nußbaumer

LATERNS
Bezirk: Feldkirch
Einwohnerzahl: 742
Fläche: 43,8 km²
Seehöhe: 680 - 2.004 m,
Ortskern Tal 921 m

Bürgermeister (seit 1945):
1945 - 1947   Ulrich Vith
1947 - 1960   Emanuel Matt
1960 - 1965   Walter Vith
1965 - 1984   Reinhold Matt
1984 - 1985   Egon Heinzle
1985 - 1995   Wilhelm Zimmermann
   seit 1995   Hubert Furxer

LAUTERACH
Bezirk: Bregenz
Einwohnerzahl: 8.608
Fläche: 11,9 km²
Seehöhe: 400 - 415 m

Bürgermeister (seit 1945):
1945 - 1950   August Stoppel
1950 - 1960   August Dietrich
1960 - 1977   Gebhard Greussing
   seit 1977   Elmar Kolb

LECH
Bezirk: Bludenz
Einwohnerzahl: 1.594
Fläche: 90 km²
Seehöhe: 1.340 - 2.809 m,
Ortskerne: Lech 1.444 m,
Zug 1.510 m, Zürs 1.717 m

Bürgermeister (seit 1945):
1945 - 1955   Gebhard Jochum
1955 - 1960   Johann Pfefferkorn
1960 - 1965   Martin Walch
1965 - 1980   Robert Pfefferkorn
1980 - 1993   Johann Schneider
   seit 1993   Ludwig Muxel

LINGENAU
Bezirk: Bregenz
Einwohnerzahl: 1.350
Fläche: 6,9 km²
Seehöhe: 509 - 994 m,
Ortskern 685 m

Bürgermeister (seit 1945):
1945 - 1946   Otto Gmeiner
1946 - 1946   Alois Eberle
1946 - 1960   Alois Schedler
1960 - 1977   Alfons Fehr
1977 - 1995   Georg Bereuter
1995 - 1996   Peter Bilgeri
   seit 1996   Peter Bereuter

LOCHAU
Bezirk: Bregenz
Einwohnerzahl: 5.257
Fläche: 10,3 km²
Seehöhe: 398 - 1.063 m
(Pfänder),
Ortszentrum 414 m

Bürgermeister (seit 1945):
1945 - 1947   in Bregenz eingemeindet
1947 - 1968   Michael Mangold
1968 - 1970   Josef Rupp
1970 - 1991   Wilfried Schallert
   seit 1991   Xaver Sinz

LORÜNS
Bezirk: Bludenz
Einwohnerzahl: 255
Fläche: 8,4 km²
Seehöhe: 570 - 2.233 m,
Ortskern 583 m

Bürgermeister (seit 1945):
1945 - 1966   Josef Batlogg
1966 - 1990   Otto Ladner
   seit 1990   Lothar Ladner

LUDESCH
Bezirk: Bludenz
Einwohnerzahl: 2.732
Fläche: 11,2 km²
Seehöhe: 520 - 1.709 m,
Ortskern 555 m

Bürgermeister (seit 1945):
1945 - 1946   Anton Burtscher
1946 - 1949   Eduard Gassner
1949 - 1960   Albert Burtscher
1960 - 1984   Hubert Ammann
   seit 1984   Paul Ammann

Vorarlberger Gemeinden

LUSTENAU
Bezirk: Dornbirn
Einwohnerzahl: 19.749
Fläche: 22,2 km²
Seehöhe: 402 - 410 m

Bürgermeister (seit 1945):
1945 - 1946 Ferdinand Jussel
1946 - 1960 Josef Bösch
1960 - 1982 Robert Bösch
1982 - 1993 Dieter Alge
   seit 1993 Hans-Dieter Grabher

MÄDER
Bezirk: Feldkirch
Einwohnerzahl: 3.135
Fläche: 3,4 km²
Seehöhe: 414 - 420 m

Bürgermeister (seit 1945):
1945 - 1945 Willi Paret
1946 - 1950 Emilian Ender
1950 - 1978 Albert Gisinger
1978 - 1993 Hildebert Ender
   seit 1993 Ing. Rainer Siegele

MEININGEN
Bezirk: Feldkirch
Einwohnerzahl: 1.828
Fläche: 5,3 km²
Seehöhe: 425 - 449 m

Bürgermeister (seit 1945):
1945 - 1947 Josef Kühne
1947 - 1957 Erwin Kühne
1957 - 1965 Otto Sieber
1965 - 1968 Josef Müllner
1968 - 1975 Rupert Pümpel
1975 - 1995 Robert Plank
   seit 1995 Karlheinz Koch

MELLAU
Bezirk: Bregenz
Einwohnerzahl: 1.248
Fläche: 40,5 km²
Seehöhe: 660 - 2.068 m,
Ortszentrum 688 m

Bürgermeister (seit 1945):
1945 - 1955 Anton Hänsler
1955 - 1960 Josef Kaufmann
1960 - 1964 Wendelin Hager
1964 - 1965 Anton Hänsler
1965 - 1985 Walter Dietrich
1985 - 1995 Otto Natter
1995 - 2000 Hubert Hager
   seit 2000 Johann Dorner

MITTELBERG
Bezirk: Bregenz
Einwohnerzahl: 4.789
Fläche: 96,8 km²
Seehöhe: 987 - 2.533 m
(Widderstein),
Ortszentren:
Riezlern 1.086 m,
Hirschegg 1.122 m,
Mittelberg 1.215 m

Bürgermeister (seit 1945):
1945 - 1950 Gedeon Fritz
1950 - 1960 Josef Ritsch
1960 - 1985 Walter Fritz
1985 - 1988 Ernst Müller
1988 - 1990 Ernst Fritz
1990 - 1995 Alois Fritz
   seit 1995 Werner Strohmaier

MÖGGERS
Bezirk: Bregenz
Einwohnerzahl: 537
Fläche: 11,4 km²
Seehöhe: 620 - 1.066 m,
Ortskern 935 m

Bürgermeister (seit 1945):
1945 - 1956 Georg Wucher
1956 - 1971 Georg Bantel
1971 - 1980 Ferdinand Vögel
   seit 1980 Georg Bantel

NENZING
Bezirk: Bludenz
Einwohnerzahl: 5.664
Fläche: 110,3 km²
Seehöhe: 475 - 2.841 m,
Ortskerne: Nenzing-Dorf
530 m, Beschling 534 m,
Mittelberg 626 m,
Gurtis 904 m

Bürgermeister (seit 1945):
1945 - 1950 Anton Gantner
1950 - 1965 Otto Marte
1965 - 1975 Erich Schallert
1975 - 1985 Kurt Kraft
   seit 1985 Bruno Hummer

NÜZIDERS
Bezirk: Bludenz
Einwohnerzahl: 4.419
Fläche: 22,1 km²
Seehöhe: 520 - 2.211 m,
Ortskern 562 m

Bürgermeister (seit 1945):
1945 - 1950 Franz Zech
1950 - 1960 Josef Galehr
1960 - 1978 Emil Burtscher
1978 - 1997 Armin Spalt
   seit 1997 Eugen Zech

RAGGAL
Bezirk: Bludenz
Einwohnerzahl: 856
Fläche: 41,7 km²
Seehöhe: 630 - 2.704 m,
Ortszentren: Raggal-Dorf
1.015 m, Marul 976 m,
Plazera 878 m

Bürgermeister (seit 1945):
1945 - 1946 Andreas Heim
1946 - 1955 Michael Bertsch
1955 - 1970 Richard Küng
1970 - 1985 Elwin Burtscher
1985 - 2000 Norbert Bickel
   seit 2000 Ing. Robert Müller

Vorarlberger Gemeinden

RANKWEIL
Bezirk: Feldkirch
Einwohnerzahl: 11.039
Fläche: 21,9 km²
Seehöhe: 430 - 880 m,
Ortszentrum 470 m

Bürgermeister (seit 1945):
1945 - 1957 August Fröhlich
1957 - 1964 Dr. Herbert Keßler
1964 - 1978 Dipl.-Ing. Rudolf Amann
1978 - 1990 Dr. Thomas Linder
   seit 1990 Hans Kohler

RÖNS
Bezirk: Feldkirch
Einwohnerzahl: 290
Fläche: 1,4 km²
(kleinste Gemeinde Vorarlbergs)
Seehöhe: 560 - 660 m

Bürgermeister (seit 1945):
1945 - 1947 Anton Tschann
1947 - 1950 Johann Malin
1950 - 1956 Johann Gohm
1956 - 1965 Johann Malin
1965 - 1987 Hermann Gohm
   seit 1987 Anton Gohm

SCHLINS
Bezirk: Feldkirch
Einwohnerzahl: 1.981
Fläche: 6,0 km²
Seehöhe: 490 - 620 m

Bürgermeister (seit 1945):
1945 - 1950 Franz Josef Jussel
1950 - 1955 Leo Amann
1955 - 1964 Richard Bösch
1964 - 1970 Prof. Albert Rauch
1970 - 1980 Elmar Kalb
1980 - 1991 Erich Jussel
1991 - 1995 Mag. Karlheinz Galehr
   seit 1995 Mag. Harald Sonderegger

REUTHE
Bezirk: Bregenz
Einwohnerzahl: 590
Fläche: 10,2 km²
Seehöhe: 620 - 1.746 m,
Ortskern Vorderreuthe 650 m

Bürgermeister (seit 1945):
1945 - 1965 Konrad Hopfner
1965 - 1980 Hans Felder
1980 - 1995 Werner Steurer
   seit 1995 Josef Gridling

RÖTHIS
Bezirk: Feldkirch
Einwohnerzahl: 1.962
Fläche: 2,7 km²
Seehöhe: 435 - 760 m,
Ortskern 495 m

Bürgermeister (seit 1945):
1945 - 1947 Alfons Kopf
1947 - 1955 Jakob Keckeis
1955 - 1980 Hermann Wehinger
1980 - 1995 Gerold Keckeis
   seit 1995 Dipl.-Ing. Norbert Mähr

SCHNEPFAU
Bezirk: Bregenz
Einwohnerzahl: 473
Fläche: 16,5 km²
Seehöhe: 700 - 2.044 m,
Ortskern 734 m

Bürgermeister (seit 1945):
1945 - 1955 Jakob Egender
1955 - 1974 Josef Moosmann
1974 - 1995 Alfons Kohler
   seit 1995 Elmar Schuster

RIEFENSBERG
Bezirk: Bregenz
Einwohnerzahl: 957
Fläche: 14,9 km²
Seehöhe: 560 - 1.300 m,
Ortskern 781 m

Bürgermeister (seit 1945):
1945 - 1962 Jodok Schmelzenbach
1962 - 1965 Eduard Willi
1965 - 1980 Georg Hartmann
1980 - 2000 Leopold Willi
   seit 2000 Herbert Dorn

SATTEINS
Bezirk: Feldkirch
Einwohnerzahl: 2.467
Fläche: 12,7 km²
Seehöhe: 475 - 1.594 m,
Ortskern 495 m

Bürgermeister (seit 1945):
1945 - 1947 Karl Weber
1947 - 1948 Herbert Lins
1948 - 1950 Albert Getzner
1950 - 1965 Josef Rauch
1965 - 1975 Anton Lins
1975 - 1988 Karl Mündle
1988 - 2000 Albert Burtscher
   seit 2000 Siegfried Lang

SCHNIFIS
Bezirk: Feldkirch
Einwohnerzahl: 683
Fläche: 4,9 km²
Seehöhe: 590 - 1.985 m
(Hochgerach),
Ortskern 657 m

Bürgermeister (seit 1945):
1945 - 1950 Peter Duelli
1950 - 1952 Anton Berchtel
1952 - 1963 Stefan Amann
1963 - 1975 Eugen Stachniß
1975 - 1999 Othmar Duelli
   seit 1999 Dipl.-Ing. Andreas Amann

Vorarlberger Gemeinden

SCHOPPERNAU
Bezirk: Bregenz
Einwohnerzahl: 877
Fläche: 47,6 km²
Seehöhe: 820 - 2.397 m
(Hochkünzelspitze),
Ortskern 852 m

Bürgermeister (seit 1945):
1945 - 1950 Peter Greussing
1950 - 1955 Albert Felder
1955 - 1973 Peter Willi
1973 - 1990 Michael Felder
 seit 1990 Adelhelm Willi

SCHWARZACH
Bezirk: Bregenz
Einwohnerzahl: 3.295
Fläche: 4,9 km²
Seehöhe: 410 - 720 m,
Ortskern 433 m

Bürgermeister (seit 1945):
1945 - 1948 Josef Stadelmann
1948 - 1950 August Grabher
1950 - 1955 Josef Schertler
1955 - 1979 Josef Vonach
 seit 1979 Helmut Leite

SILBERTAL
Bezirk: Bludenz
Einwohnerzahl: 876
Fläche: 88,6 km²
Seehöhe: 820 - 2.769 m,
Ortskern 889 m

Bürgermeister (seit 1945):
1945 - 1947 Alois Werle
1947 - 1950 Alois Bargehr
1950 - 1973 Hermann Brugger
1973 - 1984 Georg Amann
 seit 1984 Wilhelm Säly

SCHRÖCKEN
Bezirk: Bregenz
Einwohnerzahl: 234
Fläche: 23,4 km²
Seehöhe: 1.080 - 2.649 m
(Braunarlspitze),
Ortskern 1.269 m

Bürgermeister (seit 1945):
1945 - 1946 Robert Jochum
1946 - 1965 Erich Schwarzmann
1965 - 1976 Josef Feuerstein
1976 - 2000 Pius Bischof
 seit 2000 Renate Schrammel

SCHWARZENBERG
Bezirk: Bregenz
Einwohnerzahl: 1.683
Fläche: 25,8 km²
Seehöhe: 560 - 1.464 m,
Ortskern Hof 696 m,
Bödele 1.145 m

Bürgermeister (seit 1945):
1945 - 1947 Anton Kaufmann
1947 - 1950 Peter Steurer
1950 - 1962 Karl Treitner
1962 - 1985 Anton Hirschbühl
 seit 1985 Franz Jakob Greber

SONNTAG
Bezirk: Bludenz
Einwohnerzahl: 723
Fläche: 81,6 km²
Seehöhe: 735 - 2.704 m
(Rote Wand), Ortskerne:
Sonntag 888 m,
Buchboden 910 m

Bürgermeister (seit 1945):
1945 - 1950 Pirmin Rützler
1950 - 1965 Hubert Bickel
1965 - 1990 Meinrad Bischof
 seit 1990 Franz Ferdinand Türtscher

SCHRUNS
Bezirk: Bludenz
Einwohnerzahl: 3.745
Fläche: 18,0 km²
Seehöhe: 650 - 2.520 m
(Hochjoch),
Ortszentrum 690 m

Bürgermeister (seit 1945):
1945 - 1947 Jakob Huber
1947 - 1965 Franz Marent
1965 - 1975 Eugen Isele
1975 - 1995 Harald Wekerle
 seit 1995 Dr. Erwin Bahl

SIBRATSGFÄLL
Bezirk: Bregenz
Einwohnerzahl: 418
Fläche: 29,2 km²
Seehöhe: 740 - 2.020 m,
Ortskern 929 m

Bürgermeister (seit 1945):
1945 - 1946 Konrad Stadelmann
1946 - 1950 Peter Willi
1950 - 1971 Josef Natter
1971 - 1975 Peter Willi
1975 - 1979 Josef Stadelmann
 seit 1979 Reinhold Walser

ST. ANTON IM MONTAFON
Bezirk: Bludenz
Einwohnerzahl: 712
Fläche: 3,4 km²
Seehöhe: 607 - 1.881 m
(Davenna),
Ortskern 651 m

Bürgermeister (seit 1945):
1945 - 1947 Josef Pfeifer
1947 - 1981 Ignaz Battlogg
1981 - 1997 Mag. Siegmund Stemer
 seit 1997 Rudolf Lerch

Vorarlberger Gemeinden

ST. GALLENKIRCH
Bezirk: Bludenz
Einwohnerzahl: 2.309
Fläche: 127,8 km²
Seehöhe: 760 - 2.875 m,
Ortskerne: St. Gallenkirch
878 m, Gortipohl 906 m,
Gargellen 1.423 m

Bürgermeister (seit 1945):
1945 - 1950 Martin Salzgeber
1950 - 1970 Hermann Mangard
1970 - 1985 Raimund Wachter
   seit 1985 Fritz Rudigier

SULZ
Bezirk: Feldkirch
Einwohnerzahl: 2.131
Fläche: 3,0 km²
Seehöhe: 442 - 520 m,
Ortskern 495 m

Bürgermeister (seit 1945):
1945 - 1947 Alfred Scheidbach
1947 - 1948 Arthur Schnetzer
1948 - 1949 Friedrich Emmert
1949 - 1950 Johann Frick
1950 - 1980 Wilhelm Baur
   seit 1980 Adalbert Gut

THÜRINGERBERG
Bezirk: Bludenz
Einwohnerzahl: 654
Fläche: 10,4 km²
Seehöhe: 580 - 2.001 m,
Ortskern Innerberg 877 m

Bürgermeister (seit 1945):
1945 - 1950 Engelbert Müller
1950 - 1955 Stefan Fischer
1955 - 1975 Alois Müller
1975 - 1995 Benedikt Bischof
1995 - 1998 Alois Fetzel
   seit 1998 Ing. Wilhelm Müller

ST. GEROLD
Bezirk: Bludenz
Einwohnerzahl: 363
Fläche: 12,6 km²
Seehöhe: 610 - 2.001 m,
Ortskern Propstei
St. Gerold 848 m

Bürgermeister (seit 1945):
1945 - 1950 Franz Josef Bertsch
1950 - 1957 Heinrich Nigsch
1957 - 1960 Leopold Bertsch
1960 - 1965 Gebhard Müller
1965 - 1981 Erwin Summer
1981 - 1991 Benno Burtscher
1991 - 1995 Rudolf Brandner
   seit 1995 Bruno Summer

SULZBERG
Bezirk: Bregenz
Einwohnerzahl: 1.683
Fläche: 23,1 km²
Seehöhe: 550 - 1.030 m,
Ortskerne: Sulzberg
1.013 m, Thal 598 m

Bürgermeister (seit 1945):
1945 - 1955 Gebhard Giselbrecht
1955 - 1965 Anton Giselbrecht
1965 - 1994 Josef Blank
   seit 1994 Helmut Blank

TSCHAGGUNS
Bezirk: Bludenz
Einwohnerzahl: 2.377
Fläche: 57,7 km²
Seehöhe: 650 - 2.830 m,
Ortszentrum 687 m

Bürgermeister (seit 1945):
1945 - 1950 Josef Schuster
1950 - 1955 August Vonbank
1955 - 1965 Anton Brugger
1965 - 1975 Martin Both
1975 - 1990 Eduard Bitschnau
1990 - 1990 Elmar Galehr
   seit 1990 Guntram Bitschnau

STALLEHR
Bezirk: Bludenz
Einwohnerzahl: 264
Fläche: 1,5 km²
Seehöhe: 580 - 1.269 m,
Ortskern 600 m

Bürgermeister (seit 1945):
1945 - 1947 in Bludenz eingemeindet
1947 - 1977 Eugen Burtscher
1977 - 1990 Josef Schwärzler
   seit 1990 Bertram Luger

THÜRINGEN
Bezirk: Bludenz
Einwohnerzahl: 2.118
Fläche: 5,7 km²
Seehöhe: 525 - 852 m,
Ortszentrum 573 m

Bürgermeister (seit 1945):
1945 - 1946 Otto Bitschi
1946 - 1947 Josef Walter
1947 - 1954 Otto Stuchly
1954 - 1965 Ludwig Tschann
1965 - 1980 Otto Stuchly
   seit 1980 Helmut Gerster

ÜBERSAXEN
Bezirk: Feldkirch
Einwohnerzahl: 568
Fläche: 5,8 km²
Seehöhe: 760 - 1.594 m,
Ortszentrum 899 m

Bürgermeister (seit 1945):
1945 - 1945 Andreas Breuss
1945 - 1950 Ludwig Fritsch
1950 - 1957 Georg Duelli
1957 - 1968 Franz Duelli
1968 - 1970 Adolf Lins
1970 - 1973 Robert Gabriel
1973 - 1992 Franz Duelli
   seit 1992 Rainer Duelli

Vorarlberger Gemeinden

VANDANS
Bezirk: Bludenz
Einwohnerzahl: 2.631
Fläche: 53,5 km²
Seehöhe: 600 - 2.965 m,
Ortskern 650 m

Bürgermeister (seit 1945):
1945 - 1947 Christian Schapler
1947 - 1950 Josef Pfeifer
1950 - 1954 Wilhelm Mayer
1954 - 1955 Meinrad Wachter
1955 - 1970 Alfons Bitschnau
1970 - 1985 Oskar Vonier
seit 1985 Burkhard Wachter

WEILER
Bezirk: Feldkirch
Einwohnerzahl: 1.768
Fläche: 3,1 km²
Seehöhe: 440 - 750 m,
Ortskern 486 m

Bürgermeister (seit 1945):
1945 - 1948 Anton Heißmann
1948 - 1957 Ludwig Summer
1957 - 1965 Julius Längle
1965 - 1970 Josef Meusburger
1970 - 1970 Johann Lenz
1970 - 1986 Julius Längle
1986 - 2000 Ing. Rudolf Boss
seit 2000 Mechtild Bawart

VIKTORSBERG
Bezirk: Feldkirch
Einwohnerzahl: 371
Fläche: 12,5 km²
Seehöhe: 680 - 2.004 m,
Ortskern 879 m

Bürgermeister (seit 1945):
1945 - 1950 Benedikt Marte
1950 - 1960 Adolf Blum
1960 - 1965 Ernst Ritter
1965 - 1984 Pirmin Ellensohn
1984 - 1998 Ing. Arthur Marte
seit 1998 Jakob Ammann

WOLFURT
Bezirk: Bregenz
Einwohnerzahl: 7.824
Fläche: 10,0 km²
Seehöhe: 405 - 800 m,
Ortskern 434 m

Bürgermeister (seit 1945):
1945 - 1950 Ludwig Hinteregger
1950 - 1952 Emil Geiger
1952 - 1957 Alfons Gunz
1957 - 1960 Julius Ammann
1960 - 1985 Hubert Waibel
seit 1985 Erwin Mohr

WARTH
Bezirk: Bregenz
Einwohnerzahl: 205
Fläche: 19,3 km²
Seehöhe: 1.260 - 2.533 m
(Widderstein), Ortskern
1.495 m (höchstgelegene
Gemeinde Vorarlbergs)

Bürgermeister (seit 1945):
1945 - 1960 Christian Huber
1960 - 1992 Meinrad Hopfner
seit 1992 Gebhard Fritz

ZWISCHENWASSER
Bezirk: Feldkirch
Einwohnerzahl: 2.991
Fläche: 22,6 km²
Seehöhe: 290 - 2.004 m,
Ortskerne: Muntlix 520 m,
Batschuns 665 m,
Dafins 794 m

Bürgermeister (seit 1945):
1945 - 1950 Josef Rheinberger
1950 - 1965 Jakob Mittelberger
1965 - 1980 Bruno Mähr
seit 1980 Josef Mathis

Die Einwohnerzahl bezieht sich jeweils auf die gemeldeten Hauptwohnsitze.
Quelle: Verwaltungszählung, Stichtag 31.12.1999
Bürgermeister-Verzeichnis, Stichtag 1.5.2000

Autorenverzeichnis

A.B-N.
Annemarie Bösch-Niederer

A.N.
Alois Niederstätter

A.R.
Andreas Rudigier

G.D.
Gabriela Dür

G.O.
Gerhard Oberkofler

G.Tsch.
Gabriele Tschallener

H.S.
Heidrun Sandbichler

H.W.
Hubert Weitensfelder

K.E.
Klaus Eisterer

K.H.B.
Karl Heinz Burmeister

Kl.
Klaus Plitzner

L.H.
Leo Haffner

L.P.
Laurin Peter

M.C.H.
Michael C. Hermann

M.P.
Meinrad Pichler

M.R.G.
Marion Ruth Gruber

M.Tsch.
Manfred Tschaikner

R.E.B.
Reinhard Eugen Bösch

R.R.
Robert Rollinger

R.Z.
Roswitha Zwetti

S.G.
Susanne Gappmaier

Th.A.
Thomas Albrich

U.L.
Ulrike Längle

V.W.
Viktor Wratzfeld

W.M.
Werner Matt

W.Sch.
Wolfgang Scheffknecht

W.W.
Wolfgang Weber

Medaillenverzeichnis

MEDAILLENVERZEICHNIS NACH 1945

AERO-SPORT

Rüdisser Michael
WM 1993: 2. Paragleiten (Mannschaft)

Tamegger Christian
WM 1993: 2. Paragleiten (Mannschaft)
WM 1995: 3. Paragleiten (Mannschaft)
WM 1997: 2. Paragleiten (Einzel)
WM 1997: 3. Paragleiten (Mannschaft)

Tiefenthaler-Amann Andrea
WM 1991: 1. Paragleiten (Einzel)

Tschanhenz Ewald
WM 1993: 2. Paragleiten (Mannschaft)

BAHNENGOLF/MINIGOLF

Bösch Margit
EM 1970: 3. Einzel

Brandstätter Horst
EM 1993: 3. Mannschaft
EM 1994: 3. Mannschaft

Brandstetter Klaus
WM 1993: 2. Mannschaft

Büchele Otto
EM 1979: 3. Mannschaft

Dalus Ernst
EM 1960: 3. Mannschaft

Dörflinger Heinz
EM 1963: 3. Einzel
EM 1964: 2. Einzel

Domig Franz
EM 1984: 1. Mannschaft
EM 1985: 2. Mannschaft

Egler Egon
EM 1973: 3. Mannschaft

Ehrenbrandtner Edmund
EM 1962: 1. Mannschaft

Erath Alexander
EM 1976: 3. Mannschaft
EM 1977: 3. Mannschaft
EM 1977: 1. Einzel

Erlacher Birgit
EM 1962: 1. Einzel

Fischer Karin
WM 1995: 3. Damenteam

Grabher Gebhard
EM 1962: 1. Mannschaft

Grätzner Alexander
EM 1979: 3. Mannschaft

Halder Maria
EM 1976: 1. Einzel
EM 1976: 3. Mannschaft

Heidegger Anton
EM 1976: 3. Mannschaft

Hinteregger Christian
EM 1978: 3. Mannschaft
EM 1980: 1. Mannschaft
EM 1981: 2. Mannschaft

Hinteregger Christine
EM 1979: 3. Mannschaft

Hinteregger Erich
EM 1981: 3. Mannschaft
EM 1983: 3. Mannschaft

Hintner Peter
EM 1974: 2. Mannschaft

Huber Helmut
EM 1977: 3. Mannschaft

Hutter Horst
EM 1962: 3. Mannschaft

Innmann Günter
EM 1989: 3. Einzel
EM 1989: 2. Mannschaft
EM 1990: 2. Einzel
EM 1990: 2. Mannschaft
EM 1993: 3. Mannschaft
EM 1994: 3. Mannschaft
WM 1993: 2. Mannschaft
WM 1995: 2. Mannschaft
WM 1999: 2. Mannschaft

Jagschitz Brigitte
EM 1984: 3. Mannschaft
EM 1985: 3. Einzel
EM 1986: 1. Mannschaft
EM 1987: 3. Mannschaft
EM 1990: 3. Mannschaft

Jagschitz Doris
EM 1987: 3. Mannschaft

Jagschitz Werner
EM 1981: 2. Mannschaft

Jürgens Heinz
EM 1960: 3. Mannschaft

Kickl Andreas
EM 1983: 3. Mannschaft
EM 1984: 1. Mannschaft
EM 1985: 2. Mannschaft

Köberle Alfred
EM 1971: 1. Mannschaft
EM 1971: 1. Einzel
EM 1974: 3. Mannschaft

Kohlhaupt Herbert
EM 1971: 1. Mannschaft
EM 1972: 2. Mannschaft
EM 1980: 1. Mannschaft

Loacker Gilberto
EM 1990: 2. Mannschaft

Ludescher Stefan
EM 1984: 1. Mannschaft
EM 1985: 1. Mannschaft
EM 1988: 1. Mannschaft
EM 1989: 2. Mannschaft
EM 1990: 2. Mannschaft

Medaillenverzeichnis

Malin Norbert
EM 1969: 3. Mannschaft

Maurer Silke
EM 1984: 3. Mannschaft

Mitterer Arnold
EM 1981: 2. Mannschaft
EM 1981: 1. Einzel
EM 1985: 1. Mannschaft
EM 1988: 1. Mannschaft

Moschen Ida
EM 1976: 3. Mannschaft
EM 1980: 3. Mannschaft

Motter Herbert
EM 1989: 2. Mannschaft

Nagel Jochen
EM 1986: 2. Mannschaft
EM 1987: 3. Mannschaft
EM 1988: 2. Mannschaft
EM 1988: 3. Einzel
EM 1990: 2. Mannschaft

Neyer Egbert
EM 1960: 3. Mannschaft
EM 1960: 1. Einzel
EM 1962, 3. Mannschaft
EM 1964: 3. Einzel

Palaoro Peter
EM 1986: 2. Mannschaft

Pecina Raimund
EM 1968: 1. Mannschaft

Peter Angela
EM 1974: 3. Mannschaft

Peter Gebhard
EM 1973: 3. Mannschaft
EM 1976: 3. Mannschaft
EM 1977: 3. Mannschaft

Pfleghar Ferdl
EM 1962: 1. Mannschaft

Plangger Josef
EM 1981: 2. Mannschaft

Robe Rudolf
EM 1960: 3. Mannschaft

Schaller Bernd
WM 1999: 2. Einzel
WM 1999: 2. Mannschaft

Schedler Adolf
EM 1973: 3. Mannschaft
EM 1975: 3. Mannschaft
EM 1976: 3. Mannschaft
EM 1977: 3. Mannschaft
EM 1978: 3. Mannschaft
EM 1979: 3. Mannschaft
EM 1985: 1. Mannschaft
EM 1986: 2. Mannschaft
EM 1987: 2. Mannschaft
EM 1989: 1. Mannschaft
EM 1990: 2. Mannschaft

Schedler Bertram
EM 1986: 2. Mannschaft

Schedler Dagmar
EM 1985: 1. Mannschaft
EM 1986: 1. Mannschaft
EM 1987: 3. Mannschaft
EM 1988: 1. Mannschaft
EM 1989: 2. Mannschaft
EM 1990: 3. Mannschaft
WM 1993: 2. Einzel

Schneider Günther
EM 1977: 3. Mannschaft
EM 1977: 1. Einzel
EM 1980: 1. Mannschaft

Schönfelder Isolde
EM 1988: 1. Mannschaft

Schwarzhans Ernst
EM 1962: 1. Mannschaft

Schweizer Christine
WM 1993: 2. Mannschaft
WM 1995: 3. Mannschaft

Senft Heinrich
EM 1962: 3. Mannschaft

Steiner Adriano
EM 1988: 2. Mannschaft

Steininger Gottfried
EM 1962: 3. Mannschaft

Wachter Manuela
EM 1977: 2. Einzel

Weis Johannes
EM 1977: 3. Mannschaft
EM 1979: 2. Mannschaft
EM 1979: 3. Einzel
EM 1980: 1. Mannschaft

Wolff Roland
EM 1977: 3. Mannschaft

BILLARD

Schwendinger Michael
EM 1995: 3. Mannschaft

Sperger Brigitte
EM 1993: 3. Mannschaft
EM 1994: 3. 9er Ball Mannschaft

BOCCIA

Brändle
EM 1993: 3. Mannschaft

Ill Dieter
EM 1992: 3. Mannschaft
EM 1993: 3. Mannschaft
EM 1994: 2. Mannschaft

Ill Erich
EM 1984: 3. Mannschaft

Ill Günther
EM 1994: 2. Mannschaft

Medaillenverzeichnis

BOGENSCHIESSEN

Beck Christian
EM 1999:   3. Herren Langbogen

Loacker Guido
EM 1978:   3. Bogenschießen Kombination
EM 1978:   2. Bogenschießen Jagd
WM 1978:   3. Bogenschießen Jagd

MÜLLER MARTIN
EM 1999:   1. Herren Langbogen
EM 1999:   1. Herren Mannschaft

DART

Boch Robert („Bobby")
EM 1995:   1. Cricket Team (Bull Shooter)
EM 1995:   1. Cricket Mixed (Bull Shooter)
EM 1997:   1. 501 Doppel (Bull Shooter)
EM 1997:   1. Cricket Team (Bull Shooter)
EM 1997:   3. Cricket Doppel (Bull Shooter)
EM 1998:   1. Cricket Doppel (Bull Shooter)
WM 1995:   1. 501 Einzel
WM 1995:   1. Cricket Doppel
WM 1995:   3. Mixed Trippel
WM 1998:   1. Cricket Team

EISSCHIESSEN*

Armellini Frieda
EM 1969:   2. Mannschaft
EM 1972:   3. Mannschaft
EM 1975:   3. Mannschaft
EM 1980:   3. Mannschaft
EM 1980:   1. Einzel
EM 1981:   1. Einzel-Team
EM 1982:   2. Mannschaft
EM 1983:   3. Mannschaft
EM 1984:   2. Mannschaft
EM 1985:   2. Mannschaft
EM 1986:   3. Mannschaft
EM 1986:   2. Einzel-Team
EM 1991:   1. Einzel
EM 1991:   1. Einzel-Team
EM 1992:   1. Einzel-Team
EM 1996:   1. Teambewerb
WM 1994:   1. Einzel-Team

Armellini-Sohm Susanne
EM 1980:   3. Mannschaft
EM 1982:   2. Mannschaft
EM 1983:   3. Mannschaft
EM 1984:   2. Mannschaft
EM 1985:   1. Mannschaft
EM 1986:   3. Mannschaft
EM 1989:   3. Mannschaft
EM 1996:   3. Einzel
EM 1999:   1. Damen Mannschaft
WM 1987:   1. Mannschaft

Bischofsberger Ingrid
EM 1980:   3. Mannschaft
EM 1982:   2. Mannschaft
EM 1983:   3. Mannschaft
EM 1984:   2. Mannschaft
EM 1985:   2. Mannschaft
EM 1986:   3. Mannschaft

Falls nicht anders angegeben, handelt es sich um Eisstockschießen.

Denifl Roswitha
EM 1974:   2. Einzel
EM 1980:   3. Mannschaft
EM 1981:   1. Einzel
EM 1981:   1. Nationenwertung
EM 1982:   2. Mannschaft
EM 1983:   3. Mannschaft
EM 1983:   1. Nationenwertung
EM 1984:   2. Mannschaft
EM 1984:   3. Nationenwertung
EM 1985:   2. Mannschaft
EM 1986:   3. Mannschaft
EM 1990:   1. Mannschaft
EM 1991:   2. Mannschaft
EM 1992:   1. Einzel
EM 1992:   2. Mannschaft
EM 1992:   1. Nationenwertung
EM 1993:   1. Mannschaft
EM 1993:   2. Nationenwertung
EM 1995:   1. Mannschaft
EM 1996:   3. Mannschaft
EM 1997:   1. Mannschaft
EM 1999:   1. Mannschaft
EM 1999:   1. Teambewerb
EM 1999:   3. Einzel
WM 1990: 2. Mannschaft
WM 1994: 1. Mannschaft
WM 1998: 1. Einzel
WM 1998: 1. Teambewerb
WM 1998: 3. Mannschaft

Dorner Helga
EM 1981:   2. Mannschaft

Ender Elsa
EM 1969:   2. Mannschaft

Gappmaier Helene
EM 1979:   2. Mannschaft
EM 1981:   2. Mannschaft

Gauster Franz
EM 1969:   2. Einzel
EM 1986:   3. Einzel

Gauster Irmgard
EM 1975:   3. Mannschaft
EM 1977:   1. Mannschaft
EM 1979:   2. Mannschaft
EM 1981:   2. Mannschaft

Medaillenverzeichnis

Gauster Martha
EM 1977: 1. Mannschaft
EM 1979: 2. Mannschaft
EM 1981: 2. Mannschaft

Haag Ilse
EM 1969: 2. Mannschaft
EM 1975: 3. Mannschaft

Kögler Maria
EM 1977: 1. Mannschaft
EM 1979: 3. Mannschaft
EM 1986: 2. Mannschaft
EM 1988: 1. Mannschaft
EM 1988: 1. Nationenwertung
EM 1990: 1. Nationenwertung
EM 1990: 2. Mannschaft
EM 1990: 3. Einzel
EM 1995: 1. Mannschaft
EM 1996: 1. Teambewerb
EM 1999: 1. Teambewerb
WM 1987: 1. Einzel
WM 1987: 1. Mannschaft
WM 1987: 2. Nationenwertung
WM 1990: 2. Einzel
WM 1990: 1. Mannschaft

Lassnig Olga
EM 1969: 2. Mannschaft

Mangeng Christine
EM 1982: 2. Mannschaft
EM 1983: 3. Mannschaft
EM 1984: 2. Mannschaft
EM 1985: 2. Mannschaft
EM 1986: 3. Mannschaft

Oberhofer Melitta
EM 1987: 1. Einzel

Palz Inge
EM 1980: 3. Mannschaft

Pehr Inge
EM 1975: 3. Mannschaft
EM 1977: 1. Mannschaft
EM 1979: 2. Mannschaft
EM 1981: 2. Mannschaft

Schallmoser Johann
EM 1973: 2. Einzel

Spielhofer Helga
EM 1977: 1. Mannschaft
EM 1979: 2. Mannschaft

FAUSTBALL

Schneider Günther
WM 1993: 3.

Schneider Karin
WM 1994: 2.

FLUGSPORT – MOTORFLUG

Mennel Peter
WM 1999: 2. Hubschrauber-Team

Mennel Martina
WM 1999: 2. Hubschrauber-Team

GEWICHTHEBEN

Legel Walter
EM 1974: 3.

JUDO

Hölzler Manfred
EM 1986: 2. Mannschaft

KARATE

Birnbaumer Kurt
EM 1983: 3.

Blank Wolfgang
EM 1985: 3.

Braitsch Walter
EM 1979: 3. Kumite
EM 1980: 3. Kumite
EM 1983: 1. Gojo Ryu Open
EM 1983: 3. Kata Team
EM 1983: 3. Kumite Team
EM 1984: 3. Kumite Team
EM 1985: 1. Gojo Ryu Kumite Team
EM 1985: 2. Gojo Ryu Kumite
EM 1985: 2. Kumite Open
EM 1985: 3. Kumite Team

Degen Michael
EM 1982: 3.
EM 1983: 3.
EM 1984: 3.
EM 1985: 3.

Devigili Daniel
EM 1994: 3. Kumite 75 kg
EM 1997: 2. Gojo Ryu Open
EM 1997: 2. Gojo Ryu 75 kg
EM 1997: 3. Gojo Ryu Team
EM 1997: 2. Shotokan Team
EM 1999: 2. Gojo Ryu Open
WM 1994: 1. Kumite 75 kg

Falger Horst
EM 1983: 3.

Gantner Michael
EM 1993: 3. Shotokan

Gleichweit Gernot
EM 1985: 3.

Gnaiger Elisabeth
EM 1981: 3.

Jordanidis Konstantin
EM 1980: 2. Kumite Einzel
EM 1980: 3. Kata Team
EM 1981: 3. Kumite Team
EM 1983: 3. Kata Team
EM 1997: 2. Shotokan Kata Einzel
EM 1997: 2. Shotokan Kata Team
EM 1998: 2. Kata Team
WM 1997: 2. Shotokan Kata Team
WM 1999: 1. Shotokan Kata Team
WM 1999: 2. Shotokan Kata Einzel

Medaillenverzeichnis

Kern Doris
EM 1981: 3.

Kleinekathöfer Andreas
EM 1993: 3.
WM 1992: 2.

Leiler Dragan
EM 1995: 2.

Wober Angela
EM 1999: 1. Frauen-Kumite

KUNSTFAHREN: EINER- UND ZWEIERKUNSTRADFAHREN

Bachmann Markus
WM 1993: 3.

Bechtold Herbert
EM 1975: 3. Zweier

Bechtold Reinhard
EM 1975: 3. Zweier

Entner Dietmar
WM 1993: 3.

Fehr Annemarie
EM 1962: 2. Zweier
EM 1964: 2. Einer
EM 1965: 1. Einer
EM 1966: 3. Einer
WM 1964: 2. Einer
WM 1965: 1. Einer
WM 1966: 3. Einer

Fleisch Albert
EM 1968: 3. Zweier

Fleisch Gerd und Arno
EM 1983: 2. Zweier
EM 1984: 3. Zweier
EM 1985: 3. Zweier
WM 1986: 3. Zweier
WM 1987: 3. Zweier

Fleisch Gerd und Roland
EM 1981: 3. Zweier
EM 1982: 3. Zweier

Fleisch Oskar
EM 1968: 3. Zweier

Fleisch Roland
WM 1986: 3. Einzel

Franz Brigitte
EM 1980: 3. Zweier
EM 1981: 3. Zweier
EM 1982: 3. Zweier
EM 1983: 2. Zweier
EM 1984: 1. Zweier
EM 1985: 2. Zweier
WM 1986: 2. Zweier
WM 1987: 1. Zweier

Franz Sabine
EM 1980: 3. Zweier
EM 1981: 3. Zweier
EM 1982: 3. Zweier
EM 1983: 2. Zweier
EM 1984: 1. Zweier
EM 1985: 2. Zweier
WM 1986: 2. Zweier
WM 1987: 1. Zweier
WM 1991: 3. Einer

Hirschauer Renate
EM 1962: 2. Zweier

Kohl Sarah
WM 1999: 1. Frauen-2er Kunstfahren

Kühne Erwin
EM 1979: 3. Zweier
EM 1980: 3. Zweier

Kühne Gerold
EM 1979: 3. Zweier
EM 1980: 3. Zweier

Mähr Hannes
WM 1999: 3. Herren-1er Kunstfahren

Nußbaum Sandra
WM 1991: 2.

Schallert Marco
WM 1999: 2. Radball

Schneider Dietmar
WM 1999: 2. Radball

Schröck Astrid
WM 1991: 2. Zweier

Theiner Sabrina
WM 1999: 1. Frauen-2er Kunstfahren

LEICHTATHLETIK

Bodenmüller Klaus
Hallen-EM 1990: 1. Kugelstoßen
Hallen-EM 1992: 3. Kugelstoßen
Hallen-WM 1991: 2. Kugelstoßen

Haest-Ortner Brigitte
Hallen-EM 1970: 3. Staffel
(4 x eine Runde)
Hallen-EM 1973: 2. Staffel
(4 x eine Runde)

Mähr Carmen
Hallen-EM 1972: 3. Staffel
(4 x eine Runde)
Hallen-EM 1973: 2. Staffel
(4 x eine Runde)

MOTO-CROSS

Fussenegger Karl
WM 1993: 3.
WM 1994: 2.

Meusburger Josef
WM 1993: 3.
WM 1994: 2.

Schneider Bruno
EM 1974: 2.
EM 1975: 3.
EM 1976: 2.
WM 1980: 3.

Medaillenverzeichnis

MOTORSPORT: AUTOMOBILE

Rudi Lins
EM 1967: 1. Bergrennen
EM 1968: 2. Bergrennen

Walter Pedrazza
EM 1987: 2. Bergrennen
EM 1988: 3. Bergrennen
EM 1989: 3. Bergrennen
EM 1993: 2. Bergrennen

MOTORSPORT: MOTORRAD

Konrad Stückler
EM 1977: 1. Bergrennen (500 ccm)

MODELLFLUGSPORT

Wasner Karl jun.
EM 1986: 3. Einzel
EM 1986: 1. Team
WM 1985: 3. Einzel
WM 1985: 3. Team
WM 1987: 1. Team
WM 1989: 1. Team

RADBALL

Bösch Andreas/Bösch Harald
EM 1994: 3.
EM 1995: 1.

Bösch Andreas/Fontain Gernot
EM 1997: 3.
EM 1998: 3.
EM 1999: 3.
WM 1988: 3.
WM 1997: 3.

Bösch Andreas/Schneider Manfred
EM 1990: 3.
EM 1991: 3.
WM 1987: 3.
WM 1989: 3.

Schallert Marco/Schneider Dietmar
EM 1999: 2.
WM 1993: 2.

RINGEN

Busarello Günter
EM 1980: 3. Freistil

Hartmann Nikola
EM 1996: 1. Frauen
EM 1997: 1. Frauen
EM 1998: 1. Frauen
EM 1999: 1. Frauen
WM 1993: 1. Frauen
WM 1994: 1. Frauen
WM 1995: 1. Frauen
WM 1998: 1. Frauen

Barriga Elvira
EM 1999: 2. Frauen

RODELN

Tagwerker Andrea
EM 1992: 2. Mannschaft
EM 1994: 3. Mannschaft
EM 1996: 2. Mannschaft
EM 1996: 3. Einzel
EM 1998: 2. Einzel
WM 1991: 2. Mannschaft
WM 1996: 1. Mannschaft
WM 1997: 1. Mannschaft
WM 1999: 1. Mannschaft
OL 1994: 3. Einzel

SCHIESSEN

Fink Paul
WM 1979: 1. Armbrust 10 m
WM 1979: 2. Team
WM 1979: 3. 30 m kniend Team

Gassner Andreas
EM 1993: 2. Mannschaft
EM 1995: 2. Replicagewehr
EM 1995: 2. Mannschaft
EM 1997: 2. Perkussionsgewehr Mannschaft
EM 1997: 3. Luntengewehr stehend
EM 1999: 3. Perkussionsgewehr
EM 1999: 1. Perkussionsgewehr Mannschaft
WM 1994: 3. Mannschaft
WM 1996: 1. Perkussionsgewehr
WM 1996: 1. Perkussionsgewehr Mannschaft
WM 1998: 1. Perkussionsgewehr Mannschaft
WM 1998: 2. Luntengewehr kniend

Grabner Dieter
EM 1995: 3. Dreistellung Team
EM 1997: 1. Luftgewehr Team
EM 1997: 2. KK liegend Team
EM 1997: 3. Dreistellung Einzel
EM 1997: 3. Dreistellung Team
EM 1998: 2. Armbrust 30 m Team
EM 1998: 3. Luftgewehr Team
WM 1997: 1. Armbrust 30 m Team
WM 1997: 1. Armbrust stehend Team
WM 1997: 1. Armbrust 10 m Team
WM 1997: 2. Armbrust kniend Team
WM 1997: 3. Armbrust 30 m Einzel

Hammerer Hubert
EM 1958: 1. Armbrust stehend
EM 1958: 1. stehend Team
EM 1958: 2. Kombi Team
EM 1958: 3. Kombi
EM 1959: 1. Armbrust Team
EM 1959: 2. Kombi
EM 1959: 2. kniend Team
EM 1965: 2. Armbrust kniend Team
EM 1965: 3. kniend
EM 1965: 3. stehend Team
EM 1965: 3. Kombi Team
EM 1966: 2. Armbrust kniend Team
EM 1966: 3. kniend
EM 1966: 3. stehend Team
OL 1960: 1. Dreistellung Freigewehr 300 m

Medaillenverzeichnis

Schneider Othmar
EM 1975: 3. Zentralfeuerpistole Team
WM 1974: 3. Freie Pistole Team

Wolfram Waibel jun.
EM 1992: 1. Luftgewehr Team
EM 1995: 3. Dreistellung Team
EM 1996: 1. Luftgewehr
EM 1997: 1. Luftgewehr Team
EM 1997: 2. liegend Team
EM 1997: 3. Dreistellung Team
EM 1998: 3. Luftgewehr Team
WM 1993: 2. Armbrust Team
WM 1994: 3. Dreistellung
OL 1996: 2. Luftgewehr
OL 1996: 3. Dreistellung

Wolfram Waibel sen.
EM 1969: 2. English Match
EM 1979: 3. English Match
EM 1985: 3. kniend Team
EM 1989: 2. English Match
EM 1993: 3. English Match
WM 1970: 2. kniend
WM 1974: 3. English Match
WM 1978: 3. kniend Team
WM 1982: 3. English Match Team

SKI ALPIN UND NORDISCH

Bleiner Werner
WM 1970: 2. Riesentorlauf

Drexel Wiltrud
OL 1972: 3. Riesentorlauf
WM 1972: 3. Riesentorlauf
WM 1974: 3. Abfahrt

Eberle Ingrid
OL 1980: 3. Alpine Kombination

Ganahl Ignaz
EM 1985: 1. Firngleiten Slalom
EM 1985: 1. Firngleiten Riesentorlauf
EM 1985: 1. Firngleiten Kombination
EM 1986: 1. Firngleiten Slalom
EM 1987: 1. Firngleiten Slalom
EM 1988: 2. Firngleiten Slalom
EM 1993: 1. Firngleiten Riesentorlauf
EM 1993: 1. Firngleiten Kombination
EM 1994: 1. Firngleiten Slalom
EM 1994: 2. Firngleiten Kombination
EM 1995: 1. Firngleiten Riesentorlauf
EM 1996: 1. Firngleiten Slalom
EM 1996: 1. Firngleiten Riesentorlauf
EM 1996: 1. Firngleiten Kombination
EM 1997: 1. Firngleiten Slalom
EM 1997: 1. Firngleiten Riesentorlauf
EM 1997: 1. Firngleiten Kombination
WM 1987: 1. Firngleiten Slalom
WM 1987: 1. Firngleiten Riesentorlauf
WM 1987: 1. Firngleiten Kombination
WM 1989: 2. Firngleiten Slalom
WM 1989: 2. Firngleiten Kombination
WM 1996: 1. Firngleiten Slalom
WM 1996: 1. Firngleiten Riesentorlauf

Girardelli Marc
OL 1992: 2. Slalom
OL 1992: 3. Riesentorlauf
WM 1985: 2. Slalom
WM 1985: 3. Riesentorlauf
WM 1987: 1. Alpine Kombination
WM 1987: 2. Super-G
WM 1987: 2. Riesentorlauf
WM 1989: 1. Alpine Kombination
WM 1989: 3. Slalom
WM 1991: 1. Slalom
WM 1993: 2. Slalom
WM 1993: 3. Alpine Kombination
WM 1996: 1. Alpine Kombination

Greber Bernd
WM 1992: 1. Tiefschneefahren
WM 1993: 2. Tiefschneefahren
WM 1994: 2. Tiefschneefahren

Grossegger Andrea
WM 1984: 3. Biathlon

Gutgsell Alexandra
WM 1993: 1. Paraski

Hammerer Resi
OL 1948: 3. Abfahrt
WM 1948: 3. Abfahrt

Hartmann Christa
WM 1992: 1. Tiefschneefahren
WM 1993: 1. Tiefschneefahren

Innauer Anton
OL 1976: 2. Großschanze
OL 1980: 1. Normalschanze
WM 1976: 2. Großschanze
WM 1976: 1. Skifliegen
WM 1977: 2. Skifliegen
WM 1980: 1. Normalschanze

Innauer Siegfried
EM 1980: 1. Freestyle Buckelpiste
WM 1980: 3. Freestyle Buckelpiste

Jahn Marianne
WM 1962: 1. Slalom
WM 1962: 1. Riesentorlauf
WM 1962: 2. Alpine Kombination

Jochum-Beiser Trude
OL 1948: 1. Alpine Kombination
OL 1948: 2. Abfahrt
OL 1952: 1. Abfahrt
WM 1948: 2. Abfahrt
WM 1950: 1. Abfahrt
WM 1950: 2. Riesentorlauf
WM 1952: 1. Abfahrt

Kreiner Stefan
OL 1992: 3. Nordische Kombination (Staffel)

Leitner Ludwig
WM 1962: 3. Alpine Kombination
WM 1964: 1. Alpine Kombination
WM 1966: 3. Alpine Kombination

Medaillenverzeichnis

Lipburger Alois
WM 1978: 2. Großschanze

Mangeng Sonja
EM 1994: 3. Firngleiten Slalom

Nenning Gerhard
WM 1962: 3. Slalom
WM 1962: 2. Alpine Kombination
WM 1964: 2. Alpine Kombination

Netzer Erika
WM 1962: 2. Riesentorlauf
WM 1962: 3. Slalom
WM 1962: 3. Alpine Kombination

Ortlieb Patrick
OL 1992: 1. Abfahrt
WM 1996: 1. Abfahrt

Reiter Mario
OL 1998: 1. Alpine Kombination
WM 1996: 2. Slalom
WM 1997: 3. Alpine Kombination

Salzgeber Rainer
WM 1993: 2. Riesentorlauf

Schallert Richard
WM 1987: 3. Skispringen
(Mannschaft)

Schneider Othmar
OL 1952: 1. Slalom
OL 1952: 2. Abfahrt
WM 1952: 1. Slalom
WM 1952: 2. Abfahrt

Schuster Stefanie
WM 1999: 3. Abfahrt

Schwendinger Beate
EM 1994: 3. Firngleiten Riesentorlauf
EM 1994: 3. Firngleiten Kombination

Stadelmann Robert
WM 1997: 3. Nordische Kombination
Staffel

Strolz Hubert
OL 1988: 1. Alpine Kombination
OL 1988: 2. Riesentorlauf

Strolz Martin
WM 1954: 2. Abfahrt

Tan-Mangeng Corinna
EM 1994: 3. Firngleiten Kombination

Tiefenthaler-Amann Andrea
EM 1983: 3. Freestyle Springen
EM 1984: 2. Freestyle Springen
EM 1985: 1. Freestyle Springen
WM 1984: 3. Freestyle Springen
WM 1985: 3. Freestyle Springen

Ujetz Bettina
EM 1993: 3. Firngleiten Riesentorlauf
EM 1993: 3. Firngleiten Kombination

Wachter Anita
OL 1988: 1. Alpine Kombination
OL 1992: 2. Riesentorlauf
OL 1992: 2. Alpine Kombination
WM 1991: 3. Super-G
WM 1993: 2. Riesentorlauf
WM 1993: 3. Alpine Kombination
WM 1996: 2. Alpine Kombination
WM 1999: 3. Riesentorlauf

Zimmermann Edith
OL 1964: 2. Abfahrt
WM 1964: 2. Abfahrt
WM 1964: 3. Alpine Kombination

Zimmermann Egon
OL 1964: 1. Abfahrt
WM 1962: 1. Riesentorlauf
WM 1962: 3. Abfahrt
WM 1964: 1. Abfahrt

Zimmermann Heidi
WM 1966: 2. Riesentorlauf
WM 1966: 3. Alpine Kombination

SEGELN

Diem Klaus
WM 1994: 1. Vaurien

Fischer Werner/Geiger Karl
EM 1964: 3. FD
EM 1967: 3. FD

Geiger Karl/Pfanner Willy
WM 1967: 3. FD

Ladstätter Helmut
WM 1988: 2. Laser

Reiner/Matt/Knauer
EM 1988: 2. Trias

SKIBOB

Dobler Andrea
EM 1980: 2. Slalom
EM 1980: 2. Kombination
EM 1980: 3. Riesentorlauf
WM 1979: 1. Riesentorlauf
WM 1979: 2. Abfahrtslauf
WM 1981: 1. Slalom
WM 1981: 1. Riesentorlauf
WM 1981: 3. Kombination

Lerchster Dieter
WM 1990: 2. Super-G
WM 1990: 2. Kombination
WM 1991: 2. Riesentorlauf
WM 1991: 2. Kombination
WM 1991: 3. Slalom
WM 1992: 2. Super-G
WM 1992: 3. Slalom
WM 1992: 3. Kombination
WM 1993: 1. Slalom
WM 1993: 2. Kombination
WM 1993: 3. Riesentorlauf
WM 1994: 1. Riesentorlauf
WM 1994: 1. Kombination
WM 1994: 3. Abfahrtslauf
WM 1994: 3. Super-G
WM 1994: 3. Slalom
WM 1996: 3. Abfahrtslauf
WM 1996: 3. Super-G
WM 1997: 2. Super-G
WM 1997: 2. Slalom
WM 1998: 1. Slalom

Medaillenverzeichnis

SPORTFISCHEN – CASTING

Günther Mennel
EM 1963: 1. Gewicht Distanz 17 g
EM 1963: 2. Kombination 2
(Gewicht 17 g)
EM 1963: 2. Zehnkampf
EM 1963: 3. Kombination 5
(Fliege/Gewicht Ziel)
EM 1963: 3. Kombination 9
(Gewicht, Distanz)
EM 1964: 2. Fliege Einhand-Distanz
EM 1964: 3. Kombination 2
(Gewicht 17 g)
EM 1965: 1. Kombination 5
(Fliege/Gewicht Ziel)
EM 1965: 1. Kombination 9
(Gewicht, Distanz)
EM 1965: 2. Kombination 6
(Fliege/Gewicht Distanz)
EM 1965: 3. Gewicht Distanz 10 g
EM 1965: 3. Gewicht
Einhand-Distanz 17 g
EM 1965: 3. Kombination 8
(Gewicht 10 g Distanz)
EM 1966: 2. Lachsfliege Distanz
EM 1966: 2. Gewicht
Einhand-Distanz 17 g
EM 1966: 2. Kombination 5
(Fliege/Gewicht Ziel)
EM 1966: 2. Kombination 9
(Gewicht, Distanz)
EM 1966: 3. Gewicht Distanz 10 g
EM 1968: 2. Fliege Fisherman
(Distanz und Ziel)
EM 1968: 2. Gewicht
Einhand-Distanz 17 g
EM 1968: 2. Kombination 1
(Fliege, Ziel)
EM 1968: 3. Fliege Skish
WM 1963: 1. Gewicht Distanz 17g
WM 1963: 3. Kombination 2
(Gewicht 17 g)
WM 1963: 3. Zehnkampf
WM 1964: 2. Fliege Einhand-Distanz
WM 1964: 3. Kombination 2
(Gewicht 17 g)
WM 1965: 1. Kombination 5
(Fliege/Gewicht Ziel)
WM 1965: 1. Kombination 9
(Gewicht, Distanz)
WM 1965: 3. Gewicht Distanz 10 g
WM 1965: 3. Gewicht
Einhand-Distanz 17 g
WM 1965: 3. Kombination 6
(Fliege/Gewicht Distanz)
WM 1966: 2. Lachsfliege Distanz
WM 1966: 2. Gewicht
Einhand-Distanz 17 g
WM 1966: 2. Kombination 5
(Fliege/Gewicht Ziel)
WM 1966: 2. Kombination 9
(Gewicht Distanz)
WM 1966: 3. Gewicht Distanz 10 g
WM 1968: 2. Fliege Fisherman
(Distanz und Ziel)
WM 1968: 2. Gewicht
Einhand-Distanz 17 g
WM 1968: 2. Kombination 1
(Fliege Ziel)
WM 1968: 3. Fliege Skish

TRIATHLON

Hämmerle Jasmin
WM 1999: 3. Frauen-Langdistanz

TURNEN

Sauter Hans
EM 1955: 3. Seitpferd

VERSEHRTENSPORT

Bechter Thomas
WM 1996: 1. Super-G
WM 1996: 2. Riesentorlauf
WM 1996: 2. Slalom

Bergmann Rainer
OL 1992: 3. Slalom

Egle Jürgen
WM 2000: 3. Slalom

Fetz Hildegard
EM 1989: 3. Tischtennis (Mannschaft)
EM 1989: 2. Tischtennis (Einzel)
WM 1990: 2. Tischtennis (Mannschaft)
WM 1990: 3. Tischtennis (Einzel)

Gasser Hans
OL 1993: 3. Special Olympics/nordisch

Haderer Carmen
OL 1994: 3. Slalom

Häusle Christian
WM 1982: 1. Slalom

Haider Karl
OL 1976: 2. Leichtathletik Fünfkampf
OL 1976: 2. Schwimmen
4 x 100 m Kraul
EM 1956: 1. Schwimmen
100 m Kraul

Hirschbühl Arno
OL 1994: 1. Slalom
OL 1994: 2. Super-G
OL 1994: 3. Abfahrt
OL 1998: 2. Slalom
OL 1998: 2. Super-G
WM 1996: 1. Abfahrt
WM 1996: 1. Super-G
WM 1996: 1. Riesentorlauf
WM 1996: 1. Slalom
WM 2000: 3. Abfahrt
WM 2000: 3. Super-G
WM 2000: 3. Slalom

Jäger Josef
OL 1964: 3. Schwimmen 50 m Brust
OL 1972: 1. Fünfkampf
OL 1972: 2. Speer
OL 1972: 3. Kugel
WM 1971: 1. Diskus
WM 1971: 1. Kugel
WM 1971: 3. Speer
WM 1971: 3. Schwimmen 25 m Brust
WM 1973: 1. Fünfkampf

Jochum Rudi
WM 2000: 2. Slalom

Kühne Bruno
OL 1992: 1. Super-G

Loacker Hubert
OL 1993: 1./2. SO/alpin

Medaillenverzeichnis

Madlener Brigitte
OL 1980: 1. Riesentorlauf
OL 1980: 2. Slalom
OL 1984: 1. Riesentorlauf
OL 1984: 1. Abfahrt
OL 1984: 1. Alpine Kombination
OL 1984: 2. Slalom
WM 1982: 1. Abfahrt
WM 1982: 1. Slalom
WM 1982: 2. Alpine Kombination

Mätzler Wilfried
WM 1996: 3. Super-G
WM 1996: 3. Riesentorlauf

Mennel Ewald
OL 1993: 1. SO/nordisch

Meusburger Josef
OL 1976: 1. Slalom
OL 1980: 1. Slalom
OL 1980: 2. Riesentorlauf
OL 1984: 1. Slalom
OL 1984: 1. Riesentorlauf
OL 1984: 1. Alpine Kombination
OL 1984: 2. Abfahrt
OL 1988: 1. Riesentorlauf
WM 1982: 1. Slalom
WM 1982: 2. Riesentorlauf
WM 1982: 2. Abfahrt
WM 1982: 2. Alpine Kombination
WM 1986: 2. Alpine Kombination
WM 1986: 3. Slalom
WM 1986: 3. Riesentorlauf
WM 1986: 3. Abfahrt

Meusburger Robert
WM 2000: 2. Riesentorlauf

Moosbrugger Wolfgang
WM 1996: 2. Riesentorlauf
WM 1996: 2. Slalom

Oberhauser Hubert
WM 1972: 1. Slalom
WM 1972: 1. Riesentorlauf
WM 1972: 1. Alpine Kombination
WM 1974: 1. Riesentorlauf
WM 1974: 1. Alpine Kombination
WM 1974: 2. Slalom
WM 1974: 3. Abfahrt

Pfanzelter Reinold
WM 1990: 3. Schlitten-LL-Staffel

Roth Harald
EM 1983: 1. Speer
EM 1983: 1. Hoch
EM 1983: 2. Diskus
EM 1985: 1. Speer
EM 1985: 1. Weit
EM 1985: 2. Diskus
EM 1987: 1. Speer
EM 1987: 1. 100 m
EM 1987: 1. 400 m
OL 1984: 1. Speer
OL 1984: 3. 4 x 400 m Staffel
OL 1988: 1. Speer
OL 1992: 1. Speer
OL 1992: 2. Diskus
OL 1992: 3. 4 x 100 m Staffel
WM 1986: 1. Speer
WM 1986: 2. 400 m
WM 1986: 3. Weit
WM 1990: 1. Speer
WM 1994: 1. Speer
WM 1994: 3. Diskus
WM 1994: 3. 4 x 100 m Staffel

Salzmann Klaus
OL 1998: 1. Riesentorlauf
WM 1996: 1. Riesentorlauf
WM 1996: 1. Slalom
WM 1996: 2. Super-G
WM 2000: 3. Riesentorlauf
WM 2000: 2. Super-G

Ungerank Ralph
OL 1993: 3. SO/alpin

Vrbica Norbert
OL 1993: 3. SO/alpin

Quellen:

Amt der Vorarlberger Landesregierung, Abteilung IVc, Sport.

CHRISTIAN RHOMBERG und OTTO SCHWALD, Die Besten im Westen.

Vorarlbergs Jahr-100-Sportler im Porträt.

Bludenz 2000 (= Bludenzer Geschichtsblätter 51/52).

Stichtag: 30. März 2000

Es wurden lediglich die Medaillengewinner bei Europa- und Weltmeisterschaften sowie Olympiaden berücksichtigt. Aus Platzgründen konnten Sportler nicht berücksichtigt werden, die bei Junioren- oder Militärweltmeisterschaften u. dgl. erfolgreich waren. Die Liste erhebt auch hinsichtlich der Sportarten keinerlei Anspruch auf Vollständigkeit.

Literaturverzeichnis

1. ALLGEMEINES

Antisemitismus in Vorarlberg. Regionalstudie zur Geschichte einer Weltanschauung. Hg. von **Werner Dreier.** Bregenz 1988 (= Studien zur Geschichte und Gesellschaft Vorarlbergs 4).

Markus Barnay, *Die Erfindung des Vorarlbergers. Ethnizitätsbildung und Landesbewußtsein im 19. und 20. Jahrhundert.* Bregenz 1988 (= Studien zur Geschichte und Gesellschaft Vorarlbergs 3).

Lothar Beer, *Die Geschichte der Bahnen in Vorarlberg 1-2.* Hard 1994-1995.

Begegnung Appenzell-Ausserrhoden und Vorarlberg. Beiträge zu Geschichte, Kunstgeschichte und Literatur. Hg. von **Stefan Sonderegger.** Sigmaringen 1992 (= Sonderdruck aus SVGBU 110).

Benedikt Bilgeri, *Bregenz. Geschichte der Stadt. Politik – Verfassung – Wirtschaft.* Wien/München 1980 (= Bregenz. Stadtgeschichtliche Arbeiten 1).

Benedikt Bilgeri, *Geschichte Vorarlbergs 1-5.* Wien/Köln/Graz 1971-1987.

Karl Heinz Burmeister, *Geschichte der Juden in Stadt und Herrschaft Feldkirch.* Feldkirch 1993 (= Schriftenreihe der Rheticus-Gesellschaft 31).

Karl Heinz Burmeister, *Geschichte Vorarlbergs. Ein Überblick.* 3. Auflage. Wien 1989.

75 Jahre selbständiges Land Vorarlberg (1918-1993). Bregenz 1993.

Geschichte der Stadt Feldkirch 1-2. Hg. von **Karlheinz Albrecht.** Sigmaringen 1985-1987.

Hexe oder Hausfrau. Das Bild der Frau in der Geschichte Vorarlbergs. Hg. von **Alois Niederstätter** und **Wolfgang Scheffknecht.** Sigmaringendorf 1991.

Landes- und Volkskunde, Geschichte, Wirtschaft und Kunst Vorarlbergs 1-4. Hg. von **Karl Ilg.** Innsbruck/München 1961-1967.

Landstände und Landtag in Vorarlberg. Geschichtlicher Rückblick aus Anlaß der Wiedererrichtung einer Volksvertretung vor hundert Jahren (1861-1961). Hg. vom **Land Vorarlberg.** Bregenz 1961.

Hans Nägele, *Buch und Presse in Vorarlberg.* Dornbirn 1970 (= Schriften zur Vorarlberger Landeskunde 8).

Ludwig Rapp und **Andreas Ulmer,** *Topographisch-Historische Beschreibung des Generalvikariates Vorarlberg 1-8.* Brixen 1894 ff.

Aron Tänzer, *Die Geschichte der Juden in Hohenems und im übrigen Vorarlberg.* Bregenz 1982 (= Nachdruck der Ausgabe Meran 1905).

Christoph Vallaster, *Die Bischöfe Vorarlbergs.* Dornbirn 1988.

Christoph Vallaster, *Ehrenbürger der Vorarlberger Städte und Marktgemeinden.* Bregenz 1986.

Christoph Vallaster, *Schlagzeilen. Vorarlberger Pressegeschichte.* Dornbirn 1985 (= Ländle-Bibliothek 4).

Vorarlberg – unser Land. Jungbürgerbuch. Hg. von **Vorarlberger Landesregierung.** 2. Aufl. Bregenz u.a. 1983.

Ludwig Welti, *Siedlungs- und Sozialgeschichte von Vorarlberg.* Innsbruck 1973 (= Veröffentlichungen der Universität Innsbruck 6. Studien zur Rechts-, Wirtschafts- und Kulturgeschichte 1).

2. RÖMISCHE ZEIT

Brigantium im Spiegel Roms. Vorträge zur 2000-Jahr-Feier der Landeshauptstadt Bregenz. Hg. von **Karl Heinz Burmeister** und **Emmerich Gmeiner.** Dornbirn 1987 (= Forschungen zur Geschichte Vorarlbergs 8, der ganzen Reihe 15).

Christine Ertel, *Das römische Hafenviertel von Brigantium/Bregenz.* Bregenz 1999 (= Schriften des Vorarlberger Landesmuseums Reihe A: Landschaftsgeschichte und Archäologie 6).

Helmut Häusle, *Vergilii versus: vitae imago. Kritische Bemerkungen zum inschriftlichen Vergilzitat von Bregenz.* In: JBVLMV 134 (1990), Seite 87-104.

Die Römer in den Alpen. Historikertagung in Salzburg 13.-15.XI.1986. Bearb. von **Elisabeth Zacherl.** Bozen 1989 (= Schriftenreihe der Arbeitsgemeinschaft Alpenländer III, N.F. 2).

Das römische Brigantium. Hg. von **Vorarlberger Landesmuseum.** Bregenz 1985 (= Ausstellungskatalog des Vorarlberger Landesmuseums 124).

Robert Rollinger, *Überlegungen zu einer römischen Geschichte des Gebietes des späteren Vorarlbergs mit besonderer Berücksichtigung der Kummenbergregion.* In: Kummenberg Heft 2 (1993), Seite 7-46.

Michaela Konrad, *Das römische Gräberfeld von Bregenz–Brigantium I. Die Körpergräber des 3. bis 5. Jahrhunderts.* München 1997 (= MBVF 51).

Literaturverzeichnis

Robert Rollinger, „Raetiam autem et Vindelicos ac Noricos … imperio nostro subiunxit provincias". Wann wurde Raetien als römische Provinz eingerichtet? In: Peter W. Haider und Robert Rollinger (Hg.), Althistorische Studien im Spannungsfeld zwischen Universal- und Wissenschaftsgeschichte. Festschrift für Franz Hampl zum 90. Geburtstag am 8. Dezember 2000. Stuttgart 2000.

Robert Rollinger, *Eine spätrömische Straßenstation auf dem Boden des heutigen Vorarlberg? Die Frage der Lokalisierung, der Charakteristik und der historischen Einordnung von Clunia vor dem Hintergrund der spätantiken Verkehrsgeschichte der Raetia Prima (nebst einer Forschungsgeschichte zur „Clunia–Frage")*. In: Montfort 48 (1996), Seite 187-242.

Robert Rollinger, *Zum Alamannenfeldzug Constantius' II. an Bodensee und Rhein im Jahre 355 n. Chr. und zu Julians erstem Aufenthalt in Italien. Überlegungen zu Ammianus Marcellinus 15,4.* In: Klio 80 (1998), Seite 231-262.

Robert Rollinger, *Zum Räterbild in der Vorarlberger Landesgeschichtsschreibung, dargestellt an ausgewählten Beispielen.* In: Hermann J. W. Kuprian (Hg.), Ostarrichi – Österreich. 1000 Jahre – 1000 Welten. Innsbruck 1997, Seite 179-242.

Franz Schön, *Der Beginn der römischen Herrschaft in Rätien.* Sigmaringen 1986.

Hans Stather, *Die römische Militärpolitik am Hochrhein unter besonderer Berücksichtigung von Konstanz.* Konstanz 1986 (= Konstanzer Dissertationen 100).

Brigitte Truschnegg, *Vorarlberg und die Römer. Geschichtsbewußtsein und Landesgeschichte im Wechselspiel (1800–1945)*. Bregenz 2000 (= Schriften der Vorarlberger Landesbibliothek 4).

3. MITTELALTER

Walter Berschin, *Columban und Gallus in Bregenz.* In: Montfort 38 (1986), Seite 160-164.

Benedikt Bilgeri, *Der Arlberg und die Anfänge der Stadt Bludenz.* In: SVGBU 90 (1972), Seite 1-17.

Benedikt Bilgeri, *Der Bund ob dem See. Vorarlberg im Appenzellerkrieg.* Stuttgart/Berlin/Köln/Mainz 1968.

Arno Borst, *Mönche am Bodensee 610-1525.* 3. Aufl. Sigmaringen 1991 (= Bodensee-Bibliothek 5).

Karl Heinz Burmeister, *Das Edelgeschlecht von Wolfurt.* Lindau 1984 (= Neujahrsblatt 28 des Museumsvereins Lindau).

Karl Heinz Burmeister, *Der Feldkircher Freiheitsbrief von 1376.* In: Montfort 28 (1976), Seite 259-273; auch in: Rheticus. Vierteljahresschrift der Rheticus-Gesellschaft 18 (1996), Seite 89-107.

Karl Heinz Burmeister, *Die Grafen von Montfort. Geschichte, Recht, Kultur.* Festgabe zum 60. Geburtstag. Hg. von **Alois Niederstätter**. Konstanz 1996 (= Forschungen zur Geschichte Vorarlbergs 2).

Karl Heinz Burmeister, *medinat bodasee 1. Zur Geschichte der Juden am Bodensee 1200-1349.* Konstanz 1995.

Karl Heinz Burmeister, *medinat bodasee 2. Zur Geschichte der Juden am Bodensee 1350-1448.* Konstanz 1996.

Karl Heinz Burmeister, *Die Städtegründungen der Tübinger in Österreich und der Schweiz.* In: Die Pfalzgrafen von Tübingen. Hg. von **Hansmartin Decker-Hauff, Franz Quartal** und **Wilfried Setzler**. Sigmaringen 1981, Seite 15-28.

Karl Heinz Burmeister, *Der Vorarlberger Frühhumanist Ludwig Rad (1420-1492).* In: Innsbrucker historische Studien 5 (1982), Seite 7-26.

Heinrich Fichtenau, *Das Urkundenwesen in Österreich vom 8. bis zum frühen 13. Jahrhundert.* Wien/Köln/Graz 1971 (= MIÖG, Ergänzungsband 23).

Frühmittelalter zwischen Alpen und Bodensee. Hg. von **Wolfgang Hartung** und **Alois Niederstätter**. Dornbirn 1990 (= Untersuchungen zur Strukturgeschichte Vorarlbergs 1).

Hoch- und Spätmittelalter zwischen Alpen und Bodensee. Hg. von **Wolfgang Hartung** und **Alois Niederstätter**. Dornbirn 1992 (= Untersuchungen zur Strukturgeschichte Vorarlbergs 2).

Franz Josef Huber, *Kleines Vorarlberger Burgenbuch.* Dornbirn o.J. (1985) (= Ländle-Bibliothek 3).

Kurt Klein, *Siedlungs- und Bevölkerungsentwicklung Vorarlbergs im späten Mittelalter.* In: Montfort 44 (1992), Seite 125-143.

Julia Kleindienst, *Das churrätische Reichsguturbar – eine Quelle zur frühmittelalterlichen Geschichte Vorarlbergs.* In: Montfort 47 (1995), Seite 89-130.

Alois Niederstätter, *Alamannen, Romanen, Ostgoten und Franken in der Bodenseeregion. Forschungsstand und neue Überlegungen zur ältesten Vorarlberger Landesgeschichte.* In: Montfort 49 (1997), S.207-227.

Alois Niederstätter, *Beiträge zur Verfassungs- und Verwaltungsgeschichte Vorarlbergs (14. bis 16. Jahrhundert).* In: Montfort 39 (1987), Seite 53-70.

Alois Niederstätter, *Die Bregenzer Stadtammänner bis zum Jahre 1523.* In: Alemannisches Jahrbuch 1981/83, Seite 183-212.

Literaturverzeichnis

Alois Niederstätter, „... dass sie alle Appenzeller woltent sin." Bemerkungen zu den Appenzellerkriegen aus Vorarlberger Sicht. In: SVGBU 110 (1992), Seite 10-30.

Alois Niederstätter, Engilbret und Hupreht – die ersten urkundlich genannten Dornbirner. In: Innsbrucker historische Studien 6 (1983), Seite 145-160.

Alois Niederstätter, Neue Forschungen zu Graf Hugo I. von Montfort sowie zur Gründung der Stadt Bregenz. Ein Zwischenbericht. In: Montfort 46 (1994), Seite 271-281.

Alois Niederstätter, St. Galler Klosterbesitz im heutigen Vorarlberg während des Mittelalters. In: SVGBU 103 (1985), Seite 1-32.

Alois Niederstätter, Vorarlberg im Spiegel der Pertinenzformeln frühmittelalterlicher Urkunden. In: JBVLMV 130 (1986), Seite 77-92.

Meinrad Pichler, Rudolf von Montfort – ein Kirchenfürst zwischen Kaiser und Kurie. In: Montfort 34 (1982), Seite 289-306.

Meinrad Tiefenthaler, Der Appenzellerkrieg in Vorarlberg. In: Tiroler Heimat 17 (1953), Seite 107-118.

Meinrad Tiefenthaler, Die Vorarlberger Eidgenossenschaft von 1391. In: SVGBU 70 (1951), Seite 19-33.

Andreas Ulmer, Die Burgen und Edelsitze Vorarlbergs und Liechtensteins. Dornbirn 1978 (= unveränderter Nachdruck der Ausgabe Dornbirn 1925).

Johann Nepomuk von Vanotti, Geschichte der Grafen von Montfort und von Werdenberg. Ein Beitrag zur Geschichte Schwabens, Graubündens, der Schweiz und Vorarlbergs. Bregenz 1988 (= unveränderter Nachdruck der Ausgabe Belle-Vue bei Konstanz 1845).

Herwig Wolfram, Die Geburt Mitteleuropas. Geschichte Österreichs vor seiner Entstehung 378-907. Wien 1987.

Viktor Wratzfeld, Eusebius vom Viktorsberg. Geschichte – Legende – Kult. Ein Beitrag zur Geschichte der Heiligen Vorarlbergs. Dornbirn 1975 (= Schriften zur Vorarlberger Landeskunde 11).

FRÜHE NEUZEIT
(ca. 1500 bis ca. 1800)

Thomas Albrich, Bildung zwischen Aufklärung und Tradition. Lazar Levi Wälsch und die Anfänge der deutschen Schule „bey der Judenschaft in Hohenems". In: Alemannia Studens 3 (1993); Seite 5-19.

Thomas Albrich, Zweierlei „Klassen"? Öffentliche Schule und Privatunterricht in der jüdischen Gemeinde Hohenems während der bayerischen Herrschaft (1806-1814). In: Alemannia Studens 4 (1994), Seite 7-44.

Aspekte der Landwirtschaft in der Bodenseeregion. Mittelater und frühe Neuzeit. Hg. von **Alois Niederstätter** Dornbirn 1999 (= Untersuchungen zur Strukturgeschichte Vorarlbergs 4).

Reinhold Bernhard, Vorarlberg im Brennpunkt politischen und geistigen Wandels 1789-1801. Dornbirn 1984 (= Vorarlberg in Geschichte und Gegenwart 1).

Peter Broucek, Die Eroberung von Bregenz am 4. Jänner 1647. 2. Aufl. Wien 1981 (= Militärhistorische Schriftenreihe 18).

Karl Heinz Burmeister, Georg Joachim Rheticus 1514-1574. Eine Bio-Bibliographie. 3 Bände. Wiesbaden 1967/68.

Karl Heinz Burmeister, Geschichte der Juden in Stadt und Herrschaft Feldkirch. Feldkirch 1993 (= Schriftenreihe der Rheticus-Gesellschaft 31).

Eliten im vorindustriellen Vorarlberg. Hg. von **Wolfgang Hartung** und **Alois Niederstätter.** Dornbirn 1994 (= Untersuchungen zur Strukturgeschichte Vorarlbergs 3).

Arno J. Fitz, Die Frühindustrialisierung Vorarlbergs und ihre Auswirkungen auf die Familienstruktur. Dornbirn 1985 (= Vorarlberg in Geschichte und Gegenwart 2).

Hildegund Gismann-Fiel, Das Täufertum in Vorarlberg. Dornbirn 1982.

Klaus W. O. Gnaiger, Vorarlberg zur Bayernzeit. Phil. Hausarbeit [masch.] Salzburg 1977.

Erich Hillbrand, Die Gefechte bei Feldkirch 1799 und der Kampf um Vorarlberg bis 1801. Wien 1985 (= Militärhistorische Schriftenreihe 52).

Hohenemser und Raitenauer im Bodenseeraum. Fürsterzbischof Wolf Dietrich von Raitenau zum Gedenken. Hg. vom **Vorarlberger Landesmuseum.** Bregenz 1987 (= Ausstellungskatalog des Vorarlberger Landesmuseums 141).

Ferdinand Hirn, Vorarlbergs Erhebung im Jahr 1809. Bregenz 1909.

Hl. Karl Borromäus. Reformer – Heiliger – Vorbild. Katalog zur Ausstellung. Lustenau 1988.

Heribert Küng, Die Gegenreformation in Vorarlberg während des Dreißigjährigen Krieges. In: Montfort 22 (1970), Seite 243-271.

Literaturverzeichnis

Heribert Küng, *Landesverteidigung für Vorarlberg. Die Miliz der Landstände vom 15. Jahrhundert bis zum Ersten Weltkrieg.* In: Montfort 46 (1994), Seite 370-399.

Gerda Leipold-Schneider, *Bevölkerungsgeschichte Feldkirchs bis ins 16. Jahrhundert.* Feldkirch 1991 (= Schriftenreihe der Rheticus-Gesellschaft 26).

Norbert Lieb, *Die Vorarlberger Barockbaumeister.* 3. Aufl. München/Zürich 1976.

Dorothea McEwan, *Das Wirken des Vorarlberger Reformators Bartholomäus Bernhardi. Der Lutherfreund und einer der ersten verheirateten Priester der Lutheraner kommt zu Wort.* Dornbirn 1986 (= Forschungen zur Geschichte Vorarlbergs 7, der ganzen Reihe 14).

Karel Menhart, *Anfänge der Reformation in Vorarlberg. Um die Rolle von Merk Sittich von Hohenems.* In: Montfort 30 (1978), Seite 79-87.

Wilhelm Meusburger, *Die Landammänner des Hinteren Bregenzerwaldes. Ein Beitrag zur Geschichte des Bregenzerwaldes.* Phil. Diss. [masch.] Innsbruck 1981.

Neue Perspektiven 1809. Hg. von **Gerhard Wanner.** Lochau 1985 (= Informationsbuch 1).

Alois Niederstätter, *Der Landtag von 1604 zu Feldkirch.* In: Innsbrucker historische Studien 4 (1981), Seite 47-64.

Alois Niederstätter, *Die Vorarlberger Städte und ihr Land bis zum Dreißigjährigen Krieg. Ein Beitrag zu den Stadt-Land-Beziehungen im Spätmittelalter und in der Frühen Neuzeit.* In: Montfort 44 (1992), Seite 203-221.

Bernhard Purin, *Die Juden von Sulz. Eine jüdische Landgemeinde in Vorarlberg 1676-1744.* Bregenz 1991 (= Studien zur Geschichte und Gesellschaft Vorarlbergs 9).

Franz Quarthal, Georg Wieland und **Birgit Dürr,** *Die Behördenorganisation Vorderösterreichs von 1753 bis 1805 und die Beamten in Verwaltung, Justiz und Unterrichtswesen.* Bühl/Baden 1977 (= Veröffentlichungen des Alemannischen Instituts Freiburg i. Br. 43).

Helmut Reinalter, *Jakobiner in Vorarlberg.* In: Montfort 32 (1980), Seite 44-55.

Angela Rosenthal, *Die Zeichnungen der Angelika Kauffmann im Vorarlberger Landesmuseum, Bregenz.* In: JBVLMV 134 (1990), Seite 139-181.

Andreas Rudigier und **Manfred Tschaikner,** *Lukas Tschofen und Gaschurn.* Bludenz 1993 (= Bludenzer Geschichtsblätter 14/15).

Hermann Sander, *Die Ermordung des Vorarlberger Kreishauptmannes J. A. v. Indermauer (am 10. August 1796) und ihre Folgen.* Innsbruck 1896.

Hermann Sander, *Vorarlberg zur Zeit des deutschen Bauernkrieges.* In: MIÖG, Ergänzungsband 4 (1893), Seite 297-372.

Wolfgang Scheffknecht, *Armut und Not als soziales Problem. Aspekte der Geschichte vagierender Randgruppen im Bereich Vorarlbergs vom 16. bis zum 18. Jahrhundert.* In: Innsbrucker historische Studien 12/13 (1990), Seite 69-96.

Wolfgang Scheffknecht, *Die Hofammänner von Lustenau. Ein Beitrag zur Verfassungs- und Sozialgeschichte des Reichshofes.* Phil. Diss. [masch.] Innsbruck 1988.

Wolfgang Scheffknecht, *Scharfrichter. Eine Randgruppe im frühneuzeitlichen Vorarlberg.* Konstanz 1995.

Johannes Schöch, *Die religiösen Neuerungen des 16. Jahrhunderts in Vorarlberg bis 1540.* In: Forschungen und Mitteilungen zur Geschichte Tirols und Vorarlbergs 9 (1912), Seite 21-37, 81-107, 177-194, 259-280.

Erich Somweber, *Die Reformen Maria Theresias und Josefs II. in Vorarlberg.* Phil. Diss. [masch.] Wien 1931.

Eva Stahl, *Wolf Dietrich von Salzburg. Weltmann auf dem Bischofsthron.* 3. Aufl. Wien u.a. 1987.

Alfred A. Strnad, *Die Hohenemser in Rom. Das römische Ambiente des jungen Marcus Sitticus von Hohenems.* In: Innsbrucker historische Studien 3 (1980), Seite 61-130.

Alfred A. Strnad, *Kardinal Markus Sittich von Hohenems und die Papstwahl des Jahres 1591. Zugleich eine Ergänzung zu Pastors Geschichte der Päpste seit dem Ausgang des Mittelalters.* In: JBVLMV 135 (1991), Seite 145-156.

Meinrad Tiefenthaler und **Arnulf Benzer,** *Vorarlberg 1809. Ein Kampf um Freiheit und Selbständigkeit.* Bregenz 1959.

Literaturverzeichnis

Manfred Tschaikner, *„Damit das Böse ausgerottet werde". Hexenverfolgungen in Vorarlberg im 16. und 17. Jahrhundert.* Bregenz 1992 (= Studien zur Geschichte und Gesellschaft Vorarlbergs 11).

Andreas Ulmer, *Die Volksbewegung gegen die kirchenpolitischen Neuerungen Josefs II. im Lande Vorarlberg und im besonderen der Pfarre Dornbirn 1789-91.* In: Montfort 1 (1946), Seite 45-55.

Volksheld oder Verräter? Dr. Anton Schneider 1777-1820. Hg. von **Karl Heinz Burmeister.** Bregenz 1985 (= Schriften des Vorarlberger Landesarchivs 1).

Gerhard Wanner, *Kriegsschauplatz Bodensee 1799/1800 und 1809.* Wien 1987 (= Militärhistorische Schriftenreihe 59).

Ludwig Welti, *Geschichte der Reichsgrafschaft Hohenems und des Reichshofes Lustenau. Ein Beitrag zur Einigungsgeschichte Vorarlbergs.* Innsbruck 1930 (= Forschungen zur Geschichte Vorarlbergs und Liechtensteins 4).

Ludwig Welti, *Graf Jakob Hannibal I. von Hohenems 1530-1578. Ein Leben im Dienste des katholischen Abendlandes.* Innsbruck 1954.

Ludwig Welti, *Graf Kaspar von Hohenems 1573-1640. Ein adeliges Leben im Zwiespalte zwischen friedlichem Kulturideal und rauher Kriegswirklichkeit im Frühbarock.* Innsbruck 1963.

Ludwig Welti, *Merk Sittich und Wolf Dietrich von Ems. Die Wegbereiter zum Aufstieg des Hauses Hohenems.* Dornbirn 1952 (= Schriften zur Landeskunde Vorarlbergs 4).

DAS 19. JAHRHUNDERT

Sieglinde Amann, *Armenfürsorge und Armenpolitik in Feldkirch von 1814-1914.* Feldkirch 1996 (= Schriftenreihe der Rheticus-Gesellschaft 34).

Auswanderung aus dem Trentino – Einwanderung nach Vorarlberg. Die Geschichte einer Migrationsbewegung mit besonderer Berücksichtigung der Zeit von 1870/80 bis 1919. Hg. von **Karl Heinz Burmeister** und **Robert Rollinger.** Sigmaringen 1995 (= Bodensee-Bibliothek 38).

Christoph Bertsch, *Fabrikarchitektur. Entwicklung und Bedeutung einer Baugattung anhand Vorarlberger Beispielen des 19. und 20. Jahrhunderts.* Braunschweig/Wiesbaden 1981.

Anton Bundsmann, *Die Entwicklung der politischen Verwaltung in Tirol und Vorarlberg seit Maria Theresia bis 1918.* Dornbirn 1961.

Anton Bundsmann, *Die Landeschefs von Tirol und Vorarlberg in der Zeit von 1815-1913.* Innsbruck 1954 (= Schlern-Schriften 117).

Karl Heinz Burmeister, *Der Musikverein der Israeliten in Hohenems von 1831.* In: Montfort 43 (1991), Seite 185-188.

Casimir Hämmerle. Ein Vorarlberger in Wien 1847-1920. Hg. **von Karl Heinz Burmeister** und **Klaus Plitzner.** Bregenz 1987 (= Schriften des Vorarlberger Landesarchivs 4).

Gernot Egger, *Ausgrenzen – Erfassen – Vernichten. Arme und „Irre" in Vorarlberg.* Bregenz 1990 (= Studien zur Geschichte und Gesellschaft Vorarlbergs 7).

Engelbert Keßler. Ein kaiserlicher Rat aus dem Kleinen Walsertal 1834-1922. Hg. von **Klaus Plitzner** und **Wolfgang Scheffknecht.** Bregenz 1991 (= Schriften des Vorarlberger Landesarchivs 6).

Fabriken, Mühlen, Bauernhäuser. Zur Entstehung einer Industrielandschaft. Baupläne für Dornbirn und Umgebung aus der ersten Hälfte des 19. Jahrhunderts. Hg. von **Werner Matt.** Dornbirn 1992.

Paula Geist, *Geschichte Vorarlbergs im Jahre 1848/49. Ein Beitrag zur politischen Entwicklung des Landes im 19. Jahrhundert.* Bregenz 1922 (= Forschungen zur Geschichte Vorarlbergs und Liechtensteins 2, Abteilung Politische Geschichte 1).

Johannes Greissing, *Die ersten Landapotheken in Vorarlberg.* In: Montfort 48 (1996), Seite 118-125.

Markus W. Hämmerle, *Glück in der Fremde? Vorarlberger Auswanderer im 19. Jahrhundert.* Feldkirch 1990 (= Schriftenreihe der Rheticus-Gesellschaft 25).

Leo Haffner, *Die Kasiner. Vorarlbergs Weg in den Konservatismus.* Bregenz 1977.

„...haßt als warmer Republikaner die Fürsten". Beiträge zur Geschichte der Revolution 1848/49 in Vorarlberg. Hg. von **Alois Niederstätter** und **Wolfgang Scheffknecht.** Regensburg 1998 (= Alemannia Studens. Sonderband 4).

Reinhard Johler, *Mir parlen Italiano und spreggen Dütsch piano. Italienische Arbeiter in Vorarlberg 1870-1914.* 2. Aufl. Feldkirch 1989 (= Schriftenreihe der Rheticus-Gesellschaft 21).

Literaturverzeichnis

Kurt Klein, *Die Bevölkerung Vorarlbergs 1754 bis 1869.* In: Montfort 20 (1968), Seite 154-173.

Walter Methlagl, *Der Traum des Bauern Franz Michael Felder.* Bregenz 1984.

Peter Meusburger, *Die frühe Alphabetisierung der Bevölkerung als Einflußfaktor für die Industrialisierung Vorarlbergs?* In: JBVLMV 135 (1991), Seite 95-100.

Wilhelm Meusburger, *„Die Käsgrafen" am Beispiel der Brüder Moosbrugger (Schnepfau – Thüringen – Mailand).* Bregenz 1990 (= Beiheft zur Ausstellung „Die Käsgrafen" im Vorarlberger Landesmuseum).

Mit bürgerlichem Blick. Aus den photographischen Tagebüchern des Theodor Rhomberg (1845-1918). Hg. von **Arno Gisinger** und **Werner Matt.** Dornbirn 1994.

Reinhard Mittersteiner, *„Fremdhäßige", Handwerker & Genossen. Die Entstehung der sozialdemokratischen Arbeiterbewegung in Vorarlberg.* Bregenz 1994 (= Studien zur Geschichte und Gesellschaft Vorarlbergs 12).

1914-1918. Vorarlberg und der Erste Weltkrieg. Quellen und Darstellung. Hg. von **Gerhard Wanner.** Dornbirn o.J. [1989].

Alois Niederstätter, *Arbeit in der Fremde. Bemerkungen zur Vorarlberger Arbeitsmigration vom Spätmittelalter bis zum 19. Jahrhundert.* In: Montfort 48 (1996), Seite 105-117.

Lukas Ospelt, *Das Protestantenpatent von 1861 im Spiegel der öffentlichen Meinung Vorarlbergs.* In: Montfort 46 (1994), Seite 208-237.

Dorle Petsche-Rüsch, *Die Entwicklung der politischen Parteien Vorarlbergs von 1870 bis 1918.* Dornbirn 1948.

Meinrad Pichler, *Auswanderer. Von Vorarlberg in die USA 1800-1938.* Bregenz 1993.

Meinrad Pichler, *Bei der Arbeit. Bilder aus der Vorarlberger Arbeitswelt von 1880 bis 1938.* Bregenz 1989.

Manfred Scheuch, *Geschichte der Arbeiterschaft Vorarlbergs bis 1918.* 2. Aufl. Wien 1978.

„Schwarzrotgold'ne Banner küssen". Die Jahre 1848/49 als Zeitenwende im Bodenseeraum. Hg. von **Werner Matt** und **Wolfgang Weber.** Konstanz, 1999.

Otto Uhlig, *Die Schwabenkinder aus Tirol und Vorarlberg.* Innsbruck 1978 (= Tiroler Wirtschaftsstudien 34).

Gerhard Wanner, *Kinderarbeit in Vorarlberger Fabriken im 19. Jahrhundert.* 2. Aufl. Feldkirch 1986.

Gerhard Wanner, *Vorarlbergs Industriegeschichte.* Feldkirch 1990.

Wolfgang Weber, *Von Jahn zu Hitler. Politik- und Organisationsgeschichte des Deutschen Turnens in Vorarlberg 1847 bis 1938.* Konstanz 1995 (= Forschungen zur Geschichte Vorarlbergs Neue Folge 1).

Hubert Weitensfelder, *Agrarreform und Sozialkonflikt. Allmendteilungen in Vorarlberg ca. 1770 bis 1870.* In: Schriften des Vereins für Geschichte des Bodensees und seiner Umgebung 115 (1997), S-.133-167.

Hubert Weitensfelder, *Interessen und Konflikte in der Frühindustrialisierung. Dornbirn als Beispiel.* Frankfurt am Main 1991 (= Studien zur historischen Sozialwissenschaft 18).

DIE ERSTE REPUBLIK

Claudia Böhler-Wüstner, *Das Vorarlberger Lesebuch in der Zeit des Austrofaschismus.* In: Montfort 48 (1996), Seite 145-169.

Werner Bundschuh, *Bestandsaufnahme: Heimat Dornbirn 1850-1950.* Bregenz 1990 (= Studien zur Geschichte und Gesellschaft Vorarlbergs 8).

Werner Dreier, *Zwischen Kaiser und „Führer". Vorarlberg im Umbruch 1918-1938.* Bregenz 1986 (= Beiträge zur Geschichte und Gesellschaft Vorarlbergs 6).

Werner Dreier und **Meinrad Pichler,** *Vergebliches Werben. Mißlungene Vorarlberger Anschlußversuche an die Schweiz und Schwaben (1918-1920).* Bregenz 1989 (= Studien zur Geschichte und Gesellschaft Vorarlbergs 5).

Ulrike Ebenhoch, *Die Frau in Vorarlberg 1914-1933.* Dornbirn 1986 (= Vorarlberg in Geschichte und Gegenwart 3).

„Eidgenossen helft euern Brüdern in der Not!" Vorarlbergs Beziehungen zu seinen Nachbarstaaten 1918-1922. Feldkirch 1990.

Geschichte und Region. Die NSDAP in den 30er Jahren im Regionalvergleich. Forschungsberichte – Fachgespräche. Hg. von **Thomas Albrich** und **Werner Matt.** Dornbirn 1995.

Alois Götsch, *Die Vorarlberger Heimwehr. Zwischen Bolschewistenfurcht und NS-Terror.* Feldkirch 1993 (= Schriftenreihe der Rheticus-Gesellschaft 30).

Literaturverzeichnis

Im Prinzip: Hoffnung. Arbeiterbewegung in Vorarlberg 1870-1946. Hg. von **Kurt Greussing.** Bregenz 1984 (= Beiträge zu Geschichte und Gesellschaft Vorarlbergs 4).

Ulrike Kemmerling-Unterthurner, *Die katholische Jugendbewegung in Vorarlberg 1918 bis 1938.* Dornbirn 1991 (= Vorarlberg in Geschichte und Gegenwart 5).

Nachträge zur neueren Vorarlberger Landesgeschichte. Hg. von **Meinrad Pichler.** 2. Aufl. Bregenz 1983 (= Beiträge zu Geschichte und Gesellschaft Vorarlbergs 1).

Harald Walser, *Die illegale NSDAP in Tirol und Vorarlberg 1933-1938.* Wien 1983 (= Materialien zur Arbeiterbewegung 28).

Gerhard Wanner, *Die Geschichte der Vorarlberger Kammer für Arbeiter und Angestellte 1921-1938. Ein Beitrag zur Vorarlberger Arbeiterbewegung.* Feldkirch o.J. [1977].

Gerhard Wanner, *Verfassung und Föderalismus in Vorarlberg zwischen 1918 und 1938.* In: Innsbrucker historische Studien 5 (1982), Seite 103-116.

Jürgen und **Wolfgang Weber,** *„Jeder Betrieb eine rote Festung!" Die KPÖ in Vorarlberg 1920-1956.* Mit einem Beitrag von **Willi Weinert.** Feldkirch 1994 (= Schriftenreihe der Rheticus-Gesellschaft 32).

NS-ZEIT UND ZWEITER WELTKRIEG

Thomas Albrich und **Arno Gisinger,** *Im Bombenkrieg. Tirol und Vorarlberg 1943-1945.* Innsbruck 1992 (= Innsbrucker Forschungen zur Zeitgeschichte 8).

Franz J. Fröwis, *Das Kriegsende in Bludenz 1945.* Bludenz 1995 (= Bludenzer Geschichtsblätter 27).

Emmerich Gmeiner, *„Ich habe mich über die vandalischen Verwüstungen empört" – Klosteraufhebungen der Nationalsozialisten 1941 am Beispiel des St.Gallus-Stiftes in Bregenz.* In: JBVLMV 139 (1995), Seite 211-219.

Gerhard Greber, *Die Südtiroler Umsiedler in Vorarlberg. Ihre Integration in Bevölkerung, Siedlung und Wirtschaft.* In: Montfort 31 (1979), Seite 259-294.

Heribert Küng, *Die Ostschweiz und das Ende des Zweiten Weltkrieges in Vorarlberg.* In: Montfort 24 (1972), Seite 7-159.

Meinrad Pichler und **Harald Walser,** *Die Wacht am Rhein. Alltag in Vorarlberg während der NS-Zeit.* Bregenz 1988 (= Studien zur Geschichte und Gesellschaft Vorarlbergs 2).

Georg Schelling, *Festung Vorarlberg. Ein Bericht über das Kriegsgeschehen 1945 in Vorarlberg.* Bearbeitet von **Meinrad Pichler** unter Mitarbeit von **Emmerich Gmeiner.** 3. Aufl. Bregenz 1987.

Margit Schönherr, *Vorarlberg 1938. Die Eingliederung Vorarlbergs in das Deutsche Reich 1938/39.* Dornbirn 1981 (= Forschungen zur Geschichte Vorarlbergs 3, der ganzen Reihe 10).

Von Herren und Menschen. Verfolgung und Widerstand in Vorarlberg 1933-1945. Hg. von **Johann-August-Malin-Gesellschaft.** Bregenz 1985 (= Beiträge zu Geschichte und Gesellschaft Vorarlbergs 5).

Harald Walser, *Bombengeschäfte. Vorarlbergs Wirtschaft in der NS-Zeit.* Bregenz 1989 (= Studien zur Geschichte und Gesellschaft Vorarlbergs 6).

Wolfgang Weber, *NS-Herrschaft am Land. Die Jahre 1938 bis 1945 in den Selbstdarstellungen der Vorarlberger Gemeinden des Bezirks Bregenz.* Regensburg 1999 (= Quellen zur Geschichte Vorarlbergs N.F. 1).

Harald Winkel, *Die Volks- und Hauptschulen Vorarlbergs in der Zeit des Nationalsozialismus.* Dornbirn 1988 (= Vorarlberg in Geschichte und Gegenwart 4).

DIE ZWEITE REPUBLIK

Markus Barnay, *„Pro Vorarlberg". Eine regionalistische Initiative.* Bregenz 1983 (= Beiträge zu Geschichte und Gesellschaft Vorarlbergs 3).

Werner Bundschuh, *Die Vorarlberger Textilindustrie und Textilarbeiterschaft nach dem Zusammenbruch des „Dritten Reiches".* In: SVGBU 113 (1995), Seite 145-174.

Werner Bundschuh, Meinrad Pichler und **Harald Walser,** *Wieder Österreich! Befreiung und Wiederaufbau – Vorarlberg 1945.* Bregenz 1995.

Manfred Dünser, *Politischer Katholizismus in Vorarlberg. Katholische Aktion und katholische Männerbewegung 1920-1990.* Feldkirch 1991 (= Schriftenreihe der Rheticus-Gesellschaft 27).

Literaturverzeichnis

Klaus Eisterer, *Französische Besatzungspolitik. Tirol und Vorarlberg 1945/46.* Innsbruck 1991 (= Innsbrucker Forschungen zur Zeitgeschichte 9).

1945. Ende und Anfang in Vorarlberg, Nord- und Südtirol. Hg. von **Gerhard Wanner.** Lochau 1986 (= Informationsbuch 2).

Kurt Greussing, *Die Bestimmung des Fremden – Hundert Jahre „Gastarbeit" in Vorarlberg.* In: „… Und raus bist Du!" Ethnische Minderheiten in der Politik. Hg. von **Rainer Bauböck, Gerhard Baumgartner, Bernhard Perchinig** und **Karin Pintér.** Wien 1988 (= Österreichische Texte zur Gesellschaftskritik 37), Seite 185-197.

Michael C. Hermann, *Medienraum Bodensee. – Zum Integrationspotential der Massenmedien.* Stuttgart 1999 (= Reihe Hohenheimer Protokolle 53).

Renate Huber, *„Als Mann hätte er mich interessiert, als Mann …" Beziehungen von Vorarlberger Frauen zu französischen Besatzungssoldaten auf der Basis lebensgeschichtlicher Interviews.* In: Montfort 49 (1997), S177-196.

Dietlinde Löffler-Bolka, *Vorarlberg 1945. Das Kriegsende und der Wiederaufbau demokratischer Verhältnisse im Jahre 1945.* Bregenz 1975.

Klaus Plitzner, *„Vorarlberg muß Österreichs gute Stube bleiben". Die Vorarlberger Volkspartei von 1945 bis 1994.* In: Volkspartei – Anspruch und Realität. Zur Geschichte der ÖVP seit 1945. Hg. von **Robert Kriechbaumer** und **Franz Schausberger.** Wien/Köln/Weimar 1995 (= Schriftenreihe des Forschungsinstitutes für politisch-historische Studien der Dr.-Wilfried-Haslauer-Bibliothek, Salzburg 2), Seite 601-644.

Christian Rhomberg und **Otto Schwald,** *Die Besten im Westen. Vorarlbergs Jahr-100-Sportler im Porträt.* Bludenz 2000 (= Bludenzer Geschichtsblätter 51/52).

Margarethe Ruff, *„Um ihre Jugend betrogen". Ukrainische Zwangsarbeiter/innen in Vorarlberg 1942-1945.* Bregenz 1996 (= Studien zur Geschichte und Gesellschaft Vorarlbergs 13).

Gerhard Wanner, *Schiffstaufe Fußach 1964.* Bregenz 1980.

Wolfgang Weber, *Ein Beitrag zur Geschichte der Entnazifizierung im Bezirk Feldkirch/Vorarlberg 1945-1947.* In: Innsbrucker historische Studien 12/13 (1990), Seite 319-325.

Wolfgang Weber, *„Die Kleinen henkt man, die Großen läßt man laufen". Auszüge zur Vorarlberger Landesgeschichte am Beginn der Zweiten Republik.* In: Montfort 49 (1997), S.373-397.

Erik Weltsch, *Wer waren die jüdischen Displaced Persons (DPs) in Vorarlberg in den Jahren 1945 bis 1952.* In: Montfort 45 (1993), Seite 114-135.

Zwischen Fußach und Flint, Alemannentum und Weltoffenheit. Hg. von **Franz Mathis** und **Wolfgang Weber.** Wien 2000 (= Geschichte der österreichischen Bundesländer seit 1945).

QUELLENSAMMLUNGEN

Karl Heinz Burmeister und **Alois Niederstätter,** *Dokumente zur Geschichte der Juden in Vorarlberg vom 17. bis 19. Jahrhundert.* Dornbirn 1988 (= Forschungen zur Geschichte Vorarlbergs 9, der ganzen Reihe 16).

Ebner-Tagebücher 1836 ff. Hg. von **Verein Vorarlberger Wirtschaftsgeschichte.** Feldkirch 1994 ff.

Gerhard Feuerstein, *Urkunden zur Agrargeschichte des Bregenzerwaldes.* Dornbirn 1983 (= Forschungen zur Geschichte Vorarlbergs 5, der ganzen Reihe 12).

Christine Edith Janotta, *Das Privilegienbuch der Stadt Feldkirch.* Wien/Köln/Graz 1979 (= Fontes Rerum Austriacarum. Dritte Abteilung: Fontes Iuris 5).

Viktor Kleiner, *Urkunden zur Agrargeschichte Vorarlbergs 1.* Bregenz 1928 (= Veröffentlichungen der Leo-Gesellschaft am Bodensee 1).

Alois Niederstätter, *Quellen zur Geschichte der Stadt Bregenz 1330 bis 1663. Privilegien – Confirmationen – Satzungen – Ordnungen – Mandate – Verträge.* Wien 1985 (= Fontes Rerum Austriacarum. Zweite Abteilung: Diplomata et Acta 85).

Alois Niederstätter, *Vorarlberger Urfehdebriefe bis zum Ende des 16. Jahrhunderts. Eine Quellensammlung zur Rechts- und Sozialgeschichte des Landes.* Dornbirn 1985 (= Forschungen zur Geschichte Vorarlbergs 6, der ganzen Reihe 13).

Meinrad Tiefenthaler, *Die Berichte des Kreishauptmanns Ebner.* Dornbirn 1950 (= Schriften zur Vorarlberger Landeskunde 2).

Gerhard Wanner, *Vorarlberger Zeitgeschichte. Quellen – Darstellung – Bilder. Erste Republik 1918-1938.* Lochau 1984.

Artikelübersicht

Die Römer im Gebiet des späteren Vorarlberg 9	Die Familie Graßmayr 109
Die Heiligen Columban und Gallus 19	Ignaz Anton von Indermauer 110
Eusebius – der Heilige mit dem Kopf in der Hand 21	Die Franzosenkriege 1792–1805 112
Der heilige Gebhard 23	Frühe Pockenschutzimpfung in Lustenau 114
Die Seligen Diedo, Merbot und Ilga 25	Vorarlberg unter Bayern 1806–1814 116
Die Abtei Mehrerau 26	Die Landstände 118
Die Erschließung des Landes 29	Die Volkserhebung des Jahres 1809 120
Die Propstei St. Gerold 32	Anton Schneider 120
Das Werden des österreichischen Landes Vorarlberg .. 39	Bernhard Riedmiller 121
Die Erschließung des Arlbergpasses 41	Josef Sigmund Nachbauer 122
Die Appenzellerkriege 44	Karl Ulmer 124
Die Grafen von Montfort 45	Christian Getzner 126
Anna Putsch 52	Vorarlberger Weih- und Landesbischöfe 128
Thomas Lirer 53	Franz Josef Weizenegger 131
Der Humanismus 54	Leo Müller 133
Hieronymus Münzer 57	Franz Josef Rosenlächer 134
Vorarlberger als Gastarbeiter 58	1837 – Der erste Arbeitskampf in Vorarlberg 135
Wolf Huber 60	Franz Martin Hämmerle 136
Die Reformation 61	Vorarlberger Landesverfassungen des 19. und
Jakob Jonas 64	20. Jahrhunderts 138
Georg Joachim Rheticus 66	Die Revolution von 1848/49 in Vorarlberg 143
Die Grafen von Hohenems 68	Carl Ganahl 146
Erzbischof Wolf Dietrich von Raitenau 74	Der Zolleinigungsvertrag zwischen Liechtenstein
Hexenverfolgungen 75	und Österreich 148
Fremdenverkehr und Alpinismus 77	Franz Martin Rhomberg 149
Juden in Vorarlberg 80	Die Auswanderung von Vorarlbergern
Vorarlberg zur Zeit des Dreißigjährigen Krieges 83	nach Amerika 149
Erasmus Kern 84	Die Gründung der Stella Matutina 152
Die Pest 85	Alois Negrelli von Moldelbe 153
Laurentius von Schnifis 87	Der Vorarlberger Landesmuseumsverein
Vorarlberger Barockbaumeister 89	und das Vorarlberger Landesmuseum 153
Caspar Moosbrugger 90	Der Vorarlberger Landtag 155
Franz Beer von Bleichten 90	Die Gründung der evangelischen Gemeinde 156
Peter Thumb 91	Franz Michael Felder 157
Die Rebellion des „gemeinen Mannes" 94	Das erste Vorarlberger Landeswappen 159
Giacomo Francesco Cipper 97	Samuel Gottfried Jenny 160
Franz Xaver Anton Marxer 98	Rabbiner Aron Tänzer 162
Rheinüberschwemmungen 100	Josef Ritter von Bergmann 163
Angelika Kauffmann 102	Victor Hämmerle 165
Scharfrichter 104	Karl Graf Belrupt-Tissac 165
Der Josephinismus 106	Franz Pfanner 166

Artikelübersicht

Hans Bertle	167
Das erste Telefon der Monarchie in Dornbirn	168
Die Eröffnung der Arlbergbahn	169
Wilhelm Benger und Söhne	170
Pfarrer Johann Georg Hummel	173
Johann Georg Hagen	173
Adolf Rhomberg	175
Friedrich Wilhelm Schindler	176
Jakob Jehly	179
Das Vorarlberger Landesarchiv	180
Die Gebrüder Rosenthal	181
Paula Ludwig	183
Die Stadterhebung von Dornbirn	184
Die Eröffnung der Bregenzerwald-Bahn	185
Fritz Krcal	187
Stephanie Hollenstein	188
Baukunst, Malerei, Skulptur: 1900–1945	191
Der Erste Weltkrieg und die Standschützen	194
Aufklärung und Gegenaufklärung – ein Grundkonflikt der letzten 200 Jahre	198
Dr. h.c. Jodok Fink	206
Schweizer Anschlussbewegung 1918/19 und Schwabenkapitel 1919/20	207
Hermann Sander	210
Zwei Generaläbte des Zisterzienserordens aus der Mehrerau	212
Rudolf Wacker	214
Emil Schneider	216
Literatur in Vorarlberg vor dem Zweiten Weltkrieg	217
Edmund Kalb	219
Claus Ströbele	221
Johann Josef Mittelberger	222
Lorenz Böhler	223
Dr. Otto Ender	224
Das Jahr 1934	226
Turn- und Sportgeschichte Vorarlbergs	229
Guido Schmidt	232
Herbert von Reyl-Hanisch	234
Nationalsozialismus und Zweiter Weltkrieg in Vorarlberg	235
Karl Schwärzler	240
Hans David Elkan	240
Karoline Redler	241
Die französische Besatzungszeit	243
Ulrich Ilg	245
Printmedien in Vorarlberg	246
Rundfunk und Fernsehen	249
Die Bregenzer Festspiele	254
Architektur, Malerei, Skulptur, Medienkunst nach 1945	256
Ernst Kolb	259
Dornbirner Messe	260
Andreas Ulmer	263
Die Lawinenkatastrophe des Jahres 1954	264
Siegfried Fußenegger	265
Herbert Keßler	267
Fußach 1964	269
Hubert Berchtold	270
Die Errichtung der Diözese Feldkirch	272
Vorarlbergs Sport nach 1945	274
Flint	278
Gottfried Bechtold	279
Die Schubertiade	280
Musik in Vorarlberg	282
Erwin Kräutler	285
Michael Köhlmeier	286
Einzug der „Grünen" in den Landtag	288
Die Vorarlberger Landesbibliothek	289
Hermann Gmeiner	291
Martin Purtscher	292
Herbert Willi	295
Jürgen Weiss	295
Wolfgang Flatz	297
Literatur in Vorarlberg nach dem Zweiten Weltkrieg	298
Elisabeth Gehrer	302
Die Präsidenten des Vorarlberger Landtags seit 1945	303
Die Vorarlberger Landesstatthalter	306
Herbert Sausgruber	311
Der Landtag im politischen System des Landes	313
Vorarlberg an der Schwelle zum 3. Jahrtausend	317

Bildnachweis

o = oben, m = mitte, u = unten

Institutionen, Sammlungen

Abtei Wettingen-Mehrerau:
S. 213 (2)

Amt der Vorarlberger Landesregierung, Landespressestelle:
S. 271, 292, 295, 302, 304, 305 (3), 308, 309 (3), 311 (2), 313 u

Architekturbüro Roland Gnaiger:
S. 258 m

Architekturgemeinschaft Baumschlager-Eberle:
S. 258 o (© Eduard Hueber, New York)

Bregenzer Festspiele:
S. 254, 255

Diözesanarchiv Feldkirch:
S. 111, 128 (2), 130, 263 o

Dornbirner Messe GmbH:
S. 261 u (freigegeben vom BMLV mit Zl. 13.088/850-1.6/92)

Franz-Michael-Felder-Archiv:
S. 157 (2), 158 (2), 183 (2), 210 (2), 218, 286, 299 (3), 300 (2)

Gemeindearchiv Lustenau:
S. 100, 104 (2), 114, 134 (3), 188, 195 o

Jüdisches Museum Hohenems:
S. 80 (2), 81 (2), 82, 108, 162, 163 u, 182 (3), 241 o

Kunsthaus Bregenz:
S. 257 (2), 258, 279

Museum Carolino Augusteum, Salzburg:
S. 69 u, 74 o

Sammlung Oskar Reinhart, Winterthur:
S. 52

Sammlung Leo Haffner:
S. 199, 201 (3), 202, 203 o (2)

Sammlung Manfred Tschaikner:
S. 75 (3), 76 (2)

Schubertiade:
S. 280, 281 (2)

SIRPA/ECPA France ©:
S. 243 (2)

SOS-Kinderdorf:
S. 291 (2)

Stadtarchiv Bregenz:
S. 19, 23, 24 (3), 26 (2), 27 u, 30 o, 44, 59 u, 83 u, 112 u, 121 u, 153 o, 154 o, 171 o, 174, 185 o, 203, 214, 242, 230 o (2), 231 (2), 232 u, 236 o, 238 u, 241 m, 244 (2), 245 o, 246 o, 259, 260 o, 264 u, 269 u, 250 o

Stadtarchiv Dornbirn:
S. 78 (2), 136 (2), 149, 153 u, 165 (2), 166 u, 167 o, 168 u, 175 o, 184 (2), 195 u, 196 (2), 197 (3), 202, 206 u, 225, 227 o, 220, 228 u, 230 u, 236 u, 237 (2), 224 u, 244 m, 261 o, 265 (2), 266, 283 (2)

Stadtarchiv Feldkirch:
S. 46 (2), 47 (2), 53, 55 o, 57 u, 62 o, 65 o, 109 o, 113 (2), 122 m, 127 u, 129, 145, 148, 152 (3), 207, 227 u, 227 o, 273

Verein Vorarlberger Wirtschaftsgeschichte:
S. 110, 127 o, 136 o, 146 o, 146 u, 149 o, 160 o, 171 u, 172, 177 (3), 260 u

VN-Archiv:
S. 185 u © Rudolf Zündel, 268 © Rudolf Zündel, 269 o © Rudolf Zündel, 274 © Rudolf Zündel, 255 o © Otto Bitsche, 255 m © Otto Bitsche, 255 u © Maurice Shourot, 277 © Maurice Shourot, 278 (2) © Rudolf Zündel, 285 © Rudolf Zündel, 286 o © Marianne Mathis, 288 © Rudolf Zündel, 295 o © Bernd Hofmeister

Vorarlberger Illwerke:
S. 234

Vorarlberger Landesarchiv:
S. 27, 40, 41 o, 55 o, 62 u, 65 o, 77, 107 u, 117, 119 u, 120 u, 125, 131 o, 142 u, 143, 155 o, 159, 180 (3), 241 u, 303 (2), 306 (3), 307 (3), 308 (2)

Vorarlberger Landesbibliothek:
S. 27 o, 45, 59 u, 68, 69 o, 69 (2), 74 u, 77 (2), 86, 87 (2), 89 m, 90, 91 (2), 109 u, 112 o, 116 u, 118, 119 o, 120 o, 121 (2), 122 o (2), 124, 126, 135, 144, 146 m, 150, 151 (2), 156, 163 o, 166 o, 173, 175 u, 194 (2), 313 o, 209, 217 u, 224, 233 o, 238 o, 245 u, 246 u, 247, 248 (2), 250, 254 u, 264 o, 267, 272, 273 o, 276 (2), 282 (2), 284 (2), 289 (2), 290

Vorarlberger Landesmuseum:
S. 9, 10, 11, 12, 13, 16, 17, 18, 25 (2), 30 u, 31 u, 41 u, 61, 83 o, 85 (2), 89 (2), 97, 101, 102, 103, 113 o, 116 o, 122 u, 131 u, 133, 154 u, 160 u, 161, 164, 167 u (2), 169, 170, 187, 191 o, 193 (2), 217 o, 218 o, 219, 220 u, 221 (2), 223 u, 233 u, 240, 297

Bildnachweis

o = oben, m = mitte, u = unten

Publikationen:

Arbeitskreis für regionale Geschichte:
Eidgenossen helft euren Brüdern in der Not:
S. 208 (3)

Art & Edition Haas:
Aquarelle aus Liechtenstein & Vorarlberg:
S. 270

Berufsvereinigung der bildenden Künstler Vorarlbergs:
Architektur in Vorarlberg seit 1960:
S. 258 o

Burmeister, Karl Heinz:
Achilles Pirmin Gasser (II):
S. 54

Burmeister, Karl Heinz:
Kulturgeschichte der Stadt Feldkirch bis zum Beginn des 19. Jahrhunderts:
S. 54, 55 u, 66 (2)

Dreihammer, Firmenzeitschrift FM Hämmerle, 1981:
S. 168 o

Deuring, Hermann:
Jodok Fink:
S. 207

Duval, Paul-Marie: Gallien:
S. 14

Emser Chronik, Reprint:
S. 31 o, 32 o, 70, 95

Fink, Walter und Rüf, Gabriel:
Herbert Albrecht:
257 o

Ilg, Karl: Landes- und Volkskunde, Geschichte, Wirtschaft und Kunst Vorarlbergs. Band II:
S. 39 o

Jahresbericht des Gymnasiums Bregenz 1961/62:
S. 216

Jussel, Guntram:
Jakob Jehly:
S. 179

Lanzl, Helmut: Der Sport Vorarlbergs im Bilde:
S. 232 o

Lehner, Inge:
Lorenz Böhler:
S. 223 o

Prantner, Thomas:
Hallo, Vorarlberg.
Landesstudio Vorarlberg:
S. 249, 251

Reyl-Hanisch, Herbert von:
Land der Seele
(© 1991 Neufeldverlag):
S. 193 o

Sandner, Oscar:
Hubert Berchtold:
S. 256

Schneider, Erich:
Blasmusik in Vorarlberg:
S. 283 u

Treichler, Hans Peter:
Abenteuer Schweiz:
S. 59 o, 85 u, 115

Ulmer, Eduard: Die Burgen und Edelsitze Vorarlbergs und Liechtensteins:
S. 30 m, 31 o, 65 u, 67 o, 263 u

Vallaster, Christoph:
Die Bischöfe Vorarlbergs:
S. 98, 130

Vorarlberger Volkskalender, 1979:
S. 32 u

Vorarlberger Landtag und Landesregierung:
75 Jahre selbstständiges Land Vorarlberg:
138, 139, 140, 141, 142 o, 155 u, 222 o

Wratzfeld, Viktor:
Eusebius vom Viktorsberg:
S. 21, 22 (3)

Ausstellungskataloge

Österreich zur Zeit Kaiser Josephs II:
S. 107 o

Hans Kornberger.
Architekt um 1900:
S. 191 u

Rudolf Wacker,
© Art & Edition Haas,
FI-9494 Schaan:
S. 192, S. 215

Fotografen

Andorfer, Klaus:
S. 39 u

Register

Namensregister 356

Ortsregister 369

Namensregister

Das Register des vorliegenden Bandes umfasst ein Namens- und ein Ortsverzeichnis. In das Register sind sämtliche im Text vorkommenden Personen- und Ortsnamen aufgenommen worden. Der ausführliche statistische Teil im Anhang des Buches ist ebenso wie der Begriff „Vorarlberg" im Register nicht berücksichtigt worden. Zur alphabetischen Reihung ist anzumerken, dass Diphtonge wie Vokale behandelt werden.

Andreas Rudigier

A

Abbado, Claudio	295
Aberer, Rolf	278
Abraham	77
Adalbert von Rätien	20,23
Adam	32
Adelheid von Ellerbach	49
Adelheid von Ramschwag	50
Adolf von Nassau	35
Agnes von Wolfurt	40,42
Aichner, Simon	126,129,168,170,189
Albero von Montfort	34
Albertani, Claus	288
Albertus (Magister)	36
Albertus dictus Stultus	33
Albini	20
Albo, Josef	163
Albrecht	163
Albrecht, Herbert	257
Albrecht, Jakob	258
Albrecht von Habsburg	35
Albrecht von Österreich (II., III.)	38,42
Albrecht von Werdenberg	38
Albrecht von Werdenberg-Bludenz (III.)	39,118
Albrecht von Werdenberg-Heiligenberg-Bludenz (IV.)	42f,45
Albrich, Alfred	191
Albrich, Edwin	189,262,281
Albrich, J. A.	191
Albrich, Karl August	166,260
Aldringen, Clary von	92
Alexandra von Russland	137
Alfare, Stefan	301
Alge, Alfred	232
Alge, Dieter	287,295
Alge, Susanne	300
Alge, Tanja	276
Alois von Liechtenstein (II.)	148
Altdorfer, Albrecht	60
Altemps, de (s. Roberto)	
Altmannshausen, Moritz von	52,68
Amann, Gerold	284
Amann, Herbert	295
Amann, Otto	295
Amberg, Johann Nepomuk	115,129,160,169
Amberg, von (s. Friedrich Max)	
Améry, Jean (Maier, Hans)	190
Amides, de (s. Gozwinus, Ruodolfus)	
Ammann, Adolf	181,270,280
Ammann, Anton	178
Ammann, Joachim	181,287
Ammann, Kaspar	62
Ammann, Thomas	248
Andergassen, Eugen	187,293,298
Andergassen, Ferdinand	176,268,284
Anderlitz (s. Sander)	
Andreas	21
Andreas von Sonnenberg	51,60
Andri, Ferdinand	240
Anicet	40
Anna (hl.)	21,60f,63
Anna von Helfenstein	60,68
Anton (IV.)	47
Antonius (hl.)	53
Arbetio	12,18
Arbogast (hl.)	92
Arcecius (s. Harcecius)	
Arco, von (s. Philipp)	
Argelander, Friedrich Wilhelm	173
Aristoteles	55
Arlt, Herbert	193,256
Armellini, Frieda	277
Armellini, Susanne	277
Arnulf von Kärnten	23
Arrau, Claudio	281
Arx, Ildephons von	132
Ashkenazy, Vladimir	281
Asino	19
Auer, Erich	255
Auersperg	163
Augustinus	290
Augustus	10,14
Aurelia (hl.)	19
Aurogallus, Matthäus	65

B

Bach, Hans	283
Bacher, Gerd	249f
Bachmann, Ingeborg	299
Bachmann, Monika	276
Bader, Johann	95
Badura Skoda, Paul	280
Baer, Oswald	193
Baker, Janet	281
Balser, Ewald	254
Bär, Ernst	255
Bär, Olaf	281
Barbisch	118
Barbisch, Maria Barbara Katharina	126
Bargehr	106
Batlogg, Helmut	312
Batlogg, Johann Josef	99,114,167,184
Batruel, Walter	278
Bauer (s. Koenig & Bauer)	

Namensregister

Bauer, Andreas Friedrich	133	
Baumeister, Georg	191	
Baumschlager & Eberle	258f	
Baumschlager, Carlo (Karl)	259	
Bawart, Mechtild	316	
Bayer, Karl Robert Emerikus Georg von (s.a. Byr)	135,185,218	
Bayern, von (s. Max Emanuel, Maximilian, Maximilian Joseph)		
Bays, Anthoni	71	
Bechtold, Albert	193,256,279	
Bechtold, Gottfried	257f,279,315	
Beck, Inge	268	
Beck, Julian	278	
Bedrot, Jakob	56,62,67	
Beer, Michael	89f,92	
Beer, Natalie	186,218,293,298	
Beer, Franz Anton	26,89	
Beer von Bleichten, Franz Anton	96f	
Beethoven, Ludwig van	255	
Behaim, Martin	57	
Belrupt-Tissac, Karl (Carl)	132,165, 166A,187	
Benger	170-172,171A,191	
Benger, Gottlieb	171	
Benger, Karl	171f	
Benger, Wilhelm	137,148,170f	
Bensdorp	293	
Benst, Hans	43	
Benvenuti, Jürgen	300	
Benzer, Klara	64	
Berchtel, Johann Josef	106,108,121	
Berchtold, Hubert	216,256A,270f,287	
Berchtold, Johann	123,181	
Berchtold, Wilfried	296,302	
Berg, Alban	281	
Bergmann, Josef (Joseph) von	111,159,163A,164A,165	
Berkmann, Peter	132	
Berna von Steinach, Jakob Hannibal	88	
Bernhard	23	
Bernhard (hl.)	27	
Bernhard, Ruedi	49	
Bernhard, Thomas	278	
Bernhardi, Bartholomäus	54,56,61-63,62A,68	
Bernhardi, Johannes	56,61,65	
Bernheimer, Regina	181	
Berthold von Montfort-Feldkirch (I.)	37	
Bertholdus (cyrurgicus)	34	
Bertle	179	
Bertle, Franz	167	
Bertle, Hannes	167	
Bertle, Hans	167f,207,240	
Bertle, Jakob	167	
Bertle, Josef Anton	167	
Bertsch, Heinrich	62f	
Bertsch, Jakob	307	
Bertsch, Kilian	62	
Bertsch, Margot	310	
Béthouart	243,252	
Bickel, Franz Anton	147,198	
Biermann, Wolf	278	
Bildstein, Hieronymus	283	
Bildstein, Josef	230f	
Bilgeri, Claus	296	
Bilgeri, (Josef) Georg	164,186,189,209,230,232A	
Bilgeri, Martin	296	
Bilgeri, Reinhold	278	
Bilgeri, Ricarda	300	
Bilz, Heinz	296	
Binder, Otto	62	
Binding	286,294	
Birnbaumer, Leo	168	
Bischof, Hans-Peter	309A,310	
Bischof, Hertha	309	
Bischof, Leopold	309	
Blaickner, Elfriede	266	
Blank, Johann Konrad	99,133	
Bleyle, Karl	168,271,284	
Bleyle, Wilhelm	147,172,198	
Blodig, Karl	230	
Bludenz (s. Werdenberg-Bludenz, Werdenberg-Heiligenberg-Bludenz)		
Bobleter, Carl	190,268,289	
Bobleter, Franz Xaver	127	
Bodenmüller, Klaus	275A,276	
Bodman, Hans von	48	
Boeckl	271	
Bohle, Karl	212,287,293	
Böhler, Lorenz	172,216,223A,224,265,280	
Böhm, Karl	254	
Bohuslaw von Widmann	135,189	
Bonsels, Waldemar	183A	
Borger, Otto	298	
Bösch	105	
Bösch, Ferdinand	151A	
Bösch, Johann Kaspar	282	
Bösch, Josef	174,232,271	
Bösch, Robert	216,266,287	
Boss, Rudolf	316	
Bracharz, Kurt	299A,300	
Braun, Willibald	169,191f,205,214,273	
Brecht, Bertolt	183,278	
Bregenz, von (s.a. Montfort-Bregenz, Montfort-Bregenz-Peckach-Tettnang, Montfort-Tettnang-Bregenz, Rudolf, Tettnang-Bregenz, Ulrich)	20,24,26,30,45,64,217	
Brem, Peter	62	
Brentano, August	151	
Brentano, Joseph (Josef) Anton (Bonifaz)	99,131,247	
Bresci, Gaetano	287	
Brettauer	218	
Brettauer, Simon	181	
Bretzenheim, von (s. Karl August)		
Briem, Wunibald	137,190,284	
Broda	270	
Broggi, Mario	310	
Brox, Ina	298	
Bruckner	305	
Brugg, Heinrich	43	
Bruni, Leonardo	48,55	
Brunner	151	
Brunner, Armin	296	
Bruno	28	
Brupbacher, Paulette	300	
Bucelin, Gabriel	32,47,74,93	
Bur(c)khard von Wolfurt	36,40,42,49	
Burkhard von Rätien	23	
Bürkle, Ferdinand	132,191	
Bürkle, Hans	212,271,298	
Burmeister, Karl Heinz	53,180	
Burtscher, Wolfgang	310,316	
Busek, Erhard	296	
Busemann, Frank	277	
Byr, Robert (s.a. Bayer)	135,185,218	

C

Cades, Josef	191
Calonder, Felix	211f
Calpurnius Piso (L.)	10
Caracalla	18
Cardano, Girolamo	66
Carlo Borromeo (s. Karl Borromäus)	
Cäsar	10
Ceccini	285A
Cerwenka, Oskar	254
Chausson, Ernst	254
Chiari, von (s. Maria)	
Childebert (I.)	19
Chotek, von (s. Rudolf)	
Christophorus (hl.)	38
Chrysopolis, von	98
Cicero	55
Cipper (s. Zipper)	
Cissa, von	279,287
Clara de (di) Medici (Klara von)	60,64,71

Namensregister

Columban (Kolumban, hl.) 19A,282
Commander, Johannes 62
Cornelius, Peter 255
Coufal, Johann 178,181
Cranach, Lukas d.Ä. 52,54,60

Cuni die Cobolten 42
Cunradat 20
Cunradus (s. Konrad von Wolfurt)
Cuspinian, Anna (s.a. Putsch) 52A
Cuspinian(us), Johannes 52-54,60

D

Dagobert (I.) 19
Dalai Lama 287
Dalla Tramosa (s. Sander)
Dallinger, Alfred 294
Daubrawa, Franz Anton von 102,135
Degenhardt 278
Deigentesch 105
Deininger, Wunibald 221
Demel, Anna 79
Demus, Jörg 280
Denifl, Roswitha 277
Denk, Wolfgang 223
Dermota, Anton 254
Deschwanden 179
Deuring, Hannibal von 94
Deuring, Karl 262
Devigili, Daniel 277
Diedo 25f,30
Diem, Armin 186,263,298
Diem, Klaus 277
Dierauer, Jakob 64
Dietrich, Hubert 256
Diez, Wilhelm von 167,179
Dillenburg (s. Nassau-Oranien-Dillenburg)
Dilthey, Wilhelm 162
Dingmund 20
Diogenes 299
Diokletian 14
Dittrich, Ernst 191
Dobler, Eugen 264
Dobrowsky 271
Dohnanyi, Christoph von 295
Dollfuß, Engelbert 226-228,227A, 231,245,248
Döl(t)sch, Johannes (Piliatoris) 54,61-63
Dönch, Karl 254
Doppelmayer 178
Doppelmayer, Konrad 178
Dorenbôrron, de (s. Rôpertus)
Dörler, Manfred 304,305A,316
Dornbirn, von 27,42
Dornburron, de (s. Ozi)
Douglas, Norman 218
Douglass, Wanda 179,218
Douglass of Tilquhillie, John 136
Douglass of Tilquhillie, John Sholto 137,165
Doyle, Arthur Conan 153
Drexel, Franz Martin 149
Drexel, Karl 164,189,198,202A,265
Drucio 21
Drusus 10
Dünser, Felix 311
Dünser, Richard 284
Dürer, Albrecht 57,60

E

Eberhard von Waldburg und Sonnenberg 51
Eberl, Irmfried 237
Eberle (s. Baumschlager & Eberle)
Eberle, Dietmar 259
Ebner-Rofenstein, Johann Nepomuk von 109,131,138,144f,147,165
Eder, Helmut 295
Edison 177
Egger, Franz 129,135,188,190,205
Egger-Lienz, Albin 214
Eglof von Ems 42f
Eglof von Wolfurt 36f,40
Ehreguta 44
Eleonore von Schottland 52
Elisabeth 45
Elisabeth von Matsch 49
Elisabeth von Montfort-Bregenz 39
Elisabeth von Summerau 33
Elkan, Hans (David) 183,240-242,241A
Elkan, Theodor 241
Ellenbog, Ulrich 49-51,55,57f
Ellerbach, von (s. Adelheid)
Embacher, Gudrun 301
Ems (s.a. Hohenems), von (s.a. Eglof, Georg Sigmund, Goswin, Hans, Hans Ulrich, Helena, Jakob, Jakob Hannibal, Kaspar, Märk Sittich, Markus Sitticus, Marquard, Michel, Rudolf, Ulrich, Wilhelm, Wolf Dietrich) 28,36f,42,49f,58, 60,64,67-69,71
Ender, Hermann 224
Ender, Johann Jakob 224
Ender, Leni 304
Ender, Otto 164,202,204, 206,210-212, 224-226,225A, 228f,267,303,306f
Ender, Viktoria 224
Enea Silvio (s.a. Pius II.) 55
Engilbret 23
Enzensberger, Hans Magnus 278
Epona 13A,17
Erasmus (hl.) 38
Erhard, Andreas 312
Erne, Franz 166,269
Ernst von Poellnitz 156
Euklid 66
Eusebius (sel.) 21A,22A,23

F

Fabri, Ulrich 56,58,61,67
Fahringer, Carl 240
Falschlunger, Karl 298
Faßbaender, Brigitte 281
Felder, Franz Michael 137,157A,158A, 162,183,199,210, 217f,294,298-300
Felder, Katharina 126,146
Felder, Nanni 158A
Feldkirch (s. Montfort-Feldkirch, Montfort-Feldkirch-Tosters)
Feldkircher, Josef 124,147
Felix, Bruno 315
Ferdinand (I., II., III.) 56,58,63-65,68f, 71f,92,131,138
Ferdinand von Neapel (IV.) 103A
Ferdinand von Tirol (II.) 72
Ferdinand Karl von Hohenems-Vaduz 91,93
Fessler, Josef 124,128A,145,157f,162,165
Fetz, Andreas 132,181
Fetz, Helmuth 256
Fetz, Hildegard 277
Fetz, Jakob 137,190
Fetz, Leopold 256
Feuerstein, Andreas 87,93
Feuerstein, Franziska 125
Feuerstein, Josef 176,273,303A,305
Feuerstein, Kaspar 68
Feurstein, Gottfried 296
Fidelis von Sigmaringen (hl.) 73,83f
Fierz, Dorothée 311A

Namensregister

Figl, Leopold 260
Findelkind (s. Kempten, Heinrich von)
Fink, Alois 206
Fink, Anton Barnabas 161,259,306
Fink, Jodok 148,202,204-207, 206A,207A,210, 219,224,226,
Fink, Josef 137,189
Fink, Josef Alois 206
Fink, Maria Katharina 206
Fink, Pius 132,165
Fink, Tone 257,280,287
Fischer 299
Fischer, Elmar 294
Fischer, Gebhard 148,229
Fischer, Johann 105
Fischer, Josef 105
Fischer, Josef Anton 164
Fischer, Theodor 192
Fischer-Dieskau, Dietrich 281
Fischer von Erlach, Johann Bernhard 90
Fitzgibbon, Adèle 187A,188
Flatz, Gebhard 114,169
Flatz, Lucia 285
Flatz, Wolfgang 257,263,297A,298
Fleisch, Johannes 56
Florencourt, Bernhard von 135,162,176,201,202A,248
Florentinus 290
Florinus (hl.) 80
Florus 11
Folcwin 20f
Fontana, Bill 312
Forster 105,178
Franz, Anna 312,316
Franz, Brigitte 277
Franz, Sabine 277
Franz (I.) 102,115-117, 122,126,130,139f
Franz Andreas von Raitenau 77,88,93
Franz Andreas von Sternbach 96
Franz Ferdinand 195
Franz Johannes 49
Franz Joseph von Österreich (I.) 147f,156,158f,161, 163-170,175f,184, 189,199,207,225
Franz Josef von Waldburg-Zeil-Syrgenstein 265
Franz Karl 131
Franz Karl Anton von Hohenems 91f,96
Franz Rudolf von Hohenems 71,93,99
Franz Wilhelm von Hohenems (-Vaduz) (I., II., III.) 71,87,91-93,97,99

Franz Xaver 47
Franz Xaver von Harrach-Rohrau 99,102,133
Franzin, von 111
Frick, Georg 283
Frick, Mario 311A
Fried, Erich 278
Friedrich (I., II., III.) 28f,33f,46, 49,51,78,107
Friedrich von Habsburg 44
Friedrich von Montfort (I., II., III.) 33-35,37,46
Friedrich von Österreich (IV.) 43-45,48f
Friedrich von Schwaben (IV.) 28
Friedrich von Teck 38
Friedrich von Tirol 72
Friedrich von Toggenburg 44,48-50
Friedrich von Zollern 34
Friedrich Max von Amberg 60,68
Fritz, Alfons 183,226
Friz, Andreas 217
Froewis, Georg 159,229
Froschauer, Sebastian von 114,154,156,160,172
Fugger, Jakob 283
Funder, Friedrich 216
Fürst, Maria 305
Furtenbach, David 71
Fussenegger, Gertrud 190,218
Fussenegger, I. M. 184
Fussenegger, Siegfried 178,265A,266,270
Futscher, Christian 301

G

Gabriel, Ulrich 299
Gallus (hl.) 19A,20
Galura, Bernhard (Katzenschwanz) 102,128A,130,153,272
Ganahl 132,146,159,162,310
Ganahl, Carl 118,138,144-147,146A, 154,156,169,173,175,200
Ganahl, Ignaz 276
Ganahl, Johann Josef (Joseph) 126f,130,149
Ganahl, Philipp 194
Ganahl, Rainer 257
Ganahl, Rudolf 247
Ganahl von Zanzenberg, Josef 115
Ganser 38
Garibaldi, Giuseppe 145
Gasperini, Domenico 188

Gasser, Achilles Pirmin 54A,55,60,62A,65-67,73,78
Gasser, Herbert Spencer 151
Gasser, Maria 92
Gasser, Richard 299
Gasser, Siegfried 288A,295,302,304, 305A,308-310,308A,315
Gaßner, Andre 267
Gassner, Andreas 126f,169
Gassner, Johann Josef 76,96,99,105
Gassner, Thomas 58,62f,67
Gattermayer, Johann 211
Gebhard (hl.) 23A,24A,25,28,33
Gehauf(f) (s. Venatorius)
Gehrer, Elisabeth 239,295,302A,303
Gehrer, Emil 206,256f,266
Gehrer, Fritz 302
Geiger, Arno 301
Georg (hl.) 44,49
Georg von Montfort-Bregenz (III.) 47
Georg Sigmund von Ems 58,67,69
Gerhart 21
Gerold (hl.) 32A
Geßler, Heinrich 40
Gessner, Konrad 66,78
Getzner, Christian 106,118,126A, 127,131,146
Getzner & Co (Textil AG) 106,126f,146,304
Getzner, Mutter & Cie (Co) 106,127,146,162
Gian Angelo de (di) Medici (s.a. Pius IV.) 58,60,68f,71,73
Gierer, Ferdinand 152,221
Ginsberg, Allen 278
Girardelli, Marc 275
Gleeson, Benny 278
Glöckel, Otto 216
Gmeiner, Elsa 292
Gmeiner, Hermann 291A,292
Gnaiger, Roland 258,259
Goethe, Johann Wolfgang von 102,106
Gohm, Anton 166,266
Gold, Käthe 254
Gorbach, Hubert 298,306,309A,310,315
Göring, Hermann 233
Goswin von Ems 29,43-45
Gozwinus de Amides 28
Graben, Ulrich im 65
Grabher, Elmar 202f
Grabher, Hannes 298
Grabher, Hans Dieter 288A,302,310,316

359

Namensregister

Grabher, Werner	301	
Grabherr, Josef	153,172,214	
Gradner, Bernhard	50	
Gradner, Wiguleis	50	
Graf, Klaus	53	
Graßmayer	109f,154	
Graßmayer, Jakob Veit	109	
Graßmayer, Johann	109	
Graßmayer, Josef Anton (I., II., III.)	109f,132	
Graßmayer, Raimund	110	
Greber, Bernd	276	
Gregor (VII.)	28	
Greussing, Josef	228	
Grimm	157	
Grimm, Alois	172,242	
Grimmelshausen	287	
Gröber (Groeber), Hermann	188	
Grötsch, Jakob	62	
Grottendieck	158	
Grube, August Wilhelm	160	
Gruber, Arno	312	
Gruber, Karin	296	
Gruberova, Edita	281	
Grubhofer, Franz	190,266,278	
Gstrein, Ilga	311A	
Gulbransson, Olaf	218	
Gulbransson-Jehly, Grete	156,169,218A,229	
Gumpp, Johann Baptist	92	
Gunen Medlin (s. Seiffrid)		
Guotschelckhin, Elsa	64,75	
Gut, Jakob	166,267	
Gutgsell, Alexandra	276	
Güttingen, Ulrich von	34	
Gysis, Nikolaus von	167	

H

Habsburg, von (s.a. Albrecht, Friedrich, Rudolf)	35,38-42,46f, 52,58,68,133,141, 149,172,204,207,209	
Hadamar	23	
Hadupert	20	
Haest-Ortner, Brigitte	276	
Häfele, Arnulf	298	
Hagen, Günther	278	
Hagen, Hans	88	
Hagen, Johann Georg	138,173,174A,186,224	
Hagen, Kaspar	131,172,218	
Hagen, Martin	173	
Haid, Josef	167	
Haid, Kassian (Josef)	212,213A	
Haider, Jörg	298	
Haller, Albrecht von	77	
Hammerer, Hubert	276	
Hammerer, Silvester von	110,147,156	
Hämmerle, Alfred	232,234	
Hämmerle, Casimir	101	
Hämmerle, F. M.	136,158,162, 165,168,186,294	
Hämmerle, Franz Martin	126,136-138,136A, 165f,168,184	
Hämmerle, Guntram	136	
Hämmerle, Jasmine	312	
Hämmerle, Josef Andrä	136	
Hämmerle, Martin	278	
Hämmerle, Otto	136,168	
Hämmerle, Theodor	136	
Hämmerle, Viktor (Victor)	136,152, 165A,174,176,256	
Hanak, Anton	193	
Handke, Peter	157	
Handler, Leonore Rosa	163	
Handteler, Urban	56	
Hans von Ems (I., II.)	58,72	
Hans von Hohenems (I.)	50	
Hans von Lupfen	55	
Hans von Rechberg	50	
Hans von Wolfurt	43	
Hans Gaudenz von Raitenau	73	
Hans Ulrich von Ems (I.)	48-51,58,60	
Hans Ulrich von Schlandersberg	72	
Hans Wern(h)er von Raitenau	76,84,88	
Hanser	299	
Harcecius (Arcecius)	17	
Hardegger, August	191	
Harnoncourt, Nikolaus	281	
Harrach, von (s.a. Harrach-Hohenems, Harrach-Rohrau)	71,109	
Harrach-Hohenems, von (s. Maria Rebekka, Maria Walburga)		
Harrach-Rohrau, von (s. Franz Xaver)		
Hartmann, Christa	276	
Hartmann, Edwin	233	
Hartmann, Nikola	277	
Hartmann von Rankweil-Sulz	43	
Hartmann von Werdenberg (I.)	33,35,43	
Haug, Adolf	231	
Hauntinger, Johannes Nepomuk	132	
Häusle, Herbert	299	
Häusle, Josef	155,176,239	
Häusle, Martin	186,193,256,259,270	
Haydn	255,280	
Haymon	300	
Hebel, Johann Peter	218,268,286f,294,301	
Heckel, Erich	214	
Hedrich, Franz	218	
Hefel, Ernst	174,253,262,280	
Heiligenberg (s. Werdenberg-Heiligenberg-Bludenz)		
Heimbach & Schneider	192	
Heine, Heinrich	218	
Heinrich (VI., VII.)	28,32f,68	
Heinrich von Kempten (Findelkind, s. Kempten)		
Heinrich von Lupfen	55	
Heinrich von Montfort (I., II.)	33,35,46	
Heinrich von Montfort-Tettnang (IV.)	38,45	
Heinrich von Werdenberg	43	
Heinrich von Werdenberg-Sargans-Vaduz	42f	
Heinrich Walter von Ramschwag	34	
Heinricus minister de Liutrah	33	
Heinzle, Alfons	160,235	
Heinzmann, Johann Georg	79	
Heis, Eduard	173	
Helbig & Müller	133	
Helbig, Friedrich	133	
Helbock	105	
Helbok, Adolf	169,271	
Helena von (Hohen-)Ems	73f	
Helfenstein, von (s. Anna)		
Helfer, Monika	299A,314	
Heltmann	88	
Hendricks, Barbara	281	
Hensler, Anna	166,218,263	
Herder	102	
Herkules	279	
Hermann	40	
Hermann, Karl	161,263	
Hermann, Wolfgang	300	
Her(r)burger, Josef Anton	99,110f	
Her(r)burger & Rhomberg	99,110f,125,175,184,201	
Hevesi, Simon	163	
Hildebrand, Rudolf	157	
Hillbrand, Hilde	246	
Hillebrand, Josephine	216	
Hillmann, Eugen	153,234	
Hilti	192	
Himmer, Wilhelm	189,240	
Hinteregger, Christoph	288	
Hippokrates	55	
Hirschbühel, Arno	277	

Namensregister

Hirzel 158
Hisuan (Isuan) 21
Hitler, Adolf 148,200,202,226, 232f,235-237
Höchst, von (s.a. Otto, Philipp) 29
Hoegler, Rudolf 193,256
Hofer 202,246
Hofer, Andreas 113,117,120-122
Hofstädter, Lina 300
Hohenegg 223
Hohenems, von (s.a. Ems, Franz Karl Anton, Franz Rudolf, Franz Wilhelm, Hans, Harrach-Hohenems, Helena, Hohenems-Vaduz, Jakob, Jakob Hannibal, Karl Friedrich, Kaspar, Maria Rebekka Josepha, Märk Sittich, Marcus Sitticus) 39,50,63,68-72, 74,80,99,102,104,109, 117-119,124,290
Hohenems-Vaduz, von (s. Ferdinand Karl, Franz Wilhelm, Jakob Hannibal)
Holl, Robert 281
Hollenstein, Johannes Karl 114A,115
Hollenstein, Pius 231,234
Hollenstein, Stephan 188
Hollenstein, Stephanie 172,188A,193,242
Höller 222
Holmes, Sherlock 153
Holzbauer, Wilhelm 313
Holzmeister, Clemens 192
Holzmüller, Walter 259
Holzner 192,222
Holzschuher, Dorothea 57
Holzschuher, Hieronymus 57
Homer 287
Hoppichler, Franz 216
Hörbiger, Attila 255
Hörmann, Ludwig von 137,221
Hörnlingen, Gertrud von 54
Hortense 126
Hortensia Karl Borromäus (Borromea, Borromeo) 67,72f
Huber, Hans 37
Huber, Rudolf 232,234
Huber, Wolf 54,60f,63,68,97
Huber-Feldkirch, Josef 192
Hübner, Gretl 293
Hueber, Apronian 26,93,99
Hugo von Montfort (I., II.) 28-33,35, 41,45-47,47A,78,266,270f
Hugo von Montfort-Bregenz (der Minnesänger, V., XVII.) 33,35, 37-40,42f,47-49, 63,66,217,282

Hugo von Montfort-Feldkirch (IV., IX.) 37f,41,46
Hugo von Montfort-Feldkirch-Tosters (VII.) 38
Hugo von Montfort-Tettnang (III., VI.) 34f,38,46
Hugo von Tettnang-Bregenz (XII.) 47
Hugo von Tosters 37
Hugo von Tübingen 28f,45
Hugo von Werdenberg (I., II.) 31,33-35,38
Hummel, Johann Georg 123,144f,173A,175
Hummelberg, Gabriel 55f,64,67
Hundertpfund, Liberat 118,166
Hundertpfund, Rochus 95,105
Hunfrid von Rätien (II.) 20f
Hunfridinger (Grafen von Rätien) 20,23
Hupreht 23
Huser, Hieronymus 56,58,67
Husserl, Edmund 241
Huter, Josef 137,185

I

Ilg, Ulrich 186,203,228f, 243-246,244-246A, 267f,291,303,305,307
Ilga 25,27,30
Indermauer, Ignaz Anton von 99,110-112,199
Innauer, Toni 274A,276
Innozenz (II., IV.) 28,33
Isaak 77
Iserin, Georg 52,55,64,66
Istrien (s. Hunfried von Rätien)
Isuan (s. Hisuan)

J

Jacobs-Suchard 293
Jäger, Bertram 224,271,288,292,304,305A
Jäger, Gustav 171
Jahn, Friedrich Ludwig 138,191,229f
Jakob von Ems (I., II.) 50f,60
Jakob von Hohenems (I.) 50,52
Jakob von Waldburg 49
Jakob von Waldenburg 77
Jakob Hannibal von Ems (I.) 64,71-73
Jakob Hannibal von Hohenems (I., II.) 66-74,84,87f,92-94,99

Jakob Hannibal von Hohenems-Vaduz (III.) 96f
Jaksch, Albert 283
Janner, E. 216
Jehly, Jakob 152,179,181,218
Jehly, Johann Mathias 99,123,159,263
Jehly, Johannes 170
Jehly, Mathias 122A
Jelinek, Fritzi 232
Jellachich, Franz von 99,112,114f,123
Jeller, Alois 185,253
Jenner, Edward 114
Jenny & Schindler 135f,160A,161A,176f
Jenny, Betty 176
Jenny, Cosmus 176f
Jenny, Marie 177
Jenny, Melchior 135A,156,160
Jenny, Samuel Gottfried 137,160f,181,185,190
Jesus Christus 77,179,202,215
Joachim von Stuben 52
Jochum, Eugen 254
Jochum-Beiser, Trude 275
Johann 36,121,135,137f
Johann von Lothringen 37f
Johann von Portugal (II.) 57
Johann von Wolfurt 33
Johann Adam Andreas von Liechtenstein 94,96
Johannes de Pregancia 43
Johannes (XXII., XXIII.) 36,48,54,78
Jonas, Benedikt 68
Jonas, Franz 268,270
Jonas (von Buch und Udelberg), Jakob 56,58,64f,68
Jonas, Leonhard 64
Jonas von Buch und Udelberg, Lienhard 73
Joyner-Kersee, Jackie 277
Josef von Lasser zu Zellheim 126,167
Joseph (II.) 40,106-109, 107A,113,124,130, 134f,199f,272,303
Judaeus, Eberlinus 80
Juen, Wolfgang 259
Jung, Henri 243,244A,253
Juno 16
Jupiter 16
Jussel, Anton 126,164,166
Jussel, Eugen 190,256,267
Jussel, Joseph 114
Jussel, Maria Franziska 114

Namensregister

K

Kägi, Walter	311A
Kaindl, Alois	247
Kalb, Edmund	183,193,219-221,220A,263
Kant, Immanuel	199
Karg	105
Karl (I., III., IV., V., VI.)	14,20-23, 63,65,68f,96,98,198,306
Karl von Lodron	130
Karl von Seyffertitz	132,159,184
Karl August von Bretzenheim	115
Karl Borromäus (hl., Carlo Borromeo)	66f,69,71-73
Karl Friedrich von Hohenems	75,84,88,91-93,96,119A
Karl Friedrich von Tirol	92
Karl Ludwig	154
Kärnten, von (s. Arnulf)	
Karoline	123
Kaspar von Ems	283
Kaspar von Hohenems	70f,73f,76,80,82,86,88
Kästle	312
Katharina (hl.)	38
Katzenschwanz, Bernhard (s. Galura)	
Katzenschwanz, Johann Martin	128
Kauffmann, Angelika	99,102A,103,106,118,188
Kauffmann, Johann Joseph	102
Kaufmann, Hermann	259
Kaufmann, Leopold	258
Kempten, Heinrich von (Findelkind)	41
Kern, Erasmus	74,84f
Kesselring	248
Keßler, Herbert	219,246,251,259A, 267A,268A,292,296
Kessler von Fürstentreu, Josef Melchior	115
Khüny, Walter	256
Kieffhaber, Dorothea	57
Kindle (s. Pedioneus)	
King, Edwin	227
King, Josef Anton	216,253
Kink, Martin (von)	114,154,165
Kinz, Ferdinand	189
Kirchschläger, Rudolf	268A
Kitt, David	109
Klara von Medici (s. Clara di Medici)	
Klara von Wolfurt	42
Kleber	222
Klein, Felix	174
Kleiner, Sighard (Karl)	186,212,213A
Kleiner, Viktor	180,213
Klemens (Alois) von Waldburg-Zeil	105,117
Klemens von Waldburg-Zeil-Trauchburg	102,133
Klestil, Thomas	311A,315
Klima, Viktor	311A
Kmentt, Waldemar	254
Knorr, Karl-Heinrich	172
Koch, Johannes	54
Koch, Markus	259
Koenig	222
Koenig & Bauer	133
Koenig, Friedrich	133
Kögler, Maria	277
Kohler, Johann	137,174,198
Kohler, Johann Michael	151
Köhlmeier, Michael	278,286A,287,294,299
Kolb, Albrecht	42
Kolb, Ernst	190,259A,260A, 262,285,307A,310
Kolar, Richard	228
Koler, Bartholomäus	64
Kolumban (s. Columban, hl.)	
Kolumbus	55
Konetzny, Hilde	254
König, Irma	260
Konrad (hl.)	24
Konrad (III., IV.)	28,33
Konrad von Montfort-Bregenz	40,43
Konrad von Pfäfers	29
Konrad von Tettnang-Bregenz (I.)	47
Konrad von Weiler	48
Konrad (Cunradus) von Wolfurt	32f,35,38,40
Konstantin I.	14
Konzett, Andreas	156,235
Kopernikus, Nikolaus	55,66f
Kopf, Johann Kaspar	181
Kopf, Joseph	301
Kopf, Willi	257
Kornberger, Hanns	191A
Körner, Theodor	223,271,280
Köstenbauer, Johanna	305
Kraft, Othmar	302,316
Krapf, Philipp	152,239
Krauss, Clemens	254
Krauss, Werner	254
Kräutler, Erich	186,279,285-287,289
Kräutler, Erwin	285A,286A,287,292,294
Kräutler, Heinrich	285
Kräutler, Maria	285
Kräutler, Willi	285
Krcal, Fritz	174,187f,193,256,287
Kreal, Ernst	284
Kreisky, Bruno	268A,286
Kremer, Gidon	281
Kresser, Siegfried	256
Kruckenhauser, Stefan	216
Krüger	231
Kuen, Franz Anton	93,98f
Kuen, Johann Georg	90
Kuen, Michael	92
Küng, Klaus	130A,291A,294
Kunschak, Leopold	304
Künz	305
Künz, Ernst	232,234
Kunz, Karl	158
Kurer, Robert	138
Kuthan, Peter	278
Kyber, Luzius (Lucius)	56,62
Kycia, Dieter	278

L

Lampert, Carl	130,178,243
Landsee, von	96
Längle, Josef	164,266
Längle, Matthias	162,263
Längle, Otmar	53
Längle, Ulrike	300
Lantfrid (I.)	20
Larsen, Sture	259
Lasalle	199
Laßberg, Joseph von	132
Lasser zu Zellheim, von (s. Josef)	
Laurentius von Schnifis (Johannes Martin)	87f,94,217,282f
Lazarus, Moritz	162f
Lecce, von (s. Tankred)	
Lecher, Eugen	260
Lei, Hermann	311A
Leibfried, Hermann	166,206
Leissing (Leißing), Eugen	190,245
Lenz (s. Rhomberg & Lenz)	
Lenz, Michael	124
Leo (X.)	61
Leonardo da Vinci	203
Leone, Peter	103
Leopold (I., II.)	94,108,217
Leopold von Österreich (III., IV.)	40,42f
Leopold Gottlieb von Pergen	96
Lerch, Konrad	276
Lesseps	153
Lessing, Gotthold Ephraim	199
Levi (s.a. Rosenthal)	181
Levi, Abraham Veit	181
Levi, Urban Veit (s.a. Rosenthal)	181

Namensregister

Lichtenberg	300	
Liebermann, Rolf	295	
Liechtenstein, von (s.a. Johann Adam Andreas, Alois)	148,240	
Liewehr, Fred	254	
Linder, Anton (Rudolf)	168,228,259,267	
Linder, Wolfgang	301	
Lins, F. von	31	
Lins, Guntram	203	
Lins, Jeremias	56,62,64,68	
Lipp, Wilma	254	
Lirer, Thomas (Lür)	53f	
Litscher, Othmar	48	
Livius	55	
Loacker, Norbert	301	
Lodron, von (s. Karl)		
Longo, Martino	70,72	
Lorenzi	106	
Loser, Franz	186,204,224,306	
Lothar (I.)	21	
Lothringen, von (s. Johann)		
Lott, Julius	135,169f	
Löw, Franz Thomas	121	
Lowenberg, Klara	181	
Lowengard, Isaak	181	
Lucan	55	
Ludwig (II., IV., XI., XVI.)	20f,23,36f,46,52,68,112	
Ludwig, Christa	280	
Ludwig, Martha	183A	
Ludwig, Paul	183A	
Ludwig, Paula	183A,218,280	
Ludwig von Ungarn (I.)	38	
Ludwig von Wolfurt	35	
Lueger, Karl	179,202	
Luger, Alphons	240	
Luger, Engelbert	189	
Luger, Reinhold	203,278	
Lupfen, von (s. Hans, Heinrich)		
Lür (s. Lirer)		
Luther, Martin	56,61-63,62A,66	
Lutz, Oswald	284	

M

Madlener, Otto	230	
Mager, Johann	156,224	
Maggi, Julius	172	
Mahler	280	
Mähr	258	
Mähr, Christian	300	
Maier, Hans (s.a. Amêry)	190,218	
Maiger, Rolle	52	
Malin, Johann August	186,240	
Mallaun, Otto	191	
Mandl, Rudolf	308-310,308A	
Mangolt, Bürk	282	
Mangolt, Jakob	50,52,54	
Mann, Erika	183	
Mann, Thomas	153	
Mantua und Montferrat, von	86	
Marent, Franz	176,285	
Margaretha (hl.)	38	
Margreiter, Hermann	232	
Maria (hl.)	61A,179	
Maria von Chiari	233	
Maria Rebekka Josepha von (Harrach-Hohenems)	99,102f,109,117f,133f	
Maria Theresia	102f,105-107,134,139,198f,289	
Maria Walburga von Harrach-Hohenems	102,117,124,133f	
Märk Sittich von (Hohen-) Ems (I., II., III., IV.)	51,58,60,63-74,68A,82	
Markus (Marcus) Sitticus von (Hohen-) Ems (III., IV.)	71-74,79,83,283	
Marquard von Ems (I., III., IV., V.)	37f,49-51,54,63	
Mars	16	
Marte, Mandi	278	
Martin, Christian Ludwig	240	
Martin, Hans-Peter	314	
Martin, Johannes (s.a. Laurentius von Schnifis)	87f,94	
Marxer, Franz Xaver Anton	94,96,98A,99,105	
Marxgut, Ernst	269	
Masséna	112,114	
Matisse, Henri	187	
Matsch, von (s. Elisabeth)		
Matt, Kurt	257	
Matt, Luzius	62-64	
Matthäus	77	
Max von Waldburg-Zeil	132	
Max Emanuel von Bayern	94	
Maximilian (I.)	51,56,58,60,63f,68,78	
Maximilian von Bayern (I., II.)	115,147	
Maximilian von Montgelas	116	
Maximilian Joseph von Bayern	117	
May, Anna Franziska	110	
Mayer, Ägidius	155,229	
Mayer, Fritz	226,278,294	
Mayer, Hans	245	
Mayer, Jonas	118	
Mayer, Rudolf	284	
Mayr, H.	241	
Mayr, Norbert	301	
Medici	69	
Medici, Gian Giacomo	69	
Medici, de (s. Clara, Gian Angelo)		
Meinrad (hl.)	29	
Meinrad, Josef	254	
Meissner, Alfred	218	
Melanchthon, Philipp	65f	
Melk, Rosina	110	
Mennel, Jakob	51,56,60,64,75	
Menz, Betti	241	
Merbot (Merbod)	25A,27,30	
Merian	78	
Merkle, Meinrad	131f	
Merkt	210	
Merkur	16	
Messerschmitt	239	
Messiaen, Oliver	295	
Metternich	121,124,199	
Metzler	222	
Metzler, Gallus Xaver	217A	
Metzler, Johannes (d. Ä., d. J.)	56,60f,66,68	
Metzler von Andelberg, Christoph	57,67,73	
Meusburger, Josef	277	
Meusburger, Maria Katharina	206	
Meyer	249	
Michel von Ems (I.)	51	
Michler, Rosa (Selesia)	169,279	
Miklas, Wilhelm	233	
Miller, Anna	37	
Miller, Dorothea	37	
Minerva	16	
Mirabell	293	
Mittelberger, Johann Josef	142,167,204,222A,224,267	
Mock, Johannes	62	
Molitor, Martin von	112	
Moltkau, Hans	284	
Monet, Claude	187	
Montfort, von (s.a. Albero, Friedrich, Heinrich, Hugo, Montfort-Bregenz, Montfort-Bregenz-Peckach-Tettnang, Montfort-Feldkirch, Montfort-Feldkirch-Tosters, Montfort-Tettnang, Montfort-Tettnang-Bregenz, Montfort-Werdenberg, Rudolf, Ulrich, Wilhelm)	26,33f,36f,39,45-47,53f,68,132,154,159,205,217	
Montfort-Bregenz, von (s.a. Elisabeth, Georg, Hugo, Konrad, Ulrich, Wilhelm)	34,36	
Montfort-Bregenz-Peckach-Tettnang, von	47	

Namensregister

Montfort-Feldkirch, von (s.a. Berthold, Hugo, Rudolf, Ulrich) 34,37f,45A,46,80
Montfort-Feldkirch-Tosters (s. Hugo)
Montfort-Tettnang, von (s.a. Heinrich, Hugo, Wilhelm) 34
Montfort-Tettnang-Bregenz, von (s. Wilhelm)
Montfort-Werdenberg, von (s.a. Rudolf) 31
Montgelas, von (s. Maximilian)
Moor, Franz 217
Moosbrugger, Caspar (Andreas) 90f,93f,97
Moosbrugger, Günther Anton 181,285
Moosbrugger, Kaspar 158,161,199
Morinck, Hans 24
Moritz von Sachsen 63
Mörlin, Jodok 62
Morscher-Dapunt, Inge 299
Moses 77
Motter, Klara 298
Mozart 280
Müller (s. Helbig & Müller)
Müller, Benedikt 93,96
Müller, (Christian) Leo 111,114,133A,137
Müller, Franz 211
Müller, Josef Christian 105,147
Müller, Maria 133
Müller, Martin 296,308A,310
Müller-Hoffmann, Wilhelm 234
Münichreiter, Karl 227
Münster, Sebastian 62
Münzer, Hieronymus 49,55-57,60,217
Münzer, Ludwig 57
Mutter (s. Getzner, Mutter & Co)
Mutter, Franz Xaver 118,126f

N

Nachbauer, Gerd 280
Nachbauer, Josef (Johann) Si(e)gmund 99,112,114,122,124,189
Nachbauer, Petra 301
Nägele, Hans 53,170,280
Napoleon 113f,116f,120,124,133,144,199
Nassau (s. Adolf, Nassau-Oranien-Dillenburg)
Nassau-Oranien-Dillenburg, von (s.a. Wilhelm Friedrich) 32
Natter, Franz 204,306

Neapel, von (s. Ferdinand)
Negrelli von Moldelbe, Alois 114,132,134,153A,155
Nero 11,18
Nesler, Emil 245
Neubner, Gustav 212
Neuburger, Helene 241
Neudörfer, Arthur 164,188,263
Neukomm, Ernst 311A
Neurath, Konstantin von 233A,252
Neururer, Norbert 295
Neyer, Anton 146
Neyer, Edwin 193
Neyer, Egli 51
Neyer, Maria Barbara 131
Neyer, Maria Elisabeth Christine 109
Niederer, Gebhard 96
Nigri, Viktor 49,52,55
Nikolaus von Wolfurt 38
Nikolitsch, Paul 301

O

Oberiet, Jakob 217
Ohmayer, Johann Michael 182
Ölz, Johannes 52
Ölz, Josef 148,198
Ölz, (Josef) Anton 124,156,178
Ölz, Josefine 306
Opsomer 270
Oranien (s. Nassau-Oranien-Dillenburg)
Ortlieb, Patrick 275
Ortner, Franz 203,216,247,294
Österreich, von (s.a. Albrecht, Franz, Joseph, Friedrich, Leopold, Rudolf, Sigmund) 40,43,46
Otmar 20
Ott, Norbert H. 53
Otto (I.,II.) 23f,32
Otto von Höchst 29
Ovid 55
Ozawa, Seiji 315
Ozi de Dornburron 27

P

Palmié, Charles 187
Pappus, Andreas 95
Pappus, David 78f
Pappus, Hans 48
Paracelsus 56,64,66
Paradis, Maria 79

Paulinus, Matthias 56
Paulmichl, Leonhard 287,310
Peckach (s. Montfort-Bregenz-Peckach-Tettnang)
Pedenz, Carl Albert 137,214
Pedioneus, Johannes (Kindle) 61,67
Peer, Josef 159,219
Pergen, von (s. Leopold Gottlieb)
Permke 270
Peron, Johann Jakob 106
Pestalozzi, Heinrich 106,110,147,159
Peter, Siegfried 288
Petrarca, Francesco 54f,77
Pezzey, Bruno 275A,277
Pfäfers, von (s. Konrad)
Pfanner, (Wendelin) Franz 132,166-168,166A,189
Pfefferkorn, Robert 189
Pfirt, von (s. Ursula)
Pfister, Fritz 219,256,266,294
Pflug, Mathis 104
Pfullendorf, von (s.a. Rudolf) 30
Philipp (II.) 68f,72
Philipp von Arco 93f
Philipp von Höchst 41
Philipp von Schwaben 28
Piliatoris (s. Döltsch)
Piper 299
Pirker, Paul 212
Pirmin (hl.) 20
Pius (II., Enea Silvio, IV., VII., IX., XII.) 55,58,60,64,68f,71-74,128,272
Planck, Rochus 85
Plankensteiner, Toni 176,235,273
Platon 55
Platzer, Melchior 73
Plautus 55
Plinius (d. Ä.) 10,55
Poellnitz, von (s.a. Ernst, Wanda) 218
Poggio 55
Polen, von (s. Sigismund)
Porris, de (s. Thomasina)
Portisch, Hugo 250
Portugal, von (s. Johann)
Poschacher 249
Postumus 11
Pozzo, Andreas 279
Pramstaller, Armin 270
Pregancia, de (s. Johannes)
Preiß (Preiss), Fritz 198,204
Prey, Hermann 280A
Price, Margret 281
Probst, Otto 269f
Prünster, Georg 105,128,135,156

Namensregister

Puganigg, Ingrid 299	Rethy, Esther 254	Rosenthal, Franziska 182
Pümpel 192	Reyl-Hanisch, Herbert von 193,234	Rosenthal, Ivan 182
Pur, Georg 54	Reynolds, Joshua 102	Rosenthal, Josef 137,181f
Purin, Hans 258	Reznicek, Franz 192	Rosenthal, Julius 181
Purtscher, Martin 203,223,280, 292A,304A,305,310	Rheinberger 283	Rosenthal, Klara 182
	Rheineck (s. Werdenberg-Rheineck)	Rosenthal, Ludwig 181
Putsch, Amalie 52	Rheinfelden, von (s. Rudolf)	Rosenthal, Philipp 137,181
Putsch, Anna (s.a. Cuspinian) 52-54,52A,60	Rheticus, Georg Joachim 52,55f,60,64,66f,73	Rosenthal, Robert 182
		Rosenthal, Sophie 181
Putsch, Johann 60f	Rhomberg (s.a. Her(r)burger & Rhomberg) 125	Rosenthal, Urban Veit (s.a. Levi) 181
Putsch, Margaretha 52		Rossi, Opilio 273
Putsch, Ulrich 52,54,60	Rhomberg & Lenz 124,127	Rost, Dionys von 273
	Rhomberg, Adolf 147,161,168,170, 175A,176,178,180f, 190,195A,201A,202,214	Rosvaenge, Helge 254
		Roth, Harald 277
		Rötlin, Sigmund 56,62,64
R	Rhomberg, Alois 126	Roy, Markus (s.a. Fidelis von Sigmaringen) 73,84
	Rhomberg, Anna (Marie) 149,201A	
Raab, Julius 223	Rhomberg, F.M. 125,149	Ruadpert von Argengau 20
Rad, Ludwig 49,55f	Rhomberg, Franz Martin 124f,132,149A,159,184	Rudigier, Franz Joseph 124,152,162,170
Radetzky 218		
Raffeiner 173	Rhomberg, Hermann 183,260,278	Rudigier, Josef Othmar 147,178,224
Raidel, Maria (s.a. Schmid, Maria) 110,159	Rhomberg, Josef 150	Rüdisser 258
	Rhomberg, Josef Anton (J.A.) 110,149	Rüdisser, Elisabeth 258
Rainer 258	Rhomberg, Katharina 136	Rudolf (I.) 46
Raitenau, von (s.a. Franz Andreas, Hans Gaudenz, Hans Wernher, Wolf Dietrich) 58	Rhomberg, Lorenz 106,124,132,147	Rudolf von Bregenz 27-29
	Rhomberg, Oskar 268	Rudolf von Chotek 98
	Rhomberg, Thomas 73,88	Rudolf von Ems 29,32f,46,99,217
Ramek 216	Rhomberg, Ulrich 149	
Ramschwag, von (s.a. Adelheid, Heinrich Walter, Walter) 38	Rhomberg, Walter 189,258,266	Rudolf von Habsburg (I.) 34f,46,68
	Riccabona, Max 198,300A	Rudolf von Montfort (I.) 33f,36,42
Rankweil-Sulz, von (s. Hartmann)	Richental, von (s. Ulrich)	Rudolf von Montfort-Feldkirch (II., III., IV., V.) 31,34-43,45-47
Ransperg, Franz 26,79,92f	Riedlinger, Anizet 132	
Rapp, Ludwig 263	Riedmann, Ferdinand 172,204f, 207-209,208A,212,271	Rudolf von Montfort-Werdenberg (I.) 33
Raspe, Heinrich 33		
Rätien, von (s. Adalbert, Burkhard, Hunfrid, Hunfridinger, Roderich)	Riedmiller, Bernhard 99,108,112,114, 121-123,121A,133,186	Rudolf von Österreich (IV.) 39
		Rudolf von Pfullendorf 28f
Ratmund 20	Riegler, Josef 293	Rudolf von Rheinfelden 24
Ratz, Gerold 307A,308,310	Rimli, Albert 191	Rudolf von Steinach 29
Ratz, Kaspar von 143,154	Ringelnatz 183	Rudolf von Tübingen 28f,45
Rechberg, von (s. Hans)	Rinner, Jutta 300	Rudolf von Werdenberg (I.) 33
Redler, Ferdinand 166,224,234,306A,307,310	Risch, Wilhelmine (Eberharda) 174,270	Rudolf von Werdenberg-Rheineck 42
	Risch-Lau 290	Rudolf von Werdenberg-Sargans (II.) 36
Redler, Karoline 169,240-242,242A	Ritter, Albert (s.a. Winterstetten) 190	
Reich, Serafin 174,280	Roberto d'Altemps 73	Rudolf von Wolfurt 35
Reichle 104	Rochus (hl.) 86	Rudolfin, Eva 97
Rein, Manfred 301	Rodenegg (s. Wolkenstein-Rodenegg)	Rüf, Arnold 162
Reiner, Wolfram 296	Roderich von Rätien 21	Ruodolfus (physicus) 34
Reis, Philipp 168	Rohe, Mies van der 314	Ruodolfus de Amides 28
Reiter, Franz 193	Romero, Oscar A. 286,294	Ruprecht 44
Reiter, Mario 275	Rôpertus de Dorenbôrron 27	Rusch, Hartwig 278
Renn, Konrad 169	Rosenlächer, Franz Josef (Joseph) 100,115,134A,135	Rusch, Maria 225
Renner, Josef 283		Rusch, Paul 186,291
Renner, Karl 207,210-212,226, 247,259,268f,286	Rosenthal (s.a. Levi) 181f	Ruß, Anton (Toni) 286
	Rosenthal, Anton 181	Ruß, Eugen 211,247,253,265
Renner, Paul 157,257	Rosenthal, Arnold 182	Russland, von (s. Alexandra)
Residenz 157,299f		

Namensregister

S

Saalwächter, Jakob 205
Sachs, Hans 114,165
Sachsen, von (s.a. Moritz) 61f
Sailer, Johann Michael 131
Sailer, Leonhard 62
Saler, Franz 149f
Säly, Hubert 229,297
Salzburg, von (s. Wolf Dietrich)
Salzgeber, Elfriede 302
Salzmann, Johann (Baptist) 118,125,136
Salzmann, Klaus 277A
Sander, Hermann (Anderlitz, Dalla Tramosa) 137,210A,212,218
Sandholzer von und zu Zunderberg 72
Sandner, Oscar 299
Sargans (s. Werdenberg-Sargans, Werdenberg-Sargans-Vaduz)
Sausgruber, Herbert 309-312,309A,311A,315
Saussure, Horace Bénédict de 79
Sauter 192
Sauter, Hans 276
Savigny, Friedrich Karl von 131
Schaeffer, Boguslaw 295
Schäffler, Erich 274A
Schärf, Adolf 223
Schartner, Hermann 278
Schedel 57,80
Scheffknecht, Adolf 231f,234
Scheidle 221f
Schellenberg, von (s. Ulrich)
Schelling, Georg 248
Schick, Theresia 173
Schiller, Friedrich 77,172,217
Schindler (s. Jenny & Schindler)
Schindler, Anna Margareta 192
Schindler, Dietrich 160
Schindler, Friedrich (Wilhelm) 153,160,170, 176-178,177A,186,212
Schindler, Fritz 133
Schindler, Marie 161
Schindler, Wilhelm 176
Schlandersberg, von (s. Hans Ulrich, Sigmund)
Schlegel, Theodul 65
Schleh, Johann Georg 70,77,95
Schleicher, E. u. R. 191
Schlesinger, Marie 162
Schlesser, Guy 249
Schmalhardt, Herbert 315
Schmid, Johann Georg 162
Schmid, Johann Josef 106,147
Schmid, Maria (s.a. Raidel) 110,159
Schmid, Theodor 137,198
Schmidt, Eva 299f
Schmidt, Guido 184,232-235,233A,267
Schmidt, Josef 232f
Schmitz, Richard 233
Schmutzer 283
Schmutzer, Anton 186,262,283
Schnabel von Schönstein 72
Schnappauf, Werner 311A
Schneider (s. Heimbach & Schneider)
Schneider, Anton 105,113,117, 120,121A,123f,131
Schneider, Emil 169,215,216A,223,267
Schneider, Georg 284
Schneider, Hannes 176,230,233A,266
Schneider, Maria 301
Schneider, Othmar 275
Schneider, Robert 218,295,300A,303,314
Schnell, Bartholomäus (Bartholome) 80,283
Schnell, Ruth 257
Schnifis, von (s. Laurentius)
Schober, Johannes 226
Schoch, Kaspar (Caspar) 79,84,93
Schöch, Josef 192
Schönerer, Georg von 200
Schönherr 253
Schöpf, Irmengard 256
Schottland, von (s. Eleonore)
Schrammel, Renate 316
Schreiber, Martin 306A,307,310
Schreier, Peter 280
Schubert, Franz 280f
Schumann 280,298
Schuschnigg, Kurt 153,225, 227f,233A,235
Schüssel, Wolfgang 302,311A
Schwaben, von (s. Friedrich, Philipp)
Schwarzkopf, Elisabeth 281
Schwärzler, Alois 256
Schwärzler, Erich 298
Schwärzler, Karl 187,240,256,294
Schwärzler, Nikolaus 288,311
Schwendinger 191
Schwendinger, Johann 132,187
Sebastian (hl.) 86
Seeber, Arthur 228
Seeger an der Lutz, Ludwig Gabriel 132,178,218
Seiffrid, Hans (Gunen Medlin) 72
Seifried, Franz Joseph 105,133
Seipel, Ignaz 207,216,222,233
Seneca 55
Sererhard, Nikolin 78
Settari, Leopoldine 223
Sextus Pedius Lusianus Hirrutus 13
Seyffertitz, von (s. Karl)
Seyß-Inquart, Arthur 233,236
Shouaa, Ghada 277
Sieber, Johann Georg 132,187
Siemens, Ernst von 295
Sigberg, von 36
Sigena von Wolfurt 33
Sigismund 48f,54,78
Sigismund von Polen (I.) 47
Sig(is)mund von Tirol 39,50,52
Sigismund Franziskus 88
Sigmaringen, von (s. Fidelis)
Sigmund von Österreich 52
Sigmund von Schlandersberg 43-45
Simma, Kaspanaze 288A
Simma, Reinhold 299
Sizilien, von (s. Wilhelm)
Smodics, Erich 256
Sohm, Rudolf 287,302
Sohm, Viktor 230
Sonnenberg, von (s.a. Andreas, Eberhard) 39,52
Spagolla, Bruno 259
Sperber, Manés 287
Spindler, Samuel 169,240
Spreiter, Jakob 62
Sprenger, Jakob 109
Springenschmid, Ingo 257,301
Stäger, Alf 290
Stärk, Wilhelm 284
Staufer 46,68
Steidle, Richard 226
Stein, Ludwig 163
Steinach, von (s. Rudolf)
Steinach, Eugen 82
Steiner, Rudolf 192
Steinhauser, Johannes 56
Stemer, Siegmund 310
Sternbach, von (s.a. Franz Andreas) 98
Sterrer, Karl 240
Stilicho 78
Stingelin 210
Stockach, Romuald von 87
Stöcklin, Johannes 42-45
Strack, Hermann 162
Strasser, Josef 164,267
Strauß, Bertha 163
Strauß, Johann 254
Strauß, Richard 280
Steeruwitz, Ernst 222,224

Namensregister

Strobel, Hans Georg 190,280
Ströbele, Claus 186,191f,221f
Ströhle, Karl-Heinz 257
Strolz, Hubert 275
Stromberger, Maria 181,240,267
Stuben, von (s. Joachim)
Stültz, Christoph 56,67
Stülz, Jodok 114,145,165
Sturn, August 231,234
Sturn, Hans 52
Suchard (s.a. Jacobs-Suchard) 293,304
Suhrkamp 299
Sulz (s. Rankweil-Sulz)
Sulzer, Salomon 115,176
Summerau, von (s. Elisabeth)
Surdum, Kundeyt 299A,301
Susanna von Wolfurt 50
Sutter, Gerhard 288
Suworow, Alexander Wassiljewitsch 112,114
Swozilek, Helmut 154
Syrgenstein (s. Waldburg-Zeil-Syrgenstein)

T

Tagwerker, Andrea 275,277
Tankred von Lecce 68
Tänzer, Aron 162A,163,186,235
Tänzer, Heinrich 162
Teck, von (s. Friedrich)
Terenz 55,57
Tettnang, von (s. Wilhelm)
Tettnang-Bregenz, von (s. Hugo, Konrad, Montfort-Tettnang)
Teufel, Erwin 311A
Theoderich der Große 19
Theophanu 24
Thomas, Martial 112
Thomasina de Porris 66
Thompson, Daley 277
Thor, Walter 188
Thrisner, Leonardus 93
Thumb, Christian 90
Thumb, Gabriel 22
Thumb, Michael 90f
Thumb, Peter 91A,93,98,103
Thumb von Neuburg (s.a. Ulrich) 32,39f
Thurnher, Barbara 92
Thurnher, Emanuel 258
Thurnher, Eugen 53,299
Thurnher, Johannes 137,172,174,189,201A

Thurnher, Martin 137,217
Tiberius 9-11,13
Tibianus, Johann Georg 22
Tiefenthaler, Eberhard 289
Tiefenthaler, Meinrad 180
Tirol, von (s. Ferdinand, Friedrich, Karl Friedrich, Sigismund, Sigmund)
Tizian, Karl 198,202,203A,216,278, 289,293,303-305,303A
Toggenburg, von (s. Friedrich)
Toltza 81
Tölzer, Walter 219,287,297
Tosters, von (s. Hugo)
Trakl 183
Tränkle, Ulrich 48f
Tratzburger, Hans 52
Trauchburg (s. Waldburg-Zeil-Trauchburg)
Treder, Jürgen 174
Troll, Alfons 306A,307,310
Troy 222
Tschachtlan, Benedikt 44
Tschaikner, Manfred 97
Tschann, Franz 129f,164,255,266
Tscharner, Johann Anton 192
Tschiderer, Johann Nepomuk von 105,128,133,155
Tschoven, Johann Georg 96
Tübingen, von (s. Hugo, Rudolf)

U

Überbacher, Alexandra 277
Udalrichinger (Ulriche) 20f,23,28
Uli die Cobolten 42
Ullmann, Regina 218
Ulmer, Adam 124f
Ulmer, Andreas 168,263A
Ulmer, Daniel 125
Ulmer, Eduard 181,245,278,307A,308,310
Ulmer, Franz Josef 124
Ulmer, I.G. 265
Ulmer, Johann Georg 125,181
Ulmer, Karl 105,118,124-126,124A,138
Ulmer, Toni 178,280
Ulrich (I., VI.) 20,23
Ulrich von Bregenz (I., V., VI., X.) 21,23-27
Ulrich von Ems (I., II., III., IV., V.) 35-38,42f,48
Ulrich von Montfort (II.) 33,36
Ulrich von Montfort-Bregenz (I.) 34f,46

Ulrich von Montfort-Feldkirch (II., III.) 31,36-38,41,46
Ulrich von Montfort-Tettnang (VI.) 47
Ulrich von Richental 41
Ulrich von Schellenberg 52,67
Ulrich von Werdenberg-Sargans 50
Ulrich von Wolfurt 38
Ulrich Thumb von Neuburg 36
Ulricus de Veltkirchen 40
Ungarn, von (s. Ludwig I.)
Unterberger, Franz 162,265
Uol, Grethe 51
Urban (II.) 28
Ursula von Pfirt 38

V

Vaduz (s. Hohenems-Vaduz, Werdenberg-Sargans-Vaduz)
Valentinian (I.) 12,17
Valerius 21
Valla, Lorenzo 55
Veiter, Theodor 253
Veltkirchen, de (s. Ulricus)
Venatorius, Thomas (Gehauf) 54,62,68
Vergil 16,55
Vetsch, Ulrich 208
Victor (III. von Chur) 21
Victoriden 19
Viktor (hl.) 21
Vintler zu Plantsch und Runggelstein, Franz von 103,118
Vitellius 11
Vitigis 19
Vögel, Adolf 176,229,245f,280
Vogel, Anton 232
Vogelsang, Johannes 67,282
Volkmann, Ernst 186,239
Vollmar 104
Voltaire 107
Vonbank, Elmar 154
Vonbun, Anton 114,159
Vonbun, Franz Josef 131,162,217

W

Wachter, Anita 275
Wachter, Franz Josef 161,263
Wachter, Johann 192
Wachter, Julius 181,291
Wacker, Ilse 214
Wacker, Romedi 192
Wacker, Rudolf 178,192f,214A,215,239

Namensregister

Waechter, Eberhard 254
Wäger, Rudolf 258
Wäger-Häusle, Elisabeth 300
Wagner 133
Wagner, Otto 221
Waibel, Eva Maria 303
Waibel, Johann Georg 132,157,162,184A,189,200
Waibel, Wolfram (sen., jun.) 276
Waitz, Sigismund 129,159,190,229,239
Walch, Willi 232
Waldburg, von (s.a. Eberhard, Jakob) 50,134
Waldburg-Zeil, von (s.a. Klemens Alois, Max) 71,105,124,134
Waldburg-Zeil-Syrgenstein, von (s. Franz Josef)
Waldburg-Zeil-Trauchburg, von (s. Klemens)
Waldenburg, von (s. Jakob)
Waldner, Johann 88
Waldner von Frundstein, Anstatt 63
Waldo 23
Wallnöfer, Eduard 268A
Walser 122
Walser, Gabriel 77f,180
Walser, Johann 224
Walser, Martin 300
Walser, Robert 300
Walser zum Roten Brunnen, Hans 62
Walter (Waltherus rector ecclesie de Swarzinberch) 34
Walter, Erich 316
Walter, Johannes 164,266
Walter von Ramschwag 43
Waltherus rector ecclesie de Swarzinberch (s. Walter)
Weber 111
Wechner, Bruno 130A,266,271, 273A,285A,291
Wegelin, Georg 79
Weglin, Caspar 67
Wehrly, Friedrich 191
Weiler, von (s. Konrad)
Weiß, Gebhard 114,165
Weiss, Jürgen 259,295A,296
Weizenegger, Franz Josef 106,131f
Weizenegger, Josef 131
Welf (VII.) 24,28
Welfen 24,68
Welte, Adalbert 186,218,268,273
Welti, Ludwig 39,180
Welzenbacher, Lois 192

Werdenberg (s.a. Albrecht, Hartmann, Heinrich, Hugo, Montfort-
Werdenberg, Rudolf, Werdenberg-Bludenz, Werdenberg-Heiligenberg-Bludenz, Werdenberg-Rheineck, Werdenberg-Sargans, Werdenberg-Sargans-Vaduz) 36,39,46,50,53
Werdenberg-Bludenz, von (s. Albrecht)
Werdenberg-Heiligenberg-Bludenz, von (s. Albrecht)
Werdenberg-Rheineck, von (s. Rudolf)
Werdenberg-Sargans, von (s. Ulrich)
Werdenberg-Sargans-Vaduz, von (s. Heinrich)
Werner, Oskar 255
Wessely, Paula 255
Wichner, Josef 148,218f
Widmann, von (s. Bohuslaw)
Wiedemann, Heinz 295,302
Wiederin, Johann 164,263
Wilburger, Jos 64
Wildgans 287
Wilhelm von Ems 43-45
Wilhelm von Montfort (I.) 33-35,44,46f
Wilhelm von Montfort-Bregenz 42,48f
Wilhelm von Montfort-Tettnang (II.) 37f,45
Wilhelm von Montfort-Tettnang-Bregenz (II., III.) 38,41,47
Wilhelm von Sizilien (III.) 28,68
Wilhelm von Württemberg (I.) 147
Wilhelm Friedrich von Nassau-Oranien-Dillenburg 115
Willam, Franz Michel 218
Willi, Herbert 284,295A,315
Willi, Martin Karl (Dominicus) 137,191
Williams 112
Wilson, Woodrow 141
Winckelmann, Johann Joachim 102
Winsauer, Ernst 176,229,267
Winterstetten, Karl von (s.a. Ritter) 190
Wohlwend 135
Wohlwend, Fidel (Markus) 140,154,159
Woldrich, Reinhard 278
Wolf, Hugo 280
Wolf, Ignaz 192
Wolf, Josef 132,189
Wolf Dietrich von Ems 58,60,64,66,71,73
Wolf Dietrich von Raitenau 68,70,72-74,74A,79,83
Wolff 221
Wolff, Johann 164,221,267
Wölfle, (Johann) Gebhard 138,187,218A

Wölfle, Julita 178,285
Wölflin von Wolfurt 40
Wolfurt, von (s.a. Agnes, Burkhard, Eglolf, Hans, Johann, Klara, Konrad, Ludwig, Nikolaus, Rudolf, Sigena, Susanna, Ulrich, Wölflin) 32f,36,50
Wolkenstein-Rodenegg, von 105
Wopmann, Alfred 255,287
Wotan 19
Wotruba, Fritz 257
Wötzlin, Barbara 92
Wrangel, Karl Gustav 84,88,120
Wratzfeld, Gunter 258
Württemberg, von (s.a. Wilhelm) 283

Z

Zacco 19
Zähringen, Dietburga von 23
Zangerl, Christian 192
Zängerle, Mathias 177
Zardetti, Eugen 178
Zasius, Johann Georg 68
Zasius, Johann Ulrich 56,61,67
Zehentmayer, Dieter 199
Zehetmair, Thomas 281
Zeil (s. Waldburg-Zeil, Waldburg-Zeil-Syrgenstein, Waldburg-Zeil-Trauchburg)
Zellweger, Johann Kaspar 132
Zerlauth, Karl 245
Zimmermann 192,222
Zimmermann, Egon 275
Zimmermann, Maria Anna Katharina 109
Zimmermann, Thomas 276
Zipper, Hans Caspar 98
Zipper, Jakob (Giacomo Francesco Cipper, Il Todeschini) 93,97f
Zita 198
Zobl, Johannes Nepomuk 129,131,172,187
Zoller, Hugo 52,55
Zollern, von (s. Friedrich)
Zösmair, Josef (Joseph) 53,138,224
Zucchi, Antonio 102,106
Zuckmayer, Carl 235
Zumthor, Peter 258f,314
Zumtobel, Walter 187,294
Zündel, Rudolf 256
Zürn 84
Zürn, Jörg 84
Zweig, Stefan 218
Zwingli 62

Ortsregister

A

Aachen 85
Aargau 27,49,60,152
Abensberg 65
Absam 110,309
Ach (s. Altach)
Achberg 281
Adria 138
Agram (Zagreb) 166
Ägypten 153,161
Albanien 197,240,302
Alberschwende 25-27,30A,37,40,
58,63,94,119,130,138,
159,170,208,229,288,292
    Hasenau 25
    Wendelinkapelle 25A
Alemannien 21
Alfenz 96,263
Allerheiligen (s. Schaffhausen)
Allgäu 10,26,37,39,42,105,117,120,
125,131,177,205,209,259,281
Allschwil 62
Alpen 9-12,15,45,77-79,84,
100,121,124,237,239
Alpenrheintal (s. Rheintal)
Altach 30,53,98f,101f,105,115,
119,132,137,160,162,164,
170,204,224,235,242,252,267
    Ach 115
    Bauren (Bauern) 102,115,119,252
    Brols 115
    Emme 115
    Grüll 115
    Hanfland 115
    Unterdorf 115
Altamira 286,292
Altems (s. Hohenems)
Altenburg 119,139
Altenstadt 10,12,15f,20f,23,49,51,
58,81,86,92,109,112,122,
170,183,219,273,283,307,312
    Uf der Studa 12,15
Altmontfort (s. Weiler)
Altstätten 21,44,63f
Amazonas 285,292,294
Amberg (s. Feldkirch)
Ammann-Villa (s. Hohenems)
Amsterdam 281
Andalusien 270
Andelsbuch 25-27,25A,30,56,79,124,
147f,154,161,163,176,183,
185,206A,207,216,224,226,
239,259,270,273,283,287,303
    St. Peter 25

Angelika-Kauffmann-Saal (s. Schwarzenberg)
Antwerpen 69,270
Appenzell 44,79,93,132
Appenzell-Außerrhoden 312
Appenzell-Innerrhoden 312
Apulien 38
Aquae Helvetiae (s. Baden)
Arbon 40
    Burg 40
Arco 82
Ardetzenberg (s. Feldkirch)
Argengau 20
Argentinien 240
Arlberg 29,31,37,39-41,41A,48,
63,70,72f,76,78,73f,92-94,
104,111,113f,117,123,135,
146,166-170,174,176,178,
216,219,238,243,246,
252f,265,268,285,306
Arlenburg (s. St. Anton am Arlberg)
Arona 66
Assomada 291
Atlanta 276
Au (s. Bludenz)
Au im Bregenzerwald 42,62,64,72,
89-93,89A,96f,
106,110,147,159,
186,210,218,293
    Pfarrkirche 42
    Rehmen 106,110,147,159
    Rößle (Gasthaus) 210A
Augsburg (Augusta Vindelicorum) 11,13,15,65,67,
106f,128,134f,156,
171,239,272f,282
    Oberhausen 13
Augusta Vindelicorum (s. Augsburg)
Auschwitz 181,183,240,267
Austerlitz 113,116
Avignon 29,38

B

Bad Aussee 230
Baden (Aquae Helvetiae) 11,60,62,65,113,153,208,211
Baden-Baden 177
Baden-Württemberg 13,166,311f,316
Baezenowe (s. Bezau)
Bagdad 190,255
Bahnhofstraße (s. Bregenz)
Balkan 194
Bamberg 286

Bangs 101,113,148
Banja Luka 166
Barcelona 178,217,276,280
Bartholomäberg 41,49,74,264
    Lutt 264
Basel 54f,58,61,67,78
Batschuns 199
Bauern (s. Altach, Hohenems)
Bayern 13,27,39,61,65,74,
79,108,113,115-117,
120,122-126,133,139,
169,205,208-211,
235,272,288,311f
Belgien 113,123,153
Bellelay 90
Belruptstraße (s. Bregenz)
Berchtesgaden 233,235
Bergen (County) 150f
Berkheim 169,186,273
Berlin 162,172,183,190,202,
231,233f,240,295,301
    Philharmonie 295
Bern 44,163,204,232,244,246
Bernardiheim (s. Frastanz)
Berneck (Farniwang) 23,64,100
Bersbuch 154
Bethlehem 71
Bezau (Baezenowe) 28,33,56f,68,
72,80,87f,91-93,96,100,
102f,110,120,126,132,146,
154,164,167,169f,174,178,
185,189f,196,240,242,266,
274,279f,284f,290f,312,316
    Bezegg 120
    Dorfbach 189
    Grebenbach 189
    Kapuzinerkloster 88,92,284,290
    Pfarrkirche 57
    St. Sebastian 92
    Schönebach 242
    Sonderdach 170
Bezegg (s. Bezau)
Biberach 59,212
Bildstein 50,86f,92,144f,173
    Wallfahrtskirche 86A,92
Bings 11,252,294
Birnau 27,91,98,213
Bistrau 96f
Bizau 28,56,67,138,
172,187,217f,292
Blons 264
    Falbkopf 264
    Mont Calv 264
    Walkenbach 264

Ortsregister

Bludenz (Pludeno, Plutenes) 10,12,21, 23,29-31,30A,33-37,39,41-43, 45-49,51f,56,58,60,62-64,66f, 69,73,75,77-81,84-86,88,92, 94,96-100,102,105f,108,111A, 115,118f,121,123,126f,129, 131f,138f,146-148,152-154, 156,159f,162,164,166, 168-170,172,175,179,181, 184,190,192,196,198f,207, 210,218-220,224,229,232, 234f,239f,243A,246,248, 252,256,258,264-267, 270,273,275,278,283, 293-295,302,304f,312,316
- Au 96
- Brunnenfeld 97
- Gayenhofen (Schloss) 96,98
- Halde 258
- Kapuzinerkloster 88,186
- Klarenbrunn 127A
- Krone (Gasthaus) 121
- Marienheim 190
- Montikel 12
- Rathaus 106
- St. Laurentius 23,85
- St. Peter (Dominikanerinnenkloster) 30,34-36,42,62f, 96,111A,179f,283
- Stadtmuseum 179

Bludesch 21,32,35,89,110, 219,267,316
- Gais 219,267
- Pfarrkirche 89A
- St. Nikolaus 35
- Ziz 35

Blumenegg 32,34,39,80f,105, 113,115,119,123,139,144f
- Burg 34,105

Blumenstraße (s. Bregenz)
Bobbio 19
Bödele (s. Dornbirn)
Bodensee 9,11f,18-20,19A,23-26, 30,34,44f,54f,63,67,70, 72,77-82,84,89,93,100f, 111f,125f,138,164,166, 168,170,172f,217,224, 227,230,242,246,266, 268f,282,290f,294-296f,301f,304,311f,314f
Böhmen 96,121,149,218,252,283
Bolgenach 28,207
Bologna 34f,46,233
Bonn 173

Borgo 307
Bosnien 166
Bozen 82,110,128,156,181,223,307
Brand 77,252,314
- Mottakopf 77
Brandnertal 10,31,36,179
Brasilien 95,105,183,279,285-287,292
Bratislava (s. Preßburg)
Braz (s.a. Innerbraz) 96,105,246, 252,287,296,303
Brederis 12,15,21f,122,252
- St. Peter 122
- Weitried 12,15

Bregenz (Brigantion, Brigantium, Pregancia) 10-20,17A,23,26,28f, 31-40,43-51,44A,53,56f, 59-65,59A,67,69,72f, 75-77,79f,82-84,83A, 86-88,92-96,98-108, 110-114,112A,116-123, 121A,125f,131f,135, 137-140,145,147f,152, 154-167,169,171-181, 183-192,196,198,202-204, 206f,209-211,213-218, 221-226,221A,228,230-232, 231A,234-237,236A,239-243, 246-249,251-259,262f, 265-273,276f,282-284, 286-296,298f,301-307, 309f,312,314
- Bahnhof(straße) 206f,214,248,292,294,296
- Belruptstraße 131
- Blumenstraße 304
- Evangelische Kirche 156-158,156A
- Festspielhaus 254A,255,303
- Fluh 256
- Forsterkino 298
- Fronfeste 154
- Gallusstift 191,213,216,268,290f
- Gebhardsberg 23-25,242
- Herz-Jesu-Kirche 191
- Hohenbregenz 24,50,79,84,88,96
- Kaiserstraße 222
- Kapuzinerkloster (-kirche) 88,94,117,290,303
- Kirchstraße 180,290
- Klause 84,88,98,120,122
- Kornmarkt 88,101,154A, 186,255,266, 268-270,269A
- Kunsthaus 258A,259,301,310f,314
- Landhaus 180,214,257, 268,271A,286,313
- Leutbühel 17
- Mildenberg 242
- Mili 230A
- Montfort (Hotel) 209
- Oberstadt 11,17f,23,31,154,295
- Ölrain 11,16-18,17A
- Pfänder(hotel) 79,164,221,242,304
- Pfarrkirche 32
- Rathaus(straße) 113,125,139, 155A,156,178,180,209,225
- St. Anna 108
- St. Gallenstein 120
- Seekapelle (St. Georgskapelle) 44,49,98,312
- Spielkasino 290
- Stadtarchiv 132,173
- Steinbühel 16
- Sternhochhaus 258
- Tschermakgarten 271
- Vorarlberger Landesarchiv 159,180A,263,289f,316
- Vorarlberger Landesbibliothek 216,268,284, 289A,291,298,302
- Vorarlberger Landesmuseum 17,30,61,85,98,102, 153,154A,161,166,186,310
- Vorkloster 26,172,211,230A,251
- Weiherstraße 147

Bregenzerach 67,157,185,189,205,251
Bregenzerwald 25-30,33-35,37f,40, 42f,45,50,56,58f,62,64, 72,75,78,80,83f,88-90, 92-97,102,114,119,137f, 149,151,157-159,163,185f, 199,206,210,214,218,240f, 252,264f,270,272,280,285, 287f,291,293,300,312
Breisach 94,128
Breisgau 128
Breitach 272
Bremen 277
Brenner 18,196
Breslau 60,68,183
Brigantion (s. Bregenz)
Brigantium (s. Bregenz)
Britannien 15

Ortsregister

Brixen 102,120,126,128-131, 135,147,152f,159,166,170, 173,187,189f,201,205f,212, 223f,239,259,272f,303,306
Brols (s. Altach)
Brooklyn 173
   St. Bonifaz 173
Bruck 227
Brugg 37,101
Bruneck 138,224
Brünn 121,124
Brunnenfeld (s.Bludenz)
Brüssel 56,240
Buch 283
Buchau 241
Buchau am Federsee 211
Buchhorn (s. Fridrichshafen)
Buchs 33,164,169,208,221
   Werdenberg 33,35,46
Buczacz 163
Bukowina 107,169,240
Burgund 19
Bürs (Puire) 21,42,45,67,77, 127,132,191,212,229, 248,271,297f,304,308,310
   Burg 45
   Tantermauserkopf 77
Bürserberg 192,314
   Tschengla 192,308

C

Cambodunum (s. Kempten)
Campoformio 112f
Canstatt 20
Carnegie Hall (s. New York)
Carnuntum 161
Castra Regina (s. Regensburg)
Cazzeses (s. Götzis)
Celje (s. Cilli)
Chiavenna 205
Chicago 151,174,177f
China 159,229
Chur (Curia) 14,18-20,23,29, 33-38,41,43,46f,49,51, 55,58,64f,80,99,102,106-108, 110,118,120,128,137,272f,290
   St. Luzi 64f
Churer Tor (s. Feldkirch)
Churrätien 45
Churwalchen 34,104
Cilli (Celje) 163
Cleveland 295
Clunia 12,15,18,312
Coburg 157
Colorado 150
Como 265
Curia (s. Chur)

D

Dachau 301
Dalaas 62f,85,174,252,265,314
   Kirche 85
   Stelzistobel 252
Damüls 31,36,52,85,119,138,299
   Pfarrkirche 52,85
Danzig 66f
Darmstadt 183
Degerloch 171
Deutsch-Österreich 205,207,210,212
Deutschland (Deutsches Reich) 12, 55-57,59,87,90,112f,132f, 143f,148f,164,176,178, 187,191,196,199f,204, 207-209,211-213,215, 217,224f,226,232,234-236, 238f,244f,248,285,304,307
Diepoldsau 219
Dillingen 87f
Disentis 90
Dissenhof am Hochrhein 74,93
Ditton Hall 173
Dolomiten 198
Domodossola 205
Dompropsteigasse (s. Hohenems)
Donau 12,60,165,184,204,234,237
Donaueschingen 99
Doren 176,206,229,246,251,280
Dorfbach (s. Bezau)
Dorfgasse (s. Schruns)
Dornbirn (Torrinpuirron) 23f,27,31, 35-37,40,42,48-51,56,58,60f, 67f,70,72,75f,84,86-88, 92f,95,99,103f,106,108, 110,112,115,118f,124-127, 131f,134-138,143,147-152, 154,156-159,161f,164-166, 168-170,174-176,178f,181, 183-187,184A,189-192, 196-198,196A,200f,203f, 207,209,211f,214,216-221, 225,228A,229A,235f,240f, 243A,245,249-252,256-258, 260-263,261A,265f,268,270f, 274-276,278-280,285, 287,300-305,307f,310,316
   Bahnhof 209
   Bödele 78A,79,186
   Ebensand 165
   Ebnit 38,68,219,226
   Gütle 136,158,162,165,168,315
   Haselstauden 40,132,148,166, 170,184,186f,198,263
   Haslach 48,68,74,88,
   Hatlerdorf 86,124,152,170,184,221,245
   Kapuzinerkloster 175A,178,214
   Knüwen (Knie) 40
   Landessportschule 274,276A,278
   Landesstudio Vorarlberg 250A
   Markt(platz) 125,191,236A,258
   Mühlebach 36,115
   Niederdorf 184
   Oberdorf 35,51,60, 124,137f,168,174,184
   Rappenlochschlucht 165A
   Rathaus 228A,250A,265
   Rohrbach 124,149
   Rotes Haus 88,119A
   Schmelzhütten 149
   Schoren 262
   Schwefel (s. Hohenems-Schwefel)
   Stadtpfarrkirche 154,192
   Steinebach 136A,138
   Vorarlberger Naturschau 266A
   Weppach 136
   Widum 42
Dornbirner Ach(e) 125,132,153A
Dresden 295
Dubuque 150
Düns 34,166,266
Dürnkrut 34
Düsseldorf 153,192,234

E

Ebensand (s. Dornbirn)
Ebersmünster 91
Ebnit (s. Dornbirn)
Eger 186,239
Egg 30,34,43,56,86f,110,137,156, 185A,198,242,276,285,294
   Müli-Lüten Hub zu der Linden 43
   St. Nikolaus 34
   Seppaberg 242
   Unterach 137,198

Ortsregister

Ehingen	90
Ehrwald	183
Eifel	166
Einlis (s. Frastanz)	
Einsiedeln	24,32,39,88-90,137
Benediktinerkloster	32,39,88-90,89A,137
Eisenburg	38
Ell(en)bogen	28,110,126,146
Ellwangen-Schönenberg	90
Elsass	56,62,91,125,149,171,177
Emaus	167
Emme (s. Altach)	
Emme(n)bach	100,138,172,184
Ems (s.a. Hohenems)	31f,43,48f, 70,76,80,82,95,103,105,182
Burg	50
Ems bei Chur	137,191
Emsbach	82
England	112f,153,177,229
Ennenda	153,160,176,212
Erl	159,219
Eschen	81,85
Eschnerberg	81
Eselschwanz (s. Höchst)	
Esslingen	67
Etzel	90

F

Falbkopf (s. Blons)	
Farniwang (s. Berneck)	
Feldchirichun (s. Feldkirch)	
Feldkirch (Feldchirichun, Feldkircha)	20f,23,28,31,33-58,55A,60-69, 71-75,77-81,83-88,93f,96-99, 103-105,109-115,112A, 118-120,122-124,126-130, 129A,130A,137-141,144-146, 146A,148,152-156,158f, 161-164,166,168f,172-176, 178,183f,186-192,194,196, 198-201,204,210,216-222, 225,227A,228A,229,233,235, 236,238-241,238A,243A,247f, 252f,258,263,265-268, 271-275,277f,280-285,281A, 284A,287,289,291-297, 302,306-310,312,315f
Amberg(tunnel)	60,65A,68,183,280,288
Ardetzenberg	312
Altstadt	127
Churer Tor	56
Finanzlandesdirektion	191
Frauenkirche	51
Gassner-Villa	129
Herrenmühle	109A
Hirschgraben	129
Jahn-Platz	48
Johanneskirche	29
Johanniterhaus (-kloster)	30,64,94
Kapf	112A
Kapuzinerkloster	73,77,84
Katzenturm (Katz)	49,56,109
Kirchplatz	128
Landesgericht	191,227A,307
Landeskonservatorium	281A,284A
Margarethenkapf	112-114,113A,122A
Marktgasse	109
Montforthaus	280
Palais Liechtenstein	127,148,297
Rathaus	56f,96,139,145A
Saalbaukino	296
Salzhaus	37
St. Johann	111
St. Nikolaus (St. Niklas, Dom)	34,43,52,55,57,61, 128-130,273A,
Saumarkt	287
Schattenburg	33,43,45,47A,48,84, 86,263,294,296
Stadtpfarrkirche	37
Stella Matutina (Jesuitengymnasium)	87f,98,105,110,128,152A, 153,162,172f,217,225, 233,235,242,263,267f, 278,280,282,285,290
Veitskapf	112-114,113A
Wasserturm	39A
Ziegelturm	49
Zum Ochsen (Gasthaus)	148
Feldkircha (s. Feldkirch)	
Felsenau (s. Frastanz)	
Feltre	153
Fernpass	41
Festspielhaus (s. Bregenz)	
Finanzlandesdirektion (s. Feldkirch)	
Fischen im Allgäu	42
Fischerhausen	35
Fischingen	38
Flandern	69
Fläscherberg	83f
Flauerling	185,253
Flexenstraße	184,189
Florenz	48,55,187
Fluh (s. Bregenz)	
Fogaras	163
Fontanella	264
Seewaldtobel	264
Fozzaha (s. Fußach)	
Frankfurt am Main	114,124,126,128,144f, 159,165,167,171,277
Paulskirche	114,124,126,144A, 145,159,165,167
Frankreich	10,14,19,59,68f,86, 93f,110,112,117,120, 143,149,153,170,183, 187,237,244,270,308
Franzensfeste	205
Frastafeders (s. Frastanz)	
Frastanz (Frastinas)	21,33,37,48,58, 64,86f,93,99,106,109f, 112,114,127A,132,135, 137f,145,146A,149,154, 160,185f,189,209,233, 251f,271,273,281,287, 296,298,310
Bernardiheim	271
Einlis	185
Felsenau	127A,186,252
Frastafeders	33,36f
Letzehof	287
Maria Ebene	271,281,296
Pfarrkirche	48
Tanzhaus	106
Frastinas (s. Frastanz)	
Frauenberg (s. Rankweil)	
Frauenburg	66
Frauenfeld	191
Freiburg im Breisgau	55f,87,93, 96,99,106,128,175,241
Fremont	150
Fribourg (Freiburg)	213,225
Friedrichsburg (s. Münster)	
Friedrichshafen (Buchhorn)	42,123,183,238,241f
Hofen	42
Friesen (Frisun)	32
Frisun (s. Friesen)	
Fronfeste (s. Bregenz)	
Furtwangen	315
Fußach (Fozzaha)	12,27,37,40, 43,49f,58,67,70,81,101-103, 106,114,119,132,138,153, 183,187,197A,240,242,247, 251,262,268-270,269A,292
Burg	114
Schanz	292

Ortsregister

G

Gais (s. Bludesch)	
Gaisbühel	205,225
Gaißau	30,81,101
Galerie Hollenstein (s. Lustenau)	
Galina	297
Galizien	107,163,190,194f,198,214,223
Gallarate	69f,72f,88,92
Gallese	73
Gallien	15
Gallusstift (s. Bregenz)	
Gamo am Roßboden (s. Nenzing)	
Garmisch-Partenkirchen	233
Garneratal (s. Gaschurn)	
Gassner-Villa (s. Feldkirch)	
Gaschurn	62,147,162,167, 178,224,251,280,303
Garneratal	301
Pfarrkirche	167
Gauertal	242
Gayenhofen (s. Bludenz)	
Gaza	71
Gebhardsberg (s. Bregenz)	
Gebweiler	56
Genf	79,142,176f,212
Gengenbach	62
Genua	187
Georgetown	174
Georgia	149
Georgien	298
Germanien	13
Gisingen (Gisintu)	21,112,176,219
Gisintu (s. Gisingen)	
Glarus	43,135,153,160,176f,212
Glongtobel	178
Glopper (s. Hohenems)	
Göfis	12,34,42,178,243,273
Heidenburg	12
Göllheim	35,46
Göppingen	163
Synagoge	163
Gorheim	173
Gorlice-Tarnow	198
Goslar	
Götzis (Cazzeses)	21,29,33,37,44, 53,56,64f,68,70,72f,76, 81,86,88,92,93,95f,98, 100-103,108,111f,114f, 118,123,126,130,137f, 147,154,157,160,162, 166f,169f,172,178f,181, 183f,189f,216,221,224, 235,242,251,258,263,267, 273,276f,279f,281,284, 294,301,309
Jonas-Schlössle	73
Jonenhof	65
Kobel(kapelle)	111
Mösle(stadion)	280,284
Neumontfort	33,40,65A
Oberdorf	137,157
Pfarrkirche (neu)	154,157
Rütte	221
St. Arbogast	51,92,108
St. Ulrich	37
Unterdorf	157
Vorarlberger Wirtschaftspark	294
Zum Engel (Gasthaus)	178
Götzner Berg	240
Grafeneck	93,99
Graubünden	18,31,62,83f,121
Graz	163,227,247,288,303,306
Leechgasse	288
Grebenbach (s. Bezau)	
Griechenland	10
Grienegg (s. Nenzing)	
Gries	223
Grimmenstein (s. St. Margarethen)	
Grinzing (s. Wien)	
Grödig	293
Großtobel	176,178
Großwalsertal	31f,36,264f,294
Heimatmuseum	294
Grotenrath	85
Grubsertobel	252
Grüll (s. Altach)	
Grünenbach	96,119,138
Günzburg	113,115
Gurtis	164,263
Gutenberg	35
Gütle (s. Dornbirn)	
Gwiggen	20,57,79,153

H

Hag (s. Lustenau)	
Haggen	88
Halde (s. Bludenz)	
Hall	37,43,212
Halle	243
Hamburg	295,301
Thalia-Theater	301
Hanfland (s. Altach)	
Hard	58,67,72,101,126,132f, 135-137,156,160,164,166, 168,174,176,178,181, 185-187,189-191,224, 242,245,251,259,262, 266f,270,283A,285f, 294,296,305,315
Mittelweiherburg	72,266
Pfarrkirche	101
Hart	302
Haselstauden (s. Dornbirn)	
Hasenau (s. Alberschwende)	
Haslach (s. Dornbirn)	
Hatlerdorf (s. Dornbirn)	
Hegau	55,92
Hewen	55
Heidelberg	52,217,282
Heidenburg (s. Göfis)	
Heimatmuseum (s. Großwalsertal)	
Hellbrunn (s. Salzburg)	
Herbolzheim im Breisgau	102,153
Herburch (s. St. Gallen)	
Herrenmühle (s. Feldkirch)	
Herz-Jesu-Kirche (s. Bregenz)	
Heslach	171
Hewen (s. Hegau)	
Himmel (s. Nenzing)	
Hintergasse	271
Hippach	135,205
Hirsau	25f
Hirschberg	48
Hirschtal	48,51,111
Hirschegg	110
Hirschensprung	19
Hirschgraben (s. Feldkirch)	
Hirschtal (s. Hirschberg)	
Hittisau	95,111,118,159,161, 165,169,207,242, 259,264,271,306
Hochkrumbach	252
Höchst (Hostadio)	20,24,37,40,43,50, 70,101f,119,138,145, 151,160,169,183,186, 189,204,215f,221,242, 267,287,309-311
Eselschwanz	101
Pfarrkirche	189
Rinnsal	242
Hochstädt an der Donau	66
Hochtannberg	31
Hofen (s. Friedrichshafen, Lochau)	
Hofrieden	30,37,40,96,119,138
Hofsteig	30,37,40,76,107,119,138
Hohenasperg	123
Hohenbregenz (s. Bregenz)	
Hohenegg	38,60,64,72f,94,119,138

Ortsregister

Hohenems 30f,36,38f,48,58, 63-65,68-74,69A,76-78, 80-82,80A,84,86-88,92-94, 96,98f,101-106,108,115,119f, 123f,126,137,139,144f,149, 151,159f,163f,169,176, 181-183,182A,186,188,190f, 200,209,217-219,235,237, 240-242,248,251f,258f,263, 265,267,272,280,283,286f, 294-296,311f
- Ammann-Villa 191
- Bauern 101A
- Burg Ems (Altems) 28,36f,45, 68,69A,72f,99,110
- Dompropsteigasse (Marktstraße) 76
- Glopper (s. Hohenems-Neuems)
- Jüdisches Museum 81A,82,296
- Kaiserin-Elisabeth-Krankenhaus 188,191
- Marktstraße 76
- Neuems (Burg in der Rütte, Glopper) 37,45,50,68,69A,252
- Palast 69-72,69A,71A,99,102, 106,217,265,280,290,296
- Rathaus 72
- Reute 86
- Rosenthal-Villa 296
- St. Anton (Friedhofskapelle) 88
- St. Karl (Pfarrkirche) 38,72,280
- Schwefel (Bad) 48,70,74,78,82, 124-126,181,182A,252,272
- Synagoge 82,103,108A,163A

Hohensalzburg (s. Salzburg)
Hohenweiler 20,48,228,249
Holland 59
Höngg 62
Hopfreben 78
Hörbranz 20,86f,131,160,165, 191,216,249,253
- Maihof 165
- Ziegelbach (Ziagalpach) 20

Höring 227
Hostadio (s. Höchst)
Hudson Country 150

I

Ill 66,100-102,138,152, 189,205,252,315f
Iller 12
Illerbachen 99,133
Illergau 26
Illerkreis 120,139
Illinois 150
Illyrien 10
Immenstadt 123
Imperium Romanum 11,14,17
Imst 109,165,291f
Indien 55,57
Ingolstadt 55,61,65,67,122
 St. Moritz 65
Inn 11
Innerbraz (s.a. Braz) 147,198
Innsbruck 40,62,73,75f,82,87f, 93,95f,106,110f,114f, 120,126,128f,131,133, 147f,153,155f,163-166, 168f,175,180,186,192, 195,200,202,207,210, 212f,216-219,222,225, 232,239,241-243,259f, 263,265,267,270,272f, 276,286,291-293,295, 299,302-304,307-309,311
- Isel (Berg) 121

Iowa 150
Irsee 90
Isel (s. Innsbruck)
Isny 64,79,93
Isonzo 223
Israel 77,82
Italien 10-12,14f,19f,24,28,54, 57,68,102,106,112f,140, 143,181,187f,194-198, 205,234,239,267,270,273,292

J

Jagdberg 33,42f,119,138,168,170,190
Jahn-Platz (s. Feldkirch)
Jena 160
Jenbach 133
Jericho 71
Jerusalem 28f,41,68,71
 Hl. Grab 28
Jeschiwa (s. Preßburg)
Jodok-Fink-Platz (s. Wien)
Johannesberg 178,285
Johanneskirche (s. Feldkirch)
Johanniterhaus, -Kloster (s. Feldkirch)
Jonas-Schlössle (s. Götzis)
Jonenhof (s. Götzis)
Judenburg 227
Julier-Pass 15

K

Kaiserin-Elisabeth-Krankenhaus (s. Hohenems)
Kaiserstraße (s.Bregenz)
Kaisheim 90
Kanada 151
Kansas 150
Kap Verde 291
Kapf (s. Feldkirch)
Kapfenberg 227,287
Kapuzinerkloster (s. Bezau, Bludenz, Bregenz, Dornbirn, Feldkirch)
Kärnten 10,47,74,162, 228,253,265,299
Karolinenau 117,123
Kaschau 67
Kassel 297f
Katharinental 62
Katzenturm (s. Feldkirch)
Kaukasus 238
Kempten (Cambodunum) 11,14,59, 94,117,119f,123, 135,139,163,210
Kennelbach 50f,111,131,135, 137,160A,161,170,176, 232,234,251,285,287
- Pfarrkirche 51

Kiel 135,176
Ki(e)ßlegg 52,67
Kirchbach 162,265
Kirchgasse (s. Bregenz)
Kirchplatz (s. Feldkirch)
Klagenfurt 247
Klarenbrunn (s. Bludenz)
Klaus 34,160,166,170,267
Klause (s. Bregenz)
Kleinholzleute 79,93
Kleinwalsertal 31,36,133,176, 235,252,262,272
Klösterle 31,41f,78,92,99,217, 228,244,246,288,301
Klostertal (Mariental) 10,29f,41,59,76,111,264
Knüwen (s. Dornbirn)
Kobel(kapelle) (s. Götzis)
Koblach 9,28,30,39f,101,160,170, 186,189,235,242,252,279, 285,287,289,294
- Neuburg (am Rhein) 12,28,34,39-41,40A,43, 51,60,68-70,74,92,105, 119,138,278

Köln 28,216
Konstantinopel 68

Ortsregister

Konstanz 19,23-26,28,35-37, 40f,44-51,54,57f,61,65,67, 69,72-74,78,80f,88,90f,96, 106f,117,120-122,128,134, 209,272,283,287,315
    Petershausen 23-26
Korea 292
Korneuburg 269
Kornmarkt (s. Bregenz)
Krakau 66
Krems 93,99,226
Kriessern 33f,50,52,54,60
Kristberg 50,60,123
    St. Agatha 50,60
Kroatien 99,123
Kronstadt 163
Krumbach 116,118,267
Kufstein 159,219
Kugel (Alpe) 36
Kulturhaus (s. Dornbirn)
Kummenberg 209,309
Kunsthaus (s. Bregenz)

L

La Turbie 10,14A
Lake Placid 276
Landeck 51,106,111,118,126f,168,170
Landesgericht (s. Feldkirch)
Landeskonservatorium (s. Feldkirch)
Landessportschule (s. Dornbirn)
Landesstudio Vorarlberg (s. Dornbirn)
Landhaus (s. Bregenz)
Landshut 131f
Langen am Arlberg 169A,174,219,252,271,294
    Nothelferkapelle 271
Langen bei Bregenz 132,168,246,251
Langenegg (Oberlangenegg) 40,118,185A,251
    Müselbach 251
Lateran (s. Rom)
Laterns 31,36,78,246
Latz (s. Nenzing)
Lausanne 177
Lauterach (Lutaraha) 10,21,24,43, 49,86f,132,137,147,164, 175,189-191,246,251f,256, 262,285,310
Laz (s. Nüziders)
Lech 48,50,87,189,192, 252,259f,277,294,316
    Pfarrkirche 48
Leechgasse (s. Graz)

Leiblach 20,34,63,111,123
Leipzig 56f,61,66-68,157, 171,177,217
Lerchenau 160
Letzehof (s. Frastanz)
Leutbühel (s. Bregenz)
Levis 85,190
    St. Magdalena 85
Liebfrauenberg (s. Rankweil)
Liechtenstein 61,67,70f,75,82, 98,112,114,139,148, 174,182,211,239,243, 263,270,307,311f
Limburg 137,191
Limes 161
Lindau 27,33f,36,38,40,42, 47f,55,58,60,62f,66f, 73,78,80,84,88,95,100, 113,115,121f,157,164, 169,177,205,217, 227,262,278,282
    Damenstift 27,34,78
Lindenberg 205
Lingenau 26,30,40,58, 62f,87,94f,118f,138
Linz 107,124,152,162, 170,183,204,209,227
    Dom 152
Lissabon 240
Litz 189
Liverpool 173
Livorno 177
Lochau 68,74,83,123f,158,164f,169, 227,249,262,268,302,316
    Hofen (Schloss, Vorarlberger Landesbildungszentrum) 58,68,73,74A,83,88,268
    Rhomberg-Kaserne 316
    St. Oswald 58,73
Lombardei 47,66,112
Lombardo-Venetien 153
London 102,106,196,222,295
    Royal Albert Hall 295
Loretokapelle (s. Lustenau)
Lorüns 293
Ludesch 81,87,181,218,270
Ludwigshafen 123
Lünersee 316
Lunéville 113
Lustenau 23,29,34-36,39,43,49, 52,58,60,63f,67f,74,76,82, 86-88,92-94,100-105,108f, 114f,117-119,122-124,126, 132-135,139,143-145, 150-153,157,160,162,165, 172,174f,178,181,183, 185-190,195,199f,204f, 207,209,214,216,219,221, 228,231f,235,239-242,251, 259,266,271,275,277,287, 294f,297,302,310,312,316
    Adler (Gasthaus) 114
    Engel (Gasthaus) 100A
    Galerie Hollenstein 188
    Hag 100
    Krone (Gasthaus) 205
    Loretokapelle 88
    Maria-Theresien-Straße 186
    Pfarr- (Kirche, St. Peter und Paul) 29,67,100,134f,153
    Seelachendamm 101
    Stalden 100
    Unterfahrbrücke 161
    Zwingenstein 35,43
Lutaraha (s. Lauterach)
Lutt (s. Bartholomäberg)
Luxemburg 275
Luzern 77,286
    Pilatus 77-79
Luziensteig 82,122
Lyon 46

M

Maastricht 69
Mäder 30,33f,50,52,54,60, 70,81,101,160,235,252
Madrid 130
Mähren 63,72f,148,252
Maidan 169,240
Maidenhead 222
Maienfeld 58,84
Maihof (s. Hörbranz)
Mailand 14,57,66,68f,72f, 78,92,97f,187
Mainz 65,171
Male 307
Manchester 181
Mantua 120
Margarethenkapf (s. Feldkirch)
Maria Bildstein (s. Bildstein)
Maria Ebene (s. Frastanz)
Maria Laach 173
Maria-Theresien-Straße (s. Lustenau)
Mariahilfkirche (s. Bregenz)
Marianhill 167A,169
Mariawald 166
Marienheim (s. Bludenz)
Marienstatt 137,191

Ortsregister

Mariental (s. Klostertal)
Markt (s. Dornbirn)
Marktgasse (s. Feldkirch)
Marktstraße (s. Hohenems)
Marokko 69
Mauren 81
Mauthausen 253
Mayo (s. Rochester)
Mazzo 66
Meersburg 49,131f
Mehrerau (St. Peter in der Au) 25-30,
26A,27A,33,35,38,40,
43,51f,89,93,96,98f,
107f,116f,120,123,
131f,152,154,167,
212-214,235,245,257A,
259,266,270,282,293,
303,309,315
Meiningen 30,70,101,114,252,310
Mellau 43,50f,86f,172,264
   Kirche 43,50f
Mellenalpe 36
Memmingen 57,99,108,133
Meng 100,189
Meran 82,163,186,306
   Synagoge 163
Meschach 85
Meßkirch 123
Mildenberg (s. Bregenz)
Mili (s. Bregenz)
Minnesota 150,223
Mississippi 150
Mittelberg 39,42,50,72,110f,
114,119,133,137f
Mittelweiherburg (s. Hard)
Mollis 177
Mont Blanc 79
Mont Calv (s. Blons)
Mont Ventoux 77
Montafon 10,29-31,31A,36,42f,
47f,52,59,77A,79f,84,86,
93,95f,99f,105,114,119,
121,138,149f,159,164,
167,186,199,262,264,297
Montforthaus (s. Feldkirch)
Montikel (s. Bludenz)
Montjola (s. Schruns)
Montorio 109f
Moskau 312
Möslestadion (s. Götzis)
Mottakopf (s. Brand)
Mühlebach (s. Dornbirn)
Mülhausen 62
Müli-Lüten Hub zu der Linden (s. Egg)
München 106,122,165,167,
171,179,183,186-188,
191,193,211,218-220,
240,242,291,295,306
Münchenstein 62
Münster 173
   Friedrichsburg 173
Murbach 56
Muri 90
Müselbach (s. Langenegg)

N

Nack 188
Näfels 42
Nanzingas (s. Nenzing)
Natal 167
Neapel 38,57
Nebraska 150
Nellenburg 92
Nenzing (Nanzingas) 12,21,64,75,
86f,96,100,102,111,
126f,178,189,240,
242,273,296,298
   Gamo am Roßboden 240
   Grienegg 178
   Himmel 296
   Kirche 87
   Latz 64,75
   Scheibenstuhl 12
   Stellfeder 12
   Unterdorf 96
Neuburg (s. Koblach)
Neuems (s. Hohenems)
Neumontfort (s. Götzis)
Neunkirchen 227
Neuravensburg 34,123
New Jersey 150f,221
New York 151,172,295,301,304
   Carnegie Hall 295
Niederdorf (s. Dornbirn)
Niederlande 57,108,112
Nofels 78,129
Nordkap 190
Noricum 11,14
Normandie 239
Nothelferkapelle (s. Langen am Arlberg)
Nürnberg 42,49,54,57,60,62,
66,68,80,217,290
   St. Sebald 57
Nüziders 21,32,42,52,62,114,
131,159,162,217,252,296
   Laz 131,162
   Schesabrücke 296

O

Oberdorf (s. Dornbirn, Götzis)
Oberhausen (s. Augsburg)
Oberinntal 106,121
Oberlaibach 161
Oberlangenegg (s. Langenegg)
Obermarchtal 90
Oberösterreich 247
Oberrie(d)t 100
Oberschönenfeld 90
Oberschwaben (s. Schwaben)
Oberstadt (s. Bregenz)
Oberzell 133
Obornik 163
Ochsenhausen 27
   Benediktinerabtei 27
Ödenburg 38
Ohio 150
Olmütz 135,189
Ölrain (s. Bregenz)
Oltingen 62
Oregon 150
Österreich (s.a. Deutsch-Österreich,
Österreich-Ungarn) 19f,32,37-40,
42f,47-51,58,60f,63f,
67,69,71,76,82-84,86,
94,102f,107,109,112f,
115-117,123,125f,129f,
139f,142,144,148,164,
168-171,175,194-196,
199-202,204f,207,209-215,
217,219,223-228,234,236,
239,241,244-248,251f,
259f,267,271-274,276,278f,
284,288,292f,295,297,
301,304f,307,312,315
Österreich-Ungarn 171f,176,196
Ötenbach 34
Ottobeuren 94
Ötz(tal) 109,167,212

P

Padua 153,166
Palais Liechtenstein (s. Feldkirch, Wien)
Paris 43,66,117,125f,171,
177,186f,190,211-213,
244,253,301
Partenen 124,152,170,251
   Vermunt 251,294
Passau 61
Paulinum (s. Schwaz)
Paulskirche (s. Franfurt)

Ortsregister

Pavia	57,63,69,217	
Paznaun	84,169	
Pensberg	178,285	
Persien	190	
Peternica	132,187	
Petershausen (s. Konstanz)		
Petrinja	99,123	
Pettau	161	
Pfäfers	20,27,33,35-37,40,42,49	
Kloster	20,27,33,36,40	
Pfänder (s. Bregenz)		
Pfunds	106	
Philadelphia	149	
Philharmonie (s. Berlin)		
Pilatus (s. Luzern)		
Pilsen	190	
Piz Buin	312	
Pludeno (s. Bludenz)		
Plutenes (s. Bludenz)		
Poebene	9f	
Polen	236	
Pompeji	161	
Portugal	53,55,57	
Posen	163	
Prag	65f,225	
Prairie du Chien (s. Wisconsin)		
Prät(t)igau	62,83f	
Pregancia (s. Bregenz)		
Preßburg (Bratislava)	113,115f,120, 162f,235,272	
Jeschiwa	162	
Preußen	66,107,112,147	
Primiero	114,155	
Przemysl am See	118	
Puire (s. Bürs)		
Pustertal	126,189,224	

R

Raetia et Vindelicia et vallis Poenina (s. Rätien)
Raetia Prima (s. Rätien)
Ragaz	50,101
Raggal	147,198
Ramschwag (Burg)	45
Rangvila (s. Rankweil)	
Rankweil (Rangvila, Vinomna)	15f, 20-22,28f,31,35,40,42f, 48f,51,53f,58,75,81,85f,92, 98f,106,110,118f,122,124, 131,138,160,164,174,182, 189,192,196,224,246, 266-268,273,276,279f, 285,288,309

(Lieb-) Frauenberg, -kirche (Wallfahrtskirche)	12,22A,31A,35,85, 118,131,224,285
St. Peterskirche	20,86,189
Valduna (Klarissenkloster)	42f,48,106f,154,160,257
Vinomnasaal	266
Rappenlochschlucht (s. Dornbirn)	
Rapperswil	99,131
Rätien (Raetia Prima, Raetia et Vindelicia et vallis Poenina)	9,11-15, 17-21,24,29,34,45
Rauris	286
Rautenen (s. Röthis)	
Ravenna	60
Ravensburg	32,39,51,55f,64,67,104,315
Regensburg (Castra Regina)	14
Regensdorf	62
Rehmen (s. Au im Bregenzerwald)	
Reichenau	20,96,282
Kloster	20,282
Rennweg (s. Wien)	
Reschenpass	18
Reute (s. Hohenems)	
Reutin	205
Reutte	109f,114
Rhein	12,15,23f,29f,39,41,52, 56,58,60,64,67,88,91, 100f,111,113,126,132f, 152f,161,174-176,183, 212,219,239,251,287, 290,292,297,310,315
Rheinau	90
Rheindelta	312,315
Rheineck	43,88
Rheingau	23,225,230f
Rheinland	59
Rheintal (Alpenrheintal)	12,15,28-30, 42-44,49,56,58,70,78, 82,86,88,100-102,120, 150f,170,249,268,270, 281,294,301,314
Rhodos	41
Rhomberg-Kaserne (s. Lochau)	
Rickenbach (s. Wolfurt)	
Rieden (s.a. Karolinenau)	30,117,123, 172,177,186,211,306
Riefensberg	28,63
Riezlern	50,60
Rinnsal (s. Höchst)	
Rio de Janeiro	286
Rochester	223
Mayo	223

Rohrbach (s. Dornbirn)	
Rom (s.a. Imperium Romanum)	12,21,24,28,48f,55,57, 65,69,72,78,102,130,174, 176,213f,262,276,295,303
Villa Medici	188
Ronda	270
Röns	52
Rorschach	56,301
Rotenbrunnen	78
Rotes Haus (s. Dornbirn)	
Rothenburg ob der Tauber	62
Röthis (Rautenen)	21,23,28,51f,105,133,160
Rotterdam	181
Roveredo	82
Ruggburg	50
Ruhrgebiet	238
Ruhwiesen (s. Schlins)	
Rumänien	168
Russland	112f,117,214,237,308
Rütte (Burg in der Rütte, s. Hohenems)	

S

Saarwellingen	304
Saint-Germain-en-Laye	209,211f
Salem	27,90,93,97
Kloster	27
Stephansfeld	93,97
Salerno	69
Salzburg	61,68,70,72-74,79,83, 90,102,125f,135,159,167, 207,221,229,239,245, 247,283,285,295,301
Dom	70
Festspielhaus	295
Hellbrunn	70
Hohensalzburg	74
Mozarteum	295
Salzhaus (s. Feldkirch)	
Samina	138,189
St. Agatha (s. Kristberg)	
St. Anna (s. Bregenz)	
St. Anton (s. Hohenems)	
St. Anton am Arlberg	41,219,233
Arlenburg	41
Valluga	233
St. Anton im Montafon	295
St. Arbogast (s. Götzis)	
St. Bernhard	18
St. Bonifaz (s. Brooklyn)	
St. Christoph am Arlberg	41,216,233

377

Ortsregister

St. Florian	114,165	
St. Gallen	19-24,27f,33-37,44, 46f,51f,54f,60,91,94, 101,119f,127,132,153, 177,181,191,204,208, 218,282,287,301,311f	
Herburch	24	
Kloster (Abtei)	19-24,27f,33f, 36f,44,46,51, 54,60,91A,282	
Münster (Hl.-Grab-Kapelle)	34	
St. Gallenkirch	59,84,178,264,280	
St. Gallenstein (s. Bregenz)		
St. Georgskapelle (s. Bregenz-Seekapelle)		
St. Gerold	32A,39,88,113,115,119, 123,137,139,144,263,281	
Propstei	32A,88,115,137,281	
St. Jodok (s. Schruns)		
St. Johann (s. Feldkirch)		
St. Johann im Thurtal	34,44,64	
St. Karl (s. Hohenems)		
St. Laurentius (s. Bludenz)		
St. Louis	149f	
St. Luzi (s. Chur)		
St. Magdalena (s. Levis)		
St. Margarethen	38,164,169,175, 204,208,262	
Grimmenstein	38,135	
St. Michael (s. Tisis)		
St. Moritz (s.a. Ingolstadt)	275	
St. Nikolaus (s. Bludesch, Egg, Feldkirch, Wolfurt)		
St. Peter (s. Andelsbuch, Bludenz, Brederis, Rankweil, Wien)		
St. Peter/Schwarzwald	91	
St. Peter in der Au (s. Mehrerau)		
St. Peter und Paul (s. Lustenau)		
St. Pölten	107,124,129,158,165,227	
St. Sebald (s. Nürnberg)		
St. Sebastian (s. Bezau)		
St. Stephan (s. Wien)		
St. Ulrich (s. Götzis, Wien)		
St. Urban	90	
St. Veit	181,240,267	
Sarajewo	195	
Sargans(erland)	46,50	
Satteins	12,16,18,106,118, 126f,146,153,186, 240,270,273,315	
Pfarrkirche	153	
Saumarkt (s. Feldkirch)		
Savannah	149	
Scesaplana	78f	
Schaan	174,182,270	
Schaffhausen	27,37,49,62,217,311f	
Allerheiligen	27	
Schanatobel	271	
Schännis	27	
Kloster	27	
Schanz (s. Fußach)		
Schattenburg (s. Feldkirch)		
Schattendorf	226	
Schattwald-Wies	131,187	
Scheibenstuhl (s. Nenzing)		
Scheidegg	39,87,119	
Schellenberg	70,80,86,94,97,148,285	
Schengen	311	
Schesabrücke (s. Nüziders)		
Schlappinerjoch	83f	
Schlesien	68	
Schlins	21,32,54,56,61,63, 65,68,170,258,293	
Ruhwiesen	258	
Schmelzhütten (s. Dornbirn)		
Schnifis	32,87,94,217,273	
Schönbach	186,239	
Schönnbrunn (s. Wien)		
Schönebach (s. Bezau)		
Schoppernau	137,157f,162,167	
Schoren (s. Dornbirn)		
Schröcken	31A,50,173,316	
Schruns	63,74,93,99f,118, 123,155,161,164, 166-168,174,176,178,184, 189,210,221,229,240, 253,260,262f,266, 280f,285,297,304	
Dorfgasse	118	
Montjola(straße)	229,264	
St. Jodok (Pfarrkirche)	63,167	
Schwaben (Oberschwaben)	19,29,34f, 58f,63,84,117,124,207-212	
Schwanden	177	
Schwarzach	36,50,137,189, 198,247,307,310	
Schwarzachtobel	137	
Schwarzenberg	25,27,30,34,42f, 51,102,132,155, 187,229,280f	
Angelika-Kauffmann-Saal	281A	
Pfarrkirche	25,27,102	
Schwarzwald	111	
Schwaz	58,304	
Paulinum	304	
Schwefel (s. Hohenems)		
Schweinfurt	52	
Schweiz	11,13f,18,56,58f, 62f,72,79,82,91-93, 96,101,109,111f,116-118, 121f,125,132,142f,146, 148-150,152f,156,160, 169,172,176,183,187f, 190f,199,204f,207-213, 218,235,238,240-243, 246,248f,259,262, 271,306,308,312	
Schwyz	32,39,44,49	
Seedorf	90	
Seekapelle (s. Bregenz)		
Seelachendamm (s. Lustenau)		
Seewaldtobel (s. Fontanella)		
Seewis	83f	
Sempach	42f	
Sennwald	100	
Seppaberg (s. Egg)		
Serbien	195	
Sibratsgfäll	314	
Siebenbürgen	107,163	
Siena	187	
Sierra Leone	312	
Sigmaringen	73,84,173	
Silberberg (s. Silbertal)		
Silbertal (Silberberg)	29,31,36,49,74	
Silvretta	70,265	
Simmenberg	96	
Simmerberg	138	
Sinai	71,77	
Sindelfingen	166,206	
Sizilien	238	
Slawonien	132,187	
Slowakei	67,162	
Slowenien	172	
Sonderdach (s. Bezau)		
Sonnenberg	50,52,64,80,94,96, 98,118f,138,159	
Sonntag	263	
Sonthofen	123,259	
Spanien	55,57,86,112	
Speyer	58,65,67	
Spielberg	121,124	
Spielkasino (s. Bregenz)		
Splügen	62	
Spreubach	174	
Spullersee	219,228	
Staatsoper (s. Wien)		
Stalden (s. Lustenau)		
Stalingrad	238f	
Stallau	154	
Stallehr	235,256	
Stams	63	
Starkenberg (s. Weiler)		
Starzeljoch	78	
Staufen	40	
Steiermark	10,47,61	

Ortsregister

Steig	30,102
Stein am Rhein	62
Steinachtal	19f
Steinbühel (s. Bregenz)	
Steinebach (s. Dornbirn)	
Stella Matutina (s. Feldkirch)	
Stellfeder (s. Nenzing)	
Stelzisbach (s. Dalaas)	
Stephansfeld (s. Salem)	
Sternhochhaus (s. Bregenz)	
Steyr	227
Stoß	43-45
Straßburg	56,62,67,92
Strobl	126,167
Stuben	41,92,123,176,232, 246,252,266
Stuttgart	146,171,177,191f, 198,222,240,298
Weißenhof	222
Südafrika	167,169,189
Südtirol	145f,163,181,188,237,262
Suezkanal	114,153,155
Sulz	58,75,81f,92,96,98, 119,138,160,181
Synagoge	96
Sulzberg	28,40,94,96,98, 119,132,138,153, 165,199,251
Synagoge (s. Göppingen, Hohenems, Meran, Sulz, Tiflis, Wien)	
Syrien	15

T

Tabor	77
Tannberg	29,31,36,39,48, 50,72,119,272
Tannheimer Tal	131,187
Tantermauserkopf (s. Bürs)	
Tata	163
Telfs	109f,176
Zur Traube (Gasthaus)	176
Terenten	126,189
Tetschen an der Elbe	223
Tettnang	122
Thal	251
Thalbach	37,53,106,108,111,131
Theodericopolis	19
Theresienstadt	82,163,237,241f
Thurgau	19,44,74,93,311f
Thüringen	81,132,136f,165, 178,223,292f,305
Thüringerberg	172
Thurn-Severin	168,267

Tiflis	298
Synagoge	298
Tirol	13,39,41,44,56, 58-60,82,85,106,109, 113-117,120-126,128,133, 135,137,142,144-147, 153-156,158,167-169,176, 180f,183,185,189,192, 194-196,198,205-207,210, 212,214,216,224,226,232, 235-237,239,243,245,247, 252f,268,291,304
Tisis	81,94,96-98,105,122
St. Michael	122
Tobadill	118,126f
Torrinpuirron (s. Dornbirn)	
Tosters	34,43,45,52,86,122,219
Burg	34,43,52
Totis	163
Transleithanien	194
Treblinka	237
Trentino	114,155,160,196,202
Trient	72,82,105,128,133,155
Triesen	61,67
Triest	181
Troyes	171
Tschagguns	178,255,280
Tschechien	11,121
Tschechoslowakei	172
Tschengla (s. Bürserberg)	
Tschermakgarten (s. Bregenz)	
Tschernobyl	290
Tübingen	45,55,65,171
Tulln	293
Turin	301

U

Überlingen	36,80,84
Uf der Studa (s. Altenstadt)	
Ulm	28f,53,94,117,171
Umbrien	161
Ungarn (s.a. Österreich-Ungarn)	36,38,59,107f, 115,140,162f, 172,194
Union City	151
USA	145,149-151,171-173, 221,223,227,260
Unterach (s. Egg)	
Unterdorf (s. Altach, Götzis, Nenzing)	
Unterfahrbrücke (s. Lustenau)	
Unterhochsteg	211
Utznach	93,96

V

Vaduz	58,70,73,80,86-88, 92f,96f,104,148
Valduna (s. Rankweil)	
Valencia	
Valluga (s. St. Anton am Arlberg)	
Vandans	80,84,99,114,150,178,280
Vatikan	174
Veitskapf (s. Feldkirch)	
Veltlin	84
Venedig	68,71,102,153,240,257
Verdun	21
Vermunt (s. Partenen)	
Verona	109
Versailles	209
Vesuv	10
Viktorsberg	21-23,41,78,106,108,315
Kirche	22
Kloster	41,106
Villa Medici (s. Rom)	
Vinomna (s. Rankweil)	
Volders	216
Vorarlberger Landesarchiv (s. Bregenz)	
Vorarlberger Landesbibliothek (s. Bregenz)	
Vorarlberger Landesbildungszentrum (s. Lochau-Hofen)	
Vorarlberger Landesmuseum (s. Bregenz)	
Vorarlberger Naturschau (s. Dornbirn)	
Vorarlberger Wirtschaftspark (s. Götzis)	
Vorkloster (s. Bregenz)	

W

Wackersdorf	288
Walachei (Kleine)	168,267
Waldsee	84
Walgau	16,28f,42f,58,100,218,247
Walkenbach (s. Blons)	
Wallis	13
Wangen	123
Warth	50,252,258A,259
Washington	150,174
Wasserberg an der Roer	28
Weiherstraße (s. Bregenz)	
Weiler	28,39,43,316
Altmontfort (Montfort, Starkenberg)	28,40,43,45,52
Weiler im Allgäu	105,117,119f,125,131,209,253
Weilheim	84

Ortsregister

Weimar	214
Weingarten	27,39,42,79f,90, 93f,97,111,315
Kloster	27,39,42,90A
Weißenau	32,35,90
Prämonstratenserstift	32
Weißenhof (s. Stuttgart)	
Weitried (s. Brederis)	
Weiz	227
Wels	297
Wendelinkapelle (s. Alberschwende)	
Weppach (s. Dornbirn)	
Werdenberg (s. Buchs)	
Wertheim am Main	172,242
Wesen	43
Wettingen	27,152,167,213
Zisterzienserabtei	27
Wetzlar	183
Widderstein	230A
Widnau	60,68,74,88
Wien	40f,43,49,52-54,58, 60f,65-67,94,96,98f, 101-103,105,115,121f,125, 128,133,135,138-141,143f, 148,153,159-161,163f,169, 171f,176,178f,181,186, 188,193,200-202,204-207, 216f,223-230,232-235, 237,239-242,245,247f, 250f,253f,259,263,267, 270f,279,281,293,295, 299f,302,304-307, 309,314f
Grinzing	307
Jodok-Fink-Platz	207
Konzerthaus	295
Minoritenkirche	41
Musikverein	295
Palais Liechtenstein	279
Piaristenkirche	207
Rennweg	98
St. Stephan	53,60f,96,98
St. Ulrich	53
Schönbrunn	113,123
Staatsoper	295
Synagoge	115,176
Wieselburg	36,38
Wil	181,287
Wisconsin	173
Prairie du Chien	173
Wirtatobel	137
Wittenberg	56,61f,64,66
Wolfurt	28,32,40,43,49f,68, 102,105,114,132,148-151, 153,169,172,181,187, 216,223f,229,258f, 265,280,286f,291,297
Burg	43
Rickenbach	114,148,178,229
St. Nikolaus	28
Woodstock	278
Wörgl	227
Worms	46,58
Württemberg	62,113,117,169,171, 186,206,208,210f
Würzburg	133

X

Xingu	279,285-287

Z

Zagreb (s. Agram)	
Zakopane	232
Zeil	134
Stiftskirche	134
Zell am Ziller	137,212
Ziagalpach (s. Hörbranz-Ziagalpach)	
Ziegelbach (s. Hörbranz)	
Ziegelturm (s. Feldkirch)	
Zillertal	135,205,302
Zimba	146
Zisleithanien	194
Ziz (s. Bludesch)	
Zofingen	62
Zürich	34,37,48-50,62f, 66,77f,81,109,153, 183,232,240,278, 295,301,311f,314
Zürichsee	99,131
Zürs	224
Zwentendorf	284
Zwiefalten	90
Zwingenstein (s. Lustenau)	
Zypern	38,68,71